Christian Liebel

Progressive Web Apps

Das Praxisbuch

Rheinwerk
Computing

Liebe Leserin, lieber Leser,

wenn Sie Anwendungen entwickeln, kennen Sie das Problem: Android, iPhone, Windows 10, macOS? Jedes Betriebssystem erfordert eine eigene Entwicklung. Und Web-Apps mit HTML5 waren leider nicht wirklich eine Alternative, weil die Möglichkeiten begrenzt waren.

Waren? Ja! Denn Progressive Web Apps heben die Grenzen zwischen mobiler Website und nativer App auf. Sie sehen aus wie Apps, verhalten sich wie Apps, bringen alle Vorteile mit, die traditionell Apps vorbehalten waren, laufen aber im Browser, müssen nicht installiert werden und sind somit unabhängig vom Betriebssystem.

Christian Liebel zeigt Ihnen in diesem Buch, wie Sie Progressive Web Apps konzipieren und entwickeln. Er erläutert alle wichtigen Konzepte, Webtechnologien und Schnittstellen anhand konkreter Beispiele. In vielen praktischen Anleitungen und Übungsaufgaben lernen Sie Schritt für Schritt, mit dem Web App Manifest zu arbeiten, den Service Worker zu verwenden und Schnittstellen zu nutzen, um Ihre PWA zum Beispiel offlinefähig zu machen oder um Zahlungen vom Nutzer anfordern zu können. Auch Migrationsstrategien werden vorgestellt, mit denen Sie bestehende Desktopanwendungen in eine PWA überführen können.

Ein Wort noch in eigener Sache: Dieses Buch wurde mit großer Sorgfalt lektoriert und produziert. Sollten Sie dennoch Fehler finden oder inhaltliche Anregungen haben, scheuen Sie sich nicht, mit mir Kontakt aufzunehmen. Ihre Fragen und Änderungsvorschläge sind jederzeit willkommen. Und nun wünsche ich Ihnen viel Spaß und Erfolg mit Progressive Web Apps.

Ihr Stephan Mattescheck
Lektorat Rheinwerk Computing

stephan.mattescheck@rheinwerk-verlag.de
www.rheinwerk-verlag.de
Rheinwerk Verlag · Rheinwerkallee 4 · 53227 Bonn

Auf einen Blick

Wir hoffen, dass Sie Freude an diesem Buch haben und sich Ihre Erwartungen erfüllen. Ihre Anregungen und Kommentare sind uns jederzeit willkommen. Bitte bewerten Sie doch das Buch auf unserer Website unter **www.rheinwerk-verlag.de/feedback**.

An diesem Buch haben viele mitgewirkt, insbesondere:

Lektorat Stephan Mattescheck, Simone Bechtold
Korrektorat Sibylle Feldmann, Düsseldorf
Gutachter Sebastian Springer
Herstellung Nadine Preyl
Typografie und Layout Vera Brauner
Einbandgestaltung Eva Schmücker
Coverbild Shutterstock: 790554223 © REDPIXEL.PL
Satz SatzPro, Krefeld
Druck C.H.Beck, Nördlingen

Dieses Buch wurde gesetzt aus der TheAntiquaB (9,35/13,7 pt) in FrameMaker.
Gedruckt wurde es auf chlorfrei gebleichtem Offsetpapier (90 g/m²).
Hergestellt in Deutschland.

Bibliografische Information der Deutschen Nationalbibliothek:
Die Deutsche Nationalbibliothek verzeichnet diese Publikation in der Deutschen Nationalbibliografie; detaillierte bibliografische Daten sind im Internet über *http://dnb.d-nb.de* abrufbar.

ISBN 978-3-8362-6494-5

1. Auflage 2019

Informationen zu unserem Verlag und Kontaktmöglichkeiten finden Sie auf unserer Verlagswebsite **www.rheinwerk-verlag.de**. Dort können Sie sich auch umfassend über unser aktuelles Programm informieren und unsere Bücher und E-Books bestellen.

Inhalt

Materialien zum Buch

Auf der Webseite zu diesem Buch stehen folgende Materialien für Sie zum Download bereit:

- **alle Beispielprojekte**

Gehen Sie auf *www.rheinwerk-verlag.de/4707*. Klicken Sie auf den Reiter MATERIALIEN ZUM BUCH. Sie sehen die herunterladbaren Dateien samt einer Kurzbeschreibung des Dateiinhalts. Klicken Sie auf den Button HERUNTERLADEN, um den Download zu starten. Je nach Größe der Datei (und Ihrer Internetverbindung) kann es einige Zeit dauern, bis der Download abgeschlossen ist.

Alternativ können Sie die Beispielprojekte auch im GitHub-Repository des Autors einsehen und herunterladen: *https://github.com/pwapraxis/beispiele*

Geleitwort

Progressive Web Apps sind mittlerweile in aller Munde. Nach einem etwas schleppenden Start unterstützen nun alle großen Browser die zugrunde liegenden Technologien. Mit den PWAs verhält es sich ähnlich wie in den 2000er-Jahren mit AJAX. Natürlich basieren PWAs auf technologischen Weiterentwicklungen im Browser, aber vielmehr als das handelt es sich um ein Konzept, das festlegt, wie moderne Webapplikationen aufgebaut werden sollen. Und genau dieses Konzept bringt Ihnen Christian Liebel in diesem Buch näher. Sie erfahren alles, was Sie über die Browserschnittstellen wissen müssen, und wenden dieses Wissen in praktischen Übungen auch an. Dabei sehen Sie auch schon die Auswirkungen, die PWAs auf die Entwicklung im Web haben können.

Wie damals AJAX haben auch PWAs das Potenzial, das Web auf die nächste Evolutionsstufe zu bringen. Grundsätzlich sehen Sie einer PWA im Browser auf den ersten Blick nicht an, dass es sich um eine Sonderform einer Webapplikation handelt. Dieses Merkmal ist von entscheidender Bedeutung für den Erfolg der PWAs – sie sind auf nahezu jeder Plattform lauffähig, auch wenn das Einschränkungen im Funktionsumfang bedeutet. Ältere Systeme und Browser stellen die Grundfunktionalität dar. Moderne Systeme erweitern diese um zusätzliche Features wie Installierbarkeit, Responsive Design oder auch Offlinefähigkeit. Auf den folgenden Seiten lernen Sie, wie Sie diese und noch zahlreiche weitere spannende Konzepte in einer Applikation umsetzen können.

Die Bedeutung von PWAs zeigt sich nicht nur in der breiten Unterstützung der Browser, sondern auch durch die Tatsache, dass die Hersteller der großen JavaScript-Frameworks PWAs ebenfalls unterstützen. Ein gutes Beispiel ist hier Angular. Kapitel 9, »PWA und Angular: Single-Page-Application-Framework einsetzen«, widmet sich umfassend dem Thema, wie Sie mithilfe von Angular, dem Frontend-Framework von Google, eine PWA umsetzen können. Sie erfahren, welche Werkzeuge Ihnen zur Verfügung stehen und wie Sie schon mit wenigen Schritten zum Ziel kommen.

Die Integration der JavaScript-Frameworks ist nur ein Beispiel unter vielen, was die Bandbreite der Hilfsmittel betrifft, die Ihnen bei der Entwicklung einer PWA zur Verfügung stehen. Angefangen bei verschiedenen Checklisten, die Sie dabei unterstützen, keinen wesentlichen Aspekt einer PWA zu vergessen, über Werkzeuge, die Ihnen die Konfiguration eines Service Workers erstellen, bis hin zu Browsererweiterungen, die den Umsetzungsgrad Ihrer PWA prüfen, können Sie auf eine breite Palette an Hilfsmitteln zurückgreifen, die Ihnen die Arbeit mit PWAs erheblich vereinfachen.

Die Konzepte von PWAs lassen sich nicht nur in neue Applikationen einarbeiten, auch bereits bestehende Webanwendungen profitieren von den Erweiterungen, die

PWAs mit sich bringen. Die Aufwertung einer Applikation erfordert jedoch auch ein Umdenken. Ansätze wie Offline-First zur Unterstützung der Offlinefähigkeit der Applikation bedeuten nicht nur das Einbinden eines Service Workers, sondern auch Arbeit an den Workflows der Applikation und die Behandlung von Offlinezuständen in der Applikation als Normal- und nicht als Ausnahmezustand. Zu diesen und zahlreichen weiteren Problemstellungen im Zusammenhang mit PWAs finden Sie in diesem Buch hilfreiche Denkanstöße und Lösungsansätze.

Ich wünsche Ihnen viel Spaß beim Einstieg in die Welt der Progressive Web Apps und der Arbeit mit diesem Buch.

Sebastian Springer

Vorwort

Liebe Leserin, lieber Leser, vielen Dank! Danke schön, dass Sie dieses Buch beziehungsweise dieses E-Book gekauft haben. Hier geht es um *Progressive Web Apps* (PWA), ein webbasiertes Anwendungsmodell, das die realistische Chance besitzt, die Anwendungsentwicklung radikal zu verändern. Dies ist ein Praxisbuch mit vielen Aufgaben zum Mitmachen und Nachvollziehen, das aber auch ein theoretisches Fundament legen möchte.

Was Sie in diesem Buch erwartet

In diesem Buch widme ich mich den Schnittstellen aus dem Umfeld der Progressive Web Apps sowie modernen Webtechnologien. Begleitend dazu erwartet Sie jede Menge Aufgaben, durch die Sie Progressive Web Apps direkt selbst erleben können. Nachstehend ein kurzer Rundflug durch die unterschiedlichen Kapitel dieses Buchs:

In **Kapitel 1**, »Im Web, als App: Geschichte und Einstieg«, stelle ich Ihnen Progressive Web Apps als webbasiertes Anwendungsmodell vor, das nativen Apps in nichts nachstehen soll.

Damit Progressive Web Apps ernsthaft mit ihren nativen Gegenstücken konkurrieren können, brauchen sie einen vergleichbaren Satz an Features. Zum Glück bietet das moderne Web viele mächtige Schnittstellen. Was schon heute im Web alles möglich ist, zeigt eine Kurzvorstellung einiger moderner Webschnittstellen in **Kapitel 2**, »Mächtiges modernes Web«.

In **Kapitel 3**, »Zehn Eigenschaften, die PWA einzigartig machen«, beschäftige ich mich mit genau diesen Eigenschaften, die Progressive Web Apps einmalig machen: Für diesen Typ Anwendungen gibt es zwar keine Blaupause, aber eine Checkliste von zehn Eigenschaften, an der man sich entlanghangeln kann.

In **Kapitel 4**, »Web App Manifest: Aussehen der App definieren«, betrachte ich das Web App Manifest in der Tiefe: Damit wird das Aussehen der Anwendung auf dem Homebildschirm, in der Programmliste oder in Installationsbannern definiert.

Zentrales technisches Mittel bei der Implementierung von Progressive Web Apps stellt der Service Worker dar, den ich einschließlich seines Lebenszyklus, seiner Schnittstellen und der Vorgehensweise zum Debugging in **Kapitel 5**, »Service Worker: Einer muss ja arbeiten«, beschreibe.

Eine der zentralen Aufgaben des Service Workers ist das Zwischenspeichern von HTTP-Antworten, gesteuert über die Cache API. Offline ist aber nicht gleich offline, denn je nach Problemdomäne können unterschiedliche Strategien gewählt werden.

Dieses Problemfeld betrachte ich in **Kapitel 6**, »Cache API: So lädt die App auch ohne Netzverbindung«, detailliert.

In **Kapitel 7**, »Workbox«, stelle ich Ihnen Workbox vor: Dieses Toolkit enthält einerseits eine Bibliothek zur vereinfachten Entwicklung von Service Workern, andererseits auch ein Kommandozeilentool zur Generierung von Service-Worker-Skripten. Workbox ist ein guter Ansatz für alle, die sich nicht selbst um Caching kümmern möchten.

Wann immer uns jemand schreibt, auf der Welt etwas wirklich Wichtiges passiert oder es gerade kostenfreie Diamanten in einem Free-to-Play-Spiel gibt: Sie erfahren es über eine Information auf dem Homebildschirm. Wie Pushbenachrichtigungen mithilfe der Push API umgesetzt werden, stelle ich in **Kapitel 8**, »Push API: Rufen Sie nicht uns an – wir rufen Sie an!«, vor.

Angular ist ein Single-Page-Application-Framework zur Umsetzung großer Anwendungen mithilfe moderner Webtechnologien. So unterstützt das Framework auch die Generierung von Service-Worker-Skripten und bietet eine Anbindung an die Schnittstellen des Service Workers über Framework-Methoden. In **Kapitel 9**, »PWA und Angular: Single-Page-Application-Framework einsetzen«, erfahren Sie alles über die Angular-Unterstützung für Progressive Web Apps.

In **Kapitel 10**, »App-like aussehen«, zeige ich, welche weiteren gestalterischen Maßnahmen hilfreich sind, um Webanwendungen ein natives Look-and-feel zu verleihen, einschließlich der Unterstützung von Notches, also Bildschirmaussparungen in modernen Smartphones.

In **Kapitel 11**, »Plattformverhalten«, zeige ich das Verhalten von Progressive Web Apps auf den unterschiedlichen Plattformen anhand einiger Screenshots.

Kapitel 12, »Alles richtig gemacht? – PWAs validieren mit Lighthouse & Co.«, zeigt, wie mithilfe von Validierungstools automatisiert geprüft werden kann, wie gut die Implementierung der eigenen Progressive Web App gelungen ist. Dies geschieht anhand bestimmter Metriken, die in diesem Kapitel ebenfalls vorgestellt werden.

In manchen Fällen kann es notwendig sein, übergangsweise doch noch auf native Anwendungen oder zumindest native Anwendungshüllen zurückzugreifen. Mithilfe der Technologien Apache Cordova und GitHub Electron steht aber auch diesem Unterfangen nichts im Wege, und die Migrationsstrategie hin zu Progressive Web Apps ist perfekt. Mithilfe des Chromium Embedded Framework können Sie selbst bestehende Desktopanwendungen schrittweise durch eine PWA ablösen. Mehr dazu finden Sie in **Kapitel 13**, »Migrationsstrategien mit Apache Cordova und GitHub Electron«.

Wenn die App Stores wegfallen, stellt sich für Entwickler die Frage, wie sie weiterhin mit ihren Apps Geld verdienen können. Aber auch auf diese Fragestellung hat das

Web eine Antwort: die Payment Request API. Über diese Schnittstelle können Entwickler auf einfache und schnelle Art Zahlungen vom Anwender anfordern. Die Schnittstelle wird in **Kapitel 14**, »Payment Request API: Wie Sie trotz fehlendem App Store an Ihr Geld kommen«, beschrieben.

Die ersten Progressive Web Apps sind schon draußen, bereitgestellt von durchaus namhaften Unternehmen. In **Kapitel 15**, »Brandheiße Progressive Web Apps«, stelle ich einige Referenzanwendungen vor und beleuchte, welche PWA-Features diese nutzen.

Abschließend gebe ich in **Kapitel 16**, »Fazit: Eine Codebasis, alle Plattformen«, eine Einschätzung, wohin sich Progressive Web Apps entwickeln können. Ich wäge ab, wofür sie sich gut eignen und worin Beschränkungen liegen. Es wird ein ideales technologisches Umfeld auch im Hinblick auf User Experience und Backend beschrieben.

Was Sie in diesem Buch nicht erwartet

Progressive Web Apps sind, wie die Anwendungsentwicklung selbst, ein hochgradig individuelles Thema. Daher kann es auch im Fall der PWA-Entwicklung keine Blaupause geben, die genau Ihr Anwendungsszenario abdeckt. Der Fokus dieses Buchs liegt auf klassischen Businessanwendungen und nicht auf Spielen oder anderen Anwendungsarten (auch wenn Sie einige Schnittstellen betrachten werden, die sich hervorragend zur Spieleentwicklung eignen).

Dieses Buch fokussiert sich darüber hinaus auf die PWA-Schnittstellen selbst. Ein umfassender Einsteigerkurs in Webtechnologien, die SPA-Entwicklung im Allgemeinen oder die einzelnen Tools würde den Rahmen dieses Werks deutlich sprengen.

Die Schnittstellen aus dem Umfeld der Progressive Web Apps sind zwar nun schon einige Jahre alt, doch manche davon befinden sich noch immer im Fluss: So liegt die Service-Worker-Spezifikation beim *World Wide Web Consortium* (W3C) bisher nur als Redaktionsentwurf vor, noch nicht als abgeschlossene Empfehlung des W3C. Bei der Spezifikation wird an einer separaten »Nightly«-Variante zudem kontinuierlich weitergearbeitet. Dies liegt auch daran, dass Progressive Web Apps erst jetzt in einer größeren Breite getestet werden. Daher ist es durchaus wahrscheinlich, dass die Schnittstellen in der Zukunft noch erweitert werden. Außerdem unterstützen bisher nicht alle Browser sämtliche in diesem Buch vorgestellten Schnittstellen und manche nur unter bestimmten Bedingungen und Voraussetzungen.

In der Hoffnung, Ihnen mit diesem Buch zum einen eine zitierfähige Quelle für studentische Arbeiten und zum anderen ein Nachschlagewerk für die Schnittstellen der Progressive Web Apps, vor allem aber ein interessantes Praxisbuch mit einem Walkthrough-Tutorial an die Hand gegeben zu haben, wünsche ich Ihnen viel Spaß beim Lesen und Erarbeiten.

Ich möchte abschließend noch allen meinen Freunden und Verwandten danken, die mich während der Bearbeitungszeit dieses Buchs unterstützt haben.

Bitte beachten Sie: Aus Gründen der Lesbarkeit wird in diesem Buch durchgängig das generische Maskulinum verwendet. Eingeschlossen sind aber selbstredend immer alle Menschen. Wenn Sie in diesem Buch Namen von Produkten oder Dienstleistern lesen, so handelt es sich dabei immer um Beispiele – keinesfalls um Empfehlungen.

Kapitel 1
Im Web, als App: Geschichte und Einstieg

Google sagt: Die Zukunft gehört den Progressive Web Apps. Bevor Sie sich mit diesem Anwendungsmodell ausführlich auseinandersetzen, lohnt sich ein Blick auf die Geschichte mobiler Apps sowie auf hilfreiche Tools, die die App-Entwicklung zum Kinderspiel machen.

Wir schreiben den 1. April 2004. Die Ankündigung eines neuen E-Mail-Dienstes sorgt für Aufsehen: Wegen seines für damalige Verhältnisse sehr großzügigen E-Mail-Speicherplatzes von einem Gigabyte (üblich waren damals nur wenige Megabytes) halten manche die Ankündigung zunächst für einen Aprilscherz. Und nicht nur der Speicherplatz ist bemerkenswert, sondern auch die besondere Schnelligkeit des zugehörigen webbasierten E-Mail-Clients. Die Rede ist von *Gmail*, dem bekannten Freemail-Dienst von Google und zugleich einem der ersten Produkte, mit denen der Suchmaschinenanbieter sein klassisches Kerngeschäft verließ. Google etablierte mit diesem E-Mail-Dienst einen der ersten großen Vertreter einer *Single-Page Web Application* (SPA). Darunter versteht man eine als *Fat Client* realisierte Webanwendung, die Interaktionen durch clientseitige Dynamik umsetzt, anstatt einen serverseitigen Seitenwechsel durchzuführen. Nach dem initialen Laden der Quelldateien nimmt dieser Typ Anwendung lediglich zur Abfrage oder Manipulation von Daten Kontakt zu einem entfernten Server auf, etwa mithilfe von *Asynchronous JavaScript and XML* (AJAX). Diese Technologie stellt wiederum einen Baustein des *Web 2.0* dar, das ungefähr zeitgleich Fahrt aufnahm. Im weiteren Verlauf wurden Webanwendungen salonfähig und zunehmend mehr Anwendungen auf der SPA-Architektur aufgesetzt. Heute sind GitHub, Google Maps oder Facebook weitere bekannte Vertreter dieses Typs Webanwendung.

Etwas mehr als zehn Jahre nach der Veröffentlichung von Gmail will es Google erneut wissen und postuliert mit den *Progressive Web Apps* (PWA) das Anwendungsmodell der Zukunft. Mit dem mobilen Betriebssystem *Android* und dem Webbrowser *Chrome* hat Google zwei mächtige und weitverbreitete Anwendungsplattformen im Portfolio, die in ihren jeweiligen Segmenten zu Marktführern avanciert sind. Progressive

Web Apps möchten das Beste aus diesen beiden Welten vereinen: den Funktionsreichtum nativer Anwendungen und die plattformübergreifende Ausführbarkeit von Webanwendungen. Zwar wurden über die vergangenen Jahre viele neue Schnittstellen mit wichtigen Features im Web eingeführt, doch blieben die Installierbarkeit von Anwendungen auf den Homebildschirm, Pushbenachrichtigungen, vollumfängliche Offlinefähigkeit sowie die Abwicklung von In-App-Käufen bislang nur nativen Anwendungen vorbehalten. Unter anderem mit dem *Service Worker*, dem *Web App Manifest* und der *Payment Request API* wurden nun Schnittstellen für das Web geschaffen, die diese Lücken schließen. Außerdem können Progressive Web Apps auf alle weiteren Funktionen zurückgreifen, für die es eine Webschnittstelle gibt und die vom jeweiligen Webbrowser auf der jeweiligen Plattform zur Verfügung gestellt werden. Mit den Progressive Web Apps wird ein gravierendes Problem der Anwendungsentwicklung ein für alle Mal aus der Welt geschafft: die *Plattformabhängigkeit*. Denn diese Apps können auf jedem Gerät ausgeführt werden, auf dem ein halbwegs moderner Browser läuft: vom Smartphone mit Android bis hin zum Desktopcomputer mit Microsoft Windows.

Insgesamt haben Progressive Web Apps kein geringeres Ziel, als die altbekannten *App Stores* abzuschaffen. Diese Anwendungen werden nicht über eine zentrale Vertriebsplattform installiert, sondern zunächst im Browser ausgeführt. Dabei sind Progressive Web Apps aber keine funktional reduzierten Webclients, die ihr Leben nur in einer Browserregisterkarte fristen – wünscht der Benutzer einen schnelleren Zugang zur Anwendung, kann er eine Verknüpfung zur App auf dem Homebildschirm respektive dem Desktop hinterlegen. Von dort startet die Anwendung auf Wunsch ohne Menüleisten und Statuszeilen, auf Mobilgeräten als vollflächige App oder auf dem Desktop in einem eigenen Fenster mit nativer Fensterdekoration. Auch im App-Switcher oder der Taskleiste erhält die Anwendung einen Platz, womit sie von nativen Anwendungen kaum mehr zu unterscheiden ist (siehe Abbildung 1.1). Die Anwendung verlässt den Browser schrittweise, unter anderem darauf weist der Namensbestandteil *Progressive* hin. Unter der Haube tickt jedoch weiterhin der Browser und darin die Progressive Web App: Eine Progressive Web App, die über eine Verknüpfung in einem eigenen Fenster gestartet wird, unterscheidet sich funktional nicht von der im Webbrowser ausgeführten Variante. Insgesamt begegnen Progressive Web Apps ihren nativen Gegenstücken also auf Augenhöhe. Native Anwendungen und App Stores könnten damit in weiten Teilen bald überflüssig werden.

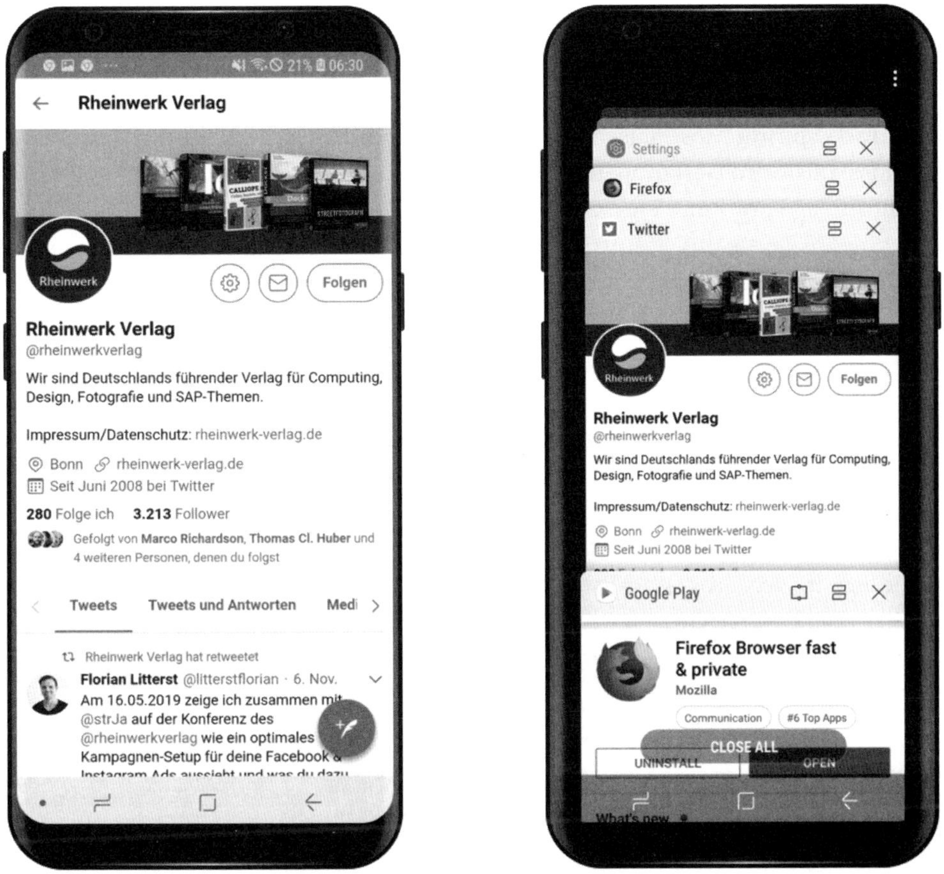

Abbildung 1.1 Hätten Sie es geahnt? Hier läuft die Progressive Web App Twitter Lite, von nativen Anwendungen nicht zu unterscheiden.

1.1 Wie Apps auf unser Handy kamen – eine kleine Zeitreise

Mit den Progressive Web Apps geht es für Anwender, Entwickler und Plattformbetreiber also zurück in eine Zeit *vor* dem App Store. Eine Zeit, die es schon einmal gab, denn Anwendungen für mobile Endgeräte wie Smartphones und Tablets sind natürlich keine Neuerfindung: Bereits die ersten Handys waren mit solchen Minianwendungen für einen abgegrenzten, dedizierten Zweck ausgestattet. Später kam die Möglichkeit hinzu, beliebige von Drittanbietern bereitgestellte Anwendungen auf den Geräten zu installieren. Der Weg, auf dem Apps auf die mobilen Endgeräte kommen, änderte sich aber im Laufe der Zeit. Blicken wir daher kurz zurück auf die Entwicklung mobiler Anwendungen.

1.1.1 Der PC für die Hosentasche

Microsoft Windows CE ist ein früher Vertreter eines potenten Betriebssystems für mobile Geräte. Manche davon wurden zwischenzeitlich als Pocket PC bezeichnet, also als PC für die Hosentasche. Während sich der Unterbau dieses Systems zwar grundsätzlich vom Desktopbetriebssystem Windows unterscheidet, wurden diesem dennoch viele Konzepte entnommen: So hat Windows CE etwa eine Startschaltfläche, eine Taskleiste und Menüzeilen. Alle Steuerelemente sind so klein, dass der Anwender zur Bedienung auf einen Stylus, einen kleinen Plastikstift, angewiesen ist.

Auch das Anwendungskonzept wurde vom Desktopbetriebssystem übernommen: Programmdateien (*Executables*) können, wie es unter Windows nach wie vor üblich ist, aus beliebigen Quellen (etwa aus dem Internet oder über einen angeschlossenen Rechner) bezogen und direkt ausgeführt werden. Abbildung 1.2 zeigt die Installation einer Drittanbieteranwendung unter Windows Mobile 2003: Führt man die Installationsdatei (hier *tcmdpocketarm.cab*) aus, werden die Programmdateien im *Programme*-Verzeichnis des Geräts hinterlegt. Danach erscheint eine Verknüpfung zur Anwendung in der Programmliste. Was heute auf Desktopbetriebssystemen noch immer üblich ist, erschien auch auf mobilen Plattformen in den Anfangsjahren als passables Konzept. Das Betriebssystem vertraute den darauf ausgeführten Anwendungen noch und stellte ihnen eine Vielzahl von Schnittstellen zur Verfügung, eine Sandbox oder ein Berechtigungskonzept gab es nicht.

Abbildung 1.2 Apps installieren auf die klassische Art, hier unter Windows Mobile 2003

1.1.2 Der Browser als Anwendungsplattform

Dann kam Apple und änderte wieder einmal alles: Am 9. Januar 2007 stellte Steve Jobs das *iPhone* auf der Macworld in San Francisco vor. Dieses Smartphone setzte sich von der seinerzeit vorherrschenden Konkurrenz durch seinen vollflächigen Multi-Touch-Bildschirm, die intuitive und auch mit Fingern gut bedienbare Benutzeroberfläche sowie seinen Webbrowser *Safari* ab. Auf dem iPhone stand die Safari-Engine mit dem vollen aus der Desktopvariante bekannten Funktionsumfang zur Verfügung. Für damalige Verhältnisse war diese Ausgabe eines mobilen Browsers herausragend leistungsstark.

Über das Anwendungsmodell des iPhone wurde bei der Keynote noch nicht gesprochen. Informationen dazu lieferte Jobs bei der hauseigenen Entwicklerkonferenz WWDC am 11. Juli 2007 nach, nur 18 Tage vor der Auslieferung der ersten iPhones. Der Weg, auf dem Apps von Drittanbietern auf das iPhone kommen sollten, wurde als innovativ und besonders sicher beschrieben: Als Anwendungsplattform sollte Safari zum Einsatz kommen – und damit ein Webbrowser. Jobs dazu:

> *And so, you can write amazing Web 2.0 and AJAX apps that look exactly and behave exactly like apps on the iPhone. And these apps can integrate perfectly with iPhone services. They can make a call, they can send an email, they can look up a location on Google Maps.*

Als weitere Vorteile dieses webbasierten Anwendungsmodells nannte Jobs, dass Apps durch die Bereitstellung auf einem eigenen Server besonders einfach verteilt und durch eine simple Änderung an den Quelldateien auch aktualisiert werden könnten, ganz ohne komplizierte Prozesse. Durch die Ausführung von Webinhalten in einer Sandbox wäre dieses Modell auch besonders sicher, da die Anwendungen weder die Sicherheit noch die Stabilität des iPhone beeinträchtigen könnten. Entwickler könnten direkt mit der Implementierung von Apps starten, sodass sie zum Launch fertig wären:

> *And guess what? There's no SDK that you need! You've got everything you need if you know to write apps using the most modern web standards to write amazing apps for the iPhone today.*

Bei der ersten Ausgabe des *iPhone OS* (später *iOS*) war der Browser somit die einzige Plattform, um Drittanbieter-Apps ausführen zu können. Die Ausführung beliebiger Executables, wie es bei Windows CE möglich war, ist auf iPhones ohne Jailbreak bis heute nicht erlaubt. Damit Web-Apps von Drittanbietern auch ein Icon auf dem Homebildschirm erhalten können, wurden im Januar 2008 mit iPhone OS 1.1.3 die *Web Clips* eingeführt. Aus Safari heraus können seitdem beliebige Websites (und somit auch auf Webtechnologien basierende Apps) am Homebildschirm angeheftet werden. Das Vorgehen funktioniert heute noch sehr ähnlich.

Abbildung 1.3 zeigt das Hinzufügen eines Homebildschirm-Icons zu einer frühen Ausgabe des iPhone OS anhand des mobilen Facebook-Clients: Die App, letztlich nur eine besonders gestaltete Website, wird über den Browser geöffnet. Möchte der Benutzer einen Schnellzugriff auf die App erhalten, klickt er auf die Plusschaltfläche ❶: Es öffnet sich ein Menü, über das die angezeigte Website den Lesezeichen oder dem Homebildschirm hinzugefügt werden kann (ADD TO HOME SCREEN ❷). Dann öffnet sich ein Dialog: Hier ist das spätere Icon zu sehen, wie es auch auf dem Homebildschirm erscheinen wird. Das Aussehen des Symbols wird mithilfe bestimmter Metadaten definiert. Fehlen diese, wird stattdessen als Symbol ein Screenshot der angezeigten Website verwendet. Im vorliegenden Beispiel definiert Facebook ein Icon, das sich gut in den Homebildschirm einfügen wird. Die Bezeichnung des Symbols wird von der Anwendung vorbelegt, kann vom Benutzer jedoch noch geändert werden. Tippt der Benutzer abschließend auf ADD ❸, wird das Symbol auf dem Homebildschirm hinterlegt. Tippt er es dann an, wird die Anwendung wieder an der Stelle geöffnet, an der sich der Benutzer zuvor befand. Durch die Angabe weiterer Metadaten kann der Entwickler auch festlegen, dass Safari beim Antippen des Symbols ohne Adress- und Menüzeilen starten soll. In diesem *Stand-alone-Modus* erscheint die Web-App so, als sei sie eine native Anwendung – Auftritt im App-Switcher des Systems inklusive. Auch das Erscheinungsbild der iPhone-Statuszeile, die Uhrzeit und Verbindungsinformationen anzeigt, kann der Entwickler mithilfe bestimmter Metadaten anpassen. Dabei kann er zwischen einer hellen, einer dunklen und einer transparenten Darstellung wählen.

Abbildung 1.3 Dank Web Clips erhalten ab iPhone OS 1.1.3 Websites und Web-Apps ein Icon auf dem Homebildschirm.

1.1.3 Es gibt eine App dafür: der Siegeszug des App Store

Schon kurze Zeit nach der Veröffentlichung des iPhone setzte bei Apple jedoch ein Sinneswandel ein. Auf dem Firmenblog *Hot News* veröffentlichte Steve Jobs am 17. Oktober 2007 einen Beitrag mit dem Titel »Third Party Applications on the iPhone«.[1] Der Beitrag beginnt mit folgenden Worten:

> *Let me just say it: We want native third-party application on the iPhone, and we plan to have an SDK in developer's hands in February.*

1 *https://web.archive.org/web/20071018221832/http://www.apple.com:80/hotnews/*

Vier Monate Zeit wollte sich Jobs lassen, um den Entwicklern ein *Software Development Kit* (SDK) an die Hand zu geben, das die Entwicklung nativer Anwendungen für das iPhone erlaubte. Jobs begründete im Beitrag auch, warum Apple dafür noch einige Monate Zeit benötigte: Grund dafür wäre der Spagat zwischen der Offenheit einer Plattform und dem Schutz vor Viren und Malware. Jobs verwies auf das Unternehmen Nokia, das auf seinen damals neu erschienenen Geräten nur Anwendungen zuließ, die vom Entwickler digital signiert wurden. Mit dem Versprechen, ein System einzuführen, das Entwicklern gleichzeitig einen weitreichenden Zugriff auf die iPhone-OS-Schnittstellen gewähren und dabei die Sicherheit und Zuverlässigkeit der Plattform wahren würde, schloss Jobs den Beitrag. Am 6. März 2008 war es schließlich so weit. Beim *iPhone Software Roadmap Event* wurde das angekündigte SDK vorgestellt. Entwickler konnten native iPhone-Apps nun mithilfe der Programmiersprache Objective-C schreiben. Beim SDK legte Apple großen Wert auf die Sicherheit: Während Anwendungen normalerweise mit den Rechten des Benutzers laufen, werden Apps für das iPhone mit reduzierten Rechten in einer Sandbox ausgeführt. Andere Apps oder das Betriebssystem können nicht manipuliert werden. Weiterhin können Entwickler nicht auf beliebige Schnittstellen des Systems zugreifen. Anwendungen müssen den Zugriff auf datenschutzrelevante Funktionen wie den Standort des Anwenders, die Kamera oder das Mikrofon deklarieren und erst den Anwender begründet um Berechtigung bitten. Nur wenn dieser zustimmt, wird die Funktion freigeschaltet. Auf derselben Veranstaltung stellte Steve Jobs zudem vor, wie Anwendungen von Drittanbietern auf die Geräte gelangen sollten:

> *And the way we're gonna do it is what we call the App Store. This is an application we've written to deliver apps to the iPhone and we're gonna put it on every single iPhone with the next release of the iPhone software.*

Der *App Store* ist also selbst eine App, die auf jedem iPhone installiert sein sollte. Entwickler können Anwendungen für diesen Marktplatz einreichen und somit die komplette iPhone-Nutzerbasis erreichen. Der App Store wurde zugleich als *exklusiver Vertriebsweg* für Apps von Drittanbietern platziert. Anwendungen aus beliebigen Quellen und anderen Stores können ohne Jailbreak bis heute nicht auf iOS-Geräten installiert werden. Der App Store weist darüber hinaus weitere Einschränkungen auf: So wird weder Schadsoftware akzeptiert noch Apps, die gewaltverherrlichende Inhalte zeigen. Anwendungen können direkt (*over the air*) aus dem App Store heraus auf dem Gerät installiert werden. Eine zweite Methode bestand darin, dass Anwender Apps aus dem App Store mithilfe von iTunes zunächst auf Ihren Computer herunterladen und dann auf das Gerät übertragen konnten. Diese Möglichkeit des Querladens (*Sideloading*) von Anwendungen über iTunes besteht zwischenzeitlich nicht mehr. Insgesamt erfüllt der App Store heute folgende Rollen:

- *Katalog*: Der App Store besteht aus unterschiedlichen Sichten. Der Anwender kann etwa zielgerichtet nach einer bestimmten Anwendung suchen, sich eine der vorgestellten Anwendungen (*Featured Apps*) ansehen oder Kategorien (Spiele, Hilfsprogramme etc.) durchsuchen. Jede App kann sich mit Beschreibungstexten und Screenshots ausführlich vorstellen. Außerdem werden Versionsinformationen, Änderungsprotokolle (*Changelogs*) und weitere Metadaten wie die Dateigröße der App sowie Hinweise zum Entwickler dargestellt.

- *Rezensionen*: Anwender können Apps über ein Fünfsternesystem bewerten und auch längere Rezensionen hinterlassen. Diese können anderen Benutzern als Orientierungshilfe dienen und zugleich dem Entwickler als Ansporn, gut verwendbare Apps umzusetzen.
- *Installation*: Gefällt dem Anwender eine App, kann er diese über den App Store direkt auf seinem Gerät installieren. Abbildung 1.4 zeigt das Vorgehen: Die Installation wird direkt über die Vorstellungsseite der App ausgelöst, indem der Anwender dort auf GET ❶ tippt. Dann muss der Anwender den Download der App und gegebenenfalls den Kauf der Anwendung bestätigen ❷. Anschließend wird die App heruntergeladen und das zugehörige Symbol dem Homebildschirm hinzugefügt ❸.
- *Updates*: Liegen für Anwendungen Aktualisierungen vor, werden diese ebenfalls zentral über den App Store bezogen. In dem Fall zeigt der App Store eine Benachrichtigung auf seinem Homebildschirm-Icon an. Ebenso ist es möglich, diese Updates automatisch installieren zu lassen.
- *Qualitätskontrolle*: Apps und ihre Updates werden vor ihrer Veröffentlichung im App Store einzeln geprüft. Dazu hat Apple bestimmte Richtlinien definiert, die Apps einhalten müssen, etwa erlaubte Geschäftsmodelle, Inhalte und Gestaltungskriterien. Anwendungen sollten nicht abstürzen und nur funktionsfähige Links beinhalten. Weiterhin wird geprüft, ob die Anwendung unerlaubte Schnittstellen verwendet. Es obliegt dem Prüfer bei Apple, ob er eine App bzw. ein Update freigibt oder zurückweist. Dieser Prozess kann mehrere Tage dauern. Außerdem kann Apple unautorisierte Anwendungen nachträglich auch aus der Ferne löschen.
- *Abrechnung*: Käufe über den App Store rechnet Apple direkt mit dem Kunden ab. Der Entwickler muss sich somit nicht um die Anbindung von Zahlungsdienstleistern kümmern und erhält ebenso keinen Zugriff auf die Zahlungsdaten. Der Entwickler wird anschließend von Apple ausbezahlt. Neben einem optionalen Kaufpreis können Entwickler im App Store auch *In-App-Käufe* hinterlegen, etwa um einzelne Funktionen nachträglich freizuschalten. Spiele nutzen diese Möglichkeit ebenfalls gern, beispielsweise um echtes Geld gegen Spielwährungen (Gold, Diamanten) einzutauschen. Der Kaufpreis und das Vorhandensein von In-App-Käufen werden auf der Beschreibungsseite im App Store angezeigt. Apple behält 30 Prozent des Umsatzes von App- und In-App-Käufen ein. Für Abonnements, die über den App Store vermittelt werden, müssen nach einem Jahr nur noch 15 Pro-

zent abgegeben werden, bei kostenfrei vertriebenen Anwendungen fällt keine Abgabe an. Zur Veröffentlichung von Apps auf diesem Marktplatz ist eine kostenpflichtige Mitgliedschaft im *Apple Developer Program* erforderlich, die jährlich erneuert werden muss.

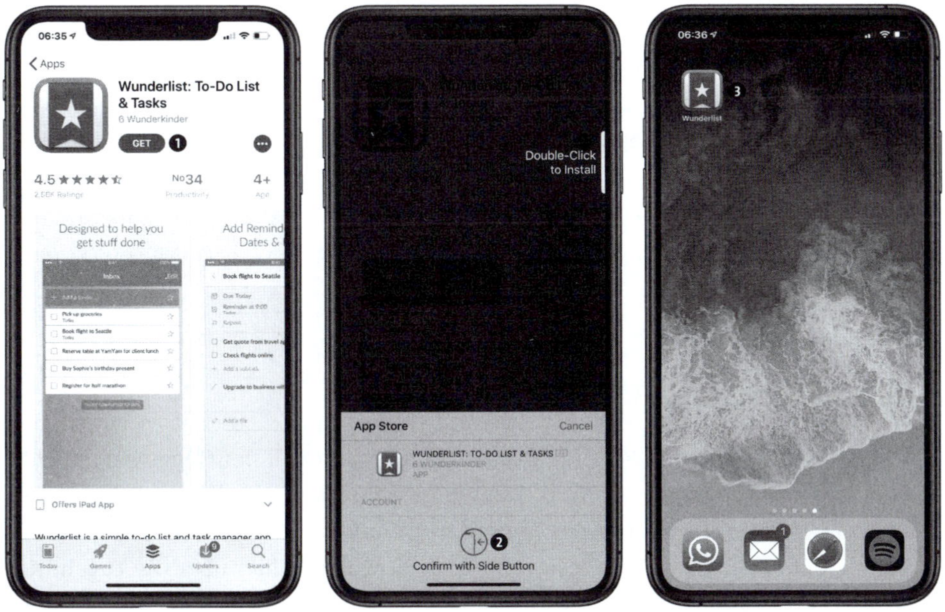

Abbildung 1.4 Funktionsweise heutiger App Stores: aussuchen, bezahlen oder bestätigen, herunterladen

Die Marktakzeptanz des App Store war überwältigend: *Apps*, also Minianwendungen, die einen dedizierten Zweck erfüllen, waren schnell sehr gefragt. Am 22. Oktober 2008 folgte Google mit dem *Android Market* (heute *Google Play Store*) zeitgleich mit der Veröffentlichung des ersten Mobiltelefons mit dem Betriebssystem Android, dem T-Mobile G1. Auf der Android-Plattform können jedoch analog zu Windows CE auch Anwendungspakete (*Android Package*, APK) aus beliebigen Quellen installiert werden, sofern der Benutzer es explizit erlaubt. Weiterhin können andere Marktplätze unter Android betrieben werden, beispielsweise der *Amazon Appstore for Android*. 2010 folgte Microsoft mit seinem neuen mobilen Betriebssystem *Windows Phone* mit dem zugehörigen *Windows Phone Marketplace*. Analog zu Apples Plattform stellte dieser Marktplatz die exklusive, zentrale Bezugsquelle von Apps für die Windows-Phone-Plattform dar.

»There's an app for that« (»Dafür gibt es eine App«) – dieser 2009 in Apple-Werbeanzeigen geschalteter Slogan ging kurzzeitig in den täglichen Sprachgebrauch ein. Die App-Bewegung wurde insgesamt so stark, dass sie sich letztlich sogar auf Desktopbetriebssysteme durchschlug: Im Jahr 2010 veröffentlichte Apple mit dem *Mac App*

Store einen ähnlichen Marktplatz für sein Betriebssystem macOS. Microsoft veröffentlichte im Jahr 2012 Windows 8, das neben der *Windows Runtime* (WinRT), einer neuen auf Apps zugeschnittenen Laufzeitumgebung, auch den Marktplatz *Windows Store* (heute *Microsoft Store*) enthielt. Auf dem neuen Startbildschirm erhielten die Windows-Store-Apps einen prominenten Platz. Die WinRT adaptierte die von mobilen Plattformen bekannten Sicherheitsfeatures wie die App-Sandbox oder das Berechtigungskonzept zum Zugriff auf bestimmte Schnittstellen.

Hinweis zu Enterprise-Deployments

Es gibt je nach Plattform unterschiedliche Möglichkeiten, Anwendungen zu Entwicklungszwecken querzuladen beziehungsweise innerhalb eines Unternehmens auszurollen. Diese Deployment-Arten sind in der obigen Beschreibung nicht berücksichtigt.

1.1.4 Das Verhältnis von Web und Apps

Der App Store ist also die Basis für das Anwendungsmodell der Gegenwart. Gleichwohl kommt dem *World Wide Web* (WWW) auf Mobilgeräten eine wichtige Bedeutung zu. Dort bezieht man Informationen, kauft ein oder schaut Videos. Mit vielen Diensten, die eine App anbieten, kommt man in vielen Fällen über die zugehörige Website in Kontakt. Aus diesem Grund gibt es verschiedene Möglichkeiten, aus dem Web heraus mit dem App Store und installierten Apps zu interagieren.

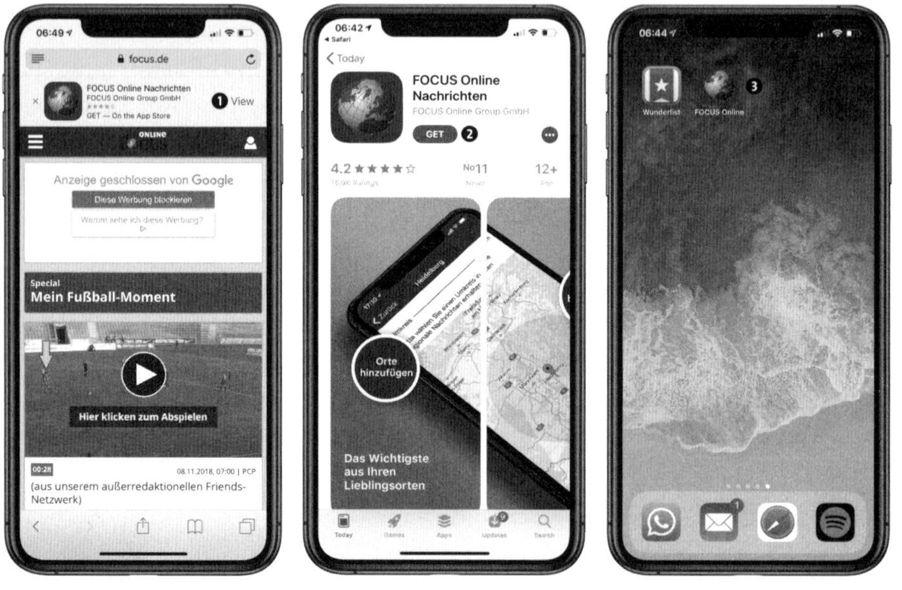

Abbildung 1.5 Mit Smart-App-Bannern können Websites auf die Verfügbarkeit einer zugehörigen nativen App hinweisen.

Viele Websites nutzen beispielsweise die Möglichkeit, mit einem Banner auf die Verfügbarkeit einer zugehörigen App im App Store hinzuweisen. Seit iOS 6 ist dies mithilfe der *Smart App Banner* in Safari möglich. Die Website gibt in ihren Metadaten einen Verweis auf die zugehörige App an, das Banner wird vom Browser beigesteuert. Ein Beispiel ist in Abbildung 1.5 zu sehen: Ist die App noch nicht auf dem Gerät des Anwenders installiert, führt VIEW ❶ zur Beschreibungsseite im App Store. Dort kann die zugehörige App auf bekannte Weise installiert werden ❷ und erhält anschließend wieder einen Platz auf dem Homescreen ❸. Ist die Anwendung bereits installiert, öffnet das Banner die zugehörige App. Während der Installation zeigt es den Fortschritt des Vorgangs an.

Websites können dank sogenannter *URI Schemes* (von *Uniform Resource Identifier*, URI) auch Telefonfunktionen aufrufen, native Anwendungen öffnen und dabei sogar bestimmte Zielzustände definieren:

- *tel:0800123123* ruft die angegebene Telefonnummer an.
- *mailto:chris@example.com?subject=hallo&body=Hallo%20Chris* öffnet das E-Mail-Programm und belegt Empfänger, Betreffzeile und Nachrichteninhalt vor.
- *skype:skype.test.user.1* ruft den angegebenen Benutzer auf Skype an.
- *https://www.google.com/maps/@49.1231618,8.2960259,13z* öffnet die App von Google Maps, sofern sie installiert ist, ansonsten das zugehörige Webangebot.

Umgekehrt können Anwendungen beliebige Websites mithilfe ihres *Uniform Resource Locator* (URL) im Webbrowser öffnen oder in einem In-App-Browser darstellen.

1.2 Progressive Web Apps: wohin die Reise der Anwendungsentwicklung geht

Im Jahr 2015 ist es dann wieder Google, das die Anwendungsentwicklung aus dem App-Store-Zeitalter auf die nächste Stufe heben möchte: Am 15. Juni veröffentlichte Alex Russel, Produktmanager bei Google, seinen Blogpost »Progressive Web Apps: Escaping Tabs Without Losing Our Soul«, der dem neuen Anwendungsmodell seinen Namen gab. Darin wird die Vision eines Anwendungsmodells geschärft, bei dem das Leben einer Anwendung zunächst im Browser beginnt oder, genauer, in einer Registerkarte des Browsers. Zeigt der Benutzer Interesse an der Anwendung, kann der Browser ihm anbieten, eine Verknüpfung zur App auf dem Homebildschirm oder in der Programmliste anzulegen. Von dort gestartet, werden Anwendungen auf einer Ebene mit ihren nativen Gegenstücken ausgeführt: Sie können auf Mobilgeräten vollflächig, also ohne Status- und Menüzeilen, und auf Desktopgeräten in einem eigenen Fenster mit nativer Fensterdekoration dargestellt werden. Sie erscheinen auf einer mobilen Plattform im App-Switcher und auf dem Desktop in der Taskleiste.

Fortlaufend und schrittweise, also *progressiv*, verlassen diese Anwendungen somit Browser-Tab und Browser – zumindest optisch, denn auch im nativen Fenster tickt weiterhin die Browser-Engine. Da Web-Apps ihren nativen Gegenstücken somit auf Augenhöhe begegnen, könnten App Stores eines Tages überflüssig werden.

Ihnen kommt dieses Modell bekannt vor? Gut aufgepasst! Es entspricht genau dem Gedanken, wie Apps ursprünglich auf das iPhone kommen sollten: als im Browser ausgeführte Webanwendung. Ein Benutzer muss zudem nicht warten, bis der Browser dem Anwender das Hinzufügen der App auf den Homebildschirm vorschlägt. Der Anwender kann diesen Schritt auch proaktiv vornehmen.

Dies zeigt Abbildung 1.6 am Beispiel der Progressive Web App *Twitter Lite* auf Android (*https://mobile.twitter.com*). Das neue Anwendungsmodell ist unter Verwendung des Webbrowsers Google Chrome auf Android bereits seit geraumer Zeit verfügbar. Das Vorgehen ähnelt dem in Abschnitt 1.1.2, »Der Browser als Anwendungsplattform«, vorgestellten Hinzufügen von Web Clips auf dem Homebildschirm des iPhone auf verblüffende Weise: Im Anwendungsmenü ❶ der hier verwendeten mobilen Ausgabe von Google Chrome findet sich der Eintrag Add to Home screen ❷. Es erscheint eine Abfrage, die der Anwender per Tippen auf ADD ❸ bestätigen kann. Anschließend erscheint eine Verknüpfung zu dieser Website auf dem Homebildschirm ❹. Ein App Store ist in den gesamten Prozess nicht involviert.

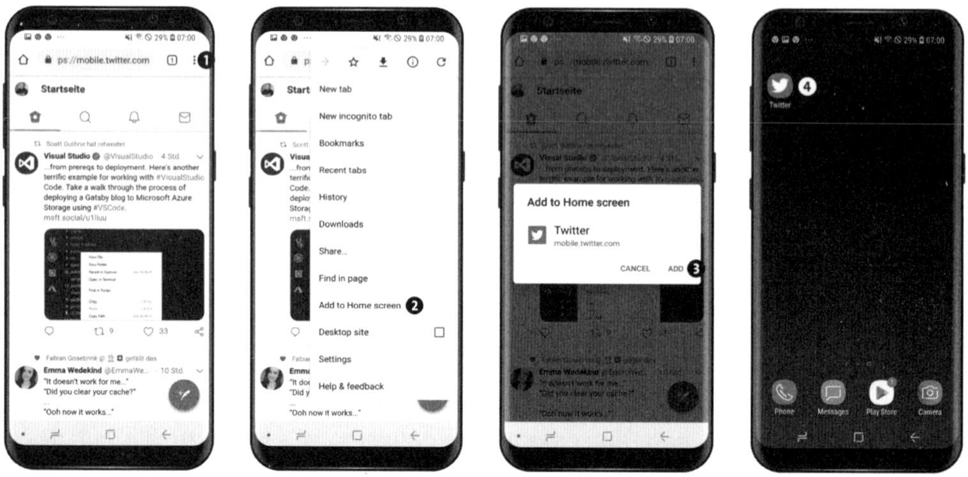

Abbildung 1.6 Progressive Web Apps dem Homebildschirm hinzufügen

Unterstützt ein Webbrowser die PWA-Schnittstellen nicht (zum Beispiel Microsoft Internet Explorer 11), soll die Anwendung dort trotzdem im Rahmen der Möglichkeiten funktionieren: Offlinefähigkeit und Pushbenachrichtigungen stehen dem Anwender in diesem Fall zwar nicht zur Verfügung, aber das Erledigen der Hauptaufgabe, zum Beispiel das Absenden eines Tweets, sollte auch dort möglich sein. Anwender älterer Browser sollen also explizit nicht ausgesperrt werden.

1.2.1 Die Plattformproblematik

Progressive Web Apps versprechen gegenüber dem App-Store-Modell eine deutlich einfachere Entwicklung von Anwendungen: Denn derzeit müssen Entwickler nicht nur eine ansprechende Website zur Bewerbung ihres Produkts anfertigen und einen Webclient implementieren, sondern auch noch native Anwendungen. Diese müssen wiederum für verschiedene Plattformen entwickelt werden, gegenwärtig oftmals für Android und iOS, manchmal auch für die *Universal Windows Platform* (UWP), also die gemeinsame App-Plattform von Windows 10 und dessen Derivate wie die Betriebssysteme von *Xbox One* oder *HoloLens*. iOS-Apps werden typischerweise in *Objective-C* oder *Swift* geschrieben, Android-Apps in *Java* und Windows-Apps in *C#* oder *C++*. Und das sind lediglich die mobilen Betriebssysteme – auf dem Desktop warten Windows, macOS und Linux als Zielplattformen.

Es werden also Softwareentwickler benötigt, die sowohl diese teils sehr unterschiedlichen Sprachen beherrschen als auch ein Grundverständnis dafür mitbringen, wie Anwendungen auf den jeweiligen Plattformen aussehen und sich anfühlen sollten. Vor allem sollten die Entwickler die User-Experience-Regeln der Plattform kennen. Für manche Plattformen braucht man spezielle Hardware, etwa einen Mac für die iPhone-Entwicklung. Für die unterschiedlichen nativen Plattformen werden weiterhin jeweils eigene SDKs benötigt. Mit der Implementierung einer Anwendung ist es selbstredend auch noch nicht getan, denn diese müssen fortlaufend gewartet werden. Darüber hinaus sollten die unterschiedlichen Ausgaben über die Plattformen hinweg einen grundsätzlich vergleichbaren Funktionsumfang bieten. Und auch das Potenzial für Bugs steigt mit der Größe der Codebasis natürlich an. Große Unternehmen wie Facebook und Google können es sich leisten, ein ganzes Team auf die Entwicklung und Wartung einer Anwendung für eine einzelne Plattform anzusetzen. Kleine und mittelständische Unternehmen können das aber wohl nur selten erbringen.

Wünschenswert wäre also ein Modell zur Entwicklung von Anwendungen, das *plattformübergreifend* (*cross-platform*) ausführbar ist und mit dem der alte Java-Traum »write once, run anywhere« endlich wahr wird. Mit *Xamarin* existiert ein möglicher Ansatz zur Lösung dieses Problems: Xamarin ist ein Produkt von Microsoft, um eine in C# geschriebene Anwendung auf unterschiedlichen Plattformen auszuführen. Das Framework erlaubt die Entwicklung von Anwendungen für Android, iOS und Windows. Xamarin-Apps können auf dieselben nativen Schnittstellen zugreifen, die auch in Java oder Objective-C geschriebene Anwendungen verwenden könnten. Eine wesentliche Plattform deckt jedoch auch Xamarin nicht ab: den Browser. Das Web stellt die größte Anwendungsplattform dar, denn Webbrowser sind auf fast jedem Gerät und jeder Plattform anzutreffen:

- Smartphones und Tablets mit Android, iOS oder Fire OS
- Laptops und Desktops mit Windows, macOS oder Linux
- Smart-TVs und Spielekonsolen
- Und nicht zu vergessen: smarte Haushaltsgeräte, Entertainment-Systeme in Autos & Co.

Um alle diese Plattformen mit einer einzigen Codebasis adressieren zu können und somit wirklich plattformunabhängig zu sein, kommt nur ein Technologie-Stack infrage: das Web.

Exkurs: Cross-Plattform im Web

Mit Technologien wie Apache Cordova oder GitHub Electron ist es bereits seit einiger Zeit möglich, einmal geschriebene Webanwendungen in native Anwendungscontainer für Mobil- beziehungsweise Desktopplattformen zu verpacken, die auf denselben nativen Funktionsumfang zurückgreifen können. Genau diese Anwendungscontainer möchten die Progressive Web Apps jedoch überflüssig machen, da sie kein Teil des offenen und standardisierten Webs sind.

1.2.2 Das Web ist die Plattform

Mit dem WWW ist in den vergangenen Jahren eine weitere Plattform zur Anwendungsentwicklung erstarkt. Was mit dem Web 2.0 etwa im Jahr 2004 begann, setzte sich ab 2007 mit einer weiteren Technologie fort: der *HyperText Markup Language* in Version 5 (HTML5). Diese neue Fassung der Auszeichnungssprache des WWW nahm gezielt Webanwendungen ins Visier: Unter anderem sollten die Unterstützung von Drag-and-drop sowie hardwarebeschleunigtem Zeichnen von 2D-Inhalten, die Wiedergabe von Audio und Video ohne Plug-in oder neue Eingabeelemente (für Zahlen, Farben oder das Datum) die Implementierung mächtiger Webanwendungen ermöglichen. Somit konkurrierte HTML5 insbesondere mit damals vorherrschenden Technologien zur Anwendungsentwicklung im Web, die oftmals als Plug-in realisiert wurden und mit nativ ausgeführten Prozessen kommunizierten: Beispiele für solche Ansätze sind *Java-Applets*, *Microsoft Silverlight* und *Adobe Flash*. Keine dieser Lösungen wurde auf iPhones jemals unterstützt. Insbesondere im Fall des damals weitverbreiteten Adobe Flash gab es große Diskussionen: Steve Jobs begründete die Entscheidung, Flash auf dem iPhone nicht zu unterstützen, in seinem offenen Brief »Thoughts on Flash«. Dieser wurde am 29. April 2010, wieder auf dem Apple-Blog Hot News,[2] veröffentlicht:

2 Steve Jobs, Thoughts on Flash, Apple Hot News, 29. April 2018: *https://www.apple.com/hotnews/thoughts-on-flash/*

> *Flash was created during the PC era – for PCs and mice. [...] But the mobile era is about low power devices, touch interfaces and open web standards – all areas where Flash falls short. [...] New open standards created in the mobile era, such as HTML5, will win on mobile devices (and PCs too).*

Jobs sollte recht behalten: Die Technologie Flash wird auf Mobilgeräten schon seit 2011 nicht mehr weiterentwickelt, ab Ende 2020 wird die Unterstützung ganz eingestellt. HTML5 markierte lediglich den Anfang einer spannenden Entwicklung: Viele Funktionalitäten, die man zuvor nur nativen Anwendungen zugeschrieben hatte, haben mittlerweile Webschnittstellen erhalten. Dazu zählen beispielsweise das Erfassen von Aufnahmen über das Mikrofon oder die Webcam, der Zugriff auf den Standort des Anwenders, die Darstellung von 3D-Visualisierungen ohne Plug-in im Browser, die Synthese von Sprache direkt im Browser, Schnittstellen zur Echtzeitkommunikation, kryptografische Funktionen, Zugriff auf die Bluetooth-Schnittstelle oder den Umgebungslichtsensor sowie die Steuerung von Anwendungen per Gamepad. Und das sind nur einige Beispiele dessen, was das mobile Web schon heute alles leisten kann. Ebenjene Leistungsfähigkeit stellt die Grundvoraussetzung dafür dar, dass das Anwendungsmodell der Progressive Web Apps überhaupt funktionieren kann: Wenn Webanwendungen mit nativen Anwendungen konkurrieren sollen, müssen diese auch auf native Funktionalität zugreifen können. Für viele Features stellen moderne Webschnittstellen diesen Zugriff zur Verfügung.

1.2.3 Das Rückgrat der Progressive Web Apps

Und doch fehlten Webanwendungen lange Zeit eine zentrale Eigenschaft: so auszusehen und sich so zu verhalten, wie es native Anwendungen tun. Im Wesentlichen betrifft das drei Aspekte:

1. *Offlinefähigkeit*: Wenn keine Verbindung zum Internet vorhanden ist, soll die Anwendung dennoch geöffnet werden können. Das bedingt, dass die Quelldateien der Anwendung auf dem Gerät zwischengespeichert werden müssen.
2. *Pushbenachrichtigungen* und *Hintergrundaktivität*: Webanwendungen sollen in der Lage sein, den Anwender über extern eingetretene Ereignisse (eingegangene Nachrichten, Schlagzeilen, Fußballergebnisse) zu informieren. Die App soll im Hintergrund Daten aufbereiten oder synchronisieren können, in beiden Fällen auch dann, wenn die App oder der Webbrowser gar nicht geöffnet ist. Das bedingt, dass es eine Entität geben muss, die unabhängig vom Lebenszyklus der Website ausgeführt werden kann.
3. *Homebildschirm* und *Fensterdekoration*: Webanwendungen sollen ein eigenes Icon auf dem Homebildschirm oder dem Desktop erhalten. Sie sollen auf Mobilgeräten die vollen Abmessungen des Bildschirms einnehmen, auf Desktopgeräten sollen sie in einem eigenen Fenster starten. In beiden Fällen sollen Adress- und

Menüzeile des zugrunde liegenden Browsers nicht zu sehen sein – oder höchstens auf Wunsch. Außerdem sollen sie im App-Switcher, der Taskleiste beziehungsweise dem Dock erscheinen – so wie es auch bei nativen Anwendungen der Fall ist. Abbildung 1.7 zeigt die Ausführung der Twitter-Lite-PWA am Beispiel des Desktopbetriebssystems Windows. Das bedingt, dass es eine Schnittstelle geben muss, die dieses Verhalten der Anwendung steuern kann.

Abbildung 1.7 Twitter-Lite-PWA in einem eigenen Fenster unter Windows, einschließlich Icon auf dem Desktop und in der Taskleiste

Zwei Technologien möchten diese Probleme für das Web lösen: Die Punkte 1 und 2 werden durch den Service Worker adressiert: Dabei handelt es sich um ein Worker-Skript, das von einer Website registriert werden kann. Anschließend läuft es außerhalb des Websitekontexts und sogar unabhängig vom Lebenszyklus der eigentlichen Website, wenn auch in gewissen Grenzen. Auf Mobilgeräten führen Webbrowser dauerhaft einen Hintergrunddienst aus, um die Ausführung dieser Skripte auch dann zu gewährleisten, wenn gerade kein Browserfenster geöffnet ist. Das Web App Manifest möchte wiederum Punkt 3 lösen: Es definiert unter anderem, welche Icons für die App verwendet werden sollen, wie die App bezeichnet wird und welcher Splashscreen angezeigt werden soll.

Somit können Progressive Web Apps zu nativen Anwendungen aufschließen. Es ist aber genauso möglich, diese Schnittstellen außerhalb des PWA-Kontexts zu verwenden. Alex Russel verweist so in seinem PWA-Blogpost auf das Schicksal der Browserschnittstelle *XMLHttpRequest*, die 2000 in den damals verbreiteten Browsern implementiert wurde. Größere Beachtung fand die Schnittstelle erst einige Jahre später als technisches Fundament von AJAX und somit von Web 2.0. Schon seit 2014 sind Service Worker und Web App Manifest in Googles Webbrowser Chrome implementiert: Für die Progressive Web Apps bilden sie das technische Rückgrat.

1.2.4 Progressive Web Apps als Über-Pattern

Progressive Web Apps beschreiben eine Klasse plattformübergreifend ausführbarer Webanwendungen, die mit mächtigen Features ausgestattet sind und im Gewand nativer Anwendungen erscheinen, sofern es der Webbrowser unterstützt (nicht vergessen: Browser ohne Unterstützung sollen nicht ausgesperrt werden). Damit sind Progressive Web Apps weniger eine greifbare Technologie als vielmehr ein Entwurfsmuster höherer Ordnung, ein Über-Pattern, das bestimmte Anforderungen an eine Webanwendung stellt. Alex Russel beschreibt in seinem PWA-Blogpost die folgenden neun Eigenschaften, die Progressive Web Apps aufweisen sollten:

1. *Responsive*: PWAs passen sich unterschiedlichen Geräteformfaktoren an.
2. *Connectivity Independent*: PWAs können dank Service Worker und dessen Zwischenspeicher auch offline ausgeführt werden.
3. *App-like Interactions*: PWAs setzen App-typische Navigationsstrukturen und Interaktionsmodelle ein.
4. *Fresh*: PWAs verwenden online ausgeführt trotz Offlinekopie im Zwischenspeicher immer die neueste Variante. Das stellt der Service-Worker-Updateprozess sicher.
5. *Safe*: PWAs werden über *HyperText Transfer Protocol Secure* (HTTPS) und *Transport Layer Security* (TLS) ausgeliefert.
6. *Discoverable*: PWAs sind als Anwendungen identifizierbar und können von gewöhnlichen Websites unterschieden werden.
7. *Re-engageable*: PWAs können Anwender durch Pushbenachrichtigungen zum Wiederverwenden der Anwendung bewegen.
8. *Installable*: PWAs können auf dem Homebildschirm beziehungsweise in der Programmliste des Anwenders hinterlegt werden.
9. *Linkable*: PWAs müssen nicht installiert werden, laufen sofort und lassen sich mithilfe ihrer URL problemlos mit anderen teilen.

Auf welche Art der Entwickler diese Anforderungen umsetzt, ist nicht festgelegt. So kann er zum Beispiel komplett frei wählen, ob er seine Progressive Web App als Single-Page Web Application mit Frameworks wie *Angular*, *Vue.js* oder *React* implementiert, eine Bibliothek wie *jQuery* einsetzt oder vollständig auf den Einsatz eines Frameworks verzichtet. So wie Windows-Anwendungen in Visual Basic, Java oder Delphi geschrieben werden können, so kann auch der PWA-Entwickler sein technisches Fundament frei wählen – vorausgesetzt, es kann im Browser zur Ausführung gebracht werden. Progressive Web Apps müssen im Gegensatz zu ihren nativen Gegenstücken weder verpackt werden noch einen bestimmten Bereitstellungsprozess durchlaufen. Letztlich sind sie nur Websites, die besondere Schnittstellen aufrufen. Somit können sie genauso einfach bereitgestellt und betrieben werden, wie es auch bei ganz gewöhnlichen Websites der Fall ist.

1.3 Voraussetzungen und Basics: welches Wissen Sie schon mitbringen sollten

Dieses Buch setzt sich gezielt mit Progressive Web Apps und ihren zugehörigen Schnittstellen auseinander. Aus Platzgründen können aber nicht alle Basics von der Pike auf betrachtet werden. Daher werden Grundkenntnisse vorausgesetzt: Dieses Buch richtet sich vorrangig an den Kreis der Webentwickler und Entwickler von Businessanwendungen, die zumindest grundlegende Kenntnisse in der Webentwicklung mitbringen und ihre Anwendung auf einen modernen Unterbau heben möchten. Mit der Kommandozeile beziehungsweise dem Terminal sollten Sie grundlegend umgehen können. Zur Auffrischung folgt eine kurze Einordnung von Webtechnologien, Single-Page Web Applications und der mobilen Anwendungsentwicklung.

1.3.1 HTML, CSS, JavaScript und TypeScript

Der Webtechnologie-Stack setzt sich aus verschiedenen Sprachen zusammen. In diesem Buch werden Sie *HTML*, *Cascading Style Sheets* (CSS), *JavaScript* und *TypeScript* nutzen. HTML ist eine Auszeichnungssprache, die die Bestandteile einer Website definiert. Mit der Stylesheet-Sprache CSS wird die Formatierung einer Website angepasst. Die dynamisch typisierte Skriptsprache JavaScript wird zur Umsetzung clientseitiger Dynamik im Browser eingesetzt. Sie kann zur prozeduralen, objektorientierten oder funktionalen Programmierung verwendet werden. TypeScript stellt eine Übermenge von JavaScript dar (das heißt, jede gültige JavaScript-Implementierung ist zugleich eine gültige TypeScript-Implementierung) und ergänzt die Skriptsprache um statische Typisierung und weitere Funktionen. Webbrowser können TypeScript jedoch nicht verstehen, sodass der darin verfasste Quellcode vor der Ausführung im Browser zunächst in JavaScript *transpiliert* werden muss.

In Listing 1.1 sehen Sie ein HTML-Dokument, das sich in einen Kopf (`head`) und einen Körper (`body`) aufgliedert. Im HTML-Kopf werden Metadaten deklariert, etwa der Seitentitel, im Körper wird hingegen der sichtbare Inhalt der Website deklariert. Im vorliegenden Beispiel ist dort eine Schaltfläche (`button`) mit der Beschriftung CLICK ME hinterlegt. Dieses HTML-Element wurde zudem mit zwei Attributen ausgezeichnet: `style` definiert das *Aussehen* des HTML-Knotens in CSS. So soll der Button mit abgerundeten Ecken (`border-radius`) und roter Hintergrundfarbe (`background-color`) dargestellt werden. Das Attribut `onclick` definiert eine JavaScript-Routine zur Behandlung von Klickereignissen: Klickt der Anwender auf den Button, erscheint eine Nachricht (`alert()`) mit dem Text »hi«. Somit wird das *Verhalten* des Elements definiert.

```
<!DOCTYPE html>
<html>
  <head><title>Demo</title></head>
  <body>
    <button style="border-radius: 10px; background-color: red;" onclick=
"alert('hi')">Click me</button>
  </body>
</html>
```

Listing 1.1 Ein einfaches HTML-Dokument mit CSS-Anteilen und clientseitiger Dynamisierung mithilfe von JavaScript

In Abbildung 1.8 ist die Ausführung des oben genannten HTML-Dokuments im Browser zu sehen: Vereinfacht dargestellt, wird in HTML also definiert, dass es einen Button gibt, die abgerundeten Ecken und die Hintergrundfarbe der Schaltfläche werden mit CSS gesetzt, und JavaScript bringt die Interaktion mit dem Button in den Browser. Und was dort einmal läuft, kann auch auf den verschiedensten Plattformen ausgeführt werden: von Android bis iOS, von Linux bis Windows.

Abbildung 1.8 Ausführung des Minibeispiels

1.3.2 Single-Page Web Applications

Die Vorgehensweise beim oben gezeigten Minibeispiel skaliert natürlich kaum. HTML-, CSS- und JavaScript-Codefragmente sind ineinander verwoben. Große Anwendungen lassen sich auf diese Art nicht entwickeln. Es braucht also ein Entwurfsmuster, das auch die Entwicklung von Webanwendungen mit großem Umfang erlaubt. Ein solches stellen die Single-Page Web Applications dar: Diese bringen Architekturmittel mit, um Anwendungen horizontal und vertikal zu segmentieren und CSS-, JavaScript- und HTML-Code getrennt voneinander abzulegen, sodass die Arbeit im Entwicklungsteam besser aufgeteilt werden kann.

Kapitel 9 wird sich mit dem SPA-Framework Angular befassen, das sich dank zahlreicher Architekturmittel zur Entwicklung von Anwendungen mit großem Umfang gut eignet und eine eingebaute Unterstützung für Progressive Web Apps enthält. Wie bereits angemerkt, ist es aus PWA-Sicht jedoch letztlich völlig egal, ob und mit welchem Framework eine solche Anwendung umgesetzt wird. Hilfreich ist aber, dass sie das SPA-Architekturmuster aus Abbildung 1.9 umsetzt, die Anwendung also lediglich zum Abruf und zur Manipulation von Daten Kontakt mit einem entfernten Server aufnimmt (Pullprinzip über HTTPS).

Mithilfe des Protokolls *WebSockets* ist es darüber hinaus möglich, dass der Webserver Informationen über ein aufgetretenes Ereignis oder geänderte Daten proaktiv zum Client schickt (Pushprinzip). Die zur Ausführung der Webanwendung erforderlichen HTML-, CSS- und JS-Quelldateien sowie Assets (Bilder, Symbole, Schriftarten, weitere Medien) können vom Webserver komplett statisch ausgeliefert werden. Der Browser lädt die Quelldateien zum Anwendungsstart einmalig herunter, danach läuft die Anwendung komplett im Browser.

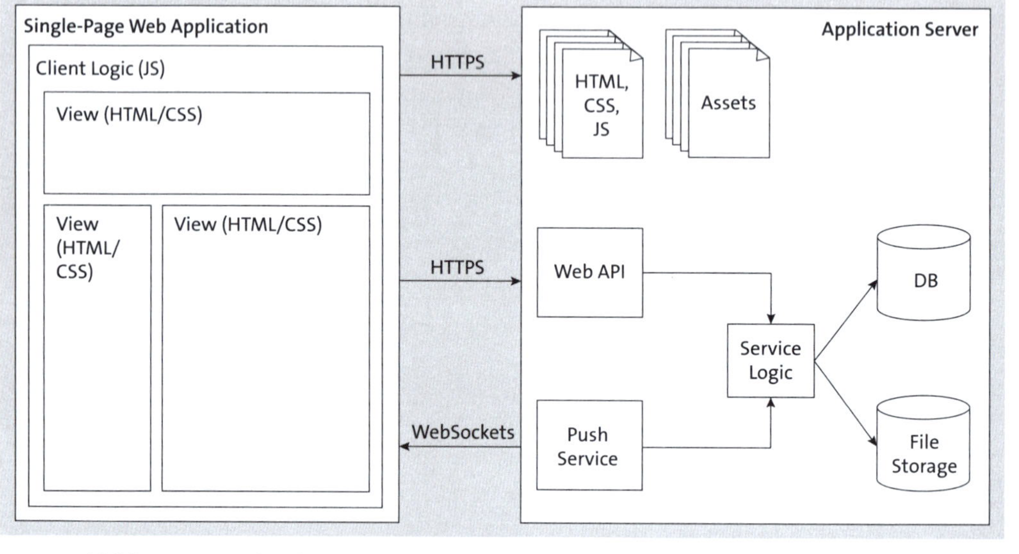

Abbildung 1.9 Architektur einer Webanwendung nach dem Architekturmuster der Single-Page Web Application

1.3.3 Promises: asynchrone Operationen im Griff

Wie viele andere bekannte Programmiersprachen besitzt auch JavaScript Variablen, Funktionen, Klassen und Kontrollstrukturen wie Verzweigungen und Schleifen. Ich gehe davon aus, dass Ihnen diese grundlegenden Konzepte bekannt sind. Ein JavaScript-Sprachkonstrukt ist in der modernen Webentwicklung aber besonders wichtig, da viele aktuelle Webschnittstellen darauf basieren: *Promises*.[3] Ein Promise (wörtlich ein Versprechen) ist ein Wrapper um eine asynchrone Operation und kapselt deren Rückgabewert. Wurde die zugrunde liegende Operation erfolgreich ausgeführt, gilt das Promise als erfüllt (*fulfilled*). Ist ein Fehler aufgetreten, gilt es hingegen als zurückgewiesen (*rejected*). Ist die Operation abgeschlossen (also entweder erfüllt oder zurückgewiesen), gilt das Promise als abgeschlossen (*settled*). Ist die Operation noch im Gang, also nicht erledigt, ist das Promise schwebend (*pending*).

Ein Beispiel für eine asynchrone Operation stellt eine HTTP-Anfrage dar. Diese darf nicht synchron, also blockierend, ausgeführt werden, da die Anwendung für die Dauer der Abfrage einfrieren würde – für die Benutzererfahrung ein absolutes Fiasko. Listing 1.2 zeigt die Verwendung von Promises am Beispiel einer solchen Anfrage über die Schnittstelle `fetch()`. Diese Methode nimmt eine URL entgegen und gibt unmittelbar ein Promise für den asynchronen Vorgang zurück. Auf diesem steht die Methode `then()` zur Verfügung, der eine Callback-Funktion übergeben wird, die beim erfolgreichen Abschluss (fulfilled) der asynchronen Operation mit deren Rückgabewert als Argument aufgerufen wird. Tritt bei der Anfrage jedoch ein Fehler auf, zum Beispiel weil der Anwender gerade offline ist, wird das Promise zurückgewiesen (rejected). Das `then()` aus dem Beispiel wird in diesem Fall übersprungen, dafür wird die Methode `catch()` aufgerufen. Der ihr übergebene Callback wird mit dem Fehlerobjekt aufgerufen, das auf das Fehlen einer Internetverbindung hinweist. Im Beispiel wird die Antwort (`response`) auf der Entwicklerkonsole (`console`) ausgegeben, im Fehlerfall hingegen das Fehlerobjekt (`err`).

```
fetch('https://example.com')
  .then(response => console.log(response))
  .catch(err => console.error(err));
```

Listing 1.2 Verwendung von Promises am Beispiel der fetch-Schnittstelle

Promises haben den Vorteil, dass sich asynchrone Operationen sehr einfach miteinander kombinieren lassen. Die Ablauffolge entspricht einer Kette, die sich im Quelltext von oben nach unten lesen lässt. Ein Beispiel für die Verkettung von Promises sehen Sie in Abbildung 1.10.

3 *https://developer.mozilla.org/en/docs/Web/JavaScript/Reference/Global_Objects/Promise*

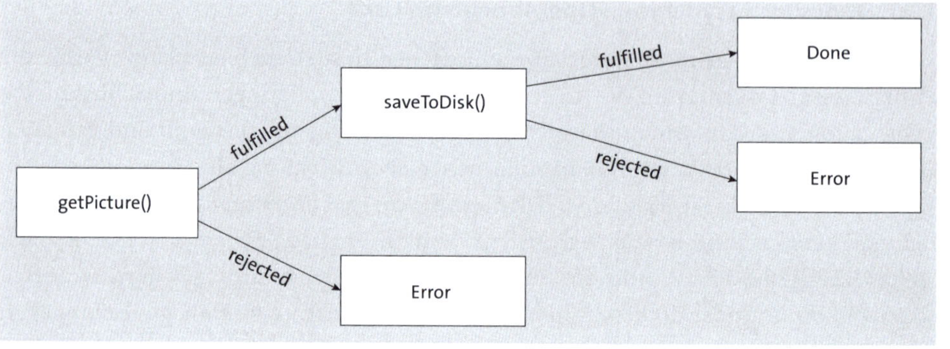

Abbildung 1.10 Verkettung von Promises

Listing 1.3 zeigt ein umfangreiches Beispiel, das die genannte Verkettung und weitere Promise-Funktionen demonstriert: So lassen sich synchrone Werte ebenfalls in einem Promise verpacken, das mit diesem Wert direkt erfüllt beziehungsweise zurückgewiesen wird. Dies ist zum Beispiel erforderlich, wenn für einen Unit-Test eine Mock-Implementierung für eine Promise-basierte Schnittstelle erstellt werden soll. Der Mock soll dabei keine echte asynchrone Operation ausführen, sondern direkt antworten. Zum »Upgraden« synchroner Werte werden die beiden Helfermethoden `Promise.resolve()` (zum Erfüllen) und `Promise.reject()` (zum Zurückweisen) verwendet. Das von diesen Methoden zurückgegebene Promise löst die nachfolgende Kette mit dem übergebenen Wert direkt aus. Neben `then()` für den Erfolgsfall und `catch()` für den Fehlerfall gibt es seit Juni 2018 im offiziellen JavaScript-Sprachstandard auch die Methode `finally()`, die in beiden Fällen aufgerufen wird. Diese Methode muss an letzter Stelle auftauchen und kann den Rückgabewert nicht mehr ändern. Sie eignet sich zum Aufräumen von Datenbankverbindungen, Ladeanzeigen und Ähnlichem. Versuchen Sie einmal, das nachstehende Listing nachzuvollziehen – die Kommentare sollten Ihnen dabei helfen:

```
Promise.resolve(42)  // Promise erfüllt mit Wert 42
  .then(value => {   // value ist 42
    return Promise.reject('boom');  // Promise zurückgewiesen mit Wert 'boom'
  }).then(() => {
    // wird übersprungen, weil Promise zurückgewiesen
  }).catch(err => {  // err ist 'boom'
    // fängt alle zuvor aufgetretenen Fehler, würde ansonsten übersprungen
    // gibt der Block keine Zurückweisung zurück, gilt der Fehler als behoben
    return 'test';   // synchrone Werte sind auch erlaubt, gelten als erfüllt
  }).then(value => { // value ist 'test'
    throw new Error(value);     // throw zählt wie Promise.reject
  }).finally(() => {
```

```
    // muss an letzter Stelle sein, erhält keinen Zugriff auf den Wert und
    // kann selbst nichts mehr zurückgeben, zum Beispiel zum Aufräumen
  }); // Promise gilt insgesamt als zurückgewiesen mit Error('test')
```

Listing 1.3 Umfangreiche Promise-Kette

Zum Thema Promises sollten Sie noch wissen, dass Sie der Methode `then()` auch einen zweiten Callback übergeben können, der sich wie eine `catch()`-Methode verhält. Es wird jedoch immer nur der erste Callback (wenn das Promise erfüllt wird) oder der zweite Callback (wenn das Promise zurückgewiesen wird) aufgerufen, niemals beide. Seit der 2017 herausgegebenen Fassung enthält JavaScript auch die aus .NET bekannten Schlüsselwörter `async` und `await`, mit denen asynchrone Operationen wie synchroner Code geschrieben werden können. Ein `try`-Block agiert dabei wie ein `catch()`. Dies ist syntaktischer Zucker über Promises, die hier weiterhin die technische Basis darstellen. Listing 1.4 zeigt das Beispiel aus Listing 1.2, das für die Verwendung dieser beiden Schlüsselwörter umgeschrieben wurde.

```
async function fetchExample() {
  try {
    const response = await fetch('https://example.com');
    console.log(response);
  } catch (err) {
    console.error(err);
  }
}
```

Listing 1.4 Verwendung der Schlüsselwörter async und await

In diesem Buch werden Sie je nach Situation beide Schreibweisen sehen.

1.3.4 Mobile Anwendungsentwicklung

Des Weiteren sollten Sie grobe Kenntnisse in der mobilen Anwendungsentwicklung mitbringen. Denn dort gelten andere Spielregeln, als Sie es möglicherweise von der traditionellen Anwendungsentwicklung gewohnt sind: Apps sind so geschnitten, dass sie einen kleinen, dedizierten Zweck erfüllen. Eine umfassende Groupware-Anwendung könnte etwa in verschiedene Einzel-Apps wie Kalender, E-Mail, Adressbuch, Aufgaben oder Notizen aufgebrochen werden.

Sollen Anwendungen mit einer Codebasis sowohl Smartphones als auch Desktopbetriebssysteme bedienen, sollten sie nach dem Muster *Mobile First* entwickelt werden. Sichten sollten im Entwicklungsprozess also immer zunächst für Smartphones entwickelt werden, ehe der Entwurf für den Desktop entsteht. Sollen Anwendungen sinnvoll offline verwendet werden können, muss auch dies von vornherein bedacht werden (*Offline First*). Bis auf die *User Experience* (UX) schlägt sich das App-Konzept durch: Anwender sind hier zum Beispiel das Speichern mithilfe des Diskettensymbols nicht mehr gewohnt, sondern erwarten ein automatisiertes Speichern.

Ist Ihre Anwendung kommerziell, muss auch das zugehörige Geschäftsmodell bedacht werden. Eine klassische Boxsoftware nur für Windows, die zu einem einmaligen Preis von 30, 50 oder 70 Euro gekauft werden kann, funktioniert im App-Umfeld offensichtlich nicht mehr. Hier erwarten Nutzer entweder einen geringen einmaligen Kaufpreis oder Abo-Modelle, bei denen die Software kostenfrei bereitgestellt wird, zur umfassenden Nutzung jedoch ein Abonnement mit monatlicher oder jährlicher Abrechnung abgeschlossen werden muss. Daten werden zudem nicht mehr direkt beim Kunden gespeichert (etwa auf einem *on-premise* installierten Datenbankserver), sondern gemäß dem Modell *Software as a Service* vom Anbieter in der Cloud gehostet.

1.4 Tools installieren: das Handwerkszeug zur PWA-Entwicklung

Genug der Vorrede, ran ans Werk. In diesem Abschnitt stelle ich Ihnen kostenfreie Hilfsprogramme vor. Denn auch das ist eine schöne Eigenschaft der Webentwicklung im Allgemeinen und somit auch der PWA-Entwicklung im Speziellen: Der Zugang ist kostenlos. Nicht nur die entwickelten Progressive Web Apps können später plattformunabhängig ausgeführt werden, auch die Entwicklertools laufen auf verschiedenen Plattformen. Alle vorgestellten Werkzeuge sind auf den drei großen Desktopbetriebssystemen Linux, macOS und Windows lauffähig. Bitte installieren Sie die nachfolgend besprochenen Tools auf Ihrem Computer, sofern noch nicht vorhanden.

Hinweis

Alle Installationsschritte und Screenshots beziehen sich auf die jeweilige englische Sprachausgabe. Da die englischsprachige Entwicklercommunity deutlich größer ist und Sie bei einer Google-Suche mit englischen Begriffen deutlich weiterkommen, sei auch Ihnen empfohlen, die englischsprachigen Ausgaben zu verwenden.

1.4.1 Visual Studio Code

Microsoft Visual Studio Code ist ein quelloffener Codeeditor der Microsoft Corporation. Mit seinem Namensvetter, der vollwertigen integrierten Entwicklungsumgebung Visual Studio, hat der Codeeditor aber nur wenig zu tun. Der Funktionsumfang ist stark reduziert, dafür ist Visual Studio Code deutlich schneller, läuft auf allen großen Desktopplattformen und lässt sich dank seiner Erweiterbarkeit mit allem rüsten, was Sie zur Webentwicklung benötigen. Visual Studio Code ist selbst eine mit Webtechnologien entwickelte Anwendung, die mithilfe von Electron in einem nativen Anwendungsbündel verpackt wird (auch das wird in diesem Buch besprochen). Den Codeeditor können Sie auf der folgenden Website herunterladen: *https://code.visualstudio.com*.

Installieren Sie Visual Studio Code nun auf Ihrem System. Nach dem Setup des Codeeditors empfehle ich noch die Installation des *Angular Extension Pack* von Loiane Groner, um die Arbeit mit dem SPA-Framework Angular und der Sprache TypeScript zu vereinfachen. Die Installation dieses Plug-ins erfolgt aus Visual Studio Code heraus, wie Abbildung 1.11 zeigt: Im Menü auf der linken Seite muss der fünfte Eintrag (EXTENSIONS) ❶ ausgewählt werden. Darauf öffnet sich die Sidebar EXTENSIONS. In der Suchbox ❷ kann ein Begriff eingegeben werden, nach dem der Plug-in-Marktplatz von Visual Studio Code durchsucht werden soll. Zum Auffinden des Plug-ins eignet sich dessen Titel *Angular Extension Pack*. Das Plug-in kann entweder direkt aus der Suchergebnisliste heraus installiert werden oder über seine Detailseite, die sich per Klick auf das Suchergebnis öffnet. Auch dort kann die Installation des Plug-ins über die Schaltfläche INSTALL ❸ angestoßen werden.

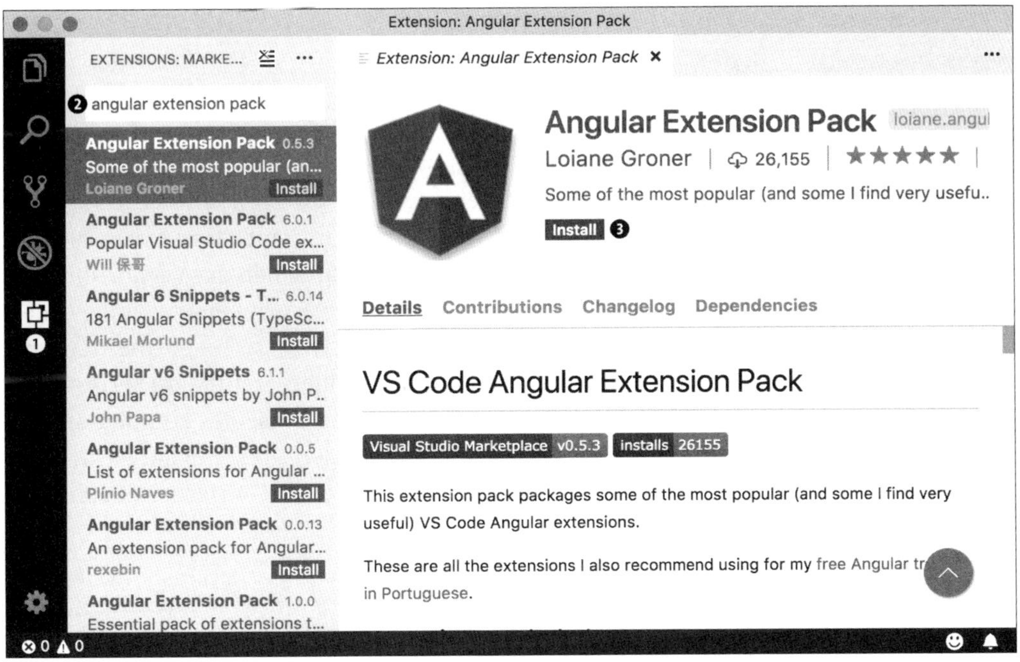

Abbildung 1.11 Installation des Angular Extension Pack in Visual Studio Code

Bei diesem Plug-in handelt es sich um ein Meta-Plug-in, das weitere Plug-ins automatisch mitinstalliert. Unter anderem sind das:

1. *Angular Language Service*: Dieser Sprachdienst erlaubt es Visual Studio Code, eine Codevervollständigung (*IntelliSense*) für Angular-Quellcode anzubieten.
2. *angular2-switcher*: Erlaubt die einfache Navigation zwischen Dateien, die zu einer Angular-Komponente gehören.
3. *TSLint*: Werkzeug zur Quellcodeanalyse, mit dem geprüft werden kann, ob ein bestimmter Programmierstil eingehalten wird. Das Plug-in stellt die Verbindung zwischen diesem Werkzeug und Visual Studio Code dar, sodass Fehler direkt im Quelltext angezeigt werden können.
4. *TypeScript Hero*: Automatisches Sortieren und Löschen ungenutzter Importanweisungen.

Nach der Installation muss Visual Studio Code noch mithilfe der Schaltfläche RELOAD neu gestartet werden, dann ist die Einrichtung komplett.

Eine kostenpflichtige Alternative zu Visual Studio Code stellt die integrierte Entwicklungsumgebung *WebStorm* von JetBrains dar. Diese bringt die oben genannten Plug-in-Funktionen bereits im Standardumfang mit und unterstützt darüber hinaus einige weitere Frameworks. Weitere Informationen finden Sie unter *www.jetbrains.com/webstorm*.

1.4.2 Git

Git ist ein quelloffenes und verteiltes Versionskontrollsystem. Dateien werden innerhalb von Repositorys abgelegt und verwaltet. Änderungen an Dateien werden vom System erfasst und können in Form von *Commits* im Repository persistiert werden. Auf diese Art wird es möglich, zu vorherigen Zuständen in der Versionshistorie zu wechseln. Überdies erlaubt ein System wie Git eine verteilte Entwicklung: Git arbeitet dabei grundsätzlich mit einem lokalen Repository, sodass für die meisten Operationen der Versionskontrolle keine Verbindung zu einem (zentralen) Server erforderlich ist; stattdessen hält jeder Beteiligte eine eigene Kopie des kompletten Versionsverlaufs. Um den Entwicklungsfortschritt mit den anderen Entwicklern zu teilen, muss der Zustand des lokalen Repositorys mit einem entfernten Repository synchronisiert werden.

Öffnen Sie nun die folgende Website und folgen Sie den Installationshinweisen für Ihr Betriebssystem: *https://git-scm.com/downloads*.

Um zu überprüfen, ob alles funktioniert hat, versuchen Sie bitte, das Git-Kommandozeilentool auf Ihrer Kommandozeile (Windows: *cmd.exe* oder PowerShell, macOS/Linux: Terminal) wie folgt aufzurufen: `git -version`. Gibt der Befehl eine Git-Versionsinformation zurück (zum Beispiel `git version 2.15.1`), hat die Installation geklappt.

Gängige Editoren und integrierte Entwicklungsumgebungen, darunter Visual Studio Code, schließen eine grafische Benutzeroberfläche für Git bereits ein. Außerdem existieren Git-Benutzeroberflächen von Drittanbietern (zum Beispiel Sourcetree von Atlassian, GitKraken von Axosoft oder Tower von fournova). Diese Tools sind teilweise kostenpflichtig. Da Sie Git einmalig zum Herunterladen der Quelltextbeispiele benötigen, brauchen Sie diese Tools nicht zu installieren.

1.4.3 Google Chrome

Google Chrome ist der reichweitenstärkste Webbrowser: Im Oktober 2018 surften laut statcounter etwas mehr als 61 Prozent aller Internetnutzer mit diesem Browser. Mit recht großer Wahrscheinlichkeit haben also auch Sie Google Chrome bereits auf Ihrem System installiert. Falls nicht, laden Sie den Webbrowser bitte von der folgenden Website für Ihr Betriebssystem herunter und installieren Sie ihn: *www.google.de/chrome/index.html*.

Ich verwende in diesem Buch Google Chrome unter anderem wegen seiner weitreichenden Unterstützung moderner Webstandards und der ausgefeilten *DevTools*, einer Sammlung fortgeschrittener Entwicklerwerkzeuge, die das Inspizieren von Webseiten und das Debugging von Webanwendungen, darunter auch Progressive Web Apps, erlauben. Unter Windows und Linux werden diese Entwicklertools durch Drücken der Taste [F12] geöffnet, unter macOS mithilfe der Tastenkombination [⌥] + [⌘] + [I].

1.4.4 Node.js

Node.js ist eine quelloffene Plattform zur serverseitigen Ausführung von JavaScript-Anwendungen. Es wurde im Jahr 2009 von Ryan Dahl erstmals veröffentlicht und basiert auf der JavaScript-Engine V8, die auch im Browser Google Chrome zum Einsatz kommt. Andere Bestandteile eines Browsers sind aber nicht enthalten. Node.js-Anwendungen können in JavaScript oder einer darauf aufsetzenden Sprache wie TypeScript geschrieben werden. Zum Entwickeln serverseitiger Apps mit JavaScript ist es unerlässlich, dass diese auch auf native Schnittstellen wie das Dateisystem zugreifen können. Node.js stellt diesen Zugriff zur Verfügung. Somit eignet sich Node.js auch als Plattform zur Entwicklung von Kommandozeilentools. Letztere erfreuen sich in der Webentwicklung in jüngerer Zeit zunehmender Beliebtheit. Einer der Gründe dafür stellt der *Node.js Package Manager* (npm) dar, der jeder Node.js-Installation beiliegt. Dabei handelt es sich um einen Paketmanager mit dem zugehörigen Komponentenmarktplatz *npmjs.com*, dem größten Softwarekatalog der Welt. Entwicklertools können mithilfe von npm auf besonders einfache Weise installiert und ausgeführt werden.

Aufgabe: Node.js installieren

Rufen Sie zur Installation von Node.js folgende Website in Ihrem Browser auf: *https://nodejs.org/en/download*.

Windows- und macOS-Anwender können Installer-Programme für Node.js herunterladen, während unter Linux die Installation über den jeweiligen Paketmanager der Distribution empfehlenswert ist. Hinweise dazu finden Sie unter dem Link INSTALLING NODE.JS VIA PACKAGE MANAGER.

Aufgabe: lite-server installieren

Nachdem Sie die Installation von Node.js abgeschlossen haben, führen Sie auf der Kommandozeile bitte folgenden Befehl aus:

`npm install --global lite-server@2.4.0`.

Damit wird nicht nur geprüft, ob die Installation des Node.js Package Manager erfolgreich war, gleichzeitig wird auch das npm-Paket *lite-server* mithilfe des Node.js Package Manager auf Ihrem System installiert. Der Befehl `npm install --global` sorgt dafür, dass das Paket in Ihrem Benutzerverzeichnis installiert wird. Unter Umständen sind dafür Administratorrechte erforderlich. Durch die globale Installation wird es möglich, auf das darin enthaltene gleichnamige Tool lite-server über die Kommandozeile zuzugreifen. Dieses Werkzeug erlaubt das Starten eines lokalen Webservers im Arbeitsverzeichnis. Und das werden Sie gleich brauchen.

Tipp

Der Befehl `npm install --global` ist natürlich viel zu lang, daher verwende ich ab jetzt die Kurzform `npm i -g`.

In diesem Buch hänge ich an jedes zu installierende Paket die von mir getestete Version an. Bei npm geschieht das, indem dem Paketnamen (zum Beispiel `@angular/cli`) ein @-Zeichen und die zu installierende Paketversion angefügt wird. Aus `npm i -g @angular/cli` wird somit `npm i -g @angular/cli@7.0.2`. In der Zwischenzeit werden sicher neuere, verbesserte Versionen dieser Pakete erscheinen. Wenn Sie diese testen möchten, lassen Sie die Versionsabgabe einschließlich des `@` einfach weg. Jedoch kann ich nicht dafür garantieren, dass die gezeigten Beispiele dann noch (so) funktionieren, wie in diesem Buch beschrieben. Ich rate daher dazu, die Versionsangaben exakt zu übernehmen.

Hinweis

Wenn Sie beim Ausführen der Befehle nach dem Muster `npm i -g` über Berechtigungsfehler stolpern (z. B. `Error: EACCES`), installieren Sie Node.js über einen Versionsmanager wie *nvm* (macOS, Linux) oder *nvm-windows* (Windows). Weitere Informationen zum dazu erforderlichen Vorgehen finden Sie unter *https://docs.npmjs.com/getting-started/fixing-npm-permissions*. Alternativ können die angegebenen Befehle auch über das Kommando `npx` ausgeführt werden. Hier hilft Ihnen eine Google-Suche weiter.

1.4.5 Angular CLI

Angular CLI ist ein Kommandozeilentool, das die Entwicklung von Angular-Anwendungen erheblich vereinfacht. Das Tool unterstützt etwa das Anlegen neuer Projekte, das Hinzufügen neuer Anwendungskonstrukte auf Basis von Vorlagen (*Scaffolding*), das Hinzufügen und Aktualisieren von Abhängigkeiten, das Ausführen der Anwendung zu Entwicklungszwecken, das Ausführen von Unit- und End-to-End-Tests sowie das Kompilieren der Anwendung zum einfachen Deployment.

Angular CLI wird als Kommandozeilentool auf Node.js ausgeführt. Beziehen können Sie die CLI über den Node.js Package Manager.

Aufgabe: Installation von Angular CLI

Führen Sie dazu auf Ihrer Kommandozeile die folgenden Kommandos aus.

```
npm i -g @angular/cli@7.0.2
ng version
```

Die Installation war erfolgreich, wenn das zweite Kommando mit den Versionsinformationen von Angular CLI quittiert wird.

1.4.6 Workbox CLI

Workbox CLI ist ein Kommandozeilentool zur Generierung von Service Workern, also eines der Building-Blocks der Progressive Web Apps. Im Gegensatz zu Angular CLI ist Workbox jedoch nicht an ein bestimmtes Framework gebunden, sondern kann im Zusammenhang mit jedem beliebigen Framework oder sogar komplett ohne ein solches verwendet werden. Die Installation von Workbox CLI ähnelt dem Vorgehen bei Angular CLI, auch hier kommt der Node.js Package Manager wieder zum Einsatz.

Aufgabe: Installation von Workbox CLI

Führen Sie dazu auf der Kommandozeile die folgenden Kommandos aus:

```
npm i -g workbox-cli@3.6.1
workbox
```

Die Installation von Workbox CLI war erfolgreich, wenn das zweite Kommando mit der Ausgabe der Dokumentation quittiert wird.

1.4.7 ngrok

Natürlich möchten Sie Ihre Anwendungen auch auf Ihrem Mobilgerät ausprobieren. Für den Entwicklungsworkflow wäre es optimal, wenn Sie Änderungen an Ihrem Computer umsetzen können und diese direkt auf dem Mobilgerät wirksam würden. Dazu müssen sich Computer und Mobilgerät im selben Netz befinden. Das stellt in vielen Fällen zwar keine große Schwierigkeit dar, doch oftmals blockiert eine Firewall oder der Router den Zugriff vom Mobilgerät auf den Computer. Hier eilt *ngrok* zu Hilfe, ein Tool zum Tunneln von Netzverkehr: Dieses stellt eigentlich nur lokal erreichbare Endpunkte unter einer öffentlich erreichbaren Adresse zur Verfügung. ngrok nimmt mit dem öffentlich erreichbaren Endpunkt über eine ausgehende HTTP-Verbindung Kontakt auf, sodass Router, NAT oder Firewall hier mit hoher Wahrscheinlichkeit keinen Strich durch die Rechnung machen. Somit müssen sich Mobilgerät und Computer nicht einmal mehr im selben Netz befinden. ngrok ist kommerziell, der Funktionsumfang der kostenfreien Fassung reicht für dieses Buch jedoch völlig aus. Laden Sie die ausführbare Datei von ngrok unter folgender Adresse für Ihr Betriebssystem herunter (beachten Sie nur Schritt 1, die übrigen Schritte müssen Sie nicht ausführen): *https://ngrok.com/download*.

Hinweis

Sollten Sie ngrok bereits verwenden und angemeldet sein, melden Sie sich bitte vor Ausführung der Aufgaben in diesem Buch aus ngrok ab. Grund dafür ist, dass manche ngrok-Abonnements gleichzeitig nur einen geöffneten Tunnel erlauben. In einigen Aufgaben werden Sie aber zwei Tunnel öffnen. Dies ist in der kostenfreien und anonymen Variante problemlos möglich.

1.5 Setup: Das erste PWA-Projekt

Nachdem Sie nun alle erforderlichen Tools installiert haben und grob wissen, worum es bei den Progressive Web Apps geht, werden Sie Ihre erste PWA bauen. Sie wird noch nicht besonders viel können, aber bereits eines der zentralen Features umsetzen: die Offlinefähigkeit. Los geht's!

Hilfe im Notfall

Die nachfolgenden Instruktionen sollen Sie befähigen, die Aufgaben selbst umzusetzen. Sollten Sie an einer Stelle nicht weiterkommen, weil Sie sich vertippt haben oder ich Sie abgehängt habe, können Sie auf den fertigen Beispielquellcode zurückgreifen. Diesen finden Sie auf der Website des Rheinwerk Verlags und auf GitHub unter *https://github.com/pwapraxis/beispiele*.

Auf dieser Website werde ich auch wichtige Neuentwicklungen und eventuelle Korrekturen zu dieser Buchausgabe einstellen, vielleicht schauen Sie daher einfach jetzt mal kurz vorbei. Den Beispielquelltext können Sie über folgendes Kommando auf Ihren Rechner herunterladen:

```
git clone https://github.com/pwapraxis/beispiele.git
```

Danach ist der Beispielquelltext im Ordner *beispiele* zu finden.

1.5.1 Dateien anlegen

Legen Sie über den Dateimanager Ihres jeweiligen Betriebssystems (oder die Kommandozeile) ein neues Verzeichnis namens *my-first-pwa* an (zum Beispiel in Ihrem Benutzerverzeichnis oder in einem anderen, in dem Sie Schreibberechtigungen besitzen).

Öffnen Sie dann Visual Studio Code und führen Sie folgende Schritte durch:

- Wählen Sie, wie in Abbildung 1.12 zu sehen, auf der Startseite den Menüeintrag OPEN FOLDER ❶ und navigieren Sie zum soeben angelegten Verzeichnis.
- Markieren oder betreten Sie es und klicken Sie dann auf die Schaltfläche OPEN.
- Stellen Sie sicher, dass in Visual Studio Code die Ansicht EXPLORER geöffnet ist. Ist das nicht der Fall, können Sie sie über das Dateisymbol ❷ (links oben) im Menü auf der linken Seite einblenden.
- Legen Sie innerhalb des Ordners nun zwei Dateien an. Gehen Sie dazu mit der Maus über die Liste MY-FIRST-PWA und klicken Sie dort auf das Dateisymbol ❸. Daraufhin öffnet sich ein Textfeld, in das Sie zunächst *sw.js* eintippen. In dieser Datei werden Sie gleich die Implementierung des Service Workers vornehmen. Dann wiederholen Sie den Vorgang bitte für die Datei mit dem Namen *index.html*, die als Einsprungspunkt für unsere Webanwendung dient.

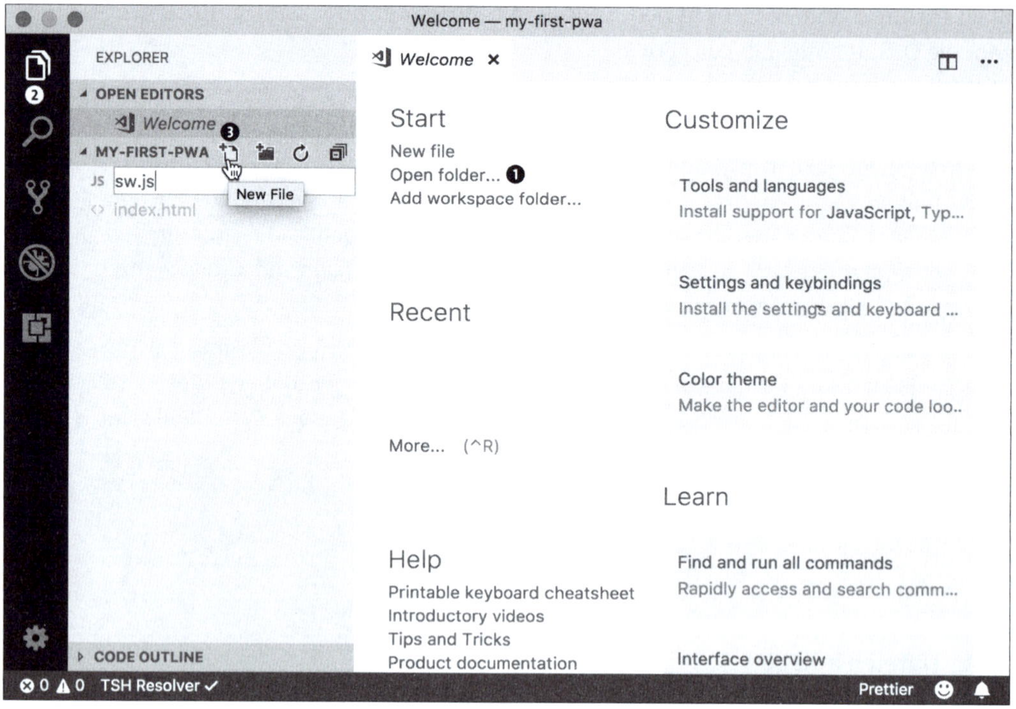

Abbildung 1.12 Anlegen von Dateien in Visual Studio Code

1.5.2 »index.html« – der Einsprungspunkt für Ihre PWA

Der Editor für die Datei *index.html* wird direkt geöffnet und der Cursor darin platziert. Führen Sie nun folgende Schritte aus:

- Geben Sie im Editor `html:5` ein und drücken Sie dann die Tabulatortaste [↹]. Ihre Eingabe wird daraufhin zu einem HTML5-Grundgerüst erweitert.
- Durch weiteres Drücken von [↹] können Sie zu den einzelnen Platzhaltern innerhalb des HTML5-Templates springen. Drücken Sie die Taste so lange, bis sich der Cursor im Knoten `title` befindet (standardmäßig steht hier `Document`). Definieren Sie dort den Titel Ihrer Anwendung, zum Beispiel »Meine erste PWA«. Drücken Sie noch einmal [↹], sodass der Cursor in das `body`-Element springt.

Aufgabe: index.html implementieren

Geben Sie dort folgenden Code ein und speichern Sie die Datei anschließend:

```
    <button style="border-radius: 10px; background-color: red;" onclick=
"alert('hi')">Click me</button>
    <script>
```

```
    if ('serviceWorker' in navigator) {
        navigator.serviceWorker.register('./sw.js')
            .then(reg => console.log(reg))
            .catch(err => console.log(err));
    }
</script>
```

Schauen Sie sich kurz an, was hier definiert wird: Zunächst wird eine Schaltfläche (`button`) angegeben. Mithilfe des Attributs `style` werden für den Button bestimmte Stileigenschaften über CSS definiert. Der Button soll abgerundete Ecken (`border-radius`) und eine rote Hintergrundfarbe (`background-color`) aufweisen. Mit dem `on-click`-Attribut wird angegeben, dass bei Klick auf die Schaltfläche ein Dialog mit der Meldung HI angezeigt werden soll. Die Beschriftung des Buttons lautet CLICK ME.

Dann folgt ein `script`-Element. Dabei handelt es sich nicht um ein sichtbares Steuerelement, sondern es enthält JavaScript-Code, der beim Laden der Website ausgeführt wird. Darin wird zunächst geprüft, ob die Eigenschaft `serviceWorker` auf dem Objekt `navigator` vorhanden ist. Bei `navigator` handelt es sich um ein global verfügbares Objekt, das Informationen zum Webbrowser enthält und Schnittstellen zur Interaktion mit diesem bereitstellt. Unterstützt der Webbrowser die Service-Worker-Schnittstellen nicht, werden sie auch nicht verwendet. Würden Sie diese Prüfung nicht durchführen, würde es auf Browsern ohne Unterstützung für die Service Worker bei der sich anschließenden Registrierung an dieser Stelle zu einem Fehler kommen, da auf eine nicht vorhandene Methode zugegriffen würde. Durch die Verzweigung wird also die Kompatibilität der Website mit Webbrowsern ohne Unterstützung für Service Worker erhalten. Ist die Schnittstelle hingegen vorhanden, wird ein Service Worker für diese Website registriert. Dies erfolgt über die Methode `register()` auf dem `ServiceWorkerContainer`, der über die Eigenschaft `navigator.serviceWorker` abgerufen wird. Diese Methode nimmt eine URL entgegen, an der sich das zu ladende Service-Worker-Skript befindet. In unserem Fall ist das die Datei *sw.js*, die Sie oben angelegt haben. Wir erwarten, dass dieses Skript neben der Datei *index.html* liegt, also im selben Verzeichnis. Der Aufruf dieser Methode gibt ein Promise zurück (siehe Abschnitt 1.3.3, »Promises: asynchrone Operationen im Griff«). Asynchron wird das Service-Worker-Skript abgerufen und registriert. Mithilfe der Methoden `then()` und `catch()` kann auf das Ergebnis der asynchronen Operation gewartet werden. Im Erfolgsfall gibt die Registrierung ein Objekt des Typs `ServiceWorkerRegistration` zurück. Dann wird die Callback-Funktion aufgerufen, die der Methode `then()` als Argument übergeben wurde. Dieser Callback (`reg => console.log(reg)`) nimmt die Registrierung über den Parameter `reg` entgegen und schreibt dessen Wert mithilfe von `console.log()` auf die Entwicklerkonsole. Ist die Registrierung des Skripts hingegen gescheitert, wird der Callback aufgerufen, der der Methode `catch()` als Argument übergeben wurde. Dieser (`err => console.log(err)`) nimmt den aufgetretenen Fehler über den Parameter `err` entgegen und schreibt ihn auf die Entwicklerkonsole.

Das ist zunächst einmal alles, was Sie in der *index.html* definieren müssen. Als Nächstes betrachte ich die Implementierung des eigentlichen Service-Worker-Skripts. Nachstehend finden Sie zur Kontrolle den kompletten Quellcode, der nun in der Datei *index.html* vorzufinden sein sollte:

```
<!DOCTYPE html>
<html lang="en">
<head>
    <meta charset="UTF-8">
    <meta name="viewport" content="width=device-width, initial-scale=1.0">
    <meta http-equiv="X-UA-Compatible" content="ie=edge">
    <title>Meine erste PWA</title>
</head>
<body>
    <button style="border-radius: 10px; background-color: red;" onclick=
"alert('hi')">Click me</button>
    <script>
        if ('serviceWorker' in navigator) {
             navigator.serviceWorker.register('./sw.js')
                    .then(reg => console.log(reg))
                    .catch(err => console.log(err));
        }
    </script>
</body>
</html>
```

Listing 1.5 Die Datei index.html dient als Einsprungspunkt für Ihre Progressive Web App

1.5.3 »sw.js« – das Service-Worker-Skript

Aufgabe: Cache aufbauen

Wechseln Sie über den Explorer in der Seitenleiste von Visual Studio Code nun in den Editor für die Datei *sw.js* und geben Sie dort die folgenden Codezeilen ein:

```
self.addEventListener('install', event => event.waitUntil(
    caches.open('pwa1').then(cache => cache.add('/'))
));
```

Listing 1.6 Cacheaufbau bei der Installation des Service Workers

Aus der Webentwicklung kennen Sie sicherlich die Methode `addEventListener()`: Diese Methode nimmt den Namen eines Ereignisses als Zeichenkette entgegen und als zweites Argument einen Callback, der bei Auftreten dieses Ereignisses mit den zugehörigen Ereignisargumenten aufgerufen wird. Üblicherweise ruft man diese Methode auf dem globalen `window`-Objekt, dem Dokument oder auf weiteren Elementen des *Document Object Model* (DOM) auf. Der Service Worker hat jedoch weder Zugriff auf das DOM noch auf das `window`-Objekt seiner zugehörigen Websites. Im Service-Worker-Umfeld nutzt man stattdessen die Eigenschaft `self`, die auf den globalen Scope des Service Workers (`ServiceWorkerGlobalScope`) zeigt.

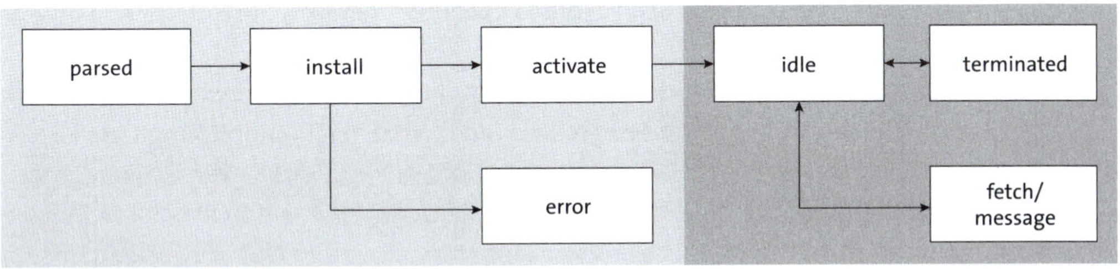

Abbildung 1.13 Service-Worker-Ereignisse

Das erste Ereignis, das im Leben eines Service Workers auftritt, ist `install` (siehe Abbildung 1.13). Es wird einmalig im Zuge des Registrierungsprozesses eines Service Workers ausgelöst. Dieses Ereignis kann dazu genutzt werden, die Ressourcen im Zwischenspeicher (*Cache*) des Service Workers zu hinterlegen. In unserem Beispiel werden Sie die Datei *index.html* im Cache speichern, sodass der Einsprungspunkt für unsere Webanwendung anschließend auch offline verfügbar ist. Der Abschluss dieses Ereignisses muss so lange verzögert werden, bis die Inhalte im Cache hinterlegt wurden. Dazu wird die Methode `waitUntil()` auf dem Parameter `event` aufgerufen. Diese Methode nimmt ein Promise entgegen: Im Beispiel von oben wird der Cache mit dem Namen `pwa1` geladen (`caches.open('pwa1')`). Mithilfe der Methode `then()` wird auf die Verfügbarkeit des Zwischenspeichers gewartet. Im Callback, den diese Methode entgegennimmt, wird anschließend die hostrelative, pfadabsolute URL / dem Cache hinzugefügt, denn viele Webserver liefern ohne Angabe einer Datei standardmäßig die Datei *index.html* aus. So wird für *http://localhost:3000* die Datei *http://localhost:3000/index.html* ausgeliefert. Das Cachen des zweiten Pfads wird in diesem Beispiel vernachlässigt. War das Zwischenspeichern der angegebenen Inhalte erfolgreich, wird das Event `install` abgeschlossen. Andernfalls schlagen die Installation und somit auch die Registrierung des Service Workers fehl.

Wenn alles geklappt hat, liegt die Datei *index.html* jetzt im Cache. Nun muss jedoch noch die Rückrichtung implementiert werden – also wenn der Webbrowser diese Ressource anfragt. Auch dies wird im Service Worker als Ereignis abgebildet, es nennt sich `fetch`.

Aufgabe: Anfragen aus dem Cache beantworten

Bitte bauen Sie den folgenden Code in Ihre Datei *sw.js* unterhalb der Implementierung von oben ein.

```
self.addEventListener('fetch', event => event.respondWith(
    caches.open('pwa1')
        .then(cache => cache.match(event.request))
        .then(response => response || fetch(event.request))
));
```

Listing 1.7 Anfragen mit dem Service Worker beantworten

Auch hier binden Sie mithilfe der Methode `addEventListener()` wieder einen Callback zur Ereignisbehandlung an ein Ereignis, diesmal `fetch` (siehe Abbildung 1.13). Dieses Ereignis wird für jede HTTP(S) -Anfrage der Website aufgerufen, für die der Service Worker registriert wurde. Auf dem Ereignisparameter `event` rufen Sie dieses Mal die Methode `respondWith()` auf. Damit wird definiert, dass der Webbrowser nicht sein Standardverhalten ausführen soll, die Anfrage über das Netz zu bedienen, sondern dass stattdessen auf eine andere, benutzerdefinierte Implementierung zurückgegriffen wird. Diese folgt anschließend: Der Service Worker öffnet wieder den Cache mit der Bezeichnung `pwa1`, der oben definiert wurde. War das Öffnen des Zwischenspeichers erfolgreich, wird über die Methode `match()` geprüft, ob der Cache die HTTP(S)-Anforderung beantworten kann. Diese Prüfung gibt wiederum ein Promise zurück, sodass Sie mit einem zweiten `then()` auf deren Ausführung warten. Kann der Zwischenspeicher die Anfrage bedienen, gibt er die gecachte Antwort zurück. Andernfalls gibt der Cache den Wert `undefined` zurück. Das Ergebnis wird im Callback für das zweite `then()` entgegengenommen (`response => response || fetch(event.request)`). In diesem kurzen Callback verbirgt sich folgende Logik: Ist für den Parameter `response` ein Wert gesetzt (ist der Wert also *nicht* `undefined`), wird die Antwort des Zwischenspeichers zurückgegeben und somit die Anfrage des Browsers damit beantwortet. Die Anfrage ging also niemals über das Netz. Ist der Wert hingegen `undefined`, greift der zweite Teil dieses Callbacks: Die Methode `fetch()` wird ausgeführt, die innerhalb des Service Workers HTTP(S)-Anfragen über das Netz senden kann. Hat der Cache also keinen zwischengespeicherten Inhalt parat, wird der Request über das Netz gesendet und dessen Antwort zurückgegeben. Hier sehen Sie die Caching-Strategie *Cache, falling back to network*: Es wird immer zuerst der Zwischenspeicher befragt – unabhängig davon, ob eine Internetverbindung besteht oder nicht. Nur wenn der Cache kein Ergebnis liefert, wird die Anfrage über das Netz verschickt.

Aufgabe: Bitte einmal speichern

Speichern Sie zuvor noch alle Änderungen, die Sie in Visual Studio Code vorgenommen haben, indem Sie `Strg`+`K` und dann `S` (Windows), `Strg`+`Alt`+`S` (Linux) oder `⌥` + `⌘` + `S` (macOS) drücken. Alternativ können Sie auch den Menüeintrag FILE • SAVE ALL wählen.

1.5.4 Website mit lite-server ausprobieren

Das war es auch schon! Mit diesen wenigen Zeilen haben Sie eine einfache, offlinefähige Webanwendung implementiert. Nun wollen wir sie natürlich ausprobieren.

Aufgabe: Demo ausprobieren

Öffnen Sie dazu das in Visual Studio Code integrierte Terminal über den Menüeintrag VIEW • TERMINAL. Stellen Sie sicher, dass Sie sich in dem Verzeichnis befinden, in dem auch die Datei *index.html* liegt. Ist das nicht der Fall, navigieren Sie zunächst zu diesem Verzeichnis. Geben Sie darin den Befehl `lite-server` ein:

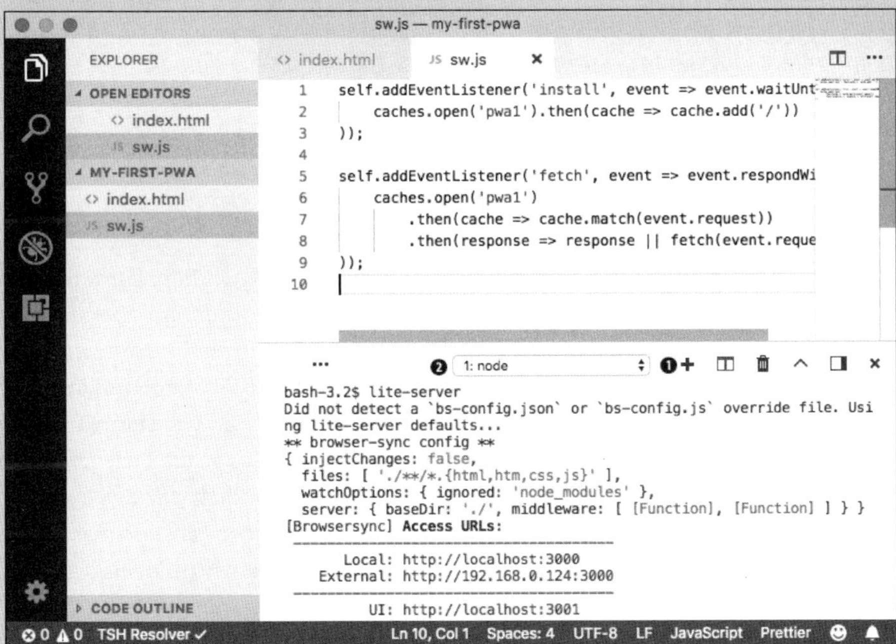

Abbildung 1.14 Ausführung von lite-server im integrierten Terminal von Visual Studio Code

Als Ergebnis der Ausführung wird ein lokaler Webserver gestartet, der die Inhalte aus dem aktuellen Arbeitsverzeichnis ausliefert. Wenn kein anderes gerade ausgeführtes Programm Port 3000 benutzt, wird die Website unter *http://localhost:3000* gehostet. Ihr Standardbrowser öffnet sich automatisch und navigiert zu der gehosteten Website. Sollte Google Chrome nicht Ihr Standardbrowser sein, öffnen Sie die angezeigten URL bitte in Chrome. Dort sehen Sie, wie oben definiert, eine Schaltfläche mit roter Hintergrundfarbe und abgerundeten Ecken. Wenn Sie darauf klicken, erscheint die Hinweismeldung »hi«.

Sehen Sie etwas ganz anderes?

Wenn Sie statt des roten Buttons eine ganz andere Seite sehen, besteht die Möglichkeit, dass sich unter dieser Adresse noch eine andere, früher ausgeführte Progressive Web App registriert hat. Öffnen Sie in diesem Fall bitte die Entwicklertools über [F12] (Windows/Linux) oder [⌥] + [⌘] + [I] (macOS), klicken Sie dann auf die Registerkarte APPLICATION und dort auf CLEAR STORAGE. Stellen Sie sicher, dass auf dieser Seite alle Kontrollkästchen angehakt sind, und klicken Sie abschließend auf die Schaltfläche CLEAR SITE DATA. Dabei gehen jedoch sämtliche lokal gespeicherten Daten für diese Origin verloren! Unter einer *Origin* versteht man die Kombination aus Protokoll, Hostname und Port, zum Beispiel *http://example.com:80*, *http://example.com:8080* oder *https://example.com:443*. Die im Browser gespeicherten Daten fremder Origins bleiben vom Löschen der Daten unberührt. Dieses Vorgehen hilft Ihnen immer, um den Websitezustand komplett zurückzusetzen. Kommen Sie auf dieses Vorgehen zurück, falls Sie im Browser einen anderen Stand sehen als den, den Sie erwarten.

So weit, so unspektakulär. Würde das Beispiel an dieser Stelle enden, würden gestandene Webentwickler nun sicherlich gähnen. Der spannende Teil folgt aber jetzt: Öffnen Sie die Entwicklertools von Google Chrome, indem Sie [F12] (Windows/Linux) oder [⌥] + [⌘] + [I] (macOS) drücken. Wechseln Sie dort zur Registerkarte NETWORK ❶. Dort können Sie die Optionen DISABLE CACHE ❷ und OFFLINE ❸ auswählen. Die erste Option schaltet den HTTP-Browsercache ab, solange die Entwicklertools geöffnet sind. Damit wird sichergestellt, dass hier auch wirklich der Zwischenspeicher des Service Workers genutzt wird und nicht der klassische HTTP-Browsercache. Die zweite Option kappt jegliche Verbindungen zum Netz (auch zu *localhost*). Wenn Sie die Website nun neu laden, erscheint sie aber weiterhin. In der Liste der HTTP-Anfragen finden Sie ganz oben den Request nach der Datei *index.html*. In der Spalte SIZE ❹ sehen Sie, dass diese Anfrage vom Service Worker beantwortet wurde (siehe Abbildung 1.15). Wenn die Antwort stattdessen von einem Server kam, steht dort die übertragene Datenmenge der Antwort.

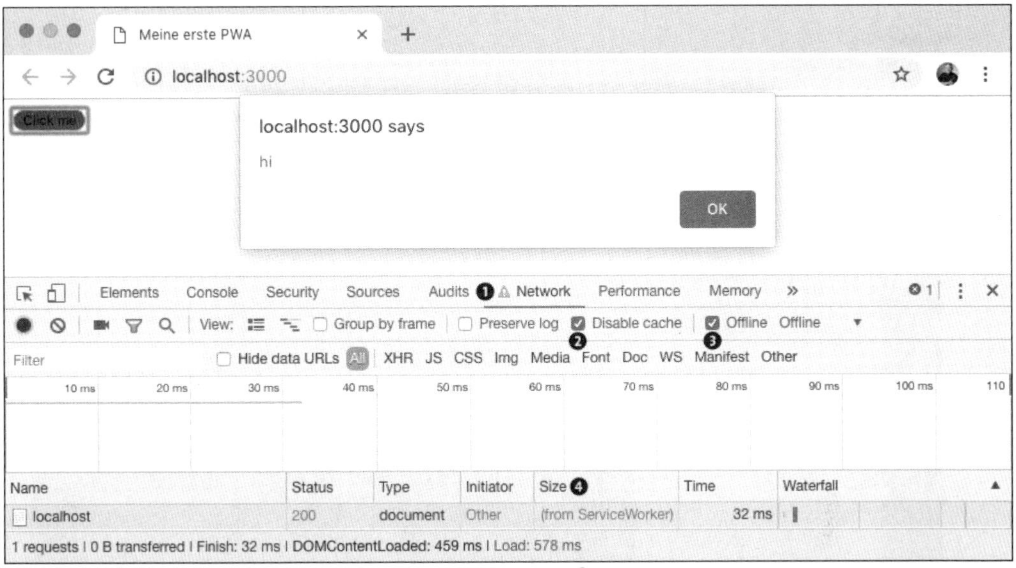

Abbildung 1.15 Demonstration Ihrer ersten Progressive Web App

1.5.5 Website mit ngrok auf einem Mobilgerät testen

Möchten Sie dasselbe Verhalten auch auf Ihrem Mobilgerät nachvollziehen, können Sie das mithilfe von ngrok bewerkstelligen.

> **Aufgabe: ngrok starten**
>
> Wechseln Sie zurück zum integrierten Terminal von Visual Studio Code. Klicken Sie dort auf die Schaltfläche + (❶ in Abbildung 1.14), um ein zweites Terminal zu öffnen. Zwischen den Terminals können Sie über das Auswahlfeld ❷ hin- und herspringen. Geben Sie darin den Pfad zur ausführbaren Datei von ngrok ein, die Sie oben heruntergeladen haben. Als Argumente übergeben Sie bitte `http` und den Port, unter dem lite-server ausgeführt wird, standardmäßig `3000`:
>
> `$ ~/Downloads/ngrok http 3000` (macOS, Linux)
>
> `%USERPROFILE%\Downloads\ngrok http 3000` (Windows)

ngrok zeigt Ihnen anschließend an, unter welchem öffentlichen Endpunkt Ihr lokal ausgeführter Webserver nun erreichbar ist (siehe Abbildung 1.16 ❶). Navigieren Sie mit dem Browser Ihres mobilen Endgeräts (der Service Worker unterstützt, also alle aktuellen Android- und iOS-Geräte) zu der angezeigten HTTPS-Adresse. Die HTTP-Adresse funktioniert nicht, da Service Worker nur über gesicherte Verbindungen registriert werden dürfen. ngrok leitet nicht automatisch auf die gesicherte Version um. Achten Sie daher darauf, die HTTPS-URL einzugeben.

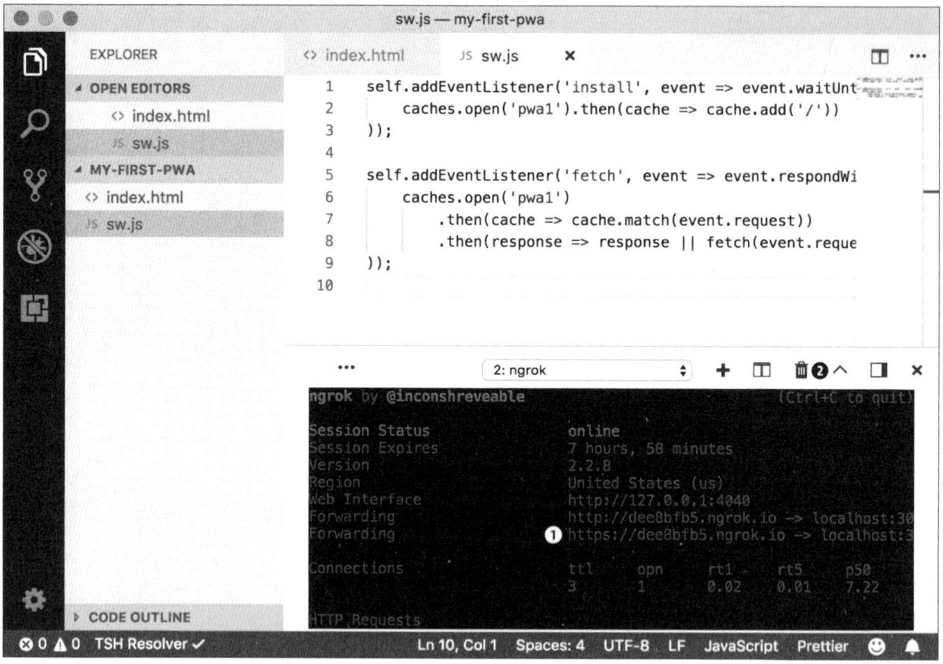

Abbildung 1.16 Ausführung von ngrok im integrierten Terminal

Ist die Website geladen, können Sie auch dort die rote Schaltfläche auslösen, und die Hinweismeldung erscheint. Auf dem Mobilgerät können Sie nun jegliche Verbindung kappen (etwa in den Flugzeugmodus wechseln), und auch dann können Sie die Website noch neu laden, wie Abbildung 1.17 zeigt. All das können Sie natürlich auch auf Ihrem Desktopcomputer ausprobieren. Klicken Sie dazu mit gedrückter [Strg]-(Windows/Linux) bzw. [⌘]-Taste (macOS) auf den angezeigten HTTPS-Endpunkt im Terminal. Daraufhin öffnet sich Ihr Standardbrowser.

Zugegeben, dieses Beispiel zeigt nur eine sehr einfache Anwendung: Sie haben weder Homebildschirm-Symbole noch Pushbenachrichtigungen gesehen. Und nach einer echten »App« schaut diese Anwendung auch noch nicht aus. Das Beispiel zeigt aber eindrucksvoll, dass es nur wenige Zeilen braucht, um mithilfe des Service Workers eine offlinefähige Anwendung zu entwickeln – und das alles, obwohl Sie hier weder ein Framework noch ein Toolkit verwendet haben.

Den vollständigen Quelltext für dieses Beispiel finden Sie in den Beispielquelldateien im Ordner *kapitel01*.

Aufgabe: Alles anhalten

Halten Sie nun ngrok und den lokalen Webserver wieder an, indem Sie zweimal auf das Mülltonnensymbol ❷ in der Terminalansicht klicken (siehe Abbildung 1.16).

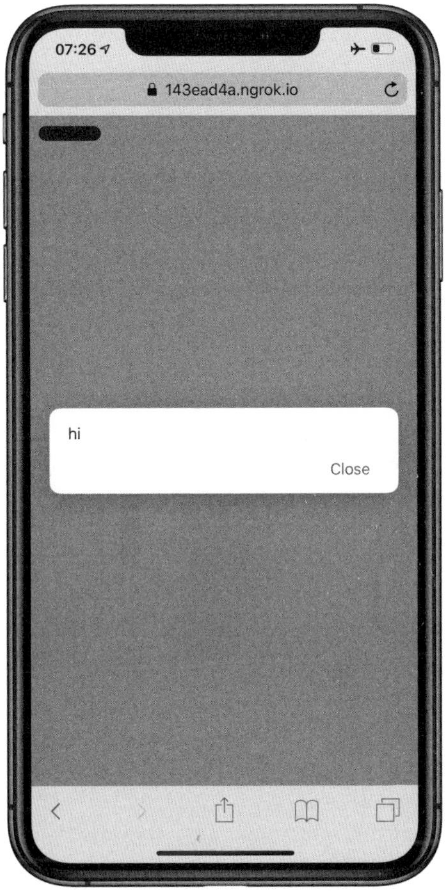

Abbildung 1.17 Ausführung der Demoanwendung auf einem iPhone

1.6 Zusammenfassung

- Progressive Web Apps lassen Webanwendungen in einem nativen Gewand erscheinen.
- PWAs basieren auf dem Web-Stack mit den Sprachen HTML, CSS und JavaScript. Darauf aufbauende Sprachen wie TypeScript vereinfachen die Entwicklung.
- Auf älteren Browsern ohne Unterstützung für die PWA-Schnittstellen funktionieren die reinen Webanwendungen trotzdem, nur mit reduziertem Funktionsumfang.
- Die Entwicklertools stehen allesamt kostenfrei zur Verfügung und sind in vielen Fällen quelloffen.
- Mithilfe von ngrok können Sie schnell einen öffentlich erreichbaren HTTPS-Endpunkt für eine lokalen Webserver öffnen.

Kapitel 2
Mächtiges modernes Web

Progressive Web Apps sollen es mit ihren nativen Gegenstücken auf Augenhöhe aufnehmen können. Das Web muss also entsprechend mächtige Schnittstellen anbieten, um nativen Apps Konkurrenz zu machen.

Dieses Kapitel möchte ich mit einer wichtigen Einschränkung der Progressive Web Apps beginnen: Da dies »nur« Webseiten mit bestimmten Extras sind, können Sie lediglich auf Funktionalitäten zurückgreifen, für die es eine entsprechende Webschnittstelle gibt. Der Zugriff auf beliebige native Schnittstellen ist für im Webbrowser ausgeführte Anwendungen in der Regel nicht möglich und somit auch nicht für eine PWA. Glücklicherweise stellt das aber kein größeres Problem dar, denn das moderne Web ist mit vielen Schnittstellen gerüstet, die native Features auch in den Webbrowser bringen – wohlgemerkt, diese Schnittstellen stehen sämtlichen Webseiten offen und nicht nur PWAs.

Exkurs: Progressive Web Apps im Microsoft Store

PWAs haben üblicherweise keinen Zugriff auf native Schnittstellen. Eine Ausnahme stellt das Betriebssystem Microsoft Windows 10 dar: Microsoft gibt Entwicklern die Möglichkeit, ihre PWAs zusätzlich auch über den Microsoft Store bereitzustellen. Darüber installierte PWAs können über JavaScript Zugriff auf sämtliche Schnittstellen der *Windows Runtime* (WinRT) erhalten. Da diese Schnittstellen jedoch nicht plattformübergreifend verwendbar sind, steht deren Verwendung dem Cross-Platform-Gedanken im Weg.

Dieses Kapitel stellt eine Auswahl von zehn Schnittstellen mit nativer Power vor und versteht sich dabei keinesfalls als abschließende Liste. Weitere Schnittstellen, die sich gerade in Spezifikation befinden, sind etwa die *Shape Detection API* zur Erkennung von Strichcodes oder Gesichtern in Bilddaten, die *Web Bluetooth API* zur Kommunikation mit Bluetooth-Geräten sowie die *WebXR Device API* zur Umsetzung von Augmented- und Virtual-Reality-Anwendungen im Web. Häufiger verwendete Funktionen, für die es derzeit noch keine Webschnittstelle gibt, sind die Verwendung des Fingerabdrucksensors oder sonstiger biometrischer Sensoren sowie der Zugriff auf das Adressbuch des Anwenders. Die Browserunterstützung für die zehn vorgestellten Schnittstellen variiert zudem.

Für die meisten Schnittstellen gibt es für Sie ein Beispiel zum Ausprobieren. Es wird angegeben, unter welchen Webbrowsern die APIs zum Zeitpunkt der Drucklegung verwendet werden können. Dabei werden jeweils die vier größeren Browser Google Chrome, Microsoft Edge beziehungsweise sein Vorgänger Internet Explorer, Mozilla Firefox und Apple Safari betrachtet. Da sich die Unterstützung moderner Webschnittstellen stetig verbessert, können Sie mithilfe der Schnittstellenbezeichnung auf der Website *https://caniuse.com* nachschlagen, ob weitere Browser hinzugekommen sind (siehe Abbildung 2.1). Die Tabellen, die den Browsersupport der einzelnen Schnittstellen in diesem Kapitel wiedergeben, beziehen ihre Informationen ebenfalls von dieser Website.

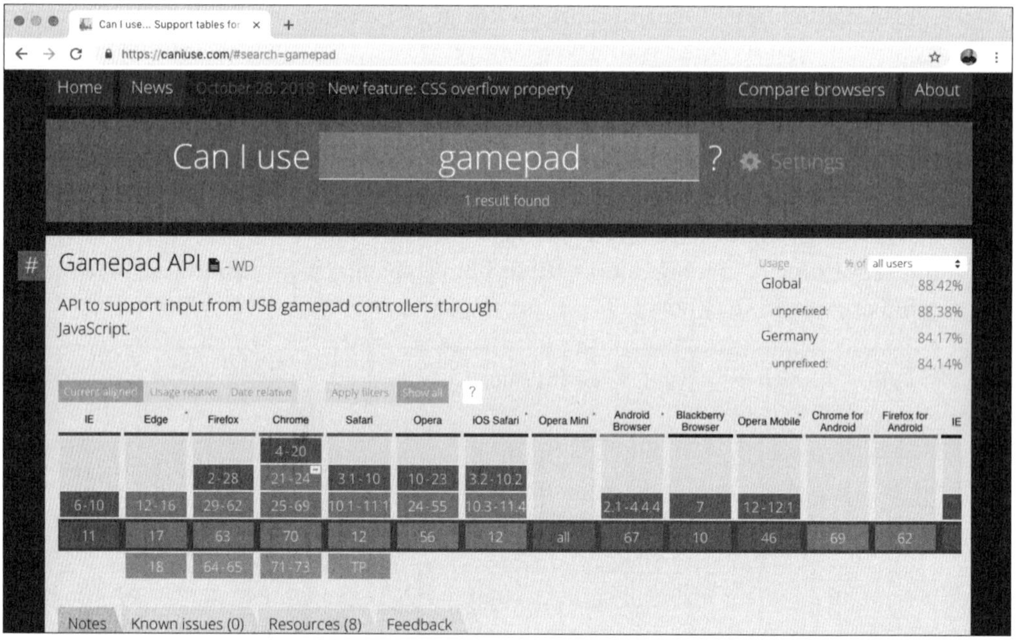

Abbildung 2.1 caniuse.com zeigt, auf welchen Webbrowsern und -versionen Webschnittstellen verfügbar sind.

Hinweis zu den Demoimplementierungen

Die Beispiele demonstrieren die Verwendung der Schnittstellen unter Einsatz von möglichst wenig Code. Insbesondere führen die nachstehenden Beispiele keine Feature-Prüfungen durch, sondern rufen die Schnittstellen blauäugig auf. In (älteren) Browsern ohne Unterstützung für diese Schnittstellen wird das zu einem Problem –

es steht dem Namensbestandteil »Progressive« der Progressive Web Apps entgegen. Bitte übernehmen Sie die Quelltexte daher auf keinen Fall unangepasst in Ihre produktiven Anwendungen.

Während Sie auf den Plattformen Windows, Linux, macOS und Android die Wahlfreiheit haben, welchen Browser Sie einsetzen, basieren unter iOS sämtliche Webbrowser auf der Safari-Engine *WebKit*. Auch die Browser Microsoft Edge und Google Chrome, die aus dem App Store für iOS heruntergeladen werden können, greifen letztlich auf diese Engine zurück, da Apple auf seiner iOS-Plattform keine fremden Rendering-Engines erlaubt. Daher empfiehlt sich unter iOS zunächst immer ein Blick auf den Schnittstellensupport von Apple Safari. Nur in einigen wenigen Fällen bieten Browser von Drittherstellern abweichende Implementierungen von Webschnittstellen (etwa der Payment Request API, die ich in Kapitel 14, »Payment Request API: Wie Sie trotz fehlendem App Store an Ihr Geld kommen«, vorstelle).

Die folgenden Beispiele möchten Sie separat von unserer oben implementierten Demoanwendung ablegen. Folgen Sie daher bitte diesen Schritten:

- Legen Sie ein neues Verzeichnis *modern-web-apis* an (vorzugsweise neben dem Verzeichnis *my-first-pwa*).
- Öffnen Sie in Visual Studio Code dieses neue Verzeichnis.
- Öffnen Sie das integrierte Terminal und führen Sie den Befehl `lite-server` aus. Daraufhin sollte sich wieder Ihr Webbrowser öffnen und die Adresse *http://localhost:3000* laden (haben Sie die anderen Terminals aus Kapitel 1 nicht beendet oder läuft eine andere Anwendung auf diesem Port, weicht die Portnummer möglicherweise ab).

Nicht wundern

Im Webbrowser sehen Sie jetzt wieder Ihre Demoanwendung aus Kapitel 1, »Im Web, als App: Geschichte und Einstieg«. Das liegt daran, dass der Service Worker nach wie vor registriert ist und den zwischengespeicherten Inhalt für die Seite *http://localhost:3000* ausliefert. Da die kommenden Aufgaben auf Unterseiten arbeiten, ist das aber nicht weiter tragisch. Lassen Sie den Webbrowser einfach auf dieser Seite geöffnet.

Alle nachstehend wiedergegebenen Beispiele können Sie direkt auf Ihrem Smartphone, Tablet, Notebook oder Desktop-PC ausprobieren. Verwenden Sie dazu die URL *https://pwapraxis.github.io/beispiele/kapitel02/1.html* und passen Sie am Ende der URL den für jede Aufgabe ausgewiesenen Dateinamen an.

2.1 Audio-/Videoelement: Multimediainhalte ohne Plug-in wiedergeben

Kaum vorzustellen, doch noch vor wenigen Jahren war die Wiedergabe von Multimediainhalten im Web gar nicht so trivial. Entwickler mussten sich oftmals Plug-ins wie *Adobe Flash* bedienen, Multimediainhalte mussten in Containerformaten wie *Flash Video* (FLV) bereitgestellt werden. Diese Zeiten sind im Web zum Glück schon lange vorbei. Mit dem Aufkommen von HTML5 wurden auch die Elemente `<audio>` und `<video>` geschaffen, die dem besonders einfachen Einbetten von Multimediainhalten in HTML-Dokumente dienen.

Aufgabe

Legen Sie mit Visual Studio Code die neue Datei *1.html* an. Geben Sie im zugehörigen Codeeditor `html:5` ein. Durch Drücken der Tabulatortaste [⇆] wird das Template erweitert. Drücken Sie danach so lange auf [⇆], bis sich der Cursor innerhalb des `body`-Elements befindet. Geben Sie dann den folgenden Code ein:

```
<video src="https://download.blender.org/peach/bigbuckbunny_movies/
BigBuckBunny_320x180.mp4" controls>
  Ihr Browser unterstützt keine Videowiedergabe...
</video>
```

Speichern Sie anschließend das Dokument mit [Strg]+[S] (Windows/Linux) oder [⌘] + [S] (macOS) und wechseln Sie in Ihren Webbrowser zurück. Ergänzen Sie die Adresse in der Adresszeile zu *http://localhost:3000/1.html* (respektive einer abweichenden Portnummer) und drücken Sie [↵].

In Ihrem Webbrowser sollten Sie nun ein Video sehen: Das angegebene Video ist der Film »Big Buck Bunny« von der *Blender Foundation*, der ausschließlich mit freier Software erstellt wurde. Das Video steht unter der Lizenz *Creative Commons Attribution 3.0*. Durch die Angabe des Attributs `controls` übernimmt der Webbrowser die Anzeige von Steuerelementen zum Anhalten und Abspielen, zum Suchen innerhalb des Videos sowie zum Wechsel in den Vollbildmodus. In manchen Browsern (Microsoft Edge, Apple Safari) hat die Steuerung daher ein natives Erscheinungsbild. Entwickler können jedoch auch eine eigene Benutzeroberfläche zur Videosteuerung implementieren oder komplett auf die Anzeige der Steuerung verzichten.

Attribute, die Sie hier angeben können, sind (neben weiteren):

- `loop` zur automatischen Wiederholung nach Ende der Wiedergabe,
- `muted` zur stummen Wiedergabe (vom Anwender übersteuerbar) sowie
- `autoplay` zum automatischen Abspielen des Inhalts. Manche Browser ignorieren die automatische Wiedergabe oder stellen besondere Anforderungen daran.

Aufgabe

Ergänzen Sie Ihre bestehende Datei *1.html* nach dem Videoelement um folgenden Code:

```
    <audio src="https://pwapraxis.github.io/beispiele/kapitel02/
clap.mp3" controls>
        Ihr Browser unterstützt keine Audiowiedergabe…
    </audio>
```

Speichern Sie die Datei wieder und wechseln Sie in den Browser zurück. Da lite-server das Arbeitsverzeichnis beobachtet und die Registerkarte im Webbrowser bei der Änderung einer darin befindlichen Datei automatisch neu lädt, ist dort bereits die aktualisierte Fassung zu sehen, wie Abbildung 2.2 zeigt.

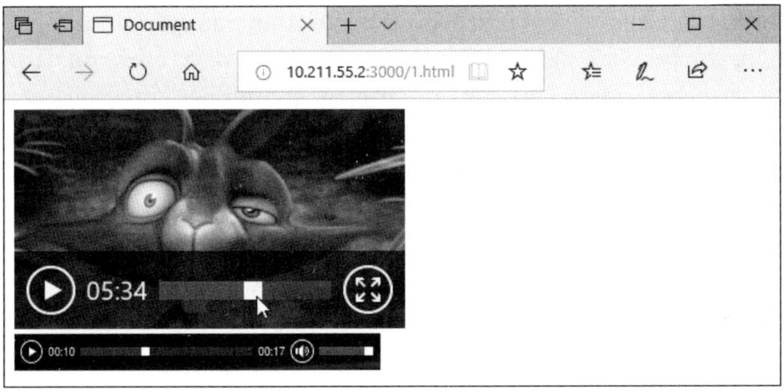

Abbildung 2.2 Darstellung des Video- und Audioelements in Microsoft Edge

Wie Sie sehen, verhält sich das Audioelement recht ähnlich. Auch dieses Element unterstützt die oben genannten Attribute. Das Einbetten von Multimediainhalten erweist sich demnach in beiden Fällen als besonders einfach. Wenn Sie also Anwendungen implementieren, die Videosequenzen, Musikstücke oder Soundeffekte wiedergeben müssen, sind die Video und Audioelemente sowie ihre zugehörigen JavaScript-Schnittstellen das Mittel der Wahl. Die Audio und Videoelemente werden bereits seit geraumer Zeit unterstützt, insofern darf die plattformübergreifende Verwendung dieser Elemente als sicher angesehen werden. Beachten Sie jedoch, dass die Formatunterstützung zwischen den verschiedenen Browsern variiert.

Beide Elemente verfügen außerdem über eine passende JavaScript-Schnittstelle. Darüber kann der Entwickler beispielsweise eine eigene Schaltfläche anbieten, um die Wiedergabe zu starten oder anzuhalten. Weiterführende Informationen zu den Elementen und der JavaScript-Schnittstelle finden Sie im Mozilla Developer Network unter *https://developer.mozilla.org/de/docs/Web/HTML/Using_HTML5_audio_and_video*.

Google Chrome	Microsoft Edge	Mozilla Firefox	Apple Safari
4	IE 9	3.5	4

Tabelle 2.1 Browserunterstützung für das Audio- und das Videoelement

Den vollständigen Quelltext für dieses Beispiel finden Sie in den Beispielquelldateien unter *kapitel02/1.html*.

2.2 Canvas-Element: ansprechende 2D- und 3D-Visualisierungen

Ebenfalls im Zuge von HTML5 kam das Element `<canvas>` in das World Wide Web. Darunter versteht man wörtlich übersetzt eine Leinwand. Wie in der echten Welt ist eine solche Leinwand zweidimensional, hat bestimmte Abmessungen und ist zunächst leer. Mithilfe von JavaScript kann auf diese zweidimensionale Leinwand hardwarebeschleunigt, also besonders performant, gezeichnet werden. Zum Zeichnen stellt das Canvas-Element verschiedene Renderkontexte zur Verfügung.

2.2.1 Paper.js

Der wohl gängigste Kontext ist der 2D-Renderkontext. Dieser stellt Methoden der Art »zeichne ein Rechteck« oder »zeichne einen Pfad« zur Verfügung, mit deren Hilfe aus JavaScript heraus auf die pixelbasierte Leinwand gezeichnet werden kann. Mit dem Standardfunktionsumfang des Canvas-Elements kommt man schon recht weit. Für komplexere Szenarien, insbesondere wenn mit einem gezeichneten Element interagiert oder dieses animiert werden soll, kann es sinnvoll sein, eine Bibliothek einzusetzen.

Ein im Canvas-Umfeld gelegentlich anzutreffendes Framework ist *Paper.js*. Dieses ist quelloffen und sieht sich selbst als das Schweizer Taschenmesser für das Scripting von Vektorgrafiken. Paper.js setzt dabei auf dem HTML5-Canvas auf und bietet einige Zusatzfunktionalitäten. Im Beispiel für Paper.js möchte ich eine sehr einfache 2D-Visualisierung implementieren und ein Rechteck zeichnen, das sich kontinuierlich dreht.

> **Aufgabe**
>
> Legen Sie dazu in Visual Studio Code eine neue Datei *2.html* an. Geben Sie im Editor wieder `html:5` ein und drücken Sie die Tabulatortaste [Tab] so oft, bis der Cursor im `body`-Element platziert ist. Geben Sie darin `canvas#myCanvas` ein und drücken Sie erneut [Tab]. Die Eingabe wird zu einem Canvas-Element mit der ID `myCanvas` erweitert:

```
<canvas id="myCanvas"></canvas>
```

Platzieren Sie den Cursor anschließend hinter dem title-Knoten im head-Element und drücken Sie [↵]. Geben Sie dann script:src ein und drücken Sie [Tab], um das Template zu erweitern. Tragen Sie im Attribut src die folgende URL ein, sodass das script-Tag wie folgt aussieht:

```
<script src="https://cdnjs.cloudflare.com/ajax/libs/paper.js/0.11.5/paper-full.min.js"></script>
```

Somit wird die Bibliothek Paper.js eingebunden. Fügen Sie unterhalb dieses script-Tags ein weiteres hinzu, indem Sie script eingeben und [Tab] drücken. Vervollständigen Sie den Code folgendermaßen:

```
<script type="text/paperscript" canvas="myCanvas">
    var rect = new Path.Rectangle({
        center: view.center,
        size: [30, 75],
        fillColor: 'hotpink'
    });

    function onFrame() { rect.rotate(5); }
</script>
```

Beachten Sie hierbei insbesondere den Skripttyp (Attribut type), für den hier explizit der Wert text/paperscript angegeben wird. Dieses *Paperscript* behandelt die Bibliothek auf besondere Weise: Das Attribut canvas verweist auf das oben definierte Canvas-Element mit der ID myCanvas im body des HTML-Dokuments. Innerhalb des Skripts wird definiert, dass es in der Mitte der Zeichenfläche ein pinkfarben ausgefülltes Rechteck geben soll, das 30 × 75 logische Pixel misst. Die Methode onFrame() wird immer dann aufgerufen, wenn ein neuer Frame gezeichnet werden soll – im Idealfall so oft, wie sich der Bildschirm aktualisiert (in vielen Fällen 60 Mal pro Sekunde). Bei hoher Auslastung kann der Browser aber auch Frames überspringen. Für jeden gezeichneten Frame soll das dargestellte Rechteck um fünf Grad gedreht werden.

Speichern Sie jetzt Ihre Eingabe, wechseln Sie in Ihren Browser zurück und ändern Sie die URL in der Adresszeile ab auf *http://localhost:3000/2.html*.

In Ihrem Browser sollten Sie nun ein pinkfarben ausgefülltes Rechteck sehen, das sich kontinuierlich um seinen Ursprung dreht. Die hier dargestellte einfache Visualisierung können Sie natürlich um weitere Elemente ergänzen. Die Framework-Dokumentation und fortgeschrittene Verwendungsbeispiele finden Sie auf der Website *http://paperjs.org/*.

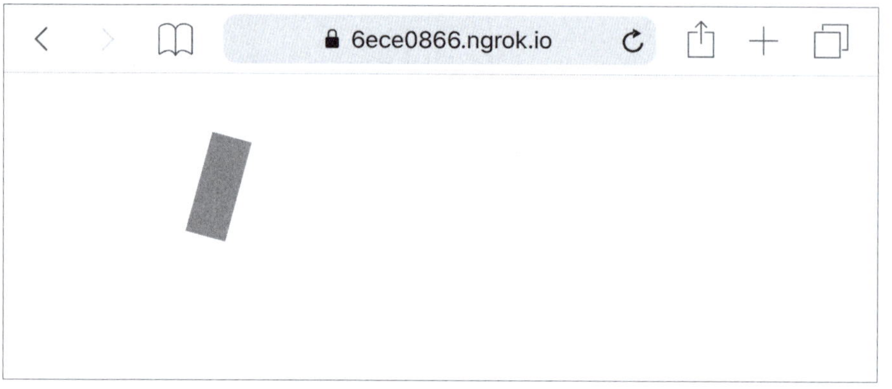

Abbildung 2.3 Ein rotierendes Rechteck unter iOS

Mithilfe des Canvas-Elements, dem 2D-Rendering-Kontext und optionalen Frameworks sowie Bibliotheken und Drittanbietern werden hardwarebeschleunigte 2D-Visualisierungen im Web zum Kinderspiel. Da das Canvas-Element bereits seit geraumer Zeit in den Webbrowsern zur Verfügung steht, ist seine plattformübergreifende Verwendung in Kombination mit dem 2D-Renderkontext als sicher anzusehen.

Google Chrome	Microsoft Edge	Mozilla Firefox	Apple Safari
4	IE 9	3.6	3.1

Tabelle 2.2 Basisunterstützung für das Canvas-Element mit 2D-Kontext

Weiterführende Informationen zu dieser Schnittstelle finden Sie im Mozilla Developer Network unter *https://developer.mozilla.org/en-US/docs/Web/API/Canvas_API*.

Den vollständigen Quelltext für dieses Beispiel finden Sie in den Beispielquelldateien unter *kapitel02/2.html*.

2.2.2 THREE.js

Neben dem 2D-Kontext gibt es auch einen Renderkontext zur Darstellung dreidimensionaler Inhalte. Hardwarebeschleunigte 3D-Visualisierungen können im Web mithilfe der *Web Graphics Library* (WebGL) realisiert werden. Die Spezifikation basiert auf der *Open Graphics Library for Embedded Systems* (OpenGL ES) in Version 2.0. Zwischenzeitlich steht mit WebGL 2.0 eine neuere Fassung der Schnittstelle bereit, die wiederum auf OpenGL ES 3.0 basiert. Bei Drucklegung steht WebGL 2.0 jedoch nur in Mozilla Firefox ab Version 51 und Google Chrome 56 zur Verfügung. Im Gegensatz zum 2D-Renderkontext, der auch ohne Bibliothek sinnvoll verwendet werden kann, empfiehlt sich beim WebGL-Renderkontext für die meisten Anwendungsszenarien die Verwendung einer Bibliothek. Die wohl bekannteste Bibliothek im WebGL-Umfeld ist *THREE.js*. Dabei handelt es sich um eine quelloffene High-Level-Bibliothek, die neben WebGL auch weitere Renderer unterstützt. Entwickler arbeiten mit THREE.js auf weithin bekannten Konzepten wie Szenen, Kameras, Beleuchtungen und 3D-Objekten.

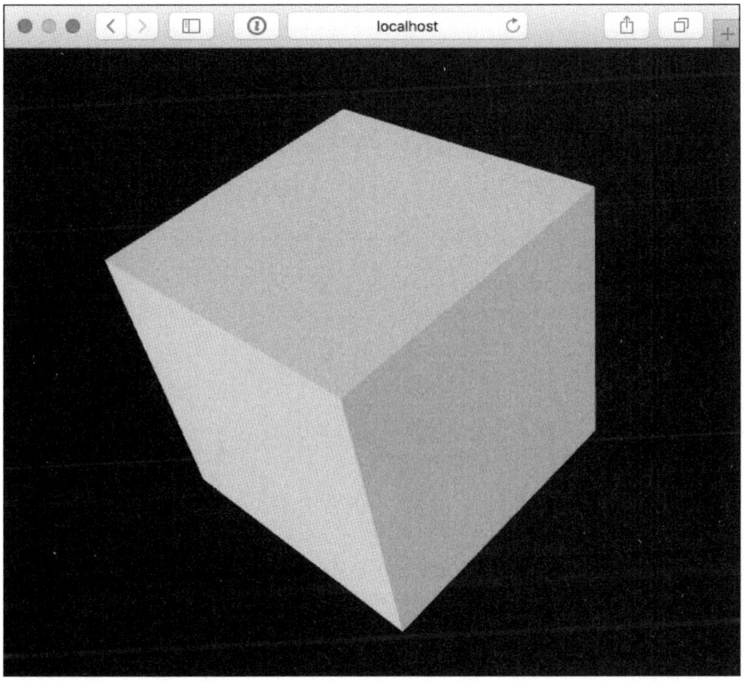

Abbildung 2.4 3D-Visualisierung in Safari

Aufgabe

Legen Sie eine neue Datei *3.html* an und erweitern Sie das Template `html:5` wieder zum HTML5-Grundgerüst, indem Sie [Tab] drücken. Ergänzen Sie den `body`-Knoten um das nachfolgende `style`-Attribut und übernehmen Sie den folgenden Code darin:

```
<body style="margin: 0;">
    <script src="https://cdn.rawgit.com/mrdoob/three.js/r93/build/
three.min.js"></script>
    <script src="https://cdn.rawgit.com/mrdoob/three.js/r93/examples/js/
controls/TrackballControls.js"></script>
    <script>
        const renderer = new THREE.WebGLRenderer({ antialias: true });
        renderer.setSize(window.innerWidth, window.innerHeight);
```

```
        const scene = new THREE.Scene();

        const camera = new THREE.PerspectiveCamera(45, window.innerWidth /
window.innerHeight);
        camera.position.set(0, 0, 10);
        scene.add(camera);

        const geometry = new THREE.BoxGeometry(1, 1, 1);
        const material =
new THREE.MeshLambertMaterial({ color: 0xff69b4 });
        const cube = new THREE.Mesh(geometry, material);
        scene.add(cube);

        const pointLight = new THREE.PointLight();
        pointLight.position.set(10, 20, 30);
        scene.add(pointLight);

        const ambientLight = new THREE.AmbientLight();
        scene.add(ambientLight);

        const controls = new THREE.TrackballControls(camera);

        function render() {
            controls.update();
            renderer.render(scene, camera);
            requestAnimationFrame(render);
        }
        render();

        document.body.appendChild(renderer.domElement);
    </script>
</body>
```

Was passiert hier? Mithilfe der Angabe im `style`-Attribut entledigen Sie sich des üblichen Seitenabstands, den Websites aufweisen. Damit wird sichergestellt, dass die 3D-Visualisierung den kompletten Viewport ausfüllen kann. Mithilfe der ersten beiden `script`-Tags werden THREE.js sowie die Trackball-Controls aus dem Umfeld der Bibliothek importiert. Diese erlauben die Interaktion des Anwenders mit der 3D-Visualisierung. Im dritten `script`-Tag folgt dann das eigentliche Benutzerskript: Hier wird zunächst definiert, dass Sie den WebGL-Renderer der Bibliothek THREE.js verwenden möchten. Dabei wird mit `antialias: true` angegeben, dass Sie eine Kantenglättung wünschen. Ob dieser Wunsch erfüllt wird, hängt von Hard- und Software des jeweiligen Zielsystems ab. Dann wird festgelegt, dass die komplette Bildschirmfläche (`window.innerWidth` und `innerHeight`) als Zeichenfläche verwendet werden soll. Es folgt die Initialisierung der Szene, also einer virtuellen Zusammenstellung von 3D-Objekten. Anschließend definieren Sie die Kamera. Diese wird mit vertikalem Blickwinkel und Seitenverhältnis parametrisiert. Die Kamera wird an der Koordinate (0, 0, 10) positioniert und schließlich der Szene hinzugefügt. Es schließt sich die Definition eines 3D-Objekts an, die in drei Schritten vonstattengeht: Zunächst wird die äußere Form definiert, hier eine Box-Geometrie. Die Kanten dieser Box sind jeweils eine Einheit lang, sodass ein Würfel definiert wird. Im zweiten Schritt erfolgt die Definition des Materials, hier ein `MeshLambertMaterial`, das Licht reflektiert und den Wert der Farbe Pink zugewiesen bekommt. Im dritten Schritt werden Geometrie und Material zu einem Netz (Mesh) verknüpft, und dieses wird der Szene zugewiesen. Dann werden zwei Lichtquellen definiert, eine Punktlichtquelle an Koordinate (10, 20, 30) sowie ein Umgebungslicht. Anschließend werden die Trackball-Controls mit der Kamera initialisiert: Durch die Controls wird es möglich, mit der 3D-Szene per Maus oder Fingereingabe zu interagieren, inklusive Unterstützung für Fingergesten wie *Pinch-to-Zoom* oder dem Zoomen beim Bewegen des Mausrads. Die Methode `render()` stellt die Renderschleife dar, die für jeden Frame ausgeführt wird: Zunächst wird auf die Eingaben der Trackball-Controls reagiert, dann wird die Szene neu gerendert. Die Methode `requestAnimationFrame()` wird vom Webbrowser zur Verfügung gestellt, der den übergebenen Callback einmalig entsprechend der Bildschirmwiederholrate aufruft. Befindet sich die Registerkarte im Hintergrund oder ist die Systemauslastung hoch, können auch Frames übersprungen werden. Abschließend wird das DOM-Element des Renderers (für WebGL ein Canvas-Element) dem Dokumentrumpf zur Laufzeit hinzugefügt. Im Ergebnis sehen Sie bei Ausführung im Webbrowser einen pinkfarbenen Würfel, der durch Finger- und Mauseingaben aus verschiedenen Perspektiven betrachtet werden kann, wie Abbildung 2.4 zeigt.

3D-Visualisierungen, im Übrigen ganz ohne Plug-in, stellen im modernen Web also ebenfalls kein größeres Problem mehr dar. WebGL wird seit 2011 in Webbrowsern implementiert. Während WebGL schon seit Internet Explorer 11 unterstützt wird, ist die Unterstützung selbst in aktuellen Ausgaben von Microsoft Edge allerdings noch als experimentell markiert. Von besonders spezifischen Anwendungsfällen abgesehen, steht der plattformübergreifenden Verwendung von WebGL jedoch nichts entgegen. Weitere Informationen zur Schnittstelle finden Sie im Mozilla Developer Network unter *https://developer.mozilla.org/en-US/docs/Web/API/WebGL_API*.

Google Chrome	Microsoft Edge	Mozilla Firefox	Apple Safari
8	IE 11	4	5.1 (mobil: 8)

Tabelle 2.3 Unterstützung für das Canvas-Element mit WebGL-Kontext

Den vollständigen Quelltext für dieses Beispiel finden Sie in den Beispielquelldateien unter *kapitel02/3.html*.

2.3 Gamepad API: App mit dem Game-Controller steuern

Wenn 3D-Inhalte im Web ohne größere Probleme dargestellt werden können, drängt sich die Frage auf, wie der Benutzer mit diesen Visualisierungen interagieren kann. Finger-, Stift-, Maus- oder Tastatureingaben mögen in einigen Situationen ausreichend sein. Doch gerade für Spiele wäre eine Unterstützung von Gamepads wünschenswert. Und so verwundert es kaum, dass das moderne Web auch eine Schnittstelle zur Steuerung mithilfe von Spielecontrollern enthält. Die *Gamepad API* eignet sich vorrangig zur Steuerung von Spielen, aber auch für Präsentationen.

Die erste Berührung mit der Schnittstelle hat der Entwickler durch das Ereignis `gamepadconnected`. Moderne Webschnittstellen nehmen das Thema Datenschutz besonders ernst: Um zu vermeiden, dass ein Anwender über Anzahl und Typ seiner angeschlossenen Gamepads wiedererkannt werden kann, wird das Ereignis erst dann ausgelöst, wenn der Benutzer auf der Website eine Taste des Gamepads drückt oder einen Stick bewegt. Der Entwickler erhält dann aber gleich Zugriff auf alle angeschlossenen Gamepads. Sämtliche Gamepads können anschließend mithilfe der Methode `getGamepads()` vom Navigator-Objekt abgerufen werden. Dieses kapselt alle browserspezifischen Schnittstellen. Der Aufruf der Methode liefert alle angeschlossenen Gamepads in einer Auflistung zurück. Das `Gamepad`-Objekt enthält:

- den eindeutigen Bezeichner des Controllers (`id`),
- dessen Index in der Auflistung (`index`),
- das Schema des Controllers (`mapping`; derzeit gibt es nur ein Standard-Mapping, das in etwa den Gamepads der DualShock- und Xbox-Reihe entspricht),
- einen Hinweis dazu, ob das Gamepad noch verbunden ist (`connected`),
- die Auflistung der Knöpfe des Gamepads (`buttons`) in der durch das Mapping vorgegebenen Reihenfolge: jeweils ein `GamepadButton`-Objekt, das die Eigenschaften `pressed` (Knopf gedrückt) und `value` enthält. `value` ist ein Fließkommawert von 0 bis 1, der angibt, wie stark ein Knopf gedrückt wird - sinnvoll für analoge Tasten wie die Schultertasten,
- die Auflistung der Achsen des Gamepads (`axes`, z. B. die x-/y-Achsen eines Analogsticks) in der durch das Mapping vorgegebenen Reihenfolge (jeweils als Fließkommazahl von –1 bis 1)
- sowie einen Zeitstempel (`timestamp`), von wann die Messung stammt.

Der Entwickler erhält also lediglich einen Low-Level-Zugriff auf die gedrückten Tasten sowie die Bewegung der Analogsticks. Diese Werte muss der Entwickler entsprechend interpretieren. High-Level-Ereignisse der Form »Stick X wurde nach rechts gedrückt« gibt es nicht. Ebenso gibt es kein Ereignis, um sich bei Änderung informieren zu lassen. Der Entwickler muss die Gamepads stattdessen dauerhaft abfragen (*Polling*). Diese Abfrage lässt sich jedoch gut mit der oben beschriebenen Renderschleife, die mithilfe der Methode `requestAnimationFrame()` realisiert wird, verbinden. Weiterhin gibt es noch das Ereignis `gamepaddisconnected`, das beim Trennen eines Controllers ausgelöst wird.

Der Controller muss lediglich mit Computer, Tablet oder Smartphone per Kabel oder Bluetooth (je nach Betriebssystem und Gerät) verbunden und dort erkannt worden sein. Die Gamepad API funktioniert auf allen aktuellen Browserausgaben. Zuletzt stieß im März 2017 Safari mit der Unterstützung für die Schnittstelle hinzu. Weitere Informationen zur Schnittstelle finden Sie unter *https://developer.mozilla.org/en-US/docs/Web/API/Gamepad_API*.

Google Chrome	Microsoft Edge	Mozilla Firefox	Apple Safari
21	12	29	10.1 (mobil: 10.3)

Tabelle 2.4 Unterstützung für die Gamepad API

Aufgabe

Für diese Aufgabe benötigen Sie ein Gamepad, das mit einem Testgerät verbunden werden kann. Der Autor hat die Schnittstelle erfolgreich mit einem Xbox-One-Controller unter Windows, einem DualShock-3-Controller unter macOS und Android sowie einem SteelSeries Nimbus unter iOS getestet. Wenn Sie sich nicht sicher sind, ob Ihr Controller korrekt vom System erkannt wird, können Sie die Website *http://html5gamepad.com* in einem unterstützten Browser nutzen. Der HTML5 Gamepad Tester zeigt alle verbundenen Gamepads und deren Informationen im Browser an, wie Abbildung 2.5 zeigt.

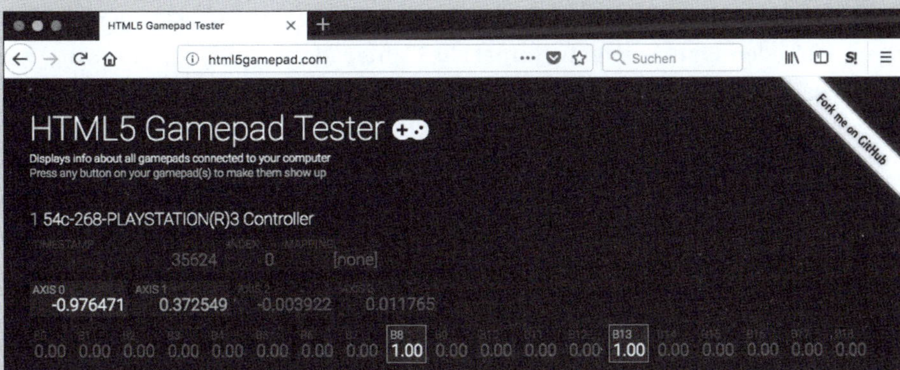

Abbildung 2.5 HTML5 Gamepad Tester in Firefox

Legen Sie dann die Datei *4.html* an, geben Sie wieder `html:5` ein und drücken Sie so lange [Tab], bis der Cursor im `body`-Element des Dokuments platziert wird. Geben Sie dann `script` ein und drücken Sie erneut [Tab]. Innerhalb des `script`-Tags geben Sie bitte den folgenden JavaScript-Code ein:

```
function update() {
    const gamepads = navigator.getGamepads();
    for (let i = 0; i < gamepads.length; i++) {
        const pad = gamepads[i];
        if (pad) {
            const color = (pad.axes[0] + 1) * 180;
            document.body.style.backgroundColor =
 `hsl(${color}, 100%, 50%)`;
            break;
        }
    }
    requestAnimationFrame(update);
}
update();
```

Achten Sie unbedingt darauf, dass die Zeichenkette, die der Eigenschaft `background-Color` zugewiesen wird, in *Backticks* eingefasst wird. Dabei handelt es sich nicht um Hochkommata, sondern um allein stehende Gravis-Akzente (für dieses *Accent grave* genannte Zeichen die Taste mit den Akzenten bei gedrückter [⇧]-Taste zweimal drücken). Die Zeichenketten nennen sich *Template Strings*. Durch die Verwendung dieser Schreibweise ist es möglich, Platzhalter der Form `${expression}` innerhalb der Zeichenkette zu definieren. Der darin enthaltene Ausdruck (`expression`) wird zur Laufzeit interpoliert.

Was geschieht hier? Es wird eine Methode `update()` definiert, die in diesem Beispiel die Renderschleife darstellt. Diese Funktion wird initial direkt aufgerufen, durch die Verwendung von `requestAnimationFrame()` zudem einmal für jeden gezeichneten Frame. Für jeden Frame werden einmal alle Gamepads abgerufen. Dann wird innerhalb einer `for`-Schleife nach dem ersten verfügbaren Gamepad gesucht (diese müssen nicht zwangsläufig mit dem Index 0 beginnen). Wurde ein Gamepad gefunden, wird dessen Achse mit dem Index 0 ausgelesen. Nach dem Standard-Mapping beschreibt diese den Status des linken Analogsticks in x-Richtung. Wird der Stick nach links gedrückt, ist der Wert –1 gesetzt, in der Mitte der Wert 0, ganz rechts 1. In CSS gibt es einen *HSL-Farbraum*, in dem sich Farben aus dem Farbwert (*Hue*, Winkel auf dem Farbkreis), der Sättigung (*Saturation*) und der Helligkeit (*Lightness*) zusammensetzen. In diesem Beispiel wird die x-Position des linken Analogsticks in den Farbkreiswinkel umgerechnet: Ganz links entspricht 0 Grad, ganz rechts 360 Grad. Als

Sättigung wird immer 100 %, als Helligkeit wird 50 % gewählt. Der zusammengesetzte Wert wird als Hintergrundfarbe für das Dokument gesetzt und die Schleife danach verlassen. Wenn Sie im Browser nun zur dieser Datei wechseln, passen Sie durch das Bewegen des linken Analogsticks in x-Richtung die Farbe des Dokuments an. Dabei können Sie einmal komplett durch den Farbkreis reisen. Den vollständigen Quelltext für dieses Beispiel finden Sie in den Beispielquelldateien unter *kapitel02/4.html.*

Zum Zeitpunkt des Verfassens befinden sich die *Gamepad Extensions* in Spezifikation, die die Gamepad API um weitere Informationen erweitern sollen, etwa um die Hand, in der der Controller vermutlich gehalten wird, die Lage des Controllers im Raum für VR-Anwendungen sowie um Methoden zum Senden von Vibrationssignalen.

Ein besonders eindrucksvolles Beispiel, das WebGL zur Visualisierung von 3D-Inhalten und die Gamepad API zur Steuerung einsetzt, ist das Spiel *Flight Arcade*, eine stark vereinfachte Fassung des altehrwürdigen Microsoft Flight Simulator. Darin kann ein Spieler mit dem Gamepad (oder per Tastatur) ein Flugzeug durch eine 3D-Landschaft steuern. Die Rotorgeräusche des Flugzeugs werden zur Laufzeit im Browser durch die Web Audio API synthetisiert. Zum Spielen ist kein Browser-Plug-in oder Ähnliches erforderlich, alles läuft mit nativer Webtechnologie. Die Demo ist unter *http://flightarcade.com* zu finden.

Abbildung 2.6 Flight Arcade, ein 3D-Spiel mit Gamepad-Steuerung, läuft ohne Plug-in direkt im Browser (hier Microsoft Edge).

2.4 WebAssembly: Binärcode für das Web mit nahezu nativer Performance

Sicherlich kennen Sie die folgenden Vorbehalte gegen das Web: Das Web sei langsam und zu sehr um die Sprache JavaScript zentriert – eine Sprache, die dynamisch typisiert ist, zur Laufzeit im Browser interpretiert wird, ihren Ursprung in der clientseitigen Dynamisierung von Webformularen fand und erst zu dem gebogen werden musste, was sie heute ist. Diese Vorbehalte sind schon seit einiger Zeit nicht mehr wirklich zutreffend: Durch den Einsatz von *Just-in-Time*-Kompilierung (JiT) können modernere JavaScript-Engines nahezu native Ausführungsgeschwindigkeiten erreichen. Und mit TypeScript steht eine Übermenge der Sprache JavaScript zur Verfügung, mit der auch statische Typisierung in die Frontend-Landschaft des Webs Einzug erhält. Webkritiker könnten dem nun entgegensetzen, dass TypeScript zur Ausführung im Browser ja wieder in die Sprache JavaScript überführt werden müsste. Und da JavaScript eine menschenlesbare Skriptsprache ist, müssen diese Skripte vom Browser zunächst geparst und dann zur schnelleren Ausführung kompiliert werden, was langsam ist. Doch auch hierfür gibt es im modernen Web eine Antwort: WebAssembly (*Wasm*).

Darunter versteht man einen Bytecode für das Web, der plattformübergreifend ausgeführt werden kann. Im Gegensatz zu den JavaScript-Quelldateien können die Wasm-Binärdateien direkt auf der JiT-Engine ausgeführt werden, das Parsen und Kompilieren entfällt. Somit fallen die initialen Ladezeiten für Wasm-Implementierungen deutlich kürzer aus, zudem sind die Binärdateien kleiner. Auch Wasm-Implementierungen werden mit nahezu nativer Geschwindigkeit ausgeführt.

Wasm-Programme können theoretisch in beliebigen Programmiersprachen verfasst werden. Die erste Fassung von Wasm, die seit Ende 2017 in allen vier großen Browsern verfügbar ist, nahm dabei besonders die Sprachen C, C++ und Rust in den Blick. Schon heute existieren jedoch auch Wasm-Übersetzer für C# (*mono-wasm*), Java (*TeaVM*) und TypeScript (*AssemblyScript*). Über Wasm lässt sich somit auch Bestandscode in das Web migrieren, zumindest unter bestimmten Bedingungen. Da Wasm in der virtuellen Maschine von JavaScript ausgeführt wird, unterliegt es derselben Sandbox-Umgebung. So können auch Wasm-Implementierungen lediglich auf allgemein verfügbare Webschnittstellen zugreifen. Es ist insbesondere nicht möglich, beliebigen nativen Code aufzurufen, wahlfrei auf das Dateisystem zuzugreifen oder fremde Registerkarten zu manipulieren. Wasm definiert außerdem ein menschenlesbares Textformat mit der Dateiendung *WAT*. Wasm-Binärdateien können etwa zum Debugging in dieser Repräsentation dargestellt werden. Wasm versteht sich zudem als Teil der offenen Webplattform: So können Wasm-Module mit JavaScript problemlos kommunizieren. Schließlich ist Wasm auch nicht als Konkurrenz zu Java-

Script zu verstehen. Wasm benötigt sogar in JavaScript geschriebenen Glue-Code, um überhaupt gestartet werden zu können.

Die Anwendungsmöglichkeiten von Wasm gehen aber noch weiter: So unterstützt die Cross-Platform-Spiele-Engine *Unity* den Export von damit entwickelten Spielen nach WebGL und Wasm. Gerade bei Spielsoftware muss initial viel Code geladen werden, sodass sich Wasm hier im Besonderen anbietet. Die offizielle Wasm-Demo zeigt das Unity-Spiel *Tanks!*, das einmal in Unity entwickelt wird und dann für unterschiedlichste Plattformen exportiert werden kann – so auch Wasm. Abbildung 2.7 zeigt das Spiel in Aktion. Microsoft implementiert mit dem Experiment *Blazor* derzeit ein Framework zur Umsetzung von Single-Page Web Applications, die nicht in HTML und JavaScript verfasst werden, sondern in der .NET-Sprache C# und mithilfe der aus *ASP.NET* bekannten Templating-Sprache *Razor*. Somit können auch Entwickler aus fremden technischen Sphären sanft und sacht an das Web herangeführt werden.

Abbildung 2.7 Das Unity-Spiel Tanks! wurde nach Wasm exportiert und läuft somit ohne Plug-in im Browser, hier in Apple Safari.

Wenn Sie Wasm selbst ausprobieren wollen, lohnt sich ein Blick in das *WebAssembly Studio* unter der Adresse *https://webassembly.studio/*. Hier können Sie mit C, Rust und AssemblyScript experimentieren, Ihren Quelltext nach WebAssembly kompilieren und direkt im Browser ausführen.

Wasm eignet sich insgesamt für besonders rechenintensive Implementierungen sowie Spiele und stellt eine interessante Strategie dar, um Bestandscode sowie in von

JavaScript verschiedenen Sprachen verfassten Quelltext in das Web zu bringen. Seit Ende 2017 ist die erste Fassung von Wasm in allen vier großen Browsern verfügbar, sowohl auf dem Desktop als auch auf Mobilgeräten. Die Wasm-Story ist damit jedoch noch nicht vorbei, denn die Technologie befindet sich weiterhin in aktiver Entwicklung. So soll etwa *Garbage Collection* nachgereicht werden, die Unterstützung von Referenztypen sowie der direkte Zugriff auf das DOM des HTML-Dokuments.

Google Chrome	Microsoft Edge	Mozilla Firefox	Apple Safari
57	16	52 (nicht ESR)	11

Tabelle 2.5 Unterstützung für die erste Ausgabe von WebAssembly

2.5 Web Share API: Teilen von Inhalten aus dem Browser heraus

Auf mobilen Betriebssystemen hat sich ein bestimmtes Muster herausgebildet, wie Apps Daten untereinander austauschen können. Jede mobile Plattform verfügt über eine Teilen-Funktionalität. Inhalte einer App können über einen Teilen-Dialog mit anderen Apps geteilt werden. Umgekehrt können sich Apps auch für diese Funktion registrieren und dabei definieren, welche Inhalte sie entgegennehmen können. Die *Web Share API* kümmert sich um den ersten Teil des Teilens: das Bereitstellen von Inhalten und die Darstellung des nativen Teilen-Dialogs. Die Web Share API ist zudem eine der einfachsten hier vorgestellten Schnittstellen, da sie lediglich eine Methode besitzt: `share()`. Zur Verwendung der Schnittstelle muss die Website jedoch HTTPS einsetzen, der Server sich also mit einem gültigen Zertifikat authentifiziert haben, damit Daten verschlüsselt mit dem Server ausgetauscht werden können. Diese Bedingung gilt mittlerweile für viele moderne Webschnittstellen. Um eine missbräuchliche Nutzung der Schnittstelle zu vermeiden, kann sie zudem nur als Resultat einer Benutzeraktion ausgeführt werden. Eine anlasslose, programmatische Verwendung dieser Schnittstelle wird damit ausgeschlossen. Geteilt werden können Texte (`text`) und/oder URLs (`urls`). Optional kann ein Titel (`title`) angegeben werden. Die Web Share API ist zum Zeitpunkt des Verfassens dieses Buchs lediglich unter Google Chrome auf Android sowie als Vorschauversion innerhalb der Safari Technology Preview unter macOS verfügbar. Das Team von Microsoft Edge erwägt die Unterstützung der Schnittstelle.

Google Chrome	Microsoft Edge	Mozilla Firefox	Apple Safari
61 (nur mobil)	Considering	–	Preview

Tabelle 2.6 Unterstützung für die Web Share API

Aufgabe

Für diese Aufgabe benötigen Sie einen Browser, der die Web Share API unterstützt, zum Beispiel Google Chrome auf einem Android-Smartphone. Liegt Ihnen kein solches Gerät vor, überspringen Sie die Aufgabe.

Legen Sie eine neue Datei *5.html* an, geben Sie `html:5` ein und drücken Sie so lange [⇆], bis sich der Cursor im `body`-Knoten befindet. Geben Sie dann `button` ein und drücken Sie abermals [⇆]. Geben Sie innerhalb des `button`-Knotens eine Beschriftung für die Schaltfläche ein, zum Beispiel SHARE THIS. Das sieht dann so aus:

```
<button>Share this</button>
```

Geben Sie in einer neuen Zeile nach dem `button`-Knoten `script` ein und drücken Sie erneut [⇆]. Innerhalb des entstehenden Knotens geben Sie bitte folgenden JavaScript-Quellcode ein:

```
document.querySelector('button').onclick = () =>
    navigator.share({
        title: 'Tolle Webseite',
        text: 'Das wäre doch was für dich!',
        url: 'https://liebel.org'
    })
        .then(() => alert('successfully shared'))
        .catch(() => alert('sharing unsuccesful'));
```

Verwenden Sie zum Test auf dem Smartphone ngrok, um über das Internet auf Ihren lokalen Server zuzugreifen. Wie das funktioniert, habe ich Ihnen in Kapitel 1, »Im Web, als App: Geschichte und Einstieg«, gezeigt. Wenn Sie ngrok beendet haben, öffnen Sie ein neues Kommandozeilenfenster beziehungsweise ein Terminal (lite-server muss weiterhin ausgeführt werden). Navigieren Sie darin zu dem Ordner, in den Sie ngrok heruntergeladen haben, und führen Sie folgendes Kommando aus:

`./ngrok http 3000` (macOS, Linux)

`ngrok http 3000` (Windows)

ngrok zeigt daraufhin den öffentlich erreichbaren Endpunkt an. Verwenden Sie die HTTPS-Variante und geben Sie die angezeigte URL der Form *https://********.ngrok.io/5.html* auf Ihrem Smartphone ein (die Sternchen ersetzen Sie durch die angezeigten URL im Konsolenfenster von ngrok).

Im ersten Schritt wird ein Klick-Handler für die oben angegebene Schaltfläche registriert. Das ist erforderlich, da die Share-Funktionalität nur im Rahmen einer Nutzerinteraktion wie einem Klick ausgeführt werden darf. Dann wird die Methode `share()` auf dem Navigator-Objekt aufgerufen. Im Beispiel wird sowohl einen Text als auch eine URL samt Titel geteilt. Die Schnittstelle basiert auf Promises (siehe Abschnitt 1.3.3, »Promises: asynchrone Operationen im Griff«). War der Vorgang erfolgreich, wird danach der Callback in der Methode `then()` aufgerufen, im Fehlerfall (zum Beispiel Teilen abgebrochen, teilbarer Inhalt fehlt) der Callback in der Methode `catch()`. Im Ergebnis öffnet sich der native Teilen-Dialog des Betriebssystems und zeigt eine Auswahl kompatibler Apps an. So kann der Link etwa in die Messaging-App geteilt werden, wie Abbildung 2.8 zeigt. Den vollständigen Quelltext für dieses Beispiel finden Sie in den Beispielquelldateien unter *kapitel02/5.html*. Weitere Informationen gibt es unter *https://developers.google.com/web/updates/2016/09/navigator-share*.

Den Gegenpart, also den zweiten Teil des Teilens, stellt die *Web Share Target API* dar, über die sich eine Website als Empfänger für geteilte Inhalte registrieren kann. Für Progressive Web Apps wird diese Schnittstelle im Besonderen interessant, um selbst zum Ziel für einen Teilen-Vorgang zu werden. Zum Zeitpunkt des Verfassens dieses Buchs wird die Unterstützung für diese Schnittstelle im Webbrowser Google Chrome implementiert, vonseiten des Edge-Teams gibt es öffentliche Unterstützung für das Vorhaben. Diese Schnittstelle wird jedoch noch einiges an Zeit benötigen, bis sie plattformübergreifend verfügbar ist.

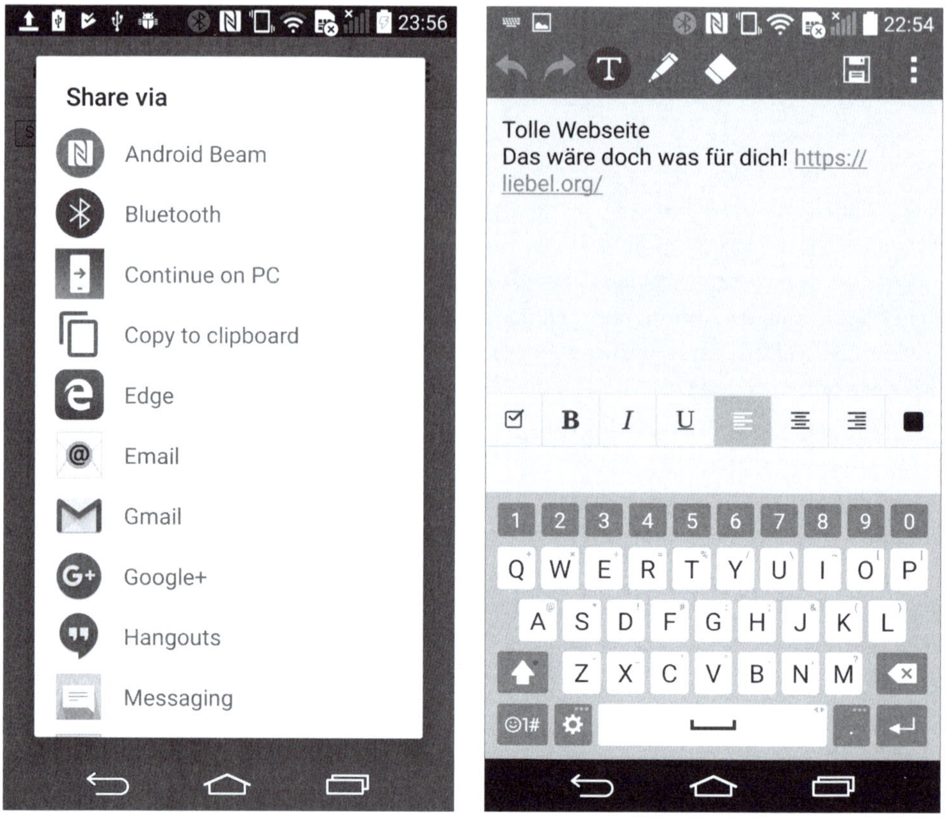

Abbildung 2.8 Die Web Share API öffnet den nativen Teilen-Dialog und kann somit Informationen an dritte Apps übergeben.

2.6 Web Speech API: Text-to-Speech im Browser

Auch Sprachdaten können im Web verarbeitet werden: Dazu gibt es die *Web Speech API*. Diese Schnittstelle funktioniert in zwei Richtungen: Mithilfe der Speech Recognition API werden Spracheingaben in Text übersetzt. Zum Zeitpunkt des Verfassens dieses Buchs unterstützt jedoch nur Google Chrome diese Schnittstelle, und das auch noch nicht vollständig. Microsoft Edge und Mozilla Firefox erwägen die Implementierung der API. Beim umgekehrten Weg, also bei der Produktion von Sprache aus einer Texteingabe, sieht es jedoch deutlich besser aus: Die *Speech Synthesis API* wird von allen vier großen Browserherstellern bereits seit einigen Versionen unterstützt, sowohl auf Mobilgeräten als auch auf dem Desktop.

Google Chrome	Microsoft Edge	Mozilla Firefox	Apple Safari
33	14	49	7

Tabelle 2.7 Unterstützung für die Speech Synthesis API

Die Speech Synthesis API kann etwa dazu genutzt werden, dem Anwender längere Texte vorzulesen. Weiterhin eignet sich die Schnittstelle zur Implementierung barrierefreier Websites und Webanwendungen. Die Schnittstelle ist auf dem globalen Window-Objekt zu finden und trägt den Namen `speechSynthesis`. Die Speech Synthesis API greift zur Sprachsynthese auf die Schnittstellen der zugrunde liegenden Plattform oder auf externe Dienste zurück. Daher variiert auch die Auswahl der Stimmen, die in Verbindung mit der API genutzt werden können. Zugriff auf die verfügbaren Stimmen erhält der Entwickler über die Methode `getVoices()`. Um über eine geänderte Auswahl an Stimmen zur Laufzeit informiert zu werden, kann sich der Entwickler für das Ereignis `onvoiceschanged` registrieren. Eine zentrale Rolle spielt die Schnittstelle *SpeechSynthesisUtterance*, die den zu sprechenden Text (`text`) enthält und weiterhin mit der Sprache (`lang`), der Stimme (`voice`), der Geschwindigkeit (`rate`), der Tonhöhe (`pitch`) und der Lautstärke (`volume`) parametrisiert werden kann. Die entstehende Instanz wird schließlich der Methode `speak()` des `SpeechSynthesis`-Objekts übergeben. Es kann zeitgleich immer nur eine Sprachausgabe stattfinden, weitere Anfragen werden in einer Warteschlange abgelegt und nacheinander abgearbeitet. Der Entwickler hat außerdem die Möglichkeit, über die Methoden `pause`, `resume` und `cancel` die Sprachwiedergabe anzuhalten, fortzusetzen oder gänzlich abzubrechen.

Aufgabe

Erstellen Sie eine neue Datei *6.html*, geben Sie `html:5` ein und drücken Sie so lange [Tab], bis der Cursor innerhalb des `body`-Knotens platziert wird. Geben Sie dann `input` ein und drücken Sie erneut [Tab]. In der nächsten Zeile geben Sie `button` ein, drücken wieder ⇥ und geben dann eine Beschriftung für die Schaltfläche ein, zum Beispiel »Speak«. Das sollte wie folgt aussehen:

```
<input type="text">
<button>Speak</button>
```

In der nächsten Zeile geben Sie `script` ein und drücken noch mal ⇥. Innerhalb des `script`-Knotens geben Sie den folgenden JavaScript-Code ein:

```
document.querySelector('button').onclick = () => {
  const text = document.querySelector('input').value;
  speechSynthesis.speak(new SpeechSynthesisUtterance(text));
};
```

Im vorliegenden Beispiel kann der Anwender einen beliebigen Text in ein Textfeld eingeben. Per Klick auf den Button wird der eingegebene Text vorgelesen. Da hier auf weitere Angaben wie Stimme, Geschwindigkeit oder Tonhöhe verzichtet wird, werden die Standardeinstellungen gewählt. Weitere Informationen zur Speech Synthesis API finden Sie unter *https://developer.mozilla.org/en-US/docs/Web/API/SpeechSynthesis*.

Den vollständigen Quelltext für dieses Beispiel finden Sie in den Beispielquelldateien unter *kapitel02/6.html*.

2.7 Media Capture and Streams: auf Kamera und Mikrofon zugreifen

Aus modernen Apps ist natürlich auch der Zugriff auf die Kameras oder das Mikrofon des Geräts nicht wegzudenken. Stark bildzentrische Apps wie Snapchat oder Instagram leben vom Zugriff auf die Kamera. Apps wie Shazam greifen auf das Mikrofon zu, um mithilfe eines entfernten Webdienstes Lieder zu erkennen. Der Zugriff auf Kamera und Mikrofon ist auch im Web problemlos möglich mithilfe der *Media Capture and Streams API*. Diese Schnittstelle arbeitet mit den Audio- und Videoelementen zusammen, die ganz am Anfang dieses Kapitels beschrieben wurden.

Die Media Capture and Streams API ist unter dem Namen `mediaDevices` auf dem Navigator-Objekt zu finden. Durch den Aufruf der Methode `getUserMedia()` kann Zugriff auf das Mikrofon und die Kameras des Geräts erlangt werden. Diese Methode nimmt ein Konfigurationsobjekt entgegen, auf dem angegeben werden kann, ob die Aufzeichnung die Kamera oder das Mikrofon betrifft (oder beides), ob die Front- oder Rückkamera des Geräts verwendet wird und welche Auflösung der Kameradatenstrom besitzen soll.

Da der Zugriff auf diese Mediengeräte aus Datenschutzsicht kritisch ist, fragt der Browser vor Verwendung zuerst beim Anwender nach. Erst wenn der Benutzer zustimmt, wird der Datenstrom an die Website durchgereicht. Manche Browser gewähren nur noch Zugriff auf die Schnittstelle, wenn die Website über HTTPS ausgeliefert wurde.

Aufgabe

Legen Sie eine neue Datei *7.html* an, geben Sie `html:5` ein und drücken Sie so lange [Tab], bis sich der Cursor im `body`-Element des Dokuments befindet. Geben Sie dann `video` ein und drücken Sie erneut [Tab]. Ergänzen Sie das dabei entstehende `video`-Element um die folgenden Attribute:

```
<video autoplay playsinline style="width: 100vw; height: 100vh;"></video>
```

Mithilfe des Attributs `autoplay` wird der Videodatenstrom direkt abgespielt. Durch die Angabe von `playsinline` wird das Video direkt im Dokument abgespielt. In manchen mobilen Browsern werden Videos sonst dediziert im Vollbildmodus wiedergegeben. Dank der CSS-Stilangaben im `style`-Attribut nimmt das Videoelement den kompletten Viewport ein.

Geben Sie in einer neuen Zeile nach dem `video`-Element `script` ein und drücken Sie abermals [Tab]. Geben Sie innerhalb des `script`-Knotens den folgenden JavaScript-Code an:

```
navigator.mediaDevices.getUserMedia({ video: { facingMode: 'user' } })
    .then(stream => document.querySelector('video').srcObject = stream);
```

Das hier angegebene Konfigurationsobjekt für `getUserMedia()` definiert, dass nur der Zugriff auf die Kamera gewünscht wird. Wenn vorhanden, soll die Frontkamera bevorzugt werden. Eine spezielle Auflösung wird hier nicht angefordert. Ist die Abfrage erfolgreich (stimmt der Benutzer also der Verwendung der Kamera zu und ist auch eine Kamera vorhanden), erhält der Entwickler in der `then`-Methode Zugriff auf den Videodatenstrom. Im zugehörigen Callback wird der Datenstrom dem oben definierten Videoelement als Quelle übergeben und somit dort abgespielt.

Modifizieren Sie abschließend noch das öffnende `body`-Tag der Datei wie folgt, sodass die Seitenabstände des Dokuments abgeschaltet werden:

```
<body style="margin: 0;">
```

Wenn Sie die Website nun im Browser Ihres Desktop- oder Mobilgeräts öffnen, sollte eine Abfrage erscheinen, die wissen will, ob Sie der Website Zugriff auf die Kamera gewähren möchten. Danach sollten Sie das Bild der Frontkamera, sofern vorhanden, direkt im Browser sehen. Abbildung 2.9 zeigt das Vorgehen unter iOS.

Vom Videodatenstrom ausgehend, ist es möglich, Einzelbilder zu extrahieren und somit aus der Anwendung heraus Fotos zu schießen. Oder wieso nicht das nächste *Skype* programmieren? Die Schnittstelle *WebRTC* erlaubt die Echtzeitkommunikation zwischen Browsern – auf Basis der Media Capture and Streams API. Im September 2017 wurde die Media Capture and Streams API auch in Safari 11 implementiert und ist damit in den vier großen Browsern problemlos einsetzbar. Weitere Informationen zur Schnittstelle finden Sie im Mozilla Developer Network unter *https://developer.mozilla.org/en-US/docs/Web/API/MediaDevices/getUserMedia*.

Google Chrome	Microsoft Edge	Mozilla Firefox	Apple Safari
53	12	36	11

Tabelle 2.8 Unterstützung für die Media Capture and Streams API

Den vollständigen Quelltext für dieses Beispiel finden Sie in den Beispielquelldateien unter *kapitel02/7.html*.

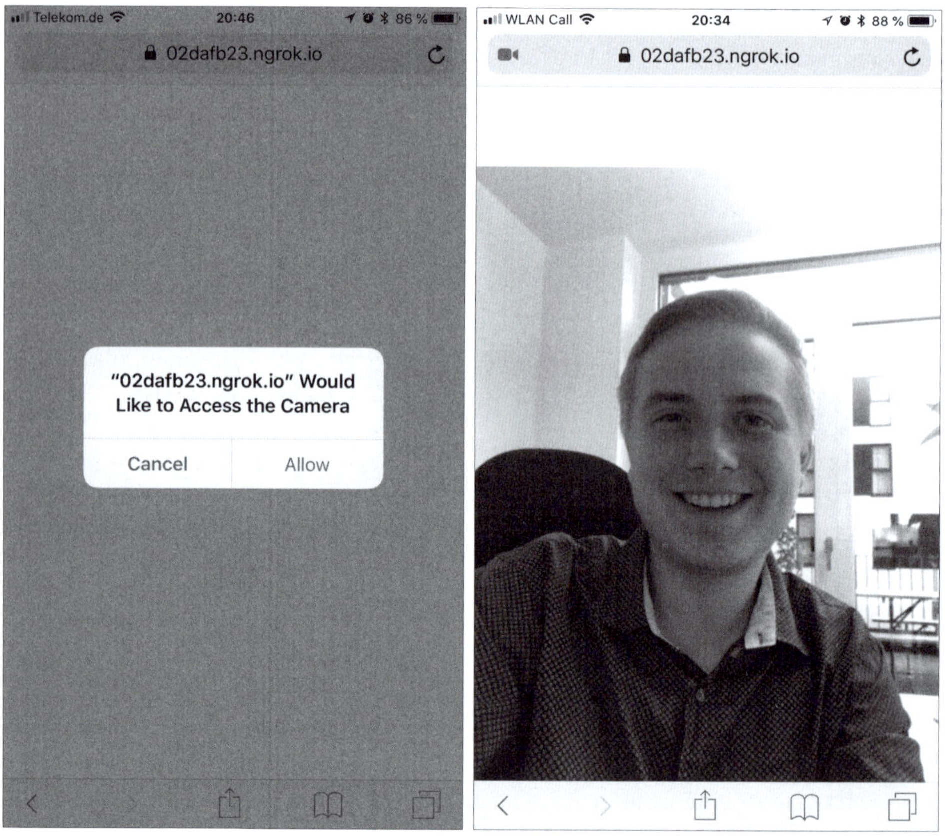

Abbildung 2.9 Die Media Capture and Streams API fragt erst nach der Erlaubnis zum Kamerazugriff und reicht dann den Kameradatenstrom durch.

2.8 Generic Sensor API: Zugriff auf die Gerätesensoren

Moderne Smartphones und Tablets sind mit einer Vielzahl von Sensoren ausgestattet, in manchen Fällen auch Notebooks und Desktopcomputer. Häufig verbaute Sensoren sind Bewegungssensoren wie das *Accelerometer*, das die Beschleunigung des Geräts misst, das *Gyroskop* zur Messung von Drehungen sowie Umgebungssensoren wie das *Magnetometer* zur Messung der magnetischen Flussdichte und Umgebungslichtsensoren. Auch zum Zugriff auf diese Sensoren gibt es passende Webschnittstellen. Diese basieren alle auf der *Generic Sensor API*, einer abstrakten Spezifikation, die durch konkrete Schnittstellen wie die *Accelerometer API* oder die *Gyroscope API* implementiert wird. Das Verwenden dieser APIs ähnelt sich jedoch dank der gemeinsamen Basis sehr: Zunächst wird eine Sensorinstanz erzeugt. Dabei kann optional eine gewünschte Frequenz angegeben werden, in der die Messwerte geliefert werden sollen. Die Messung wird immer über die Methode `start()` gestartet. Ist der Sensor aktiv, wird das Ereignis `reading` ausgelöst, sobald ein neuer Messdatensatz zur Verfügung steht. Auf dem Sensor ist stets die Eigenschaft `timestamp` verfügbar, die den Zeitpunkt der letzten Messung enthält. Die weiteren Eigenschaften hängen vom konkreten Sensor ab. Mithilfe der Methode `stop()` kann unabhängig vom verwendeten Sensor die Messung wieder angehalten werden. Tritt ein Fehler auf, wird dieser über das Ereignis `error` an die Anwendung kommuniziert.

Die Sensorschnittstellen sind noch verhältnismäßig jung. Zum Zeitpunkt des Verfassens dieses Buchs werden die Bewegungssensor-APIs lediglich von Google Chrome in Version 67 unterstützt, die Schnittstellen für die Umgebungssensoren sind selbst hier noch hinter einem Feature-Flag versteckt, müssen also erst explizit aktiviert werden. Es ist jedoch davon auszugehen, dass sich die Unterstützung bald bessert.

Google Chrome	Microsoft Edge	Mozilla Firefox	Apple Safari
67	–	–	–

Tabelle 2.9 Unterstützung für die Accelerometer API

Aufgabe

Für diese Aufgabe benötigen Sie ein Gerät mit aktuellem echtem Chrome-Browser (Chrome unter iOS funktioniert nicht) und Beschleunigungssensor. Dieser ist in den allermeisten Smartphones und Tablets bereits verbaut.

Legen Sie eine neue Datei *8.html* an, geben Sie `html:5` ein und drücken Sie so lange [Tab], bis sich der Cursor im `body`-Element befindet. Geben Sie dort `script` ein und drücken Sie abermals [Tab]. Innerhalb des entstehenden `script`-Tags geben Sie bitte folgenden Code ein:

```
const sensor = new Accelerometer();
sensor.onreading = () => document.body.style.backgroundColor =
  sensor.y < 5 ? 'blue' : 'red';
sensor.start();
```

Um das Beispiel auf Ihrem Smartphone ausprobieren zu können, benötigen Sie wieder ngrok. Sollte das Tool zwischenzeitlich nicht mehr laufen, schlagen Sie das Starten von ngrok in Abschnitt 2.5, »Web Share API: Teilen von Inhalten aus dem Browser heraus«, nach. Navigieren Sie auf Ihrem Gerät dann zur URL der Form *https://********.ngrok.io/8.html*.

Wenn Sie das Beispiel auf Ihrem Gerät ausführen, sollten Sie folgendes Verhalten nachvollziehen können: Wenn Sie das Gerät mit der Front zu Ihnen halten, wird die Website in Rot dargestellt. Legen Sie das Gerät auf den Tisch, wird stattdessen eine blaue Farbe angezeigt. Die obige Demoanwendung liest kontinuierlich die Werte des Beschleunigungsmessers aus. Dieser hat drei Eigenschaften: x, y und z, die jeweils die auf das Gerät einwirkende Beschleunigung entlang der x-, y- und z-Achse in Metern pro Quadratsekunde enthalten. Wird das Gerät hochgehalten, wirkt entlang der y-Achse die Erdbeschleunigung mit 1 g, also etwa 9,81 m/s^2 auf das Gerät ein. Liegt das Gerät auf einer Oberfläche, liegt die Beschleunigung in y-Richtung hingegen bei nahe 0 m/s^2. Die Anwendung überwacht die Messwerte und schaltet bei einem Wert kleiner als 5 m/s^2 auf die blaue Hintergrundfarbe um. Ansonsten wird eine rote Hintergrundfarbe dargestellt. Hat das Gerät keinen Beschleunigungssensor, bleibt die Website weiß. Den vollständigen Quelltext für dieses Beispiel finden Sie in den Beispielquelldateien unter *kapitel02/8.html*. Besonders ausgefeilte Beispiele zur Generic Sensor API, wie in Abbildung 2.10 zu sehen, finden Sie hier: *https://intel.github.io/generic-sensor-demos*.

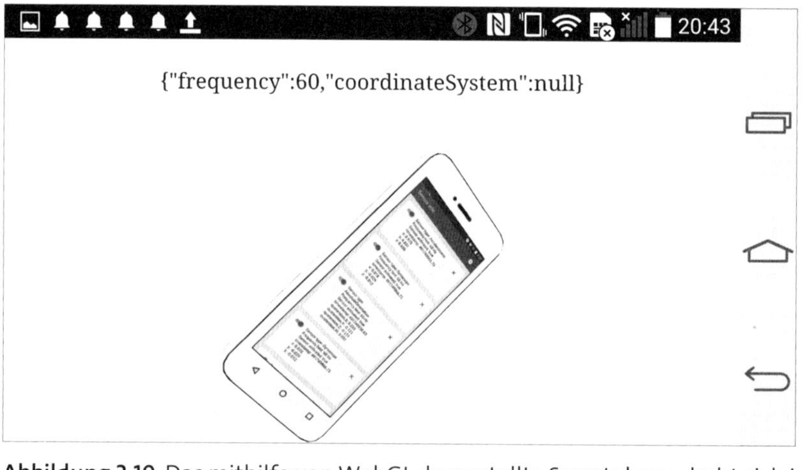

Abbildung 2.10 Das mithilfe von WebGL dargestellte Smartphone dreht sich in 3D mit dem echten Gerät unter Google Chrome auf Android.

Auch diese Schnittstelle erfordert unter Google Chrome, dass die zugehörige Website oder Webanwendung über HTTPS ausgeliefert wurde. Weitere Informationen zur Schnittstelle finden Sie unter *https://developers.google.com/web/updates/2017/09/sensors-for-the-web*.

2.9 Pointer Events und Pressure.js: Force Touch im Web

Früher war die Welt noch einfach: Da hatte man nur eine Maus, eine zweidimensionale Eingabemethode, mit der man pixelgenau eine Koordinate auf dem Bildschirm auswählen konnte. Bei modernen Geräten ist indes eine neue Komponente hinzugekommen: der Druck, den der Anwender auf den berührungsempfindlichen Bildschirm ausübt. So wird etwa beim *Microsoft Surface* oder anderen Tablets mit Digitizer bei Stifteingabe der Druck erfasst. Apple nennt diese neue Dimension der Eingabe auf seinem iPhone passend *3D Touch*, bei MacBook-Modellen ab 2015 sowie dem Magic Trackpad 2 *Force Touch*. Hier kann durch eine Verstärkung des Drucks durch den Finger auf den Bildschirm beziehungsweise das Trackpad eine Sekundäroperation ausgelöst werden.

Auch im Web erhalten Entwickler Zugriff auf diese Information und können auf eine Verstärkung des Drucks reagieren. Im vorliegenden Fall gehen Apple und der Rest jedoch getrennte Wege: Google Chrome, Microsoft Edge und Mozilla Firefox unterstützen in ihren aktuellen Ausgaben allesamt die sogenannten *Pointer Events*, die diverse Eingabemethoden (Maus, Finger, Stift) kapseln und auch eine Information über den angewandten Druck enthalten. Apple hat hingegen proprietäre Ereignisse und Eigenschaften implementiert, um im Browser Safari Auskunft über die Druckstärke zu erhalten. Der Ansatz für Force Touch und 3D Touch weicht dabei sogar noch ab. Entwickler hätten somit also drei Ansätze zu implementieren, wenn sie allgemein auf Druckempfindlichkeit reagieren wollten. Derzeit werden die Pointer Events aber auch in diesem Browser implementiert.

Google Chrome	Microsoft Edge	Mozilla Firefox	Apple Safari
55	IE 11	59	(in Entwicklung)

Tabelle 2.10 Unterstützung für Pointer Events

Hier eilt uns die quelloffene Bibliothek *Pressure.js* zu Hilfe, die alle Ansätze unter einer gemeinsamen Schnittstelle vereinigt. Diese Bibliothek enthält sogar einen Polyfill, eine Fallback-Lösung für alle Geräte, die keine Druckempfindlichkeit aufweisen oder die Information nicht im Browser zur Verfügung stellen: Auf diesen Geräten wird das Gedrückthalten eines Steuerelements nach einer bestimmten Zeitspanne als stärkerer Druck gewertet. Weitere Details und Beispiele finden Sie auf der Website der Bibliothek unter *https://pressurejs.com*.

Aufgabe

Dank des Polyfills können Sie die nachfolgende Aufgabe auf jedem Gerät ausprobieren. Erstellen Sie eine neue Datei *9.html*, geben Sie `html:5` ein und drücken Sie so lange [⇥], bis sich der Cursor im `body`-Tag befindet. Geben Sie dann `h1` ein, drücken Sie [⇥] erneut und geben Sie innerhalb des `h1`-Tags eine Überschrift ein, zum Beispiel PRESS ME. Das sieht dann so aus:

```
<h1>Press me</h1>
```

Geben Sie in einer neuen Zeile nach dem `h1`-Tag `script:src` ein und drücken Sie [⇥]. Geben Sie im `src`-Attribut des entstehenden `script`-Tags die folgende URL ein:

```
https://cdnjs.cloudflare.com/ajax/libs/pressure/2.1.2/pressure.min.js
```

In einer neuen Zeile nach dem `script`-Tag geben Sie nun `script` ein und drücken abermals [⇥]. Geben Sie dort den folgenden JavaScript-Code ein:

```
Pressure.set('h1', {
  start: () => document.body.style.backgroundColor = 'green',
  startDeepPress: () => document.body.style.backgroundColor = 'red',
  endDeepPress: () => document.body.style.backgroundColor = 'blue',
  end: () => document.body.style.backgroundColor = 'hotpink',
});
```

Das Beispiel nutzt die Bibliothek Pressure.js, um den Druck auf das `h1`-Element auszuwerten: Beginnt der Benutzer, auf die Überschrift zu drücken, wird der Code für `start` ausgeführt. Der Hintergrund der Website wird auf Grün geschaltet. Drückt der Benutzer nun fester (oder verweilt, bei Geräten ohne Unterstützung, mit dem Finger auf dem Element), wird die Hintergrundfarbe auf Rot geschaltet (`startDeepPress`). Drückt der Benutzer anschließend weniger fest, aber weiterhin auf das Element, schaltet die Farbe auf Blau (`endDeepPress`). Auf Geräten ohne Unterstützung für Druckempfindlichkeit ist dieser Zustand nicht zu sehen. Lässt der Benutzer schließlich ganz los, erscheint die Website in Pink (`end`). Das Beispiel funktioniert in vollem Umfang unter Apple Safari auf dem iPhone und macOS mit passendem Trackpad sowie unter den anderen Browsern bei Stifteingabe mit Druckempfindlichkeit. Andernfalls kommt der Fallback zum Einsatz. Den vollständigen Quelltext für dieses Beispiel finden Sie in den Beispielquelldateien unter *kapitel02/9.html*.

2.10 Geolocation: Implementierung standortbezogener Dienste

Viele native Anwendungen greifen auf den Standort des Anwenders zurück: etwa Taxi-Apps, die dem Anwender ein Taxi aus der Umgebung rufen können, oder auch

Lieferdienst-Apps, Reiseführer und Empfehlungsdienste. Dem Anwender kann somit die Eingabe seines Standorts erspart werden, wenn er diesen denn überhaupt kennt. Außerdem kann die Position des Anwenders nachgeführt werden, was die Implementierung von Navigations-Apps erlaubt, die den Benutzer von A nach B leiten.

In den allermeisten heute vertriebenen Smartphones sind diverse Sensoren verbaut, die einen Rückschluss auf die physikalische Position des Anwenders zulassen. Eine Positionsbestimmung wird auf Mobilgeräten meistens mithilfe des *Assisted Global Positioning System* (A-GPS) durchgeführt. Dabei kommt eine Kombination aus dem recht genauen, aber langsam und energieintensiv ermittelbaren GPS-Signal und ungenaueren, aber schneller feststellbaren Methoden wie dem Standort der GSM-Funkzelle oder den sichtbaren Wi-Fi-Netzen zum Einsatz, um die Position des Anwenders möglichst schnell, akkuschonend und genau zu erfassen. Auch auf Desktopgeräten, die keinen GPS-Sensor eingebaut haben, können die erreichbaren Wi-Fi-Netze herangezogen werden, um eine recht genaue Positionsbestimmung durchzuführen.

Zum Zugriff auf die Position des Anwenders gibt es mit der *Geolocation*-Schnittstelle auch eine zugehörige Browser-API. Somit können Websites und Webanwendungen – unabhängig davon, ob sie auf einem Smartphone mit GPS-Sensor, einem Notebook oder einem Desktopgerät ausgeführt werden – den Standort des Anwenders ermitteln. Da es sich jedoch um eine aus Sicht des Datenschutzes nicht unbedenkliche Schnittstelle handelt, muss der Anwender zunächst bestätigen, dass er seinen Standort mit der Website teilen möchte. Der Entwickler kann herausfinden, ob die Anfrage abgelehnt wurde, und darauf reagieren. Die Geolocation API war eine der ersten Webschnittstellen, die dieses von nativen Apps bekannte Permission-Konzept im Web umsetzten.

Die Geolocation-Schnittstelle ist auf dem Navigator-Objekt zu finden, das alle browserbezogenen Schnittstellen enthält. Die API stellt drei einfach zu verwendende Methoden zur Verfügung:

- `getCurrentPosition()`: Ruft einmalig die Position des Anwenders ab und gibt im Erfolgsfall ein Objekt mit der Position des Anwenders zurück. Die Methode nimmt eine Callback-Funktion für den Erfolgsfall sowie optional einen Fehler-Callback und ein Konfigurationsobjekt `PositionOptions` entgegen. Auf diesem Objekt kann der Entwickler definieren, ob er eine besonders hochauflösende Messung erhalten möchte (sofern vom Gerät unterstützt, standardmäßig inaktiv), wie lange er auf eine Antwort maximal warten möchte (standardmäßig unbegrenzt) und ob er eine zwischengespeicherte Messung mit einem bestimmten Höchstalter (standardmäßig 0 Sekunden, also inaktiv) erhalten möchte.
- `watchPosition()`: Registriert eine Callback-Funktion, die bei Änderung der Anwenderposition aufgerufen wird. Nimmt weiterhin einen Fehler-Callback sowie die

oben beschriebenen `PositionOptions` entgegen. Die Funktion gibt ein Handle zurück, mit dem die Registrierung später wieder aufgehoben werden kann.

- `clearWatch()`: Löscht einen zuvor registrierten Callback unter Zuhilfenahme des oben genannten Handles.

Zur Demonstration der Schnittstelle soll die aktuelle Position des Benutzers abgerufen und dann auf einer Karte dargestellt werden.

Aufgabe

Erstellen Sie eine neue Datei *10.html*, geben Sie `html:5` ein und drücken Sie so lange [Tab], bis sich der Cursor im `body`-Knoten befindet. Geben Sie dann `iframe` ein und drücken Sie [Tab]. Ergänzen Sie das entstehende Tag durch das folgende `style`-Attribut:

```
<iframe src="" frameborder="0" style="height: 100vh; width: 100vw">
</iframe>
```

Somit wird dieser Inline-Frame die vollständigen Bildschirmabmessungen einnehmen. Geben Sie in einer neuen Zeile nach dem Inline-Frame `script` ein und drücken Sie erneut [Tab]. Geben Sie innerhalb des `script`-Knotens den folgenden JavaScript-Code in einer Zeile ein:

```
navigator.geolocation.getCurrentPosition(location =>
  document.querySelector('iframe').src = `https://www.openlinkmap.org/
small.php?lat=${location.coords.latitude}&lon=${location.coords.longitude}&
zoom=13`);
```

Auch hier verwenden Sie wieder die oben beschriebenen Template Strings. Beachten Sie daher bitte unbedingt die Backticks um die URL-Zeichenkette herum. Im Ergebnis sollten Sie in Visual Studio Code auch eine Codevervollständigung erhalten, wenn Sie etwa auf Eigenschaften des `location`-Objekts zugreifen.

Klicken Sie abschließend in das `body`-Tag und ergänzen Sie es um das folgende `style`-Attribut:

```
<body style="margin: 0;">
```

Somit wird der standardmäßig gesetzte Abstand vom Inhalt des Websitedokuments zum Browserfenster deaktiviert. Schließen Sie nach dem Text alle Terminals.

Die wahre Magie steckt im JavaScript-Einzeiler, den Sie oben implementiert haben: Die Methode `getCurrentPosition()` wird aufgerufen, und es wird lediglich eine Callback-Funktion für den Erfolgsfall übergeben. Es wird also vorausgesetzt, dass der Anwender die Erlaubnis zur Verwendung der Schnittstelle erteilt und auf dem Gerät eine Position bestimmt werden kann. Ansonsten bleibt die Website weiß. War die Positionsbestimmung erfolgreich, wird der Callback mit einem Location-Objekt aufgerufen. Dieses Objekt enthält zwei Eigenschaften: den `timestamp`, der angibt, zu welchem Zeitpunkt die Messung durchgeführt wurde, sowie ein *Coordinates*-Objekt namens `coords`. Dieses wiederum enthält die Position des Benutzers (durch Angabe des Längen- und Breitengrads, `longitude` und `latitude`). Außerdem ist in diesem Objekt auch die Höhe (`altitude`), die Genauigkeit der Messung (`accuracy` für die Position, `altitudeAccuracy` für die Höhe) in Metern sowie Richtung (`heading`, in Grad) und Geschwindigkeit der Fortbewegung (`speed`, in Meter pro Sekunde) des Geräts angegeben. Diese Eigenschaften können jedoch auch den Wert `null` enthalten, wenn die zugrunde liegende Implementierung oder das Gerät die Erfassung dieser Informationen nicht unterstützt. Für die vorliegende Implementierung genügt jedoch die Angabe des Längen- und Breitengrads.

Bei Aufruf des Callbacks wird mithilfe der Methode `querySelector` zunächst das oben definierte `iframe`-Element abgefragt und dessen `src`-Eigenschaft manipuliert: Im Inline-Frame wird *OpenLinkMap* eingebunden, eine Webanwendung, die das Material der freien Weltkarte *OpenStreetMap* darstellt. OpenLinkMap nimmt über die Query-Parameter `lat` und `lon` die Angabe des Längen- und Breitengrads entgegen und wird diese Position auf der Karte mittig darstellen. Weiterhin angegeben wird die Zoomstufe 13, die sich zur Anzeige eines Dorfs oder einer Stadt eignet. Die URL wird im JavaScript-Code passend zusammengesetzt und anschließend dem Inline-Frame zur Darstellung übergeben.

Um die Abfrage zur Zustimmung des Anwenders kümmert sich der Webbrowser bei Aufruf der Methode `getCurrentPosition()`. Erst nachdem der Benutzer zugestimmt hat, wird der Standort ermittelt und mit der Anwendung geteilt. Das Verhalten der Anwendung auf einem Android-Smartphone zeigt Abbildung 2.11.

Google Chrome	Microsoft Edge	Mozilla Firefox	Apple Safari
5	IE 9	3.5	5 (mobil: 3.2)

Tabelle 2.11 Unterstützung für die Geolocation API

Die Geolocation-Schnittstelle ist schon verhältnismäßig alt. Aus diesem Grund wird sie in vielen Browsern unterstützt. Der plattformübergreifende Einsatz der Schnittstelle ist quasi garantiert. In neueren Versionen von Google Chrome und Mozilla Firefox wird Websites mit Verweis auf den Datenschutz nur dann Zugriff auf die Schnittstelle gewährt, wenn die Website über HTTPS ausgeliefert wurde. Weiterführende Informationen zu dieser Schnittstelle finden Sie im Mozilla Developer Network unter *https://developer.mozilla.org/en-US/docs/Web/API/Geolocation*.

Den vollständigen Quelltext für dieses Beispiel finden Sie in den Beispielquelldateien unter *kapitel02/10.html*.

Abbildung 2.11 Der Browser fragt zunächst um Erlaubnis, ehe er den Standort des Benutzers mit der Anwendung teilt.

2.11 Zusammenfassung

- Das moderne Web besitzt Schnittstellen für viele Funktionen, die aus nativen Anwendungen bekannt sind.
- Dazu gehören die Wiedergabe von Multimediainhalten, der Zugriff auf Gerätesensoren und die Auswertung von Benutzereingaben.
- Viele weitere Schnittstellen, die noch mehr native Power ins Web bringen, befinden sich in Spezifikation.
- Entwickler müssen damit rechnen, dass Schnittstellen in manchen Browsern nicht vorhanden sind oder der Anwender die Verwendung der Schnittstelle nicht freigibt.

Kapitel 3

Zehn Eigenschaften, die PWA einzigartig machen

Progressive Web Apps sind keine klar definierte Technologie, sondern eine Checkliste von Eigenschaften, die eine solche Anwendung umsetzen soll. Es liegt in den Händen der Entwickler, die Einträge abzuhaken.

Wenn Entwickler eine Windows-Anwendung schreiben möchten, haben sie die Auswahl aus einer Vielzahl von Technologien: .NET, Java, Delphi, Webtechnologien und viele weitere Entwicklungsplattformen kommen infrage. Letztlich haben diese nur eines gemeinsam: die Ausführungsplattform Windows. Bei Progressive Web Apps verhält sich das ähnlich. Auch hier können Entwickler mit einer Vielzahl von Frameworks wie Angular, React, Vue.js oder sogar komplett ohne Bibliothek arbeiten. PWA ist lediglich ein Gattungsbegriff für einen Typ Webanwendung, der um Funktionsmerkmale angereichert wird, die man früher nur nativen Anwendungen zugeschrieben hätte. Aus diesem Grund kann es auch keine Blaupause zur Entwicklung von Progressive Web Apps geben – diese sind so vielfältig wie die Anwendungsentwicklung selbst. PWAs stellen vielmehr eine Sammlung von Eigenschaften dar, die eine solche Webanwendung umsetzen soll – eine Checkliste von Charakteristiken, an der Entwickler sich entlanghangeln können.

Um welche Eigenschaften es geht und wie diese zu interpretieren sind, unterscheidet sich je nach Quelle. Die erste Definition von Alex Russel, beschrieben in Abschnitt 1.2.4, »Progressive Web Apps als Über-Pattern«, umfasste beispielsweise neun Eigenschaften, Mozilla und Microsoft nennen in ihren Entwicklerdokumentationen acht, bei Google sind es zehn.[1] An diesen orientiere ich mich in diesem Kapitel. Es geht um folgende Eigenschaften:

1. *Progressive*: Anwender älterer Browser sollen nicht ausgeschlossen werden.
2. *Responsive*: Verfügbare Bildschirmabmessungen sollen bestmöglich genutzt werden.
3. *Connectivity Independent*: Die App läuft auch offline oder bei schwacher Verbindung.

1 *https://developers.google.com/web/fundamentals/codelabs/your-first-pwapp/*

4. *App-like*: PWAs erscheinen und verhalten sich wie native Anwendungen.
5. *Fresh*: Die Anwendung ist trotz Offlinekopie immer aktuell.
6. *Safe*: Die Ressource wird über HTTPS ausgeliefert.
7. *Discoverable*: Die PWA ist von einer klassischen Website unterscheidbar.
8. *Re-engageable*: Die Anwendung kann den Benutzer dank Pushbenachrichtigungen zur Wiederverwendung der App bewegen.
9. *Installable*: Die PWA lässt sich installieren.
10. *Linkable*: Die Anwendung ist über eine URL verlinkbar, sogar bis hin zu einem bestimmten Zielzustand (Deep Linking).

Dabei lasse ich die Interpretationen aus den unterschiedlichen Quellen einfließen. Progressive Web Apps sollten im Sinne der Nutzer sämtliche Eigenschaften erfüllen. Es gibt darüber hinaus Charakteristiken, die als absolute Muss-Kriterien angesehen werden. Diese stelle ich in den jeweiligen Unterkapiteln heraus.

3.1 Voranschreiten mit Progressive Enhancement

Kurzdefinition

Die Eigenschaft *Progressive* bedeutet, dass ältere Webbrowser nicht von der Nutzung einer Progressive Web App ausgeschlossen werden sollen. Setzt der Anwender einen starken Webbrowser ein, erhält er umgekehrt einen erweiterten Funktionsumfang.

Die erste Eigenschaft, Progressive, steckt schon im Namen des gesamten Anwendungsmodells. Schlägt man das Wort in einem Wörterbuch nach, so liest man dort: »Sich in einem bestimmten Verhältnis steigernd, entwickelnd«. Diese Eigenschaft ist auf zwei Arten zu verstehen: Einerseits beschreibt sie das Wesen von Progressive Web Apps: Die von Alex Russell ursprünglich formulierte Idee ist, dass PWAs ihr Leben zunächst in einer Registerkarte des Browsers beginnen. Stellt der Browser fest, dass der Anwender eine PWA häufig besucht, kann er dem Anwender ein Banner anzeigen, das ihn zur Installation der Anwendung auf dem Homebildschirm auffordert. Von dort aus gestartet, wird die PWA in einem eigenen Fenster beziehungsweise im Vollbildmodus ausgeführt. Auf diese Art entwickelt sich die im Browser-Tab ausgeführte Webanwendung also schrittweise, progressiv, zur nativen App. Andererseits beschreibt diese Eigenschaft die abwärtskompatible Natur von Progressive Web Apps. Möglicherweise kennen Sie das Prinzip der *Graceful Degradation*: Dieses beschreibt, dass sich ein System Fehlern gegenüber tolerant verhält, indem es im Fehlerfall Teilfunktionalitäten abschaltet, um den restlichen Betrieb aufrechtzuerhalten. Bei PWAs kommt hingegen die positive Umkehr dieses Prinzips zum Einsatz: *Progressive Enhancement*. Dabei wird bei gegebener Unterstützung seitens des Systems zusätzliche Funktionalität angeboten, während eine plattformübergreifende Grundfunktionalität gewährleistet wird.

So stehen die PWA-Schnittstellen etwa nicht in allen Browsern und Browserversionen, die von Internetnutzern weltweit verwendet werden, zur Verfügung: In vielen Unternehmen wird nach wie vor der Microsoft Internet Explorer eingesetzt. Dieser Browser wird nicht mehr aktiv weiterentwickelt, aus Gründen der Abwärtskompatibilität zu Altanwendungen jedoch noch am Leben gehalten. Der Browser wird vermutlich nie eine Unterstützung für Service Worker erhalten. In Kapitel 2, »Mächtiges modernes Web«, haben Sie außerdem gesehen, dass auch nicht alle aktuellen Web-APIs auf jeder Plattform unterstützt werden. Progressive Enhancement sagt aber: Das macht nichts! Jeder Benutzer soll die bestmögliche Erfahrung erhalten, die auf seiner Plattform realisiert werden kann. So soll eine Progressive Web App zur Verwaltung von Kundenstammdaten grundsätzlich auch im Internet Explorer lauffähig sein. Denn der funktionale Kern der Anwendung, die Darstellung von Listen und Detailmasken mit Formularen, ist natürlich auch in älteren Browsern problemlos umsetzbar. Auf erweiterte Funktionalität wie Pushbenachrichtigungen muss der Anwender in diesem Fall zwar verzichten, aber die Anwendung verweigert deswegen nicht komplett ihren Dienst.

In vielen Fällen ist es auch möglich, Fallbacks bereitzustellen, sollte eine Plattform eine bestimmte Funktionalität nicht unterstützen: So implementiert der Internet Explorer zwar keine Service Worker und somit auch nicht deren Pushschnittstellen, doch unterstützt er (je nach Version) andere Pushtechnologien, um über extern eingetretene Ereignisse informiert zu werden. Benachrichtigungen auf Betriebssystemebene kann der Internet Explorer ebenfalls nicht anzeigen (übrigens wie auch der mobile Safari), doch gibt es verschiedene Bibliotheken, um Toast-Benachrichtigungen innerhalb des Darstellungsbereichs der Website anzuzeigen. Somit hat der Anwender grundsätzlich Zugriff auf denselben Informationsumfang, zumindest solange er die Website im Vordergrund geöffnet lässt. Umgekehrt erhalten Anwender mit stärkeren Webbrowsern einen erweiterten Funktionsumfang und somit eine bessere Anwendererfahrung. Entwickler können davon ausgehen, dass langsam mehr und mehr Anwender auf modernere Browser umsteigen und die Unterstützung moderner Webschnittstellen durch die Browser stetig zunimmt. Somit kommen nach und nach automatisch mehr Anwender in den Genuss des erweiterten Funktionsumfangs.

Die technische Umsetzung dieses Prinzips nennt sich *Feature Detection*. Eine Anwendung greift nicht blauäugig auf eine Schnittstelle zu, sondern prüft erst, ob sie auf der jeweiligen Plattform überhaupt zur Verfügung steht. Das klingt zunächst banal, doch kann ein Zugriff auf eine nicht existente Schnittstelle dazu führen, dass die komplette Anwendung bricht. Abbildung 3.1 zeigt das am Beispiel einer Demoanwendung aus Kapitel 2, »Mächtiges modernes Web«, die im Internet Explorer 11 ausgeführt wird.

Die Feature Detection ersetzt im Zusammenhang mit modernen Webschnittstellen frühere Methoden zur Auswertung der Browserkennung (*User Agent String*) oder die Verwendung von Browserherstellerpräfixes (z. B. `mozGetUserMedia`, `msGetUserMedia`). Im ersten Fall wurden nachträglich für einen Browser bereitgestellte APIs nie genutzt, im zweiten steht die API nur in diesen Browsern zur Verfügung.

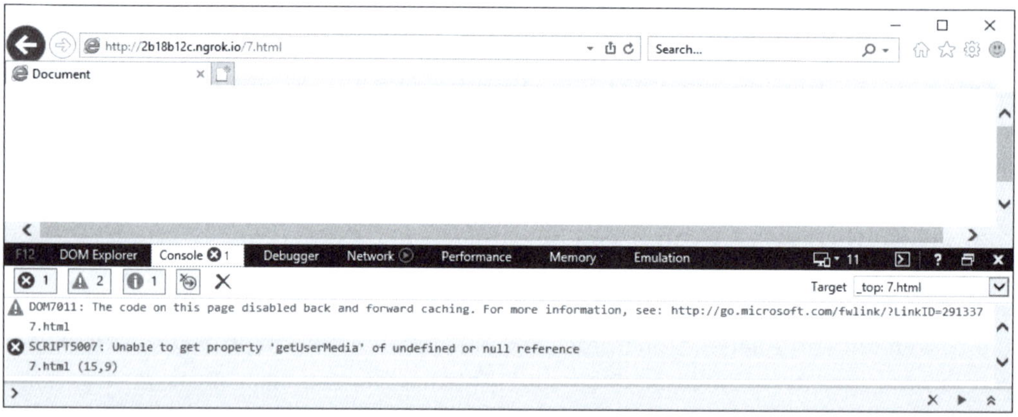

Abbildung 3.1 Greift man auf nicht vorhandene Schnittstellen zu, können Anwendungen in älteren Browsern brechen.

Glücklicherweise lässt sich Feature Detection mit JavaScript sehr einfach umsetzen, denn letztlich handelt es sich nur um eine einfache Verzweigung. Steht die Schnittstelle oder das Funktionsmerkmal zur Verfügung, wird darauf zugegriffen, andernfalls kann (sofern anwendbar) eine Fallback-Lösung angeboten werden, oder die Funktion wird auf diesem Gerät nicht angeboten – zum Beispiel indem der zugehörige Menüeintrag nicht dargestellt wird.

```
if ('serviceWorker' in navigator) {
  navigator.serviceWorker.register('sw.js')
    .then(/* … */);
}
```

Listing 3.1 Erst prüfen, dann nutzen: Feature Detection in JavaScript

Darüber hinaus sind die Beispiele aus Kapitel 2 im Internet Explorer nicht lauffähig, weil sie moderne JavaScript-Sprachfeatures einsetzen, die in diesem Browser noch nicht unterstützt werden. Doch auch hier gibt es Abhilfe: *Source-to-Source-Transpiler* wie *Babel* oder TypeScript erlauben Entwicklern, schon heute modernes JavaScript zu schreiben und dieses in für ältere Browser verständliche Fassungen zu übersetzen, sofern das Feature auf diesem Browser auf irgendeinen anderen Weg umgesetzt werden kann. Das gewünschte Zielsprachlevel kann dabei vom Entwickler festgelegt werden. Wenn der Internet Explorer eines Tages vernachlässigt werden kann, wird das

Sprachlevel einfach angeboten, und der Source-to-Source-Transpiler übersetzt schlichtweg weniger Code. Die ursprüngliche Codebasis der Anwendung muss dafür jedoch überhaupt nicht angepasst werden.

Durch die Umsetzung der Eigenschaft Progressive wird insgesamt also sichergestellt, dass die Anwendung mit ihrer Kernfunktionalität auf einer möglichst breiten Masse an Geräten ausgeführt werden kann, wohingegen Anwender mit stärkeren Webbrowsern in den Genuss zusätzlicher Funktionalität kommen. Diese Anwenderbasis dürfte aufgrund der stetigen Verbreitung moderner Browser kontinuierlich wachsen, ohne dass der Entwickler die Codebasis dann noch einmal anpassen muss.

3.2 App-ähnlich: Sieht aus wie eine App, fühlt sich an wie eine App

Kurzdefinition

Die Eigenschaft *App-like* besagt, dass eine Progressive Web App Aussehen und Verhalten nativer Anwendungen übernehmen soll. Das schließt gestalterische Aspekte wie Animationen, Navigationsstrukturen, aber auch die Nutzung nativer Schnittstellen ein.

Über den Namensbestandteil »Progressive« habe ich bereits gesprochen. Kommen wir zum nächsten wesentlichen Bestandteil: »App«. Progressive Web Apps sollen app-like sein, also so aussehen und sich so anfühlen, wie es Anwender von anderen, nativen Apps gewohnt sind. Diese Eigenschaft berührt verschiedene Ebenen der Softwareentwicklung – von der Anwendungsarchitektur über die Funktionalität bis hin zur Benutzeroberfläche.

Betrachten wir einmal klassische Anwendungen. Sie funktionieren wie folgt: Zunächst müssen die zur Ausführung erforderlichen Anwendungsdateien auf das Gerät übertragen werden, zum Beispiel mithilfe eines Installationspakets oder über einen App Store. Diese Anwendungsdateien enthalten alles, was die Anwendung benötigt, um zu starten: Sichten, Logik und Assets. Nur wenn entfernt gespeicherte Daten bezogen oder manipuliert werden müssen, nimmt die Anwendung Kontakt zu einem Webserver auf, ansonsten funktioniert sie autonom. In Abschnitt 1.3.2, »Single-Page Web Applications«, haben Sie gesehen, mit welchem Konzept diese native Anwendungsarchitektur ins Web kommt: eben in Form von Single-Page Web Applications. Auch hier werden alle Anwendungsdateien zum Start geladen und im Speicher gehalten. Eine Navigation innerhalb der Anwendung löst keine tatsächliche Websitenavigation im Sinne einer serverseitigen Anfrage aus, die mehrere Sekunden dauern kann und bei fehlender Internetverbindung komplett fehlschlagen würde. Stattdessen erfolgt der Sichtwechsel unmittelbar. Zur Implementierung solcher Single-Page Web Applications stehen diverse Frameworks wie Angular oder React zur Verfügung, die oftmals auch bestimmte Architekturmittel mitbringen, um selbst Anwendungen größeren Umfangs im Web implementieren zu können. Ob Entwickler ein Framework einsetzen und für welches sie sich entscheiden, ist aus Sicht der Progressive Web Apps unerheblich.

Auf Funktionsebene können und sollen Progressive Web Apps von nativen Funktionen Gebrauch machen. Einige davon haben Sie bereits in Kapitel 2, »Mächtiges modernes Web«, gesehen. Moderne Web-Apps erhalten durch mächtige Webschnittstellen unter anderem Zugriff auf die Kamera oder das Mikrofon des Geräts, können hardwarebeschleunigte 2D- und 3D-Grafikinhalte darstellen, auf diverse Eingaben von der Maus über den Finger bis zum Gamepad reagieren, Medieninhalte wiedergeben, den Standort des Benutzers abrufen, Daten lokal speichern, sie können auch offline verwendet werden und den Benutzer mit Pushbenachrichtigungen über externe Ereignisse informieren.

Und schließlich sollen sich Progressive Web Apps auch auf Ebene der Benutzeroberfläche ihren nativen Vorbildern angleichen. So sollen PWAs Navigationsstrukturen, Steuerelemente, Effekte und Animationen einsetzen, die auch bei nativen Anwendungen zum Einsatz kommen. Einige Beispiele zeigt Abbildung 3.2. Eine Progressive Web App ist schlecht umgesetzt, wenn sie einen Fremdkörper auf dem System darstellt. Gut umgesetzt ist sie hingegen dann, wenn der Benutzer vergisst, dass er eigentlich gerade mit einer Website interagiert.

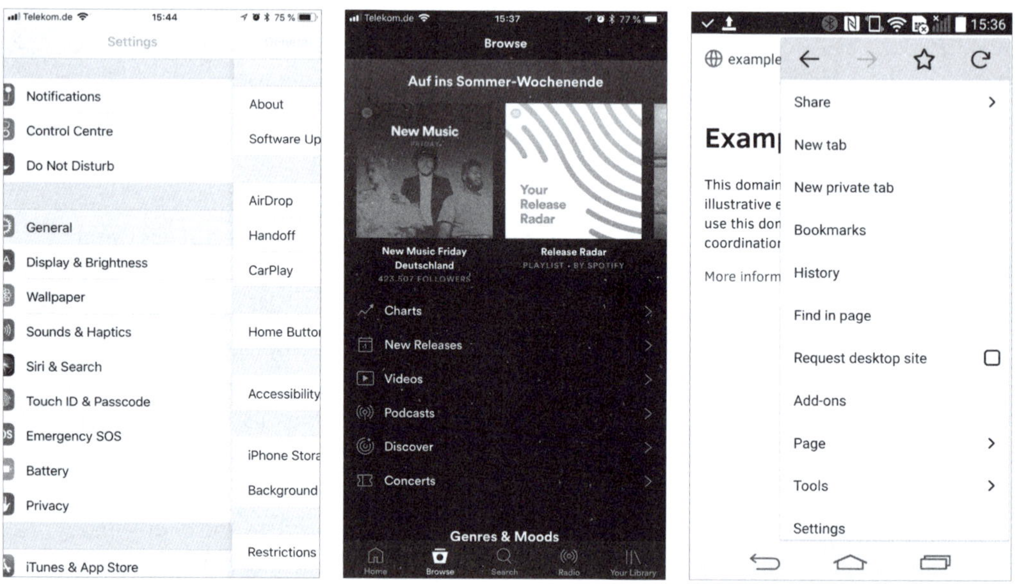

Abbildung 3.2 Navigationskonzepte mobiler Anwendungen: scrollbare, mehrstufige Menüs in den Einstellungen von iOS (links), die Tab-Bar-Navigation in Spotify sowie aufklappbare Menüs unter Android (rechts)

Aus dem Umfeld der Progressive Web Apps stammt auch das Konzept der *App Shell*: Darunter versteht man den Anwendungsrahmen, also die Teile der Benutzeroberfläche, die häufig oder immer dargestellt werden: Menüs, Titel- oder Statuszeilen. Die Idee ist, dass alle zum Aufbau der App Shell erforderlichen Quelldateien stets offline vorgehalten werden. Das Grundgerüst kann somit beim Start der Anwendung besonders schnell geladen werden, unabhängig von der Qualität und dem Vorhandensein der Internetverbindung. Da die Quelldateien nicht jedes Mal übertragen werden müssen, wird zudem das Datenvolumen des Anwenders geschont. Die App Shell implementiert darüber hinaus die Navigation zwischen verschiedenen Sichten, im Optimalfall unter Verwendung von Animationen, und ist für die Anzeige von Fehlermeldungen zuständig, wenn eine Operation aufgrund zu schwacher oder fehlender Verbindung nicht durchgeführt werden kann. Dies zeigt Abbildung 3.3. Damit grenzt sich die App Shell vom dynamischen Inhalt der Anwendung ab, die diese vom entfernten Webserver in Form von HTML-Fragmenten oder JSON-Datenstrukturen (*JavaScript Object Notation*) bezieht. Es ist dabei selbstverständlich möglich, dass auch dynamischer Inhalt zur Offlineverwendung zwischengespeichert wird oder dass innerhalb des dynamischen Inhalts Komponenten verwendet werden, die von der App Shell bereitgestellt werden. Mit diesem Konzept schließt sich dann wieder der Kreis zu den Single-Page Web Applications, denn die App Shell lässt sich mithilfe gängiger SPA-Frameworks sehr einfach implementieren. In Kapitel 9, »PWA und Angular: Single-Page-Application-Framework einsetzen«, wird dies umfassend beschrieben.

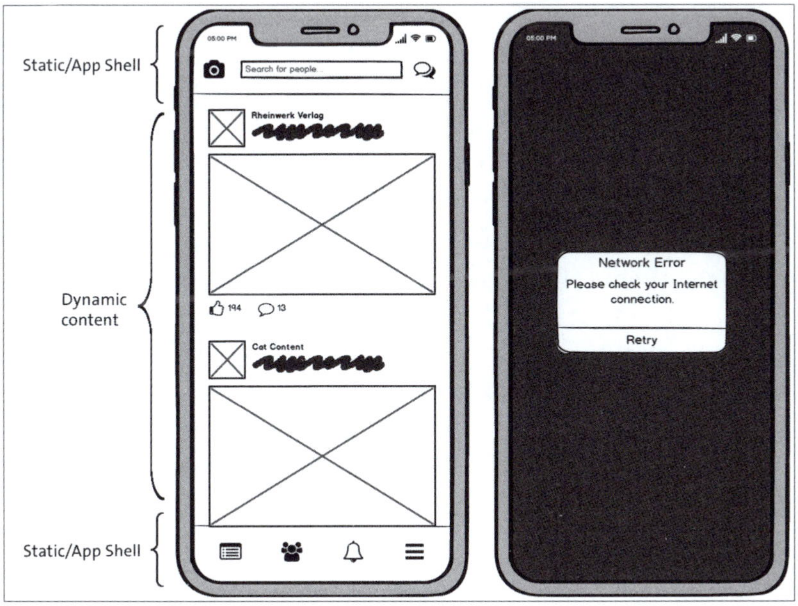

Abbildung 3.3 Die App Shell stellt Menüleisten zur Verfügung (links) oder zeigt Fehlermeldungen an (rechts).

Die korrekte Umsetzung der Eigenschaft App-like ist ausschlaggebend für den Erfolg einer Progressive Web App. Wer eine Website schnell und mit minimalem Aufwand als PWA verpackt, wird damit vermutlich keinen größeren Erfolg haben. Für eine erfolgreiche Progressive Web App gelten die gleichen Gütekriterien hinsichtlich Bedienung, Funktion, Aussehen und Performance wie für eine in App Stores platzierte Anwendung.

3.3 Verbindungsunabhängigkeit: Kein Funkloch hält Sie auf

Kurzdefinition

Die Eigenschaft *Connectivity Independent* meint, dass eine Progressive Web App auch bei fehlender oder schwacher Internetverbindung funktionieren muss. Der Anwender soll bei der Durchführung der Kernaufgabe nicht beeinträchtigt werden, auch wenn die Ausführung (zum Beispiel Versand einer E-Mail, Speichern eines Datensatzes) übergangsweise nicht möglich ist.

Die nächste Eigenschaft lautet Connectivity Independent. Jeder, der oft unterwegs ist, kennt das Problem: Die Qualität und die Verfügbarkeit mobiler Internetverbindungen schwanken stark. Fährt die Bahn gerade durch den Tunnel, steht vielleicht gar kein Internet mehr zur Verfügung, an anderen Orten reicht der Empfang allenfalls für langsames *EDGE*. Aus Sicht des Anwenders ist es wünschenswert, dass eine Anwendung solche Situationen meistert, sie also auch offline oder bei schwacher Verbindung »einfach funktioniert«. Das Prinzip der Verbindungsunabhängigkeit kann auf verschiedenen Ebenen umgesetzt werden. In der allereinfachsten Ausprägung würden nur die Quelldateien, die zur Ausführung der Anwendung benötigt werden, offline gehalten. In dieser Form wird die Eigenschaft Connectivity Independent auch als Muss-Kriterium für jede Progressive Web App angesehen.

Das Mittel zur Umsetzung stellt im PWA-Umfeld der Service Worker dar, in dessen Cache Antworten für bestimmte Abfragen zwischengespeichert werden können. Auf die Quelldateien der Anwendung kann dann auch unabhängig von der Internetverbindung zugegriffen werden, somit startet sie ebenfalls offline. Ein Service Worker wird durch eine JavaScript-Datei implementiert, die typischerweise neben der Clientanwendung auf dem Webserver liegt und durch sie im Browser registriert wird. Die Registrierung ist für einen bestimmten *Scope* gültig (Kombination aus Protokoll, Hostname, Port und Pfad). Der Service Worker läuft außerhalb der Clientanwendung, aber noch innerhalb des Webbrowsers. Er ist somit der zentrale Adapter, der entscheiden kann, ob er eine Anfrage über das Netz oder seinen Cache bedienen möchte (siehe Abbildung 3.4). Da er auf diese Art stellvertretend für den Webserver antworten kann, ist der Service Worker besonders mächtig. Das gilt im Übrigen auch für fremde Quellen, etwa wenn Sie JavaScript-Bibliotheken von Content Delivery Networks nutzen oder externe Schriftarten einbinden. Auf den Service Worker und seine Schnittstellen gehe ich im Detail in Kapitel 5, »Service Worker: Einer muss ja arbeiten«, ein.

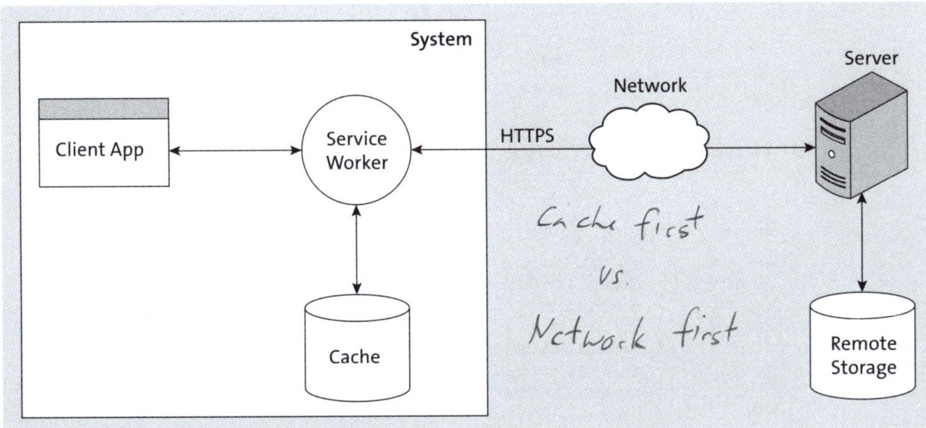

Abbildung 3.4 Umsetzung der Offlinefähigkeit mithilfe des Service Workers

Im Spektrum zwischen lokalem Zwischenspeicher und Netz ergeben sich verschiedene *Caching-Strategien*: Das Szenario *Cache First* beschreibt, dass zuerst die zwischengespeicherte Version ausgeliefert wird. Damit wird die Website deutlich schneller geladen, der Benutzer sieht jedoch möglicherweise zunächst eine ältere Fassung der Anwendung oder Website. Umgekehrt gibt es das Szenario *Network First*, bei dem zunächst versucht würde, die Anfrage über das Netz zu bedienen. Dann wäre die Anwendung oder Website natürlich aktuell. Läuft die Anfrage in eine Zeitüberschreitung, würde stattdessen die Fassung aus dem Zwischenspeicher geladen werden. Somit ergibt sich aber eine Verzögerung, bis das Timeout greift. Neben diesen Szenarien gibt es noch viele weitere Optionen, Netz und Zwischenspeicher zu kombinieren. Schließlich könnte der Service Worker eine Antwort auch komplett selbst zusammensetzen oder anstelle der eigentlichen Anwendung eine statische Seite ausliefern, etwa wenn der Anwender offline ist, aber für die sinnvolle Verwendung der App auf jeden Fall eine Internetverbindung benötigt wird.

Im Sinne Ihrer Anwender sollten Sie jedoch bei der Offlinefähigkeit Ihrer Quelldateien nicht stehen bleiben, sondern auch Anwenderdaten offline halten. Ein gutes Beispiel für eine Anwendung, die dieses erweiterte Prinzip der Verbindungsunabhängigkeit umsetzt, ist die Notizanwendung *Microsoft OneNote*. Dort können Sie jederzeit Notizen erfassen, unabhängig davon, ob Sie gerade eine stabile Verbindung zum Internet haben oder nicht. Die Notizen werden hier zunächst in einem lokalen Datenspeicher hinterlegt, auf den jederzeit zugegriffen werden kann. Wenn eine Internetverbindung besteht und sie ausreichend stark ist, werden die Notizen im Hintergrund an den entfernten Datenspeicher übertragen, wie Abbildung 3.5 zeigt. Der Benutzer wird zu keinem Zeitpunkt von weiteren Eingaben abgehalten.

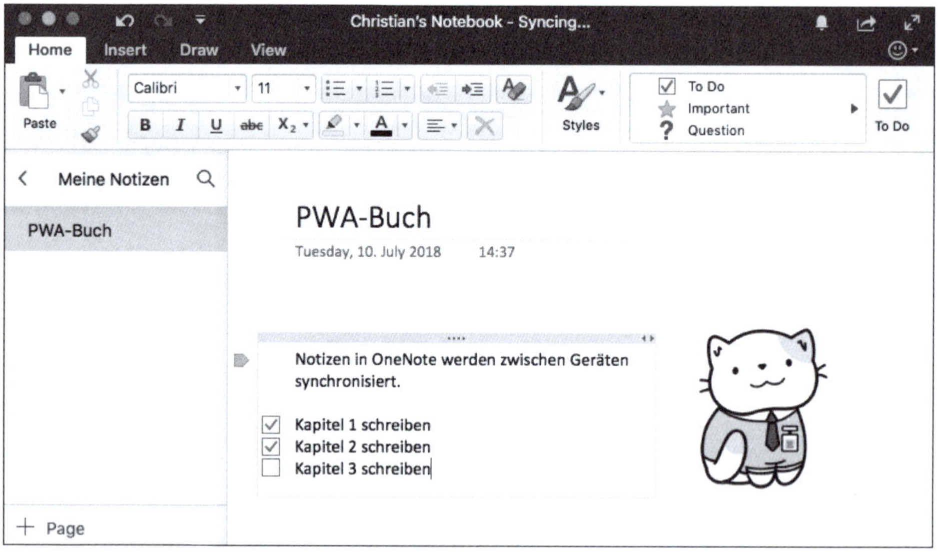

Abbildung 3.5 Notizen in Microsoft OneNote werden zuerst lokal erfasst und dann synchronisiert, wie in der Titelzeile zu sehen ist.

Dieses Vorgehen ist zwar sehr benutzerfreundlich, doch zieht es nicht zu unterschätzende Aufwände für den Entwickler nach sich: Denn durch die Einführung des lokalen Datenspeichers muss der Entwickler nun eine Synchronisierungslogik implementieren, um Änderungen an den entfernten Server zu übermitteln und Änderungen von dort zu empfangen. Mehr noch: Verwendet der Benutzer die Anwendung auf mehr als einem Gerät oder greifen mehrere Anwender auf dieselben Ressourcen zu, kann es zu Konflikten, also widersprüchlichen Datenbeständen, kommen. So braucht das Gesamtsystem also auch eine Strategie zur Konfliktauflösung, die je nach fachlicher Domäne und Anwendungsfall ausgewählt werden muss: Während etwa bei einer Adressänderung in einer Kundendatenbank die Strategie *Last writer wins* ausreichend sein mag, wäre sie bei den Kontobuchungen einer Bank problematisch. Im Web können Anwenderdaten mithilfe verschiedener Technologien offline persistiert werden, etwa mithilfe der clientseitigen Datenbanktechnologie *IndexedDB*.

Als Entwickler sollten Sie sich unbedingt während der Entwurfsphase Gedanken über den Grad der Offlinefähigkeit machen, den Ihre Anwendung später implementieren soll. Der nachträgliche Einbau von Offlinefähigkeit ist aufgrund der grundlegend abweichenden Architektur mit einem immensen Aufwand verbunden. Aus diesem

Grund hat sich auch das Paradigma Offline First etabliert: Offlinefähigkeit muss von vornherein bedacht, konzipiert und implementiert werden.

3.4 Immer schön frisch bleiben: der Service-Worker-Updateprozess

Kurzdefinition

Die Eigenschaft *Fresh* bedeutet, dass eine neue Websiteversion trotz lokaler Offlinekopie schnellstmöglich bereitgestellt werden soll. Gleichzeitig wird sichergestellt, dass es nicht zu Inkonsistenzen zwischen zwei Websiteversionen kommen kann.

Die nächste Eigenschaft nennt sich Fresh und bezieht sich unmittelbar auf die zuvor genannte Eigenschaft Connectivity Independent. Wie oben beschrieben, wird der Service Worker im Webbrowser registriert und steht dort auch ohne Internetverbindung zur Verfügung. Der Service Worker speichert dabei immer eine bestimmte Websiteversion zwischen. Somit stellt sich die Frage, was passiert, wenn eine neue Fassung des Service-Worker-Skripts auf dem Webserver bereitgestellt wird. Der neue Service Worker könnte etwa Änderungen in der Art und Weise vornehmen, wie Quelldateien zwischengespeichert werden. Im Optimalfall soll der Anwender natürlich direkt auf die neue Fassung des Service Workers zugreifen. Es könnten jedoch mehrere Registerkarten der Progressive Web App geöffnet sein. Es wäre problematisch, wenn verschiedene Registerkarten auf unterschiedliche Versionen des Service Workers zurückgreifen würden. Daher wird ein Updateprozess benötigt, um dem Anwender schnellstmöglich Zugriff auf den neuen Service Worker zu gewähren, ohne Probleme und Inkonsistenzen hervorzurufen. Den Updateprozess beleuchte ich in Kapitel 5, »Service Worker: Einer muss ja arbeiten« im Detail, daher verzichte ich an dieser Stelle auf eine weitere Beschreibung.

Weil diese Eigenschaft eher im Aufgabenbereich des Webbrowsers liegt, wird sie bei Mozilla oder Microsoft nicht erwähnt. Ich deute die Eigenschaft *Fresh* gern auch in einer alternativen Form: Eine Progressive Web App sollte nicht nur proaktiv, zum Beispiel in definierten Zeitabständen, Änderungen abrufen (Polling), sondern sich von außen per *Push* über extern aufgetretene Ereignisse informieren lassen. Nach diesem Prinzip arbeiten unter anderem Apps sozialer Netze wie Facebook, Messenger wie WhatsApp, Nachrichten-Apps und zahlreiche E-Mail-Clients. Dies ist ein weiteres wichtiges Merkmal moderner Anwendungen, das die Benutzererfahrung maßgeblich verbessern kann. Mit dieser Deutung ist die Eigenschaft *Re-engageable* verwandt, die ich weiter unten beleuchte.

3.5 Sicher: Mit großer Macht kommt große Verantwortung

Kurzdefinition

Die Eigenschaft *Safe* besagt, dass die Anwendung über HTTPS übertragen werden muss.

Die nächste Eigenschaft nennt sich Safe. Progressive Web Apps sollen die Sicherheit von Browsern, Mobilgeräten und Desktopcomputern natürlich nicht untergraben. Diese Eigenschaft bezieht sich primär auf eine gesicherte Verbindung zwischen Webbrowser und Client, es lohnt sich jedoch auch ein Blick auf die übrigen Sicherheitsmaßnahmen im Browser. Denn ein bestimmtes Maß an Sicherheit ist bei Websites wie Progressive Web Apps grundsätzlich schon gegeben.

3.5.1 Sicherheitsmaßnahmen im Webbrowser

Da eine PWA letztlich »nur« eine Website mit bestimmten Zusatzfeatures darstellt, unterliegt sie den gleichen Sicherheitsbestimmungen wie jede andere Website auch. Wie jeder Browser-Tab läuft auch eine Progressive Web App in einer Sandbox. Auf andere geöffnete Registerkarten kann eine PWA nicht wahlfrei zugreifen, ebenso ist kein Aufruf beliebiger nativer Schnittstellen möglich, da diese nicht in JavaScript bereitgestellt werden. Umgekehrt eröffnen sich in Progressive Web Apps die gleichen Angriffsvektoren wie in übrigen Webanwendungen, allen voran Attacken nach dem Schema des *Cross-Site Scripting* (XSS) oder der *Cross-Site Request Forgery* (CSRF).

XSS wird auch als »Buffer Overflow des Webs« bezeichnet, da es zu den Hauptangriffsarten zählt. In einer Webanwendung wird eine Sicherheitslücke ausgenutzt, um fremde Inhalte in einem vertrauenswürdigen Kontext zu laden. Nimmt eine Webanwendung in einem Formular den Namen des Anwenders entgegen und stellt die Angabe auf der Bestätigungsseite ohne Eingabebehandlung (*Sanitizing*) dar, kann ein Angreifer HTML-Code injizieren: Gibt der Anwender `<script>alert('hacked')</script>` als Name im Formular ein, würde sich auf der Bestätigungsseite eine Hinweisbox öffnen. Problematisch ist, dass dieses JavaScript im JavaScript-Kontext der Website läuft und somit vollständigen Zugriff auf Daten und Objekte der Website erhält. Somit können die Benutzersession oder lokal gespeicherte Daten ausgelesen und an einen entfernten Server übertragen werden. Auf Anwendungsebene helfen Frameworks wie Angular oder React dem Entwickler dabei, diesen Angriffsvektoren entgegenzuwirken.

Im Webbrowser findet darüber hinaus das Konzept der *Same-Origin Policy* Anwendung: Skripte, Stylesheets und weitere Elemente aus fremden Quellen (*Origin*, Kombination aus Protokoll, Hostname und Port), die ebenfalls auf Objekte und Daten der eigenen Website zugreifen können, dürfen ohne zusätzliche Maßnahmen wie *Cross-*

Origin Resource Sharing (CORS) zunächst einmal nicht geladen werden. Wenn es dennoch erforderlich ist, dass externe Skriptdateien der Stylesheets geladen werden, kann das Sicherheitsfeature *Subresource Integrity* verwendet werden. Dazu wird ein `integrity`-Attribut auf dem zugehörigen `script`- oder `link`-Element der Ressource platziert. Dieses enthält einen Hash-Wert, gegen den die übertragene Ressource geprüft wird. Dies zeigt Listing 3.2. Versucht eine Quelle, zu einem späteren Zeitpunkt eine andere Ressource zu liefern (zum Beispiel weil die Domain eines ehemaligen *Content Delivery Network* von einem Hacker übernommen wurde), stellt der Webbrowser die geladene Ressource nicht bereit. Der Angriff wird somit abgewehrt. Subresource Integrity wird ab Microsoft Edge 17, Mozilla Firefox 43, Google Chrome 45 und Apple Safari 11 (nur auf dem Desktop) unterstützt.

```
<script src="https://cdnjs.cloudflare.com/ajax/libs/jquery/3.3.1/
jquery.min.js" integrity="sha384-tsQFqpEReu7ZLhBV2VZlAu7zcOV+rXbYlF2cqB8txI/
8aZajjp4Bqd+V6D5IgvKT"></script>
```

Listing 3.2 Laden eines externen Skripts mit Subresource Integrity

Als zusätzliche Sicherheitsschicht gibt es die *Content Security Policy* (CSP), die die erlaubten Origins für definierte Ressourcentypen über die Same-Origin Policy hinaus einschränken kann. Damit kann die Angriffsfläche für XSS-Attacken weiter reduziert werden. Es ist ebenfalls möglich, bestimmte Origins auf eine Whitelist zu setzen. CSP ist als HTTP-Kopfzeile realisiert, die vom Webserver mitgeschickt wird. Sollte der Entwickler keine Kontrolle über den Webserver haben, besteht die Möglichkeit, innerhalb des HTML-Dokuments ein Metatag mit dem Attribut `http-equiv` zu setzen, um den HTTP-Header zu simulieren. Listing 3.3 zeigt eine beispielhafte Content Security Policy: Hierbei sind Skripte (`script-src`) nur zulässig, wenn sie von der Quelle `https://cdnjs.cloudflare.com` stammen, Bilder (`img-src`) dürfen aus jeder beliebigen Quelle geladen werden (*), alle übrigen Ressourcen (`default-src`) müssen von derselben Origin geladen werden (`self`). CSP steht in den vier großen Browsern Microsoft Edge, Mozilla Firefox, Google Chrome und Apple Safari in aktuellen Versionen zur Verfügung.

```
Content-Security-Policy: default-src 'self'; img-src *; script-src https://
cdnjs.cloudflare.com
```

Listing 3.3 Content-Security-Policy-Kopfzeile

Bei CSRF macht sich ein Angreifer hingegen den Umstand zunutze, dass ein Anwender bei einem Onlinedienst angemeldet ist und der Webbrowser eine gültige Sitzung (zum Beispiel als Cookie) speichert. Der Angreifer versucht beispielsweise, dem Anwender eine bestimmte URL unterzuschieben (etwa als verborgene Kurz-URL), an die der Anwender eine HTTP-Anfrage stellt. Da Cookies vom Browser ohne zusätzliche

Konfiguration mit jeder Anfrage an die Website mitgeschickt werden, wird die fremde Anfrage im Kontext des Anwenders ausgeführt. Schutzmechanismen sind vom Webserver vorgegebene Einmalpasswörter (Anti-Forgery-Tokens), die bei einer Anfrage mitgeschickt werden müssen, oder die Verwendung alternativer Autorisierungsmethoden (zum Beispiel über die HTTP-Kopfzeile `Authorization`).

Darüber hinaus steht eine Vielzahl weiterer HTTP-Kopfzeilen zur Verfügung, um den erlaubten Funktionsumfang der Website weiter einzuschränken. So gibt es zum Beispiel den Header `Feature-Policy`, der die auf der Website erlaubten Webschnittstellen (wie den Zugriff auf die Kamera oder die Geolocation API) einschränkt oder nur für Skripte aus bestimmten Origins zulässt. Der Header `Referrer-Policy` kann genutzt werden, um zu bestimmen, mit welchen Origins die Herkunftsangabe (Header `Referer`, sic!) geteilt wird. Websites erfahren standardmäßig, von welcher fremden Website sie aufgerufen wurden, es sei denn, es findet ein Aufruf von einem gesicherten Kontext (HTTPS) auf einen ungesicherten Kontext (HTTP) statt. Diese Kopfzeile hilft, die Übertragung der Herkunftsangabe genauer zu spezifizieren. Weiterhin existiert der Header `Frame-Options`, der das Einbetten der Website in einen *Inline-Frame* (IFrame) verbietet. Somit können Clickjacking-Attacken vermieden werden, bei denen ein Angreifer die Website in einem IFrame darstellt, bestimmte Steuerelemente aber mit durchsichtigen Klickbereichen überlagert, die dann eine ganz andere Aktion auslösen können als die vom Benutzer vorgesehene (zum Beispiel Abgreifen der Log-in-Daten über ein gefälschtes Formular). Die korrekte Umsetzung all dieser Header kann der Entwickler unter *https://securityheaders.com/* prüfen.

3.5.2 Sichere Verbindungen mit HTTPS

Kern der PWA-Eigenschaft Safe ist jedoch die sichere Auslieferung der PWA-Quelldateien sowie die Übertragung der Anwenderdaten: Bei Progressive Web Apps kommen viele moderne Webschnittstellen zum Einsatz. Am Beispiel des Service Workers haben Sie gesehen, dass dieser eine besonders große Macht besitzt, da er stellvertretend für Webserver antworten kann. Außerdem kann er losgelöst vom Lebenszyklus der Website ausgeführt werden, etwa um Push-Notifications entgegenzunehmen, wenn die PWA geschlossen ist. Aufgrund dieser mächtigen Features ist die Installation eines Service Workers nur dann erlaubt, wenn die Website über eine gesicherte Verbindung übertragen wurde. Im Web setzt man dies mithilfe des *Hypertext Transfer Protocol Secure* (HTTPS) um. HTTPS basiert seinerseits auf der *Transport Layer Security* (TLS), frühere Ausgaben dieses Protokolls sind auch unter dem Namen *Secure Sockets Layer* (SSL) bekannt. Den Einsatz des Protokolls erkennt der Anwender am *https*-Bestandteil der URL und am Schlosssymbol in der Adresszeile.

Mithilfe von HTTPS werden verschiedene Schutzziele erreicht: Zum einen muss sich der Server mit einem gültigen digitalen Zertifikat für den Domainnamen, unter dem er Inhalte ausliefert, authentifizieren. Der Webbrowser erkennt nur Zertifikate an, die von einer vertrauenswürdigen Zertifizierungsstelle ausgestellt wurden. Welche das sind, legt entweder das Betriebssystem (zum Beispiel bei Google Chrome und Microsoft Edge) oder der Browser selbst fest (Mozilla Firefox). Je nach Zertifikatsklasse prüft die Zertifizierungsstelle nicht nur die Zuordnung zwischen dem Antragsteller und seiner Domain (*Domänenvalidierung*), sondern auch die Existenz und Identität des Betreibers und nimmt dessen Kennzeichnung in das Zertifikat auf. Dies ist etwa bei der besonders strengen *Extended Validation* (EV) der Fall. Bei EV-Zertifikaten wird in der Adresszeile zusätzlich der Name des Betreibers angezeigt. Diese Zertifikate kommen oft bei Onlineshops oder Banken zum Einsatz, wie in Abbildung 3.6 zu sehen. Davon abgesehen werden sämtliche Daten, sowohl Quelldateien als auch Anwenderdaten, bei HTTPS *verschlüsselt* übertragen. Somit sind sie vor Abhören und Manipulation geschützt; Vertraulichkeit und Integrität werden gewahrt.

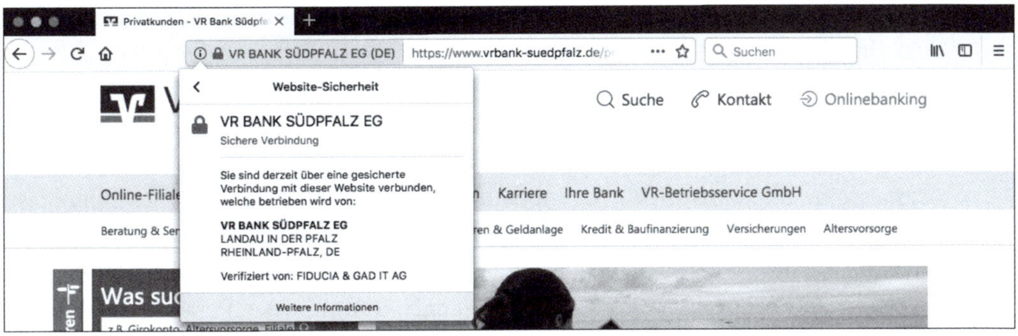

Abbildung 3.6 Bei Extended-Validation-Zertifikaten wird auch die Identität des Anbieters geprüft.

Da Service Worker nur bei HTTPS-Verbindungen registriert werden können, ist der Einsatz dieses Protokolls für alle Progressive Web Apps ein absolutes Muss-Kriterium. Die einzige Ausnahme besteht zur Entwicklungszeit, denn auf der eigenen Maschine (unter *localhost*) bereitgestellte Websites dürfen Service Worker auch ohne gesicherte Verbindung registrieren. Doch nicht nur für PWAs ist der Einsatz von HTTPS interessant: Manche Webschnittstellen liefern Zugriff auf sensible Daten, wie die in Kapitel 2, »Mächtiges modernes Web«, vorgestellten APIs Geolocation sowie Media Capture and Streams. Einige Webbrowser gewähren Websites nur noch dann Zugriff auf diese Schnittstellen, wenn sie über HTTPS ausgeliefert wurden. Bei manchen neueren Webschnittstellen wie der Web Share API oder Übertragungstechniken wie HTTP/2 wird HTTPS sogar ganz allgemein zur Voraussetzung erklärt. Aus diesem Grund, und weil der Anwender durch diese Maßnahmen geschützt wird, ist der Einsatz von HTTPS mittlerweile für sämtliche Websites empfehlenswert. Um HTTPS einsetzen zu können, benötigt der Entwickler aber ein *TLS-Zertifikat*. Spätestens bei diesem Begriff zucken Systemadministratoren regelmäßig zusammen, denn TLS-

Zertifikate haben eine Gültigkeitsdauer und laufen zu einem bestimmten Zeitpunkt aus. Jemand muss sich also darum kümmern, das Zertifikat rechtzeitig zu erneuern. Je nach Zertifikatstyp und Gültigkeitsdauer können TLS-Zertifikate auch sehr teuer werden.

Doch auch diese Problematik ist mittlerweile gelöst, zumindest wenn Sie keinen Wert auf eine bestimmte Zertifikatsklasse legen. So gibt es beispielsweise die Initiative *Let's Encrypt* der Linux Foundation. Die Domain der zu schützenden Website respektive Web-API muss bei diesem Ansatz öffentlich erreichbar sein. Mithilfe eines Plug-ins kann der Server über ein automatisiertes Verfahren ein kostenfreies, domänenvalidiertes Zertifikat für die eigene Domain bei der Zertifizierungsstelle von Let's Encrypt anfordern. Dessen Gültigkeitsdauer fällt mit nur 90 Tagen zwar vergleichsweise kurz aus, es wird jedoch vor Ablauf der Gültigkeit durch das Plug-in vollautomatisch erneuert. Weder Entwickler noch Administrator müssen künftig mehr eingreifen, da auch die Verwaltung des privaten Schlüssels sowie die Verschlüsselung der Inhalte vom Plug-in arrangiert werden. Für viele Webserver wie *Apache* oder die *Microsoft Internet Information Services*, aber auch für Webserverdistributionen wie *Plesk* stehen kostenfreie Plug-ins zur Verfügung. Der Dienst *Cloudflare* bietet ebenfalls kostenfrei aufschaltbare Zertifikate an, viele Hoster und Clouddienste stellen oftmals eine Domain zur Verfügung, auf der ein Wildcard-Zertifikat geschaltet ist. Die eigene Anwendung wird dann unter einer Subdomain ausgeführt, die durch das Wildcard-Zertifikat des Anbieters mit abgesichert wird. Somit gibt es auch für private Websites oder andere Projekte ohne größeres Budget oder Personalausstattung keine Ausrede mehr, kein HTTPS einzusetzen – zumal Google seit dem im Juli 2018 veröffentlichen Chrome 68 alle via HTTP übertragenen Seiten in der Adresszeile als »nicht sicher« markiert.

Umleiten nicht vergessen

Vergessen Sie in diesem Zuge bitte nicht, die Anwender, die Ihre Website oder Ihre Progressive Web App zunächst über HTTP besuchen, auf die HTTPS-Variante weiterzuleiten. Auch dafür gibt es Plug-ins oder Middleware, damit Sie das ohne größeren Aufwand erledigen können. Um zu erzwingen, dass der Webbrowser mit einer Website nur noch über HTTPS spricht, gibt es die *HTTP Strict Transport Security* (HSTS). Dabei leitet der Webserver zunächst von HTTP auf HTTPS um. Auf HTTPS-Antworten platziert er den Header `Strict-Transport-Security`:

```
Strict-Transport-Security: max-age=31536000; includeSubDomains
```

Dadurch wird der Webbrowser angewiesen, zu einer bestimmten Domain für eine definierte Zeit (im obigen Beispiel für die Dauer eines Jahres) nur noch verschlüsselte Verbindungen aufzunehmen. Optional kann mithilfe der Direktive `includeSubDomains` angegeben werden, dass der Schutz auch auf alle Subdomains ausgeweitet werden soll. Der Browser nimmt dann das Umschreiben des Protokolls von HTTP auf

HTTPS clientseitig vor, noch bevor die Anfrage den Browser verlässt. Das hilft, Man-in-the-Middle-Angriffe einzudämmen. Die Gefährdung bleibt allerdings beim ersten Request über HTTP bestehen. Daher wird HSTS auch als TOFU-Technologie bezeichnet (*Trust On First Use*). Um den ersten Request ebenfalls abzusichern, steht Websitebetreibern die HSTS-Preload-Liste zur Verfügung. Diese Liste befindet sich im Lieferumfang aller großen Browser (Google Chrome, Mozilla Firefox, Apple Safari, Microsoft Edge und Internet Explorer). Websitebetreiber können sich unter *https://hstspreload.org* für die HSTS-Preload-Liste eintragen. Voraussetzungen sind ein gültiges Zertifikat, das Umleiten von HTTP nach HTTPS, eine Mindestgültigkeit des HSTS-Headers von einem Jahr, der Einsatz der oben genannten Direktive `includeSubDomains` und somit das Absichern aller Subdomains. Werden HTTPS-Requests ebenfalls umgeleitet, müssen auch auf diesen Weiterleitungen HSTS-Header gesetzt werden. Abschließend muss der HSTS-Header um die Direktive `preload` ergänzt werden. Die korrekte Umsetzung kann etwa mit dem *SSL Server Test* von Qualys geprüft werden: *www.ssllabs.com/ssltest*. So besteht der Schutz ab dem ersten Aufruf.

Insgesamt wird durch den Einsatz von HTTPS gewährleistet, dass Ihre PWA sicher ausgeliefert wird und Anwenderdaten geschützt bis zur Gegenseite übertragen werden können. Dazu stehen viele kostenfreie und komfortable Lösungen zur Verfügung, sodass dieser Schritt ohne größeren Aufwand erfolgen kann. Bei Progressive Web Apps wird darüber hinaus die URL zum wichtigen Sicherheitsmerkmal: In manchen App Stores tummeln sich Apps von Drittanbietern, die Aussehen und Namen bekannter Anwendungen imitieren. Der Anwender kann diese Täuschung oft nur schwer erkennen. Bei einer PWA genügt die Prüfung der Adresszeile.

3.6 Einer für alle: Responsive Webdesign

Kurzdefinition

Die Eigenschaft *Responsive* gibt an, dass sich eine Progressive Web App an die verfügbaren Bildschirmabmessungen anpassen soll, sodass sie vom Smartphone bis zum Desktopcomputer sinnvoll verwendet werden kann.

Das erste iPhone wurde bei seiner Veröffentlichung als Kombination aus iPod, Telefon und »Internetgerät« vorgestellt. Es wird oft darüber gestritten, wie viel Innovation wirklich in Apples erstem Smartphone steckte. Eines ist aber unbestreitbar: Der Safari war der erste mobile Webbrowser, mit dem sinnvoll auf die Desktopversionen von Websites zugegriffen werden konnte. Zuvor implementierten Websitebetreiber oftmals ein zweites, mobiles Internetangebot mit stark reduziertem Funktionsumfang. Doch dieses redundante Angebot muss unterhalten und weiterentwickelt werden, außerdem stellt sich spätestens ab dem breiten Aufkommen von Tablets die Frage, an welcher Grenze man zwischen Vollversion und mobiler Ausgabe schneidet. Heute verfügt fast jede ernst zu nehmende Plattform über einen halbwegs potenten Webbrowser, vom kleinen Smartphone über Tablets, Notebooks und Desktopcomputer bis hin zum 60-Zoll-Fernseher. Die Grenzen zwischen den Plattformen sind also fließend, gleichzeitig möchten Entwickler wenn möglich mit einer einzigen Codebasis die komplette Bandbreite an Plattformen und Geräten abdecken. Damit das gelingt, braucht die Anwendung ein Gewand, das sich an die Abmessungen all dieser Bildschirme anpassen kann. Die Lösung dieses Problems nennt sich *Responsive Webdesign*.

Das Prinzip ist einer der Wegbereiter für Progressive Web Apps. So lautet die nächste PWA-Eigenschaft Responsive. Mit einer einzigen Codebasis soll eine PWA alle Geräte vom Smartphone bis zum Fernseher abdecken können. Das Websitelayout wird dazu meist an der Breite der verfügbaren Bildschirmfläche ausgerichtet. Es werden bestimmte Triggerpunkte definiert, an denen das Layout umbricht. So wird bis zu einer bestimmten Bildschirmbreite die Fassung für Smartphones angezeigt. Menüs werden hier standardmäßig eingeklappt, um mehr Platz für den Inhalt zu lassen. Mit zunehmender Größe können dann vollständige Menüs und Auswahllisten sowie zusätzliche Inhalte dargestellt werden – schrittweise über das Tablet bis hin zur Darstellung für Desktopgeräte, auf denen der meiste Platz zur Verfügung steht (siehe Abbildung 3.7). Responsive Webdesign setzt somit das Prinzip des Progressive Enhancement auf der Ebene des Layouts um.

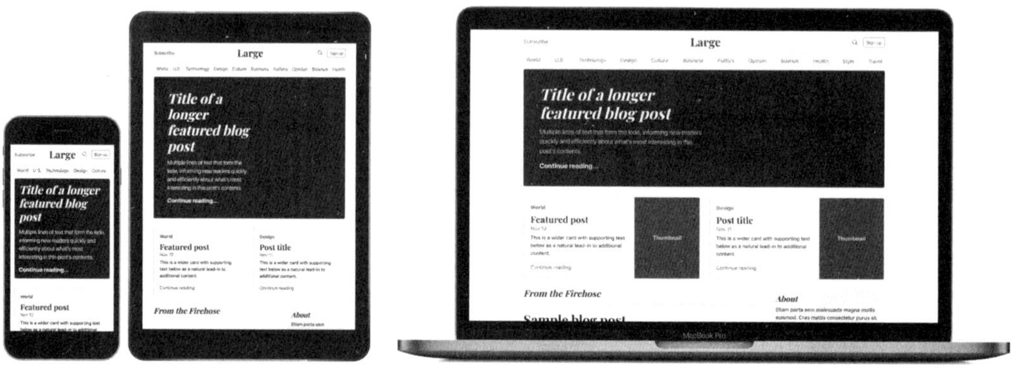

Abbildung 3.7 Beispiel für ein Responsive Webdesign, das sich verschiedenen Bildschirmabmessungen anpasst

Allerdings unterscheiden sich nicht nur die Bildschirmabmessungen, sondern auch die Eingabemethoden auf den unterschiedlichen Geräten: Desktopcomputer und Notebooks haben etwa eine Tastatur, sodass dem Anwender Tastenkürzel angeboten werden können, die auf mobilen Geräten aber nicht funktionieren. Ebenso steht bei Desktopcomputern praktisch immer eine Maus oder ein Trackpad zur Verfügung, mit denen pixelgenaue Eingaben vorgenommen werden können. Steuerelemente können hier deutlich kleiner gestaltet und mit geringeren Abständen voneinander platziert werden, als dies bei Mobilgeräten mit Stift- oder der deutlich ungenaueren Fingereingabe der Fall ist. Das alles heißt aber nicht, dass zwangsläufig jeder Use Case einer Anwendung auf allen Geräten bereitgestellt werden muss. Anwendungsfälle, die die Präzision einer Maus voraussetzen, können so lediglich auf Geräten mit Mauseingabe aktiviert werden. Zu guter Letzt gibt es noch *Convertibles*, bei denen die Eingabemethoden zur Laufzeit sogar wechseln können. Das Ziel der Eigenschaft Responsive ist, dass jedem Anwender die beste Erfahrung auf seinem Gerät geboten wird.

```
<meta name="viewport" content="width=device-width, initial-scale=1">
```

Listing 3.4 Definition des Viewport-Metatags

Im Kopf des HTML-Dokuments muss zur Unterstützung responsiver Websites das Metatag `viewport` integriert werden. Andernfalls rendern mobile Webbrowser Seiteninhalte in einem virtuellen Fenster mit für Desktopcomputer üblichen Abmessungen, das dann in den Bildschirm des mobilen Geräts eingepasst wird. Um stattdessen die Breite des Gerätebildschirms anzunehmen, wird im Inhalt dieses Metatags die Eigenschaft `width=device-width` angegeben. Außerdem wird die Eigenschaft `initial-scale=1` gesetzt. Diese gibt an, dass die initiale Zoomstufe bei 100 % liegen soll. Diese Angabe behebt zudem Anzeigeprobleme in iOS, wenn das Gerät gedreht wird und sich die Bildschirmausrichtung ändert. Über das `viewport`-Metatag können noch weitere Eigenschaften (`user-scalable`, `min-scale` und `max-scale`) definiert werden, die dazu genutzt werden konnten, die Pinch-to-Zoom-Funktion von Safari zu deaktivieren. Somit erscheinen Websites und Webanwendungen zwar nativer, doch können Anwender keine Websites mit kleinen Schriftarten bei immer höher auflösenden Bildschirmen mehr vergrößern. Seit Safari auf iOS 10 werden diese drei Eigenschaften daher ignoriert.

Da es Responsive Webdesign schon einige Tage gibt, existiert eine Vielzahl fortgeschrittener, quelloffener und kostenfreier Frameworks wie *Bootstrap*, *Foundation* oder *Material Design Lite*. Diese implementieren das Responsive Webdesign und bringen Stile für häufig verwendete Steuerelemente mit. Die technische Basis stellen *CSS3 Media Queries*, das *CSS Flexible Box Layout Module* (*Flexbox*) sowie das *CSS Grid Layout Module* dar. Welche Techniken genau eingesetzt werden, hängt vom jeweiligen Framework ab. Außerdem ist es mithilfe der zuvor genannten Techniken mit vertretbarem Aufwand und gestalterischem Geschick auch möglich, eigene *UI-Kits* zu implementieren, die komplett eigene Gestaltungsrichtlinien umsetzen und auf die Anwendungsfälle der Anwendung besser zugeschnitten werden können.

Gegen die Eigenschaft Responsive gibt es jedoch auch Vorbehalte. Ein häufig anzutreffender Einwand gegen dieses Konzept ist, dass Cross-Platform-Apps ja gar nicht wie native Anwendungen aussehen würden. Das stimmt jedoch nur teilweise, da durch die Verwendung von Systemschriften und -farben durchaus der Eindruck erzeugt werden kann, dass der Benutzer mit nativen Steuerelementen interagiert. So arbeitet beispielsweise das Cross-Platform-Framework *Ionic*, und auch der Webbrowser macht nichts anderes: Unter Windows ist keine einzige auf einer Website dargestellte Schaltfläche ein echter, nativer *Win32*-Button, sondern nur entsprechend gestaltetes HTML. Anwendungen wie Spotify, Google Chrome oder Telegram geben sich hingegen nicht einmal die Mühe, sich an die Gestaltungsrichtlinien des Betriebssystems anzupassen. Stattdessen kommt ein plattformübergreifend wiedererkennbares Design zum Einsatz. So sieht Spotify auf jedem Gerät aus wie Spotify – mit dunkler Hintergrund- und grüner Akzentfarbe. Die Wiedergabesteuerung ist überall prominent platziert, und die Anwendung verhält sich ähnlich, egal ob im Browser, als Desktop-App oder auf dem Smartphone. Wer Spotify also plattformübergreifend nutzt, muss sich nicht auf dauerhaft wechselnde visuelle Welten einlassen, sondern nimmt den Dienst von Plattform zu Plattform mit. So überrascht es nicht, dass auch der Spotify-Client auf Webtechnologien basiert.

Um sicherzustellen, dass die Eigenschaft *Responsive* korrekt umgesetzt wird, hilft das Paradigma *Mobile First*. Hier werden Anwendungsfälle und Screens erst für das Gerät mit dem kleinsten Bildschirm und den ungenauesten Eingabemethoden konzipiert, das Smartphone. Mit zunehmender Bildschirmgröße und genaueren Eingabegeräten werden diese Anwendungsfälle dann für Tablets und schließlich Desktopcomputer erweitert. Somit kann die Anwendung auf einem Mobilgerät sinnvoll bedient werden, ohne dass Desktopbenutzer eingeschränkt werden. Denn Anwendungen, die wie zu groß geratene Handy-Apps aussehen, möchte auf dem Desktop natürlich auch niemand bedienen.

Im Beispiel in Kapitel 9, »PWA und Angular: Single-Page-Application-Framework einsetzen«, zeige ich Ihnen mit *Angular Material* eine Vorlage, die ein Responsive Webdesign umsetzt. Weitere Vorlagen stelle ich in Kapitel 10, »App-like aussehen«, vor.

3.7 Auffindbarkeit: Websites und Apps unterscheiden

Kurzdefinition

Die Eigenschaft *Discoverable* besagt, dass eine Progressive Web App mithilfe des Web App Manifests von regulären Websites unterschieden werden muss.

Die nächste Eigenschaft hört auf den Namen Discoverable. Da Progressive Web Apps im Kern nur Websites mit gewissen Extras sind, muss es eine Möglichkeit geben, eine PWA von einer ganz gewöhnlichen Website zu unterscheiden. Dazu wurde das Web App Manifest aus der Taufe gehoben, eine separate Spezifikation. Es handelt sich dabei um eine Manifestdatei im JSON-Format. Diese Datei definiert an zentraler Stelle Metadaten zur vorliegenden Webanwendung, unter anderem Titel, Anzeigeart, Beschreibungstexte und Symbole:

```
{
  "name": "Meine PWA-Demo",
  "short_name": "PWA-Demo",
  "start_url": ".",
  "display": "standalone",
  "theme_color": "#1976d2",
  "description": "Ich zeige, was Progressive Web Apps können.",
  "icons": [{
      "src": "assets/icons/icon-192x192.png",
      "sizes": "192x192",
      "type": "image/png"
  }]
}
```

Listing 3.5 Ein beispielhaftes Web App Manifest

Damit ersetzt das Web App Manifest zugleich frühere Ansätze, bei denen diese Eigenschaften mithilfe von Metatags direkt in der ausführenden HTML-Datei gesetzt wurden. Das kam etwa bei den in Kapitel 1, »Im Web, als App: Geschichte und Einstieg«, erwähnten Web Clips zum Einsatz, und vielleicht erinnert sich der eine oder andere Leser auch noch an die »Pinned Websites« des Internet Explorer 9 oder die Windows 8 Live Tiles für Webseiten, die ebenfalls über solche Metatags gesteuert wurden. Auf die Manifestdatei wird aus der HTML-Datei der PWA heraus verwiesen, wie Listing 3.6 zeigt.

```
<link rel="manifest" href="/manifest.webmanifest">
```

Listing 3.6 Verweis auf die Manifestdatei

Die darin enthaltenen Angaben könnten Suchmaschinen nutzen, um eine eigene Suchkategorie für Apps anzubieten, oder eben Webbrowser, um die Website mit besonderen Funktionen auszustatten, wie es im PWA-Umfeld durch die Möglichkeit zur Installation auf dem Homebildschirm oder der Programmliste der Fall ist. Von der Möglichkeit, Progressive Web Apps mithilfe des Web App Manifests zu erkennen, macht schon heute Microsoft Gebrauch: Der Crawler der hauseigenen Suchmaschine Bing durchsucht das Web nach Progressive Web Apps. Findet der Bot eine PWA, wendet er eine automatisierte Prüfung darauf an. Sollte diese bestimmte Gütekriterien erfüllen, übernimmt Microsoft die im Web App Manifest angegebenen Daten, erzeugt ein Windows-Anwendungsbündel und stellt die Anwendung automatisch in den Microsoft Store zum Download ein.

Weil ich mich mit dem Web App Manifest sowie der automatischen Bereitstellung von PWA im Microsoft Store im nächsten Kapitel ausführlich befasse, kürze ich die weitere Beschreibung der Eigenschaft Discoverable an dieser Stelle ab. Da der Webbrowser zwingend wissen muss, dass es sich bei der vorliegenden Website um eine Progressive Web App handelt, ist der Einsatz des Web App Manifests für jede PWA ein absolutes Muss-Kriterium.

3.8 Installierbarkeit: So kommt Ihre PWA auf den Homebildschirm

Kurzdefinition

Die Eigenschaft *Installable* gibt an, dass Progressive Web Apps auf den Homebildschirm beziehungsweise in die Programmliste des Betriebssystems installiert werden können.

Kommen wir nun zur Eigenschaft Installable, die sehr eng mit dem eben beschriebenen Web App Manifest zusammenhängt. Denn damit eine Progressive Web App auf dem Gerät installiert werden kann, benötigt sie zwingend ein Web App Manifest. Von jeher sind wir es gewöhnt, dass auf unseren Geräten installierte Anwendungen auf dem Desktop in der Programmliste beziehungsweise auf Mobilgeräten auf dem Homebildschirm zu finden sind. Wenn Progressive Web Apps es mit ihren nativen Gegenstücken auf Augenhöhe aufnehmen sollen, müssen sie auch an diesen Orten zu finden sein. Über die Verknüpfung hinaus soll sich die Anwendung ebenso verhalten wie eine native Anwendung – auf dem Desktop also in einem eigenen Fenster mit nativer Fensterdekoration laufen und auf Mobilgeräten vollflächig. In der folgenden Beschreibung spreche ich nun nur noch vom Homebildschirm. Desktopcomputer sind mit der Programmliste aber in gleicher Weise gemeint, »vollflächig« bedeutet dort dann das eigene Fenster mit nativer Fensterdekoration, und App-Switcher bezeichnet die Taskleiste.

»Installieren« meint bei Progressive Web Apps allerdings lediglich, eine Verknüpfung der Anwendung auf dem Homebildschirm anzulegen. Funktionen wie die Offlinefähigkeit oder der Empfang von Pushnachrichten sind auch ohne Icon auf dem Homebildschirm schon lauffähig – sie werden allein durch den Service Worker bereitgestellt, der im Stillen und ohne Nutzerabfrage registriert wird.

Aufgabe: Installierte Service Worker zählen

Wie viele Service Worker sind in Ihrem Browser schon registriert? Rufen Sie unter Google Chrome *chrome://serviceworker-internals* oder unter Mozilla Firefox *about:serviceworkers* auf. Bei Chrome wird die Anzahl in der Zeile REGISTRATIONS IN in Klammern angezeigt. Bei mir sind es 131.

Bei Progressive Web Apps ist auch kein Installationspaket vorgesehen, da die im Browser ausgeführte Anwendung exakt deckungsgleich mit der späteren auf dem Homebildschirm hinterlegten Anwendung ist. Deswegen wurde ein anderes Konzept gesucht, um Anwendungen aus dem Browser heraus installieren zu können. Es besteht immer die Möglichkeit, Progressive Web Apps manuell auf dem Gerät zu installieren. Dies entspricht dem ursprünglichen Gedanken von Apple, den Sie in Abschnitt 1.1.2, »Der Browser als Anwendungsplattform«, schon gesehen haben. Dazu öffnet der Benutzer das passende Browsermenü und wählt den Eintrag ADD TO HOMESCREEN.

Der ursprüngliche Gedanke von Alex Russel war, dass der Browser die Nutzung der Website überwacht und bei häufiger Verwendung einer Website den Anwender per Banner zur Installation vorschlägt – analog zu den Smart-App-Bannern für zugehörige App-Store-Apps aus Abschnitt 1.1.4, »Das Verhältnis von Web und Apps«. Genau so war es in Google Chrome noch bis Version 67 implementiert.

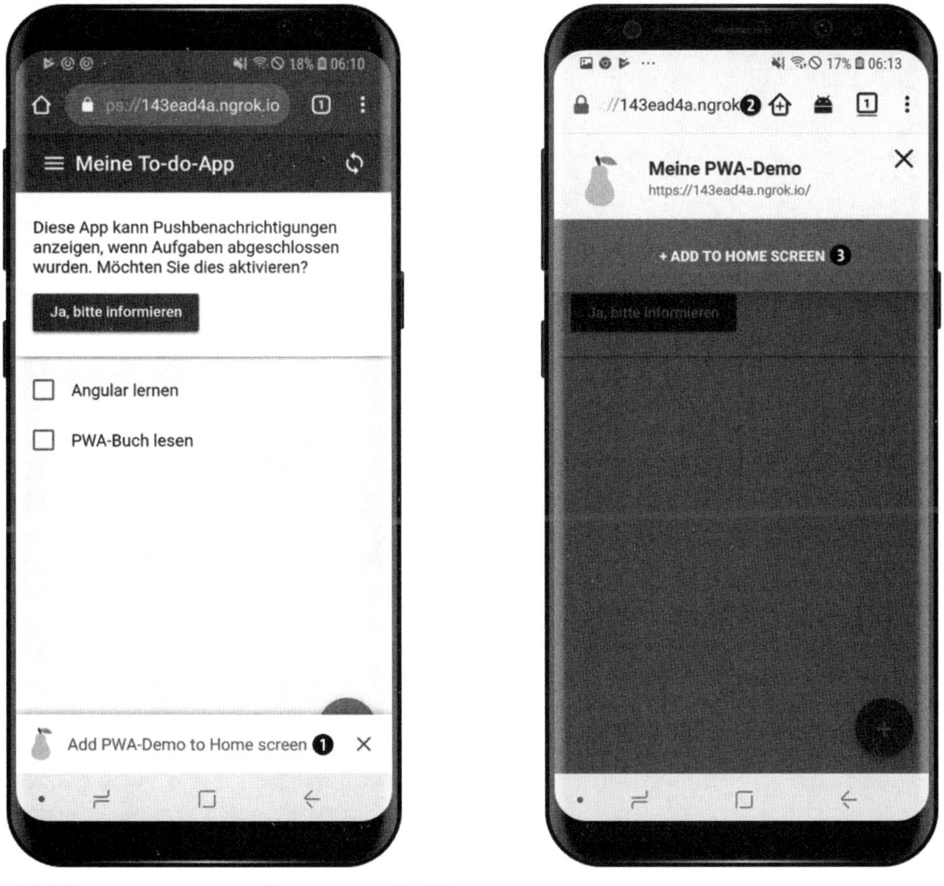

Abbildung 3.8 App-Install-Banner und Add-to-Home-Screen-Button

Dieses Banner wird jedoch schrittweise verschwinden: Seit Google Chrome 68 ist stattdessen eine »Mini-Infobar« zu sehen, eine deutlich kleinere Leiste am unteren Bildschirmrand. Diese zeigt Abbildung 3.8 auf der linken Seite ❶. Diese soll schließlich durch eine Schaltfläche in der Adresszeile ersetzt werden, wie es sie schon jetzt bei Mozilla Firefox gibt (❷ in Abbildung 3.8 auf der rechten Seite). Klickt man darauf, öffnet sich ein Dialog, über den der Anwender das Installieren der Anwendung bestätigen kann ❸. Die Informationen, die hier angezeigt werden, stammen alle aus dem Web App Manifest: Dargestellt werden der ausführliche Titel und das Symbol. Außerdem können PWAs unter bestimmten Bedingungen auch selbst zur Installation auffordern, mehr dazu finden Sie im nächsten Kapitel.

Auf dem Homebildschirm ist die Kurzbezeichnung der Anwendung zu sehen, wie sie im Web App Manifest definiert wurde, darüber hinaus ihr Symbol (siehe Abbildung 3.9 auf der linken Seite).

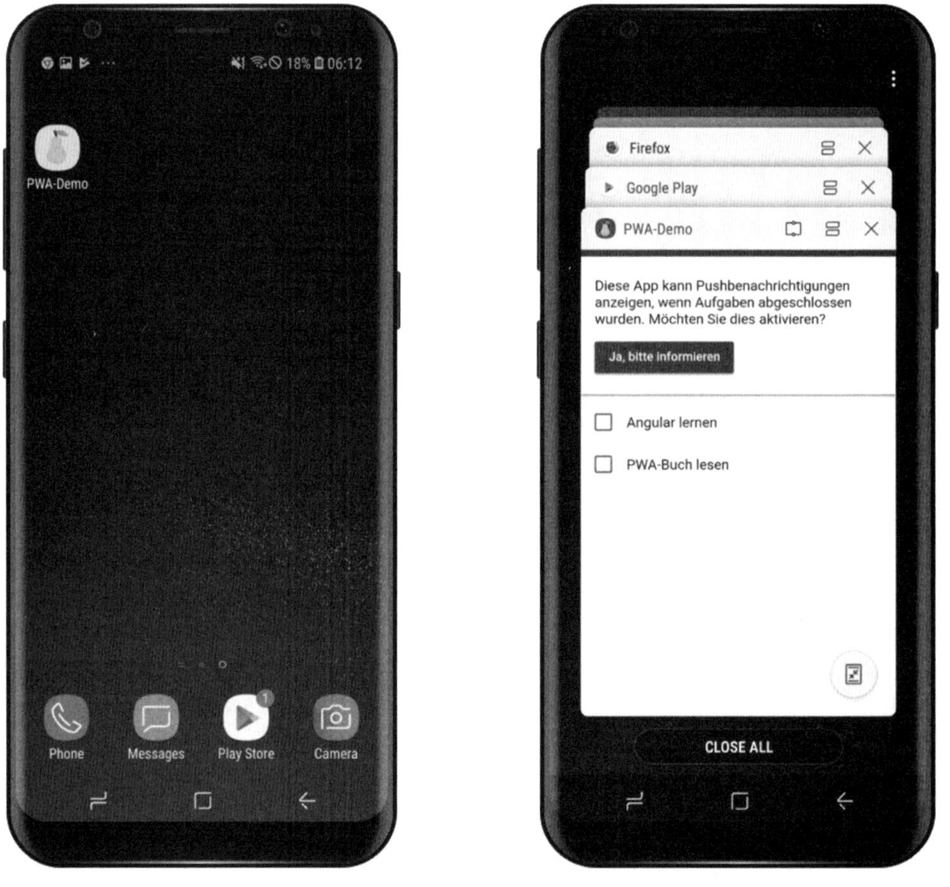

Abbildung 3.9 Progressive Web App auf dem Homebildschirm und im App-Switcher

Öffnet man die App über diese Verknüpfung auf dem Homebildschirm, startet sie nun vollflächig und nicht mehr im Browser. Dieser Anzeigemodus (`standalone`) wurde ebenfalls im Web App Manifest festgelegt. Somit erhält die Anwendung nun auch einen Auftritt im App-Switcher des Betriebssystems, wie in Abbildung 3.9 auf der rechten Seite zu sehen. Auch hier stammen die Informationen aus der Manifestdatei.

Zum Zeitpunkt des Verfassens dieses Buchs besteht die Möglichkeit zum Hinzufügen der Progressive Web App auf den Homebildschirm auf den Mobilausgaben von Google Chrome, Mozilla Firefox und Apple Safari. Ab Google Chrome 70 funktioniert das auch unter Microsoft Windows, die Unterstützung für macOS und Linux muss voraussichtlich noch bis Version 72 per Flag aktiviert werden. Mehr hierzu und zum Web App Manifest folgt im nächsten Kapitel.

3.9 Nutzer binden: Anwender mit Pushbenachrichtigungen zurückholen

Kurzdefinition

Die Eigenschaft *Re-engageable* besagt, dass eine Progressive Web App ihre Nutzer mithilfe von Pushbenachrichtigungen binden kann.

Eine weitere zentrale Eigenschaft ist Re-engageable: Hier stellt sich die Frage, wie Anwender zur Wiederverwendung einer App bewogen werden können. Das geschieht klassischerweise mit Push-Notifications, die den Anwender über extern eingetretene Ereignisse (zum Beispiel Aktualisierungen, neue Inhalte, Breaking News, Nachrichten eines Kontakts) sowie abgeschlossene Aktivitäten informieren oder an bekannte Ereignisse erinnern (zum Beispiel Ablauf eines Timers, Auslauf einer Onlineauktion, Kalendererinnerung). Das Konzept kennen Sie sicherlich von Free-to-play-Spielen (»Nur heute! 300 grüne Diamanten für 5,99 Euro«) oder sozialen Netzen (»Peter hat Ihren Beitrag kommentiert«). Zum Empfang und zur Darstellung einer solchen Benachrichtigung muss die Anwendung nicht unbedingt geöffnet sein. Beispiele dafür zeigt Abbildung 3.10 auf der linken Seite. Die *Notifications API* des Service Workers erlaubt Websites, sich auf die exakt gleiche Art in das native Benachrichtigungszentrum zu integrieren. Abbildung 3.10 zeigt auf der rechten Seite Benachrichtigungen der PWA Twitter Lite. Den einzigen Rückschluss darauf, dass es sich um eine PWA handelt, lässt die dort dargestellte URL *mobile.twitter.com* zu. Mithilfe der *Push API* kann der Service Worker externe Pushereignisse entgegennehmen – auch dann, wenn die Anwendung nicht geöffnet ist – und mithilfe der Notifications API als native Push-Notification anzeigen.

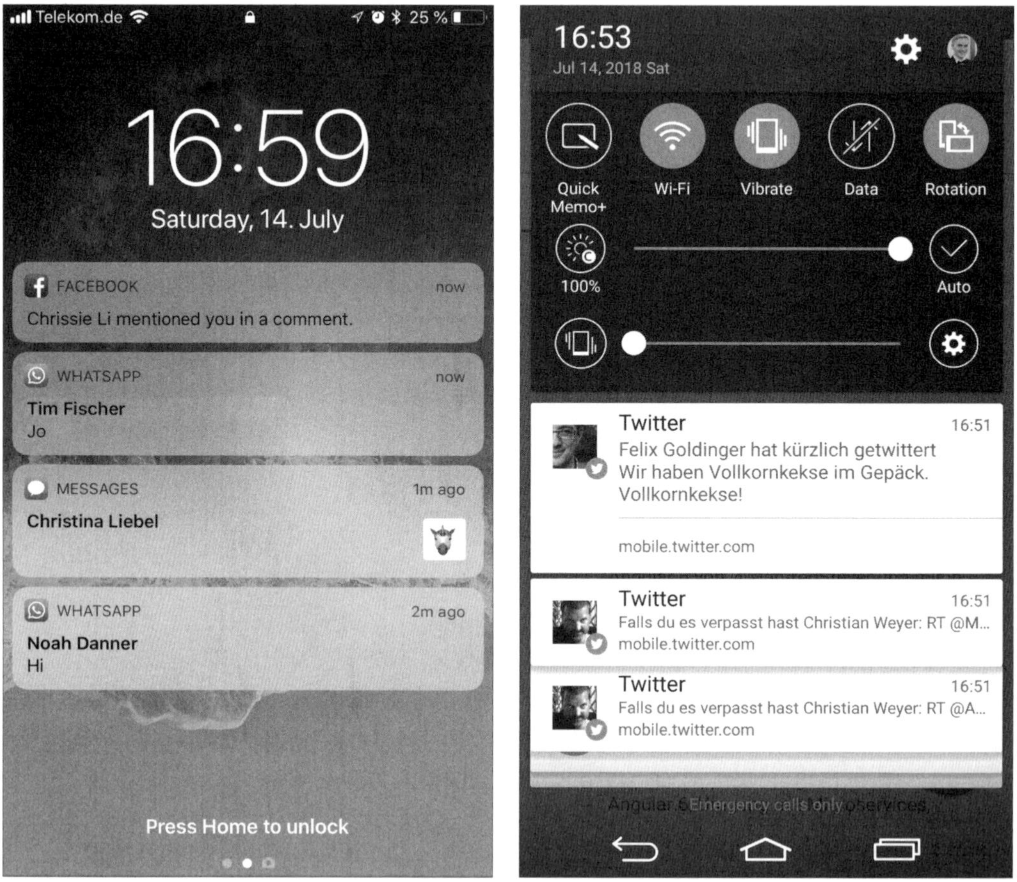

Abbildung 3.10 Pushbenachrichtigungen sind ein zentraler Bestandteil der mobilen Anwendungserfahrung (links), auch Progressive Web Apps können sich nahtlos einfügen (rechts).

Reguläre Websites nutzen diese Funktionalität ebenfalls zunehmend, darunter Facebook und verschiedenste Nachrichtenportale. Um eine missbräuchliche Verwendung der Schnittstelle zu vermeiden, fragt der Webbrowser den Anwender zunächst, ob dieser den Empfang von Pushbenachrichtigungen zulassen möchte. Bei vielen Websites erscheint diese Abfrage jedoch direkt, nachdem die Website geladen wurde, und verdeckt somit den Websiteinhalt. Facebook blockiert während der Abfrage sogar den Zugriff auf den Inhalt, wie Abbildung 3.11 zeigt. Stattdessen sollte die Erlaubnis für Pushbenachrichtigungen erst eingeholt werden, wenn der Anwender bereits mit der Website interagiert hat und somit Interesse an den Inhalten zeigt. Auf diese Weise steigen die Chancen, dass der Anwender dem Empfang von Pushbenachrichtigungen auch zustimmt.

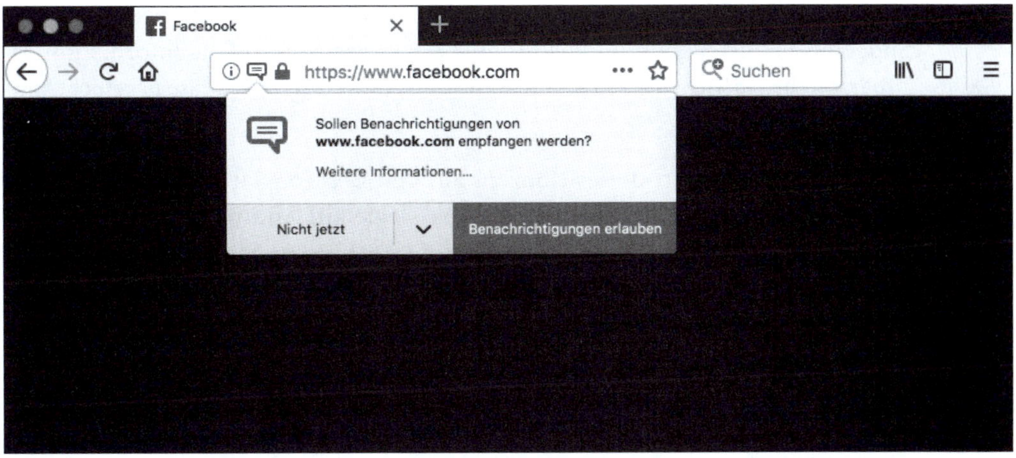

Abbildung 3.11 Facebook fragt die Berechtigung zum Empfang von Pushbenachrichtigungen ab.

Technische Basis ist in allen Fällen der Service Worker in Kombination mit Push API und Notifications API. Damit der Webbrowser auch dann noch Pushbenachrichtigungen empfangen und darstellen kann, wenn die Anwendung nicht geöffnet ist und alle Browserfenster geschlossen sind, führt dieser einen dauerhaft aktiven Hintergrunddienst aus. Bei Pushbenachrichtigungen sind drei Akteure involviert:

1. Zum einen ist das die Anwendung, die sich beim Webbrowser für Push-Notifications registriert. Zuvor muss der Anwender zustimmen, dann erhält die Anwendung Zugriff auf die erforderlichen Informationen, um Pushbenachrichtigungen auf *dieses eine Gerät* schicken zu können. Diese Informationen schickt die Anwendung typischerweise an ihr Backend. Die Anwendung erhält Kenntnis darüber, ob der Anwender die Anforderung angenommen oder abgelehnt hat.
2. Der Ansprechpartner für den Webbrowser beziehungsweise das Gerät ist bei der Push API jedoch nicht der eigene Server, sondern der *Push-Dienst* der jeweiligen Plattform: Bei Google Chrome kommt im Hintergrund *Firebase Cloud Messaging* zum Einsatz, bei Microsoft Edge die *Windows Push Notification Services* und bei Mozilla Firefox (auf dem Desktop) der Dienst *Mozilla Web Push*. Nur über diese Dienste können Pushbenachrichtigungen auf das Gerät gesendet werden.
3. Möchte das Backend der Anwendung Push-Notifications an die Anwender verschicken, muss es also mit den unterschiedlichen Push-Diensten der Anbieter sprechen können. Um die Kommunikation zu vereinfachen, wurde das Protokoll *Web Push* eingeführt, das eine einheitliche Schnittstelle zum Versand von Pushbenachrichtigungen darstellt. Die Nachrichten werden zwischen Server und Client verschlüsselt, sodass die Inhalte auf dem Übertragungsweg weder mitgelesen noch

manipuliert werden können. Der Push-Dienst versucht dann, die Nachricht an die Endgeräte zuzustellen. Vom Push-Dienst erhält das Backend die Information darüber, ob die Nachricht erfolgreich an die ausgewählten Endgeräte geschickt werden konnte.

Gegenwärtig funktioniert dieses Konzept auf den Desktopplattformen mit Google Chrome, Microsoft Edge und Mozilla Firefox sowie auf Android mit Chrome und Firefox. Unter Safari werden bei Drucklegung noch keine Pushbenachrichtigungen aus dem Service Worker heraus unterstützt. Zumindest auf dem Desktop bietet Safari mit *Safari Push Notifications* allerdings eine alternative Schnittstelle an. Auch damit ist es möglich, Benachrichtigungen anzuzeigen, wenn Safari nicht geöffnet ist. Zur Verwendung ist jedoch eine Mitgliedschaft beim Apple-Developer-Programm erforderlich. Außerdem kann die Schnittstelle nicht vom Web-Push-Protokoll angesprochen werden. Der Server müsste daher eine separate Implementierung für diese Anwender anbieten. Es gibt jedoch auch Drittanbieter wie *OneSignal*, *Pushpad* oder *PushAlert*, die wiederum eine abstrahierte Schnittstelle über verschiedene Pushschnittstellen wie Safari Push Notifications und Web Push bereitstellen. Diese Dienstleister bieten darüber hinaus die Möglichkeit, Empfänger in Segmente einzuteilen, bieten Berichte zu Reichweite und Konversionsrate der Benachrichtigungen an und erlauben A/B-Tests. Allerdings empfiehlt es sich, zuvor die Geschäftsmodelle der Anbieter genauer zu studieren. So ist OneSignal für den Entwickler zwar absolut kostenfrei, doch sammelt dieses Unternehmen Daten und verkauft sie an Werbetreibende und Forschungsunternehmen.

Neben Push-Notifications stellen Anwendungen auch oft ein *Badge* auf dem Homebildschirm dar. Dieses kann zum Beispiel anzeigen, dass es ungelesene Statusmeldungen gibt oder wie viele ungelesene Nachrichten vorliegen. Hierzu gibt es im Service-Worker-Umfeld derzeit noch keine Lösung, mit der *Badging API* (siehe Abschnitt 4.5, »Zukunftsmusik: Badging API«) ist es jedoch auf der Agenda des Google-Chrome-Teams.

3.10 Verlinkbar: auf Anwendungen und Zustände verweisen

Kurzdefinition

Die Eigenschaft *Linkable* gibt an, dass auf die Progressive Web App mithilfe einer URL verwiesen werden kann, im Idealfall bis zu einem bestimmten Zielzustand oder einer Zielsicht.

Die zehnte und letzte Eigenschaft nennt sich Linkable. Diese Eigenschaft gibt es praktisch geschenkt dazu. Sie besagt, dass auf eine Anwendung per URL verwiesen werden kann. Es braucht weder App Store noch Setup-Paket, um einem Freund oder Kollegen eine Anwendung zu zeigen. Stattdessen schickt man diesem einfach »einen Link« zur Anwendung, und schon befindet er sich mittendrin.

Darüber hinaus kann mithilfe der URL sogar auf einen bestimmten Zielzustand innerhalb der Anwendung verwiesen werden (Deep Linking), sofern der Entwickler dies in der Anwendung so umgesetzt hat. Auch hier kommen uns wieder die Single-Page Web Applications zu Hilfe, denn diese enthalten oftmals eine Unterstützung für *clientseitiges Routing* innerhalb der Anwendung. Mithilfe dieses Ansatzes werden Anwendungssichten bestimmte URLs zugewiesen.

Die Navigation innerhalb der SPA führt automatisch zum Wechsel der angezeigten URL in der Adresszeile, umgekehrt wird bei Eingabe einer bestimmten URL die Anwendung direkt auf der zugeordneten Sicht geladen. Diese URLs müssen auch nicht statisch sein, sondern können Parameter enthalten. Unterstützt ein Framework clientseitiges Routing nicht direkt, gibt es oftmals Plug-ins dafür. Zur Umsetzung des Ansatzes stehen zwei Strategien zur Verfügung:

3.10.1 Hash-basiertes Routing

Zum einen gibt es das sogenannte *Hash-basierte Routing*, bei dem die URLs nach diesem Muster aufgebaut werden:

https://my-social-network.invalid/#/profile/christian.liebel

Die anwendungsspezifische Route ist dabei durch das Rautezeichen abgetrennt. Dieses sogenannte Hash-Fragment der URL kann eine clientseitige Anwendung frei manipulieren und hat nur innerhalb des Webbrowsers eine Bedeutung; zum Server wird es nie geschickt. In diesem Beispiel wird auf eine Profilansicht verwiesen, als Parameter wird der Benutzername »christian.liebel« mit übergeben. Diese URL kann nun mit anderen Personen geteilt werden. Öffnen Sie die Adresse in Ihrem Webbrowser, lädt die Anwendung unmittelbar das gewünschte Profil.

Nach diesem Schema arbeitet beispielsweise Gmail, wie Abbildung 3.12 zeigt: Die Route »inbox« verweist auf den Posteingang. So bekommt jeder Ordner eine eigene URL, die etwa als Lesezeichen abgespeichert werden kann. Klickt man darauf, öffnet sich Gmail direkt im gewünschten Ordner.

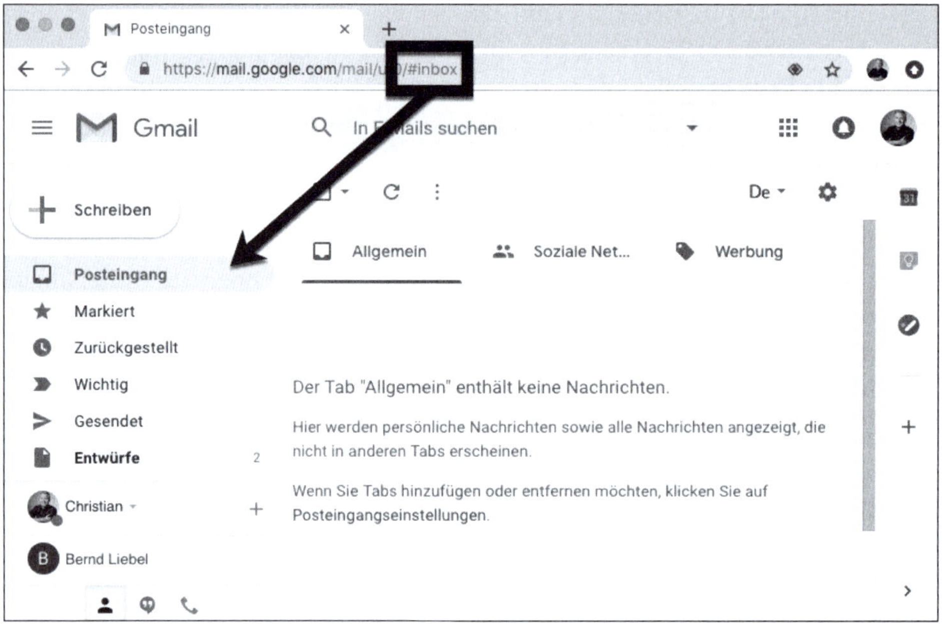

Abbildung 3.12 Google Mail setzt clientseitiges Routing um.

3.10.2 Pfad-basiertes Routing

Dann gibt es das sogenannte *Pfad-basierte Routing*, das auf der *History API* basiert. Über diese Schnittstelle kann eine Webanwendung die in der Adresszeile dargestellte URL und den Verlaufsstapel der Registerkarte (Vorwärts-/Rückwärtsschaltflächen) manipulieren. Die dabei entstehenden URLs lassen keinen wirklichen Rückschluss mehr darauf zu, dass es sich eigentlich um eine clientseitig ausgeführte Webanwendung handelt:

https://my-social-network.invalid/profile/christian.liebel

Diese Form des Routings setzt jedoch voraus, dass der Server unter jeder möglichen Route wieder die Single-Page Web Application laden kann. Denn wenn Sie diese URL abrufen, sucht der Server zunächst nach dem Pfad »profile/christian.liebel« und findet dort vermutlich nichts. Dank Methoden zum Umschreiben von URLs (*URL Rewriting*) lässt sich das zwar umsetzen, doch erfordert es etwas mehr Arbeit auf dem Server. Diese URLs wirken nicht nur deutlich schöner, sondern lassen sich in Kombination mit *Server-Side Rendering* auch gut verwenden. Wenn der Entwickler Einfluss auf die Konfiguration der späteren Serverumgebung nehmen kann, empfehle ich den Einsatz des Pfad-basierten Routings.

3.10.3 Deep Linking und Link Capturing

Was zunächst banal klingt, erweist sich als sehr mächtig und ist ein einzigartiges Funktionsmerkmal des Webs. Versuchen Sie doch mal, einem Kollegen einen Verweis zu schicken, der sein E-Mail-Programm öffnet und zur dritten Eigenschaftenseite des Einstellungsdialogs navigiert. Das dürfte schwer möglich sein, doch im Web handelt es sich um eine von jeher gegebene Eigenschaft. Auf mobilen und Desktopbetriebssystemen hat sich eine Annäherung an dieses Konzept etabliert, die sogenannten URI Schemes, die Sie bereits in Abschnitt 1.1.4, »Das Verhältnis von Web und Apps«, kennengelernt haben. Hier können sich Anwendungen für bestimmte Pseudoprotokolle oder URLs registrieren und können aufgerufen werden, wenn der Anwender diese abrufen möchte. Außerdem sind auch Deep-Links möglich, also Verweise auf gezielte Zustände oder Sichten innerhalb der Anwendung. So ruft zum Beispiel der URI *ms-settings:privacy-microphone* unter Windows die Einstellungen-App auf, die dann die Datenschutzeinstellungsseite für das Mikrofon darstellt. Unter iOS öffnet hingegen die URL *www.google.com/maps/@49.1231618,8.2960259,13z* die native App von Google Maps auf der angegebenen Koordinate, sofern die App auf dem Gerät installiert ist.

Dieses Konzept könnte wiederum zurück in die Welt der Progressive Web Apps schwappen. Denn hier ist seitens Google für die Zukunft angedacht, dass das Anklicken der URL einer auf dem Homebildschirm oder der Programmliste hinterlegten Progressive Web App nicht mehr den Webbrowser auf dieser Seite öffnet, sondern stattdessen die PWA in ihrem nativen Fenster und auf dem gewünschten Zielzustand (*Link Capturing*).

3.11 Zusammenfassung

- Progressive Web Apps sind keine greifbare Technologie, sondern ein Typ Webanwendung, der eine Sammlung bestimmter Eigenschaften umsetzt. Die Eigenschaften Discoverable, Connectivity Independent und Safe sind Muss-Kriterien.
- Dank des Web App Manifests lassen sich Anwendungen auf den Homebildschirm beziehungsweise in die Programmliste des Geräts installieren sowie von normalen Websites unterscheiden.
- Mithilfe des Service Workers läuft die Anwendung auch bei fehlender oder schwacher Internetverbindung.
- Die Anwendung der Paradigmen Mobile First und Offline First stellt sicher, dass Anwendungen auch offline und auf Mobilgeräten durchgängig sinnvoll bedient werden können.

Kapitel 4

Web App Manifest: Aussehen der App definieren

Progressive Web Apps erhalten wie ihre nativen Vorbilder ein eigenes Symbol auf dem Homebildschirm und weisen ein natives Look-and-feel auf – das Web App Manifest macht's möglich.

Progressive Web Apps sind Websites mit Zusatzfunktionalität. Damit sie von den übrigen ganz normalen Websites unterschieden werden können, wurde das *Web App Manifest* eingeführt, ein JSON-basiertes Dateiformat zur Spezifikation von Anwendungsmetadaten. Die zugehörige Spezifikation liegt derzeit als Arbeitsentwurf (*Working Draft*) beim *World Wide Web Consortium* (W3C) vor,[1] Änderungen an diesem Dokument sind also weiterhin möglich. An der Spezifikation arbeiten Mitarbeiter von Google, Mozilla, Microsoft und Intel zusammen.

Das Web App Manifest erfüllt im PWA-Umfeld gleich mehrere Kernaufgaben und berührt dabei drei der in Kapitel 3, »Zehn Eigenschaften, die PWA einzigartig machen«, vorgestellten PWA-Eigenschaften:

1. Es dient als Unterscheidungskriterium zwischen normalen Websites und Webanwendungen. Anbieter von Suchmaschinen, App Stores und Anwendungskatalogen können anhand des Manifests erkennen, ob es sich bei einer Website um eine Progressive Web App handeln könnte oder nicht (Discoverable).
2. Es erlaubt die Installation der App auf dem Homebildschirm oder in der Programmliste des Betriebssystems (Installable). Die Installation erfolgt entweder auf Wunsch des Anwenders oder per Aufforderung durch die Anwendung. Startet der Benutzer die Anwendung über den installierten Programmeintrag, wird ein neuer, unabhängiger Browsing-Kontext geöffnet, auf den die im Web App Manifest definierten Eigenschaften angewandt werden. Noch bevor die eigentliche Webanwendung geladen wird, können Symbole, Titel und erlaubte Bildschirmorientierungen definiert werden. Damit grenzt sich das Web App Manifest von einem simplen Lesezeichen ab.
3. Es dient als Absichtserklärung des Entwicklers zur Umsetzung einer Webanwendung und definiert die Darstellung der App auf dem Zielbetriebssystem. Die Web-

1 *https://w3c.github.io/manifest*

anwendung soll für den Anwender von nativen Anwendungen nicht zu unterscheiden sein (App-like).

Das Web App Manifest wird auf Microsoft Edge ab Version 17, aktuellen Versionen von Google Chrome (unter Android und Windows standardmäßig aktiv, auf anderen Desktopsystemen per Flag aktivierbar), Mozilla Firefox (nur Android) und Apple Safari ab Version 11.3 (nur iOS) unterstützt. Bei Safari werden derzeit noch nicht alle Angaben aus dem Web App Manifest ausgewertet, teilweise muss hier auf proprietäre Methoden aus der Web-Clips-Zeit (siehe Abschnitt 1.1.2, »Der Browser als Anwendungsplattform«) zurückgegriffen werden. Die Spezifikation befindet sich in der Safari-Engine WebKit auch weiterhin »in Entwicklung«, sodass in Zukunft zunehmend mehr Felder aus dem Web App Manifest ausgewertet werden sollten.

Aufgabe: Desktopunterstützung anschalten

Die Desktopunterstützung von Google Chrome muss unter macOS und Linux gegenwärtig über ein Flag in den Browsereinstellungen aktiviert werden. Öffnen Sie Google Chrome und navigieren Sie zur Seite *chrome://flags/#enable-desktop-pwas*. Ändern Sie, wie in Abbildung 4.1 zu sehen, den Zustand der Einstellung DESKTOP PWAs ❶ von DEFAULT auf ENABLED ❷ und klicken Sie auf die Schaltfläche RELAUNCH NOW ❸. Daraufhin startet der Webbrowser neu, und die Unterstützung für Desktop-PWAs ist aktiviert. Microsoft Windows wird seit Google Chrome 70 standardmäßig unterstützt, für macOS und Linux soll die Unterstützung mit Google Chrome 72 standardmäßig aktiviert werden.

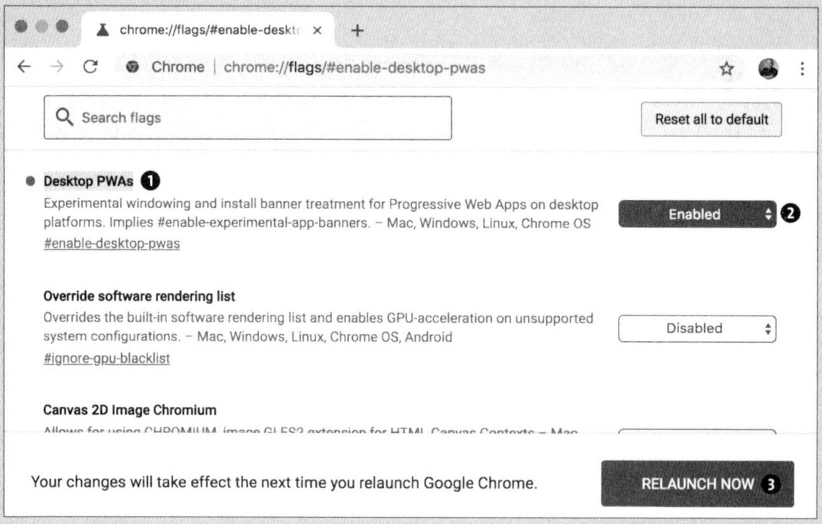

Abbildung 4.1 Unterstützung für Desktop-PWAs unter Google Chrome aktivieren

Auch andere Plattformen haben in der Vergangenheit Möglichkeiten angeboten, Symbole auf dem Homebildschirm oder der Taskbar abzulegen, zum Beispiel die

Pinned Sites des Internet Explorer 9 oder das Anlegen von Live Tiles für Webanwendungen in Windows 8. Im Sinne des Progressive Enhancement (siehe Abschnitt 3.1, »Voranschreiten mit Progressive Enhancement«) sollten Entwickler in Erwägung ziehen, diese früheren Möglichkeiten als Fallback-Lösung zu unterstützen. Generatoren können dabei helfen, die erforderlichen Bilddaten passend zuzuschneiden, und geben die passenden HTML-Tags vor.

Für das Format wurde die Dateiendung *.webmanifest* reserviert, der zugehörige MIME-Typ lautet `application/manifest+json`. Es ist üblich, das Web App Manifest einer Progressive Web App *manifest.webmanifest* zu nennen, manchmal ist auch noch die ältere Bezeichnung *manifest.json* anzutreffen. Möchten Entwickler mithilfe der Content Security Policy (siehe Abschnitt 3.5.1, »Sicherheitsmaßnahmen im Webbrowser«) die erlaubten Bezugsquellen für das Web App Manifest einschränken, können sie dazu die Direktive `manifest-src` verwenden.

Listing 4.1 zeigt ein beispielhaftes Web App Manifest. In diesem Kapitel werden die einzelnen Eigenschaften des Formats vorgestellt. Diese sind Teil der Web-App-Manifest-Spezifikation. Darüber hinaus können auch benutzerdefinierte, proprietäre oder durch fremde Standards definierte Eigenschaften im Web App Manifest verwendet werden: Dem JSON-Objekt in der Manifestdatei werden dazu einfach weitere Eigenschaften hinzugefügt. Findet eine solche Erweiterung größere Verbreitung, soll sie beim Web App Manifest registriert werden. Dies geschieht gegenwärtig im Wiki des GitHub-Repositorys, in dem die Spezifikation des Web App Manifests beheimatet ist (*https://github.com/w3c/manifest/wiki/Extensions-Registry*). Dort werden auch weitere Teilaspekte des Web App Manifests verwaltet, die nicht direkt Teil der Spezifikation werden sollen.

Die ersten beiden Eigenschaften, die im Beispielmanifest zu sehen sind, heißen `dir` und `lang`. Sie beziehen sich auf die Eigenschaften der Manifestdatei, die lokalisiert werden können. Dies sind `name`, `short_name` und `description`. Über die Eigenschaft `dir` wird angegeben, für welche Schreibrichtung die Inhalte gedacht sind (`ltr` oder `rtl`). In der Eigenschaft `lang` kann ein Kürzel für die Sprache angegeben werden, in der die lokalisierten Werte primär verfasst sind. Die Eigenschaften `dir` und `lang` können optional angegeben werden. Fehlen sie, wird versucht, die Schreibrichtung der Werte automatisch zu erkennen, und die Sprache gilt als nicht definiert.

```
{
  "dir": "ltr",
  "lang": "de-DE"
  "name": "Progressive Web App Demo",
  "short_name": "PWA Demo",
  "description": "Eine herausragende Beispielanwendung, die die Möglichkeiten
von Progressive Web Apps eindrucksvoll unter Beweis stellt.",
  "scope": ".",
```

```
  "start_url": ".",
  "display": "standalone",
  "background_color": "hotpink",
  "theme_color": "#ff69b4",
  "serviceworker": {
    "src": "sw.js",
    "scope": ".",
    "update_via_cache": "none"
  },
  "icons": [{
    "src": "images/icon1024.png",
    "sizes": "1024x1024",
    "type": "image/png"
  }, {
    "src": "images/icon.ico",
    "sizes": "32x32 64x64 256x256"
  }, {
    "src": "images/icon16.png",
    "sizes": "16x16",
    "type": "image/png",
    "platform": "android",
    "purpose": "badge"
  }],
  "related_applications": [{
    "platform": "itunes",
    "url": "https://itunes.apple.com/app/my-awesome-app/id123456789"
  }, {
    "platform": "play",
    "url": "https://play.google.com/store/apps/details?id=io.liebel.pwa",
    "id": "io.liebel.pwa",
    "minVersion": "4",
    "fingerprints": [{ "type": "sha256_cert", "value": "A3:93:…:F5:9D" }]
  }],
  "categories": ["fitness", "lifestyle"],
  "screenshots": [{
    "src": "screenshots/1.jpg",
    "sizes": "1024x768",
    "type": "image/jpeg"
  }],
  "iarc_rating_id": "987058a1-74c7-499a-8a43-79342d8164c1"
}
```

Listing 4.1 Beispielhaftes Web App Manifest

4.1 App-Aussehen auf dem Homebildschirm anpassen

Unter anderem definiert das Web App Manifest die Darstellung der Progressive Web App auf dem Homebildschirm, des Launchers oder der Programmliste des Betriebssystems. Aber auch in anderen Zusammenhängen können Informationen aus dem Web App Manifest wie Symbole, Titel oder Farben, herangezogen werden, etwa im App-Switcher beziehungsweise im Task-Switcher, der Taskleiste, der Fenstertitelzeile oder der Statusleiste.

4.1.1 Name

Der Name der Anwendung wird in der Eigenschaft `name` definiert. Dieser wird etwa in der Programmliste, dem App-Switcher oder auf dem Homebildschirm angezeigt. Ist der Name besonders lang, kann der Entwickler darüber hinaus einen Kurznamen (`short_name`) definieren, der dann herangezogen wird, wenn der verfügbare Platz für die Langfassung nicht ausreicht, zum Beispiel als Bezeichnung des Homebildschirm-Icons. Google und Microsoft empfehlen in ihren Validierungstools für das Web App Manifest, dass die Kurzbezeichnung maximal zwölf Zeichen lang sein sollte. Die Darstellung des vollständigen App-Namens im Startmenü von Microsoft Windows zeigt Abbildung 4.2 oben links.

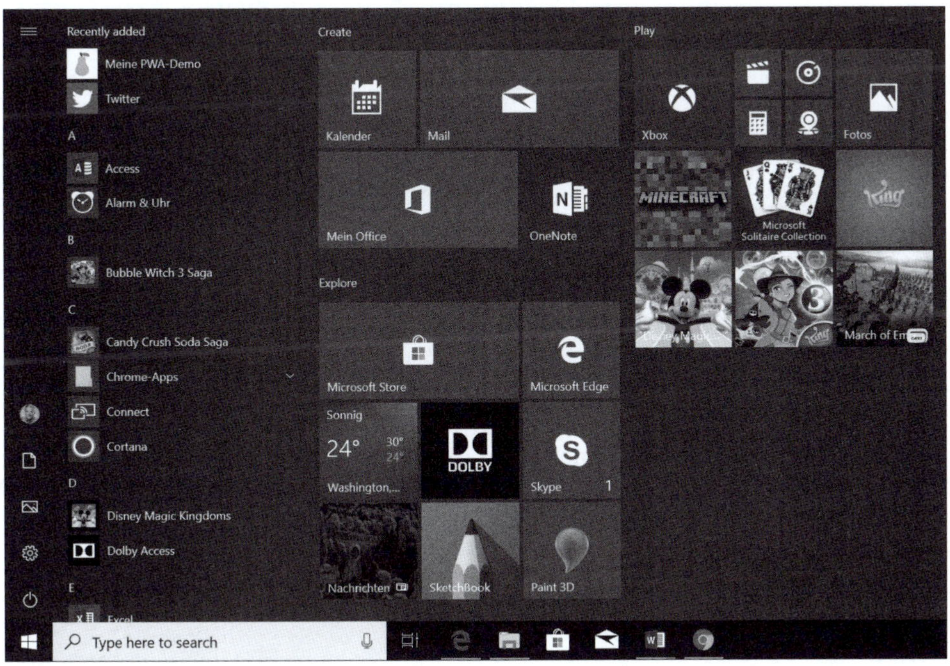

Abbildung 4.2 Darstellung einer über Google Chrome installierten PWA im Startmenü von Microsoft Windows 10 (oben links)

Aufgabe: Manifestdatei anlegen

Legen Sie ein neues Unterverzeichnis an, zum Beispiel *kapitel04*. Legen Sie darin die neue Datei *manifest.webmanifest* an. Befüllen Sie diese Manifestdatei folgendermaßen:

```
{
    "name": "Meine PWA-Demo",
    "short_name": "PWA"
}
```

4.1.2 Icons

Das Web App Manifest erlaubt darüber hinaus die Definition von Icons. Bei Drucklegung funktioniert diese Methode in Google Chrome auf Android und Desktopgeräten sowie in Mozilla Firefox auf Android. Der Webbrowser Safari übernimmt derzeit zwar die Bezeichnung und den Kurznamen aus dem Web App Manifest, nicht jedoch das Icon. Für Safari auf iOS können dennoch benutzerdefinierte Symbole dargestellt werden, und bei Internet Explorer und Microsoft Edge ist dies ebenfalls möglich. Dazu muss der Entwickler jedoch auf proprietäre Methoden von Apple und Microsoft zurückgreifen. Es ist aber davon auszugehen, dass diese beiden Browser die im Web App Manifest standardisierte Methode in Zukunft implementieren.

Ein hilfreiches Tool, das diese Angaben für sämtliche relevanten Plattformen und Webbrowser aus einer Vorlage generieren und erforderliche Bilddateien in den passenden Abmessungen zuschneiden kann, ist der kostenfreie *RealFaviconGenerator*. Dieses Werkzeug kann auch die auf einer Website bereits gemachten Angaben überprüfen und die Umsetzung bewerten: *https://realfavicongenerator.net*.

Google Chrome und Mozilla Firefox

Die Eigenschaft `icons` nimmt ein Array entgegen, das auf eine oder mehrere Bildressourcen verweist. Diese können in verschiedenen Abmessungen und Bildformaten hinterlegt werden. Die Bildressourcen können unter anderem als Icon auf dem Homebildschirm, in der Programmliste, der Fenstertitelzeile, im App-Switcher oder in der Taskleiste des Betriebssystems angezeigt werden.

```
"icons": [{
  "src": "images/icon1024.png",
  "sizes": "1024x1024",
  "type": "image/png"
}, {
  "src": "images/icon16.png",
  "sizes": "16x16",
```

```
    "type": "image/png",
    "platform": "android",
    "purpose": "badge"
  }]
```

Listing 4.2 Definition verschiedener Icons im Web App Manifest

Die Darstellung des über Google Chrome installierten Homebildschirm-Icons zeigt unter Microsoft Windows Abbildung 4.2 und unter Android Abbildung 4.4 auf der linken Seite. Eine Bildressource besteht aus den folgenden Angaben:

- `src` (erforderlich): Die URL, von der die Bildressource geladen werden kann. Möchte der Entwickler die Bezugsquellen für Bildressourcen über die Content Security Policy einschränken, verwendet er die Direktive `img-src`.
- `sizes`: Gibt die Abmessung der Bildressource an. Manche Bildformate wie das Windows-Icon-Format ICO können mehrere Symbole enthalten. In diesem Fall werden die Abmessungen der einzelnen Symbole durch Leerzeichen getrennt angegeben.
- `type`: Gibt den MIME-Typ der Bildressource an.
- `purpose`: Enthält einen Hinweis an das Betriebssystem dazu, wie die Bildressource zu verwenden ist. Derzeit spezifiziert das Web App Manifest drei Zwecke: `maskable` wird für Symbole verwendet, die der Webbrowser zum Beispiel für die Darstellung auf dem Homebildschirm passend zuschneiden kann. Unter Windows sind App-Symbole quadratisch, unter iOS haben sie abgerundete Ecken, unter Android gibt es verschiedene Erscheinungsformen, darunter auch kreisrunde Icons. Symbole mit dem Purpose `maskable` besitzen eine *Safe Zone*, einen mittig platzierten Kreis, dessen Radius 40 Prozent der Symbolabmessungen beträgt. Es wird garantiert, dass innerhalb der Safe Zone platzierte Elemente nicht abgeschnitten werden. Abbildung 4.3 zeigt das Konzept. Symbole für diesen Zweck sollten keine transparenten Bereiche aufweisen. `badge` wird für den Fall verwendet, dass bei einem Symbol andere Richtlinien hinsichtlich Farben, Abmessungen oder der Gestaltung gelten als für das Haupt-Icon der Anwendung (zum Beispiel wenn das Icon als Badge in einem Benachrichtigungsbanner oder der Statuszeile angezeigt werden soll). Außerdem gibt es noch `any`, bei dem die Ressource in jedem beliebigen Kontext verwendet werden darf. Der Entwickler kann mehrere Zwecke durch Leerzeichen getrennt angeben.
- `platform`: Definiert die Zielplattform, auf der die Ressource zum Einsatz kommen soll: So existieren je Plattform verschiedene Gestaltungsrichtlinien für Anwendungsicons. Welche Plattformen es gibt, wird nicht direkt im Web App Manifest spezifiziert, sondern im zugehörigen Wiki. Bei Drucklegung waren dort aber noch keine Bezeichner für Mobil- oder Desktopbetriebssysteme hinterlegt.

Abbildung 4.3 Maskierbare Symbole

Aufgabe: Icon definieren

Ergänzen Sie die Datei *manifest.webmanifest* um den nachstehenden Eintrag für die Eigenschaft `icons`:

```
{
    "name": "Meine PWA-Demo",
    "short_name": "PWA"
    "icons": [{
        "src": "icon512.png",
        "type": "image/png",
        "sizes": "512x512"
    }]
}
```

Schneiden Sie ein beliebiges Bild auf die Abmessungen 512 × 512 Pixel zu und legen Sie dieses im PNG-Format unter dem Dateinamen *icon512.png* im selben Verzeichnis ab. Alternativ finden Sie eine passende Bilddatei auch in den Beispielquelldateien im Ordner *kapitel04*.

Apple Safari

Apple Safari übernimmt zwar den Namen aus dem Web App Manifest, derzeit aber noch nicht die in der Eigenschaft `icons` definierten Symbole zur Anzeige auf dem Homebildschirm. Ohne weitere Angaben verwendet Safari unter iOS einen Screenshot der Webanwendung als Icon. Safari erlaubt allerdings das Setzen eines abweichenden Homebildschirm-Symbols über einen proprietären Weg. Dazu werden Bilddateien im PNG-Format und in den folgenden Abmessungen benötigt:

- 120 × 120 Pixel für iPhone
- 152 × 152 Pixel für iPad und iPad Mini
- 180 × 180 Pixel für iPhone Plus

Der Webbrowser sucht beim Hinzufügen der Progressive Web App zum Homebildschirm automatisch unterhalb der aufgerufenen Origin nach passenden Bilddateien in einer bestimmten Reihenfolge. Für das Bild mit den Abmessungen 120 × 120 Pixel sucht Safari nach den folgenden Dateien:

- *apple-touch-icon-120x120-precomposed.png*
- *apple-touch-icon-120x120.png*
- *apple-touch-icon.png*

Wird die Datei gefunden und enthält sie gültige Bilddaten, wird damit unter iOS das Homebildschirm-Icon gesetzt. Transparente Bereiche werden unter iOS mit einer schwarzen Hintergrundfarbe hinterlegt. Wenn der Entwickler verschiedene Bilddateien je Gerätetyp hinterlegen möchte, kann er das also mithilfe unterschiedlicher Dateinamen erledigen. Ebenso ist es möglich, nur die Datei *apple-touch-icon.png* mit den Abmessungen 180 × 180 Pixel abzulegen, die auf Geräten mit kleinerem beziehungsweise niedriger auflösendem Bildschirm herunterskaliert werden. Da Homebildschirm-Symbole auf früheren Versionen von iOS noch einen Glanzeffekt hatten, bot Apple den Entwicklern zwei Möglichkeiten: Bei Verwendung des »normalen« Icons wurde der Bilddatei dieser Glanzeffekt hinzugefügt. War der Effekt im Bild schon hinterlegt worden oder wünschte der Entwickler keine Manipulation der Bilddatei, konnte er die Variante »precomposed« wählen. Da es seit iOS 7 keine Glanzeffekte mehr gibt, besteht kein Unterschied mehr zwischen den beiden Ansätzen. Unter Apple Safari auf macOS kann das gewählte Symbol auch auf dem Favoritenbildschirm beim Öffnen einer neuen Registerkarte erscheinen.

Alternativ können die gewünschten Symbole auch im Kopf des HTML-Dokuments gesetzt werden. Dies geschieht über `link`-Elemente mit der Beziehung (*Relationship*) `apple-touch-icon`. Auf die zu ladende Bilddatei wird per `href`-Attribut verwiesen. So können ebenfalls weitere Bildgrößen übergeben werden, wie Listing 4.3 zeigt.

```
<link rel="apple-touch-icon" sizes="120x120" href="apple-touch-icon-
120x120.png">
<link rel="apple-touch-icon" sizes="152x152" href="apple-touch-icon-
152x152.png">
<link rel="apple-touch-icon" href="apple-touch-icon.png">
```

Listing 4.3 Definition von Homebildschirm-Icons für iOS

Die Darstellung des über diesen Ansatz konfigurierten Homebildschirm-Icons unter iOS zeigt Abbildung 4.4 auf der rechten Seite.

Abbildung 4.4 PWA-Icons auf dem Homebildschirm unter Android (links) und iOS (rechts)

Microsoft Internet Explorer

Auch beim Microsoft Internet Explorer gab es proprietäre Methoden, um für eine Website ein Symbol auf der Taskleiste zu hinterlegen (unter Windows 7) beziehungsweise Kacheln dem Startbildschirm hinzuzufügen (unter Windows 8). Diese Methoden funktionieren auch noch in Microsoft Edge und Windows 10. Dort klickt der Anwender im Browsermenü auf Pin this page to the taskbar oder Pin this page to Start, während die gewünschte Zielwebsite geöffnet ist. Auf diesen Weg hinterlegte Webanwendungen öffnen sich aber immer im Browser und nicht in einem eigenen Fenster, wie es bei den Progressive Web Apps gewünscht ist. Microsoft setzt zur Umsetzung proprietäre `meta`-Elemente ein, die in Listing 4.4 dargestellt werden: Hier werden der Titel der Webanwendung sowie die Kachelgrafiken zur Darstellung auf dem Startbildschirm (Windows 8) beziehungsweise im Startmenü (Windows 10) konfiguriert. Im Gegensatz zu iOS haben die Kachelgrafiken bei Windows eine feste Größe und sind nicht geräteabhängig. Um hochauflösende Bildschirme zu unterstützen, empfiehlt Microsoft, Bilder in größeren Abmessungen zu hinterlegen. Die von Microsoft empfohlenen Abmessungen zeigt Tabelle 4.1.

```
<meta name="application-name" content="Meine PWA"/>
<meta name="msapplication-square70x70logo" content="small.jpg"/>
<meta name="msapplication-square150x150logo" content="medium.jpg"/>
<meta name="msapplication-wide310x150logo" content="wide.jpg"/>
<meta name="msapplication-square310x310logo" content="large.jpg"/>
```

Listing 4.4 Metatags zur Anpassung der Websitekachel auf dem Startbildschirm

	Standardabmessungen	Empfohlene Abmessungen
Small	70 × 70	128 × 128
Medium	150 × 150	270 × 270
Wide	310 × 150	558 × 270
Large	310 × 310	558 × 558

Tabelle 4.1 Empfohlene Abmessungen für die Kachelgrafiken unter Windows 8

Zur Generierung der passenden Metatags und zum Zuschneiden der Kachelgrafiken auf Basis einer Vorlage bietet Microsoft Edge das Werkzeug *Build a site tile* an: *www.buildmypinnedsite.com*.

Da dieser Ansatz dazu führen kann, dass sehr viele Metaelemente im HTML-Dokument definiert werden müssen, erlauben die Microsoft-Browser auch das Auslagern der Konfiguration in eine separate XML-basierte Datei. Ein Beispiel zeigt Listing 4.5. Microsoft Internet Explorer 11 und Edge suchen automatisch nach der Datei *browserconfig.xml* unterhalb der Origin.

```
<?xml version="1.0" encoding="utf-8"?>
<browserconfig>
  <msapplication>
    <tile>
      <square70x70logo src="small.png"/>
      <square150x150logo src="medium.png"/>
      <wide310x150logo src="wide.png"/>
      <square310x310logo src="large.png"/>
    </tile>
  </msapplication>
</browserconfig>
```

Listing 4.5 Definition von Kachelgrafiken per browserconfig.xml

Windows erlaubt darüber hinaus, Einträge in der Sprungliste des Taskbar-Icons zu hinterlegen und dynamische Inhalte auf der Kachel darzustellen. Weitere Informationen hierzu finden Entwickler im Microsoft Developer Network unter *https://docs.microsoft.com/en-us/previous-versions/windows/internet-explorer/ie-developer/samples/dn455115(v=vs.85)*.

4.1.3 Farben

Das Web App Manifest erlaubt außerdem die Definition zweier Farbangaben. Beide nehmen CSS-Farbwerte entgegen, beispielsweise hexadezimale RGB-Farbwerte wie `#32CD32` oder Farbschlüsselwörter wie `hotpink`.

Die erste Eigenschaft nennt sich `theme_color`. Der Webbrowser kann diese Angabe verwenden, um Teile seiner Benutzeroberfläche entsprechend diesem Farbwert einzufärben. Die gewählte Farbe sollte zum Farbschema der Website passen. Häufig wird die Markenfarbe gewählt.

Die zweite Eigenschaft heißt `background_color`, sie definiert die erwartete Hintergrundfarbe der Webanwendung. Diese Angabe kann der Webbrowser nutzen, um den Sichtbereich der Webanwendung während des Ladevorgangs einzufärben. Sobald das Stylesheet der App geladen ist, werden jedoch dessen Definitionen herangezogen. Die Eigenschaft kann genutzt werden, um den optischen Bruch zwischen Ladeanzeige und Anwendung zu minimieren.

Android

Unter Android nutzen Google Chrome und Mozilla Firefox die Angabe `theme_color`, um die Statuszeile der Progressive Web App entsprechend der angegebenen Farbe einzufärben. Google Chrome verwendet zusätzlich die Eigenschaft `background_color` zur Darstellung eines Splashscreens.

Aufgabe: Hintergrundfarbe angeben

Ergänzen Sie nun die Manifestdatei um die Angabe der Hintergrundfarbe:

```
"background_color": "white"
```

Microsoft Windows und macOS

Unter Microsoft Windows und macOS färbt Google Chrome die Titelzeile des App-Fensters der Progressive Web App entsprechend der Angabe `theme_color` ein.

Google Chrome

Wird die Website in Google Chrome unter Android angezeigt, kann die Navigationsleiste des Webbrowsers in der gewünschten Farbe eingefärbt werden. Google Chrome greift dazu aber nicht auf das Web App Manifest zurück (das per definitionem nur für installierte Anwendungen gilt), sondern auf ein weiteres benutzerdefiniertes Metatag, wie in Listing 4.6 zu sehen.

```
<meta name="theme-color" content="#ff69b4">
```

Listing 4.6 Anpassen der im Browser angezeigten Theme-Farbe

iOS

Apple Safari wertet die `theme_color` unter iOS gegenwärtig noch nicht aus. Dennoch können Entwickler in bestimmten Grenzen Einfluss auf die Darstellung der Statuszeile nehmen. Dies geschieht mithilfe des Metatags `apple-mobile-web-app-status-bar-style`, das Listing 4.7 zeigt. Für dieses können drei Werte gesetzt werden:

1. `default` schaltet die Statuszeile auf eine weiße Hintergrundfarbe und zeigt die Uhrzeit, den Netzbetreiber und die Symbole in schwarzer Farbe an.
2. `black` schaltet die Statuszeile auf Schwarz und zeigt die Uhrzeit, den Netzbetreiber und die Symbole in weißer Farbe an (Standardverhalten, wenn Tag nicht angegeben).
3. `black-translucent` schaltet die Statuszeile auf transparent und zeigt die Uhrzeit, den Netzbetreiber und die Symbole in weißer Farbe an. Die Statuszeile legt sich dabei über den Inhalt der Website, sodass der Entwickler einen passenden Abstand wählen muss.

```
<meta name="apple-mobile-web-app-status-bar-style" content="black">
```

Listing 4.7 Darstellung der Statuszeile unter iOS beeinflussen

4.1.4 Splashscreen

Startet der Nutzer die Webanwendung über den installierten Programmeintrag, baut sich die Anwendung zwar in ihrem nativen Fensterrahmen auf, zeigt dabei aber für Webseiten gewöhnliche Ladeeffekte, etwa die Darstellung einer weißen Fläche, bis die Anwendung geladen ist. Manche Webbrowser erlauben das Überbrücken dieser Ladezeit durch die Anzeige eines Splashscreens, der die Anwendung ein weiteres Stück nativer erscheinen lässt. Die Anzeige dieser Bildschirme stellt jedoch kein Feature des Web App Manifests dar, sondern wird durch bestimmte Webbrowser auf Basis der in der Manifestdatei hinterlegten Eigenschaften umgesetzt. Nicht jeder Browser, der das Web App Manifest unterstützt, zeigt automatisch auch Splashscreens an.

Chrome auf Android

Zur Unterstützung von Splashscreens unter Chrome auf Android empfiehlt Google in seinem PWA-Validierungstool Lighthouse die folgende Konfiguration des Web App Manifests:

- Der `name` der Progressive Web App muss gesetzt sein.
- Die Eigenschaft `background_color` muss auf einen gültigen CSS-Farbwert gesetzt sein.
- Das `icons`-Array enthält mindestens ein Symbol mit den Mindestabmessungen 512 × 512 Pixel. Dieses Symbol muss existieren und im PNG-Format vorliegen.

Aus diesen Angaben setzt Chrome unter Android einen Splashscreen zusammen, der in Abbildung 4.5 auf der linken Seite zu sehen ist.

Safari auf iOS

Auch unter iOS wird die Anzeige von Splashscreens für auf dem Homebildschirm installierte Anwendungen unterstützt, allerdings nicht (nur) über das Web App Manifest, sondern über proprietäre Mittel. Hierfür muss im Kopf des HTML-Dokuments das Metatag mit dem Namen `apple-mobile-web-app-capable` auf den Inhalt `yes` gesetzt werden. Dann müssen `link`-Tags mit der Relationship `apple-touch-startup-image` für die zu unterstützenden iOS-Geräte in passenden Abmessungen hinzugefügt werden:[2]

- iPhone X, XS: 1.125 × 2.436 Pixel
- iPhone XR: 828 × 1.792 Pixel
- iPhone 8, 7, 6s, 6: 750 × 1.334 Pixel
- iPhone 8 Plus, 7 Plus, 6s Plus, 6 Plus: 1.242 × 2.208 Pixel
- iPhone XS Max: 1.242 × 2.688 Pixel

Einen Ausschnitt der erforderlichen Änderungen im Head des HTML-Dokuments zeigt Listing 4.8. Die dortigen Angaben sind der Website *https://appsco.pe/developer/splash-screens* entnommen. Dort wird auch ein Generator angeboten, der aus einer hochgeladenen Bilddatei die erforderlichen Größen für den iOS-Splashscreen zuschneidet. Als Anzeigemodus (mehr dazu gleich in Abschnitt 4.2.3, »Anzeigemodi«) muss im Web App Manifest noch der Wert `standalone` gesetzt werden. Die Darstellung des Splashscreens unter iOS zeigt Abbildung 4.5 auf der rechten Seite.

---

2 *https://developer.apple.com/design/human-interface-guidelines/ios/icons-and-images/launch-screen/*

```
<meta name="apple-mobile-web-app-capable" content="yes">

<!-- iPhone X (1125px x 2436px) -->
<link rel="apple-touch-startup-image" media="(device-
width: 375px) and (device-height: 812px) and (-webkit-device-pixel-
ratio: 3)" href="/apple-launch-1125x2436.png">

<!-- iPhone 8, 7, 6s, 6 (750px x 1334px) -->
<link rel="apple-touch-startup-image" media="(device-
width: 375px) and (device-height: 667px) and (-webkit-device-pixel-
ratio: 2)" href="/apple-launch-750x1334.png">

<!-- iPhone 8 Plus, 7 Plus, 6s Plus, 6 Plus (1242px x 2208px) -->
<link rel="apple-touch-startup-image" media="(device-
width: 414px) and (device-height: 736px) and (-webkit-device-pixel-
ratio: 3)" href="/apple-launch-1242x2208.png">
```

Listing 4.8 Splashscreen-Definition für iOS im Kopf des HTML-Dokuments

Abbildung 4.5 Zusammengesetzter Splashscreen auf Chrome unter Android (links) und Anzeige der Splashscreen-Bilddatei unter iOS (rechts)

4.1.5 Weitere Metadaten

Darüber hinaus erlaubt das Web App Manifest die Definition weiterer Metadaten, die zwar nicht zur Laufzeit der Progressive Web App angezeigt werden, sich aber für die Darstellung der Anwendung in Suchmaschinen, App Stores oder anderer Kataloge eignen. Dazu zählen:

- Ein Erklärungstext, der den Zweck der Anwendung näher ausführt. Diesen kann der Entwickler in der Eigenschaft `description` hinterlegen.
- Screenshots der Anwendung, auf die in der Eigenschaft `screenshots` verwiesen werden kann. Dort wird eine Auflistung von Bildressourcen spezifiziert. Der Aufbau der Bildressourcen entspricht dem der Symbole aus Abschnitt 4.1.2.
- Die Eigenschaft `categories` nimmt eine Auflistung von Kategorien entgegen, in die die Webanwendung eingeordnet werden kann. Diese Angabe können Suchmaschinen oder Anbieter von Katalogen und Stores nutzen, um eine Kategoriesuche über Webanwendungen anzubieten. Welche Kategorien unterstützt werden, gibt die Spezifikation nicht vor, verweist aber auf das Wiki zur Spezifikation. Dort sind folgende 28 Kategorien hinterlegt: `books`, `business`, `education`, `entertainment`, `finance`, `fitness`, `food`, `games`, `government`, `health`, `kids`, `lifestyle`, `magazines`, `medical`, `music`, `navigation`, `news`, `personalization`, `photo`, `politics`, `productivity`, `security`, `shopping`, `social`, `sports`, `travel`, `utilities`, `weather`. Die Groß- und Kleinschreibung wird bei den Kategorien zwar nicht berücksichtigt, Entwickler werden jedoch gebeten, durchgängig die Kleinschreibung zu nutzen.

4.2 App-Verhalten anpassen

Im vorherigen Abschnitt ging es vorrangig um die Darstellung der Progressive Web App auf dem Homebildschirm beziehungsweise in der Programmliste. Im nächsten Abschnitt geht es um das Verhalten der Anwendung, wenn sie über den installierten Programmeintrag gestartet wird.

4.2.1 Start-URL

Der Eintrag `start_url` gibt die URL an, die der Webbrowser laden soll, sobald der Anwender auf den installierten Programmeintrag klickt. Die angegebene URL wird relativ zur Manifestdatei aufgelöst. Es ist dabei möglich, weitere Informationen mitzugeben, beispielsweise wenn die Webanwendung den Hinweis erhalten soll, dass sie über das Homebildschirm-Icon gestartet wurde: *index.html?homescreen=true*.

Da auf diesem Weg jedoch ein Tracking des Anwenders realisiert werden kann (indem zum Beispiel eine serverseitig vergebene ID an die Start-URL angehängt wird), sollen Webbrowser dem Anwender die Möglichkeit eröffnen, die URL vorher einzusehen und falls gewünscht zu ändern. Davon macht derzeit jedoch kein Browser Gebrauch. Schließlich kann ein Webbrowser die Angabe auch komplett ignorieren. Unter Google Chrome ist die Angabe von `start_url` jedoch sogar verpflichtend, wenn die Webanwendung dem Homebildschirm hinzugefügt werden soll.

Aufgabe: Start-URL festlegen

Fügen Sie in der Manifestdatei die folgende Definition für die Eigenschaft `start_url` ein:

```
"start_url": "/"
```

4.2.2 Scope

In der Eigenschaft `scope` wird der *Navigationsscope* der Webanwendung definiert. Dabei handelt es sich um eine URL, die die erlaubten URLs angibt, die bei Ausführung der installierten Anwendung (etwa vollflächig oder in der nativen Fensterdekoration) innerhalb des Browsing-Kontexts aufgerufen werden dürfen.

Wird als Scope *https://example.com/foo/* angegeben, dürfen alle URLs unterhalb dieser URL betreten werden. Erlaubt wäre also der Aufruf der URL *https://example.com/foo/bar/index.html*, unzulässig hingegen das Aufrufen von *https://example.com* oder *https://google.de*.

Dieses Vorgehen stellt sicher, dass innerhalb der Webanwendung nicht zu einer Ressource außerhalb des App-Kontexts navigiert werden kann. Wird die installierte Webanwendung im nativen Fensterrahmen angezeigt, sind dort weder eine Adresszeile noch Browsersteuerelemente wie Vorwärts- oder Zurück-Schaltflächen zu sehen. Klickt der Anwender innerhalb der Anwendung auf einen Hyperlink, der auf ein fremdes Angebot verweist, und würde dieser innerhalb des Fensters geöffnet, könnte der Anwender anschließend nicht mehr zurück auf die Webanwendung navigieren. Dies würde allerdings auch ein Sicherheitsproblem darstellen, wenn ein Angreifer den Benutzer auf irgendeinem Weg, sei es per manipulierten Link oder eingeschleustes JavaScript, auf eine fremde Ressource lockt, die das Look-and-feel der Anwendung imitiert. Webbrowser sind daher angehalten, die Navigation abzubrechen, wenn innerhalb des Anwendungskontexts zu einer URL außerhalb des Scopes navigiert werden soll. Google Chrome öffnet beim Klick auf Links außerhalb des Scopes automatisch ein neues Browserfenster und lädt die Ressource stattdessen darin.

Wird der `scope`-Eintrag nicht angegeben oder ist die Eingabe fehlerhaft, wird für den Scope stattdessen die Pfadangabe (ohne Dateinamen, Query-Parameter oder Hash-Fragmente) aus der Start-URL herangezogen. Entwickler müssen bei Angabe der Start-URL daher unbedingt auf den schließenden Slash nach einer Pfadangabe achten: Betrachten Sie dazu die URL *https://sharedwebhosting.com/~peter*, die aufgrund des fehlenden Slashs keinen Pfad, sondern eine Datei oder Route auf dem Webserver auszeichnet. Der Aufruf dieser URL könnte zwar zum gewünschten Pfad führen, da viele Webserver diesen Fall erkennen und eine Weiterleitung auf den Pfad durchführen. Die Logik zur Erzeugung des Scopes würde daraus jedoch die URL *https://shared-webhosting.com* bauen und damit gegebenenfalls auch andere URLs unterhalb dieser Domain in den Navigationsscope einschließen. Um sicherzugehen, rät die Spezifikation dazu, den Scope explizit anzugeben. Dieses Verhalten könnte sich in Zukunft aber ändern, da es etwa das Navigieren zu Identitätsprovidern wie Facebook oder Google zu Authentifizierungszwecken unmöglich macht.

4.2.3 Anzeigemodi

Das Web App Manifest definiert vier verschiedene Anzeigemodi, die der Eigenschaft `display` übergeben werden können.

Full Screen

Der Anzeigemodus *Full Screen* (`fullscreen`) verbirgt sämtliche Browsersteuerelemente und stellt die Webanwendung im Vollbildmodus dar. Auch andere Fenster oder die Steuerelemente des Betriebssystems (wie Dock, Status- oder Menüzeilen) werden ausgeblendet. Dies zeigt Abbildung 4.6 am Beispiel einer über Google Chrome installierten Progressive Web App auf Android.

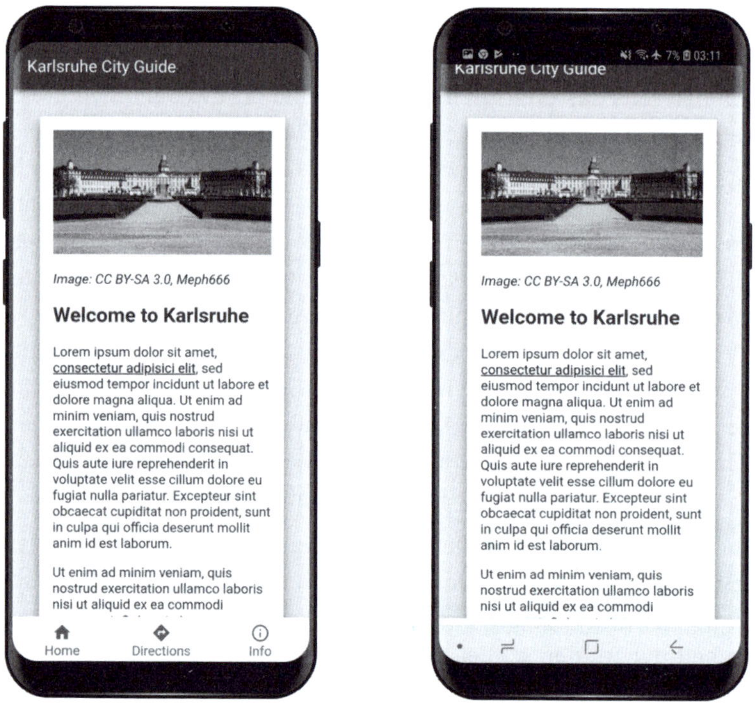

Abbildung 4.6 Vollbildschirmmodus unter Google Chrome auf Android

Hier lassen sich per Wischen vom oberen oder unteren Bildschirmrand die Statuszeile oder die Softkeys beziehungsweise die On-Screen-Navigationsleiste des Betriebssystems wieder anzeigen. Somit eignet sich dieser Anzeigemodus etwa für Spiele. Unabhängig davon existiert die *Fullscreen API*, eine Webschnittstelle, um bestimmte Elemente innerhalb einer Website (zum Beispiel einen Videoplayer) vollflächig darzustellen. Der Full-Screen-Anzeigemodus bezieht sich jedoch auf die Darstellung der Webanwendung als Ganzes. Wenn der Webbrowser diesen Anzeigemodus nicht unterstützt, etwa Google Chrome unter macOS, wählt er den Anzeigemodus *Stand-alone*.

Stand-alone

Im Anzeigemodus Stand-alone (`standalone`) soll eine Webanwendung so dargestellt werden, dass sie wie eine nativ ausgeführte Anwendung erscheint. Auf Desktopbetriebssystemen bedeutet das etwa, dass die Webanwendung in einem eigenen Fenster mit nativer Fensterdekoration sowie passendem Symbol in der Taskleiste oder im Dock ausgeführt wird. Dies zeigt Abbildung 4.7 am Beispiel von macOS.

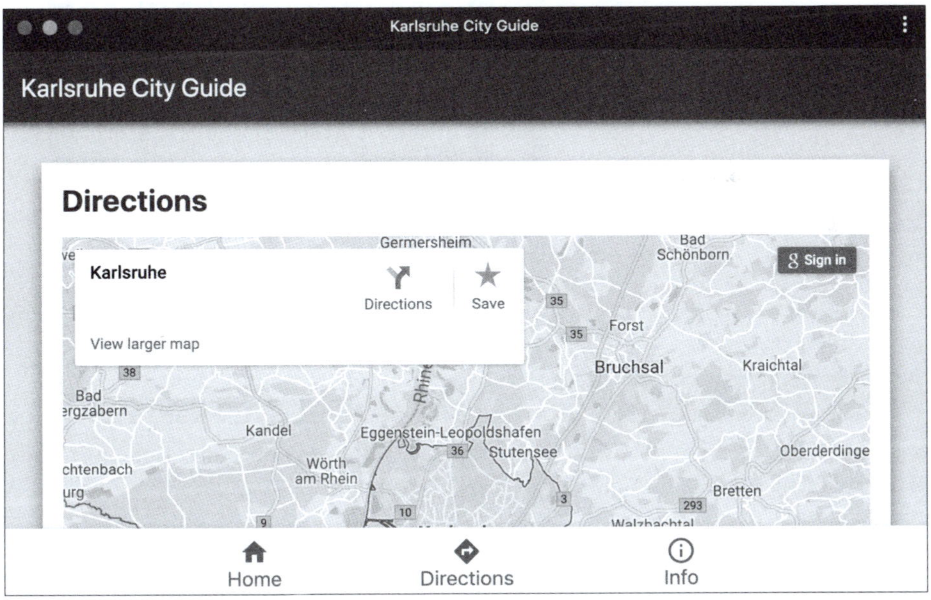

Abbildung 4.7 Progressive Web App im Stand-alone-Anzeigemodus unter Google Chrome auf macOS

Auf mobilen Betriebssystemen läuft die Anwendung hingegen vollflächig, also ohne Browsersteuerelemente wie Adresszeile und Registerkarten. Übrige UI-Elemente wie die Statuszeile oder die Softkeys des Betriebssystems können aber angezeigt werden. Dieser Anzeigemodus dürfte sich für die meisten Businessanwendungen eignen. Abbildung 4.8 demonstriert den Stand-alone-Modus am Beispiel von Android und iOS. Auf Android wird die Statuszeile entsprechend der Eigenschaft `theme_color` eingefärbt. Unterschiede zu nativen Anwendungen sind hier seitens der App-Darstellung für den Anwender nicht mehr zu erkennen.

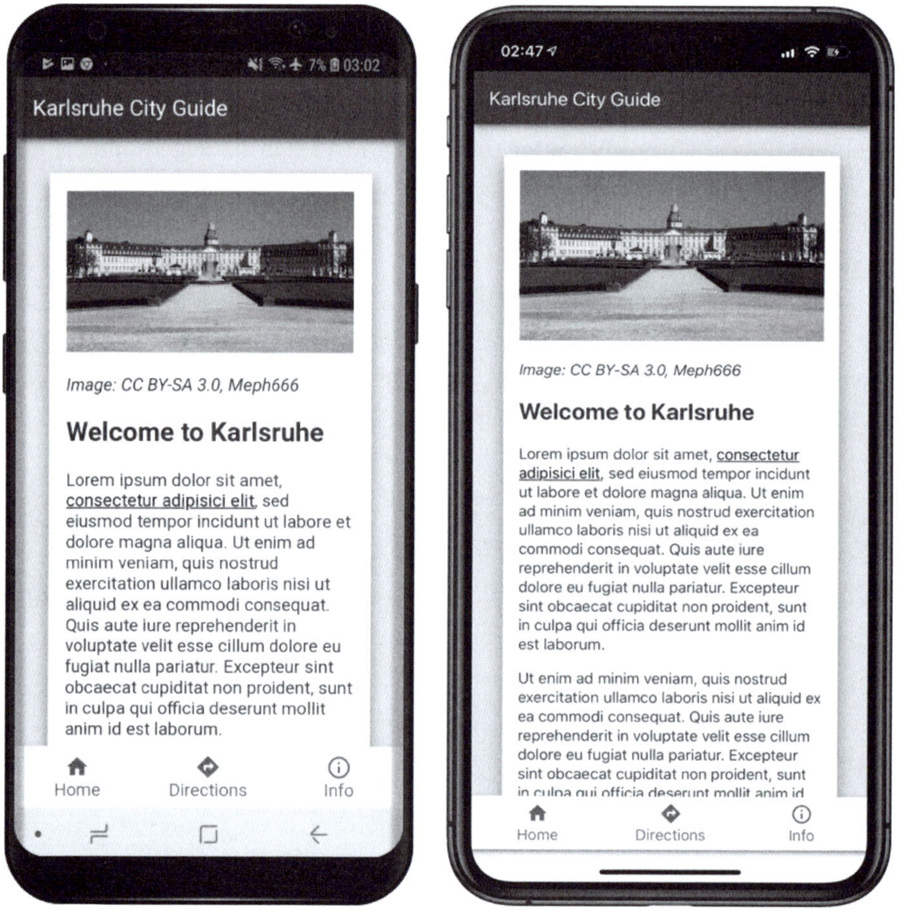

Abbildung 4.8 Progressive Web App im Stand-alone-Anzeigemodus unter Google Chrome auf Android (links) und unter Apple Safari auf iOS (rechts)

> **Aufgabe: Anzeigemodus definieren**
>
> Fügen Sie die folgende Definition der Manifestdatei hinzu:
>
> `"display": "standalone"`

Wenn der Webbrowser diesen Anzeigemodus nicht unterstützt, wählt er stattdessen den Anzeigemodus *Minimal UI*.

Minimal UI

Der Anzeigemodus Minimal UI (`minimal-ui`) verhält sich ähnlich dem Modus Standalone, kann aber einen minimalen Umfang an Browsersteuerelementen anzeigen, etwa Schaltflächen zur Navigation, zum Teilen oder Drucken der Webanwendung oder die Adresse der Webanwendung. Abbildung 4.9 zeigt diesen Anzeigemodus am Beispiel einer über Google Chrome auf Android installierten Progressive Web App. Google Chrome erlaubt hier auch die Anzeige von Seiteninformationen, das Suchen innerhalb der Website sowie das Öffnen der Webanwendung im Browser. Dieser Modus eignet sich für Anwendungen, die dem Anwender durch die Anzeige der URL oder weiterer Seiteninformationen ein zusätzliches Maß an Sicherheit bieten möchten, etwa für Banking-Apps. Wenn der Webbrowser diesen Anzeigemodus nicht unterstützt, so unter Google Chrome auf dem Desktop oder Apple Safari unter iOS, wählt er stattdessen den Anzeigemodus *Browser*.

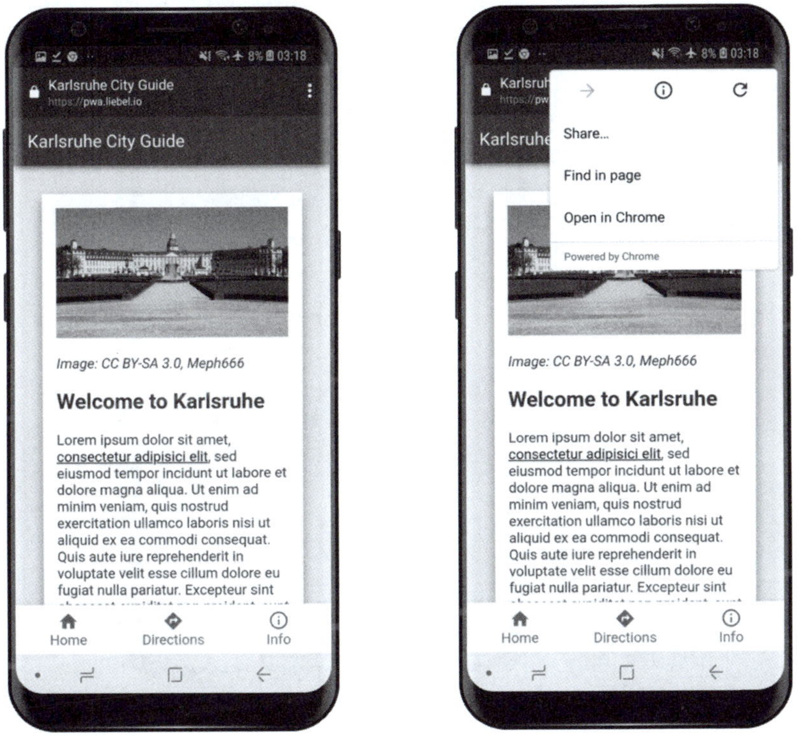

Abbildung 4.9 Minimal-UI-Anzeigemodus unter Google Chrome auf Android

Browser

Der letzte im Web App Manifest spezifizierte Anzeigemodus nennt sich Browser (`browser`). In diesem Fall wird die Anwendung so geöffnet, als hätte der Anwender außerhalb des Webbrowsers auf einen Hyperlink geklickt. Die Webanwendung wird also innerhalb einer neuen Browserregisterkarte dargestellt, analog zu anderen im

Browser geöffneten Websites, beziehungsweise in einem neuen Browserfenster. Abbildung 4.10 zeigt diesen Anzeigemodus am Beispiel einer Progressive Web App, die über Google Chrome auf Android installiert wurde (links) sowie über Apple Safari auf iOS (rechts). Für Progressive Web Apps, die nativ erscheinen wollen, erweist sich dieser Anzeigemodus als wenig sinnvoll. Für Websites, die sich zwar die Präsenz auf dem Homebildschirm sichern wollen, sich aber nicht wie eine native App verhalten oder so aussehen, ist dieser Anzeigemodus hingegen gut geeignet. Wird im Web App Manifest kein Anzeigemodus angegeben, findet standardmäßig dieser Modus Anwendung.

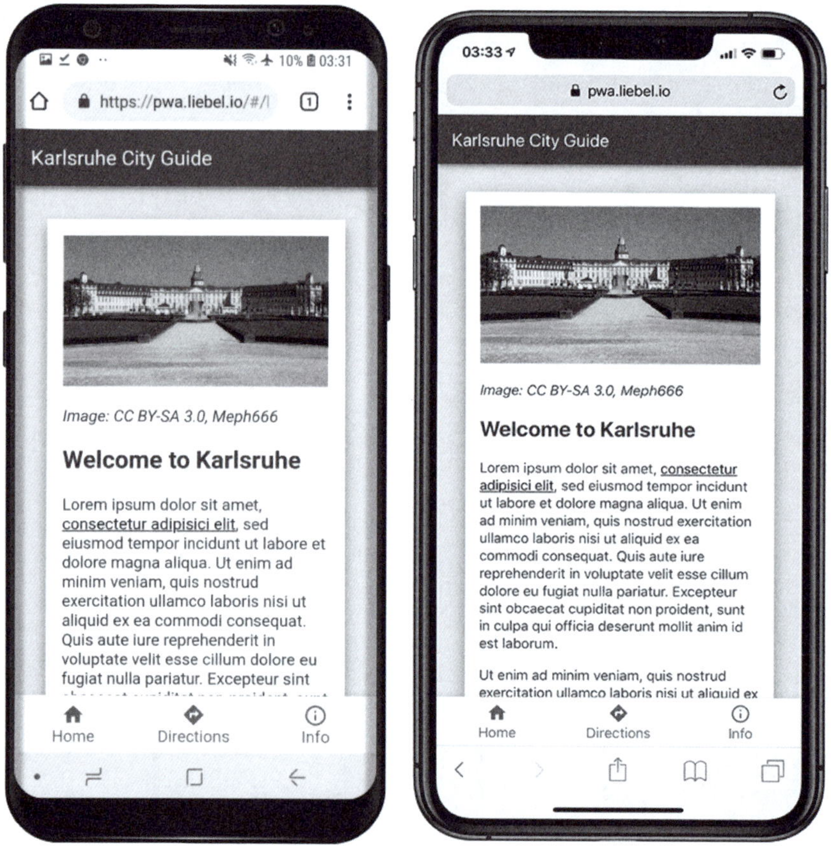

Abbildung 4.10 Browser-Anzeigemodus unter Google Chrome auf Android (links) und unter Apple Safari auf iOS (rechts)

CSS-Media-Queries

Der Webbrowser macht den derzeit verwendeten Anzeigemodus unter der CSS-Media-Query `display-mode` verfügbar. Somit können Entwickler auf die Verwendung bestimmter Anzeigemodi durch Änderungen im Layout der Website reagieren. Listing 4.9 zeigt eine CSS-Regel, die nur bei Verwendung des Stand-alone-Anzeigemodus angewandt wird. Die Bezeichner der Anzeigemodi bei Abfrage durch die CSS-Media-Query entsprechen dabei der Angabe für die Eigenschaft `display` im Web App Manifest.

```
@media all and (display-mode: standalone) {
  /* ... */
}
```

Listing 4.9 CSS-Media-Query display-mode

4.2.4 Bildschirmausrichtung

Das Web App Manifest bietet passend zum Anzeigemodus auch eine Möglichkeit, um die standardmäßige Bildschirmausrichtung der App festzulegen. Wird die App vom Homebildschirm aus geöffnet, wird die Ausrichtung des Bildschirms angepasst. Das eignet sich etwa für Spiele, die im Querformat ausgeführt werden sollten. Die zugehörige Eigenschaft im Web App Manifest nennt sich `orientation` und nimmt die folgenden Werte entgegen:

- `any`: beliebige Ausrichtung
- `natural`: natürliche Geräteausrichtung, bei den meisten Smartphones das Hochformat, dem der Orientierungswinkel 0 zugewiesen wird
- `landscape-primary`: primärer Querformatmodus, Knöpfe befinden sich rechts
- `landscape-secondary`: sekundärer Querformatmodus, Knöpfe befinden sich links
- `landscape`: Querformatmodus, je nach Plattformkonvention primär oder sekundär
- `portrait-primary`: primärer Hochformatmodus, Knöpfe befinden sich unten
- `portrait-secondary`: sekundärer Hochformatmodus, Knöpfe befinden sich oben
- `portrait`: Hochformatmodus, je nach Plattformkonvention primär oder sekundär

Diese Bezeichner sind der *Screen Orientation API* entnommen, die das Abrufen, Sperren oder Entsperren der Ausrichtung und des Orientierungswinkels erlaubt. Die Webschnittstelle findet Unterstützung in aktuellen Versionen von Google Chrome sowie Mozilla Firefox. Microsoft Internet Explorer 11 und Edge unterstützen die Funktionalität grundsätzlich, implementieren jedoch eine ältere Fassung der API, die eine andere Schnittstellendefinition aufweist und sich hinter einem Herstellerpräfix verbirgt. In Apple Safari steht die Schnittstelle nicht zur Verfügung. Webbrowser ohne Unterstützung für die Schnittstelle ignorieren die Angabe schlichtweg.

Mithilfe der Schnittstellenmethode `lock()` kann die Webanwendung ihre Bildschirmausrichtung zur Laufzeit auch sperren, wie Listing 4.10 zeigt. Der Methode wird die gewünschte Ausrichtung übergeben, im Beispiel das Querformat, primär oder sekundär, je nach Plattformkonvention. Die Rotationssperre kann mithilfe der Methode unlock() auch wieder aufgehoben werden.

```
try {
  await screen.orientation.lock('landscape');
} catch (err) {
  // kein Sperren möglich, zum Beispiel weil das Gerät nicht unterstützt wird
}
```

Listing 4.10 Bildschirmausrichtung im Querformat sperren

4.2.5 Verwandte Apps

Darüber hinaus erlaubt das Web App Manifest das Verweisen auf verwandte Anwendungen in App Stores mithilfe der optionalen Eigenschaft `related_applications`. Diese nimmt ein Array entgegen, in dem Verweise auf native Anwendungen im App Store hinterlegt werden können. Ein Verweis besteht dabei mindestens aus der Angabe einer URL (`url`) und/oder eines eindeutigen Bezeichners (`id`) sowie einer Plattform (`platform`). Die Spezifikation sieht als Plattformen derzeit den Google Play Store (`play`), den App Store (`itunes`) und den Microsoft Store (`windows`) vor. Die genannten Plattformbezeichner sind allerdings kein Teil der Spezifikation, sondern werden derzeit im Wiki des GitHub-Repositorys zum Web App Manifest verwaltet. Darüber hinaus kann eine Mindestversion festgelegt werden, die als verwandte App gelten soll (`min_version`), und eine Auflistung von Fingerprint-Eigenschaften (`fingerprints`), um zu verifizieren, dass es sich bei der verwiesenen Anwendung auch um die richtige handelt (vergleichbar mit der Subresource Integrity aus Abschnitt 3.5.1, »Sicherheitsmaßnahmen im Webbrowser«). Eine Fingerprint-Eigenschaft setzt sich aus Zeichenketten für den Typ des Fingerprints (`type`) und dessen Wert (`value`) zusammen. Was konkret eingetragen wird, definiert die jeweilige Plattform. Listing 4.11 zeigt die Definition einer verwandten Anwendung im Google Play Store. Derzeit wird die Eigenschaft nur von Google Chrome unter Android ausgewertet für verwandte Apps, die im Google Play Store zu finden sind.

```
"related_applications": [{
  "platform": "play",
  "url": "https://play.google.com/store/apps/details?id=io.liebel.pwa",
  "id": "io.liebel.pwa",
  "minVersion": "4",
  "fingerprints": [{ "type": "sha256_cert", "value": "A3:93:…:F5:9D" }]
}],
"prefer_related_applications": true
```

Listing 4.11 Definition einer verwandten Anwendung

Mithilfe der optionalen Eigenschaft `prefer_related_applications` kann der Entwickler angeben, ob bei der Installation die App-Store-Variante vorgeschlagen werden soll, anstatt eine Verknüpfung für die Webanwendung zu erstellen. Dann wird für die Eigenschaft der Wert `true` gesetzt. Wird diese Eigenschaft weggelassen, nimmt der Browser hierfür den Wert `false` an. Das entspricht auch der empfohlenen Einstellung. Allenfalls dann, wenn die native Anwendung signifikante Vorteile gegenüber der Webanwendung bietet, sollte die Eigenschaft auf `true` gesetzt werden.

4.2.6 Service Worker

Das Web App Manifest erlaubt über die Eigenschaft `serviceworker` auch die Angabe eines Service Workers, der bei Installation der Webanwendung registriert werden sollte. Service Worker implementieren die Offlinefähigkeit von Websites, im folgenden Kapitel werden sie ausführlich beschrieben. Über die Eigenschaft `serviceworker` wird sichergestellt, dass der Service Worker direkt bei der Installation einer Webanwendung ausgeführt wird. Ansonsten würde das unter Umständen erst beim ersten Start der installierten Anwendung geschehen. Ist der Anwender zwischenzeitlich offline gegangen, könnte somit der Fall eintreten, dass die Anwendung beim Öffnen des installierten Programmeintrags gar nicht geladen werden kann. Die beabsichtigte Registrierung besteht aus der Eigenschaft `src` (Verweis auf das Service-Worker-Skript) sowie optional den weiteren Eigenschaften `scope` (Scope des Service Workers), `type` (Worker-Typ) und `update_via_cache` (Cache-Modus des Service Workers). Die Service-Worker-Registrierung kann und sollte davon abgesehen aber auch zur Laufzeit der Anwendung per JavaScript erfolgen, etwa falls der Webbrowser diese Eigenschaft des Web App Manifests nicht unterstützt. Zum Zeitpunkt des Verfassens wurde die `serviceworker`-Eigenschaft noch von keinem Webbrowser ausgewertet.

4.2.7 Alterskennzeichnung

Nicht jede Anwendung ist für Anwender allen Alters geeignet. Viele App Stores zeigen daher Altersempfehlungen auf der Detailseite zur Anwendung an. Auch bei Webanwendungen kann über das Web App Manifest eine solche Alterskennzeichnung hinterlegt werden. Dazu wird auf ein Bewertungszertifikat bei der *International Age Rating Coalition* (IARC) verwiesen. Um ein solches Bewertungszertifikat zu erhalten, muss der Entwickler einen Fragebogen ausfüllen (zum Beispiel muss angegeben werden, ob die Anwendung In-App-Käufe anbietet oder Gewaltdarstellungen zeigt). Automatisiert, unverzüglich und kostenfrei wird die passende Alterskennzeichnung für verschiedene Altersfreigabesysteme ausgestellt, etwa für die in Deutschland zuständige Stelle *Unterhaltungssoftware Selbstkontrolle* (USK). Im Web App Manifest wird in der Eigenschaft `iarc_rating_id` der Code des IARC-Bewertungszertifikats (in Form eines *Globally Unique Identifier*, GUID) hinterlegt. Die GUID wird über einen bestimmten App Store beantragt, der bei der IARC registriert ist, zum Beispiel über den Microsoft Store. Dieser und andere App-Kataloge können mithilfe der GUID die Bewertung des zu Region und Sprache des Anwenders passenden Altersfreigabesystems abrufen und darstellen. Weitere Informationen zum Vorgehen finden sich auf der Website *https://www.globalratings.com/*.

4.3 Web App Manifest referenzieren

Damit das Web App Manifest vom Webbrowser berücksichtigt wird, muss eine Progressive Web App darauf verweisen. Dies geschieht im `head`-Element des HTML-Dokuments, wo Metadaten zum Dokument hinterlegt werden. Frühere herstellerspezifische Ansätze funktionierten ähnlich.

Auf das Web App Manifest wird mithilfe eines `link`-Elements verwiesen, das im `head`-Element des HTML-Dokuments platziert wird, vergleichbar mit Stylesheets. Im Fall des Web App Manifests wird als Relationship (`rel`) dabei `manifest` angegeben, `href` zeigt auf die Manifestdatei, wie Listing 4.12 zeigt.

```
<head>
  <title>Meine PWA</title>
  <link rel="manifest" href="/manifest.webmanifest">
<head>
```

Listing 4.12 Web App Manifest im Kopf des HTML-Dokuments referenzieren

Aufgabe: Manifestdatei referenzieren

Die Manifestdatei *manifest.webmanifest* sollte jetzt wie folgt aussehen:

```
{
    "name": "Meine PWA-Demo",
    "short_name": "PWA",
    "icons": [{
        "src": "icon512.png",
        "type": "image/png",
        "sizes": "512x512"
    }],
    "background_color": "white",
    "start_url": "/",
    "display": "standalone"
}
```

Legen Sie nun eine neue Datei *index.html* an, geben Sie im zugehörigen Editor `html:5` ein und drücken Sie [⇆]. Referenzieren Sie dort die Manifestdatei, wie in Listing 4.12 gezeigt.

Wechseln Sie dann in das integrierte Terminal von Visual Studio Code und führen Sie dort den Befehl `lite-server` aus. Drücken Sie in Google Chrome [F12] (Windows/Linux) beziehungsweise [⌥] + [⌘] + [I] (macOS), um die Entwicklertools zu öffnen. Navigieren Sie darin zur Registerkarte Application ❶. Klicken Sie dort auf Clear storage, wählen Sie alle Kontrollkästchen aus und klicken Sie auf Clear site data. Laden Sie die Website dann neu und klicken Sie auf den Eintrag Manifest ❷. Hat alles geklappt, sehen Sie auf dieser Sicht den im Web App Manifest hinterlegten Namen sowie den Kurznamen ❸, die Hintergrundfarbe, den Anzeigemodus ❹ und das hinterlegte Symbol ❺.

Der Link Add to homescreen funktioniert zu diesem Zeitpunkt noch nicht. Da zur Installation der Anwendung außerdem noch eine weitere Voraussetzung umgesetzt werden muss, sei der Leser noch um einen Moment Geduld gebeten.

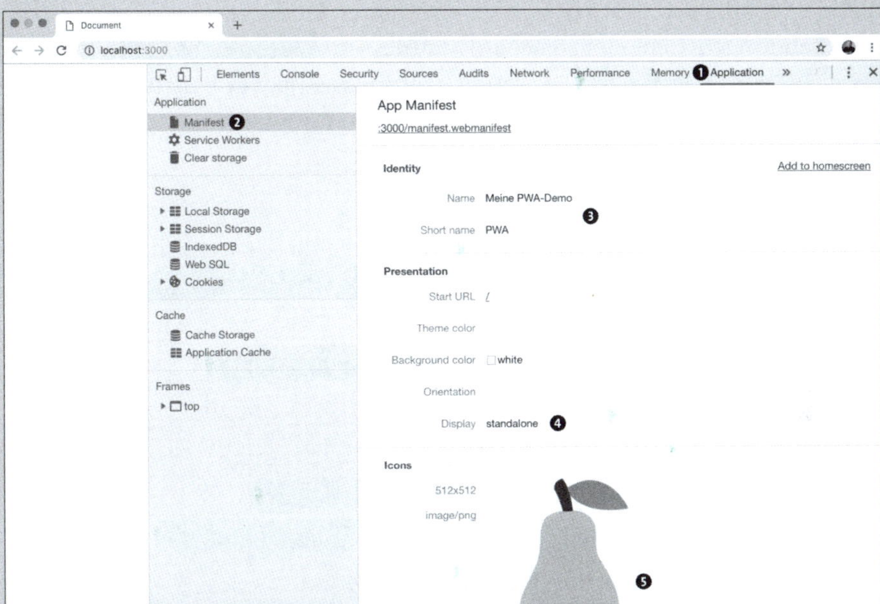

Abbildung 4.11 Darstellung des Web App Manifests in den Entwicklertools von Google Chrome

4.4 Zur Installation auffordern

Progressive Web Apps können den Anwender dazu auffordern, diese auf dem Mobil- oder Desktopgerät zu »installieren«. Der Begriff ist allerdings mit Vorsicht zu genießen, da dabei keine echte Installation im Sinne einer klassischen Setup-Routine gemeint ist. Stattdessen wird nur ein passender Programmlisteneintrag erzeugt, gegebenenfalls wird auch ein im Web App Manifest angegebener Service Worker registriert. Die Quelldateien der Anwendung müssen unbedingt durch einen Service Worker offline gehalten werden, und die PWA muss sich selbst um die lokale Speicherung von Anwenderdaten kümmern. Beides funktioniert, unabhängig vom Symbol auf dem Homebildschirm, grundsätzlich auch schon im Browser. Daher wird dieser Vorgang gern als *Add to Home Screen* oder kurz A2HS bezeichnet. Über den Programmeintrag gestartet, wird ein neuer Browsing-Kontext oberster Ebene (*Top-Level Browsing Context*, je nach Anzeigemodus und Webbrowser ein neues, unabhängiges Fenster oder eine Registerkarte) geöffnet. Darauf werden die im Web App Manifest definierten Eigenschaften angewandt.

Um Missbrauch vorzubeugen, darf sich die Anwendung nicht anlasslos selbst zur Installation vorschlagen – sonst würden von dieser Möglichkeit bald sicher etliche Webanwendungen Gebrauch machen. Stattdessen definieren Webbrowser unterschiedliche Voraussetzungen, die erfüllt sein müssen, bevor eine Progressive Web App sich selbst zur Installation anbieten darf. Unter Google Chrome gelten beispielsweise folgende Voraussetzungen:[3]

- Die Webanwendung ist noch nicht installiert.
- Eine bestimmte Interaktionsheuristik wird erfüllt (diese kann sich ändern, derzeit muss der Anwender mindestens 30 Sekunden mit der zugehörigen Domain interagiert haben).
- Die Webanwendung referenziert ein Web App Manifest mit:
  - `name` oder `short_name`
  - einer `start_url`
  - mindestens 192 × 192 und 512 × 512 Pixel großen `icons`
  - Anzeigemodi (`display`) `fullscreen`, `standalone` oder `minimal-ui`
- Die Webanwendung wird über HTTPS ausgeliefert.
- Es wurde ein Service Worker registriert, der `fetch`-Ereignisse behandelt (und somit grundsätzlich die Offlinefähigkeit der Anwendung umsetzen kann).
- Hat der Entwickler die Eigenschaft `related_applications` gesetzt und darin angegeben, dass die Installation einer verwandten App bevorzugt werden soll, zeigt Chrome stattdessen einen Verweis auf die Anwendung im Google Play Store an.

Für andere Webbrowser können abweichende Kriterien gelten, die in der jeweiligen Dokumentation nachzuschlagen sind. Für Firefox ist etwa keine Service-Worker-Registrierung erforderlich, und es gibt keine Heuristik, dafür wird zusätzlich das Feld

3 *https://developers.google.com/web/fundamentals/app-install-banners*

`background_color` erwartet. Microsoft Edge und Apple Safari unterstützen auf dem Desktop derzeit überhaupt keine Installation der Anwendung.

Sind die erforderlichen Voraussetzungen gegeben und unterstützt der Webbrowser die Installation, löst er das Ereignis `beforeinstallprompt` aus, das Teil der Web-App-Manifest-Spezifikation ist. Auf dieses Ereignis kann die Anwendung reagieren und den Anwender zur Installation auffordern. Webbrowser können darüber hinaus aber auch manuelle Methoden anbieten, um eine Anwendung auf dem Homebildschirm oder der Programmliste zu installieren. Wurde die Anwendung erfolgreich installiert, wird das Ereignis `appinstalled` ausgelöst.

4.4.1 Auslaufmodell App-Install-Banner

Der erste Gedanke von Alex Russel aus seinem PWA-Blogpost war, dass Webanwendungen langsam und schrittweise den Browser verlassen sollen. So sollten Webbrowser das Anwenderverhalten überwachen und bei häufiger Nutzung einer Website die Installation derselben vorschlagen. Dies wurde zunächst durch ein *App-Install-Banner* implementiert, das Abbildung 4.12 zeigt. In früheren Versionen von Chrome erschien dieses Banner nach zwei Besuchen einer Website, die mindestens fünf Minuten auseinanderliegen. Die Webanwendung konnte die Anzeige des Banners über das Ereignis `beforeinstallprompt` unterdrücken oder zu einem späteren Zeitpunkt öffnen, zum Beispiel wenn die Interaktionen des Anwenders vermuten ließen, dass er an einer Installation der Website interessiert sein könnte. Allerdings nahm dieses Banner, in dem die Installation dann noch einmal gesondert bestätigt werden musste, einen sehr großen Bereich des Bildschirms ein. Unaufgefordert geöffnet, störte es den Anwender eher, als dass es ihm half. Die Darstellung des Banners unter Google Chrome 67 und früher zeigt Abbildung 4.12 auf der linken Seite.

Aufgrund dieser Unzulänglichkeiten wird das App-Install-Banner seit Google Chrome 68 vom Juli 2018 nicht mehr angezeigt. Übergangsweise zeigt dieser Webbrowser nun eine Mini-Infobar am unteren Rand des Bildschirms an, die die Installation der Anwendung vorschlägt. Lehnt der Anwender das ab, wird der Browser die Aufforderung für die nächsten drei Monate nicht mehr anzeigen. Die Mini-Infobar zeigt Abbildung 4.12 auf der rechten Seite. Aber auch diese Methode ist keine Dauerlösung. Unter Google Chrome wird sie in absehbarer Zeit durch eine Schaltfläche zur Installation der Anwendung ersetzt, die plattformübergreifend in der Omnibox (kombinierte Such- und Adresszeile) des Webbrowsers platziert werden soll. Über diese Schaltfläche kann der Anwender imperativ die Installation der Anwendung anfordern. Diesen Ansatz verfolgt Mozilla Firefox schon heute. Um die Wahrscheinlichkeit zu erhöhen, dass ein Anwender eine Progressive Web App auch wirklich installiert, rät Google dazu, die Installation im Kontext der eigenen Anwendung anzubieten.

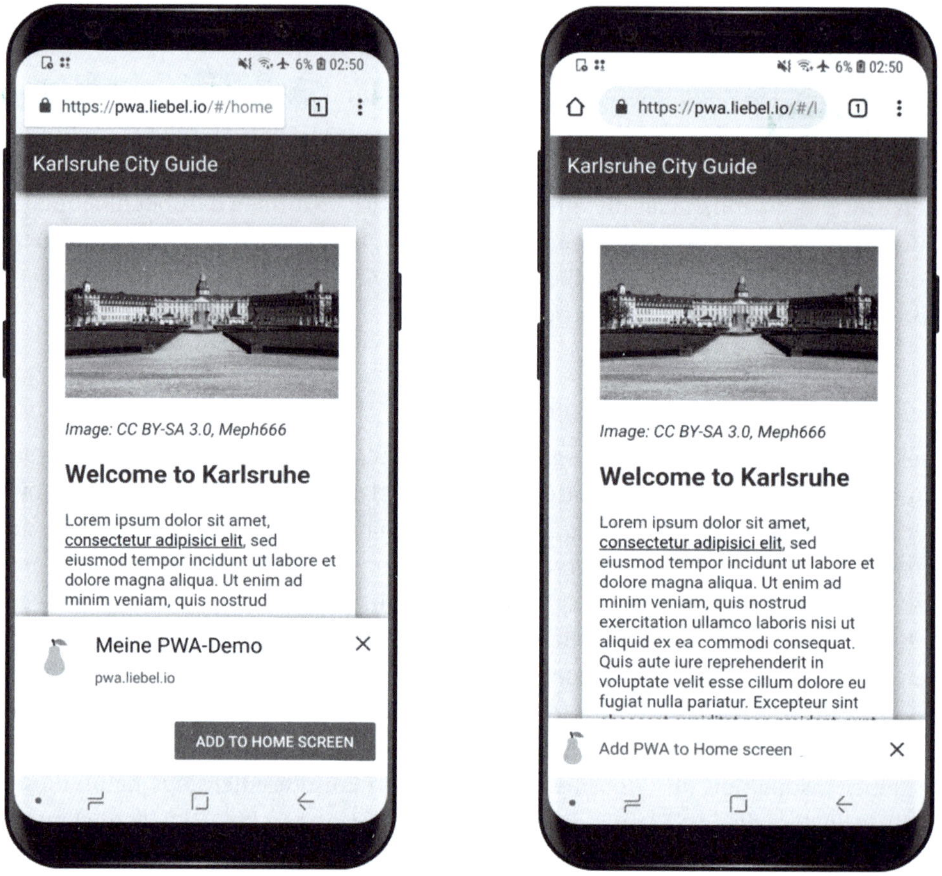

Abbildung 4.12 App-Install-Banner (links) und Mini-Infobar (rechts) unter Google Chrome auf Android

4.4.2 Eigene Methode

Webanwendungen können sich durch das Ereignis `beforeinstallprompt` informieren lassen, wenn die Voraussetzungen zur Installation der Website erfüllt sind und eine Installationsaufforderung angezeigt werden kann. Trotz des Namens bedeutet das Auftreten dieses Ereignisses aber nicht zwangsläufig, dass unmittelbar danach eine Aufforderung zur Installation der Webanwendung angezeigt wird: Websites sollen stattdessen eine Schaltfläche oder Ähnliches im Kontext der eigenen Anwendung anbieten, um die Anforderung anzuzeigen. Denn Anfragen an den Benutzer sollten in einem verantwortungsvollen Rahmen gestellt werden: Viele Benutzer sind genervt, wenn sie beim ersten Betreten einer Website erst einmal drei oder vier Dialoge wegklicken müssen. Die Wahrscheinlichkeit, dass der Anwender der Aufforderung nachkommt, steigt somit also.

Wie dies implementiert werden kann, zeigt Listing 4.13. Hier wird im HTML-Dokument zunächst eine Schaltfläche (button) definiert, der die ID install zugewiesen wurde. Die im style-Attribut hinterlegte CSS-Regel blendet die Schaltfläche standardmäßig aus. Im zugehörigen JavaScript wird eine Referenz auf die Schaltfläche in der Variablen installButton abgelegt. Da die Initialisierung der Variablen direkt erfolgt und sich die Zuweisung nicht ändert, wurde hier das Schlüsselwort const zur Variablendeklaration verwendet. Außerdem wird eine Variable deferredPrompt deklariert, die zu einem späteren Zeitpunkt gesetzt wird. Darin wird der Entwickler die Aufforderung zur Installation zurückhalten. Dann registriert sich der Entwickler für das Ereignis beforeinstallprompt auf dem globalen window-Element. Die Ereignisbehandlungsmethode nimmt die Ereignisargumente evt entgegen. Auf dem BeforeInstallPromptEvent wird zunächst die Methode preventDefault() aufgerufen. Damit wird verhindert, dass der Webbrowser (wie Google Chrome vor Version 68) ein Banner oder eine andere automatisierte Aufforderung anzeigt. Die Aufforderung wird dann in der zuvor deklarierten Variablen deferredPrompt zwischengespeichert, und die oben definierte Schaltfläche wird nun sichtbar geschaltet (block). Anschließend registriert sich der Entwickler für das click-Ereignis der Schaltfläche. Sobald der Anwender auf die Schaltfläche klickt, wird die Aufforderung durch das Aufrufen der Methode prompt() nun angezeigt. Abbildung 4.13 zeigt die Darstellung der Aufforderung zur Installation unter Google Chrome und Mozilla Firefox auf Android. Die Methode liefert ein Promise zurück, auf dessen aufgelösten Wert mithilfe des Schlüsselworts await gewartet werden kann (dazu muss die Methode zur Ereignisbehandlung async sein). Auf den Ereignisargumenten steht die Wahl des Benutzers (userChoice) zum Abruf bereit: Diese lautet accepted, wenn der Nutzer die Aufforderung annahm, oder dismissed, wenn er sie ablehnte.

```
<button id="install" style="display: none;">Installieren</button>
<script>
    const installButton = document.getElementById('install');
    let deferredPrompt;

    window.addEventListener('beforeinstallprompt', evt => {
        event.preventDefault();
        deferredPrompt = evt;
        installButton.style.display = 'block';
    });

    installButton.addEventListener('click', async () => {
        await deferredPrompt.prompt();
        const choiceResult = await deferredPrompt.userChoice;
        console.log(choiceResult.outcome);
```

```
    });
</script>
```

Listing 4.13 Reagieren auf das beforeinstallprompt-Ereignis

Der Webbrowser entscheidet, zu welchem Zeitpunkt er das Ereignis `beforeinstallprompt` aufruft, zum Beispiel anhand der in diesem Abschnitt vorgestellten Kriterien. Zu Entwicklungszwecken kann das Ereignis aber auch durch den Entwickler ausgelöst werden. Dies geschieht bei Google Chrome über das Anklicken des Links ADD TO HOME SCREEN in dessen Entwicklertools. Der Link ist in Abbildung 4.11 zu sehen.

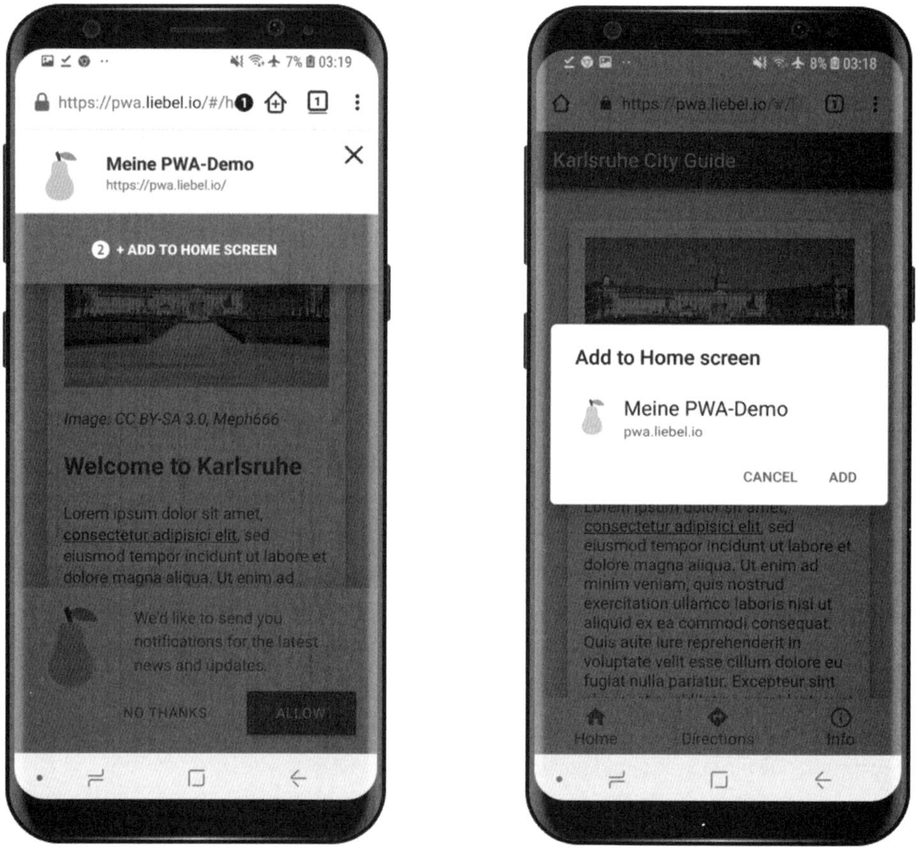

Abbildung 4.13 A2HS-Dialoge unter Mozilla Firefox (links) und Google Chrome (rechts)

Aufgabe: Eigene Methode anbieten

Übernehmen Sie den Code aus Listing 4.13 in das `body`-Element der Datei *index.html*.

Das Web App Manifest definiert noch ein zweites Ereignis auf dem globalen `window`-Objekt. Es nennt sich `appinstalled` und wird dann aufgerufen, wenn die Webanwendung erfolgreich installiert wurde – entweder über den oben beschriebenen Weg oder eine manuelle Methode. Listing 4.14 zeigt, wie sich die Webanwendung für dieses Ereignis registrieren kann. Die Anwendung reagiert auf das Ereignis, indem sie die Schaltfläche zur Installation wieder ausblendet. Die Anwendung könnte in ihrem Kontext aber beispielsweise auch einen Hinweisdialog anzeigen, der demonstriert, wie die Anwendung auf der Zielplattform des Anwenders nun gestartet werden kann. Informationen zur Ausführungsplattform (Browser, Betriebssystem, Versionsnummern) kann die Anwendung per User-Agent-Zeichenkette erhalten, die über `navigator.userAgent` abgerufen werden kann. Bei der Verarbeitung dieser Zeichenkette kann zum Beispiel das quelloffene Node.js-Modul *detect-browser* helfen.

```
window.addEventListener('appinstalled', () => {
      installButton.style.display = 'none';
});
```

Listing 4.14 Reagieren auf das appinstalled-Ereignis

Ob die Anwendung gerade über den Programmlisteneintrag ausgeführt wird, kann der Entwickler mithilfe der CSS-Media-Query `display-mode` feststellen (siehe Abschnitt 4.2.3, »Anzeigemodi«). Dies lässt sich auch per JavaScript auswerten, wie Listing 4.15 zeigt. Alternativ kann der Entwickler einen Query-Parameter in der Start-URL hinterlegen, wie in Abschnitt 4.2.1, »Start-URL«, diskutiert.

```
if (window.matchMedia('(display-mode: standalone)').matches) {
  console.log('display-mode is standalone');
}
```

Listing 4.15 Prüfung des Anzeigemodus aus JavaScript heraus

4.4.3 Manuelle Methode

Das imperative Hinzufügen der App zum Homebildschirm beziehungsweise zur Programmliste ist über die Benutzeroberfläche des jeweiligen Webbrowsers ebenfalls möglich.

Google Chrome

Die Installation von Webanwendungen ist unter Google Chrome auf dem Desktop seit Version 67, Mai 2018, und unter Android bereits seit Version 39, November 2014, möglich. Auf dem Desktop klickt der Anwender dazu auf das Browsermenü oben rechts und wählt den Eintrag INSTALL <APP NAME>. Eventuell befindet sich der Eintrag auch im Untermenü MORE TOOLS. Daraufhin öffnet sich der Dialog, der die Bestätigung des Anwenders einholt, wie in Abbildung 4.13 auf der rechten Seite zu sehen. Stimmt dieser zu, wird zum Beispiel unter Microsoft Windows eine Verknüpfung auf dem Desktop und im Startmenü erstellt.

Auf dem Smartphone wählt der Anwender ebenfalls das Browsermenü und tippt dort auf den Eintrag ADD TO HOME SCREEN. Dann erscheint ebenfalls ein Dialog zur Bestätigung. Wenn der Anwender zustimmt, generiert Google Chrome eine *WebAPK*, einen nativen Wrapper für Webanwendungen, und installiert diese auf dem Gerät. Damit erhält die Anwendung etwa ebenfalls einen Eintrag in der App-Liste in den Einstellungen und kann von dort aus auch deinstalliert werden.[4]

Mozilla Firefox

Mozilla Firefox zeigt unter Android ein Symbol in der Menüzeile an ❶, wenn die Voraussetzungen zur Installation erfüllt sind. Dieses ist in Abbildung 4.13 auf der linken Seite zu sehen. Klickt der Anwender darauf, öffnet sich wie bei Google Chrome ein Abfragedialog. Wenn der Anwender dort auf die Schaltfläche + ADD TO HOME SCREEN ❷ tippt, wird die Anwendung wie bei Google Chrome auf dem Gerät installiert. Firefox erzeugt dabei technisch gesehen allerdings keine WebAPK, sondern nur eine Verknüpfung zum Firefox-Browser. Für die Verknüpfung werden Symbol und Bezeichnung aus dem Web App Manifest übernommen, sodass sich optisch kein Unterschied ergibt.

Apple Safari

Apple Safari unterstützt das Hinterlegen eines Homebildschirm-Icons schon seit iPhone OS 1.1.3 aus dem Januar 2008 (siehe Abschnitt 1.1.2, »Der Browser als Anwendungsplattform«). Auf aktuellen iOS-Versionen tippt der Anwender dazu auf die Teilen-Schaltfläche und wählt im folgenden Pop-up den Eintrag ADD TO HOME SCREEN aus. Daraufhin kann er in einem weiteren Dialog den Anzeigenamen der Verknüpfung anpassen. Bestätigt der Anwender die Aktion, wird das Symbol auf dem Homebildschirm hinterlegt. Seit iOS-Version 11.3 vom März 2018 greift dieser Dialog auch auf Angaben aus dem Web App Manifest zurück.

Aufgabe: Service Worker registrieren

Ergänzen Sie Ihre Implementierung aus der vorherigen Aufgabe wie folgt: Legen Sie eine neue Datei *sw.js* an und fügen Sie dort den nachfolgenden Inhalt ein:

```
self.addEventListener('fetch', () => void 0);
```

Diese Angabe gaukelt Google Chrome vor, dass dieser Service Worker eine prinzipielle Offlineunterstützung implementiert. Ergänzen Sie das `script`-Element der Datei *index.html* schließlich noch um folgende Codezeile:

4 *https://developers.google.com/web/fundamentals/integration/webapks*

```
navigator.serviceWorker.register('./sw.js');
```

Damit sind alle Voraussetzungen erfüllt, um die Webanwendung auf unterschiedlichen Plattformen und Webbrowsern installieren zu können. Zur Anzeige der Schaltfläche ist eine HTTPS-Verbindung erforderlich. Starten Sie dazu ngrok in einem neuen Terminal (siehe Abschnitt 1.5.5, »Website mit ngrok auf einem Mobilgerät testen«) und rufen Sie den HTTPS-Endpunkt auf, der Ihnen beim Eintrag `Forwarding:` angezeigt wird.

Interagieren Sie 30 Sekunden mit der Webanwendung, zum Beispiel indem Sie im Abstand von 30 Sekunden auf den Inhaltsbereich der Website klicken. Optional können Sie in den Entwicklertools die Registerkarte APPLICATION • MANIFEST aufrufen und dort auf die Linkschaltfläche ADD TO HOMESCREEN ❶ klicken. Dadurch wird das Ereignis `beforeinstallprompt` ausgelöst. Per Klick auf die Schaltfläche INSTALLIEREN ❷ wird der Anwender vom Webbrowser um Bestätigung gebeten ❸. Alternativ können Sie die Webanwendung über die oben beschriebenen Wege manuell installieren, das geht auch ohne ngrok.

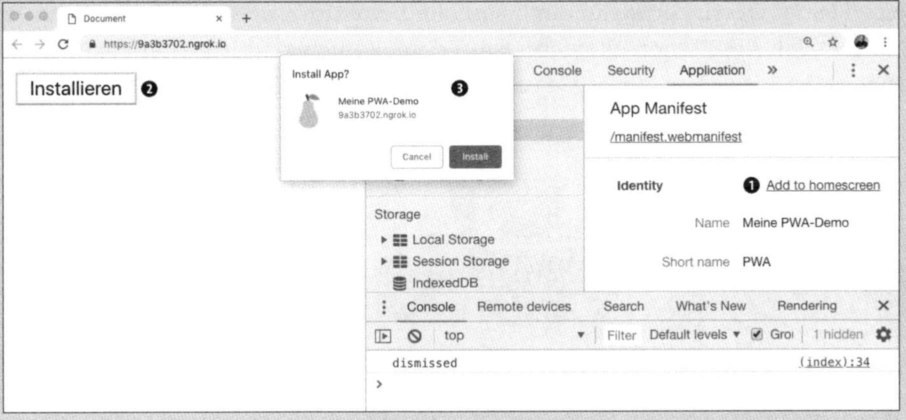

Abbildung 4.14 Installation der PWA über eine eigene Methode anbieten

4.4.4 Deinstallation

Sollte der Anwender kein Interesse mehr an einer App haben, sollte auch das Entfernen des Homebildschirm-Icons oder des Programmlisteneintrags möglich sein. Webbrowser sollten daher Methoden zur Deinstallation bereitstellen und dabei die Möglichkeit anbieten, auch die Anwenderdaten und vergebene Berechtigungen wieder zurückzusetzen. Bei Google Chrome unter Android wird beim Entfernen des Homebildschirm-Icons angeboten, die zugehörigen Anwenderdaten ebenfalls zu löschen. Auf dem Desktop kann hingegen die Liste installierter Anwendungen auf der Seite *chrome://apps* eingesehen werden. Dort lassen sich installierte Anwendungen per Rechtsklick wieder entfernen. Auf Desktopbetriebssystemen kann eine im Standalone-Anzeigemodus gestartete PWA über das Dreipunktemenü in der Titelzeile wieder entfernt werden (UNINSTALL MEINE PWA-DEMO...).

4.5 Zukunftsmusik: Badging API

Verschiedene Mobil- und Desktopbetriebssysteme erlauben die Anzeige von *Badges*, also kleiner visueller Hinweise auf neue Aktivitäten innerhalb einer Anwendung als Alternative oder Ergänzung zur Anzeige eines recht auffälligen Benachrichtigungsbanners. Unter iOS, macOS oder Windows kann etwa die Anzahl vorliegender Aktivitäten dargestellt werden, zum Beispiel ungelesene E-Mails oder WhatsApp-Nachrichten. Abbildung 4.15 zeigt Badges auf dem iOS-Homebildschirm. Unter Android wird das Badge hingegen angezeigt, wenn ungelesene Benachrichtigungen für eine App vorliegen. Drückt der Benutzer lange auf das App-Icon, werden die vorliegenden Benachrichtigungen dargestellt. Windows und macOS unterstützen außerdem die Anzeige kleiner Overlay-Icons in der Taskleiste beziehungsweise im Dock. Wenn Progressive Web Apps schon ein Symbol auf dem Homebildschirm oder der Taskleiste erhalten, ist es nur konsequent, dass sie dort auch ein Badge anzeigen können.

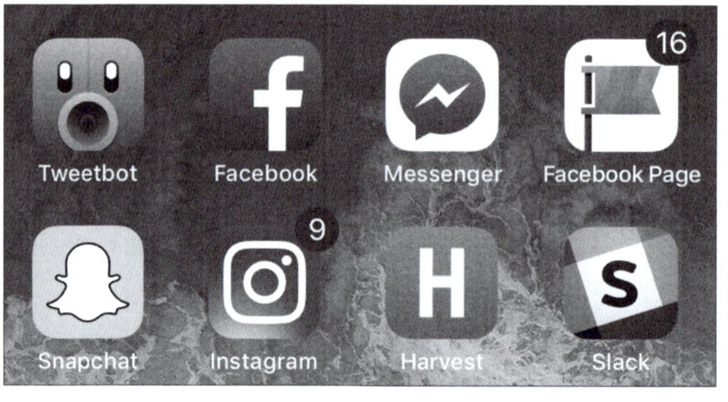

Abbildung 4.15 Badges auf dem iOS-Homebildschirm

Die *Badging API* ist ein Vorschlag des Google-Chrome-Teams bei der *Web Platform Incubator Community Group* (WICG) beim W3C für eine Webschnittstelle, die es Webanwendungen ermöglichen soll, ein anwendungsweites Badge für ihr App-Icon zu setzen. Geplant ist, dass die Schnittstelle mit dem passenden Namen `Badge` sowohl zur Laufzeit der Anwendung über das globale `window`-Objekt als auch aus dem Service Worker heraus aufgerufen werden kann. Über den Service Worker wäre somit eine Aktualisierung des Badge-Inhalts möglich, wenn die Progressive Web App gar nicht geöffnet ist. Die Badging API soll zwei Methoden zur Verfügung stellen: Der Aufruf der Methode `set()` soll ein Badge auf dem App-Icon anzeigen beziehungsweise aktualisieren. Wird die Methode ohne Parameter aufgerufen, soll ein neutrales Badge ohne Inhalt dargestellt werden. Es kann aber auch eine positive Ganzzahl oder eine Zeichenkette übergeben werden, die aus einem Graphemе-Cluster besteht. Darunter versteht man ein logisches Zeichen, das sich technisch aus mehreren Unicode-Zeichen zusammensetzen kann. So werden Emojis oft aus unterschiedlichen Zeichen zusammengesetzt, etwa aus einem Basissymbol mit einem Skin-Tone-Modifier zur Angabe der Hautfarbe. Die Angabe einzelner Zeichen wie »a« ist ebenfalls erlaubt, nur leer darf die Zeichenkette nicht sein. Die Methode `clear()` entfernt das Badge schließlich wieder. Listing 4.16 zeigt die Verwendung der Badging API. Dabei wird der Bezeichner `self` verwendet, der sich innerhalb der Webanwendung auf das globale `window`-Objekt und innerhalb des Service Workers auf dessen globalen Kontext bezieht. Da sich ein Service Worker auch für einen Scope oberhalb des im Web App Manifest angegebenen registriert haben kann, soll bei beiden Methoden der Schnittstelle künftig optional der Scope angegeben werden können, für den das Badge gesetzt oder zurückgesetzt werden soll.

```
self.Badge.set();
self.Badge.set(14);
self.Badge.set('⛅');
self.Badge.clear();
```

Listing 4.16 Mögliche Verwendungen der Badging API aus der Webanwendung oder dem Service Worker heraus

Nach dem Aufruf der Methoden soll der Webbrowser mit den nativen Schnittstellen des Betriebssystems kommunizieren, um das Badge auf dem App-Icon anzuzeigen oder zu verbergen. Da die Schnittstellen zwischen den Betriebssystemen variieren, soll der Browser die bestmögliche Repräsentation wählen, die auf dem System erreicht werden kann. Unter iOS ist beispielsweise nur das Setzen einer positiven Ganzzahl erlaubt. Hat der Entwickler hier eine Zeichenkette eingegeben, soll diese zur Zahl 1 konvertiert werden. Der Anwender soll bei der Badging API im Gegensatz zur Anzeige von Benachrichtigungsbannern nicht um Zustimmung gebeten werden, da Badges vermeintlich weniger aufdringlich sind und der Anwender die App zuvor installiert haben muss.

Die Badging API dürfte sich für eine Vielzahl von Anwendungskategorien als sinnvoll erweisen, darunter für Chat-Apps, soziale Netze oder Spiele. Das Chrome-Team plant, die Schnittstelle ab Version 72 (Ende Januar 2019) in Chrome bereitzustellen. Dennoch handelt es sich nur um einen Schnittstellenvorschlag den Chrome-Teams, der (so) nicht zwangsläufig in einen herstellerübergreifenden Standard münden muss. Änderungen an der Schnittstelle sind auf dem weiteren Weg sehr wahrscheinlich, doch zeigt sie ein weiteres nützliches PWA-Feature der Zukunft.

4.6 Microsoft Store Ingestion: Wie die App den Weg in den Microsoft Store findet

Microsoft hat in den Progressive Web Apps eine lukrative App-Quelle für seinen Microsoft Store erkannt. Und so nutzt Microsoft seinen Bing-Crawler, um Progressive Web Apps im Web aufzuspüren. Diese werden einem Review unterzogen und, sofern sie qualitativ hochwertig erscheinen und mit den Richtlinien des Microsoft Stores vereinbar sind, automatisiert in den Microsoft Store aufgenommen. Dazu werden diese PWAs in ein Windows-Anwendungsbündel (AppX) konvertiert, das allerdings keine echten Quelldateien besitzt, sondern auf die URL der PWA verweist. Die im zugehörigen Store-Eintrag dargestellten Informationen wie etwa Altersbewertung oder Kategorien werden dem Web App Manifest entnommen.[5]

Dieses Vorgehen wird als *Store Ingestion* bezeichnet und befindet sich derzeit im Betastadium, bei dem die Aufnahmekriterien noch ausgelotet werden: Als Kandidaten zählen solche Apps, die über HTTPS übertragen werden, offline verfügbar sind und ein Web App Manifest besitzen. Da das beim ersten Testlauf von Microsoft auf über 1,5 Millionen Websites zutraf, bei denen viele gar keine echten oder qualitativ hochwertigen PWAs waren, setzt Microsoft weitere Gütekriterien voraus: So darf ein Web App Manifest nicht mit einem automatischen Generator erzeugt worden sein. Es muss mindestens einen Namen, eine Beschreibung und ein Icon definieren, das größer als 512 × 512 Pixel ist. Apps sollten getreu dem Progressive-Enhancement-Prinzips auch dann starten, wenn die Service-Worker-Schnittstellen nicht unterstützt werden. Darüber hinaus rät Microsoft Entwicklern zum Testen der Website über automatisierte Tools wie webhint, Lighthouse oder aXe, die ich in Kapitel 11, »Plattformverhalten«, beschreibe. Der Benutzer kann der automatisierten Aufnahme in den Microsoft Store widersprechen, indem er dem Bing-Bot über die Datei *robots.txt* die Leserechte auf die Manifestdatei entzieht, die oben genannten Anforderungen nicht erfüllt oder eine Supportanfrage an *reportapp@microsoft.com* stellt.

Über die Store Ingestion haben bisher allerdings nur wenige Apps ihren Weg in den Microsoft Store gefunden. Entwickler können ihre Progressive Web App aber auch proaktiv in den Microsoft Store einstellen, wozu wiederum eine Mitgliedschaft erforderlich ist. Um ein AppX-Bündel für die PWA zu erstellen, hilft zum Beispiel das Werkzeug PWA Builder, das ich im nächsten Abschnitt vorstelle. Ist eine PWA bereits über die Store Ingestion in den Microsoft Store gelangt, kann ein Entwickler die Inhaberschaft der Anwendung übernehmen. Auch dazu stellt der Entwickler eine Supportanfrage an die oben genannte E-Mail-Adresse.

Als Anreiz zur Veröffentlichung einer Progressive Web App im Microsoft Store über einen der beiden Wege bietet Microsoft dem Entwickler Zugriff auf Nutzungssta-

5 *https://blogs.windows.com/msEdgedev/2018/02/06/welcoming-progressive-web-apps-Edge-windows-10*

tistiken (wie Nutzungsdauer, Anzahl der Installationen/Deinstallationen) über das Windows Dev Center sowie Zugang zu den nativen Schnittstellen der Universal Windows Platform über JavaScript. Außerdem greifen für die PWA dann keine Speicher-Quotas, wie sie im Webbrowser gelten. Der Entwickler kann die Apps über den Microsoft Store monetisieren, und Anwender können Rezensionen einstellen. Darüber hinaus besteht die Möglichkeit, dass Microsoft die App im Store bewirbt (*Featured Apps*). Die offizielle Twitter-App, die aus dem Microsoft Store heruntergeladen werden kann, funktioniert übrigens genau nach diesem Schema.

Microsoft steht also hinter dem Anwendungsmodell der Progressive Web Apps und macht sie unter Windows 10 zu einem Bürger erster Klasse. Ein paar Ausläufer widersprechen allerdings einigen PWA-Grundgedanken, etwa die Kopplung an den Microsoft Store. Der Zugriff auf die UWP-Schnittstellen sollte nur genutzt werden, um unter Windows einige Sonderfunktionen anzubieten: So erlaubt die Twitter-PWA unter Windows das Anheften einer Startmenükachel für einen ausgewählten Twitter-Nutzer, wie in Abbildung 4.16 gezeigt, und integriert sich in die Windows-Timeline. Problematisch wäre es allerdings, wenn die Verwendung der nativen UWP-Schnittstellen Voraussetzung zur Umsetzung der Hauptfunktionalität der Progressive Web App wäre, denn damit bricht die Eigenschaft der Plattformunabhängigkeit.

Abbildung 4.16 Die Twitter-PWA aus dem Microsoft Store erlaubt unter Windows 10 das Anheften von Twitter-Profilen als Startmenükachel.

4.7 PWA Builder

Microsoft bietet ein Tool namens *PWA Builder* an, um bestehende Websites in eine Progressive Web App zu verwandeln (*www.pwabuilder.com*). Dazu unterstützt der PWA Builder den Entwickler beim Generieren eines passenden Web App Manifests, eines Service Workers und passender nativer Anwendungspakete für Windows, iOS und Android. Bei Windows erhält der Anwender ein AppX-Anwendungsbündel, das sich zum Upload in den Microsoft Store eignet. Bei Android und iOS erhält der Anwender stattdessen ein natives Anwendungspaket auf Basis von Apache Cordova (siehe Kapitel 13, »Migrationsstrategien mit Apache Cordova und GitHub Electron«). Liegt bereits ein Web App Manifest für die Progressive Web App vor, wird das bestehende Manifest auf Probleme wie fehlende Angaben oder Icon-Abmessungen hin untersucht.

PWA Builder stellt darüber hinaus unterschiedliche Service-Worker-Implementierungen zur Verfügung, die verschiedene Offlinestrategien umsetzen. Mit diesen Themen beschäftigen sich im Detail die Kapitel 5, »Service Worker: Einer muss ja arbeiten«, und Kapitel 6, »Cache API: So lädt die App auch ohne Netzverbindung«. Außerdem bietet PWA Builder verschiedene Codeschnipsel an, um bei Installationen über den Microsoft Store ausgewählte native Funktionen anzusteuern, und hilft beim Zuschneiden von App-Icons und -Splashscreens. PWA Builder wird nicht nur als Onlinewerkzeug angeboten, sondern auch als Kommandozeilentool, das wie folgt über den Node.js-Package-Manager installiert werden kann: `npm install -g pwabuilder`.

Das Kommandozeilentool `pwabuilder` erlaubt unter anderem die Generierung nativer Plattformbündel. Allerdings ist bei Verwendung dieses Tools Vorsicht geboten: Wer nur eine normale Website als App verpackt, ohne dass sie app-like wirkt, hat geringe Erfolgsaussichten. Tools wie PWA Builder zeigen aber die Breite des PWA-Ökosystems und mögliche Migrationsszenarien für bereits bestehende Webanwendungen.

4.8 Zusammenfassung

- Das Web App Manifest definiert das Aussehen der Progressive Web App auf dem Homebildschirm, in der Programmliste oder auf dem Desktop.
- Mithilfe des Ereignisses `beforeinstallprompt` kann die Anwendung den Benutzer zur Installation der App auffordern.
- Vom Homebildschirm oder der Programmliste gestartet, kann die Anwendung in diversen Anzeigemodi geöffnet werden, zum Beispiel in einem nativen Anwendungsrahmen oder im Vollbildmodus.

Kapitel 5

Service Worker: Einer muss ja arbeiten

Der Service Worker ist die Schlüsseltechnologie hinter den Progressive Web Apps. Mit ihm steht und fällt die Offlinefähigkeit, die Synchronisierung von Daten oder die Anzeige von Pushbenachrichtigungen.

Die Schlüsseltechnologie bei der Umsetzung von Progressive Web Apps ist der *Service Worker*. Mit dessen Hilfe werden viele Eigenschaften umgesetzt, die Progressive Web Apps erst nativ erscheinen lassen. Ein Service Worker agiert als zentraler Proxy und setzt damit die Offlinefähigkeit um. Er wird von einer Website registriert und kann losgelöst von ihr ausgeführt werden. Somit kann er zum Beispiel Pushbenachrichtigungen entgegennehmen oder Daten im Hintergrund synchronisieren, selbst wenn die zugehörige Webanwendung geschlossen ist. Ein Service Worker enthält also Infrastrukturcode und ist damit eine ganz eigene Programmierdisziplin, losgelöst von der Anwendungsentwicklung im engeren Sinn. Bevor wir jedoch zum Service Worker kommen, müssen Sie sich zunächst mit seinen Verwandten auseinandersetzen: dem Web Worker und dem Shared Worker.

5.1 Vom Web Worker zum Service Worker

Mit Sicherheit haben Sie im Webbrowser schon einmal eine Meldung mit dem Text »Ein Skript auf dieser Seite ist eventuell beschäftigt und antwortet nicht mehr« – oder so ähnlich – gesehen. Abbildung 5.1 zeigt ein Banner mit einem solchen Hinweis in Mozilla Firefox.

Meldungen dieser Art erscheinen dann, wenn JavaScript-Implementierungen Berechnungen durchführen, die zu viel Rechenzeit in Anspruch nehmen. Denn JavaScript ist *single-threaded*: Ohne Weiteres laufen alle Operationen in ein und demselben Ausführungsfaden (*Thread*). Da JavaScript stark mit der Darstellung der Website zusammenhängt, teilt es sich seine Ressourcen mit dem Render- und dem Zeichenprozess der Website. Nimmt JavaScript zu viel Rechenzeit in Anspruch, beispielsweise weil es in eine Endlosschleife geraten ist, gerade komplexe Berechnungen wie Bitcoin-Mining betreibt oder ein Produkt in seine Primfaktoren zerlegt, kommt die

Anwendung ins Stocken oder sogar komplett zum Stehen. Wäre es dabei geblieben, wäre JavaScript für komplexe, lang laufende Berechnungen und andere Hintergrundoperationen aus dem Rennen gewesen. Doch im Zuge von HTML5 wurde eine neue Technologie eingeführt, die die Ausführung von JavaScript in einem separaten Thread ermöglicht.

Abbildung 5.1 Die Warnmeldung »Eine Website verlangsamt ihren Browser« unter Mozilla Firefox Developer Edition auf macOS

5.1.1 Web Worker

Diese Technologie nennt sich *Web Worker*. Zum Erzeugen eines Web Workers wird der `Worker`-Konstruktor aufgerufen. Diesem wird ein URI übergeben, das auf ein Skript verweist. Das kann zum Beispiel eine URL sein, die auf eine statische JavaScript-Datei verweist. Ebenso wäre es möglich, ein Skript zur Laufzeit zusammenzusetzen und für dieses per Data-URI oder BLOB-URI (*Binary Large Object*) einen Web Worker zu erzeugen. Das Skript wird vom Webbrowser geladen und fortan in einem eigenen Thread ausgeführt. Web Worker können entweder durch das Websitedokument oder einen anderen Web Worker erzeugt werden. Die Definition eines neuen dedizierten, also nur innerhalb eines einzelnen Browserkontexts verwendbaren Web Workers zeigt Listing 5.1.

```
const worker = new Worker('script.js');
```

Listing 5.1 Definition eines dedizierten Web Workers

Nebenläufigkeit ist nicht die einfachste Programmierdisziplin: Parallel ausgeführte Operationen können zu *Race Conditions* führen – Situationen, in denen der Programmablauf von der zeitlichen Abfolge einzelner Operationen abhängt – oder zu *Deadlocks*, bei denen sich zwei Operationen gegenseitig blockieren. Web Worker umgehen diese Probleme, indem sie keinen gemeinsamen Kontext mit dem Hauptthread teilen: So ist aus dem Web Worker heraus kein Zugriff auf den globalen Kontext `window` des Elterndokuments möglich. Web Worker haben stattdessen einen eigenen isolierten globalen Kontext (*WorkerGlobalScope*), auf den die Eigenschaft `self` verweist. Aus Gründen der Konsistenz verweist die Eigenschaft `self` im Websitedokument auf das `window`-Objekt. Web Worker können außerdem auch andere JavaScript-Dateien importieren. Dies geschieht bei *klassischen Workern* durch den Aufruf der Methode `importScripts()` oder mithilfe der in ECMAScript 2015 eingeführten Modulsyntax `import`. In diesem Fall bezeichnet man den Worker als *Modulworker*. Worker können wie das Hauptdokument auch HTTP-Anfragen senden.

Aus anderen Programmiersprachen und Entwicklungsplattformen sind sicherlich die Probleme bekannt, die auftreten, wenn Entwickler versuchen, aus einem nebenläufigen Thread auf die Benutzeroberfläche zuzugreifen, die durch den Hauptthread verwaltet wird (Stichwort: *ThreadException*). Bei Web Workern wird diese Problematik ebenfalls umgangen, indem sie überhaupt keine Chance erhalten, auf Elemente der Benutzeroberfläche zuzugreifen. So steht keine Schnittstelle zum Zugriff auf das *Document Object Model* (DOM) des Elterndokuments zur Verfügung (`document`).

Informationen können stattdessen über eine sehr »dünne« Schnittstelle zwischen dem UI-Thread und dem Worker geteilt werden: Sie nennt sich `postMessage()`. Über diese Methode können sich beide Threads Nachrichten zuschicken und über ein Ereignis auf eingehende Nachrichten reagieren. So kann der Hauptthread zum Beispiel die Anfrage zum Zerlegen der Zahl 21 in ihre Primfaktoren an den Web Worker senden. Dieser errechnet unter Zuhilfenahme eines aufwendigen Algorithmus wie der Probedivision das Ergebnis 3 × 7 und schickt es per Nachricht wieder an den Hauptthread zurück, der das Ergebnis dann auf der Benutzeroberfläche darstellt.

Ein dedizierter Web Worker bezieht sich immer auf den aktuellen Browserkontext, also die aktuelle Registerkarte beziehungsweise das Browserfenster. Er lebt so lange, bis der Browserkontext geschlossen wird. Web Worker sind Teil des *HTML Living Standard*, der durch die WHATWG herausgegeben wird. Die Browserunterstützung zeigt Tabelle 5.1.

Google Chrome	Microsoft Edge	Mozilla Firefox	Apple Safari
4	IE 10	3.5	4

Tabelle 5.1 Browserunterstützung für dedizierte Web Worker

5.1.2 Shared Worker

Stellen Sie sich nun vor, dass auf das Ergebnis der aufwendigen Berechnung, wie der Zerlegung einer Zahl in Primfaktoren, oder auf mögliche Zwischenergebnisse einer lang laufenden Berechnung nicht nur von einer Registerkarte oder von einem Browserfenster aus zugegriffen werden soll, sondern gegebenenfalls von vielen weiteren

Browsing-Kontexten. Um solche Szenarien zu unterstützen, wurden die Shared Worker entworfen. Diese werden mithilfe des `SharedWorker`-Konstruktors erzeugt und somit ganz ähnlich initialisiert, wie Listing 5.2 zeigt.

```
const worker = new SharedWorker('script.js');
```

Listing 5.2 Definition eines Shared Workers

Der Shared Worker besitzt alle Eigenschaften eines dedizierten Web Workers: Im Wesentlichen läuft er in einem separaten Thread, kann nicht das DOM des Elterndokuments manipulieren oder auf dessen globalen Kontext zugreifen und muss ebenfalls über die `postMessage()`-Schnittstelle kommunizieren. Im Fall des Shared Workers kommuniziert jeder verbundene Browsing-Kontext über einen eigenen *Port*, der Worker kann einen bestimmten Kontext also auch zielgerichtet ansprechen.

Im Gegensatz zum Web Worker bezieht sich der Shared Worker nun allerdings nicht auf eine einzelne Registerkarte oder ein Browserfenster, sondern auf sämtliche geöffneten Browserkontexte unterhalb einer Origin. Darunter versteht man die Kombination aus Protokoll, Hostname und Portnummer einer geöffneten Website. Ein Shared Worker lebt so lange, bis sämtliche Registerkarten und Browserfenster einer Origin wieder geschlossen sind. Shared Worker wurden unter Apple Safari zwischenzeitlich schon wieder ausgebaut, in Microsoft Internet Explorer und Edge nie implementiert, unter Google Chrome und Mozilla Firefox werden sie weiterhin unterstützt. Auch Shared Worker sind ein Teil der HTML-Spezifikation und ein weiterer Schritt in Richtung Service Worker.

Origin: Hostname + Protokoll + Port

5.1.3 Service Worker

Wie für die zuvor genannten Worker gilt auch für den Service Worker, dass er in einem separaten Thread ausgeführt wird und keinen Zugriff auf das DOM oder den globalen Kontext des Websitedokuments besitzt. Im Gegensatz zu den anderen Worker-Typen wird der Service Worker jedoch nicht innerhalb der Website als Instanz erzeugt, sondern beim Webbrowser registriert. Dies geschieht durch den Aufruf von `serviceWorker.register()` auf dem `navigator`-Objekt, das den Zugriff auf browserbezogene Schnittstellen erlaubt, etwa zum Auslesen des User-Agent-Strings, einer Zeichenkette zur Identifikation des Webbrowsers und der Ausführungsplattform. Der Methode wird die URL des Service-Worker-Skripts übergeben, das registriert werden soll. Die Angabe von BLOB- oder Datei-URIs, wie es bei den anderen Worker-Typen möglich ist, wird beim Service Worker aus Sicherheitsgründen explizit nicht unterstützt. Das Vorgehen zeigt Listing 5.3.

```
navigator.serviceWorker.register('sw.js')
```

Listing 5.3 Registrierung eines Service Workers

Das geänderte Vorgehen verdeutlicht schon, dass der Lebenszyklus des Service Workers – anders als eine durch die Webanwendung erzeugte Klasseninstanz – *nicht* von der Lebenszeit der Webanwendung abhängt. Der Service Worker kann unabhängig vom Browserfenster oder der Registerkarte ausgeführt werden, in der das Websitedokument läuft. So kann der Webbrowser den Service Worker aufwecken, wenn eine Pushnachricht eingeht, Daten im Hintergrund synchronisiert werden sollen oder andere Hintergrundaufgaben zu erledigen sind. Service Worker müssen daher so schlank wie möglich sein: Im Gegensatz zu den anderen Worker-Typen sollte ein Service Worker keine rechenintensiven Operationen durchführen, sondern so asynchron wie möglich arbeiten. Umgekehrt kann der Webbrowser den Service Worker bei Inaktivität auch wieder anhalten. Das Zusammenspiel zwischen Service Worker und Webanwendung zeigt Abbildung 5.2.

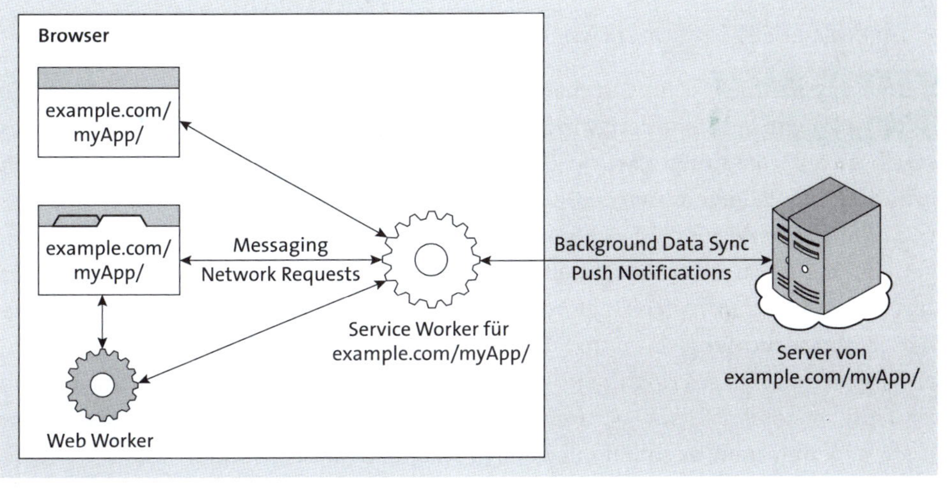

Abbildung 5.2 Zusammenhang zwischen Service Worker und Web-App

Während sich der Shared Worker noch auf eine Origin bezog, wird der Service Worker konkreter: Er bezieht sich auf einen sogenannten *Scope*, die Kombination aus Origin und Pfad. So können unterhalb einer Origin auch mehrere Service Worker registriert und damit verschiedene Progressive Web Apps in Unterpfaden einer Domain abgelegt werden. Der Service Worker hat auch Gültigkeit für sämtliche Ressourcen in untergeordneten Verzeichnissen des Scopes. Damit wird es möglich, einen Service Worker für den Scope *https://example.com/* zu registrieren und einen für den Scope *https://example.com/myApp/*. Für eine Website ist immer nur genau ein Service Worker zuständig, niemals mehrere. Wird die Webanwendung *https://example.com/myApp/* aufgerufen, ist also lediglich der zweite Service Worker im Einsatz, für die Webanwendung *https://example.com/otherApp/* hingegen der erste.

Außerdem kann sich der Service Worker zwischen sämtliche HTTP(S)-Anfragen schalten, die unterhalb des Scopes ausgelöst werden, für den er registriert wurde. Die Antwort kann er ebenfalls beliebig zusammensetzen. In gesonderten Browserprofilen (anderer Benutzer, privater Modus) werden neue Service-Worker-Instanzen erzeugt.

Der Service Worker steht in folgenden Browserversionen zur Verfügung:

- Microsoft Edge: ab Version 17 standardmäßig aktiviert, ab Version 15 per Flag aktivierbar.
- Mozilla Firefox: ab Version 44 standardmäßig aktiviert, nicht jedoch in den *Extended Support Releases* (ESR) 45 und 52. In den ESR-Ausgaben und ab Version 33 sind die Schnittstellen per Flag aktivierbar.
- Google Chrome: ab Version 40 standardmäßig aktiviert.
- Apple Safari: ab Version 11.1 (ab iOS 11.3) standardmäßig aktiviert.

Der Service Worker ist im Gegensatz zu den ersten beiden Worker-Typen kein Teil des HTML-Standards, sondern wird durch das W3C gesondert spezifiziert. Hier gibt es gleich zwei Redaktionsentwürfe (*Editor's Draft*). Solche Dokumente können sich grundsätzlich jederzeit ändern. In das Dokument *Service Workers Nightly* (*https://w3c.github.io/ServiceWorker/*) können Browserhersteller und Entwickler Änderungen und neue Features sehr schnell einbringen. Demgegenüber steht das Dokument *Service Workers 1* (*https://w3c.github.io/ServiceWorker/v1/*) mit einem klar umrissenen Funktionsumfang, das dem Status einer offiziellen Empfehlung durch das W3C entgegenstrebt. Dieses Dokument stellt eine Teilmenge der Nightly-Fassung dar und ist deutlich stabiler: Neue Features oder Anforderungen werden für Version 1 nicht mehr angenommen, es sollen nur noch Probleme behoben werden. Die nachfolgende Beschreibung in diesem Kapitel gibt den Stand von Version 1 wieder.

5.2 Kontrollzwang mit Vorteilen: Service Worker als zentraler Proxy

Der Service Worker wird oft als Controller, Interceptor oder Proxy beschrieben: Wird ein Service Worker für einen bestimmten Scope registriert, erlangt er die Kontrolle über die Webanwendung, die unter diesem Scope ausgeführt wird. Aus diesem Grund bezeichnet man den Service Worker auch als *Controller*.

Kontrolle bedeutet dabei Folgendes: Führt eine Webanwendung, für deren Scope ein Service Worker registriert wurde, HTTP(S)-Anfragen aus, erhält dieser Zugriff auf die Details der Anfrage. Das gilt für sämtliche ausgehenden Anfragen, durch eine Webanwendung ausgelöste Requests oder Abfragen von Bildern, Stylesheets oder anderen Ressourcen – auch dann, wenn diese außerhalb der eigenen Origin oder des Scopes hinterlegt sind –, zum Beispiel Schriftarten von *Google Fonts* oder durch *Content Delivery Networks* (CDN) ausgelieferte Bibliotheken. Der Service Worker agiert also als *Interceptor*, da er Zugriff auf sämtliche Netz-Requests erhält und diese inspizieren oder manipulieren kann.

Der Service Worker kann die Anfrage über das Netz an den Zielserver weiterleiten. Die Antwort des Servers kann er entweder transparent an die Webanwendung weitergeben oder auch manipulieren. Grundsätzlich könnte der Service Worker die Antwort aber auch komplett selbst zusammensetzen und an die Webanwendung zurückgeben. Somit setzt er die Funktionalität eines *Proxys* um, wie Abbildung 5.3 zeigt.

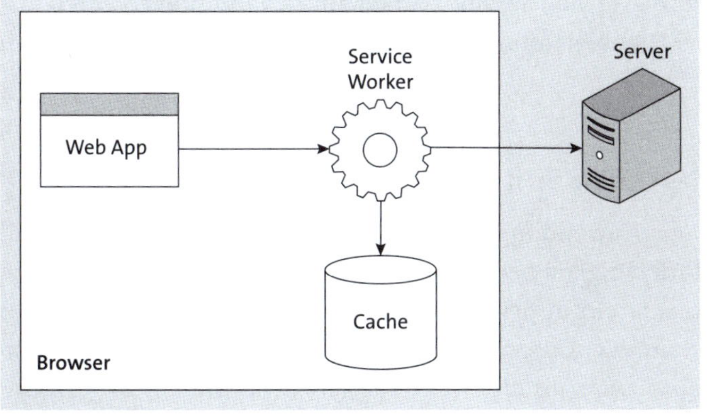

Abbildung 5.3 Service Worker als Proxy

Auf diesen Weg wird auch die Funktion der Offlinefähigkeit umgesetzt: Der Service Worker kann entscheiden, ob eine Anfrage über das Netz bedient wird oder ob er sie selbstständig zusammensetzt. In diesem Zusammenhang erweist sich die *Cache API* als hilfreich, eine ergänzende Schnittstelle für den Service Worker, der sich Kapitel 6, »Cache API: So lädt die App auch ohne Netzverbindung«, im Detail widmet. Diese Schnittstelle dient dem Hinterlegen von Anfragen und deren Antworten vom Webserver in einem lokalen Zwischenspeicher. Der Service Worker erlaubt *statisches Caching*, also das Zwischenspeichern statischer Quelldateien, aber auch *dynamisches Caching*, das Zwischenspeichern von API-Anfragen. Darüber hinaus hat der Service Worker auch Zugriff auf Clientdatenbanken wie die IndexedDB und kann Antworten basierend auf lokal gespeicherten Daten selbstständig zusammensetzen.

Der Service Worker ist somit sehr mächtig, da er stellvertretend für den Webserver antworten kann. Große Macht bringt auch eine große Verantwortung mit sich. Aus diesem Grund stehen die Service-Worker-Schnittstellen nur dann zur Verfügung, wenn die zugehörige Website über HTTPS übertragen wurde. Wie in Abschnitt 3.5.2, »Sichere Verbindungen mit HTTPS«, angemerkt, bedeutet die Bereitstellung einer Website über HTTPS und ein TLS-Zertifikat heute aber keine größere Hürde für Webentwickler mehr.

5.2.1 Wo lebt der Service Worker in meinem Browser?

Der Service Worker wird zwar außerhalb der eigenen Webanwendung, aber noch innerhalb des Webbrowsers ausgeführt. Er sitzt damit an zentraler Stelle zwischen Netz und Webanwendung: Jede vom Browser abgerufene Ressource (HTML-Dateien, JavaScript, Stylesheets, Schriftarten, Bilder und andere Mediendateien) und jede durch die Clientanwendung initiierte Anfrage wird garantiert durch den Service Worker verarbeitet. Schlupflöcher sind somit ausgeschlossen: Es führt kein Weg am Service Worker vorbei.

Innerhalb des Webbrowsers wird der Service Worker in einem eigenen Thread ausgeführt. Es obliegt dem Webbrowser, den Service Worker zur Behandlung von Ereignissen aufzuwecken sowie bei Nichtverwendung oder bei hoher Systemauslastung anzuhalten.

5.2.2 Erst mal offline: das Offline-First-Paradigma

Zur Umsetzung offlinefähiger Anwendungen ist das *Offline-First*-Paradigma bekannt. Dieses besagt, dass die Offlinefähigkeit einer Anwendung schon in der Konzeptphase bedacht und auch von vornherein in der Implementierung berücksichtigt werden muss, da sie sich nicht nur auf die Anwendungs-, Backend- und Datenbankarchitektur zentral auswirkt, sondern auch auf die User Experience: So wäre es ungewöhnlich, wenn Microsoft Outlook das Senden einer E-Mail oder WhatsApp das Verschicken einer Nachricht verweigern würde, wenn gerade keine Internetverbindung besteht. Beide Anwendungen implementieren einen lokalen Zwischenspeicher, bei Outlook etwa den Postausgang. Von dort kümmert sich die Anwendung um das Synchronisieren mit dem Backend, zum Beispiel dem E-Mail-Server. Wichtig ist also, dass »offline« nicht als Fehlerzustand angesehen und kommuniziert wird, sondern als Normalfall.

Konflikte, Locking und Synchronisation

Die Umsetzung von Offlineszenarien zieht allerdings einen nicht zu unterschätzenden Aufwand bei Konzept und Implementierung nach sich: Durch die lokale Datenhaltung aufseiten des Clients kommt es zu einem separaten Datenbestand und damit möglicherweise zu Kollisionen. Klassischerweise gibt es zwei Sperrverfahren, um mit diesem Problem umzugehen und Konflikte zu reduzieren: *pessimistisches* und *optimistisches Locking*. Beim pessimistischen Locking wird der Zugriff auf einen Datensatz komplett gesperrt, sodass kein zweiter Benutzer darauf zugreifen kann (auch nicht lesend). Somit wird von vornherein vermieden, dass es überhaupt zu einem Konflikt kommen kann. Diese Methode ist zwar sehr effektiv, führt aber zu einer schlechten Nutzererfahrung und kommt bei offlinefähigen Anwendungen nicht in Betracht, da das Sperren des Datensatzes in der Datenbank nur dann erfolgen kann, wenn eine Internetverbindung zur Verfügung steht. Bei optimistischem Locking wird davon ausgegangen, dass es nur in seltenen oder wenigen Fällen zu Konflikten kommen kann. Für dieses Sperrverfahren ist einerseits die Einführung einer Logik zur Synchronisierung der Datensätze erforderlich, andererseits muss ein Verfahren zur Konfliktauflösung definiert werden, das sich je nach Problemdomäne unterscheidet:

- Bei einer klassischen Stammdatenverwaltung könnte die Webanwendung einen Dialog anzeigen, der die im Konfliktzustand befindlichen Felder mit ihrer lokalen und ihrer serverseitig vorhandenen Version nebeneinander anzeigt und den Benutzer zur Auswahl auffordert.
- Bei Versionskontrollsystemen wie Git kommen hingegen komplexe Diff- und Merge-Tools zum Einsatz, um im Konflikt befindliche Versionsstände bis hin zur Ebene einer einzelnen Quellcodezeile zusammenzuführen.
- Das Notizprogramm Microsoft OneNote setzt die Offline-First-Eigenschaft vorbildlich um: Anwender können jederzeit Notizen erfassen, die im lokalen Speicher abgelegt werden. Steht eine Internetverbindung zur Verfügung, werden die Notizen synchronisiert. Anwender können auf einer Notizseite beliebige Änderungen durchführen. Konflikte treten nur dann auf, wenn zwei Anwender gleichzeitig denselben Abschnitt bearbeitet haben. In diesem Fall wird eine Kopie der Konfliktseite neben dem Original abgelegt und der Anwender benachrichtigt.
- Bei einem Microblogging-Dienst wie Twitter tritt das Problem hingegen gar nicht auf, da lediglich neue Nachrichten verfasst werden können, die zum Zeitpunkt der Synchronisierung im Newsfeed erscheinen.

Wichtig bei der Auswahl der Methode zur Synchronisierung und Konfliktauflösung ist, dass der Anwender bei der Durchführung der Kernaufgabe nicht übermäßig behindert wird und ohne Aufforderung keine Daten verloren gehen, wie es beispielsweise bei der Konfliktauflösungsstrategie *Last one wins* der Fall wäre, bei dem der zuletzt eingegangene Stand alle früheren rücksichtslos überschreibt.

Implementierungsaspekte auf Datenbankebene

Zur Implementierung des Offline-First-Prinzips auf Datenbankebene können beispielsweise Globally Unique Identifiers (GUIDs) als Primärschlüssel hilfreich sein, sodass diese verteilt erzeugt werden können, also auch innerhalb der Webanwendung, ohne eine Verbindung zum Datenbankserver zu benötigen. Zur Implementierung von optimistischem Locking wird in Tabellen oftmals eine zusätzliche Spalte eingeführt, die einen Zeitstempel oder eine Zeilenversion enthält. Diese Spalte muss durch einen Trigger oder andere Maßnahmen bei Änderungen am Datensatz unbedingt aktualisiert werden. Der Zeitstempel wird als Teil des Datensatzes zum Client geschickt und im dortigen Speicher hinterlegt. Bei der Synchronisierung wird der Wert unverändert wieder zurück zum Server geschickt, der anhand dieser Angabe prüfen kann, ob es zwischenzeitlich eine Änderung gab. Wenn der Zeitstempel des clientseitigen Datensatzes mit dem des serverseitigen Datensatzes übereinstimmt, kann der clientseitige Datensatz bedenkenlos übernommen werden.

Offlinefähigkeit und Service Worker

Zur Umsetzung von Offline-First ist es hilfreich, einen zentralen Adapter einzusetzen, der entscheiden kann, ob eine Anfrage über das Netz oder den lokalen Zwischenspeicher beantwortet wird. Keine Implementierung darf diesen zentralen Adapter umgehen, da das Konzept der Offlinefähigkeit sonst an genau dieser Stelle bricht. Glücklicherweise stellt der Service Worker, wie in Abschnitt 5.2.1, »Wo lebt der Service Worker in meinem Browser?«, beschrieben, genau diesen zentralen Adapter dar. Aus der Anwendung heraus kann er auch nicht umgangen werden. Über den Service Worker wird also die Offlinefähigkeit umgesetzt. Der Service Worker hat einen lokalen Zwischenspeicher, der über die Cache API angesprochen werden kann. Dieser eignet sich nur für die HTTP(S)-Antworten, also zum Beispiel die (statischen) Quelldateien der Anwendung oder die Antworten auf (dynamische) API-Anfragen vom Backend. Nicht geeignet ist der Service-Worker-Cache für strukturierte Anwenderdaten. Mit der Cache API beschäftigt sich Kapitel 6, »Cache API: So lädt die App auch ohne Netzverbindung«, im Detail.

5.2.3 IndexedDB: Wer noch alles im Offlineteam mitspielt

Der Service Worker kann allerdings auch Antworten für API-Abfragen komplett selbstständig zusammensetzen, zum Beispiel mithilfe der *Indexed Database API* (IndexedDB). Diese Schnittstelle implementiert eine JavaScript-basierte, objektorientierte Browserdatenbank, auf die sowohl die Webanwendung als auch der Service Worker Zugriff haben. Es handelt sich dabei um eine offizielle Empfehlung des W3C, einen verabschiedeten Standard.

Browserunterstützung

Wie Tabelle 5.2 zeigt, wird die erste Ausgabe von IndexedDB in allen relevanten Webbrowsern unterstützt.

Google Chrome	Microsoft Edge	Mozilla Firefox	Apple Safari
11	IE 10	4	7.1

Tabelle 5.2 Browserunterstützung für IndexedDB

In den ersten Browserausgaben, die eine Unterstützung für IndexedDB einschließen, ist die Implementierung nicht immer vollständig oder fehlerfrei. Mittlerweile sind die Implementierungen in allen großen Webbrowsern aber relativ stabil. Ausnahmen gibt es bei Microsoft Internet Explorer und Edge, bei denen nicht alle Datenbankindexarten vollständig unterstützt werden, sowie bei Apple Safari, bei dem unter iOS etwa keine Binary Large Objects in der Browserdatenbank abgelegt werden können. Der Verwendung von IndexedDB steht dennoch nichts um Wege. Werden beide Features zwingend benötigt, gibt es dafür passende Workarounds. Gegenwärtig liegt die Indexed Database API in Version 2.0 vor, an Version 3.0 wird gearbeitet. Debugging-Tools für IndexedDB gibt es für alle vier großen Webbrowser. Abbildung 5.4 stellt die Anzeige einer clientseitigen Datenbank in den Entwicklertools von Google Chrome dar. Anwender, aber auch Browsererweiterungen, können den Inhalt der Clientdatenbank also einsehen und auch manipulieren.

Die Schnittstellen von IndexedDB basieren allerdings nicht, wie viele andere moderne Webschnittstellen, auf Promises (siehe Abschnitt 1.3.3, »Promises: asynchrone Operationen im Griff«), sondern auf Callbacks. Dieser Umstand erschwert die Verwendung in Kombination mit den Service-Worker-Schnittstellen, die auf Promises basieren. Daher gibt es Bibliotheken, die eine Promise-Schnittstelle für IndexedDB bereitstellen, zum Beispiel das quelloffene *idb* (*https://github.com/jakearchibald/idb*).

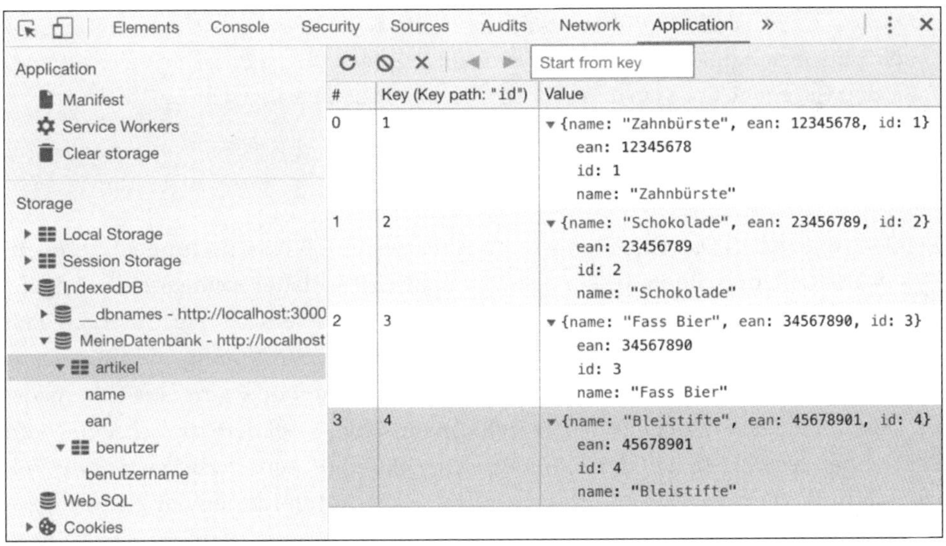

Abbildung 5.4 Anzeige der clientseitigen Datenbankinhalte in den Entwicklertools von Google Chrome

Dexie.js

Da die nativen IndexedDB-Schnittstellen aber ohnehin eher komplex zu verwenden sind, helfen bei der Implementierung der clientseitigen Datenbank auch Bibliotheken wie *Dexie.js* (*http://dexie.org*). Diese stellt nicht nur einen Promise-basierten Wrapper um die IndexedDB-APIs dar, sondern implementiert auch einfach zu verwendende Methoden, um auf Datenbanken, Objektspeicher (vergleichbar mit Tabellen) und Datensätze zuzugreifen. Listing 5.5 zeigt, wie mithilfe der Konstruktorfunktion `Dexie()` eine Datenbankverbindung erzeugt wird, die auf die Clientdatenbank `MeineDatenbank` zugreifen soll. Existiert diese Datenbank noch nicht, wird sie im Zuge des Öffnens angelegt.

```
const db = new Dexie('MeineDatenbank');
```

Listing 5.4 Erzeugen einer IndexedDB-Datenbankverbindung

Aufgabe: Experimentieren mit Dexie.js

Im Folgenden möchte ich mit Dexie.js eine Anbindung an IndexedDB implementieren und zeige dabei auch typische Datenbankoperationen am Beispiel einer Artikeldatenbank. Artikel haben einen eindeutigen Bezeichner, einen Namen sowie eine *European Article Number* (EAN).

Legen Sie einen neuen Ordner an, zum Beispiel mit dem Namen *kapitel05*. Wechseln Sie dann zu Visual Studio Code und öffnen Sie diesen Ordner. Legen Sie darin die beiden folgenden Dateien an: *index.html* und *db.js*. Öffnen Sie die Datei *db.js* und geben Sie dort folgenden Code ein (bitte achten Sie darauf, anders als in Listing 5.4 hier `self` zu verwenden):

```
self.db = new Dexie('MeineDatenbank');
```

Bei den IndexedDB-Datenbanken ist von Haus aus eine Versionierung vorgesehen: Um das Datenbankschema festzulegen, ist bei Dexie.js daher zwingend die Angabe einer ganzzahligen Versionsnummer über die Methode `version()` erforderlich. Erst auf dem Rückgabeobjekt steht die Methode `stores()` zur Verfügung, die zur Angabe des Datenbankschemas genutzt werden kann. Dieser Methode wird eine Schemadefinition übergeben. Dabei handelt es sich um ein Objekt, bei dem die Schlüssel dem Bezeichner des zu erzeugenden Objektspeichers entsprechen. Diesem wird eine Zeichenkette als Wert zugewiesen, die die kommaseparierten Namen der zu erzeugenden Indizes enthält. Der erste Eintrag entspricht dabei immer dem Primärschlüssel. Nur der Primärschlüssel und die Indexfelder können effizient durchsucht werden, allerdings beeinträchtigt die Definition zu vieler Indizes die Datenbankperformance. Entwickler sollten daher einen Index nur für die Eigenschaften eines Objekts anlegen, die später durchsucht werden sollen. Im Gegensatz zu klassischen relationalen Datenbanksystemen können Objekte in beliebiger Form im Objektspeicher abgelegt werden, also auch mit zusätzlichen Eigenschaften. Die Indextypen in der Zeichenkette werden durch eine bestimmte Syntax angegeben, die Tabelle 5.3 zeigt.[1]

Syntax	Bedeutung
++key	autoinkrementierter Primärschlüssel (per definitionem eindeutig)
&key	eindeutiger Index
*key	mehrwertiger Index (die zugrunde liegende Eigenschaft ist ein Array), nicht unterstützt von Microsoft Edge
[keyA+keyB]	aus zwei oder mehr Eigenschaften zusammengesetzter Index beziehungsweise Primärschlüssel, nicht vollständig unterstützt von Microsoft Edge

Tabelle 5.3 Dexie.js-Schemasyntax

Listing 5.5 zeigt, wie die zwei Objektspeicher `artikel` und `benutzer` angelegt werden: Artikel haben einen autoinkrementierten Primärschlüssel namens `id` sowie die beiden Indizes `name` für die Artikelbezeichnung und `ean` für dessen EAN. Benutzer haben ebenfalls einen autoinkrementierten Primärschlüssel namens `id`, erhalten einen eindeutigen Index namens `benutzername`, da jeder Benutzername nur einmal vergeben wird, sowie einen Index über das Geburtsdatum der Benutzer (`geburtsdatum`).

```
db.version(1).stores({
  artikel: '++id, name, ean',
  benutzer: '++id, &benutzername, geburtsdatum'
});
```

Listing 5.5 Initialisierung von Dexie.js

Aufgabe: Datenbankschema vorbereiten

Geben Sie am Ende der Datei *db.js* nun folgenden Code ein:

```
self.db.version(1).stores({ artikel: '++id, name, ean' });
```

Die Definition des Datenbankschemas muss vollständig abgeschlossen sein, bevor die Datenbankverbindung geöffnet wird. Dies geschieht entweder explizit durch Aufrufen der Methode `open()` auf der Verbindung oder automatisch beim Ausführen der ersten Abfrage: Um Datensätze eines Objektspeichers zu erzeugen, zu löschen, zu bearbeiten oder abzurufen, greift der Entwickler auf die gleichnamige Eigenschaft auf der Datenbankverbindung zu. Sämtliche Abfragemethoden liefern ein Promise zurück. Entwickler müssen damit rechnen, dass es bei Abfragen zu Fehlern kommen

1 *http://dexie.org/docs/Version/Version.stores()#schema-syntax*

kann, etwa wenn die Speicherkapazität der Clientdatenbank erschöpft ist. Die Speicherlimits variieren je nach Webbrowser und freiem Speicherplatz, in Abschnitt 6.4.3, »Speicherkontingent abfragen«, beschreibe ich sie ausführlich. In manchen Browsern steht im privaten Modus kein Zugriff auf die IndexedDB zur Verfügung. Daher müssen zurückgewiesene Promises unbedingt vom Entwickler behandelt und zum Beispiel dem Anwender durch eine Fehlermeldung angezeigt werden. IndexedDB und Dexie.js unterstützen zudem auch Transaktionen, um sicherzustellen, dass zusammenhängende Abfragen atomar, also entweder ganz oder gar nicht, durchgeführt werden. Listing 5.6 zeigt, wie dem Artikel-Objektspeicher mithilfe der Methode `add()` ein neuer Datensatz hinzugefügt werden kann. Dexie.js stellt darüber hinaus Methoden für Massenvorgänge wie `bulkAdd()` zur Verfügung, die mit nahezu nativer Performance ausgeführt werden.

```
try {
  await db.artikel.add({ name: 'Zahnbürste', ean: 12345678 });
} catch (err) {
  console.error(err);
}
```

Listing 5.6 Hinzufügen eines neuen Datensatzes zu einem Objektspeicher

Häufig muss eine Datenbank initial mit Datensätzen befüllt werden. Um das zu erledigen, stellt Dexie.js eine Ereignisschnittstelle zur Verfügung. Einmalig wird beim Anlegen der Datenbank, sofern sie zuvor noch nicht existiert hat, das Ereignis `populate` ausgelöst. Darauf kann sich die Anwendung mithilfe der Methode `on()` registrieren und die Objektspeicher zum Beispiel über die Methode `add()` mit Datensätzen befüllen, wie Listing 5.7 zeigt.

```
db.on('populate', async () => {
  try {
    await db.artikel.add({ name: 'Bleistift', ean: 12345678 });
  } catch (err) {
    console.error(err);
  }
});
```

Listing 5.7 Reagieren auf das populate-Ereignis

Aufgabe: Datenbank vorbefüllen

Ergänzen Sie die Datei *db.js* um folgenden Code:

```
self.db.on('populate', () =>
  db.artikel.add({ name: 'Bleistift', ean: 12345678 });
});
```

Gern können Sie die Zeile mit dem Aufruf der `add()`-Methode duplizieren und weitere Einträge hinzufügen, die beim Anlegen der Datenbank hinzugefügt werden.

Zum Filtern von Datensätzen stellt Dexie.js die Methode `where()` zur Verfügung. Dieser wird der Name eines Indexfelds oder Primärschlüssels übergeben. Für die Rückgabe stehen verschiedene Vergleichsoperationen zur Verfügung, zum Beispiel die Methode `equals()`. Dieser Methode wird ein Wert übergeben, der sich mit dem Wert des angegebenen Felds exakt decken muss (bei Zeichenketten also auch die Groß- und Kleinschreibung), sodass der zugehörige Datensatz in die Ergebnisliste übernommen wird. Diese kann mithilfe der Methode `toArray()` angefordert werden. Ist nur der erste Datensatz interessant oder wird nur ein solcher erwartet, kann auch die Methode `first()` verwendet werden. Beide Methoden liefern ein Promise zurück, auf dessen Abschluss gewartet werden muss. Listing 5.8 zeigt, wie ein Einzeldatensatz aus dem Artikel-Objektspeicher anhand seiner EAN abgefragt werden kann.

```
try {
  const zahnbürste = await db.artikel.where('ean').equals(12345678).first();
  // {name: "Zahnbürste", ean: 12345678, id: 1}
} catch (err) {
  console.error(err);
}
```

Listing 5.8 Abfragen eines Einzeldatensatzes

IndexedDB und Dexie.js erleichtern insbesondere die Migration von Datenbanken. Sollte sich das Datenbankschema ändern, wird die Methode `version()` erneut mit einer höheren Versionsnummer aufgerufen. Frühere Versionsdefinitionen sollten nicht entfernt werden, da ein Anwender, der die Webanwendung längere Zeit nicht mehr aufgerufen hat, einen bestimmten Migrationsschritt verpasst haben könnte. Das Hinzufügen und Entfernen von Objektspeichern und Indexfeldern kann Dexie.js automatisch nachvollziehen und die notwendigen Änderungen selbst durchführen. Müssen Datensätze zur Migration programmatisch angepasst werden, steht die Methode `upgrade()` zur Verfügung: Diese nimmt eine Callback-Funktion entgegen, einen sogenannten *Upgrader*, der mit einer Transaktion aufgerufen wird. Im Rahmen dieser Transaktion können die notwendigen Änderungen durchgeführt werden, um auch die Datensätze auf das neue Datenbankschema anzupassen.

Listing 5.9 zeigt, wie die Indexeigenschaft `geburtsdatum` des Benutzer-Objektspeichers aus den obigen Beispielen durch die neue Eigenschaft `alter` ausgetauscht wird. In diesem Zuge muss auch der Inhalt sämtlicher Datensätze des Objektspeichers aktualisiert werden, um künftig kein Datum, sondern eine Ganzzahl zu speichern. Zunächst wird die Methode `version()` mit der um eins inkrementierten Datenbankversionsnummer aufgerufen. In der Schemadefinition für die Methode stores() wird diesmal nur der Objektspeicher benutzer aufgeführt. Da sich für den Objektspeicher artikel nichts ändert, muss dieser hier nicht aufgeführt werden. Soll ein Objektspeicher gelöscht werden, muss ihm in der Schemadefinition für die neue Datenbankversion der Wert null zugewiesen werden. Beim Objektspeicher benutzer wurde der Index geburtsdatum entfernt und gegen alter ausgetauscht. Das Entfernen von Indizes führt allerdings nicht dazu, dass die zugehörigen Objekteigenschaften der gespeicherten Datensätze entfernt werden.

Der Upgrader zur Datenbankmigration, der der Methode upgrade() übergeben wird, ruft mithilfe der Methode toCollection() sämtliche Datensätze des Objektspeichers benutzer ab. Die Methode modify() iteriert über diese Datensätze. Ihr wird ein Callback übergeben, der einmal für jeden Benutzerdatensatz aufgerufen wird. Der Parameter benutzer gewährt innerhalb des Callbacks Zugriff auf den aktuellen Datensatz, der dabei modifiziert werden kann. Der geänderte Datensatz wird in der Datenbank gespeichert. Im Beispiel wird aus dem übergebenen Geburtsdatum des Anwenders dessen aktuelles Alter errechnet und für die Eigenschaft alter gesetzt. JavaScript erzeugt Eigenschaften auf Objekten implizit durch Zuweisung. Explizit gelöscht hingegen wird die Eigenschaft geburtsdatum, die künftig nicht mehr gebraucht wird. Danach ist die Migration der Datenbank abgeschlossen.

```
db.version(2).stores({
  benutzer: '++id, &benutzername, alter'
}).upgrade(transaction => {
  const year = 1000 * 60 * 60 * 24 * 365;
  return transaction.benutzer.toCollection().modify(benutzer => {
    benutzer.alter = Math.floor((Date.now() - benutzer.geburtsdatum) / year);
    delete benutzer.geburtsdatum;
  });
}).catch(err => console.error(err));
```

Listing 5.9 Durchführen einer Datenbankmigration mithilfe von Dexie.js

Beim Löschen von Objektspeichern sowie beim Löschen und Manipulieren von Objekteigenschaften ist jedoch Vorsicht geboten: Diese Operationen sind nicht umkehrbar. Es wird bei der Datenbankmigration keine Kopie der früheren Version angelegt. Bei einer fehlerhaften Schemadefinition oder Upgrader-Implementierung droht Datenverlust. Migrationen sollten daher sorgfältig getestet werden, bevor sie an die Anwender ausgerollt werden.

Aufgabe: Experimentieren mit Dexie.js

In Ihrer Datei *db.js* sollten Sie nun den folgenden Code vorfinden:

```
self.db = new Dexie('MeineDatenbank');
self.db.version(1).stores({ artikel: '++id, name, ean' });
self.db.on('populate', () =>
  db.artikel.add({ name: 'Bleistift', ean: 12345678 });
});
```

Öffnen Sie nun die Datei *index.html*, geben Sie im Codeeditor `html:5` ein und drücken Sie so lange [⇥], bis sich der Cursor innerhalb des `body`-Elements befindet. Geben Sie dann `script:src` ein und drücken Sie erneut [⇥]. Ihr Cursor sollte sich nun innerhalb des `src`-Attributs eines neu erzeugten `script`-Elements befinden. Geben Sie dort als Wert die URL `https://cdnjs.cloudflare.com/ajax/libs/dexie/2.0.4/dexie.min.js` ein. Platzieren Sie den Cursor dann in einer neuen Zeile unter diesem `script`-Element. Geben Sie erneut `script:src` ein, drücken Sie wieder [⇥] und geben Sie dort `db.js` ein. In einer neuen Zeile geben Sie `script` (diesmal ohne `:src`) ein und drücken [⇥]. Geben Sie innerhalb des entstehenden `script`-Tags den Code `db.open();` ein. Ihr `body`-Element sollte dann folgendermaßen aussehen:

```
<body>
  <script src="https://cdnjs.cloudflare.com/ajax/libs/dexie/2.0.4/
dexie.min.js"></script>
  <script src="db.js"></script>
  <script>db.open();</script>
</body>
```

Speichern Sie alle geöffneten Dateien. Öffnen Sie dann ein Terminal in Visual Studio Code und geben Sie darin den Befehl `lite-server` ein. Daraufhin sollte sich Ihr Standardbrowser öffnen. Ist dies nicht Google Chrome, wechseln Sie bitte zu diesem Browser. Drücken Sie dort die Tastenkombination [F12] (Windows/Linux) oder [⌥] + [⌘] + [I] (macOS), um die Entwicklertools zu öffnen. Klicken Sie dann auf die Registerkarte APPLICATION. Klappen Sie im Bereich STORAGE das Menü INDEXEDDB aus. Dort sollten Sie nun die angelegte Datenbank mit dem Namen MEINEDATENBANK sehen. Klappen Sie auch deren Menü aus und klicken Sie auf den oben angelegten Objektspeicher ARTIKEL. Dort sollten Sie den oben hinterlegten Eintrag für den Artikel »Bleistift« sehen, der beim Anlegen der Datenbank standardmäßig erzeugt wird.

Wenn Sie den Eintrag nicht sehen können, gehen Sie in derselben Registerkarte APPLICATION in das Menü CLEAR STORAGE. Scrollen Sie auf der zugehörigen Seite ganz nach unten, stellen Sie sicher, dass alle Kontrollkästchen aktiviert sind, und klicken Sie auf die Schaltfläche CLEAR SITE DATA. Laden Sie die Website dann erneut.

Eine Alternative zu Dexie.js stellt *PouchDB* dar (*https://pouchdb.com/*). Diese Bibliothek greift ebenfalls auf IndexedDB zurück und enthält eine eingebaute Synchronisierungslogik für die NoSQL-Datenbank *Apache CouchDB* (*http://couchdb.apache.org/*).

Alternative Speichertechnologien und Größenbeschränkungen

Weitere clientseitige Speichertechnologien sind der Web Storage (Local Storage/Session Storage) und Cookies. Diese weisen jedoch starke Größenbeschränkungen auf und besitzen lediglich synchrone Schnittstellen. Eine weitere Datenbanktechnologie nennt sich Web SQL, die jedoch als veraltet markiert ist und zum Beispiel in Microsoft Edge nie implementiert war. Sowohl Web Storage und Cookies als auch Web SQL stehen darüber hinaus in sämtlichen Worker-Typen nicht zur Verfügung. Alle clientseitigen Speichertechnologien, auch IndexedDB, weisen Speicherlimits auf, die je nach Webbrowser und verfügbarem Speicherplatz variieren und schon im Bereich weniger Megabyte pro Domain beginnen. Das führe ich in Abschnitt 6.4.3, »Speicherkontingent abfragen«, näher aus.

5.3 Lebenszyklus

Zurück zum Service Worker: Wie oben erwähnt, dient dieser zur Umsetzung der Offlinefähigkeit, zum Entgegennehmen von Pushbenachrichtigungen und zum Synchronisieren von Daten im Hintergrund. Dazu wird ein Skript beim Webbrowser registriert, das unabhängig von der eigentlichen Webanwendung ausgeführt werden kann. Dieses Skript enthält *Infrastrukturcode*: Zwischenspeicher werden initialisiert oder migriert, ausgehende Anfragen untersucht und gegebenenfalls aus dem lokalen Zwischenspeicher beantwortet, Pushbenachrichtigungen werden entgegengenommen und auf dem Bildschirm angezeigt. Der Code des Service-Worker-Skripts wird sich über die Zeit ändern. Dabei ist aber Vorsicht geboten, da der Service Worker die Kontrolle über die Webanwendung besitzt. Er arbeitet auf den lokalen Zwischenspeichern und geht von bestimmten Zuständen aus. Kommt es hier zu einem Fehler, ist die Anwendung im Ernstfall nicht mehr erreichbar.

Service Worker haben daher einen klar definierten Lebenszyklus – von der Installation des allerersten Service Workers für eine Website bis hin zum Überschreiben durch eine neue Version. Dieser Lebenszyklus hat folgende Ziele:[2]

- Die Offlinefähigkeit der Anwendung soll vorbereitet und sichergestellt werden. Tritt im Rahmen der Installation ein Fehler auf, wird diese abgebrochen. Der Service Worker wird also keine Kontrolle über die Website erlangen.
- Zur selben Zeit kann auf einer Website immer nur *eine* Service-Worker-Implementierung ausgeführt werden. Das liegt daran, dass Speichertechnologien wie Cache API und IndexedDB einen bestimmten Zustand aufweisen. Ginge ein Service Worker beispielsweise von Version 1 einer Datenbank aus, ein anderer aber von Version 2, käme es zu Problemen oder gar zu Datenverlust.

2 *https://developers.google.com/web/fundamentals/primers/service-workers/lifecycle*

- Wenn es eine neue Service-Worker-Version gibt, soll diese also im Hintergrund vorbereitet werden können, ohne die aktuell ausgeführte Fassung zu beeinträchtigen.
- Die Installation eines Service Workers wird durch eine Webanwendung angestoßen. Um Probleme zu vermeiden, wird ein Service Worker im Standardfall erst dann aktiv, wenn alle Registerkarten und Browserfenster einer Webanwendung vollständig geschlossen wurden. Wenn diese Probleme ausgeschlossen werden können, kann ein Service Workerauch direkt die Kontrolle übernehmen.

In den folgenden Abschnitten betrachte ich die einzelnen Ereignisse des Service-Worker-Lebenszyklus (siehe Abbildung 5.5). Die weiteren Aufgaben in diesem Kapitel zeigen, wie ein Service Worker geschrieben werden kann, der auf die Inhalte der oben implementierten Clientdatenbank zugreift. Der Service Worker wird auf die URL */articles* reagieren und mit dem Inhalt der Clientdatenbank antworten, ohne dass diese Funktion auf dem Backend implementiert werden muss. Dieses Vorgehen funktioniert natürlich auch offline. Das Beispiel zeigt, wie der Service Worker HTTP(S)-Anfragen abfangen und Antworten komplett beliebig zusammensetzen kann. Vorsicht: Dieses Beispiel dient der Demonstration der Service-Worker-Schnittstellen und ist nicht für den produktiven Einsatz geeignet. Insbesondere die Anwendungsquelldateien werden auf diesem Weg noch nicht offline gehalten. Dies wird in Kapitel 6, »Cache API: So lädt die App auch ohne Netzverbindung«, beschrieben.

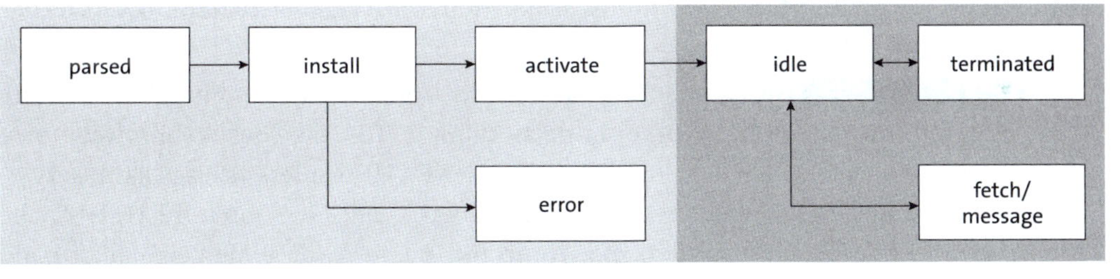

Abbildung 5.5 Leben eines Service Workers

5.3.1 Registrieren

Das Leben eines jeden Service Workers beginnt mit dessen Registrierung. Dies geschieht, wie Sie nun schon häufiger gesehen haben, mithilfe der Methode `register()` in der Eigenschaft `serviceWorker` des `navigator`-Objekts. Der Entwickler sollte dem Konzept des Progressive Enhancement folgen und vor der Registrierung prüfen, ob die Service-Worker-Schnittstellen überhaupt vorhanden sind. Das zeigt Listing 5.10.

```
if ('serviceWorker' in navigator) {
  navigator.serviceWorker.register('./sw.js')
    .then(registration => console.log(registration))
```

```
    .catch(error => console.error(error));
}
```

Listing 5.10 Registrierung des Service Workers

Die `register()`-Methode kann optional mit einem weiteren Konfigurationsobjekt aufgerufen werden, das folgende drei Eigenschaften enthält:

- `scope`: Das ist der Scope, für den dieser Service Worker registriert werden soll. Würde als Scope der Pfad `/artikel/` angegeben werden, würde der Service Worker ausschließlich für HTTP(S)-Anfragen unterhalb dieses Pfads (zum Beispiel `/artikel/index.html`) und seiner Unterpfade (zum Beispiel `/artikel/assets/logo.png`) tätig werden, nicht jedoch für Ressourcen, die oberhalb dieses Pfads abgelegt sind (zum Beispiel die Ressource `/artikel` ohne schließenden Schrägstrich, den abweichenden Ordner `/todos` oder das Wurzelverzeichnis `/`). Fehlt diese Angabe, nimmt der Webbrowser als Scope den Pfad an, in dem das Service-Worker-Skript hinterlegt ist. Daher bietet es sich an, dieses im Wurzelverzeichnis der Webanwendung zu hinterlegen.
- `workerType`: Diese Eigenschaft gibt an, ob der Service Worker ein klassischer Worker ist (`classic`) oder ein Modulworker (`module`). Wie in Abschnitt 5.1.1, »Web Worker«, ausgeführt, unterscheiden sich die beiden Arten unter anderem darin, wie externe Skripte importiert werden. Standardwert ist `classic`. Skripte werden hier über die Methode `importScripts()` importiert. Die Aufgaben in diesem Kapitel orientieren sich daran.
- `updateViaCache`: Dies gibt an, ob das Service-Worker-Skript und mögliche weitere Skripte, die der Service Worker importiert, im HTTP-Cache des Webbrowsers zwischengespeichert werden sollen. Mithilfe des HTTP-Headers `max-age` kann serverseitig angegeben werden, wie lange die übertragene Ressource im HTTP-Cache zwischengespeichert werden soll. Wenn für `updateViaCache` die Zeichenkette `all` übergeben wird, gelten sowohl für das Service-Worker-Skript als auch für importierte Skripte die HTTP-Caching-Regeln. Das Service-Worker-Skript wird dennoch spätestens alle 24 Stunden neu heruntergeladen, um zu vermeiden, dass ein Anwender durch versehentlich zu aggressives Caching für immer auf einer Version festhängt. Der Wert `none` gibt an, dass der HTTP-Cache für sämtliche Skripte umgangen werden soll. Es gibt schließlich noch eine Zwischenstufe `imports`, bei der das Service-Worker-Skript den HTTP-Cache umgeht, die importierten Skripte aber nicht. Dies ist der Standardfall und wird ab Google Chrome 68 umgesetzt.[3]

Der Aufruf der Methode `register()` gibt ein Promise zurück, das zurückgewiesen werden kann, wenn die Website zum Beispiel nicht über HTTPS ausgeliefert wird

3 *https://developers.google.com/web/updates/2018/06/fresher-sw*

oder das verwiesene Service-Worker-Skript nicht existiert. Im Erfolgsfall löst das Promise mit einer Service-Worker-Registrierung vom Typ *ServiceWorkerRegistration* auf.

Aufgabe: Service Worker registrieren

Wechseln Sie zurück zu Visual Studio Code. Legen Sie eine neue Datei namens *sw.js* an, aber lassen Sie sie zunächst leer. Wechseln Sie dann in den Codeeditor der Datei *index.html*. Ändern Sie das dritte `script`-Tag, in dem derzeit nur die Datenbank geöffnet wird, folgendermaßen ab:

```
<script>
    db.open()
        .then(() => {
            if ('serviceWorker' in navigator) {
                return navigator.serviceWorker.register('sw.js');
            }
        }).then(registration => console.log(registration))
        .catch(err => console.error(err));
</script>
```

Die Implementierung wartet erst mal, bis die IndexedDB-Datenbank über Dexie.js erfolgreich geöffnet werden konnte. Dann wird geprüft, ob die Service-Worker-Schnittstellen in diesem Webbrowser verfügbar sind. Für IndexedDB nehme ich keine Prüfung vor, da Dexie.js dies übernimmt und bei fehlender Unterstützung das Promise zurückweist. Besteht eine Unterstützung der Service-Worker-Schnittstellen, wird die `register()`-Methode aufgerufen und das Ergebnis-Promise zurückgegeben. Sollten die Schnittstellen nicht vorhanden sein, wird implizit `undefined` zurückgegeben. War die Registrierung erfolgreich, wird die Service-Worker-Registrierung auf der Kommandozeile ausgegeben. Sollte der Webbrowser die Schnittstellen nicht unterstützen, wird hingegen der oben definierte Wert `undefined` ausgegeben. Falls beim Öffnen der Datenbank oder bei der Registrierung des Service Workers ein Fehler aufgetreten ist, wird die zugehörige Fehlermeldung ebenfalls auf der Entwicklerkonsole ausgegeben.

Bei der Registrierung wird das übergebene Skript vom Webbrowser abgerufen und geparst. Damit nimmt der Service Worker seinen initialen Zustand *parsed* an. Daneben gibt es fünf weitere Zustände: *installing, installed, activating, activated* und *redundant*. Die Service-Worker-Registrierung nimmt ihrerseits drei verschiedene Zustände an: *installing, waiting* und *active*. Mit der Bedeutung der einzelnen Zustände beschäftige ich mich in den folgenden Abschnitten. Eine Übersicht der Zustände des Service-Worker-Lebenszyklus zeigt Abbildung 5.6.

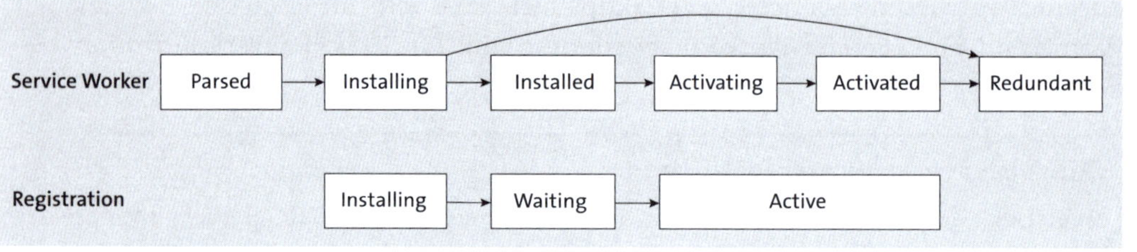

Abbildung 5.6 Lebenszykluszustände des Service Workers und seiner Registrierung

Auf der Service-Worker-Registrierung stehen die folgenden Schnittstellen zur Verfügung:

- Die oben gesetzten Eigenschaften `scope` und `updateViaCache` können eingesehen, aber nicht verändert werden.
- Mithilfe der Methode `update()` kann die Aktualisierung des Service-Worker-Skripts ausgelöst werden. Der Aufruf der Methode gibt ein Promise zurück, wenn dies abgeschlossen ist.
- Über die Methode `unregister()` kann die Service-Worker-Registrierung auf Wunsch der Webanwendung auch wieder aufgehoben werden. Der Service Worker wird im weiteren Verlauf gelöscht. Auch der Aufruf dieser Methode gibt ein Promise zurück.
- Über die Eigenschaften `installing`, `waiting` und `active` kann einerseits geprüft werden, in welchem Zustand sich die Registrierung befindet. Außerdem gewährt die Service-Worker-Registrierung über diese Eigenschaften Zugriff auf die Service Worker in den einzelnen Zuständen. Mithilfe der `postMessage()`-Schnittstelle kann die Webanwendung mit Service Workern kommunizieren, die gerade installiert werden, warten oder aktiv sind. Befindet sich kein Service Worker in der jeweiligen Phase, wird `null` zurückgegeben.
- Außerdem stellt die Service-Worker-Registrierung das Ereignis `updatefound` zur Verfügung, das aufgerufen wird, wenn der Webbrowser eine neue Version des Service Workers gefunden hat. Ein Service Worker gilt so lange als aktuell und unverändert, solange sich der Inhalt des zugehörigen Skripts nicht ändert. Wird auch nur ein Byte im Skript geändert, gilt dies als neue Service-Worker-Version. Sobald der Webbrowser eine neue Service-Worker-Version auffindet (beeinflussbar durch die oben beschriebene Eigenschaft `updateViaCache` bei der Registrierung und HTTP-Cache-Header, spätestens aber alle 24 Stunden), wird er diese im Hintergrund installieren.

Aufgabe: Service-Worker-Registrierung inspizieren

Speichern Sie alle geöffneten Dateien in Visual Studio Code und wechseln Sie zu Google Chrome zurück. Sind die Entwicklertools nicht mehr geöffnet, drücken Sie

F12 (Windows/Linux) oder ⌥ + ⌘ + I (macOS), um diese anzuzeigen. Wechseln Sie in den Entwicklertools auf der Registerkarte Application zum Menü Service Workers. Dort sollten Sie, mit Skriptnamen und Registrierungszeitpunkt, die Service-Worker-Registrierung sehen. Da die Service-Worker-Implementierung leer ist und zuvor kein Service Worker registriert war, wurde dieser direkt installiert und aktiviert. Mithilfe der Linkschaltflächen Update und Unregister kann der Service Worker aktualisiert oder die Registrierung aufgehoben werden. Drücken Sie dann Esc, um eine Minikonsole (*Console Drawer*) am unteren Bildschirmrand zu öffnen. Darin sollte die Registerkarte Console angezeigt werden. Wenn alles geklappt hat, sehen Sie dort das Ergebnisobjekt. Klappen Sie mithilfe des Pfeils auf der linken Seite die Service-Worker-Registrierung auf, um sie zu untersuchen. Abbildung 5.7 zeigt die Eigenschaften der Registrierung. Bitte lassen Sie die Registerkarte der Webanwendung samt Entwicklertools und Console Drawer genau so geöffnet.

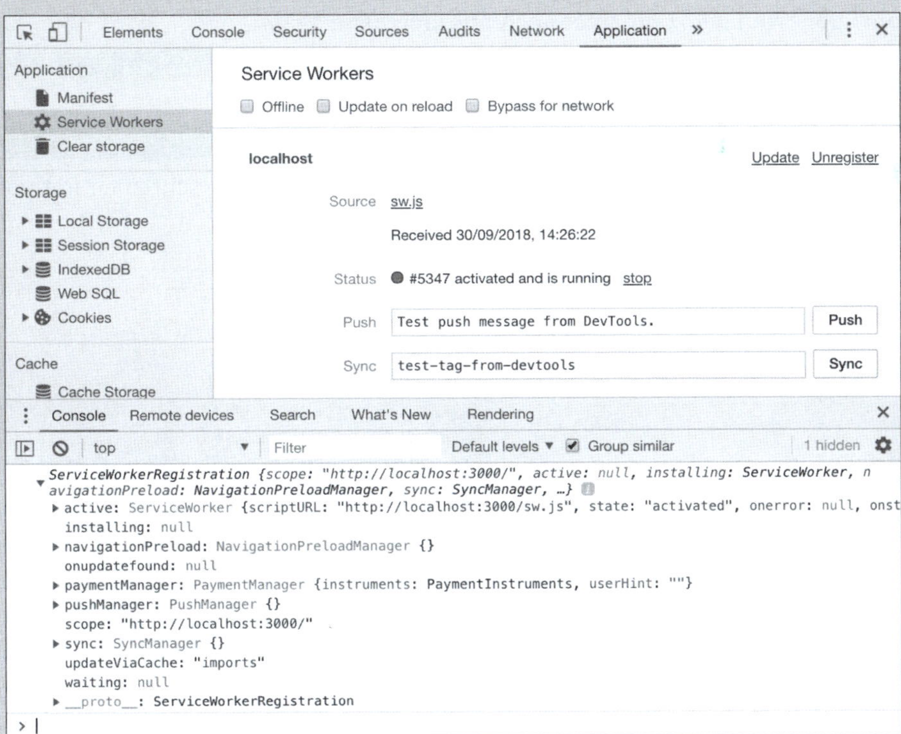

Abbildung 5.7 Anzeige der Service-Worker-Registrierung

Gerade haben Sie die Schnittstelle *ServiceWorkerContainer* kennengelernt, die sich hinter der Eigenschaft `navigator.serviceWorker` verbirgt. Auf diese Eigenschaft können Webanwendung wie Worker zugreifen. Auf dem Container steht nicht nur die oben beschriebene Methode `register()` zur Registrierung zur Verfügung:

- Mithilfe der Methode `controller` erhält der Entwickler Zugriff auf den Service Worker, der die Website gerade kontrolliert. Gibt es keinen, wird `null` zurückgegeben.
- Die Eigenschaft `ready` gibt ein Promise zurück, das mit der Service-Worker-Registrierung auflöst, sobald diese einen aktiven Worker für den aktuellen Scope besitzt. Darüber hinaus erlaubt der Container, die bestehenden Registrierungen abzurufen.
- Die Methode `getRegistrations()` gibt ein Promise zurück, das mit der Auflistung aller Service-Worker-Registrierungen der aktuellen Origin auflöst.
- Der Methode `getRegistration()` wird hingegen eine URL unterhalb der aktuellen Origin übergeben. Diese Methode gibt ein Promise zurück, das mit der passenden Service-Worker-Registrierung auflöst. Gibt es keine, löst das Promise hingegen mit dem Wert `undefined` auf.

Dann gibt es auf dem Container noch drei Ereignisse:

- `controllerchanged` wird ausgelöst, wenn ein anderer Service Worker die Kontrolle über die Website übernimmt.
- Die Ereignisse `message` und `messageerror` dienen der Kommunikation mit dem Service-Worker-Skript. Sie werden in Abschnitt 5.4.2, »Briefchen schreiben mit postMessage«, näher beschrieben.

Aufgabe: Registrierungen abrufen

Wechseln Sie zurück zu Google Chrome. Platzieren Sie den Cursor in der Entwicklerkonsole. Geben Sie dort den folgenden Befehl ein:

```
await navigator.serviceWorker.getRegistrations();
```

In der Rückgabe sollte eine Auflistung zu sehen sein, die genau eine Service-Worker-Registrierung enthält – genau die, die Sie soeben erzeugt haben.

5.3.2 Installieren

Im Zuge der Registrierung wird die Installation des Service-Worker-Skripts ausgeführt. Der Service Worker und seine Registrierung nehmen dabei den Zustand *installing* an. Innerhalb des Service-Worker-Skripts wird das Ereignis `install` ausgelöst. Dieses Lebenszyklusereignis kann zum Beispiel dazu verwendet werden, Ressourcen im Zwischenspeicher abzulegen. Listing 5.11 zeigt, wie der Entwickler sich mithilfe der Methode `addEventListener()` für das Auftreten des Installationsereignisses registrieren kann.

```
self.addEventListener('install', event => {
  event.waitUntil(/* asynchronous operation */);
});
```

Listing 5.11 Behandlung des install-Ereignisses im Service Worker

Die Installationsphase muss so lange hinausgezögert werden, bis sämtliche unbedingt erforderlichen Operationen abgeschlossen sind. Der Service Worker könnte beispielsweise bei der Installation schon einige Ressourcen vom Server herunterladen und lokal speichern, um so seinen Zwischenspeicher vorzubereiten. Darauf gehe ich in Kapitel 6, »Cache API: So lädt die App auch ohne Netzverbindung«, detailliert ein. Um die Installationsphase entsprechend zu verlängern und somit zu vermeiden, dass der Service Worker zu früh aktiviert wird, wird eine passende Helfermethode auf den Ereignisargumenten (`event`) angeboten. Die Ereignisargumente sind vom Typ *ExtendableEvent*, also »verlängerbares Ereignis«. Auf solchen Ereignisargumenten wird die Methode `waitUntil()` angeboten. Sie nimmt ein Promise entgegen, das die notwendigen auszuführenden Schritte kapselt. Solange das Promise noch nicht erfüllt ist, bleibt der Service Worker in der Installationsphase. Es ist wichtig, die Methode `waitUntil()` aufzurufen, da der Service Worker sonst direkt in den Zustand *installed* übergehen würde. Die Methode kann auch mehrfach aufgerufen werden. In diesem Fall wird auf die Erfüllung sämtlicher Promises gewartet. Der Webbrowser kann allerdings die Zeit beschränken, in der die Aufgaben ausgeführt werden müssen.

Können Inhalte zum Beispiel nicht für die Offlineverwendung heruntergeladen werden, ist es wenig sinnvoll, den Service Worker zu aktivieren. Dies könnte im Ernstfall dazu führen, dass die Website gar nicht mehr aufgerufen werden kann. Wird das übergebene Promise zurückgewiesen, schlägt die Installation des Service Workers daher fehl, und er geht direkt in den Zustand *redundant* über. Der Service Worker wird somit nie die Kontrolle über die Website übernehmen. Werden die Promises hingegen erfolgreich aufgelöst, wechselt der Service Worker in den Zustand *installed*. Die Service-Worker-Registrierung nimmt dann den Zustand *waiting* an. War zuvor noch kein Service Worker registriert, versucht der Webbrowser, den Service Worker direkt zu aktivieren. Der Service Worker erhält allerdings noch nicht die Kontrolle über die aktuell geöffnete Website, er übernimmt erst die Kontrolle für neue Registerkarten und Browserfenster, in denen eine Website unterhalb des Scopes geladen wird.

Entwickler müssen bei der Installation eines Service-Worker-Skripts unbedingt beachten, dass für den Scope auch ein früherer Service Worker aktiviert sein kann. Daher dürfen in der Installationsphase keine Operationen vorgenommen werden, die einen existierenden aktiven Service Worker beeinflussen könnten. Insbesondere dürfen keine bestehenden Zwischenspeicher oder Clientdatenbanken sowie deren Inhalte manipuliert oder gelöscht werden, da sich der laufende Service Worker auf deren Zustand verlassen könnte. Es ist jedoch möglich, neue Zwischenspeicher oder Clientdatenbanken anzulegen.

Eine neue Service-Worker-Version wird standardmäßig nicht automatisch aktiviert, sondern erst, nachdem alle Browsing-Kontexte und Worker, die unter der Kontrolle einer alten Service-Worker-Version stehen, der Webanwendung vollständig geschlossen wurden. Dies hat den Hintergrund, dass der Service Worker im Zuge von Installation und Aktivierung lokalen Zustand wie den Zwischenspeicher oder die Clientdatenbank verändern kann. Verlässt sich die Webanwendung auf einen bestimmten Zustand, kann es innerhalb der Anwendung zur Laufzeit zu Fehlern kommen. Wenn der Entwickler sicherstellen kann, dass die Webanwendung nach Aktivierung des Service Workers weiterhin funktioniert, kann er den Vorgang aber auch beschleunigen: Um unmittelbar Kontrolle über die Website zu erlangen, kann der Service Worker am Ende der Installationsphase die Methode `skipWaiting()` auf dem globalen Service-Worker-Scope (`self`) aufrufen. Bei Aufruf dieser Methode geht der Service Worker unmittelbar in den Zustand *activating* über. Nach der Aktivierung kontrolliert die neue Service-Worker-Version alle geöffneten Browsing-Kontexte, die zuvor unter der Kontrolle der alten Service-Worker-Version standen. Auf dem *ServiceWorkerContainer* wird das Ereignis `controllerchanged` ausgelöst, sodass die Webanwendung falls nötig auf die Änderung reagieren kann.

Aufgabe: Installationsereignis implementieren

Wechseln Sie zurück zu Visual Studio Code und geben Sie in der noch leeren Datei *sw.js* folgenden Code ein:

```
self.addEventListener('install', () => {
  console.log('Installing');
});
```

Speichern Sie die Datei und wechseln Sie zurück zu Google Chrome. Die Website sollte sich automatisch neu laden. Da sich das Service-Worker-Skript geändert hat, wird es vom Webbrowser als neue Version angesehen und installiert. In den Entwicklertools ist der neue Service Worker nun im Wartezustand zu sehen, da die alte Implementierung noch aktiv bleibt. Dies zeigt Abbildung 5.8. Klickt der Entwickler auf die Linkschaltfläche SKIPWAITING, aktiviert Google Chrome das neue Service-Worker-Skript direkt. Dies entspricht dem Aufruf der Methode `self.skipWaiting()` aus der Implementierung des Service Workers heraus. Da sich Webanwendung und Service Worker im Rahmen des Beispiels aber den Zugriff auf die Clientdatenbank teilen sollen, könnte es zu Inkonsistenzen zur Laufzeit kommen. Daher mache ich hier von dieser Methode keinen Gebrauch.

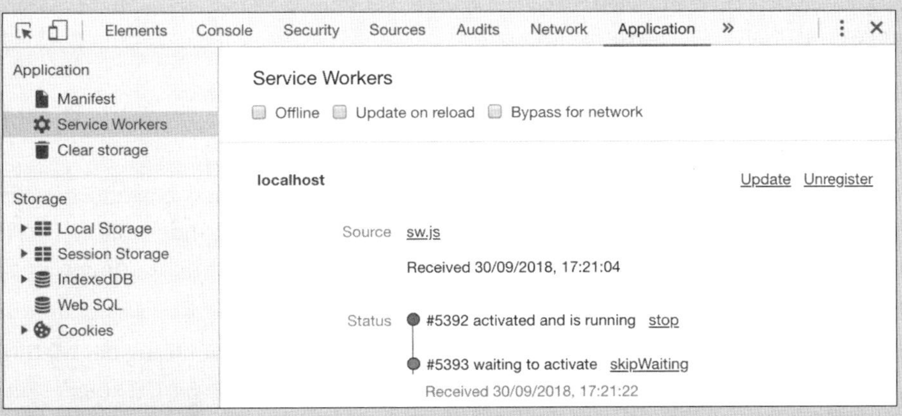

Abbildung 5.8 Anzeige eines wartenden Service Workers

In den kommenden Aufgaben werden einige Änderungen am Service-Worker-Skript vorgenommen werden. Da die Methode `skipWaiting()` nicht verwendet werden kann, müssten Sie die Registerkarten der Webanwendung immer komplett schließen und neu öffnen. Weil das auf die Dauer sicher lästig werden würde, aktivieren Sie bitte das Kontrollkästchen UPDATE ON RELOAD am oberen Bildschirmrand der Seite SERVICE WORKERS. Dadurch wird der Service Worker beim Neuladen der Webanwendung automatisch aktualisiert.

Im Beispiel für dieses Kapitel bleibt der Event-Handler für das `install`-Ereignis vom Loggen der Zeichenkette INSTALLING abgesehen leer, da es nichts gibt, was schon in der Installationsphase erledigt werden kann.

5.3.3 Aktivieren

In der Aktivierungsphase (*activating*) kann der Service Worker weitere Schritte vornehmen, um die Installation abzuschließen. Hier ist sichergestellt, dass ein möglicher früherer Service Worker nicht mehr aktiv ist. Daher können zum Beispiel Cache-Inhalte gelöscht oder die Clientdatenbank migriert werden. Im Gegensatz zur Installation führen Fehler bei der Aktivierung nicht zum Abbruch des Vorgangs oder zum Aufheben der Service-Worker-Registrierung. Der Service Worker wird danach garantiert aktiviert und muss daher aufgetretene Fehler unbedingt behandeln.

Das zugehörige Service-Worker-Ereignis heißt `activate`. Auch in der Aktivierungsphase sind die Ereignisargumente `event` vom Typ *ExtendableEvent*, erlauben also wieder den Aufruf von `waitUntil()`, um das Lebenszyklusereignis zu verlängern. Andernfalls geht der Service Worker direkt in den aktivierten Zustand über.

```
self.addEventListener('activate', event => {
  event.waitUntil(/* asynchronous operation */);
});
```

Listing 5.12 Behandlung des activate-Ereignisses im Service Worker

Nach Abschluss des Ereignisses geht der Service Worker in den Zustand *activated* über. Dann kann der Service Worker *funktionale Ereignisse* behandeln, also HTTP(S)-Anfragen der Webanwendung beantworten oder Pushbenachrichtigungen entgegennehmen.

Wichtig anzumerken ist, dass der Service Worker auch bei Verwendung der Methode `self.skipWaiting()` bei der ersten Installation und Aktivierung standardmäßig nicht direkt die Kontrolle über bereits geöffnete Websites übernimmt. Die aktuelle Website wird erst kontrolliert, wenn ein neuer Browsing-Kontext geöffnet wird. Auch dieses Verhalten dient dazu, inkonsistente Zustände zu vermeiden: Würde der Service Worker während der Laufzeit der Webanwendung aktiviert, greift er bei allen HTTP(S)-Anfragen der Webanwendung ab diesem Zeitpunkt, zum Beispiel für noch nicht geladene Bilddateien oder API-Anfragen. Kann der Entwickler ausschließen, dass es zu solchen inkonsistenten Zuständen kommt, kann er den Service Worker auch unmittelbar die Kontrolle über die Webanwendung erlangen lassen. Dazu wird die Methode `self.clients.claim()` aufgerufen. Somit übernimmt der Service Worker direkt die Kontrolle über alle geöffneten Clients. Schon die nächste HTTP(S)-Abfrage unterhalb des Scopes wird durch den Service Worker bearbeitet. Allerdings kann es bei dieser Methode zu Timing-Problemen kommen, da nicht absehbar ist, zu welchem Zeitpunkt der Service Worker die Kontrolle übernimmt. Da der Vorgang außerdem lediglich bei der Erstinstallation eines Service Workers Wirkung zeigt, ist der Nutzen dieser Methode umstritten.

Wird bei einer Website das Neuladen erzwungen (zum Beispiel mithilfe der Tastenkombination [⇧] + [F5] unter Windows/Linux oder [⇧] + [⌘] + [R] unter macOS), wird die Website vom Service Worker nicht kontrolliert.

Aufgabe: Aktivierungsereignis implementieren

Wechseln Sie zurück zu Visual Studio Code. Fügen Sie ganz am Anfang der Datei *sw.js* über der Methode zur Behandlung des Ereignisses `install` die folgende Zeile ein:

```
importScripts('https://cdnjs.cloudflare.com/ajax/libs/dexie/2.0.4/
dexie.min.js', 'db.js');
```

Beide URLs entsprechen den Angaben in der Datei *index.html*, sodass Sie diese von dort kopieren können. Durch das Importieren der Skripte steht nun auch im Service Worker das Dexie.js-Datenbank-Setup auf der globalen Eigenschaft `db` zur Verfügung. Ergänzen Sie dann die Behandlung des Ereignisses `activate` am Ende der Service-Worker-Implementierung.

```
self.addEventListener('activate', event => {
  event.waitUntil(db.open());
});
```

Damit wird im Rahmen der Service-Worker-Aktivierung die Verbindung zur Clientdatenbank geöffnet. In diesem Zuge findet eventuell eine Migration der Clientdatenbank statt. Daher wird dieser Schritt erst hier durchgeführt und nicht bei der Installation.

5.3.4 Überschreiben

Wenn ein neuer Service Worker für einen bestimmten Scope aktiviert wird, terminiert der Webbrowser das alte Skript. Funktionale Ereignisse (wie das Beantworten von Netzabfragen oder das Verarbeiten von Pushbenachrichtigungen) des alten Skripts werden noch abgearbeitet, nicht funktionale Ereignisse (zum Beispiel die Verarbeitung von Nachrichten) hingegen verworfen. Dem alten Service Worker wird der Zustand *redundant* zugewiesen, und im weiteren Verlauf wird er entfernt. Für dieses Lebenszyklusereignis gibt es daher kein Ereignis.

Unter Apple Safari wird ein registrierter Service Worker automatisch wieder deinstalliert, wenn die Website mehrere Wochen lang nicht aufgerufen wurde.

5.4 Schnittstellen

Auf dem globalen Scope des Service Workers (*ServiceWorkerGlobalScope*, nicht zu verwechseln mit dem Scope aus Abschnitt 5.3.2) werden die Service-Worker-Schnittstellen bereitgestellt. Bereits kennengelernt haben Sie die Ereignisse `install` und `activate` sowie die Schnittstelle `skipWaiting()` zum direkten Kontrollieren der Website. Außerdem hat der Service Worker über die Eigenschaft `registration` Zugriff auf seine Registrierung. Im folgenden Abschnitt betrachte ich weitere Schnittstellen: die Ereignisse `fetch`, `message` und `messageerror` sowie den Zugriff auf die verbundenen Clients, für die der Service Worker aktiv ist, über die Eigenschaft `clients`.

Darüber hinaus erbt der ServiceWorkerGlobalScope vom WorkerGlobalScope, also dem gemeinsamen globalen Kontext aller Worker-Typen. Auf diesem steht beispielsweise die Eigenschaft `navigator` zur Verfügung, die Rückschlüsse auf den ausgeführten Webbrowser, das Vorhandensein einer Internetverbindung oder das Importieren weiterer Skripte in den Kontext des Workers erlaubt.

5.4.1 Netzanfragen abfangen und manipulieren

Eine der zentralen Eigenschaften des Service Workers ist seine Funktion als Proxy, Controller oder Interceptor. Um eine Netzanfrage abzufangen, registriert sich der Service Worker für das funktionale Ereignis `fetch`. Dieses Ereignis wird für jede Anfrage aufgerufen, die über das Netz bedient werden soll. Das schließt browserseitig ausgeführte Anfragen wie zum Beispiel für Stylesheets, JavaScript-Dateien oder Bilddateien ein, aber auch dynamische Anfragen, die per XMLHttpRequest oder über die Fetch API getätigt werden. Bei diesem Ereignis handelt es sich um ein sogenanntes funktionales Ereignis, das erst dann ausgelöst werden kann, nachdem der Service Worker erfolgreich installiert und aktiviert wurde. Die Ereignisargumente sind vom Typ *FetchEvent*. Listing 5.13 zeigt, wie sich der Entwickler für die Behandlung dieses Ereignisses registrieren kann.

```
self.addEventListener('fetch', event => {
  console.log(event.request);
});
```

Listing 5.13 Abfangen von Netzanfragen

Auf den Ereignisargumenten steht die Eigenschaft `request` zur Verfügung, die Zugriff auf die ausgehende Anfrage erlaubt. Außerdem gibt es die Eigenschaft `clientId`, die die URL des geladenen Browsing-Kontexts oder Workers enthält, von dem die Abfrage stammt. Damit kann abhängig vom anfragenden Client anders reagiert werden. Mithilfe der Methode `respondWith()` auf den Ereignisargumenten kann der Service Worker eine eigene HTTP-Antwort zurückgeben. Wird die Methode nicht aufgerufen, wendet der Webbrowser stattdessen sein Standardverhalten an und versucht, die Anfrage über das Netz zu beantworten. Die Methode `respondWith()` verlängert die Lebenszeit des Ereignisses bereits, sodass `waitUntil()` im Gegensatz zu den anderen Methoden zur Ereignisbehandlung nicht zusätzlich aufgerufen werden muss.

Aufgabe: Fetch-Ereignis implementieren

Wechseln Sie zu Visual Studio Code und fügen Sie am Ende der Datei *sw.js* folgenden Code ein:

```
self.addEventListener('fetch', event => {
    console.log('fetch', event.request);
});
```

Gehen Sie zurück zu Google Chrome. In der Mini-Konsole der DevTools am unteren Bildschirmrand sollten Sie nun mehrere HTTP(S)-Anfragen sehen, unter anderem Anfragen für die Skripte *dexie.min.js* und *db.js*. Dies zeigt Abbildung 5.9. Außerdem sehen Sie Anfragen nach *browser-sync*. Diese werden durch Code verursacht, den das Tool lite-server automatisch in die Webanwendung injiziert. Dieser sorgt unter anderem dafür, dass sich die Website bei Änderungen automatisch neu lädt.

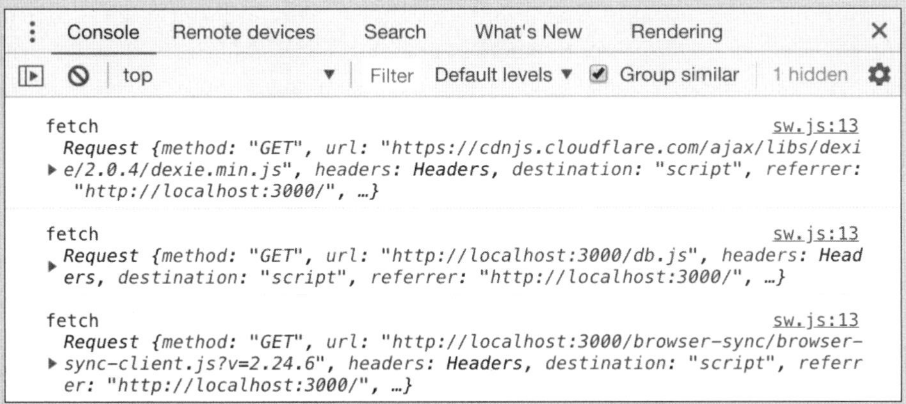

Abbildung 5.9 Darstellung der Anfragen, die der Service Worker mitgelesen hat

Wechseln Sie zurück zu Visual Studio Code in den Codeeditor der Datei *sw.js*. Ändern Sie die Methode zur Ereignisbehandlung nun folgendermaßen ab:

```
self.addEventListener('fetch', event => {
  console.log('fetch', event.request);
  if (event.request.url.endsWith('/hello-world')) {
    event.respondWith(new Response('Hallo Welt!'));
  }
});
```

Gehen Sie dann zurück in den Webbrowser. Geben Sie in der Adresszeile die URL *http://localhost:3000/hello-world* ein und rufen Sie die Website auf. Obwohl es diese Ressource in Ihren Anwendungsquelldateien gar nicht gibt, zeigt der Webbrowser die Ausgabe HALLO WELT! an: Der Service Worker hat diese Ressource ausgeliefert.

Wechseln Sie nun wieder zu Visual Studio Code und fügen Sie direkt unterhalb des eben hinterlegten `if`-Zweigs einen weiteren ein:

```
if (event.request.url.endsWith('/articles')) {
  event.respondWith(db.artikel.toArray().then(artikel =>
    new Response(JSON.stringify(artikel))));
}
```

Gehen Sie nun wieder in den Webbrowser. Rufen Sie dann die Adresse *http://localhost:3000/articles* auf. Dort sehen Sie nun die Rückgabe des Bleistift-Objekts aus der Datenbank, das Sie dort initial eingefügt haben. Da dieses Vorgehen auf die offline verfügbare Clientdatenbank zugreift, funktioniert es selbst dann, wenn Sie den Webbrowser in den Offlinemodus versetzen. Wechseln Sie dazu in das Menü NETWORK und aktivieren Sie das Kontrollkästchen OFFLINE. In diesem Fall können Sie die URL *http://localhost:3000* nicht mehr laden, da die zugehörige HTTP(S)-Antwort noch nicht offline zwischengespeichert wird. Der Offline-Dino erscheint. Die Ressource *http://localhost:3000/articles* funktioniert aber noch, da sie aus der IndexedDB ausgeliefert wird, wie Abbildung 5.10 zeigt. Probieren Sie es aus.

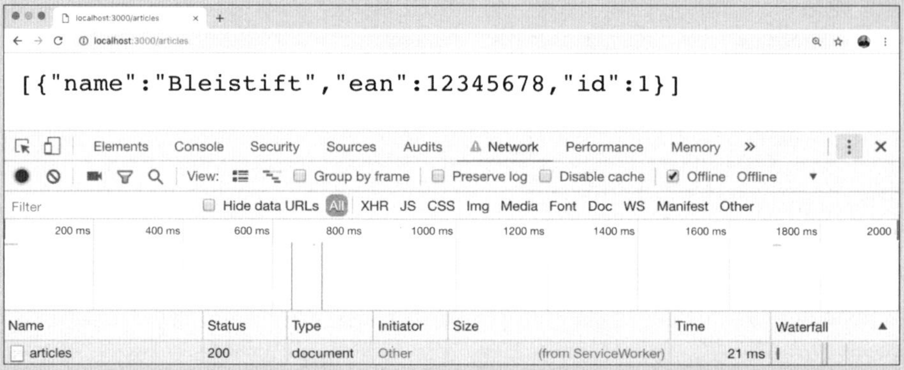

Abbildung 5.10 Der Webbrowser ist offline, doch die vom Service Worker ausgelieferte Route funktioniert noch.

5.4.2 Briefchen schreiben mit postMessage

Wie eingangs beschrieben, dürfen Webseiten und Worker zur Vermeidung von Multithreading-Problemen lediglich über eine Schnittstelle namens `postMessage()` miteinander kommunizieren. Dieser Methode wird ein Nachrichteninhalt übergeben. Das kann ein primitiver Wert oder ein komplexes Objekt sein. Beim Versenden der Nachricht wird der Inhalt serialisiert. Der Empfänger erhält also eine Kopie des übergebenen Objekts, der Zugriff auf das Objekt wird nicht geteilt (Ausnahme: *Shared Array Buffer*). Die Methode steht sowohl aufseiten der Webanwendung als auch aufseiten des Workers zur Verfügung.

Im Service-Worker-Umfeld kann `postMessage()` zum Beispiel dazu genutzt werden, beim Eintreffen einer Instant Message per Pushbenachrichtigung sämtliche geöffneten Registerkarten und Browserfenster zu informieren und dabei die Anzahl ungelesener Nachrichten zu übermitteln. Damit können die Websites die Anzahl ungelesener Nachrichten in den Titel übernehmen und auf der Registerkarte anzeigen. Umgekehrt kann ein Browsing-Kontext über den Service Worker einen geänderten Zustand mit allen anderen geöffneten Instanzen der PWA kommunizieren (*Broadcasting*).

Listing 5.14 zeigt, wie eine Nachricht aus der Webanwendung heraus an den aktiven Service Worker gesendet werden kann: Wie in Abschnitt 5.3.1, »Registrieren«, beschrieben, steht auf dem Service-Worker-Container die Eigenschaft `ready` zur Verfügung, die ein Promise zurückgibt, das mit der Service-Worker-Registrierung aufgelöst wird, sobald ein aktiver Service Worker verfügbar ist. Die Eigenschaft `active` der Service-Worker-Registrierung gewährt Zugriff auf den aktiven Service Worker. Darauf steht die Schnittstelle `postMessage()` zur Verfügung.


```
navigator.serviceWorker.ready
  .then(registration => registration.active.postMessage('echo'));
```

Listing 5.14 Nachrichten aus der Webanwendung heraus senden

Der Empfänger muss sich für das Ereignis `message` registrieren, um Nachrichten empfangen zu können. Dieses Ereignis ist auf der Service-Worker-Registrierung und auf dem globalen Service-Worker-Kontext definiert. Beim Ereignis auf dem Service Worker (*ExtendableMessageEvent*) handelt es sich allerdings nicht um ein funktionales Ereignis, daher kann es auch schon vor Aktivierung des Service Workers ausgelöst werden: So werden auf der Service-Worker-Registrierung weiterhin die beiden Eigenschaften `installing` und `waiting` bereitgestellt, die Zugriff auf den Service Worker bieten, der gerade installiert wird beziehungsweise sich im Wartezustand befindet. Außerdem lässt sich das `message`-Ereignis über die Methode `waitUntil()` verlängern, falls das Behandeln der Nachricht eine asynchrone Operation nach sich zieht. Damit wird verhindert, dass der Service Worker in der Zwischenzeit terminiert wird, etwa weil der Webbrowser den Service Worker aufgrund von Inaktivität schlafen legen möchte. Listing 5.15 zeigt, wie eine Nachricht im Service Worker entgegengenommen werden kann. In den Ereignisargumenten `event` steht der übergebene Nachrichteninhalt in der Eigenschaft `data` zur Verfügung. Informationen zum Absender der Nachricht finden sich in der Eigenschaft `source`. Dort steht auch eine `postMessage()`-Methode zur Verfügung, um dem Absender direkt antworten zu können.

```
self.addEventListener('message', event => {
  event.source.postMessage(event.data);
});
```

Listing 5.15 Nachrichten im Service Worker entgegennehmen und senden

Der Empfänger registriert sich auf dem `message`-Event des Service-Worker-Containers. Wie Listing 5.16 zeigt, steht dort auf den Ereignisargumenten `event` die Eigenschaft `data` zur Verfügung, die den Nachrichteninhalt enthält.

```
navigator.serviceWorker.addEventListener('message', event => {
  // event.data
});
```

Listing 5.16 Nachrichten in der Webanwendung entgegennehmen

Die Methode kann also genutzt werden, um zwischen Webseiten und Service Worker Informationen auszutauschen. Die Notwendigkeit dafür besteht allerdings nur in sehr seltenen Fällen. Sollte bei der Deserialisierung einer Nachricht ein Fehler auftreten, wird stattdessen das Ereignis `messageerror` ausgelöst.

Aufgabe: Service-Worker-Messaging ausprobieren

Wechseln Sie zurück zu Visual Studio Code und dort in den Codeeditor der Datei *index.html*. Fügen Sie folgenden Quelltext am Ende des letzten `script`-Elements ein:

```
if ('serviceWorker' in navigator) {
  navigator.serviceWorker.addEventListener('message', event =>
    console.log('message', event.data));
  navigator.serviceWorker.ready.then(registration =>
    registration.active.postMessage('ping'));
}
```

Öffnen Sie dann den Codeeditor der Datei *sw.js*. Fügen Sie am Ende der Datei diesen Quelltext an:

```
self.addEventListener('message', event => {
  console.log('message', event.data);
  if (event.data === 'ping') {
    event.source.postMessage('pong');
  }
});
```

Gehen Sie dann zurück in den Browser auf *http://localhost:3000/*. Im Console Drawer müssten Sie die Konsolenausgaben der `message`-Ereignisbehandlungsmethoden entdecken. Abbildung 5.11 zeigt die Ausgaben. Auf der rechten Seite sind jeweils die Skripte einschließlich Zeilennummern zu sehen, bei denen die Meldungen ausgegeben wurden. Die Nachricht der Webanwendung (`ping`) wurde im Service Worker empfangen, die Antwort (`pong`) aufseiten der Webanwendung.

Abbildung 5.11 Konsolenausgaben

Die vollständige Implementierung der hier gezeigten Quelldateien finden Sie im Ordner *kapitel05*.

5.4.3 Mit Clients interagieren

Da der Service Worker für einen bestimmten Scope registriert wird, gilt er für sämtliche Browsing-Kontexte (Browserfenster und Registerkarten), aber auch Worker (Web Worker und Shared Worker), die unterhalb dieses Scopes ausgeführt werden. Instanzen, die der Service Worker kontrolliert, werden als *Client* bezeichnet: Browsing-Kontexte als Window-Clients, Worker als Worker-Clients. Window-Clients sind der Standardfall, Worker-Clients begegnen einem eher selten. Auf dem globalen Service-Worker-Kontext wird eine Eigenschaft `clients` angeboten, die Zugriff auf die verbundenen Clients gewährt. Diese Eigenschaft enthält ein Objekt vom Typ *Clients*, das vier Methoden bereitstellt.

Die Clients-Schnittstelle kommt zum Beispiel bei Pushbenachrichtigungen zum Einsatz: Tippt der Anwender auf das Benachrichtigungsbanner, kann der Service Worker prüfen, ob die Progressive Web App gerade geöffnet ist. Falls ja, kann die geöffnete PWA in den Vordergrund gerückt werden. Ansonsten kann über diese Schnittstelle auch ein neues Fenster für die PWA geöffnet werden. Außerdem lässt sich hiermit das oben genannte Broadcasting realisieren: So kann der Service Worker eine Nachricht, die ihm per `postMessage()` übermittelt wurde, mithilfe der Clients-Schnittstelle an sämtliche aktiven Clients weitergeben.

Nach Clients suchen

Die Methode `matchAll()` gibt ein Promise zurück, das die Liste der geöffneten Clients bereitstellt. Optional kann der Methode ein Abfrageobjekt vom Typ *ClientQueryOptions* übergeben werden. Dort lassen sich bestimmte Kriterien definieren, anhand deren die Ergebnisliste beeinflusst werden kann: Über die Eigenschaft `type` kann der Clienttyp angegeben werden, nach dem gesucht werden soll (`window` für Window-Clients, `worker` für dedizierte Web Worker, `sharedworker` für Shared Worker oder `all` für sämtliche Clienttypen). Außerdem kann mithilfe der Eigenschaft `includeUncontrolled` angegeben werden, ob Clients, die vom aktuellen Service Worker nicht kontrolliert werden, in die Suchergebnisliste eingeschlossen werden sollen. Das Standardverhalten ist, dass ausschließlich nach Window-Clients gesucht wird und nicht kontrollierte Clients kein Teil der Suchergebnisliste sind.

Die zurückgelieferten Suchergebnisse sind vom Typ Client. Auf einem solchen Objekt stehen die folgenden Eigenschaften zur Verfügung:

- `id`: Der eindeutige Bezeichner des Clients, typischerweise ein GUID.
- `url`: Die URL, mit der dieser Client erzeugt wurde.
- `type`: Der Clienttyp, wie schon oben bei der Eigenschaft `type` des *ClientQueryOptions*-Objekts ausgeführt.

Darüber hinaus befindet sich auf dem Client-Objekt die Methode `postMessage()`, über die eine Nachricht zielgerichtet an diesen Client geschickt werden kann. Speziell für Window-Clients existieren daneben weitere Eigenschaften:

- `visibilityState`: Gibt an, ob der Window-Client gerade sichtbar ist oder nicht. Falls das Dokument auf dem Bildschirm absolut nicht sichtbar ist, nimmt diese Eigenschaft den Wert `hidden` an. Ist der Window-Client sichtbar (auch nur teilweise), nimmt die Eigenschaft stattdessen den Wert `visible` an.
- `focused`: Ein boolescher Wert, der angibt, ob der Window-Client gerade den Fokus besitzt oder nicht.
- `ancestorOrigins`: Sollte der Window-Client verschachtelt in einem Inline-Frame (IFrame) dargestellt werden oder von einer anderen Website mithilfe der Methode `window.open()` in einem neuen Fenster geöffnet worden sein, kann man über diese Eigenschaft Zugriff auf die Origins der übergeordneten Browsing-Kontexte erhalten. Aufgrund von Diskussionen darüber, ob diese Methode aus Datenschutzgründen vertretbar ist, wird diese Eigenschaft derzeit nicht implementiert. Zuvor war eine Eigenschaft `frameType` spezifiziert, die angibt, ob dieser Client in einem separaten Browserfenster geöffnet wurde (`auxiliary`), in einem Frame ausgeführt wird (`nested`) oder einen Top-Level-Browsing-Kontext darstellt (`top-level`).

Mithilfe der Methode `focus()` wird versucht, den Window-Client in den Vordergrund zu bringen. Sollte das nicht möglich sein, wird das Promise zurückgewiesen. Außerdem steht die Methode `navigate()` zur Verfügung. Dieser wird eine URL übergeben, zu der der Window-Client navigieren soll. Beide Methoden geben ein Promise zurück, das mit dem aktualisierten Window-Client auflöst.

Einzelnen Client abrufen

Mithilfe der Methode `get()` kann ein einzelner Client abgerufen werden. Dazu wird der Methode die ID des Clients übergeben, die der Service Worker zuvor über die Suchergebnisliste oder das *FetchEvent* erhalten hat. Die Methode gibt ein Promise zurück, das den aufgelösten Client enthält. Konnte für die übergebene ID kein Client gefunden werden, löst das Promise mit dem Wert `undefined` auf. Listing 5.17 zeigt, wie ein einzelner Client mithilfe seiner ID abgerufen werden kann. Wird ein Client zurückgegeben, wird dieser in den Vordergrund gebracht.

```
self.clients.get(id).then(function(client) {
  if (client) {
    client.focus();
  }
});
```

Listing 5.17 Abrufen eines einzelnen Clients

Neues Fenster öffnen

Die Methode `openWindow()` erlaubt das Öffnen eines neuen Browserfensters. Sie nimmt eine URL entgegen, die sich unterhalb derselben Origin befinden muss wie der Service Worker selbst. Diese Methode gibt ein Promise mit dem neuen Client-Objekt zurück. Da diese Schnittstelle offensichtlich Potenzial für missbräuchliche Verwendung bietet, beschränken Webbrowser die Umstände, unter denen diese Methode aufgerufen werden darf. In Mozilla Firefox und Google Chrome ist der Aufruf beispielsweise nur erlaubt, wenn der Anwender auf ein Benachrichtigungsbanner klickt.

Die Kontrolle übernehmen

Die Methode `claim()` habe ich bereits in Abschnitt 5.3.3, »Aktivieren«, besprochen: Durch den Aufruf dieser Methode erlangt ein aktivierter Service Worker unmittelbar die Kontrolle über sämtliche geöffneten Clients.

5.5 Wir alle machen Fehler: Service Worker debuggen

Moderne Webbrowser stellen allesamt umfassende Entwicklertools zur Verfügung, um Websites debuggen zu können – natürlich inklusive Breakpoints, Watches, Call-Stacks, der Anzeige lokaler Variablen, einer Konsole zur direkten Evaluation von Ausdrücken und allem, was Sie auch von klassischen Debuggern gewohnt sind. Webentwickler sollten die Entwicklertools wie ihre Westentasche kennen. Auch Service Worker lassen sich auf diesem Weg unter die Lupe nehmen. Nachfolgend wird das Debuggen in verschiedenen Browsern beschrieben, besonders ausführlich für Google Chrome.

5.5.1 Google Chrome

Die Service-Worker-Schnittstellen entstammen einer Initiative von Google. Daher verwundert es kaum, dass die Entwicklertools von Google Chrome am weitesten fortgeschritten sind, wenn es um das Debuggen von Service Workern geht. Die DevTools lassen sich über das Menü View • Developer • Developer Tools oder das Drücken der Tasten [F12] (unter Windows/Linux) oder [⌥] + [⌘] + [I] (unter macOS) öffnen. Im Zusammenhang mit Service Workern gibt es eine hilfreiche Ansicht im Menü Applications • Service Workers (siehe Abbildung 5.12). Auf dieser werden sämtliche registrierten Service Worker für die Origin des geöffneten Websitedokuments angezeigt. Auf Wunsch lassen sich durch das Aufklappen des Menüs Service workers from other domains auch Service Worker für fremde Origins darstellen.

Besonders mächtig sind die drei oberen Kontrollkästchen:

- Bei Auswahl des Kontrollkästchens OFFLINE wird ein kompletter Offlinezustand simuliert. Damit lässt sich prüfen, ob der Service Worker bei fehlender Verbindung die richtigen Ressourcen ausliefert.
- Wird UPDATE ON RELOAD aktiviert, wird beim nächsten Neuladen das Service-Worker-Skript neu abgerufen, erneut installiert (auch wenn sich das Skript nicht geändert hat), die Wartephase wird übersprungen und die Zielwebsite aufgerufen. Das ist hilfreich bei der Entwicklung der Service-Worker-Implementierung.
- Bei Aktivierung von BYPASS FOR NETWORK wird der Service Worker für ausgehende Anfragen nicht mehr dazwischengeschaltet. Stattdessen wird die Anfrage direkt über das Netz bedient. Andere funktionale Events werden weiterhin durch den Service Worker bedient.

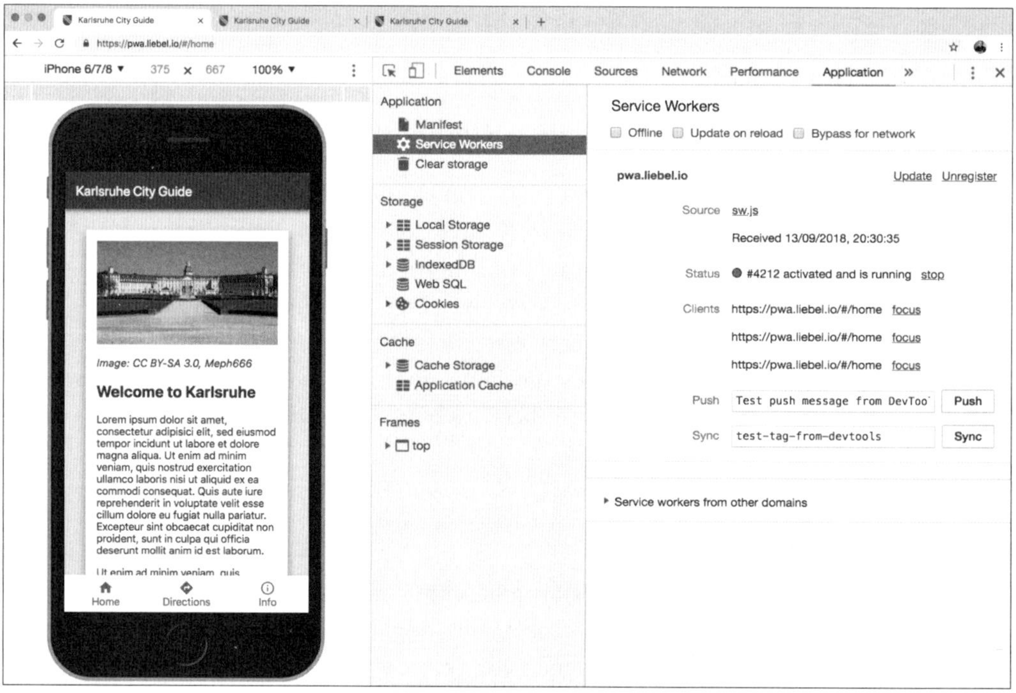

Abbildung 5.12 Service-Worker-Seite in den Chrome DevTools

Unter den drei Kontrollkästchen werden die Service-Worker-Registrierungen der Website mit dem Namen des Service-Worker-Skripts und dem Installationszeitpunkt angezeigt. Klickt der Entwickler auf den Skriptnamen, wechseln die Entwicklertools zur Registerkarte SOURCES und zeigen dort den Quelltext des Skripts an. Auf der rechten Seite befinden sich Linkschaltflächen, um den Service Worker zu aktualisieren (UPDATE) oder die Registrierung aufzuheben (UNREGISTER). Im Feld STATUS ist der Zustand des Service Workers zu sehen. Mithilfe der Linkschaltflächen STOP und START kann der Service Worker angehalten oder gestartet werden. Befindet sich ein weiteres Service-Worker-Skript im Installations- oder Wartezustand, wird dieses ebenfalls im Feld STATUS angezeigt. Ein wartender Service Worker kann mithilfe der Linkschaltfläche SKIPWAITING direkt in den aktivierten Zustand versetzt werden. Darunter befindet sich die Anzeige der verbundenen Clients. In diesem Fall ist die zugehörige Progressive Web App in drei Registerkarten geöffnet, die hier dargestellt werden. Über die Linkschaltfläche FOCUS wird die ausgewählte Registerkarte in den Vordergrund gebracht. Schließlich finden sich noch die beiden Schaltflächen PUSH und SYNC. Über diese kann ein Pushereignis beziehungsweise ein Synchronisierungsereignis ausgelöst werden. Mehr über die zugehörigen Schnittstellen lesen Sie im Fall der Background Sync API in Abschnitt 5.6 und zur Push API in Kapitel 8.

Eine Übersicht aller im aktiven Google-Chrome-Profil installierten Service Worker ist auf der Seite *chrome://serviceworker-internals* zu finden.

Debugging-Crashkurs

Entwickler, die sich mit integrierten Entwicklungsumgebungen gut auskennen, dürften sich auch in den Chrome-DevTools schnell heimisch fühlen. In einem kurzen Debugging-Crashkurs möchte ich Ihnen die wichtigsten Funktionen zum Debugging zeigen. Dabei kratze ich aber lediglich an der Oberfläche, denn die Entwicklertools sind enorm mächtig.

Aufgabe: Debugging mit den Chrome DevTools

Klicken Sie auf der Seite APPLICATION • SERVICE WORKER auf den Namen des Service-Worker-Skripts (*sw.js*). Die DevTools navigieren zur Ansicht SOURCES, in der der Inhalt der Datei zu sehen ist. Klicken Sie auf die Zeilennummer neben der Zeile `console.log('fetch', event.request);`. Dort erscheint ein blauer Pfeil. Damit haben Sie einen Breakpoint gesetzt. Alternativ können Sie auch die Tastenkombination [Strg] + [B] (Windows/Linux) oder [⌘] + [B] (macOS) drücken, um in der Zeile, in der sich der Textcursor befindet, einen Breakpoint einzufügen. Laden Sie dann die Website neu.

Wird eine Zeile ausgeführt, für die ein Breakpoint hinterlegt ist, unterbricht der Debugger die Ausführung. Abbildung 5.13 zeigt, wie die DevTools in diesem Zustand aussehen:

- Auf die Unterbrechung der Ausführung weist ein Banner hin ❶.
- In der Übersicht THREADS ❷ ist zu sehen, dass die Service-Worker-Implementierung tatsächlich im eigenen Thread und nicht im Hauptthread (MAIN) ausgeführt wird. Klickt der Anwender auf einen anderen Thread, ändert sich der Debugging-Kontext zu diesem Thread.

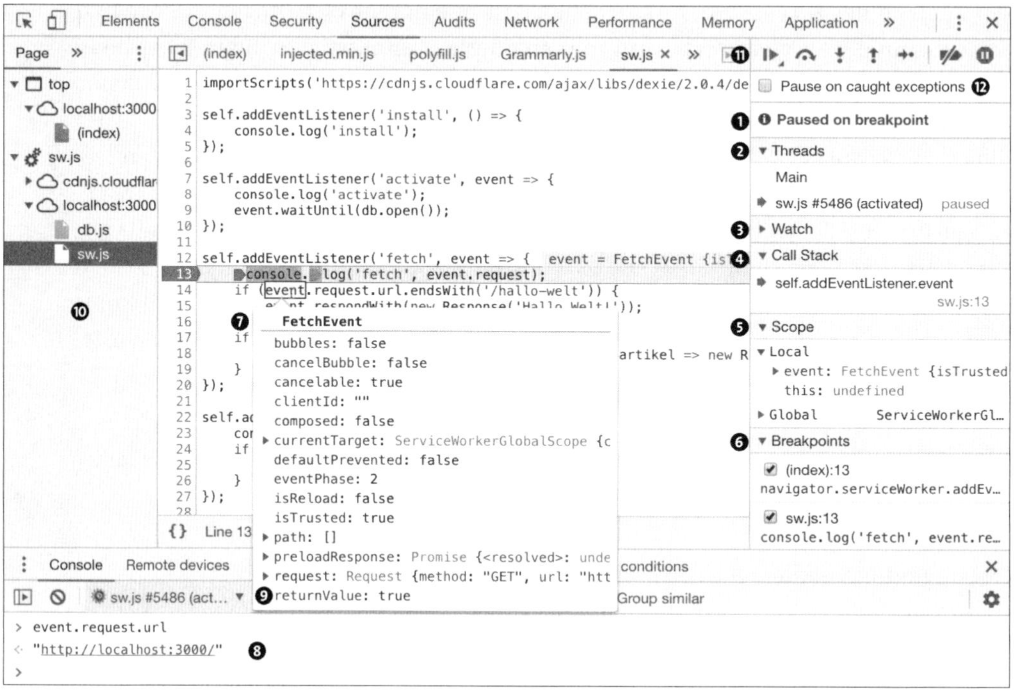

Abbildung 5.13 Debuggen mit den Chrome-DevTools

- Im Bereich WATCH ❸ können Ausdrücke angegeben werden, die für jeden Debugging-Schritt neu evaluiert werden.
- In CALL STACK ❹ ist die Kette der Funktionsaufrufe zu sehen, die zum aktuellen Debugging-Schritt führte.
- Im Bereich SCOPE ❺ ist der umgebende lokale und globale JavaScript-Kontext zu sehen (nicht zu verwechseln mit dem Service-Worker-Scope).
- Unter der Überschrift BREAKPOINTS ❻ sind alle Breakpoints aufgelistet. Mithilfe der Kontrollkästchen können sie aktiviert und auch deaktiviert werden, ohne sie komplett löschen zu müssen.
- Fährt der Entwickler mit der Maus über ein Symbol in der Quellcodeanzeige, wird ein Fenster angezeigt, dass die Eigenschaften des gewählten Objekts auflistet ❼.
- In der Minikonsole ❽ können beliebige Ausdrücke evaluiert und Funktionen aufgerufen werden.
- Dabei muss der Entwickler sicherstellen, dass er sich im korrekten JavaScript-Kontext befindet ❾. Im Beispiel ist der korrekte Kontext ausgewählt (SW.JS).
- Auf der linken Seite befindet sich die Darstellung der geladenen Quelldateien ❿.
- Im oberen rechten Bereich finden sich die Schaltflächen zum Stepping innerhalb des Quellcodes ⓫. Die passenden Tastenkombinationen zeigt Tabelle 5.4.

- Soll der Debugger die Ausführung der Anwendung automatisch unterbrechen, wenn ein Fehler auftritt, kann dies über das Kontrollkästchen PAUSE ON CAUGHT EXCEPTIONS geschehen. Um das Kontrollkästchen anzuzeigen, klickt der Entwickler auf das Symbol bei ⓬.
- Das Debugging wird automatisch beendet, wenn der Entwickler die DevTools schließt.

Tastenkombination	Bedeutung
F8	Skriptausführung fortsetzen
F9	Springt in den nächsten Funktionsaufruf (nur synchroner Code)
F10	Nächsten Funktionsaufruf überspringen
F11	Springt in den nächsten Funktionsaufruf (auch asynchroner Code)
↑ + F11	Springt aus der aktuellen Funktion heraus

Tabelle 5.4 Tastenkombinationen zum Debugging in den Chrome DevTools

Aufgabe: Aktives Service-Worker-Skript ändern

Der ausgeführte Quellcode lässt sich auch direkt in den DevTools anpassen. Ändern Sie die Ausgabe auf der Entwicklerkonsole zum Beispiel in `console.log('foo', event.request);` ab, drücken Sie Strg + S (Windows/Linux) beziehungsweise ⌘ + S (macOS), entfernen Sie den Breakpoint und führen Sie die Ausführung mit F8 fort. Im Console Drawer sehen Sie unmittelbar die geänderte Ausgabe.

Wenn Sie sich alles angesehen haben, beenden Sie den lite-server und schließen alle Registerkarten der Demoanwendung.

Remote-Debugging

Darüber hinaus unterstützt Google Chrome das Remote-Debugging auf angeschlossenen Android-Geräten. Dazu muss das Gerät jedoch zuerst in den Entwicklermodus versetzt werden. Dies geschieht über die Einstellungen-App des Geräts. In Android 8.0 und höher wählt der Entwickler zunächst noch den Eintrag SYSTEM. Dann öffnet der Entwickler das Menü ABOUT PHONE und scrollt zum Eintrag BUILD NUMBER. Auf die angezeigte Buildnummer muss der Entwickler siebenmal tippen. Daraufhin ist im vorherigen Bildschirm nun der Eintrag DEVELOPER OPTIONS vorhanden. Dort muss der Schalter ENABLE USB DEBUGGING aktiviert werden. Danach kann das Gerät mit dem Computer verbunden werden, auf dem Google Chrome ausgeführt wird.

Auf dem Smartphone erscheint eine Abfrage, die wissen möchte, ob USB-Debugging erlaubt und dem Computer vertraut werden soll. Eventuell muss der Entwickler den Verbindungsmodus KAMERA, PICTURE TRANSFER PROTOCOL (PTP) oder TRANSFER IMAGES auswählen. In den Developer Tools findet der Entwickler im Dreipunktemenü den Eintrag MORE TOOLS • REMOTE DEVICES. Die Auswahl dieses Menüeintrags zeigt Abbildung 5.15. Daraufhin öffnet sich am unteren Bildschirmrand die zugehörige Ansicht für das Remote-Debugging. Wenn alles geklappt hat, sollte das verbundene Gerät dort direkt zu sehen sein. Ansonsten muss im Untermenü SETTINGS geprüft werden, ob die Einstellung DISCOVER USB DEVICES aktiviert ist.

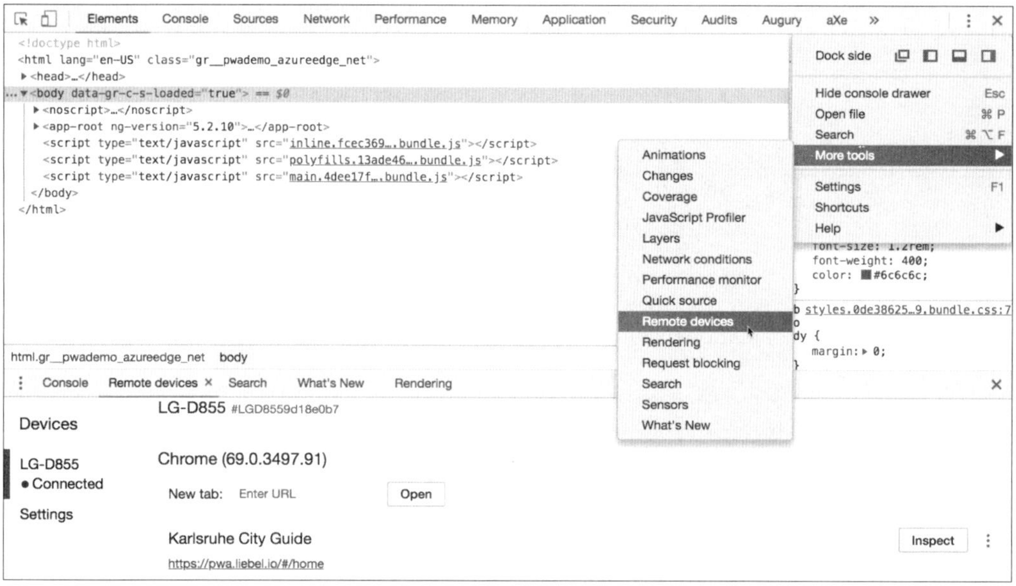

Abbildung 5.14 Remote-Debugging mit den Google Chrome DevTools

Im Menü für das verbundene Gerät werden sämtliche Chrome-Browsing-Kontexte angezeigt, also geöffnete Registerkarten in der Chrome-App, aber auch vom Homebildschirm gestartete Progressive Web Apps. Über das Eingabefeld NEW TAB kann auch eine neue Browserregisterkarte mit der angegebenen URL auf dem Gerät geöffnet werden. Mit Klick auf die Schaltfläche INSPECT öffnet sich ein neues DevTools-Fenster für den gewählten Browsing-Kontext, wie Abbildung 5.14 zeigt. Dieses verhält sich genau so wie ein lokaler Debugger. Über das Vorschaufenster auf der linken Seite kann der Entwickler sogar Eingaben vornehmen. Die Übersicht angeschlossener Geräte lässt sich alternativ auch auf der Seite *chrome://inspect* einsehen.

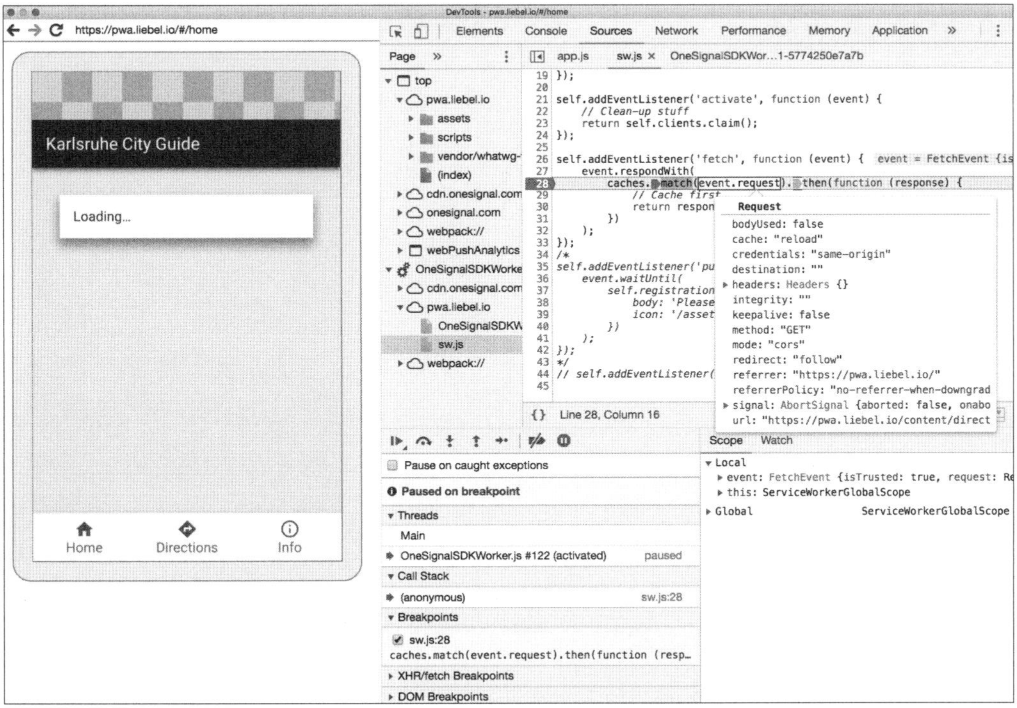

Abbildung 5.15 Remote-Debugging mit den Google DevTools

5.5.2 Mozilla Firefox

Bei Mozilla Firefox gibt es hingegen eine gesonderte Übersichtsseite, aus der ein Debugger für einen installierten Service Workergestartet werden kann. Um diese zu öffnen, gibt der Entwickler in die Adresszeile entweder den URI *about:debugging#workers* ein oder wählt im Anwendungsmenü (Hamburger-Menü unter Windows/Linux, unter macOS im Anwendungsmenü TOOLS) den Eintrag WEB DEVELOPER • SERVICE WORKERS. Daraufhin öffnet sich eine Übersicht aller installierten Service und Shared Worker mit ihrem Status, wie in Abbildung 5.16 zu sehen.

Zum Zeitpunkt des Verfassens dieses Buchs ist ein Debuggen von Service Workern auf diesem Weg allerdings nur dann möglich, wenn die Multiprozessausführung des Browsers deaktiviert wird. Dabei handelt es sich um eine Funktionalität, die Sicherheit und Performance von Firefox verbessern soll. Der Multiprozess-Firefox ist standardmäßig aktiv. Die Website meldet dies und bietet an, den Multiprozess-Firefox auszuschalten. Entwickler sollten das jedoch bei ihrem standardmäßig genutzten Profil nicht durchführen. Hier empfiehlt sich beispielsweise die Installation der Firefox Developer Edition (*www.mozilla.org/de/firefox/developer*), einer Ausgabe für Entwickler, als Zweitbrowser.

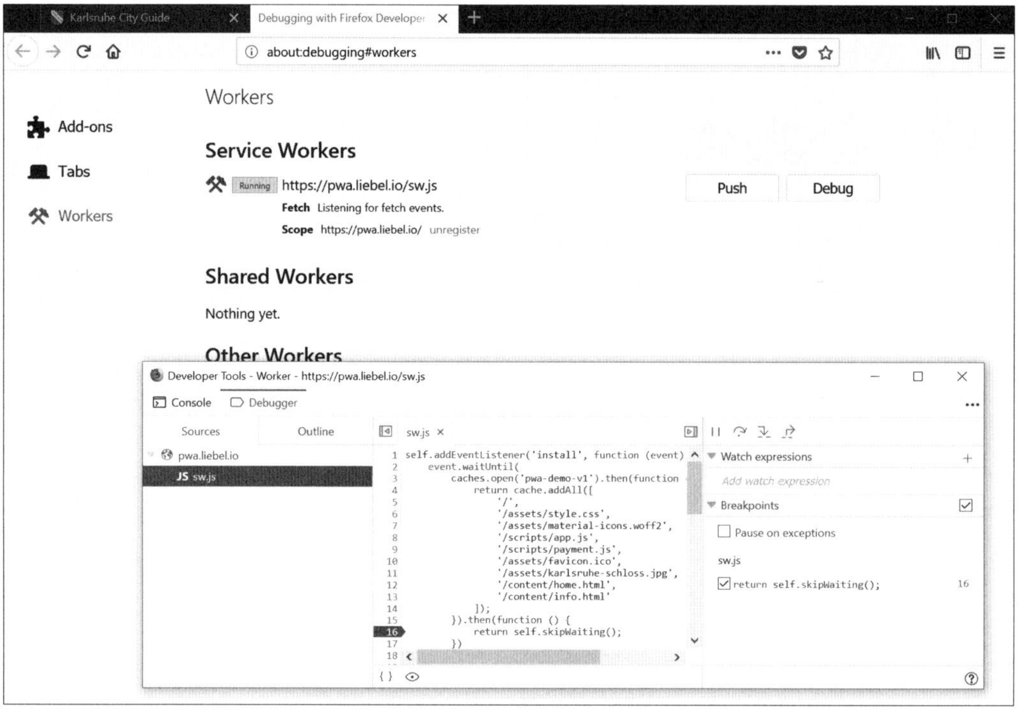

Abbildung 5.16 Service-Worker-Debugging mit den Firefox Developer Tools

Eine Übersicht aller im aktiven Mozilla-Firefox-Profil installierten Service Worker ist auf der Seite *about:serviceworkers* zu finden.

Auch Mozilla Firefox erlaubt das Remote-Debugging. Mithilfe des Add-ons *Valence* kann sich Firefox auch mit Google Chrome (Desktop/Android) sowie mit Apple Safari unter iOS verbinden. Dieses Add-on ist in der Firefox Developer Edition standardmäßig aktiviert.

5.5.3 Apple Safari

Auch Apple Safari erlaubt das Debuggen installierter Service Worker. Allerdings ist der entsprechende Menüeintrag nicht standardmäßig sichtbar. Um das Debugging zu aktivieren, muss der Entwickler das Einstellungsmenü von Safari öffnen. Dies geschieht wahlweise über das Drücken der Tastenkombination ⌘ + , oder das Auswählen des Eintrags Safari • Preferences... in der Menüleiste. Auf der Registerkarte Advanced findet sich am unteren Rand das Kontrollkästchen Show Develop menu in menu bar, das aktiviert werden muss. Daraufhin ist in der Menüleiste das Menü Develop zu sehen. Die aktiven Service Worker werden im Menü Service Workers aufgeführt (siehe Abbildung 5.17).

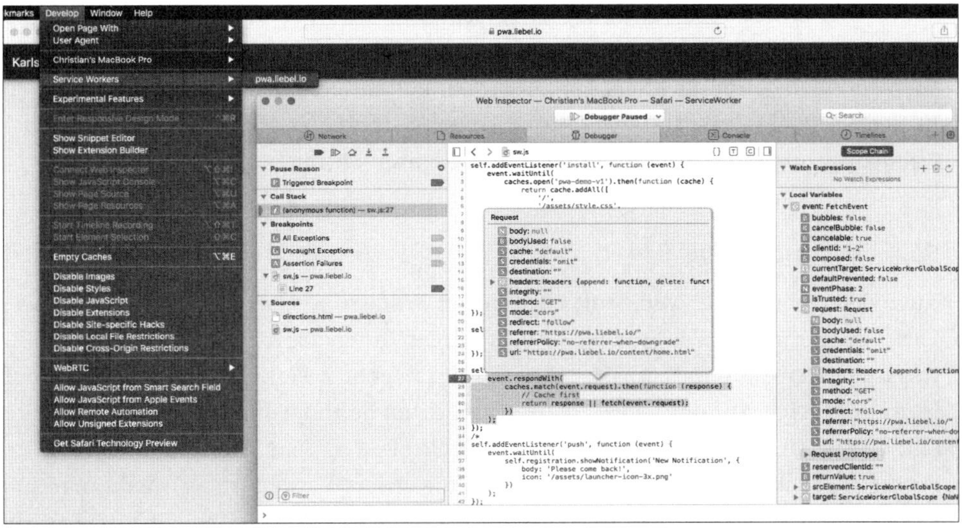

Abbildung 5.17 Debuggen lokaler Service Worker mit dem Web Inspector

Safari erlaubt auch das Debuggen von Webanwendungen, die auf angeschlossenen iOS-Geräten ausgeführt werden. Im Menü DEVELOP werden alle verbundenen Geräte als Untermenüs angezeigt. Die Geräte müssen dem angeschlossenen Computer vertrauen. Zum Debuggen von Anwendungen muss das Gerät entsperrt und die entsprechende Anwendung geöffnet sein. Die untersuchbaren Kontexte erscheinen dann im Untermenü des jeweiligen Geräts, wie Abbildung 5.18 zeigt.

Abbildung 5.18 Debuggen von Progressive Web Apps auf iOS-Geräten

Für die Webanwendung PWA.LIEBEL.IO erscheinen unterhalb des Geräts CHRISTIAN'S IPHONE gleich zwei Einträge: Einer davon steht für den Service Worker, der andere für die Webanwendung. Klickt der Entwickler auf diesen Eintrag, öffnet sich der Web Inspector für den gewählten Kontext. Diese Methode ist auch für das allgemeine Debugging von Webanwendungen auf iOS-Geräten hilfreich.

5.5.4 Microsoft Edge

Auch der Webbrowser Microsoft Edge bringt umfassende Debugging-Tools für Service Worker mit sich. Die Entwicklertools werden durch das Auswählen des Menüeintrags DEVELOPER TOOLS im Hauptmenü des Webbrowsers oder durch Druck auf F12 angezeigt. Auf der Registerkarte DEBUGGER befindet sich auf der linken Seite eine Auswahlliste mit dem Menüpunkt SERVICE WORKERS. Dort sind alle Service Worker zu sehen, die für die aktuelle Origin registriert wurden (siehe Abbildung 5.19). Im Menüpunkt INDEXEDDB kann der Entwickler den Zustand der Clientdatenbank einsehen.

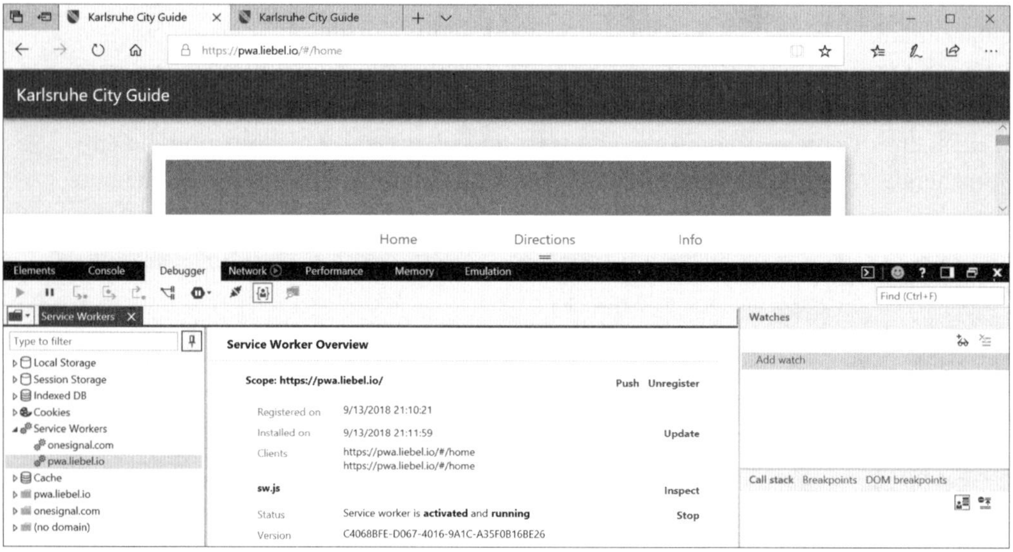

Abbildung 5.19 Service-Workers-Übersichtsseite in Microsoft Edge

Auch über den Microsoft Store installierte Progressive Web Apps können untersucht werden. Dies geschieht mithilfe der App *Microsoft Edge DevTools* (siehe Abbildung 5.20), die zum Zeitpunkt des Verfassens dieses Buchs in einer Vorschauversion vorliegt. Sie kann ebenfalls im Microsoft Store bezogen werden: *www.microsoft.com/store/productId/9MZBFRMZOMNJ*.

Untersucht werden können sämtliche webbasierten Anwendungen, und zwar unabhängig davon, ob sie in Microsoft Edge oder wie Progressive Web Apps über den *WWAHost* (*Windows Web Application Host*, unter diesem Namen erscheinen webbasierte Apps der Universal Windows Platform zum Beispiel in der Prozessliste des Taskmanagers) ausgeführt werden. Die DevTools werden dabei in einem eigenen Fenster ausgeführt. Die App erlaubt auch das Remote-Debugging von Webanwendungen.

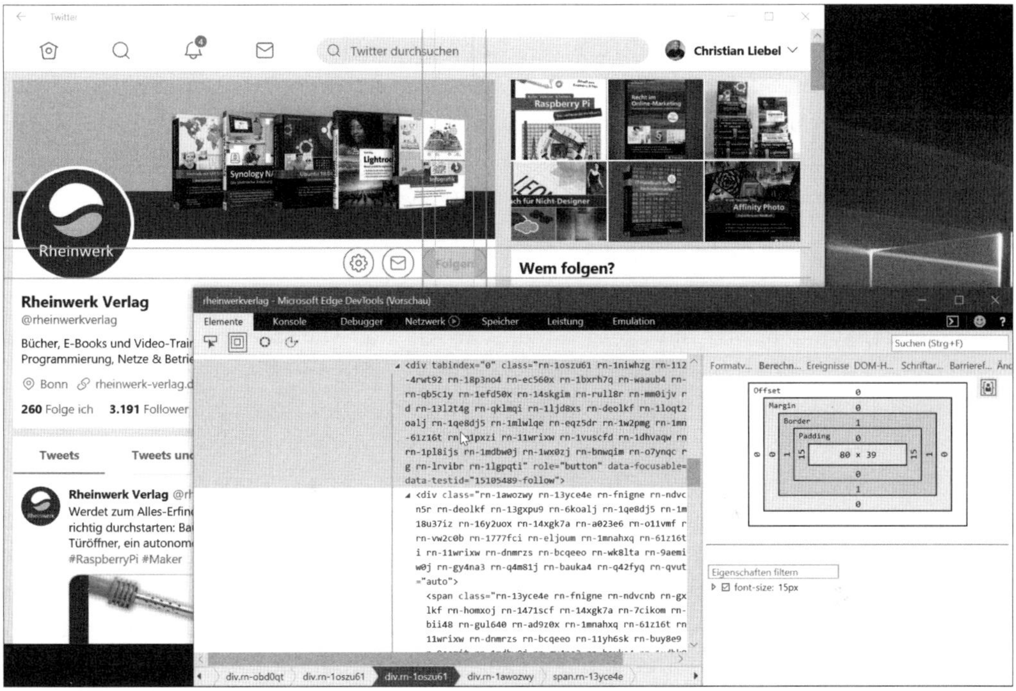

Abbildung 5.20 Inspizieren der Twitter-PWA mithilfe der Microsoft Edge DevTools

5.6 Background Sync API

Apps haben auf mobilen Betriebssystemen die Möglichkeit, sich für Hintergrundereignisse zu registrieren. Auf diesem Weg können Apps Anwenderdaten wie E-Mails oder Instant Messages auch dann mit dem Webserver synchronisieren, wenn die Anwendung gerade nicht geöffnet ist. Außerdem wird bei diesem Vorgehen der Akku des Mobilgeräts geschont, da die Synchronisierung bei ausgeschaltetem Bildschirm durchgeführt werden kann und nur bei bestehender Internetverbindung versucht wird. Im gleichen Zug können Apps auch ihren lokalen Datenbestand durch vom Server bereitgestellte Daten aktualisieren.

Anwender einer herkömmlichen Webanwendung müssten so zum Beispiel erst warten, bis eine Instant Message erfolgreich und vollständig zum Webserver übertragen wurde, bevor sie die Registerkarte schließen oder das Gerät in die Tasche stecken können. Auch hinsichtlich des Datenaustauschs sollen Progressive Web Apps auf eine Stufe mit nativen Anwendungen gehoben werden. Gewünscht ist, dass PWAs das Synchronisieren von Anwenderdaten vormerken, diese in einen lokalen Zwischenspeicher wie die IndexedDB legen und den Datenaustausch der Service-Worker-Implementierung überlassen können.[4]

Um diese Funktionalität umzusetzen, wurde die *Background Sync API* (*https://rawgit.com/WICG/BackgroundSync/master/spec/index.html*) ins Leben gerufen. Diese wird bei der *Web Platform Incubator Community Group* (WICG) verwaltet, einer Community-Arbeitsgruppe, an deren Arbeit sich grundsätzlich jeder beteiligen kann. Angetrieben wird die Spezifikation von zwei Google-Mitarbeitern.

5.6.1 Progressive Enhancement berücksichtigen

Bei der WICG besitzt die Background Sync API den Status eines Berichtsentwurfs (*Draft Community Group Report*). Damit ist sie zwar von einem Standard weit entfernt, doch ist sie seit Version 49 im Webbrowser Google Chrome implementiert. Mozilla und Microsoft implementieren gerade die Unterstützung der Schnittstelle in ihren Webbrowsern Firefox und Edge. Seitens Apple gibt es keine öffentliche Aussage, ob eine Unterstützung der Schnittstelle angedacht ist. Im Sinne des Progressive Enhancement müssen Entwickler also auch bei der Background Sync API vor der Verwendung zunächst prüfen, ob der Webbrowser die Schnittstelle unterstützt. Dazu kann die Webanwendung das Vorhandensein der Schnittstelle `SyncManager` auf dem globalen `window`-Objekt prüfen. Steht die Background Sync API zur Verfügung, findet sich eine Instanz des `SyncManager` in der Eigenschaft `sync` der Service-Worker-Registrierung. Damit kann die Logik zur Registrierung eines Synchronisierungsereignisses ausgeführt werden. Listing 5.18 zeigt das Vorgehen.

```
if ('serviceWorker' in navigator) {
  navigator.serviceWorker.register('sw.js');
  navigator.serviceWorker.ready.then(registration => {
    if ('SyncManager' in window) {
      return registerForSync(registration.sync);
    }
  });
}
```

Listing 5.18 Umsetzung des Progressive Enhancement für die Background Sync API

4 *https://developers.google.com/web/updates/2015/12/background-sync*

5.6.2 Registrieren eines Synchronisationsereignisses

Gegenwärtig unterstützt die Schnittstelle lediglich das einmalige Anstoßen einer Synchronisation (*One-off*). Bei manchen modernen Webschnittstellen wird vor dem Zugriff auf eine Funktionalität erst um die Erlaubnis des Anwenders gebeten, um eine missbräuchliche Verwendung zu verhindern. Bei der Background Sync API ist das bei der One-off-Synchronisation aus praktischen Gründen nicht der Fall. Allerdings können Webbrowser dem Anwender eine Möglichkeit anbieten, die Hintergrundsynchronisierung zu deaktivieren. Außerdem sollen Webbrowser die Anzahl an Versuchen und die maximale Ausführungsdauer eines Synchronisierungsereignisses begrenzen, um negative Auswirkungen auf die Akkulaufzeit oder ein Verfolgen des Anwenders (zum Beispiel über Änderungen der IP-Adresse) zu vermeiden.

Synchronisierungsereignisse können entweder von der Webanwendung oder aus dem Service Worker heraus registriert werden. Zum Schutz vor missbräuchlicher Verwendung ist es zwingend notwendig, dass mindestens ein Client geöffnet ist, andernfalls wird die Registrierung vom Webbrowser abgelehnt. Es ist also nicht erlaubt, in der Service-Worker-Implementierung ein Synchronisierungsereignis zu planen, wenn die Anwendung nicht geöffnet ist. Zum Registrieren des Ereignisses wird auf der `SyncManager`-Instanz die Methode `register()` aufgerufen. Dieser Methode wird verpflichtend ein Tag übergeben, ein eindeutiger Bezeichner für das beabsichtigte Ereignis. Die Methode gibt ein Promise zurück, das bei erfolgreicher Registrierung aufgelöst und andernfalls mit einer Fehlermeldung abgelehnt wird. Listing 5.19 zeigt das Vorgehen, als Tag wurde hier `upload-photos` gewählt. Auf dieses Tag muss die Service-Worker-Implementierung entsprechend reagieren und die Routine zum Bildupload ausführen.

```
function registerForSync(sync) {
  return sync.register('upload-photos').then(() => {
    console.log('Registrierung erfolgreich.');
  }, error => {
    console.error('Registrierung fehlgeschlagen.', err);
  });
}
```

Listing 5.19 Registrierung für ein Synchronisierungsereignis

Die Registrierung des Synchronisierungsereignisses kann problemlos mehrfach aufgerufen werden, zum Beispiel für jeden Bildupload oder jede zu sendende Instant Message. Existiert für das angegebene Tag bereits ein nicht verarbeitetes Ereignis, wird dieses weiterverwendet. Wird ein registriertes Ereignis gerade verarbeitet, wird das neue Ereignis direkt danach ausgeführt.

Außerdem kann über den SyncManager erfragt werden, welche ausstehenden Synchronisierungsereignisse registriert wurden. Dazu wird die Methode getTags() aufgerufen. Diese liefert ein Promise zurück, das mit der Auflistung der registrierten ausstehenden Tags auflöst.

5.6.3 Hintergrundsynchronisation ausführen

Zur Umsetzung der Synchronisierung im Hintergrund erweitert die Background Sync API die Service-Worker-Spezifikation um das funktionale Ereignis sync. Ist der Webbrowser der Ansicht, dass der Anwender über eine funktionierende Internetverbindung verfügt, löst er das sync-Ereignis aus. Die Prüfung, ob eine Verbindung besteht, hört sich jedoch einfacher an, als sie sich üblicherweise gestaltet: Es lässt sich nur sicher sagen, dass keine Internetverbindung besteht, falls ein Gerät weder eine kabelgebundene noch eine drahtlose Verbindung zu irgendeinem Netz besitzt. Besteht eine solche Verbindung, ist aber nicht gesagt, dass der Anwender damit auch auf das Internet zugreifen kann. So könnte ein Wi-Fi-Netz nicht mit dem Internet verbunden sein (ein sogenanntes *Lie-Fi*, zum Beispiel ein Drucker-Wi-Fi). Ein regelmäßiger Ping zu einem Server wirkt sich nicht nur negativ auf die Akkulaufzeit aus, sondern kann auch zu irreführenden Ergebnissen führen, zum Beispiel wenn ein Proxy Anfragen blockiert. Steht doch eine Verbindung zur Verfügung, ist nicht gesagt, dass diese schnell und stabil ist, etwa bei einer mobilen Datenverbindung mit EDGE und im Bahntunnel. Dass eine Verbindung zum Webserver zur Verfügung steht, ist beim Auslösen des sync-Ereignisses demnach nicht garantiert. Die Spezifikation gibt als Mindestanforderung an, dass das Gerät mit einem beliebigen Netz verbunden sein muss. Webbrowser können aber auch genauere Prüfungen implementieren.

Bin ich online?

Ob das Gerät gerade online ist, kann aus einer Webanwendung oder einem Worker heraus abgefragt werden. Dazu wird auf die Eigenschaft onLine auf dem navigator-Objekt zurückgegriffen. Hat diese den Wert false, ist das Gerät garantiert offline. Ist der Wert hingegen true, könnte das Gerät online sein (mit den oben genannten Ungenauigkeiten). Wechselt der Wert der Eigenschaft von true auf false, löst der Webbrowser im globalen Kontext das Ereignis offline aus, umgekehrt das Ereignis online. Dies wird von allen aktuellen Versionen der vier großen Webbrowser unterstützt. Weitere Details zur Verbindung wie Typ (z. B. Wi-Fi, Bluetooth oder Ethernet) oder aktueller Downlink kann der Entwickler über die *Network Information API* erhalten, die derzeit aber nur von Chrome auf Android unterstützt wird.

Besteht eine Verbindung schon bei der Registrierung des Ereignisses, löst der Webbrowser dieses direkt aus. Andernfalls wartet der Webbrowser mit dem Auslösen so lange, bis eine Verbindung besteht. Das funktioniert auch, wenn die Webanwendung oder sogar der Webbrowser zwischenzeitlich geschlossen wurde. Das Schließen des Webbrowsers wird derzeit nur unter Google Chrome auf Android unterstützt, auf dem Desktop muss der Webbrowser weiterhin ausgeführt werden, um Synchronisierungsereignisse zu behandeln.

Listing 5.20 zeigt, wie sich der Entwickler innerhalb der Service-Worker-Implementierung mithilfe der Methode `addEventListener()` auf dem globalen Scope `self` dieses Service Workers für die Behandlung des `sync`-Ereignisses registrieren kann: Der übergebene Callback wird aufgerufen, wenn der Webbrowser das Ereignis auslöst. Auf den Ereignisargumenten (`event`) steht die Eigenschaft `tag` zur Verfügung, die das Tag enthält, das bei der Registrierung des Ereignisses vergeben wurde. Der Callback im Beispiel prüft, ob das in Listing 5.19 registrierte Tag `upload-photos` verwendet wurde. Ist dem so, ruft der Service Worker die entsprechende Routine zur Synchronisierung der Bilddaten auf, die hier `uploadPhotos()` heißt. Diese Methode sollte bei Aufruf ein Promise zurückgeben, das im Erfolgsfall auflöst und im Fehlerfall abgelehnt wird.

```
self.addEventListener('sync', event => {
  if (event.tag === 'upload-photos') {
    event.waitUntil(uploadPhotos());
  }
});
```

Listing 5.20 Synchronisierungsereignisse im Service Worker behandeln

Sollte ein Fehler bei der Synchronisierung auftreten, kann der Webbrowser das Ereignis zu einem späteren Zeitpunkt noch einmal auslösen. Wie oft das versucht wird, ist dem Webbrowser überlassen. Auf den Ereignisargumenten steht zusätzlich die Eigenschaft `lastChance` zur Verfügung. Diese gibt an, ob die aktuelle Auslösung des Ereignisses die letzte ist (`true`) oder der Webbrowser im Fehlerfall ein weiteres Mal versuchen wird, die Synchronisation durchzuführen (`false`).

In der Zukunft soll die Background Sync API um periodisches Synchronisieren ergänzt werden, etwa basierend auf festen Zeitplänen (zum Beispiel stündlich, jeden Tag um 7 Uhr) oder dem Nutzungsverhalten des Anwenders, der zum Beispiel immer morgens um eine bestimmte Uhrzeit die Schlagzeilen liest.

5.7 Navigation Preload

Service Worker, die das funktionale Ereignis `fetch` behandeln, werden folglich auch bei Navigationsereignissen aktiviert, also wenn der Anwender auf einen Link zur Website klickt oder diese selbst über ein Lesezeichen oder die Adresszeile aufruft. Service Worker können vom Webbrowser aufgeweckt und schlafen gelegt werden, die Kriterien legt der jeweilige Browser fest. Das Aufwecken eines Service Workers kann zwischen 50 und 250 Millisekunden dauern, im Zweifelsfall aber auch deutlich länger, zum Beispiel wenn die CPU stark ausgelastet ist.

Sollte ein Service Worker zwischenzeitlich heruntergefahren worden sein, wird die Navigation zur Webanwendung so lange verzögert, bis er wieder gestartet wurde. Das kann zu einem Problem werden, wenn ein Service Worker die App Shell, die per Navigation aufgerufen wurde, über das Netz bedienen *muss* und sie nicht aus dem Cache bedienen kann. Wenn die Anwendungsquelldateien aus dem Cache bezogen werden können, sollte Navigation Preload nicht aktiviert werden.

Ohne Navigation Preload werden Netzanfragen verzögert, bis der Service Worker hochgefahren wurde. Auf der Service-Worker-Registrierung wird unter der Eigenschaft `navigationPreload` eine Instanz des Typs *NavigationPreloadManager* zur Verfügung gestellt. Aktiviert der Entwickler *Navigation Preload* mithilfe der Methode `enable()`, werden Navigationsanfragen künftig parallel zum Service-Worker-Boot ausgeführt. Es wird empfohlen, Navigation Preload im Rahmen des Lifecycle-Events `activate` zu aktivieren. Dies zeigt Listing 5.21.

```
self.addEventListener('activate', event => {
  event.waitUntil(() => {
    if (self.registration.navigationPreload) {
      return self.registration.navigationPreload.enable();
    }
  });
});
```

Listing 5.21 Navigation Preload aktivieren

Auch das Deaktivieren von Navigation Preload mithilfe der Methode `disable()` ist möglich. Während die Anfrage zwar parallel zum Service-Worker-Boot durchgeführt wird, muss sie letztlich dennoch durch den Service Worker ausgeliefert werden. Auf dem funktionalen Ereignis `fetch` steht die Eigenschaft `preloadResponse` zur Verfügung. Ist diese gesetzt, muss die Antwort zurückgegeben werden. Das zeigt Listing 5.22.

```
self.addEventListener('fetch', event => {
  event.respondWith(() => {
    return event.preloadResponse.then(response => {
      return response || fetch(event.request);
    });
  });
});
```

Listing 5.22 Parallel abgerufene Antwort zurückgeben

Die Schnittstelle Navigation Preload ist Teil der Service-Worker-Nightly-Spezifikation und wird von Google Chrome ab Version 59 sowie Microsoft Edge ab Version 18 unterstützt.

5.8 Zusammenfassung

- Der Service Worker hat wie Web Worker und Shared Worker keinen Zugriff auf das DOM der Webanwendung und wird in einem separaten Thread ausgeführt. Im Gegensatz zu ihnen wird er für einen bestimmten Scope registriert (Kombination aus Origin und Pfad), kann unabhängig von der Lebenszeit der Hauptanwendung ausgeführt werden und verfügt über mächtige Funktionen.
- Service Worker haben einen eigenen, klar definierten Lebenszyklus. Zeitgleich ist für einen bestimmten Scope immer nur eine Service-Worker-Version zuständig. Wird das Service-Worker-Skript geändert, gilt dies automatisch als neue Version.
- Service Worker implementieren Infrastrukturcode: So können Service Worker Einfluss auf Netzanfragen nehmen und stellvertretend für einen Server antworten (zum Beispiel mit Informationen aus der lokalen Clientdatenbank), mit der Webanwendung kommunizieren, Pushbenachrichtigungen anzeigen sowie Daten im Hintergrund synchronisieren.
- Alle großen Webbrowser bieten in ihren Entwicklertools auch Werkzeuge zum Debuggen von Service-Worker-Implementierungen.

Kapitel 6

Cache API: So lädt die App auch ohne Netzverbindung

Der Service Worker kann Netzabfragen abfangen und manipulieren. In vielen Fällen wird es gewünscht sein, die Anwendungsquelldateien offline zu halten. Hierfür gibt es mit dem Cache eine einfache Schnittstelle.

Sicherlich kennen Sie die Fehlerseite in Google Chrome, die immer dann dargestellt wird, wenn eine Website geladen werden soll, aber keine Internetverbindung besteht. Diese interaktive Fehlermeldung zeigt einen Dino als Symbol. Damit eine Progressive Web App offline funktioniert, müssen die zugehörigen Websitedaten vorher irgendwo zwischengespeichert worden sein. Mit dem Service Worker kommt daher auch die *Cache*-Schnittstelle, die das Zwischenspeichern von HTTP(S)-Anfragen und deren zugehörigen Antworten einschließlich Kopfzeilen in einem lokalen Zwischenspeicher unterstützt. Werden die nötigen Antworten zur Darstellung der angefragten URL im Cachespeicher hinterlegt und durch den Service Worker ausgeliefert, lässt sich die Anzeige solcher Fehlerseiten unterbinden. Der Cache hat aber noch einen weiteren Vorteil: Inhalte aus einem lokalen Zwischenspeicher dürften in vielen Fällen deutlich schneller ausgeliefert werden, als wenn sie über das Netz bedient werden. Webanwendungen werden damit also auch noch besonders schnell. Der Grundgedanke ist, niemals dieselbe Ressource zweimal herunterzuladen.

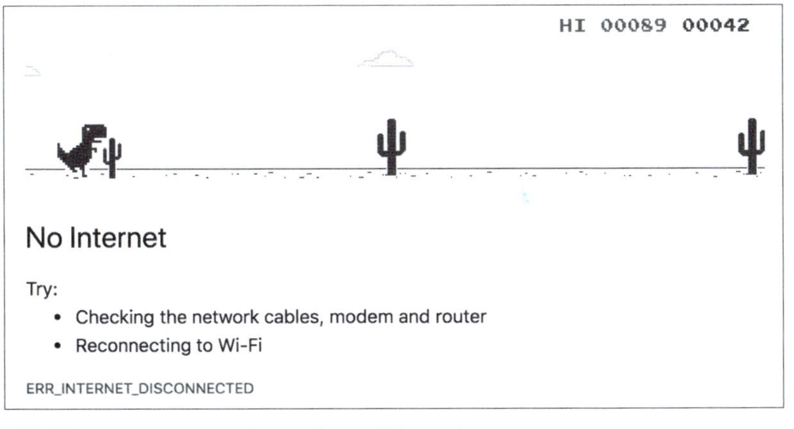

Abbildung 6.1 Niemand mag den Offline-Dino.

Trotz der Namensgleichheit hat dieser Cachespeicher überhaupt nichts mit dem HTTP-Browsercache zu tun. Während dieser üblicherweise nicht (uneingeschränkt) durch die clientseitige Webanwendung kontrollierbar ist, sondern sich der Browser in Abstimmung mit dem Webserver selbst um das Zwischenspeichern der Inhalte kümmert, unterliegt der Cachespeicher allein der Kontrolle der Webanwendung.

Aufgabe: Spielen mit dem Offline-Dino

Dieses Easter Egg ist in Google Chrome mittlerweile schon recht bekannt. Wenn Sie es noch nicht kennen oder eine kurze Spielpause benötigen, können Sie es gern ausprobieren: Schalten Sie dazu Ihr Gerät in den Flugzeugmodus beziehungsweise trennen Sie alle Datenverbindungen. Öffnen Sie dann Google Chrome und navigieren Sie zu einer beliebigen Website, die nicht offlinefähig ist. Alternativ können Sie auch den URI *chrome://dino* aufrufen. Dann erscheint der Offline-Dino. Drücken Sie die Leertaste oder tippen Sie auf den Dino, und er hüpft hoch. Das Spiel startet direkt. Ihre Mission ist es, über die Hindernisse zu springen beziehungsweise sich vor Hindernissen zu ducken ([↓]). Je mehr Wegstrecke Sie zurücklegen, umso mehr Punkte gibt es. Welchen Highscore schaffen Sie?

6.1 HTTP-Crashkurs: So war das noch mal mit Anfragen und Antworten

Das HyperText Transfer Protocol (HTTP) liegt derzeit in Version 2 vor. Es dient der Übertragung von Daten zwischen dem Webserver und einem Client, zum Beispiel dem Webbrowser. Das Protokoll wird bei der *Internet Engineering Task Force* (IETF) standardisiert und ist dort in verschiedenen Dokumenten hinterlegt, Techniken der neuen Protokollversion *HTTP/2* etwa in RFC 7540 (*https://tools.ietf.org/html/rfc7540*). Die grundlegende Semantik von HTTP-Nachrichten beschreibt RFC 7231 (*https://tools.ietf.org/html/rfc7231*), auf das ich im Folgenden zurückgreife.

Das Protokoll ist zustandslos – Übertragungen werden also jeweils für sich betrachtet – und arbeitet nachrichtenbasiert. Dabei gibt es nur zwei Nachrichtentypen: Der Client initiiert die Kommunikation durch eine *Anfrage*. Der Webserver verarbeitet die Anfrage und schickt eine *Antwort* an den Client zurück. Beide Nachrichten bestehen jeweils aus einem Kopf (*Header*), der aus unterschiedlichen Kopfzeilen zusammengesetzt wird, sowie dem Nachrichtenrumpf (*Body*), in dem die Nutzlast (*Payload*) übertragen wird. Eine Anfrage (*Request*) wird immer an eine bestimmte URL gerichtet, um die dort hinterlegte Ressource abzurufen oder zu manipulieren.

Die Art des Zugriffs wird über die *Methode* (seltener auch: das *Verb*) des Requests spezifiziert: Mithilfe der Methode *GET* wird die angegebene Ressource in einer bestimmten Repräsentation abgefragt, zum Beispiel HTML, JSON oder XML. Die gewünschte Repräsentation kann mithilfe des `Accept`-Headers als Teil der HTTP(S)-Anfrage angegeben werden. Die Ressource wird auf dem Server dabei nicht verändert, diese Methode ist daher als *sicher* (*safe*) definiert. Darüber hinaus führen wiederholte GET-Abfragen gegen eine Ressource immer zum selben Ergebnis, deswegen ist diese Methode zusätzlich als *idempotent* definiert. GET-Anfragen besitzen üblicherweise keinen Nachrichtenrumpf. Fordert ein Webbrowser eine Ressource an, zum Beispiel nach dem Eingeben einer URL in der Adresszeile oder beim Abrufen einer Bildressource oder JavaScript-Datei, sendet er GET-Requests. Die Methode *PUT* würde die angegebene Ressource hingegen aktualisieren, zum Beispiel mit der Ressource, die sich im Nachrichtenrumpf befindet. Diese Methode ist nicht safe, da sie den Zustand auf dem Server verändert. Sie ist aber idempotent, weil die mehrfache Aktualisierung eines Datensatzes mit denselben Daten immer zum selben Ergebnis führt. Das Erzeugen neuer Ressourcen geschieht mithilfe von *POST*-Requests. Diese Methode ist weder safe, da sie den Zustand auf dem Server ändert, noch idempotent, da eine mehrfache Ausführung der Auflistung weitere Ressourcen erzeugen würde. Werden Formulare im Browser abgeschickt, sendet der Webbrowser typischerweise einen POST-Request. Weitere Methoden zeigt Tabelle 6.1.

HTTP-Methode	Verwendung	Safe	Idempotent
GET	Überträgt eine Repräsentation der Zielressource.	Ja	Ja
HEAD	Wie GET, überträgt jedoch nur den Statuscode und die Kopfzeilen.	Ja	Ja
PUT	Ersetzt alle Repräsentationen der Zielressource durch die Nutzlast.	Nein	Ja
DELETE	Löscht alle Repräsentationen der Zielressource.	Nein	Ja
POST	Nutzlast wird passend zur Ressource verarbeitet, zum Beispiel das Einfügen eines Eintrags in eine Aufzählung.	Nein	Nein

Tabelle 6.1 Auswahl gängiger HTTP-Methoden

Ob die angeforderte Operation erfolgreich ausgeführt wurde, signalisiert der Webserver in seiner Antwort (*Response*) mithilfe eines numerischen Statuscodes. Bekannte Statuscodes sind etwa `200 OK`, wenn das Abrufen einer Ressource erfolgreich war, oder `404 Not Found`, wenn die Ressource mit der angegebenen URL nicht gefunden werden konnte. Weitere Statuscodes zeigt Tabelle 6.2.

Statuscode	Bedeutung
1xx Informational	
`101 Switching Protocols`	Protokollwechsel, zum Beispiel von HTTP auf das WebSocket-Protokoll
2xx Successful	
`200 OK`	Request war erfolgreich.
`201 Created`	Ressource(n) wurde(n) erzeugt.
`202 Accepted`	Request akzeptiert, aber noch nicht durchgeführt
`203 Non-Authorative Information`	Request war erfolgreich, Nutzlast wurde von einem Proxy geändert.
`204 No Content`	Request war erfolgreich, Nutzlast ist absichtlich leer (zum Beispiel nach einem PUT-Request).
`206 Partial Content`	Antwort auf einen Range-Request, der nur den angefragten Teil der Ressource enthält (zum Beispiel Wiederaufnahme eines pausierten Downloads)
3xx Redirection	
`300 Multiple Choices`	Für die Ressource stehen mehrere Repräsentationen zur Verfügung.
`301 Moved Permanently`	Ressource dauerhaft verschoben
`302 Found`	Ressource ist temporär unter einer anderen URL zu finden.
4xx Client Error	
`400 Bad Request`	Request ungültig zusammengesetzt
`404 Not Found`	Ressource nicht gefunden
`405 Method Not Allowed`	Methode für diese Anfrage nicht zulässig
`410 Gone`	Ressource nicht mehr verfügbar
`414 URI Too Long`	URI der Anfrage ist zu lang.

Tabelle 6.2 Auswahl einiger HTTP-Statuscodes

Statuscode	Bedeutung
5xx Server Error	
`500 Internal Server Error`	Unerwarteter, interner Serverfehler
`501 Not Implemented`	Server unterstützt die Anfrage nicht.

Tabelle 6.2 Auswahl einiger HTTP-Statuscodes (Forts.)

Um Bandbreite zu sparen und die Geschwindigkeit der Websitedarstellung zu erhöhen, kann der Webbrowser bestimmte Antworten in einem Zwischenspeicher (Cache) hinterlegen. Dieser wird im weiteren Verlauf dieses Kapitels als HTTP-Browsercache bezeichnet. Ressourcen, die sich selten ändern, können direkt aus dem Browsercache beantwortet werden, ohne sie erneut vom Server abrufen zu müssen. Allerdings sind nicht alle Antworten *cacheable*, also zum Zwischenspeichern geeignet. Als cacheable gelten Antworten, die

- über die HTTP-Methoden GET und HEAD abgefragt wurden (POST wäre ebenfalls möglich, wenn die Antwort bestimmte Zusatzinformationen enthält, dies wird jedoch kaum implementiert),
- die Statuscodes 200, 203, 204, 206, 300, 301, 404, 405, 410, 414 oder 501 aufweisen und
- bei denen das Caching nicht anderweitig verhindert wird. So gibt es die HTTP-Kopfzeile `Cache-Control`, die das Zwischenspeichern von Inhalten zeitlich beschränken oder komplett unterbinden kann. Das Caching-Verhalten ist in RFC 7234 (*https://tools.ietf.org/html/rfc7234*) standardisiert.

Bei Webanwendungen kommt es zu einem Anfragezyklus: Der Client, zum Beispiel der Webbrowser, schickt eine Anfrage an den Server. Dieser antwortet zum Beispiel mit einer HTML-Datei, die einen Hyperlink auf eine andere Ressource enthält. Klickt der Anwender darauf, fordert der Webbrowser die Ressource wiederum über das HTTP-Protokoll an, und der Webserver schickt eine passende Antwort.

6.1.1 Auslaufmodell XMLHttpRequest

Allerdings müssen diese Anfragen nicht zwangsläufig durch Navigationsereignisse des Webbrowsers initiiert werden. Webanwendungen haben ebenfalls die Möglichkeit, solche Anfragen selbst zusammenzusetzen und die Antwort direkt entgegenzunehmen. Die klassisch hierfür verwendete Schnittstelle nennt sich XMLHttpRequest, die ab dem Jahr 2000 in Webbrowsern implementiert ist. Wie in Abschnitt 1.2.3, »Das Rückgrat der Progressive Web Apps«, erwähnt, stellt diese Schnittstelle die technologische Basis für AJAX dar. Webanwendungen machten seit dem Aufkommen des

Web 2.0 von dieser Schnittstelle umfassenden Gebrauch. Die Verwendung dieser Schnittstelle zeigt Listing 6.1: Um eine HTTP-Anfrage abschicken zu können, muss zunächst eine Instanz des Typs `XMLHttpRequest` erzeugt werden. Auf der Instanz wird die Methode `open()` aufgerufen, die mindestens die gewünschte Anfragemethode und die URL der abzufragenden Ressource enthält. Als dritter Parameter kann optional angegeben werden, ob die Anfrage asynchron ausgeführt werden soll. Synchrone XMLHttpRequests würden die Ausführung der Webanwendung bis zur Rückkehr der Antwort blockieren und sind daher ein absolutes Anti-Pattern. In allen aktuellen Webbrowsern sind synchrone XMLHttpRequests als veraltet markiert und führen zu einer Warnung, die auf der Entwicklerkonsole sichtbar ist. Der Methode können darüber hinaus als weitere Parameter der Benutzername und das Passwort übergeben werden, die zum Abrufen der Ressource erforderlich sind. Der Zustand der XMLHttp-Request-Instanz lässt sich über die Eigenschaft `readyState` abrufen. Wurde die Anfrage erfolgreich abgeschlossen, entspricht diese Eigenschaft dem Wert `4` (für den Zustand `DONE`). Um sich bei Änderung dieser Eigenschaft informieren zu lassen, wird auf dem XMLHttpRequest das Ereignis `readystatechange` definiert, für das sich der Entwickler mithilfe der Funktion `addEventListener()` registrieren kann. Im Ereignis-Handler wird geprüft, ob die Instanz den Zustand DONE angenommen hat, und anschließend wird der Text der Antwort (`responseText`) in einer Hinweismeldung angezeigt. Abschließend wird die Anfrage durch den Aufruf der Methode `send()` an den Webserver übertragen. Diese Methode nimmt die Nutzlast entgegen, die mit der Anfrage verschickt werden soll. Da GET-Anfragen üblicherweise über keine Nutzlast verfügen, wird hier `null` übergeben.

```
var xhr = new XMLHttpRequest();
xhr.open('GET', 'sample.json', true);
xhr.addEventListener('readystatechange', function() {
  if (xhr.readyState === 4) {
    alert(xhr.responseText);
  }
});
xhr.send(null);
```

Listing 6.1 Verwendung der XMLHttpRequest-Schnittstelle

Die Schnittstelle erscheint wenig intuitiv. Auch ihr Name deutet auf das Alter der Schnittstelle hin, denn oftmals werden in modernen Webanwendungen keine XML-Fragmente mehr übertragen, sondern JSON-Dokumente. Außerdem erfolgen Anfragen meist über HTTPS statt HTTP – auch wenn sich die Webschnittstelle für all das dennoch eignet. Heute sollte die XMLHttpRequest-Schnittstelle nur noch als Fallback verwendet werden, wenn die Fetch API nicht zur Verfügung steht.

6.1.2 Fetch API

Die Fetch API ist eine modernere Schnittstelle zum Versenden von Netzanfragen. Sie setzt insbesondere durchgängig auf Promises (siehe Abschnitt 1.3.3, »Promises: asynchrone Operationen im Griff«), synchrone Abfragen sind über diese Schnittstelle also allgemein nicht möglich. Die Fetch API ist ein Living Standard bei der *Web Hypertext Application Technology Working Group* (WHATWG) (*https://fetch.spec.whatwg.org*) und wird von allen modernen Ausgaben der vier großen Webbrowser unterstützt (siehe Tabelle 6.3).

Google Chrome	Microsoft Edge	Mozilla Firefox	Apple Safari
42	14	39	10.1

Tabelle 6.3 Browserunterstützung der Fetch API

Listing 6.2 zeigt ein Verwendungsbeispiel der Schnittstelle: Die Methode `fetch()`, die auf dem globalen Kontext der Webanwendung beziehungsweise des Workers zur Verfügung steht, wird mit einem Wert vom Typ *RequestInfo* aufgerufen, entweder mit einer Zeichenkette, die als URL interpretiert werden kann, und einem optionalen Konfigurationsobjekt oder einem *Request*-Objekt, auf das ich gleich noch näher eingehe. Im Beispiel wird die host- und pfadrelative URL *sample.json* verwendet, sie wird relativ zur URL der geladenen Webanwendung beziehungsweise des Worker-Skripts aufgelöst. Standardmäßig nimmt die Schnittstelle als Request-Methode GET an. Die Methode gibt ein Promise zurück, das im Erfolgsfall mit einem *Response*-Objekt erfüllt wird. Zu beachten ist, dass auf diesem Objekt keine direkt auslesbare Eigenschaft zur Verfügung steht. Antwort auf den Nachrichtenrumpf gewährt die Schnittstelle nur über einen Stream. Die Schnittstelle bietet allerdings einfach zu verwendende Methoden an, um den Nachrichtenrumpf in einem bestimmten Format auszulesen. So liest die Methode `text()` auf dem Response-Objekt den Nachrichtenrumpf als Text aus, mithilfe der Methode `json()` würde der Nachrichtenrumpf als JSON interpretiert und in ein JavaScript-Speicherobjekt deserialisiert. Auch diese Methoden geben jeweils ein Promise zurück, auf dessen Ausführung gewartet werden muss. Daher schließt sich im Beispiel nach dem ersten `then()`, bei dem auf die Rückgabe der Antwort gewartet wird, noch ein zweites `then()` an, das auf das Entpacken des Nachrichtenrumpfs wartet. Ist dies erfolgreich, steht schließlich im Parameter `responseText` der ausgelesene Text der Antwort zur Verfügung, der schließlich in einer Hinweismeldung angezeigt wird.

```
fetch('sample.json')
  .then(function (response) {
    return response.text();
```

```
}).then(function (responseText) {
  alert(responseText);
});
```

Listing 6.2 Abrufen von Websiteinhalten mit der Fetch-Schnittstelle

Die Fetch API lässt sich also nicht nur deutlich einfacher verwenden als die ältere API XMLHttpRequest, sondern definiert darüber hinaus die Schnittstellen zur Abbildung von HTTP-Anfragen und deren zugehörigen Antworten in JavaScript: Request und Response. Diese wiederum gehören zu den Grundlagen der Service-Worker-Spezifikation und somit auch der Cache API. In Anlehnung an die Fetch-Schnittstelle heißt daher auch das in Abschnitt 5.4.1, »Netzanfragen abfangen und manipulieren«, beschriebene funktionale Service-Worker-Ereignis zum Abfangen von Netzanfragen `fetch`.

Anfragen

Der Konstruktor der Request-Schnittstelle nimmt einen Wert vom Typ RequestInfo entgegen. Wie oben erwähnt, ist das entweder eine Zeichenkette einer URL oder ein anderes Request-Objekt. Listing 6.3 zeigt, wie einfach die Instanz eines Request-Objekts erzeugt werden kann.

```
const request = new Request('https://google.com');
```

Listing 6.3 Neuen Request erstellen

Optional nimmt der Konstruktor ein zweites Argument vom Typ *RequestInit* entgegen. Dabei handelt es sich um ein Konfigurationsobjekt, das unter anderem die nachstehenden Angaben erlaubt. Die Signatur des `Request()`-Konstruktors deckt sich mit jener der `fetch()`-Methode. Auch diese kann ein optionales zweites Argument vom Typ RequestInit entgegennehmen und das Request-Objekt damit selbst konstruieren.

- `method`: HTTP-Methode der Anfrage, zum Beispiel GET oder POST.
- `headers`: Kopfzeilen, die mit der Anfrage geschickt werden sollen. Es gibt ein eigenes *Headers*-Objekt, mit dem diese zusammengesetzt werden können. Alternativ ist auch die Angabe eines Objektliterals möglich: `{ "Accept-Language": "de-DE" }`.
- `body`: Der Nachrichteninhalt, wahlweise eine Zeichenkette, ein BLOB, Formulardaten und Weiteres.
- `mode`: Request-Modus. Der Wert `same-origin` stellt sicher, dass die Anfrage nur an eine URL derselben Origin gerichtet werden kann, `cors` erzeugt eine CORS-Anfrage (siehe Abschnitt 3.5.1, »Sicherheitsmaßnahmen im Webbrowser«). Standard ist `no-cors`. In diesem Fall sind nur GET-, HEAD- und POST-Anfragen sowie bestimmte

HTTP-Header erlaubt. Der Webbrowser selbst verwendet den Wert `navigate`, wenn eine Anfrage im Zuge einer Websitenavigation durchgeführt wird, und `websocket`, wenn eine Verbindung über das WebSocket-Protokoll aufgebaut wird.

- `credentials`: Gibt an, ob Anmeldedaten (zum Beispiel Cookies) mit der Anfrage übertragen werden sollen. Standard ist `omit`, bei dem keine Anmeldedaten mitgeschickt werden. Bei Angabe des Werts `same-origin` werden Credentials nur bei Anfragen an dieselbe Origin mitgeschickt, bei `include` werden die Anmeldedaten immer mitgeschickt.
- `redirect`: Gibt an, ob HTTP-Weiterleitungen (Statuscodes 301, 302, 303, 307 und 308) automatisch gefolgt werden soll (`follow`, Standard), ob es bei einer Weiterleitung zu einem Fehler kommen soll (`error`) oder ob Weiterleitungen manuell behandelt werden sollen (`manual`).
- `integrity`: Enthält den Hashwert der erwarteten Antwort. Damit kann zum Beispiel geprüft werden, ob ein Content Delivery Network die erwartete Bibliothek zurückgibt und keine bösartige Implementierung, weil dieses gekapert wurde.
- `keepalive`: Gibt an, ob der Request die Lebensdauer der Webanwendung überleben darf.
- `signal`: Dieser Eigenschaft kann ein Abbruchsignal übergeben werden, mit dessen Hilfe die Anfrage clientseitig abgebrochen werden kann. Das Signal wird durch die Schnittstelle `AbortController` erhalten. Auf die Rückgabe einer Antwort seitens des Servers wird bei Abbruch nicht mehr gewartet.

Nach ihrer Erzeugung ist die Request-Instanz unveränderlich (*immutable*). Auf der Instanz steht die Methode `clone()` zur Verfügung, um einen Klon des Request-Objekts zu erzeugen, bei dem sämtliche Eigenschaften auf ein neues Objekt kopiert werden.

Antworten

Außerdem definiert die Fetch-Schnittstelle den `Response()`-Konstruktor. Darüber lassen sich HTTP-Antworten komplett frei zusammensetzen. Somit schließt sich der Kreis im Hinblick auf den Service Worker, denn unter Zuhilfenahme dieser Schnittstelle kann er Antworten komplett frei selbst zusammensetzen und an die Webanwendung übertragen. Der Konstruktor nimmt zwei optionale Argumente entgegen: einen Wert vom Typ *BodyInit*, mit dem der Nachrichtenrumpf erzeugt wird (eine Zeichenkette, ein BLOB, Formulardaten oder Ähnliches), sowie einen Wert vom Typ *ResponseInit*. Auch das Response-Objekt ist nach seiner Erzeugung unveränderlich und bietet eine `clone()`-Methode, um die Antwort zu duplizieren. ResponseInit repräsentiert ein Konfigurationsobjekt, das das Setzen der folgenden Eigenschaften erlaubt:

- `status`: Der Statuscode der Antwort, zum Beispiel `200` oder `404` (standardmäßig `200`).
- `statusText`: Der Statustext der Antwort, zum Beispiel `OK` oder `Not Found` (standardmäßig `OK`).
- `headers`: Kopfzeilen der Antwort, entweder vom Typ Headers oder ein Objektliteral, wie oben bei der Anfrage beschrieben.

Listing 6.4 zeigt, wie einfach eine neue Response-Instanz erzeugt werden kann.

```
const response = new Response('Nicht gefunden, schade!', {
  status: 404,
  statusText: 'Not Found'
});
```

Listing 6.4 Neue Response erstellen

Auf Response-Objekten, ob selbst erstellt oder über die Fetch-Schnittstelle bezogen, stehen weitere Eigenschaften zur Verfügung:

- `ok`: Gibt an, ob der Statuscode auf einen Erfolg hinweist (2xx).
- `redirected`: Gibt an, ob die Anfrage weitergeleitet wurde.
- `url`: Die URL der Antwort nach Weiterleitungen. Enthält eine leere Zeichenkette, wenn die Anfrage selbst zusammengesetzt wurde.
- `trailer`: Werden Antworten in verschiedenen Chunks übertragen, besteht die Möglichkeit, zu einem späteren Zeitpunkt weitere Kopfzeilen nachzusenden, auch wenn diese bereits übertragen wurden.

Darüber hinaus sind auf der Response-Schnittstelle zwei statische Methoden definiert, um aus dem Service Worker heraus bequem neue Antworten erzeugen zu können: `error()` erzeugt eine Response mit dem Statuscode `0`. Dieser repräsentiert einen Fehler auf Netzebene (zum Beispiel keine Verbindung). Die Methode `redirect()` nimmt zwei Parameter entgegen: eine URL, zu der die Antwort über den `Location`-Header weiterleiten wird, sowie einen optionalen Statuscode. Standardmäßig wird der Statuscode `302 Found` verwendet. Die Rückgabe der Methode ist eine entsprechend konfigurierte Antwort.

Aufgabe: Experimentieren mit der Fetch-Schnittstelle

Öffnen Sie in Google Chrome die Website *https://example.com* (achten Sie auf die Angabe des Protokolls HTTPS, da die Website nicht automatisch auf die HTTPS-Version weiterleitet). Öffnen Sie dann in die Registerkarte Console der Entwicklertools, indem Sie unter Windows und Linux [F12] drücken und dann zu dieser Registerkarte wechseln. Unter macOS kommen Sie über die Tastenkombination [⌥] + [⌘] + [J] direkt dorthin. Geben Sie in der Entwicklerkonsole die nachstehenden Befehle ein. Drücken Sie nach jeder Zeile [↵].

```
request = new Request('https://example.com')
response = await fetch(request)
await response.text()
```

Inspizieren Sie die Rückgabe in der Entwicklerkonsole nach jeder Zeile. Sie sehen dort die beiden besprochenen Schnittstellen Request und Response der Fetch API. Sie können die angezeigten Objekte über den Pfeil an der Seite aufklappen. Das Ergebnis der Ausführung der einzelnen Kommandos sehen Sie in Abbildung 6.2.

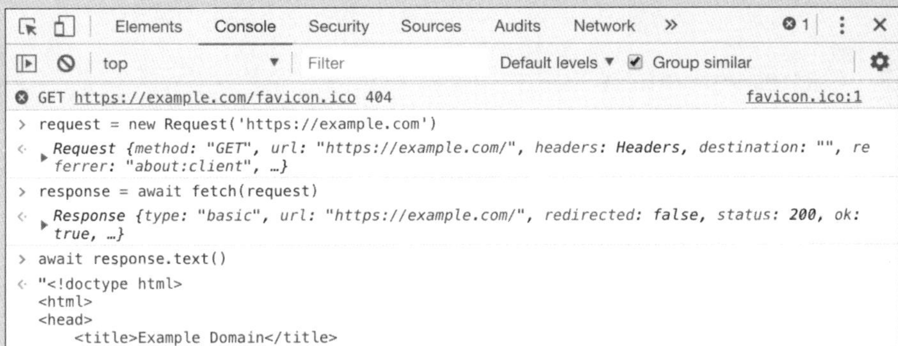

Abbildung 6.2 Ergebnis der Ausführung der Konsolenkommandos

6.2 Auslaufmodell Application Cache

Da die Cache-Schnittstelle integral mit der Funktion des Service Workers zusammenhängt, wird sie in derselben Spezifikation definiert. Jeder Browser, der Service Worker implementiert, kann also automatisch auch mit Caches umgehen. Die Cache API löst insbesondere den *HTML5 Application Cache* ab, den ersten Versuch einer Spezifikation, um Inhalte offline auf dem Gerät verfügbar zu machen. Der Application Cache wird von einer Cache-Manifestdatei gesteuert (nicht zu verwechseln mit dem Web App Manifest), die bestimmte vordefinierte Caching-Strategien vorsieht. Die Schnittstelle wird zwar von allen großen Webbrowsern einschließlich Microsoft Internet Explorer ab Version 10 und Apple Safari ab Version 4 implementiert, doch weist sie einige schwerwiegende Probleme auf:[1] Sind Dateien im Application Cache hinterlegt, werden sie immer zwangsläufig von dort ausgeliefert, selbst wenn der Anwender gerade online ist und eine neue Version beziehen könnte. Neue Versionen der zwischengespeicherten Dateien werden nur dann bezogen, wenn sich auch die Cache-

1 *https://alistapart.com/article/application-cache-is-a-douchebag*

Manifestdatei ändert. Wird diese jedoch selbst für einen langen Zeitraum im HTTP-Browsercache zwischengespeichert, ist für diese Dauer keine Aktualisierung der Dateien mehr möglich. Im schlimmsten Fall kann sich ein Entwickler aussperren, sodass Aktualisierungen für eine Website über einen sehr langen Zeitraum gar nicht mehr möglich sind. Daher wurden die Service Worker mit der Cache API ins Leben gerufen, die eine deutlich höhere Flexibilität erlauben, nicht zu Fehlerfällen wie dem obigen führen, aber auch komplexer zu implementieren sind. Der Application Cache wurde inzwischen als veraltet markiert und wird in den kommenden Jahren aus den Webbrowsern verschwinden. Sämtliche neuen Offlineimplementierungen sollten auf den Service Worker setzen.

6.3 Caches verwalten

Die Cache API stellt im globalen Kontext der Website sowie von Workern die Eigenschaft `caches` vom Typ *CacheStorage* zur Verfügung. Grundsätzlich könnte also nicht nur ein Service Worker auf den Cachespeicher zurückgreifen, sondern auch die Websiteimplementierung. Davon sollten Entwickler aber nur in gut begründeten Fällen Gebrauch machen. Bevorzugt wird sämtliche Infrastrukturlogik in die Service-Worker-Implementierung ausgelagert und ausschließlich dort hinterlegt. Auch die Cache API ist durchgängig asynchron entworfen, basiert auf Promises und steht nur dann zur Verfügung, wenn die Website per HTTPS ausgeliefert wurde. Für den Cache gilt je nach Webbrowser ein bestimmtes Speicherlimit.

6.3.1 Caches benennen

Der Cachespeicher kann mehrere Objekte vom Typ `Cache` enthalten, die jeweils durch einen vom Entwickler frei wählbaren Namen voneinander unterschieden werden können. Jeder Cache speichert Zuordnungen von HTTP(S)-Anfragen auf die zugehörigen Antworten samt Nutzlast und Kopfzeilen.

Wie auch bei anderen clientseitigen Speichertechnologien, wie IndexedDB oder Web Storage, gilt der jeweilige Cachespeicher immer nur für die aktuelle Origin (Kombination aus Protokoll, Hostnamen und Port), zu der die Website gehört. Auf die Cachespeicher anderer Origins kann nicht zugegriffen werden. Insbesondere ist der Cache nicht je Scope (Origin plus Pfadangabe) isoliert. Daher empfiehlt es sich, dem Cachenamen ein Präfix der Anwendung zu geben, sollten unterhalb einer Origin mehrere Anwendungen ausgeführt werden. Sollten unterhalb der Origin *https://example.com* etwa die beiden Anwendungen *https://example.com/weather* und *https://example.com/todos* angeboten werden, könnte ein Cache `weather-files`, der andere `todos-files` heißen, um Kollisionen zu vermeiden.

Damit aber noch nicht genug: Cachenamen sollten auch mit einer Versionsnummer versehen werden. Caches werden niemals automatisch aktualisiert, auch dann nicht, wenn eine neue Service-Worker-Version installiert wird. Setzt diese einen bestimmten Cacheaufbau voraus und ist eine frühere, abweichende Fassung installiert, kommt es zur Laufzeit zu Problemen. Die Caches sollten für den Beginn also etwa `weather-files-v1` oder `todo-files-v1` heißen.

6.3.2 Caches öffnen

Um einen neuen Cache zu öffnen, verwendet der Entwickler die Methode `open()` auf dem CacheStorage-Objekt, das über die `caches`-Eigenschaft bezogen wird. Diese Methode nimmt einen Cachenamen entgegen und liefert ein Promise zurück, das mit dem zugehörigen Cache auflöst. Existiert dieser Cache noch nicht, wird er in diesem Zuge angelegt und ebenfalls zurückgegeben:

```
self.caches.open('weather-files-v1').then(cache => console.log(cache));
```

Listing 6.5 Öffnen eines Caches

Diese Methode schlägt üblicherweise nicht fehl, es sei denn, der Webbrowser hätte eine Maximalanzahl an Cachespeichern definiert, die die Website überschreiten würde. Bei den vier großen Webbrowsern können problemlos mehrere Tausend Cachespeicher angelegt werden – weitaus mehr, als in realistischen Szenarien benötigt werden.

6.3.3 Caches auflisten und löschen

Das CacheStorage-Objekt hat noch weitere Schnittstellen, etwa zur Anzeige aller verfügbaren Cache-Instanzen. Dies geschieht mithilfe der Methode `keys()`, die ein Array mit den Namen der installierten Caches zurückgibt.

```
self.caches.keys().then(caches => console.log(caches));
// ["weather-files-v1"]
```

Listing 6.6 Auflisten aller Caches

Mit der Methode `has()` kann geprüft werden, ob der Cache mit dem übergebenen Namen existiert. Die Methode gibt ein Promise mit einem booleschen Wert zurück, der angibt, ob der Cache existiert oder nicht.

```
self.caches.has('weather-files-v1').then(exists => console.log(exists));
// true
```

Listing 6.7 Prüfen, ob ein Cache existiert

Mit der Methode delete() kann ein Cache schließlich wieder gelöscht werden. Die Methode gibt ebenfalls ein Promise mit einem booleschen Wert zurück, der angibt, ob das Löschen erfolgreich war (der Cache also existiert hat) oder nicht.

```
self.caches.delete('weather-files-v1').then(success => console.log(success));
// true
```

Listing 6.8 Löschen eines Caches

6.4 Antworten zur Seite legen: Man weiß nie, wann man sie wieder gebrauchen kann

Auf die Schnittstellen der Cache API haben sowohl die Webanwendung als auch der Service Worker Zugriff. Das Zwischenspeichern kann entweder imperativ durch die Anwendung angestoßen werden (zum Beispiel um einen Artikel für das spätere Lesen offline zu speichern), im Zusammenhang mit der Service-Worker-Installation oder als Reaktion auf ein funktionales Ereignis. So könnte eine Nachrichtenanwendung beim Eingehen einer Pushbenachrichtigung den passenden Artikel über das Netz abrufen und im Cache hinterlegen, sodass der Anwender diesen später direkt lesen kann, selbst wenn er offline ist. Die unterschiedlichen Methoden im Umgang mit dem Einzelcache beschreibe ich in den folgenden Abschnitten und blicke auch auf die Größenbeschränkungen von Cache API und anderen clientseitigen Speichertechnologien.

6.4.1 Abfrage zwischenspeichern

Die einfachste Methode stellt put() dar. Diese Methode nimmt zwei Parameter entgegen, die zu speichernde Anfrage vom Typ RequestInfo und die zuzuordnende Antwort vom Typ Response. Für RequestInfo kann wahlweise eine URL-Zeichenkette oder ein Request-Objekt angegeben werden. Listing 6.9 zeigt, wie dies geht. Die Variable cache enthält dabei einen Verweis auf einen einzelnen geöffneten Cache.

```
cache.put('/', new Response('Hello from Service Worker!'))
  .then(() => /* erfolgreich */)
  .catch(err => console.error(err));
```

Listing 6.9 Hinterlegen einer Antwort zum Cache

Wie in Abschnitt 6.1, »HTTP-Crashkurs: So war das noch mal mit Anfragen und Antworten«, beschrieben, sind lediglich bestimmte Antworten cacheable. Im Zwischenspeicher der Cache API sollten nur cacheable Antworten hinterlegt werden. Die Schnittstelle ist sogar strikter als die Definition aus der HTTP-Spezifikation, da sie derzeit lediglich Antworten zwischenspeichert, die per GET-Request über die Protokolle HTTP und HTTPS angefordert wurden. Antworten mit dem Statuscode `206 Partial Content`, die einen bestimmten Teilbereich einer Ressource enthalten, gelten zwar laut HTTP-Spezifikation als cacheable, sind aber im Kontext der Cache API nicht sinnvoll und dürfen daher nicht in ihrem Zwischenspeicher abgelegt werden. Der Aufruf der Methode `put()` gibt ein Promise zurück. Bei Verwendung einer ungültigen Anfrageoder Antwort wird das Promise zurückgewiesen, ein Zwischenspeichern erfolgt in diesem Fall nicht. Im Erfolgsfall löst das Promise auf.

Aufgabe: Demo-App ausprobieren

Um die Cache API zu demonstrieren, habe ich in den Beispielquelldateien im Ordner *kapitel06* ein paar Dateien abgelegt. Unter den Quelldateien befinden sich zwei Bilder (*sun.jpg* und *rain.jpg*), eine JavaScript-Datei namens *app.js*, ein Stylesheet namens *app.css* und der Einsprungspunkt, die Datei *index.html*.

Öffnen Sie dieses Verzeichnis in Visual Studio Code, öffnen Sie die Konsole und führen Sie dort den Befehl `lite-server` aus. Bitte stellen Sie sicher, dass Sie die vorherige Ausführung von `lite-server` beendet haben. Daraufhin sollte sich Ihr Standardbrowser öffnen. Ist das nicht Google Chrome, wechseln Sie zu diesem Browser. Öffnen Sie dann die Entwicklertools, indem Sie [F12] (Windows/Linux) bzw. [⌥] + [⌘] + [I] (macOS) drücken. Wechseln Sie dort zur Registerkarte APPLICATION • CLEAR STORAGE, stellen Sie sicher, dass sämtliche Kontrollkästchen ausgewählt wurden, und klicken Sie auf die Schaltfläche CLEAR SITE DATA. Damit wird der frühere Service Worker vollständig entfernt, und Sie können wieder auf der grünen Wiese starten.

Laden Sie abschließend die Website neu. Sie sollten dort die Überschrift CACHE API DEMO sehen, eine Schaltfläche CLICK ME, die beim Klicken eine Hinweismeldung anzeigt, sowie ein Bild von einem Sonnenuntergang. Sollte in den Entwicklertools der Console Drawer nicht mehr sichtbar sein, drücken Sie [Esc], um ihn wieder anzuzeigen. Geben Sie im Console Drawer folgende Befehle ein:

```
cache = await caches.open('cache-demo-v1');
```

```
await cache.add('sun.jpg');
```

Auch für den Service-Worker-Cache gibt es Debugging-Mechanismen. Klappen Sie innerhalb der Registerkarte APPLICATION das Menü CACHE STORAGE auf. Dort finden Sie den soeben angelegten Zwischenspeicher CACHE-DEMO-V1. Klicken Sie auf diesen Menüeintrag. Klicken Sie auf der rechten Seite auf den Request SUN.JPG und dort auf die Registerkarte PREVIEW. Sie sehen das Vorschaubild der Cacheantwort, wie Abbildung 6.3 zeigt.

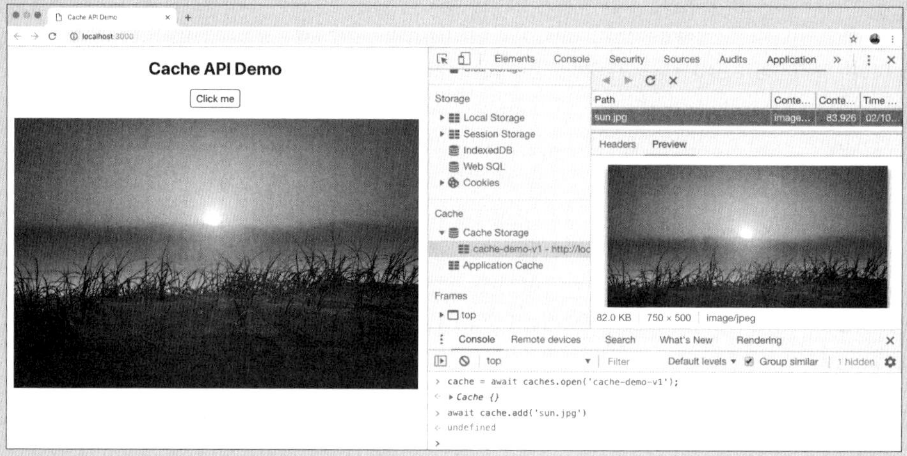

Abbildung 6.3 Darstellung einer im Zwischenspeicher hinterlegten Antwort

Die Methode `add()` ist eine bequeme Methode, um eine Ressource abzurufen und ihre Antwort im selben Zug direkt im Cache abzulegen. Die Anfrage wird der Methode als Parameter vom Typ RequestInfo übergeben, es kann also sowohl ein Request-Objekt als auch eine URL sein. Im Hintergrund löst diese Methode ein `fetch()`mit dem angegebenen Request aus. Die Methode gibt ein Promise zurück, das bei erfolgreichem Abruf und Caching auflöst. Bei einem Fehler wird das Promise zurückgewiesen: So lässt auch diese Methode lediglich GET-Anfragen über die Protokolle HTTP und HTTPS zu. Die Antwort muss einen erfolgreichen Statuscode (2xx) enthalten, mit Ausnahme des oben erwähnten Statuscode `206 Partial Content`. Wurde die Ressource nicht gefunden (`404 Not Found`), wird das Promise ebenfalls zurückgewiesen. Listing 6.10 zeigt das Vorgehen.

```
cache.add('style.css')
  .then(() => /* erfolgreich */)
  .catch(err => console.error(err));
```

Listing 6.10 Ausführen einer Abfrage und Zwischenspeichern im Cache

Im Service-Worker-Kontext geht es darum, Anwendungsquelldateien offline verfügbar zu machen. Oftmals bestehen Webanwendungen aus mehreren HTML-, JavaScript- und CSS-Quelldateien, hinzu kommen weitere Assets wie Bilder oder Schriftarten. Daher bietet die Cache API eine weitere bequeme Methode an, um dem Cache auf einen Rutsch gleich mehrere Ressourcen auf einmal hinzuzufügen. Dazu verwendet der Entwickler die Methode `addAll()`, die eine Auflistung an RequestInfo-Werten entgegennimmt. Die Anfragen werden über die Fetch API ausgelöst und deren Antworten dem Cache hinzugefügt, sofern Anfragen und Antworten den oben genannten Bedingungen entsprechen. Tritt bei einer Anfrage oder deren Antwort ein Fehler auf, wird das zurückgegebene Promise als Ganzes zurückgewiesen, und keine der Antworten wird im Zwischenspeicher hinterlegt. Dies zeigt Listing 6.11.

```
cache.addAll(['/', '/index.html', '/app.js', '/images/dog.jpg'])
  .then(() => /* alle erfolgreich */)
  .catch(err => console.error(err));
```

Listing 6.11 Hinzufügen mehrerer statischer Dateien zum Cache

6.4.2 Kombination mit dem Service Worker: install und addAll

Diese Methode bietet sich also für das Zwischenspeichern statischer Dateien an und passt damit hervorragend zum Installationsereignis des Service Workers, das in Abschnitt 5.3.2, »Installieren«, vorgestellt wurde. Dieses Lebenszyklusereignis ist die richtige Stelle, um die unbedingt erforderlichen Quelldateien im Cache abzulegen. Listing 6.12 zeigt ein vollständiges Beispiel zur Behandlung dieses Szenarios. Mithilfe der Methode `addEventListener()` registriert sich der Entwickler für das Lebenszyklusereignis `install`. Die hinterlegte Callback-Methode erhält Zugriff auf die Ereignisargumente namens `event`. Auf diesen steht die Methode `waitUntil()` zur Verfügung, die ein Promise entgegennimmt. Der Zustand *installing* wird für die Dauer der Ausführung des Promise beibehalten. Das ist wichtig, da der Service Worker sonst direkt aktiviert werden könnte.

Der Methode wird eine Promise-Kette übergeben, die zunächst den zugehörigen Cache mit dem Namen `pwa-demo-v1` öffnet, dann mithilfe der Methode `addAll()` die angegebenen Dateien abfragt und dem geöffneten Cachehinzufügt und den Service Worker schließlich mithilfe der Methode `skipWaiting()` direkt aktiviert. Tritt in der Promise-Kette ein Fehler auf, werden die jeweils nachfolgenden Aktionen nicht mehr aufgerufen, und das Promise wird als Ganzes zurückgewiesen – die Service-Worker-Installation schlägt fehl. Kann der Cache nicht geöffnet werden, wird nicht versucht, die Anwendungsquelldateien zu beziehen. Tritt nur bei einer Abfrage ein Fehler auf (zum Beispiel weil der Anwender zwischenzeitlich offline gegangen ist), gilt die Installation ebenfalls als gescheitert. Somit geht der Service Worker unmittelbar in den Zustand *redundant* über und wird die Kontrolle über die Website nie erlangen. Dies ist sinnvoll, da die Website ansonsten für den Anwender eventuell gar nicht mehr erreichbar wäre.

```
self.addEventListener('install', event => {
  event.waitUntil(
    caches.open('pwa-demo-v1').then(cache => {
      return cache.addAll([
        '/',
        '/index.html',
        '/app.js',
```

```
          '/images/dog.jpg'
        ]);
      }).then(() => {
        return self.skipWaiting();
      });
    );
  });
```

Listing 6.12 Cache bei der Installation des Service Workers mit den statischen Quelldateien der Webanwendung befüllen

Aufgabe: Cache-Setup im Service-Worker-Skript implementieren

Im Ordner *kapitel06* finden Sie in der Datei *sw.js* ein leeres Service-Worker-Skript. Dieses wird auch bereits durch die Implementierung in der Datei *app.js* beim Webbrowser registriert. Ergänzen Sie in der Datei *sw.js* die Behandlung des Lebenszyklusereignisses `install` und legen Sie die Dateien *index.html*, *sun.jpg*, *app.js* und *app.css* in den Cache.

```
self.addEventListener('install', event => {
  event.waitUntil(
    caches.open('cache-demo-v1')
      .then(cache => cache.addAll(['/', '/index.html', '/sun.jpg',
'/app.js', '/app.css']))
      .then(() => self.skipWaiting())
  );
});
```

Die Installation des Service-Worker-Skripts wird über den Aufruf der Methode `waitUntil()` so lange verzögert, bis die gewünschten Inhalte dem Cache hinzugefügt werden. Tritt dabei ein Fehler auf, zum Beispiel weil der Benutzer zwischenzeitlich offline gegangen ist, wird die Installation abgebrochen. Beim Aufruf der Methode `addAll()` darf das Wurzelverzeichnis (»die leere Route«) nicht vergessen werden, denn die Auslieferung der Datei *index.html* beim Abrufen eines Verzeichnisses ist Serververhalten. Entweder muss die leere Route im Zwischenspeicher gehalten werden, oder das funktionale Ereignis `fetch` muss bei Anfrage der leeren Route den Inhalt der Datei *index.html* ausliefern.

Das Service-Worker-Skript wird nicht im Cache zwischengespeichert, sondern vom Webbrowser selbst offline gehalten. Außerdem sollten die Dateinamen von Service-Worker-Skripten *nicht* versioniert werden (zum Beispiel in der Form *sw-v1.js* oder *sw-v2.js*). Zur Registrierung des Service Workers muss dessen Dateiname angegeben werden. Die Datei, die die Registrierung des Service Workers vornimmt, kann selbst aber zwischengespeichert werden. Wenn sich der Name des Service-Worker-Skripts ändert, müsste noch unter dem alten Namen ein Update eingespielt werden, das die

Cacheinhalte aktualisiert, sodass diese auf den neuen Namen zurückgreifen. Dieses Vorgehen wäre sehr unhandlich.

Laden Sie schließlich die Website neu. Im Menü CACHE STORAGE sollten Sie nun auch die neu eingefügten Cacheinhalte für die angegebenen Ressourcen vorfinden. Die Website funktioniert allerdings bisher nicht offline, da der Service Worker noch keine Inhalte aus dem Cache ausliefert.

6.4.3 Speicherkontingent abfragen

Der Cachespeicher teilt sich mit allen anderen clientseitigen Speichertechnologien (einschließlich IndexedDB, Web Storage, Service-Worker-Registrierungen und weiteren) ein maximales Speicherkontingent (*Quota*). Die Größenbeschränkung variiert je nach Webbrowser:[2]

Google Chrome erlaubt die Belegung von 6 Prozent des freien Festplattenspeichers pro Origin. Bei Mozilla Firefox können 10 Prozent des freien Speichers belegt werden, allerdings fragt der Webbrowser den Anwender nach 50 MByte um dessen Zustimmung.

Bei Apple Safari dürfen unter iOS von jeder Website maximal 50 MByte belegt werden, dies gilt auch für den Cachespeicher. Die Desktopvariante holt nach 5 MByte die Zustimmung des Anwenders ein, kann dann aber unbegrenzt viele Daten speichern. Darüber hinaus löscht Safari den Cachespeicher, wenn eine Website mehrere Wochen lang nicht aufgerufen wurde.

Beim Microsoft Internet Explorer gibt es ein hartes Speicherlimit von 250 MByte für die IndexedDB. Die Technologien Service Worker und Cache API werden dort nicht unterstützt. Bei Microsoft Edge richtet sich das globale Speicherlimit hingegen nach dem verfügbaren Festplattenspeicher: Bei einer Volume-Größe bis einschließlich 8 GByte dürfen sämtliche Websites insgesamt höchstens 50 MByte belegen. Bei bis zu 32 GByte Volume-Größe gilt ein globales Speicherkontingent von bis zu 500 MByte. Stehen mehr als 32 GByte zur Verfügung, dürfen 4 Prozent der Volume-Größe belegt werden, maximal jedoch 20 GByte. Eine einzelne Domain darf bis zu 20 Prozent des globalen Speicherlimits belegen.[3] Für Webanwendungen, die als App für die *Universal Windows Platform* (UWP) verpackt wurden, gelten, abgesehen vom maximal verfügbaren Festplattenspeicher, keine Größenlimits.

Um das verfügbare und belegte Speicherkontingent abzufragen, existiert die *Storage API*, die als Living Standard bei der WHATWG spezifiziert wird (*https://storage.spec.*

---

2 *https://developers.google.com/web/fundamentals/instant-and-offline/web-storage/offline-for-pwa*

3 *https://twitter.com/gregwhitworth/status/1020391736974094336*

whatwg.org/). Diese wird gegenwärtig allerdings nur von Mozilla Firefox ab Version 57 und Google Chrome ab Version 61 unterstützt. Die Schnittstelle stellt auf dem `navigator`-Objekt die neue Eigenschaft `storage` zur Verfügung, für die eine Instanz vom Typ *StorageManager* hinterlegt ist. Die Schnittstelle ist sowohl aus der Website als auch aus Worker-Kontexten heraus verfügbar, aber nur wenn diese via HTTPS übertragen wurden. Aufgrund der eingeschränkten Browserunterstützung muss auch hier zuerst unbedingt geprüft werden, ob die Schnittstelle auf dem Webbrowser überhaupt zur Verfügung steht.

```
navigator.storage.estimate().then(storageEstimate => {
  console.log(storageEstimate);
  // {quota: 66689721685, usage: 113400}
});
```

Listing 6.13 Abfrage des Speicherkontingents

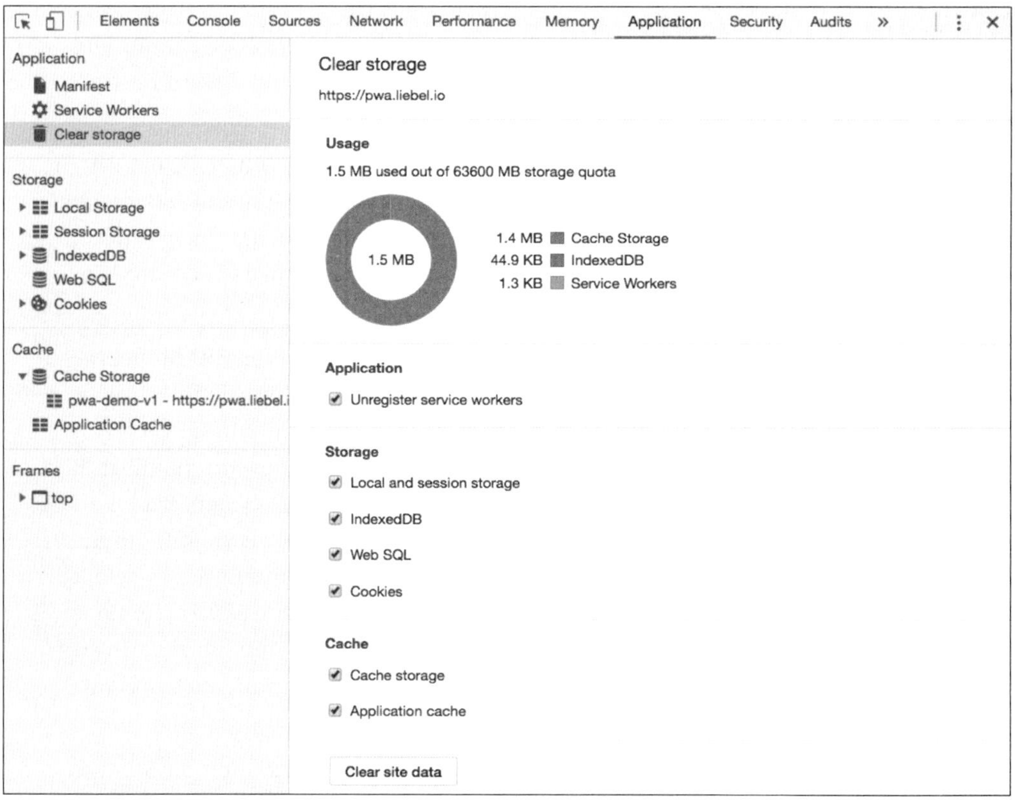

Abbildung 6.4 Darstellung des belegten Websitespeichers unter Google Chrome

Der Webbrowser Google Chrome bietet in seinen Entwicklertools auf der Registerkarte APPLICATION unter dem Menüpunkt CLEAR STORAGE eine gute Übersicht über den von der Website (Origin) belegten Websitespeicher. Es wird ausgewiesen, wie viel Speicher die Website maximal belegen darf und welche Speicherarten (Service-Worker-Registrierungen, Cachespeicher und Application Cache, IndexedDB und Web SQL, Web Storage und Cookies) wie viel Speicherplatz derzeit belegen. Darüber hinaus kann über die Schaltfläche CLEAR SITE DATA der Websitespeicher komplett gelöscht werden. Auf Wunsch werden in diesem Zuge auch die Service-Worker-Registrierungen aufgehoben. Diese Methode ist während der Entwicklung sehr hilfreich, um den lokalen Zustand einer Webanwendung komplett zurückzusetzen. Der Entwickler betritt die Website dann wie ein völlig neuer Besucher. Dabei darf aber nicht vergessen werden, dass es Anwender geben kann, die frühere Versionen eines Service Workers installiert und frühere Anwendungsdateien zwischengespeichert haben.

6.4.4 Websitespeicher persistent machen

Sollte der freie Speicherplatz des Geräts zur Neige gehen, können Webbrowser zwischengespeicherte Websitedaten (Web Storage, IndexedDB, Cache) löschen. Dieses Vorgehen wird als *Cache Eviction* bezeichnet. Von dieser Möglichkeit machen Google Chrome und Mozilla Firefox Gebrauch. Beide nutzen dabei die Verdrängungsstrategie *Least recently used*: Cacheinhalte, die am längsten nicht verwendet wurden, werden dabei entfernt. Mozilla Firefox wendet das Verfahren an, wenn der freie Speicherplatz zur Neige geht, und Google Chrome, wenn der dem Webbrowser zugeordnete Speicherplatz knapp wird.

Der Websitespeicher ist also nicht zwangsläufig persistent. Wird er entfernt, bevor der Anwender seine Daten mit dem Webserver synchronisiert hat, gehen diese verloren. Doch auch hierbei kann die Storage-Schnittstelle Abhilfe schaffen. Sie erlaubt, die Löschstrategie des Webbrowsers zu beeinflussen. Standardmäßig kommt die Strategie *Best Effort* zum Einsatz. Bei dieser Strategie wird automatisch kein Speicher entfernt, es sei denn, es besteht die Notwendigkeit dazu. Allerdings kann eine Website ihren Speicherbereich auf Wunsch auch als persistent markieren. Dazu muss der Benutzer eventuell zuvor einer Abfrage zustimmen. Unter Firefox wird diese Abfrage immer angezeigt, unter Google Chrome ab Version 71 nur noch dann, wenn sich die Website nicht unter den Lesezeichen befindet (wenn der Anwender fünf oder weniger Lesezeichen besitzt), die Website zuvor nicht zum Homebildschirm hinzugefügt wurde, wenn der Anwender keine Berechtigungen für Pushbenachrichtigungen vergeben hat oder selten mit der Website interagiert. Letzteres wird durch die Site-Engagement-Metrik bestimmt, die Google Chrome jeder Website zuweist. Die Zuordnungen können auf der Seite *chrome://site-engagement/* eingesehen werden. Stimmt der Anwender der Abfrage des Webbrowsers zu, werden die Websitedaten bei einer Cache Eviction nicht entfernt, netzbezogene Zwischenspeicher wie der HTTP-Browsercache und Cookies können dennoch gelöscht werden. Um den Websitespeicher der Origin als persistent zu markieren, wird die `persist()`-Methode auf der

Instanz des StorageManagers aufgerufen. Diese Methode gibt ein Promise zurück, das mit einem booleschen Wert auflöst, ob der Speicherbereich als persistent markiert wurde oder nicht (zum Beispiel weil der Anwender die Anfrage abgelehnt hat). Dies zeigt Listing 6.14. Darüber hinaus kann über die Methode `persisted()` abgefragt werden, ob der aktuelle Speicherbereich als persistent markiert wurde. Auch diese Methode gibt ein Promise mit dem passenden booleschen Wert zurück. Wie oben angemerkt, stehen diese Schnittstellen derzeit nur unter Google Chrome und Mozilla Firefox zur Verfügung.

```
navigator.storage.persist.then(persisted => {
  if (persisted) {
    // Benutzer informieren etc.
  }
});
```

Listing 6.14 Persistenten Websitespeicherbereich anfordern

6.5 It's a match! – Passende Antworten aus dem Cache holen

Widmen Sie sich als Nächstes der umgekehrten Richtung: Nun soll eine Antwort aus dem Zwischenspeicher wieder herausgeholt werden – zum Beispiel um aus dem Service Worker heraus eine Anfrage der Webanwendung zu beantworten.

6.5.1 Einzelantwort beziehen

Um eine Antwort aus dem Zwischenspeicher abzurufen, stehen auf dem Cache-Objekt zwei Methoden zur Verfügung: `match()` und `matchAll()`. Verglichen wird anhand der Request-URL, der Request-Methode und der HTTP-Kopfzeile `Vary`. Die Methode `match()` nimmt eine HTTP-Anfrage entgegen sowie ein optionales Abfrageobjekt vom Typ *CacheQueryOptions*. Mithilfe dieses Objekts kann angegeben werden, ob bestimmte Vergleiche des Requests ignoriert werden sollen. Dazu werden darauf die folgenden Eigenschaften gesetzt:

- `ignoreSearch`: URLs bestehen aus diversen Bestandteilen, darunter den sogenannten Query-Parametern, eine Auflistung von Name-Wert-Paaren, die nach dem Fragezeichen in der URL folgt. Bei der URL *https://mymagazine.invalid/issue?year=2018&edition=3* entspricht der Bestandteil *?year=2018&edition=3* also den Query-Parametern. Wird die Eigenschaft `ignoreSearch` auf den Wert `true` gesetzt, werden die Query-Parameter der URL bei der Suche nicht berücksichtigt. Liegt im Cache eine Anfrage mit der oben genannten URL und fragt der Entwickler nach *https://mymagazine.invalid/issue*, wäre dies dann ein Treffer. Standardmäßig `false`.

- `ignoreMethod`: Im Zwischenspeicher der Cache API dürfen nur Antworten abgelegt werden, die über die Methode GET abgefragt wurden. Eventuell hat der Entwickler jedoch gerade ein Request-Objekt zur Hand, bei dem die Methode zwar nicht auf GET gesetzt ist, die URL und die `Vary`-Kopfzeile zur Cacheabfrage aber geeignet wären. Dies ist oftmals bei HEAD-Requests der Fall. In diesem Fall kann er diese Eigenschaft auf `true` setzen, die Request-Methode wird dann nicht mehr verglichen. Standardmäßig `false`.
- `ignoreVary`: Die HTTP-Kopfzeile `Vary` wird vom Webserver auf der HTTP-Antwort gesetzt, um zu signalisieren, dass der Inhalt der Ressource in Abhängigkeit von einer anderen Kopfzeile variieren kann. Ändert der Anwender beispielsweise seine Sprachpräferenz im Webbrowser von Deutsch auf Englisch ab, die im Header `Accept-Language` übertragen wird, könnte die zwischengespeicherte Antwort in deutscher Sprache obsolet werden. In diesem Fall setzt der Webserver den Header `Vary: Accept-Language` auf der Antwort. Wird der Wert der Eigenschaft `ignoreVary` auf `true` gesetzt, wird dieser Header beim Vergleich nicht berücksichtigt. Standardmäßig `false`.

Die `match()`-Methode gibt ein Promise zurück, das die passende Antwort enthält. Gibt es mehrere passende Antworten, wird die zuerst zwischengespeicherte Antwort zurückgegeben. Dieser Fall kann auftreten, wenn Request-Eigenschaften über das CacheQueryOptions-Objekt ignoriert werden und es dann mehrere Kandidaten gibt. Wurde keine passende Antwort im Cache gefunden, löst das Promise mit dem Wert `undefined` auf.

6.5.2 Kombination mit dem Service Worker: fetch und match

Damit eignet sich diese Methode, um in Kombination mit dem funktionalen Ereignis `fetch` des Service Workers verwendet zu werden, das dem Abfangen und Manipulieren von Netzabfragen dient. Dieses wurde in Abschnitt 5.4.1 beschrieben. Listing 6.15 zeigt eine mögliche Implementierung zur Behandlung dieses Ereignisses: Auf den Ereignisargumenten `event` wird die Methode `respondWith()` aufgerufen, mit deren Hilfe der Service Worker die Kontrolle über die Rückgabe übernimmt. Diese Methode nimmt ein Promise entgegen. Im Beispiel wird zunächst der Cache geöffnet, und dann wird die Anfrage, die auf den Ereignisargumenten in der Eigenschaft `request` zur Verfügung steht, mithilfe der Methode `match()` gegen die Cacheinhalte geprüft. Gibt der Cache eine Antwort zurück, wird die Anfrage damit beantwortet. Andernfalls wird mithilfe der Methode `fetch()` eine Netzabfrage gestartet, um die Anfrage zu beantworten.

```
self.addEventListener('fetch', event => {
  event.respondWith(
    caches.open('weather-files-v1')
```

```
        .then(cache => cache.match(event.request))
        .then(response => response || fetch(event.request))
    );
});
```

Listing 6.15 Verwendung der Methode match bei der Behandlung des fetch-Ereignisses

Löst das Promise, das der Methode `respondWith()` übergeben wird, nicht mit einer Antwort auf oder wird zurückgewiesen, wird dem Anwender beziehungsweise der Webanwendung ein Verbindungsfehler gemeldet.

Wie Sie als Entwickler das `fetch`-Ereignis behandeln, ist komplett Ihnen überlassen. Das Beispiel von oben zeigt eine Möglichkeit, die Caching-Strategie *Cache falling back to network*. Diese hat den Vorteil, dass eine im Cache hinterlegte Antwort direkt an den Anwender ausgeliefert wird. Das dürfte im Regelfall viel schneller geschehen, als wenn die Anfrage über das Netz beantwortet werden müsste. Allerdings ist der Nachteil dieser Strategie, dass Cacheinhalte veralten können. Anwender sehen somit immer nur die Inhalte, die zum Zeitpunkt des Zwischenspeicherns aktuell waren. Was für Zeitungsartikel in Ordnung sein mag, steht für ein soziales Netz völlig außer Frage. In Abschnitt 6.8, »Caching-Strategien«, stelle ich weitere Caching-Strategien mit passenden Anwendungsfällen vor. In produktiven Anwendungen werden oftmals mehrere Caching-Strategien nebeneinander eingesetzt.

Aufgabe: Cacheinhalte über den Service Worker ausliefern

In der Service-Worker-Implementierung soll sich nun den Kreis schließen und Inhalte sollen aus dem Cache ausgeliefert werden – auch dann, wenn der Anwender offline ist. Implementieren Sie in der Datei *sw.js* dazu das funktionale Ereignis `fetch`.

```
self.addEventListener('fetch', event => {
  event.respondWith(
    caches.open('cache-demo-v1')
      .then(cache => cache.match(event.request))
      .then(response => response || fetch(event.request))
  );
});
```

Speichern Sie die Datei, wechseln Sie zurück zu Google Chrome und laden Sie die Website einmal neu. Öffnen Sie dann die Registerkarte NETWORK der Entwicklertools und aktivieren Sie dort am oberen Rand das Kontrollkästchen OFFLINE. Somit verhält sich der Webbrowser so, als gäbe es keine Internetverbindung. Wenn Sie die Website nun laden, sehen Sie sie trotzdem noch: Sie wurde aus dem Cache des Service Workers ausgeliefert. Das Bild wird weiterhin angezeigt, und auch der Dialog beim Klicken auf die Schaltfläche CLICK ME erscheint weiterhin.

Wenn der Service Worker stellvertretend für den Webserver eine Anfrage beantwortet, ist das in den Entwicklertools ersichtlich. Abbildung 6.5 zeigt, wie für alle durch den Service Worker ausgelieferten Anfragen in der Spalte SIZE der Eintrag (FROM SERVICEWORKER) dargestellt wird. Die fehlgeschlagenen HTTP-Anfragen dort stammen von der Bibliothek BrowserSync, die lite-server zum automatischen Neuladen der Website einfügt.

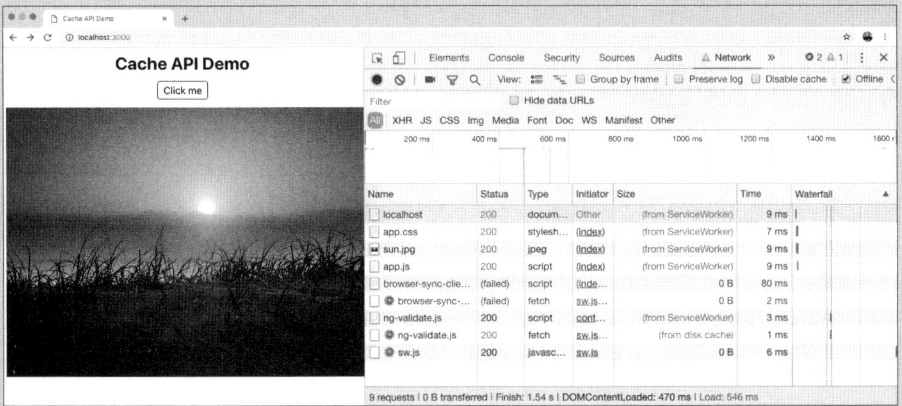

Abbildung 6.5 Der Service Worker liefert Quelldateien der Anwendung aus.

Um nachzuvollziehen, dass hier wirklich der Service Worker am Werk ist, deaktivieren Sie das Kontrollkästchen OFFLINE wieder und geben in der Konsole die folgenden Befehle ein:

```
cache = await caches.open('cache-demo-v1')
rain = await fetch('rain.jpg')
await cache.put('sun.jpg', rain)
```

Dadurch wird das Bild vom Sonnenuntergang im Cache durch ein verregnetes Bild ersetzt. Aktivieren Sie das Kontrollkästchen OFFLINE wieder und laden Sie die Website dann neu. Jetzt ist anstatt des Sonnenbildes das Regenbild zu sehen – ausgeliefert aus dem Service-Worker-Cache.

Die vollständige Implementierung des Service-Worker-Skripts finden Sie in der Datei *sw-lösung.js*.

6.5.3 Mehrere Antworten beziehen

Die Methode `matchAll()` auf dem Einzelcache gibt ohne weitere Angaben ein Promise zurück, das sämtliche zwischengespeicherten Antworten dieses Zwischenspeichers enthält. Die Verwendung dieser Methode zeigt Listing 6.16.

```
cache.matchAll().then(responses => console.log(responses));
```

Listing 6.16 Abrufen aller vorhandenen Cacheantworten

Optional nimmt die Methode auch einen Parameter vom Typ RequestInfo entgegen. Als weitere Parameter können ebenso wieder CacheQueryOptions angegeben werden. Dann können auf diesem Weg alle Responses bezogen werden, die beim Ignorieren bestimmter Bestandteile auf eine Anfrage passen. Dies zeigt Listing 6.17.

```
cache.matchAll('/issues', { ignoreSearch: true })
  .then(issueResponses => console.log(issueResponses));
```

Listing 6.17 Abrufen bestimmter Cacheantworten

Um sämtliche Anfragen aufzulisten, für die der Cachespeicher eine passende Antwort hat, steht die Methode `keys()` zur Verfügung. Diese gibt ein Promise mit der Auflistung der hinterlegten Anfragen zurück. Auch dieser Methode können optional ein Request und CacheQueryOptions mitgegeben werden, um die Ergebnisliste einzugrenzen. Listing 6.18 zeigt ein Beispiel für dieses Vorgehen.

```
cache.keys().then(requests => console.log(requests));
```

Listing 6.18 Abrufen aller vorhandenen Cacheanfragen

6.5.4 Alle Zwischenspeicher durchsuchen

Darüber hinaus steht auf dem global verfügbaren CacheStorage-Objekt (`self.caches`) eine Methode `match()` zur Verfügung. Diese Methode durchsucht alle Cachespeicher der Origin und gibt ein Promise mit der passenden Antwort oder `undefined` zurück. Diese Methode nimmt mit den *MultiCacheQueryOptions* eine abgeleitete Form des Abfrageobjekts entgegen, auf dem optional zusätzlich über die Eigenschaft `cacheName` noch der Name des gewünschten Caches spezifiziert werden kann. Diese Methode dürfte sich als handlich erweisen, wenn auf viele verschiedene Caches zurückgegriffen werden muss. Hier wäre es umständlicher, erst jeweils den einzelnen Cache zu öffnen. Stattdessen wird einfach der Name dort hinterlegt. Listing 6.19 zeigt die Verwendung dieser Schnittstelle.

```
self.caches.match('styles.css', { cacheName: 'pwa-demo-v1' })
  .then(response => console.log(response))
  .catch(err => console.error(err));
```

Listing 6.19 Cache abfragen

6.6 Cacheeinträge löschen

Schließlich kann durch Aufruf der Methode `delete()` ein Request auch wieder aus einem Einzelcache gelöscht werden. Dieser Methode wird der Request übergeben, dessen Zuordnung gelöscht werden soll. Alternativ kann auch die URL des Requests und optional ein Abfrageobjekt vom Typ CacheQueryOptions übergeben werden, das oben schon beschrieben wurde. Die Methode gibt ein Promise zurück, das mit einem Hinweis dazu auflöst, ob das Löschen des Cacheeintrags erfolgreich war (`true`) oder nicht (`false`). Das Löschen schlägt fehl, wenn für den angegebenen Request kein Eintrag existiert.


```
cache.delete('style.css').then(deleted => {
  if (deleted) {
    // TODO
  }
});
```

Listing 6.20 Löschen von Cacheeinträgen

6.7 Caches debuggen

Die Entwicklertools von Google Chrome und Microsoft Edge haben eigene Debugging-Ansichten für den Cache, um das Debuggen desselben zu vereinfachen.

Bei Google Chrome findet sich die Anzeige auf der Registerkarte APPLICATION im Bereich CACHE. Der Zwischenspeicher der Cache API ist dort unter dem Namen CACHE STORAGE zu finden. Das Menü kann aufgeklappt werden. Dort werden alle Caches mit ihren Namen aufgelistet und können einzeln inspiziert werden. Per Rechtsklick auf einen Cachenamen und Auswahl des Kontextmenüeintrags DELETE kann ein Cache auch über die Entwicklertools gelöscht werden.

Abbildung 6.6 zeigt die Darstellung des Cacheinhalts. Auf der rechten Seite erscheint im oberen Bereich eine Liste, in der die Request-URLs zu sehen sind. Diese sind jeweils dem Content-Typ, der Größe und dem Abrufzeitpunkt zugordnet. Im unteren Bereich sind auf der Registerkarte HEADERS die Kopfzeilen der Anfrage und der Antwort zu sehen. Der Response-Inhalt kann auf der Registerkarte PREVIEW eingesehen werden.

Ein Cacheeintrag kann gelöscht werden, indem er in der Liste ausgewählt und das X in der Werkzeugleiste am oberen Bildschirmrand angeklickt wird. Auch die Entwicklertools von Microsoft Edge, die in Abbildung 6.7 zu sehen sind, enthalten eine Anzeige des Cacheinhalts, wenngleich diese nicht ganz so umfangreich ist. Auch hier können Requests entfernt werden, indem der Entwickler einen solchen auswählt und dann die Taste `Entf` drückt.

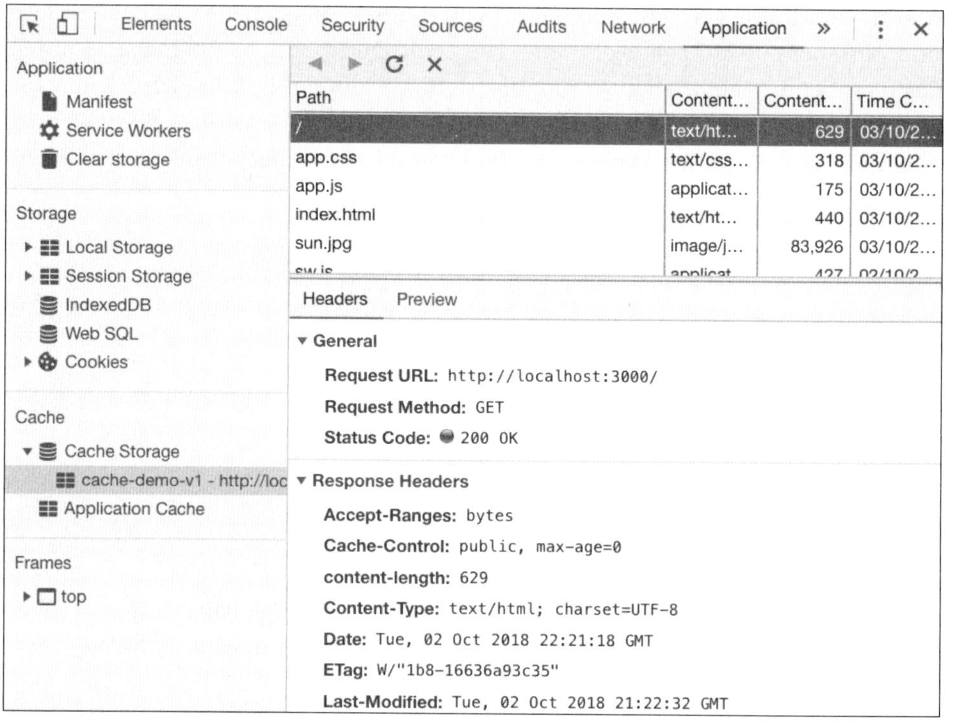

Abbildung 6.6 Debugging-Tools von Google Chrome für den Cache

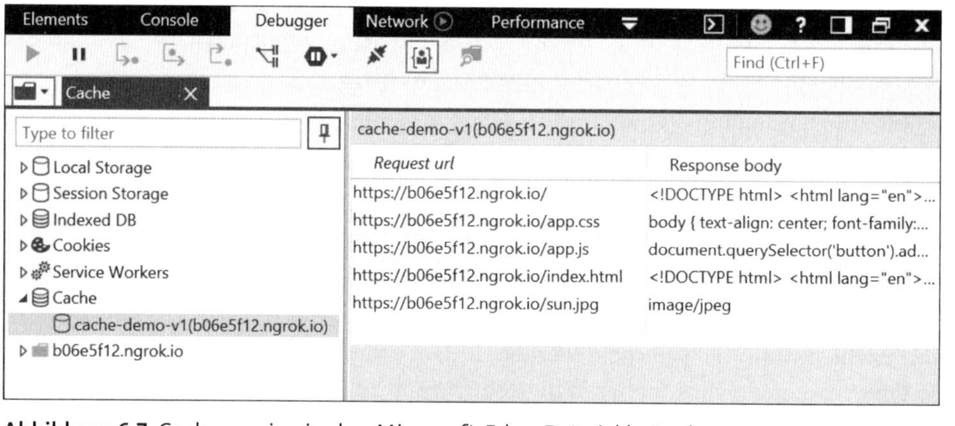

Abbildung 6.7 Cacheanzeige in den Microsoft-Edge-Entwicklertools

6.8 Caching-Strategien

Jake Archibald, einer der Autoren der Service-Worker-Spezifikation, stellt auf seinem Blog verschiedene Caching-Strategien dazu vor, wie sich der Cache des Service Workers und der Zugriff auf das Netz kombinieren lassen. Die nachstehenden Caching-

Strategien und Codebeispiele lehnen sich an seinen Blogpost *https://jakearchibald.com/2014/offline-cookbook* an, eine Übersicht zeigt Tabelle 6.4.

Caching-Strategie	Auswirkung
Cache Only	Anfragen werden ausschließlich über den Cache bedient.
Network Only	Anfragen werden ausschließlich über das Netz bedient.
Cache falling back to network	Die Anfrage soll zunächst aus dem Cache bedient werden. Ist dort keine Antwort vorhanden, wird sie über das Netz geleitet.
Generic Fallback	Kann eine Anfrage weder über das Netz noch den Cache bedient werden, wird sie mit einer generischen Antwort beantwortet.
Network falling back to cache	Die Anfrage wird zunächst über das Netz geleitet. Schlägt dies fehl, wird die Antwort aus dem Cache bedient.
Cache then network	Die Anwendung befragt zunächst den Cache, löst zusätzlich aber auch eine Netzabfrage aus. Bei Rückkehr der Antwort wird der Cache aktualisiert.
Cache & network race	Cache und Netz werden parallel angefragt. Die erste Antwort gewinnt.
Service-Worker-Side Templating	Der Service Worker befüllt beim Beantworten der Anfrage Platzhalter im Nachrichtenrumpf.

Tabelle 6.4 Übersicht diverser Caching-Strategien

Häufig genutzte Strategien führe ich mit einem Codebeispiel aus und gebe einen Hinweis darauf, für welche Kategorie an Anfragen sich diese eignet. In echten Projekten werden Sie vermutlich je nach Anfragekategorie verschiedene Strategien implementieren.

6.8.1 Cache Only

Im einfachen Fall Cache Only werden sämtliche Anfragen der Website ausschließlich aus dem lokalen Cache bedient. Sie wird nicht über das Netz weitergeleitet. Daher müssen alle erforderlichen Antworten im Cache hinterlegt sein. Listing 6.21 zeigt, wie diese Strategie implementiert wird: Der Methode `respondWith()` wird ausschließlich das Promise der Methode `caches.match()` übergeben, die mit der originalen Anfrage aufgerufen wird. Ist keine passende Antwort im Cache vorhanden, wird das Promise mit dem Wert `undefined` aufgelöst, und dem Anwender beziehungsweise der Webanwendung wird ein Verbindungsfehler angezeigt.

```
self.addEventListener('fetch', event => {
  event.respondWith(caches.match(event.request));
});
```

Listing 6.21 Implementierung der Strategie Cache Only

Dieses Vorgehen eignet sich für statische Inhalte wie die App Shell und übrige Anwendungsquelldateien.

6.8.2 Network Only

Der Fall Cache Only beschreibt das eine Extrem, Network Only ist das andere: In diesem Fall würden Anfragen ausschließlich über das Netz bedient. Listing 6.22 zeigt die Implementierung, hier wird der Methode `respondWith()` das Promise der Methode `fetch()` übergeben, die mit der originalen Anfrage aufgerufen wird.

```
self.addEventListener('fetch', event => {
  event.respondWith(fetch(event.request));
});
```

Listing 6.22 Implementierung der Strategie Network Only

Diese Strategie eignet sich für alle Anfragen, die keine passende Offlineentsprechung besitzen, zum Beispiel der API-Endpunkt eines Dienstes zum E-Mail- oder SMS-Versand.

Der Aufruf der Methoden `fetch()` und `respondWith()` könnte hier auch komplett entfallen, da der Webbrowser beim Fehlen einer Behandlung über `respondWith()` das Standardverhalten anwendet, also die Anfrage über das Netz bedient. Vom ausschließlichen Einsatz der Strategie Network Only ist sogar explizit abzuraten, da sie bedingt durch den Overhead des Service Workers einen kleinen Performancenachteil mit sich bringt. Webbrowser können die Initialisierung des Service Workers für HTTP-Anfragen komplett überspringen, wenn kein Handler für `fetch` registriert wurde.

6.8.3 Cache falling back to network

Eine häufig genutzte Caching-Strategie ist Cache falling back to network. Sie vereinigt die Strategien Cache first für alle Inhalte, die sich im Cache befinden, und Network first für solche, die dort nicht enthalten sind. Bei dieser Strategie wird zuerst im

Cache nachgeschlagen, ob eine Antwort für den angegebenen Request vorhanden ist. Ist keine vorhanden, wird die Anfrage stattdessen über das Netz geschickt. Listing 6.23 zeigt die Implementierung der Strategie: Zunächst wird die Anfrage über die Methode `caches.match()` im Cache nachgeschlagen. Löst das Promise mit `undefined` auf, wird stattdessen das Promise der Methode `fetch()` zurückgegeben, und der Service Worker versucht, die Anfrage über das Netz zu beantworten. Klappt auch das nicht, wird ein Verbindungsfehler an den Anwender beziehungsweise die Anwendung kommuniziert.


```
self.addEventListener('fetch', event => {
  event.respondWith(
    caches.match(event.request).then(response => {
      return response || fetch(event.request);
    })
  );
});
```

Listing 6.23 Implementierung der Strategie Cache falling back to network

Diese Strategie wird manchmal auch als *performance* bezeichnet, da eine Antwort, die im Cache vorliegt, unmittelbar an die Anwendung zurückkommuniziert wird. Das dürfte üblicherweise schneller erfolgen als ein Bedienen der Anfrage über das Netz. Sie eignet sich etwa für zusätzliche Ressourcen (Assets) neben den Anwendungsquelldateien, die nicht zwangsläufig offline verfügbar sein müssen. Wird die Anfrage über den Zwischenspeicher bedient, erhält der Anwender aber möglicherweise nicht die aktuellste Fassung einer Ressource. Für Wetterinformationen würde sich diese Strategie also beispielsweise nicht eignen.

6.8.4 Generic Fallback

Eine Erweiterung zu Cache falling back to network stellt die Strategie Generic Fallback dar. Hierbei wird für den Fall, dass ein Request weder über den Cache noch über das Netz bedient werden kann, eine garantiert im Cache verfügbare generische Antwort zurückgegeben. So könnte der Service Worker bei Installation etwa eine statische HTML-Seite im Cache hinterlegen, die den Anwender darauf hinweist, dass der Webbrowser offline ist und die Anfrage nicht beantwortet werden kann. Listing 6.24 zeigt, wie dieses Vorgehen implementiert wird: Für den Fall, dass sowohl `cache.match()` als auch `fetch()` für den Request fehlschlagen, wird die statische Seite ausgeliefert.

```
self.addEventListener('fetch', event => {
  event.respondWith(
    caches.match(event.request).then(response => {
      return response || fetch(event.request);
```

```
    }).catch(() => {
      return caches.match('/offline.html');
    })
  );
});
```

Listing 6.24 Implementierung der Strategie Generic Fallback

In produktiven Szenarien muss jedoch darauf geachtet werden, dass die generische Antwort zur Anfrage passt. Anfragen nach Bildressourcen (zum Beispiel Profilbildern) sollten nicht mit einer HTML-Seite beantwortet werden, sondern mit einem passenden generischen Bild (bei Profilbildern beispielsweise der Silhouette eines Anwenders). Insbesondere sollten API-Anfragen nicht mit einer generischen Antwort und dem Statuscode `200` quittiert werden, da die Webanwendung sonst meinen könnte, eine Operation wäre erfolgreich ausgeführt worden, obwohl dem nicht so ist.

6.8.5 Network falling back to cache

Die Strategie Network falling back to cache ist die Umkehrung der Strategie Cache falling back to network. Hier wird zuerst versucht, eine Ressource über das Netz abzufragen. Ist keine Internetverbindung verfügbar oder läuft die Anfrage aufgrund einer schwachen Verbindung (im Bahntunnel oder in anderen Gebieten mit geringer Netzabdeckung) in eine Zeitüberschreitung, wird sie stattdessen aus dem Cache beantwortet. Listing 6.25 zeigt das Vorgehen: Wird das durch `fetch()` zurückgegebene Promise zurückgewiesen – schlug die Anfrage also auf Verbindungsebene fehl –, wird versucht, die Antwort aus dem Zwischenspeicher zurückzuliefern. Findet sich auch dort keine passende Antwort, erhält der Anwender beziehungsweise die Webanwendung einen Verbindungsfehler.

```
self.addEventListener('fetch', event => {
  event.respondWith(
    fetch(event.request).catch(() => {
      return caches.match(event.request);
    })
  );
});
```

Listing 6.25 Implementierung der Strategie Network falling back to cache

Diese Strategie wird manchmal auch als *freshness* bezeichnet, da im Gegensatz zu Cache falling back to network aktuellere Antworten zur Verfügung stehen. Somit eignet sich dieser Ansatz für Wetterdaten oder Zeitungsartikel: Es wird zuerst versucht, aktuelle Inhalte über das Netz zu beziehen. Schlägt das fehl, werden die Inhalte aus dem Zwischenspeicher ausgeliefert. Diese sind vielleicht nicht auf dem neuesten Stand, aber der Anwender hat immerhin etwas zu lesen. Allerdings muss er auf die Anzeige nun vermutlich länger warten (bis die Zeitüberschreitung greift), als wenn die Inhalte direkt aus dem Cache zurückgeliefert worden wären.

6.8.6 Cache then network

Bei der Strategie Cache then network wird zuerst versucht, eine Anfrage über den Cache zu beantworten, in jedem Fall aber auch über das Netz. Somit wird das Verzögerungsproblem der Strategie Network falling back to cache umgangen: Ist im Cache eine passende Antwort enthalten, bekommt der Anwender direkt Inhalte angezeigt, auch wenn sie möglicherweise veraltet sind. Darauf kann die Anwendung entsprechend hinweisen. Ist keine Antwort im Cache hinterlegt, kann noch kein Inhalt angezeigt werden. Unabhängig vom Ausgang der Cacheabfrage wird die Anfrage im Anschluss auch über das Netz bedient. Im Erfolgsfall können dem Anwender dann die neuen Daten angezeigt werden. Außerdem werden die neuen Daten direkt im Cache abgelegt und ersetzen dort den alten Datenbestand. Konnten Daten weder über den Cache noch über das Netz bezogen werden, könnte eine Fehlermeldung dargestellt werden.

Da bei dieser Strategie zwei Anfragen parallel gestartet werden, erfordert dies eine Implementierung aufseiten der Webanwendung und des Service Workers. Listing 6.26 zeigt, wie innerhalb der Webanwendung zunächst die Netzabfrage über die Methode `fetch()` ausgelöst wird. Das Promise wird in der Variablen `networkUpdate` hinterlegt. Wenn der Request erfolgreich ausgeführt wurde, wird die Variable `networkDataReceived` auf den Wert `true` gesetzt. Dann wird die fiktive `updatePage()`-Methode aufgerufen, die die angezeigte Website mit den über das Netz bezogenen Daten aktualisieren würde. Direkt danach wird der Cache über die Methode `caches.match()` angefragt. Liefert der Cache eine Antwort zurück, wird zunächst der Inhalt der Variablen `networkDataReceived` geprüft. Somit kann festgestellt werden, ob das Netz möglicherweise schneller war als der Cache und bereits eine Antwort geliefert hat. War der Cache schneller, werden nun die Cacheinhalte mithilfe der `updatePage()`-Methode angezeigt. Ist keine Antwort im Cache enthalten, wird ein Fehler ausgelöst. Dadurch wird das Promise an dieser Stelle zurückgewiesen, und der nächste `catch()`-Zweig greift. Dort wird auf das Promise der Netzabfrage (`networkUpdate`) verwiesen. Ist auch diese fehlgeschlagen, wird der nächste `catch()`-Zweig ausgeführt und mithilfe der fiktiven Methode `showErrorMessage()` eine Fehlermeldung angezeigt.

```
let networkDataReceived = false;
const networkUpdate = fetch('/data.json')
  .then(response => response.json())
  .then(networkData => {
```

```
    networkDataReceived = true;
    updatePage(networkData);
  });

caches.match('/data.json')
  .then(response => {
    if (!response) throw new Error('Boom!');
    return response.json();
  }).then(cacheData => {
    if (!networkDataReceived) {
      updateData(cacheData);
    }
  }).catch(() => networkUpdate)
  .catch(() => showErrorMessage());
```

Listing 6.26 Webanwendungsseitige Implementierung der Strategie Cache then network

Der Service Worker wird bei dieser Strategie sämtliche Anfragen über das Netz beantworten. Vom Server zurückgelieferte Antworten werden im Cache zwischengespeichert, sodass die nächste Abfrage (mit einer aktuelleren Variante) über den Zwischenspeicher beantwortet werden kann.

```
self.addEventListener('fetch', event => {
  event.respondWith(
    caches.open('my-cache').then(cache => {
      return fetch(event.request).then(response => {
        cache.put(event.request, response.clone());
        return response;
      });
    })
  );
});
```

Listing 6.27 Service-Worker-seitige Implementierung der Strategie Cache then network

Diese Variante eignet sich für Inhalte, die sich besonders häufig ändern, beispielsweise Aktienkurse, Nachrichtenschlagzeilen oder Social-Media-Timelines.

6.8.7 Cache & network race

Bei der Strategie Cache & network race versucht der Service Worker, eine Anfrage zeitgleich über den Cache und das Netz zu beantworten. Die Anfrage wird über die Methode `respondWith()` an die Webanwendung zurückgegeben, die zuerst beantwortet wurde. Diese Strategie soll sich bei Anfragen nach kleinen Assets und Geräten mit langsamen Festplatten bezahlt machen, die Cacheinhalte nur mit deutlicher Verzögerung ausliefern könnten.

6.8.8 Service-Worker-Side Templating

Der Cache des Service Workers ist zum Speichern statischer Antworten ausgelegt. Es lassen sich dort aber nicht alle Serverantworten sinnvoll hinterlegen. Antworten können zustandsbehaftet sein und den Namen des angemeldeten Benutzers enthalten. Bei einem Wechsel des angemeldeten Benutzers wäre der offline zwischengespeicherte Inhalt dann nicht mehr passend. Daher ist es auch denkbar, den Service Worker mit einer *Templating Engine* auszustatten. Im Zwischenspeicher können dann HTML-Templates hinterlegt werden, die mit Platzhaltern versehen sind. Auf diese Art arbeiten auch moderne Single-Page-Web-Application-Frameworks wie Angular, React oder Vue.js. Der Service Worker würde vor Rückgabe der zwischengespeicherten Antwort über die Methode `respondWith()` alle Platzhalter durch die entsprechend gültigen Werte ersetzen (*Service-Worker-Side Templating*).

6.9 Weitere Service-Worker-Use-Cases

Beim Service Worker sind aber noch weitere Anwendungsfälle denkbar. In seinem Blogpost »Beyond Offline« schreibt Salva de la Puente von Mozilla weitere mögliche exotische Szenarien, für die sich der Einsatz eines Service Workers neben der Umsetzung der Offlinefähigkeit zusätzlich noch eignen kann: *https://hacks.mozilla.org/2015/12/beyond-offline/*.

Mozilla zeigt die Implementierungen der zugehörigen Service-Worker-Skripte auf der Website *https://serviceworke.rs/beyond-offline.html*. Den Namen des Beispiels gebe ich jeweils an.

- *API Analytics*: Der Service Worker kann HTTP(S)-Anfragen an das Backend der Webanwendung protokollieren und somit clientseitig analytische Daten zur Verwendung der Web API der Anwendung sammeln. Diese kann der Service Worker in regelmäßigen Abständen an den Server schicken.
- *Cache from ZIP*: Anstelle des Aufrufs der Methode `addAll()` für viele kleine Einzeldateien könnte der Service Worker ein ZIP-Archiv vom Server herunterladen, dieses clientseitig entpacken und die darin enthaltenen Dateien im Cache hinterlegen.
- *Dependency Injection*: Bei diesem Prinzip sucht sich eine Implementierung ihre Abhängigkeiten nicht selbst zusammen, sondern lässt sie sich von außen einreichen. Die Rolle des Dependency-Injection-Containers kann der Service Worker

übernehmen: So könnte die Webanwendung eine bestimmte Skriptdatei anfragen, zum Beispiel *db.js*. Abhängig von der Systemumgebung gibt der Service Worker entweder die konkrete Implementierung *db-production.js* oder *db-development.js* zurück.

- *Request Deferrer*: Der Service Worker kann im Offlinezustand Anfragen der Webanwendung entgegennehmen und in einer lokalen Request-Warteschlange zwischenspeichern. Der Service Worker antwortet der Webanwendung zum Beispiel mit dem HTTP-Statuscode `200 OK` oder `202 Accepted` (Anfrage akzeptiert, aber noch nicht bearbeitet). Die Anwendung darf dann aber nicht davon ausgehen, dass die Operation tatsächlich umgesetzt wurde, und muss das dem Anwender so auch kommunizieren. Der Service Worker kann, sobald der Anwender wieder eine aktive Internetverbindung hat, die Warteschlange abarbeiten.
- *Load Balancer*: Letztlich könnte der Service Worker auch als clientseitiger Load Balancer dienen: Fragt die Webanwendung nach einem hochauflösenden Videostream, könnte der Load Balancer zuerst prüfen, welcher der Streaming-Server am wenigsten ausgelastet ist, und die Anfrage dorthin weiterleiten.

Wie sinnvoll es ist, diese Szenarien in einer normalen Webanwendung zu implementieren, darf sicherlich diskutiert werden. Doch zeigen diese Beispiele, welche komplexen Szenarien mithilfe von Service Workern realisiert werden können.

6.10 Zusammenfassung

- Die Cache API ist Teil der Service-Worker-Spezifikation. Sie eignet sich zum Zwischenspeichern von HTTP(S)-Anfragen mit ihren zugehörigen Antworten.
- Die Fetch API bietet nicht nur eine komfortablere Schnittstelle zum Durchführen von HTTP(S)-Anfragen, sondern legt auch die technischen Grundlagen für die Cache API.
- Der Service Worker kann HTTP(S)-Anfragen aus dem Cache oder über das Netz beantworten oder beides kombinieren und damit komplexe Caching-Strategien abbilden.
- Bei der Auswahl einer Caching-Strategie muss zwischen der Aktualität der Antwort und der Antwortzeit abgewogen werden. Je nach Anfragekategorie sollte daher eine passende Caching-Strategie gewählt werden.

Kapitel 7
Workbox

Mithilfe von Workbox können Service Worker generiert und bestehende Implementierungen ergänzt werden. Damit ist Workbox eine Option für alle, die Service Worker nicht (vollständig) implementieren wollen.

Workbox ist ein von Google herausgegebenes Toolkit, das den Entwickler bei der Implementierung von Service Workern unterstützen möchte. Workbox kümmert sich insbesondere um das Caching von HTTP(S)-Anfragen und deren zugehörigen Antworten. Das Toolkit besteht aus einer Laufzeitbibliothek, Modulen zur Buildautomatisierung sowie einem Kommandozeilentool, der Workbox CLI.

Im vorherigen Kapitel wurde gezeigt, dass die Quelldateien der Webanwendung im Lebenszyklusereignis `install` hartcodiert angegeben werden müssen, um sie in den Zwischenspeicher der Webanwendung aufzunehmen. Diese Auflistung aktuell zu halten, kann gerade während der Entwicklung einer Webanwendung schnell zu einer lästigen Aufgabe werden. Hier hilft das Kommandozeilentool Workbox CLI, mit dessen Hilfe die Liste der zu cachenden Anwendungsquelldateien automatisiert eingelesen werden können. Welche Dateien dabei berücksichtigt werden sollen, gibt der Entwickler in einer Konfigurationsdatei an, die über einen Assistenten erstellt wird. Auf Basis dieser Angaben kann das Kommandozeilentool einen komplett eigenständigen Service Worker generieren. Wenn Entwickler bestimmte Aspekte eines Service Workers selbst implementieren wollen, zum Beispiel die Anzeige von Pushbenachrichtigungen, kann mithilfe der Workbox CLI auch eine bestehende Service-Worker-Implementierung um die Caching-Aspekte erweitert werden. Außerdem stehen Module für bekannte Buildsysteme wie *Gulp* oder *Webpack* zur Verfügung, sodass die Service-Worker-Generierung im Zuge eines Buildprozesses auch automatisch durchgeführt werden kann.

Einen weiteren Teil des Toolkits stellt die gleichnamige Laufzeitbibliothek *Workbox* dar. Diese unterstützt einerseits das sogenannte *Precaching*, also das Zwischenspeichern statischer Anwendungsquelldateien zur Buildzeit, andererseits auch das *Runtime-Caching*, also das Zwischenspeichern von API-Aufrufen und Ähnlichem zur Laufzeit. Darüber können Entwickler angeben, dass bestimmte Routen der Webanwendungen über bestimmte Caching-Strategien bedient werden sollen. So kann beispielsweise für API-Anfragen mit dem URL-Bestandteil */articles* die Strategie Cache falling back to network (siehe Abschnitt 6.8.3) genutzt werden, während für API-Anfragen mit dem URL-Bestandteil */social-timeline* auf die Strategie Network falling back to cache (siehe Abschnitt 6.8.5) zurückgegriffen wird. Die Implementierung der Strategien wird dabei komplett von der Bibliothek übernommen, sodass sich der Entwickler hier überhaupt nicht einarbeiten muss. Außerdem prüft Workbox entsprechend dem Prinzip Progressive Enhancement auf das Vorhandensein von Schnittstellen, sodass sich der Entwickler auch darum nicht kümmern muss (siehe Abschnitt 3.1, »Voranschreiten mit Progressive Enhancement«).

7.1 Befehle der Workbox CLI

Das Kommandozeilentool Workbox CLI haben Sie bereits im ersten Kapitel mit dem Befehl `npm i -g workbox-cli` installiert. Auf der Kommandozeile wird das Tool über den Befehl `workbox` aufgerufen. Es unterstützt vier Kommandos:[1]

1. `wizard`: Zeigt einen interaktiven Dialog an, über den der Anwender Workbox für sein Projekt aufsetzen kann.
2. `generateSW`: Generiert eine vollständige Service-Worker-Implementierung, die auf die Workbox-Laufzeitbibliothek zurückgreift. Diese wird standardmäßig mithilfe der `importScripts()`-Methode (siehe Abschnitt 5.1.1, »Web Worker«) von einem durch Google betriebenen CDN importiert.
3. `injectManifest`: Ergänzt eine bestehende Service-Worker-Implementierung um das Precaching von Anwendungsquelldateien. Auch hierbei muss die Workbox-Laufzeitbibliothek wie oben beschrieben importiert werden. Der Namensbestandteil `Manifest` hat dabei jedoch nichts mit dem Web App Manifest aus Kapitel 4, »Web App Manifest: Aussehen der App definieren«, zu tun.
4. `copyLibraries`: Dem Importieren der Workbox-Laufzeitbibliothek über ein CDN können Sicherheitsbedenken entgegenstehen. Die Sicherheit der Anwendung hängt davon ab, dass das CDN wirklich (auch zu jedem zukünftigen Zeitpunkt) die gewünschte Bibliothek ausliefert und keine gefährliche Quelldatei. Im Gegensatz zur Fetch-Schnittstelle kann bei der `importScripts()`-Methode kein Hash der erwarteten Antwort angegeben werden. Daher bietet das Kommandozeilentool diesen Befehl an, um die Laufzeitbibliothek lokal herunterzuladen. Dem Befehl wird ein Pfad übergeben, in den die Quelldateien der Laufzeitbibliothek geschrieben werden sollen.

Alle Workbox-CLI-Befehle lernen Sie in den Aufgaben in diesem Kapitel kennen.

---

1 *https://developers.google.com/web/tools/workbox/modules/workbox-cli*

7.2 Workbox-Projekt aufsetzen

Das Toolkit Workbox nimmt dem Entwickler Arbeit ab, indem es einen komplett eigenständigen Service Worker generiert oder eine bestehende Implementierung um Precaching-Informationen ergänzt. Den einfachsten Ansatz stellt die Generierung eines eigenständigen, abgeschlossenen Service Workers dar, den ich zunächst betrachten möchte. Dieses Vorgehen ist empfehlenswert, wenn Entwickler die Quelldateien ihrer Anwendung im Cache ablegen möchten, um sie offline auszuführen. Auch können Entwickler API-Routen definieren und dazu angeben, welche Caching-Strategie jeweils verwendet werden soll. Soll die Workbox CLI zur Generierung des Service Workers verwendet werden, muss das Workbox-Projekt zunächst aufgesetzt werden. Dazu wird der Workbox-Assistent verwendet, der über den Befehl `workbox wizard` ausgeführt wird.

Der Assistent fragt zunächst ab, in welchem Verzeichnis sich die Quelldateien der Webanwendung befinden, die vom generierten Service Worker zwischengespeichert werden sollen. Daraufhin lädt der Assistent die Inhalte dieses Verzeichnisses und zeigt eine Liste der gefundenen Dateiendungen an. Aus dieser Liste kann ausgewählt werden, welche Dateitypen im Cache zwischengespeichert werden sollen. Workbox übernimmt standardmäßig aber nur Dateien in den Cache, die kleiner sind als 2 MByte. Im Anschluss wird der Speicherort des zu erzeugenden Service-Worker-Skripts angegeben. Alle Eingaben werden in einer Workbox-Konfigurationsdatei abgelegt, deren Speicherort abschließend auch noch angegeben werden kann. Der standardmäßig verwendete Dateiname für die Konfigurationsdatei lautet *workbox-config.js*. Diese wird daraufhin generiert, das Service-Worker-Skript allerdings noch nicht. Abbildung 7.1 zeigt die Ausführung des Workbox-Assistenten.

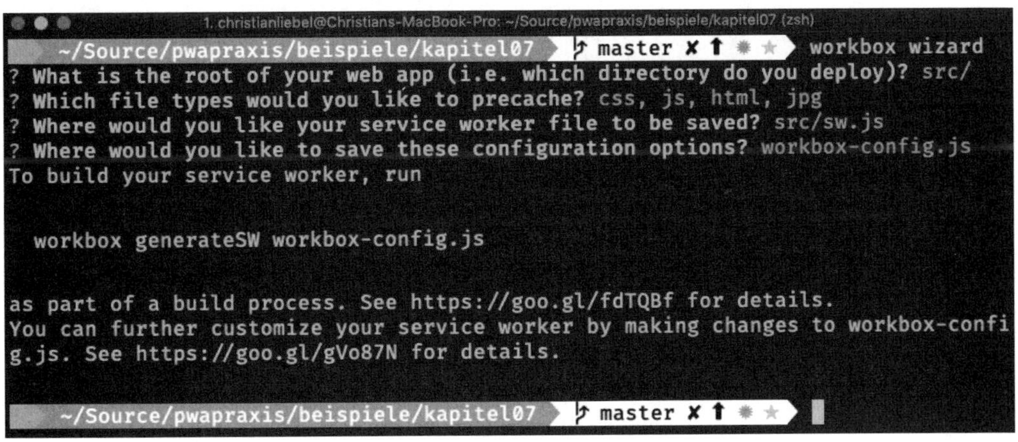

```
1. christianliebel@Christians-MacBook-Pro: ~/Source/pwapraxis/beispiele/kapitel07 (zsh)
~/Source/pwapraxis/beispiele/kapitel07  master ✗ ↑  workbox wizard
? What is the root of your web app (i.e. which directory do you deploy)? src/
? Which file types would you like to precache? css, js, html, jpg
? Where would you like your service worker file to be saved? src/sw.js
? Where would you like to save these configuration options? workbox-config.js
To build your service worker, run

  workbox generateSW workbox-config.js

as part of a build process. See https://goo.gl/fdTQBf for details.
You can further customize your service worker by making changes to workbox-confi
g.js. See https://goo.gl/gVo87N for details.

~/Source/pwapraxis/beispiele/kapitel07  master ✗ ↑
```

Abbildung 7.1 Ausführung des Workbox-Assistenten

Aufgabe: Workbox-Assistent ausführen

Öffnen Sie eine neue Kommandozeile (Windows) beziehungsweise ein neues Terminal (macOS/Linux). Navigieren Sie dort zum Ordner *kapitel07* im Beispielquellcode. In diesem Verzeichnis befindet sich ein Unterordner namens *src*, der Anwendungsquelldateien der Typen HTML, JS und CSS sowie Ressourcen (JPG-Bilder) enthält. Diesmal werden Sie den Service Worker nicht wie zuvor selbst schreiben (und bei Änderungen jeweils anpassen müssen), sondern ihn bequem durch Workbox generieren lassen.

Geben Sie im Ordner *kapitel07* den Befehl `workbox wizard` ein und folgen Sie den Abfragen des Assistenten:

- Zuerst wird das Wurzelverzeichnis der Anwendungsquelldateien abgefragt. In diesem Schritt können Sie sich mit den Pfeiltasten auf und ab bewegen, einen bestehenden Ordner auswählen oder dessen Namen manuell eingeben. In diesem Verzeichnis gibt es nur einen Unterordner, sodass der gewünschte Ordner *src* bereits der Vorauswahl entspricht. Bestätigen Sie die Auswahl mit [↵].
- Im nächsten Schritt können Sie aus einer Liste der im *src*-Ordner gefundenen Dateiendungen (*css, js, html, jpg*) auswählen, welche Dateitypen Sie gern offline zwischenspeichern möchten. Dazu kann mithilfe der Pfeiltasten eine bestimmte Dateiendung ausgewählt werden. Mit der Leertaste wird die Übernahme von Anwendungsdateien mit diesem Dateityp aktiviert oder deaktiviert. Drückt der Entwickler die Taste [I], wird die Auswahl invertiert. Standardmäßig werden alle gefundenen Dateitypen ausgewählt. Übernehmen Sie diese Vorauswahl, indem Sie [↵] drücken.
- Dann wird der Speicherort der Service-Worker-Datei angegeben. Übernehmen Sie die Standardangabe *src/sw.js* mit [↵].
- Schließlich wird der Speicherort der Workbox-Konfigurationsdatei definiert. Übernehmen Sie auch hier den Vorschlag *workbox-config.js* mit [↵].

Daraufhin wird die Konfigurationsdatei gespeichert, deren Inhalt in Listing 7.1 wiedergegeben wird.

Die entstehende Konfigurationsdatei enthält im Fall der Service-Worker-Generierung drei Einträge:

1. Die Eigenschaft `globDirectory` gibt das Verzeichnis an, das durchsucht werden soll, um Anwendungsdateien zu finden.
2. `globPatterns` enthält die *Glob-Muster*, die zur Auswahl von Anwendungsdateien angewandt werden sollen: In diesem Fall ist ein solches definiert, das aus dem in `globDirectory` angegebenen Verzeichnis einschließlich sämtlicher Unterordner (**) alle Dateien (*) mit den Dateiendungen `css`, `js`, `html` und `jpg` auswählt. Es können mehrere benutzerdefinierte Muster angegeben werden.

3. Die Eigenschaft swDest enthält den Speicherort der Service-Worker-Implementierung, die im weiteren Verlauf generiert werden soll.

```
module.exports = {
  "globDirectory": "src/",
  "globPatterns": [
    "**/*.{css,js,html,jpg}"
  ],
  "swDest": "src/sw.js"
};
```


Listing 7.1 Beispielhafte Workbox-Konfigurationsdatei

7.3 Precaching

Auf diesem Weg gefundene Dateien werden in das *Precache-Manifest* übernommen. So bezeichnet Workbox die Liste der Dateien, die im Cache des Service Workers bei seiner Installation zwischengespeichert werden sollen, um die Ressourcen offline verfügbar zu machen. Der generierte Service Worker behandelt also das Lebenszyklusereignis install (siehe Abschnitt 5.3, »Lebenszyklus«), um die statischen Anwendungsquelldateien im Cache abzulegen, und das funktionale Ereignis fetch (siehe Abschnitt 5.4.1, »Netzanfragen abfangen und manipulieren«), um diese von dort wieder auszuliefern. In der Liste ist der Dateiname einschließlich einer Revisionsangabe hinterlegt. Diese entspricht bei statischen Quelldateien dem Hashwert über deren Inhalt. Anhand der Revisionsangabe kann Workbox erkennen, ob sich Änderungen an einer Ressource ergeben haben: Beim Bereitstellen einer neuen Service-Worker-Version wird geprüft, ob sich eine Ressource in ihrer jeweiligen Fassung bereits im Cache befindet. In diesem Fall muss sie nicht über das Netz bezogen werden, und es wird Bandbreite gespart. Somit kommt der Entwickler dem Ziel, niemals dieselbe Ressource zweimal zu übertragen, sehr nah.

Die entstehende Konfigurationsdatei kann manuell angepasst werden, würde bei der nächsten Ausführung des Assistenten aber wieder ersetzt. Insbesondere werden folgende weitere Eigenschaften unterstützt:

- globIgnores: Schließt die Dateien, die über die angegebenen Glob-Muster aufgelöst werden können, aus der Precache-Manifest-Generierung aus.
- globFollow: Gibt an, ob beim Auflösen der Dateien symbolischen Links gefolgt werden soll. Falls ja, wird der Wert true gesetzt, Standard ist false.
- globStrict: Gibt an, ob die Generierung des Service Workers fehlschlagen soll, wenn eines der angegebenen Verzeichnisse nicht eingelesen werden kann. Falls ja,

wird der Wert `true` gesetzt. Der Standard ist `false`, hier werden Fehler verursachende Verzeichnisse übersprungen.

- `maximumFileSizeToCacheInBytes`: Gibt die maximale Dateigröße in Byte an, die eine Datei aufweisen darf, sodass sie in das Cache-Manifest übernommen wird. Dies verhindert, dass zu große Dateien im Cache hinterlegt werden. Beträgt standardmäßig 2 MByte (2.097.152 Byte).
- `templatedUrls`: Werden Ressourcen serverseitig generiert, kann ihr Hashwert für die Revisionsangabe im Precache-Manifest nicht zur Buildzeit festgestellt werden. Diese Eigenschaft erlaubt die Angabe solcher Ressourcen einschließlich ihrer abhängigen Quelldateien auf dem lokalen Entwicklerrechner, anhand deren der Hashwert berechnet werden kann. Ist auch das nicht möglich, kann der Entwickler einen eigenen Revisionswert angeben. Standardmäßig ist der Wert `null` gesetzt, damit werden keine serverseitig generierten Ressourcen zwischengespeichert.
- `dontCacheBustUrlMatching`: Um sicherzustellen, dass ein aggressives HTTP-Caching nicht den Bezug aktueller Ressourcen verhindert, wendet Workbox Maßnahmen zum *Cache Busting* an, also zum Umgehen des HTTP-Browsercaches. Werden Dateien durch einen Hashwert in ihrem Dateinamen versioniert, müssen diese Maßnahmen allerdings nicht angewandt werden. Diese Eigenschaft nimmt einen regulären Ausdruck entgegen, der die Pfade bestimmt, für die das Cache Busting abgeschaltet werden soll. Für diese Dateien wird im Manifest kein Revisionswert generiert.
- `modifyUrlPrefix`: Sollte der Pfadaufbau auf dem Entwicklerrechner vom späteren Aufbau auf dem Server abweichen, können mithilfe dieses Objekts URL-Präfixe entfernt oder hinzugefügt werden. Standard ist null, es erfolgt kein Umschreiben der Pfade.
- `manifestTransforms`: Erlaubt die Angabe einer Auflistung von JavaScript-Funktionen, um tief greifenden Einfluss auf den Aufbau des Precache-Manifests zu erhalten. Nach der Generierung werden die Transformationsfunktionen mit dem Manifest als Parameter aufgerufen und können dieses beliebig manipulieren. Standard ist `null`, es findet keine Manipulation statt.

Im Rahmen der Generierung werden die Inhalte des Verzeichnisses ausgelesen und ein passendes Precaching-Manifest aufgebaut. Darauf aufbauend, wird eine Service-Worker-Implementierung generiert und an dem in der Konfigurationsdatei angegebenen Speicherort abgelegt. Dies geschieht durch Aufruf des Befehls `workbox generateSW`. Dieser Befehl nimmt eine Pfadangabe zu einer Workbox-Konfigurationsdatei entgegen. Wenn sich diese jedoch im Arbeitsverzeichnis befindet und *workbox-config.js* heißt, kann die Angabe weggelassen werden.

Aufgabe: Service Worker durch Workbox generieren lassen

Führen Sie auf der Kommandozeile nun den Befehl `workbox generateSW` aus. Daraufhin generiert Workbox, wie in der Konfigurationsdatei angegeben, eine Service-Worker-Implementierung in der Datei *src/sw.js*, basierend auf der Konfiguration. Das dabei entstehende Skript wird in Listing 7.2 wiedergegeben. Dort sind darüber hinaus auch einige Kommentare zu finden, die aus Platzgründen hier weggelassen wurden.

```
importScripts("https://storage.googleapis.com/workbox-cdn/releases/3.6.1/
workbox-sw.js");
self.__precacheManifest = [
  {
    "url": "app.css",
    "revision": "56c7ab51c4880efbfa0052ae58227f76"
  },
  {
    "url": "app.js",
    "revision": "7aed5c07e474cf09813a0ab866cb19fe"
  },
  {
    "url": "index.html",
    "revision": "390a4af2890193cc5ef5815be8b92726"
  },
  {
    "url": "rain.jpg",
    "revision": "e9c2732c4320f3b13cce895fa502386e"
  },
  {
    "url": "sun.jpg",
    "revision": "859d2cb47066c0b5b89b8c2979c39fcc"
  }
].concat(self.__precacheManifest || []);
workbox.precaching.suppressWarnings();
workbox.precaching.precacheAndRoute(self.__precacheManifest, {});
```

Listing 7.2 Durch Workbox generierter Service Worker (ohne Kommentare)

Speziell für das Generieren eines neuen Service Workers werden in der Workbox-Konfigurationsdatei folgende zusätzliche Eigenschaften unterstützt:

- `skipWaiting`: Mit dieser Eigenschaft kann angegeben werden, ob der Service Worker die Wartephase nach der Installation überspringen und direkt aktiviert werden soll (siehe Methode `skipWaiting()` in Abschnitt 5.3.2, »Installieren«). Falls ja, wird der Wert `true` gesetzt (Standard: `false`).

- `clientsClaim`: Gibt an, ob der Service Worker nach der Erstinstallation bei Aktivierung direkt die Kontrolle über die Webanwendung übernehmen soll (siehe Methode `clients.claim()` in Abschnitt 5.3.3, »Aktivieren«). Falls ja, wird der Wert `true` gesetzt (Standard: `false`).
- `cacheId`: Gibt eine Zeichenkette als Präfix für den durch Workbox angelegten Cache an. Dies ist sinnvoll, wenn unterhalb einer Origin mehrere Progressive Web Apps ausgeführt werden und diese sich nicht denselben Cache teilen sollen (Standard: `null`, kein Präfix).
- `directoryIndex`: Gibt den Namen der Verzeichnisindexdatei an. Der Service Worker fällt auf diese Datei zurück, wenn eine Verzeichnis-URL angefordert wird (zum Beispiel *http://example.com/images/*), diese aber nicht explizit dem Cache hinzugefügt wurde (standardmäßig `index.html`).
- `offlineGoogleAnalytics`: Gibt an, ob der entstehende Service Worker das Modul Offline Google Analytics einschließen soll. Dieses wird in Abschnitt 7.8, »Offlineanalysedaten erfassen«, näher erläutert. Falls ja, wird der Wert `true` gesetzt (Standard: `false`).
- `importScripts`: Enthält ein Array mit URLs zusätzlicher Skriptdateien, die der generierte Service Worker importieren soll. Diese Methode kann dazu genutzt werden, den Service Worker um eigene Logik zu erweitern, beispielsweise den Empfang von Pushbenachrichtigungen.
- `ignoreUrlParametersMatching`: Diese Eigenschaft nimmt eine Auflistung regulärer Ausdrücke entgegen. Somit können bestimmte Query-Parameter beim Cache-Lookup ausgeschlossen werden. Standardmäßig werden die UTM-Parameter (*Urchin Tracking Module*) ausgeschlossen, die mit `utm_` beginnen. Analysetools nutzen diese Parameter, um die Herkunft eines Besuchers bestimmen zu können.
- `importWorkboxFrom`: Gibt an, auf welchem Weg die Workbox-Laufzeitbibliothek importiert werden soll. `cdn` ist der Standardwert. Auf diesem Weg wird die Bibliothek von einem durch Google betriebenen CDN importiert. `local` kopiert die Laufzeitbibliothek in einen versionierten Ordner neben dem generierten Service Worker. Bei der Einstellung `disabled` muss der Entwickler die Laufzeitbibliothek selbst herunterladen und über die Methode `importScripts()` importieren.

Darüber hinaus stehen weitere Eigenschaften zur Verfügung, die ich in den kommenden Abschnitten vorstellen möchte.

Aufgabe: Demoanwendung ausprobieren

Führen Sie nun im Ordner *kapitel07* auf der Kommandozeile den Befehl `npm install` gefolgt von `npm start` aus. Bitte stellen Sie sicher, dass keine Instanz von lite-server oder einem anderen Server mehr offen ist, der Port 3000 belegt. Wenn alles geklappt hat, öffnet sich Ihr Standardbrowser auf *http://localhost:3000*. Ist Ihr Standardbrowser nicht Google Chrome, wechseln Sie bitte zu diesem Browser und öffnen die Adresse dort. Öffnen Sie gleich die Entwicklertools, indem Sie F12 (Windows/Linux) bzw. ⌥ + ⌘ + I (macOS) drücken. Wechseln Sie dort zur Registerkarte APPLICATION • CLEAR STORAGE, stellen Sie sicher, dass sämtliche Kontrollkästchen ausgewählt wurden, und klicken Sie auf die Schaltfläche CLEAR SITE DATA. Damit wird der frühere Service Worker vollständig entfernt, und Sie können wieder auf der grünen Wiese starten. Da wir im weiteren Verlauf dieses Kapitels einige Änderungen am Service Worker vornehmen werden, wechseln Sie noch in das Menü SERVICE WORKERS innerhalb der APPLICATION-Registerkarte und aktivieren dort das Kontrollkästchen UPDATE ON RELOAD, sofern es nicht mehr aktiv sein sollte.

Laden Sie dann die Website mit F5 (Windows/Linux) bzw. ⌘ + R (macOS) neu. Wechseln Sie in den Entwicklertools auf die Registerkarte CONSOLE. Dort sollten Sie Konsolenausgaben von Workbox sehen, wie in Abbildung 7.2 gezeigt. Die Konsolenausgaben werden zu Gruppen zusammengefasst, zum Beispiel PRECACHING 5 FILES. Klappen Sie diese Gruppe mit dem Pfeil auf der linken Seite auf, um nachzuprüfen, ob Workbox die richtigen Anwendungsquelldateien im Cache hinterlegt hat. Die Konsolenausgaben sind zu sehen, da sich Workbox derzeit im Entwicklermodus befindet. Dieser wird automatisch abgeschaltet, sobald die Website nicht mehr über den Hostnamen localhost ausgeliefert wird. Wenn Sie die Website zum Beispiel über ngrok ausliefern würden, sind die Konsolenausgaben schon nicht mehr zu sehen.

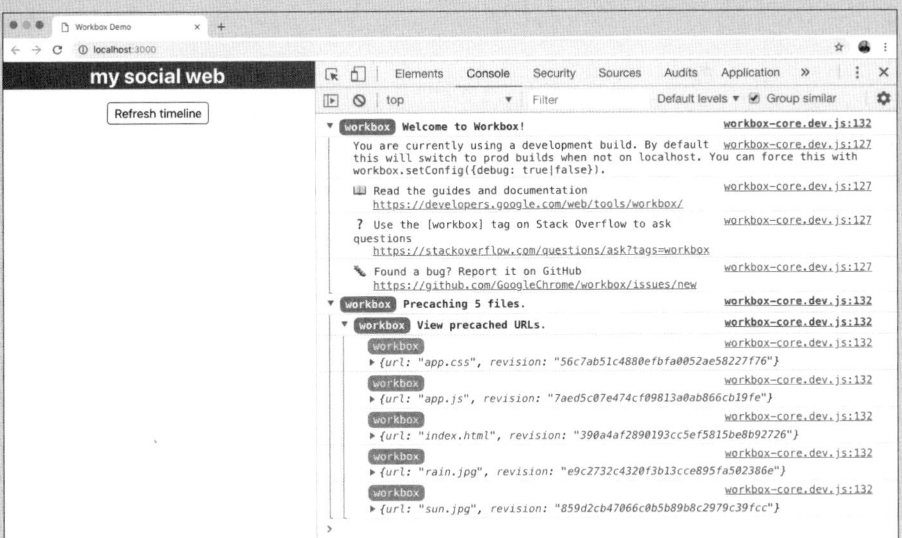

Abbildung 7.2 Precaching mit Workbox

Die Demoanwendung im Ordner *src* imitiert ein Social Network, das eine Timeline anzeigt. Diese kann über die Schaltfläche REFRESH TIMELINE aktualisiert werden. Wenn Sie darauf klicken, wird im Hintergrund eine HTTP-Anfrage an die URL *http://localhost:3000/timeline* gestellt. Jedes Mal, wenn Sie auf die Schaltfläche klicken, sortiert der Webserver einen zusätzlichen neuen Eintrag ein. Wenn Sie zweimal auf die Schaltfläche klicken, sollten Sie somit zwei Einträge sehen. Der Generierungszeitpunkt des Eintrags wird ebenfalls in der Timeline angezeigt.

Wechseln Sie nun zur Registerkarte NETWORK und setzen Sie in der oberen Werkzeugleiste das Häkchen in das Kontrollkästchen OFFLINE. Laden Sie die Webanwendung anschließend neu. Die Demoanwendung lädt nun trotzdem noch, wie Abbildung 7.3 zeigt. Hier ist für die Anfragen für die Anwendungsquelldateien in der Spalte SIZE die Bemerkung (FROM SERVICEWORKER) zu sehen. Auch die Workbox-Konsolenausgaben weisen auf das Ausliefern der Quelldateien durch den generierten Service Worker hin, zum Beispiel in der Ausgabe PRECACHING IS RESPONDING TO: /APP.JS. Wenn Sie jetzt auf Schaltfläche REFRESH TIMELINE klicken, wird Ihnen statt der Timeline nun allerdings eine Fehlermeldung angezeigt, da deren Inhalte bislang noch nicht zwischengespeichert werden.

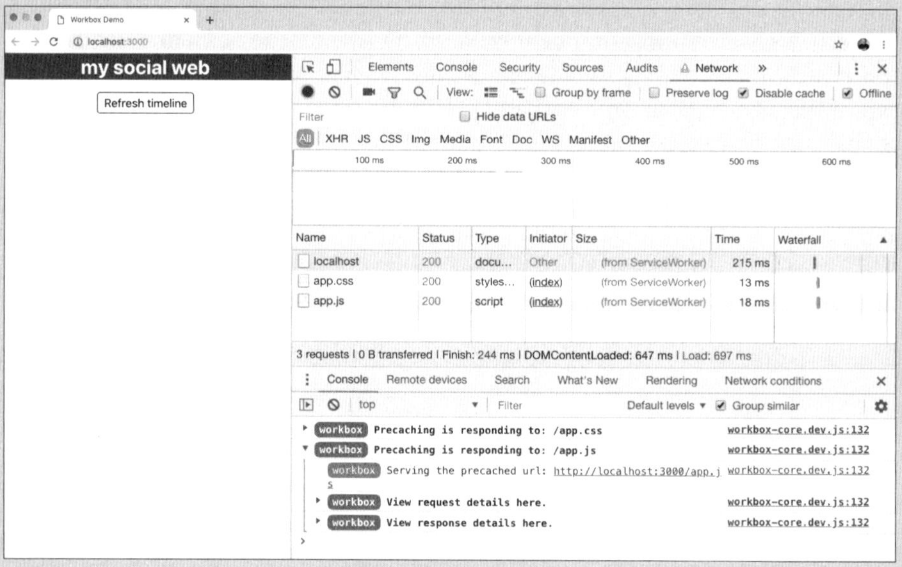

Abbildung 7.3 Ausliefern offline zwischengespeicherter Inhalte mit Workbox

7.4 Runtime Caching

Workbox erlaubt aber nicht nur das Precaching von Inhalten zur Buildzeit, sondern auch das Zwischenspeichern von Anfragen zur Laufzeit, etwa API-Abfragen. Auch hier übernimmt Workbox die Implementierung, in diesem Fall des funktionalen Ereignisses `fetch` (siehe Abschnitt 5.4.1, »Netzanfragen abfangen und manipulieren«).

7.4.1 Routen und Caching-Strategien

Workbox implementiert darüber hinaus auch einige der in Abschnitt 6.8, »Caching-Strategien«, vorgestellten Caching-Strategien, sodass sich der Entwickler auch darum nicht selbst kümmern muss. Zum Laufzeit-Caching können verschiedene *Routen* definiert werden, zum Beispiel */api/social-timeline* oder */api/articles*. Zu einer Route kann jeweils eine Caching-Strategie hinterlegt werden, für die Social Timeline beispielsweise die Strategie *Network falling back to cache* und für Zeitungsartikel die Strategie *Cache falling back to network*. Tabelle 7.1 zeigt die unterschiedlichen Caching-Strategien, die von Workboximplementiert werden.

Workbox-Strategie	Auswirkung
`cacheOnly`	Cache Only (siehe Abschnitt 6.8.1)
`networkOnly`	Network Only (siehe Abschnitt 6.8.2)
`cacheFirst`	Cache falling back to network (siehe Abschnitt 6.8.3), die über das Netz bezogene Antwort wird im Cache abgelegt und künftig immer von dort ausgeliefert.
`networkFirst`	Network falling back to cache (siehe Abschnitt 6.8.5)
`staleWhileRevalidate`	Die Antwort wird, sofern vorhanden, aus dem Cache ausgeliefert, generell aber auch über das Netz angefordert und bei Rückkehr im Cache hinterlegt beziehungsweise dort aktualisiert.

Tabelle 7.1 Caching-Strategien in Workbox

Die Caching-Strategien stellen unterschiedliche Konfigurationsoptionen zur Verfügung. So kann etwa bei der Strategie `networkFirst` angegeben werden, wie lange der Service Worker auf eine Anfrage maximal warten soll, bevor der Cacheinhalt ausgeliefert wird. Unabhängig von der Strategie gibt es auch verschiedene Plug-ins, die weitere Eingriffe in das Runtime-Caching erlauben. So lässt sich beispielsweise die maximale Anzahl Cacheeinträge pro Route per Plug-in beschränken.

7.4.2 Konfiguration über runtimeCaching

Eine weitere Eigenschaft, die in der Workbox-Konfigurationsdatei für das Generieren eines Service Workers angegeben werden kann, nennt sich `runtimeCaching`. Diese Eigenschaft nimmt eine Auflistung von Routen, zugehörigen Caching-Strategien und Plug-ins entgegen. Listing 7.3 zeigt eine beispielhafte Definition für diese Eigenschaft.

```
runtimeCaching: [{
    urlPattern: /api/,
    handler: 'networkFirst',
    options: {
      networkTimeoutSeconds: 10,
      cacheName: 'my-api-cache',
      fetchOptions: {
        mode: 'same-origin',
      },
      matchOptions: {
        ignoreSearch: true,
      },
      expiration: {
        maxEntries: 5,
        maxAgeSeconds: 60,
      },
      cacheableResponse: {
        statuses: [0, 200],
        headers: {'x-test': 'true'},
      },
      broadcastUpdate: {
        channelName: 'my-update-channel',
      },
      plugins: [
        {cacheDidUpdate: () => /* custom plugin code */}
      ]
    },
  }, {
    urlPattern: new RegExp('^https://cors\.example\.com/'),
    handler: 'staleWhileRevalidate',
    options: {
      cacheableResponse: {
        statuses: [0, 200]
      }
    }
  }]
```

Listing 7.3 Beispiel zur Verwendung der Eigenschaft runtimeCaching

Dort sind zwei Definitionen für das Runtime-Caching angegeben: Die erste Definition greift für Routen, die den URL-Bestandteil *api* enthalten. Die Route wird in der Eigenschaft `urlPattern` als regulärer Ausdruck angegeben. Die Eigenschaft `handler` nimmt hingegen den Bezeichner einer Caching-Strategie als Zeichenkette entgegen.

Weitere Konfigurationen für Caching-Strategien, aber auch weitere Workbox-Plug-ins, die beim Runtime-Caching greifen, können im Objekt für die Eigenschaft `options` angegeben werden:

- So kann für die Strategie `networkFirst` angegeben werden, wie lange auf eine Anfrage, die über das Netz bedient wird, maximal gewartet werden soll, ehe auf die Antwort aus dem Cache zurückgegriffen wird (`networkTimeoutSeconds`).
- Der zu verwendende Bezeichner für den Service-Worker-Cache wird in der Eigenschaft `cacheName` angegeben.
- Die Eigenschaft `fetchOptions` nimmt ein Objekt vom Typ RequestInit entgegen, mit dem der ausgehende Request erzeugt wird (siehe Abschnitt 6.1.2, »Fetch API«), in diesem Fall soll explizit der Request-Modus `same-origin` verwendet werden.
- In `matchOptions` können die CacheQueryOptions angegeben werden (siehe Abschnitt 6.5.1, »Einzelantwort beziehen«), zum Beispiel um die Search-Parameter der URL bei einer Cacheabfrage zu ignorieren.
- Für die Eigenschaft `plugins` kann eine Auflistung von Plug-ins übergeben werden. Diese beschreibe ich im nächsten Abschnitt.

Die zweite Definition stellt eine externe Route dar. Durch das Zirkumflex am Anfang des regulären Ausdrucks für die Eigenschaft `urlPattern` muss die URL mit dieser Zeichenkette beginnen, es wird hier also eine URL mit der Origin *https://cors.example.com/* erwartet. Auch an dieser Stelle lässt sich eine passende Strategie definieren, hier wird `staleWhileRevalidate` gewählt. In diesem Fall können über das `options`-Objekt ebenfalls weitere Einstellungen vorgenommen werden.

Aufgabe: Runtime-Caching ausprobieren

Öffnen Sie in Visual Studio Code die Datei *workbox-config.js*, fügen Sie dort die neue Eigenschaft `runtimeCaching` ein und belegen Sie sie wie folgt:

```
module.exports = {
// Eigenschaften ausgelassen
  "swDest": "src/sw.js", // <- hier bitte das Komma nicht vergessen
  "runtimeCaching": [{
    "urlPattern": /timeline/,
    "handler": "networkFirst"
  }]
};
```

Öffnen Sie eine neue Kommandozeile für den Ordner *kapitel07* und führen Sie dort den Befehl `workbox generateSW` aus, um einen Service Worker mit der geänderten Konfiguration zu generieren.

Wechseln Sie dann zurück zu Google Chrome, deaktivieren Sie das Kontrollkästchen Offline wieder und laden Sie die Website neu. Klicken Sie dann auf die Schaltfläche

Refresh timeline, sodass diese einmal vom Webserver bezogen wird und zwischengespeichert werden kann. Aktivieren Sie dann das Kontrollkästchen Offline erneut. Wenn Sie nun auf die Schaltfläche Refresh timeline klicken, lädt die Timeline auch trotz fehlender Internetverbindung. Dies zeigt Abbildung 7.4. Im Offlinemodus wird der Timeline beim Klicken auf die Schaltfläche kein weiterer Eintrag hinzugefügt. Dies ist auch ersichtlich aus dem Erzeugungsdatum des Eintrags, das sich im Offlinemodus nicht aktualisiert.

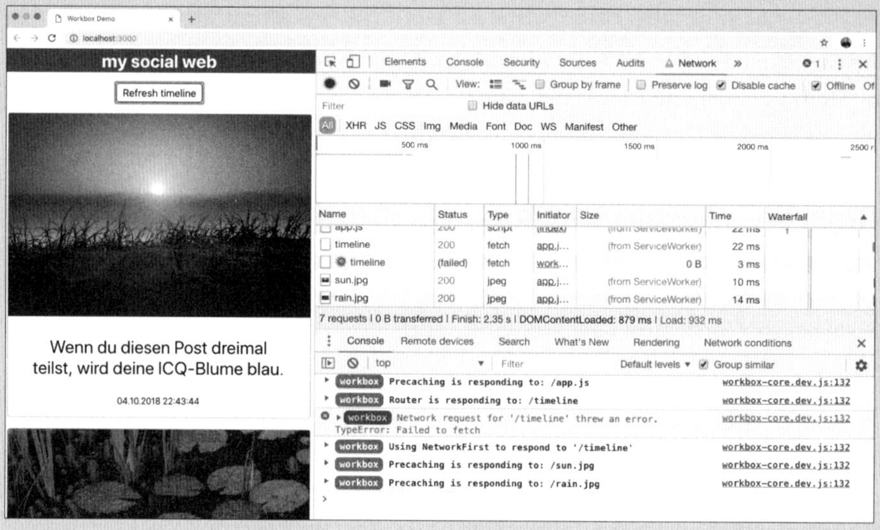

Abbildung 7.4 Offline ausgelieferte API-Inhalte durch den Workbox Router

7.4.3 Plug-ins

Bei Workbox können Plug-ins verwendet werden, um noch mehr Einfluss auf das Runtime-Caching zu nehmen. Workbox enthält in seinem Lieferumfang bereits einige Plug-ins, auch eigene Implementierungen sind möglich. Die Workbox-Dokumentation enthält dazu einen passenden Abschnitt.[2] Workbox selbst enthält folgende Plug-ins:

- Das Plug-in *Expiration* (`expiration`) kann dazu genutzt werden, das Ablaufen zwischengespeicherter Antworten zu konfigurieren. Die eben gezeigte Definition nimmt etwa maximal fünf Cacheeinträge für diese Route (`maxEntries`) entgegen. Die am wenigsten genutzten Einträge werden bei einem Überlauf entfernt. `maxAgeSeconds` definiert hingegen die maximale Anzahl an Sekunden, die eine Antwort im Zwischenspeicher gehalten werden soll, bevor sie entfernt wird. Im Beispiel geschieht das Entfernen nach einer Minute.

2 *https://developers.google.com/web/tools/workbox/guides/using-plugins#custom_plugins*

- Mithilfe des Plug-ins *Cacheable Response* (`cacheableResponse`) kann eingeschränkt werden, welche Antworten im Cache hinterlegt werden sollen. Mithilfe des Arrays `statuses` kann der Statuscode der Antworten eingegrenzt werden. Im Beispiel von unten werden nur noch Antworten zwischengespeichert, die exakt den Statuscode `0` oder `200` besitzen. Durch Angabe des Objekts `headers` können darüber hinaus bestimmte Headerwerte erwartet werden, im Beispiel muss zusätzlich der Header `X-Test` auf den Wert `true` gesetzt werden, damit die Antwort in den Cache übernommen wird.
- Das Plug-in *Broadcast Update* (`broadcastUpdate`) sendet die Information an die verbundenen Clients, dass ein Cacheeintrag aktualisiert wurde. Darauf kann die Anwendung reagieren, indem sie beispielsweise eine Hinweismeldung anzeigt. Das geschieht über die *Broadcast Channel API*, die derzeit nur von Mozilla Firefox und Google Chrome implementiert wird. Änderungen werden dort über bestimmte *Channel* kommuniziert. Der jeweilige Channel-Bezeichner kann mit der Eigenschaft `channel` übergeben werden.
- Das Plug-in *Background Sync* (`backgroundSync`) wiederholt fehlgeschlagene Netzanfragen, die im Rahmen des Cachings durchgeführt werden. Dies geschieht über die Background Sync API (siehe Abschnitt 5.6, »Background Sync API«) automatisch, sobald der Webbrowser wieder eine bestehende Internetverbindung vermutet.
- Das Plug-in *Range Requests* (`rangeRequests`) implementiert eine Service-Worker-seitige Unterstützung für die HTTP-Kopfzeile `Range`, über die ein bestimmter Bereich einer Ressource angefragt werden kann, zum Beispiel ein Video ab einer bestimmten Zeitmarke.

7.4.4 Navigations-Fallbacks

Wird bei Single-Page Web Applications ein Pfad-basiertes Routing eingesetzt (siehe Abschnitt 3.10.2), wird bei einem Sicht- oder Zustandswechsel innerhalb der Anwendung die URL in der Adresszeile mithilfe der History API clientseitig manipuliert, ohne dass eine tatsächliche Websitenavigation stattfindet. Zur Laufzeit ist das unproblematisch, beim Neuladen der Anwendung schickt der Webbrowser jedoch wieder einen Request an den Webserver beziehungsweise den Service Worker mit der geänderten Adresse. Damit dennoch die Webanwendung wieder dargestellt werden kann, müssen Server und Service Worker sämtliche undefinierten Routen wieder auf die App Shell der Website umleiten. Mithilfe der Eigenschaft `navigateFallback` kann eine URL angegeben werden, auf die die Anwendung verweisen soll, wenn im Zuge einer Websitenavigation eine Ressource geladen werden soll, die sich nicht im Cache befindet. Wenn nicht alle URLs auf die SPA verweisen sollen (zum Beispiel für API-Abfragen), kann der Umfang der URLs mithilfe der beiden Eigenschaften `navigateFallbackBlacklist` und `navigateFallbackWhitelist` eingeschränkt werden. Beide nehmen eine Auflistung regulärer Ausdrücke entgegen. Bei Verwendung der Blacklist-Eigenschaft werden alle bis auf die angegebenen URLs weitergeleitet, bei Verwendung der Whitelist-Eigenschaft hingegen keine bis auf die angegebenen URLs. Beide Modi können nicht zeitgleich aktiviert werden. Finden sich dennoch beide Eigenschaften, bevorzugt Workbox die Blacklist-Variante.

7.5 Service Worker erweitern

Workbox erlaubt darüber hinaus, eine bestehende Service-Worker-Implementierung zu erweitern. In diesem Fall übernimmt Workbox lediglich das Precaching. Dieser Ansatz ist geeignet, wenn der Entwickler mehr Kontrolle über den Service Worker haben möchte, etwa um Einzelfälle oder komplexe Szenarien zu behandeln oder Pushbenachrichtigungen zu implementieren. Umgekehrt ergibt sich für den Entwickler aber ein höherer Aufwand. Eine Alternative zur Verwendung des `injectManifest`-Modus stellt die Verwendung der Eigenschaft `importScripts` beim `generateSW`-Modus dar. In diesem Fall kann der Entwickler zwar keinen Einfluss auf die eigentliche Service-Worker-Datei, den sogenannten Top-Level-Service-Worker, nehmen, aber dennoch eigene Logik wie das Reagieren auf die Pushbenachrichtigungen beifügen.

7.5.1 Precaching

Bei diesem Ansatz verwendet Workbox eine bestehende Service-Worker-Implementierung als Ausgangsbasis. Das Toolkit sucht nach dem Platzhalter `workbox.precaching.precacheAndRoute([])` im Service-Worker-Skript. Anstelle der leeren Auflistung wird das durch Workbox generierte Precache-Manifest injiziert. Auch ein solches Projekt lässt sich über die Workbox CLI aufsetzen: Standardmäßig geht der Assistent davon aus, dass eine neue Service-Worker-Implementierung generiert werden soll. Ist stattdessen das Erweitern eines bestehenden Service Workers beabsichtigt, wird der Befehl `workbox wizard` mit dem Parameter `--injectManifest` aufgerufen.

Aufgabe: Erweiterung vorbereiten

Im nächsten Schritt werden Sie eine eigene Service-Worker-Implementierung von Workbox erweitern lassen. Wechseln Sie zurück auf die »freie« Kommandozeile für das Verzeichnis *kapitel07*. Führen Sie dort zunächst den Befehl `workbox copyLibraries src` aus. Daraufhin wird die Workbox-Kommandozeilenbibliothek in einen versionierten Ordner unterhalb des angegebenen Verzeichnisses kopiert, zum Beispiel *src/workbox-v3.6.1*. Die Version entspricht allerdings nicht zwingend der der installierten Workbox CLI und wird auf der Kommandozeile ausgegeben. Dieser Schritt ist für das Erweitern allerdings nicht zwingend erforderlich.

Wechseln Sie dann zu Visual Studio Code in das Verzeichnis *kapitel07* (nicht *src*) und legen Sie dort ein neues Service-Worker-Skript namens *sw-template.js* an. Geben Sie direkt in die erste Zeile `importScripts('workbox-v3.6.1/workbox-sw.js')` ein. Passen Sie die Versionsnummer entsprechend an. Das Verzeichnis *src* müssen Sie dabei nicht angeben, da der Service Worker später in dieses Verzeichnis exportiert wird.

Im nächsten Schritt fügen Sie eine benutzerdefinierte Implementierung hinzu, beispielsweise das Behandeln des Ereignisses `message`:

```
self.addEventListener('message', event => {
    if (event.data === 'ping') {
        console.log('pong');
    }
});
```

Fügen Sie schließlich noch den Platzhalter ein, der mit dem Precache-Manifest vorbefüllt wird:

```
workbox.precaching.precacheAndRoute([]);
```

Speichern Sie die Datei, wechseln Sie zurück zur Kommandozeile und führen Sie dort den Wizard der Workbox CLI erneut aus, diesmal mit dem passenden Parameter: `workbox wizard --injectManifest`.

Bestätigen Sie beim Assistenten jeweils die Standardauswahl mit [↵]. Bei der Frage, wo sich die existierende Service-Worker-Datei befindet, geben Sie den Dateinamen *sw-template.js* an.

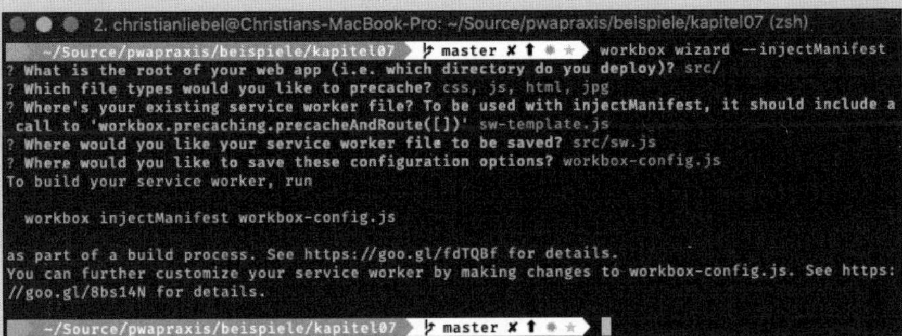

Abbildung 7.5 Die Ausführung

Damit wird die Workbox-Konfigurationsdatei *workbox-config.js* ersetzt, sie enthält nun die Eigenschaft `swSrc` mit dem Dateinamen *sw-template.js*. Der Service Worker wird damit aber nicht automatisch neu generiert. Da im *src*-Verzeichnis nun die Workbox-Quelldateien hinterlegt sind, sollten diese noch aus dem Precaching ausgeschlossen werden. Öffnen Sie daher die Datei *workbox-config.js* und fügen Sie noch die Definition der Eigenschaft `globIgnores` ein:

```
module.exports = {
  "globDirectory": "src/",
  "globPatterns": [
    "**/*.{css,js,html,jpg}"
  ],
```

```
  "globIgnores": ['workbox*/*'],
  "swDest": "src/sw.js",
  "swSrc": "sw-template.js"
};
```

Speziell für die Erweiterung eines bestehenden Service Workers stehen in der Konfigurationsdatei ergänzend zu den in Abschnitt 7.2, »Workbox-Projekt aufsetzen«, aufgeführten Eigenschaften die folgenden beiden zur Verfügung:

- `swSrc`: Die Quelldatei des Service Workers, die erweitert werden soll. Diese unbedingt erforderliche Eigenschaft wird vom Wizard abgefragt, wenn dieser mit dem Parameter `--injectManifest` aufgerufen wird.
- `injectionPointRegexp`: Diese Eigenschaft kann genutzt werden, um das Precache-Manifest an einer anderen Stelle im Quelltext der bestehenden Implementierung zu injizieren.

Die übrigen Eigenschaften für den Modus `generateSW` funktionieren bei diesem Ansatz nicht, sondern müssen stattdessen selbst implementiert werden.

Aufgabe: Service Worker erweitern

Um das bestehende Service-Worker-Skript um die Precaching-Informationen zu erweitern, führen Sie den Befehl `workbox injectManifest` aus. Wechseln Sie dann zurück in Google Chrome und laden Sie die Webanwendung im Onlinezustand neu. Die Webanwendung sollte weiterhin offline funktionieren, noch nicht aber die Timeline. Wenn Sie in der Konsole der Entwicklertools `navigator.serviceWorker.controller.postMessage('ping')` eingeben, sollte auf der Kommandozeile die Ausgabe `pong` zu sehen sein.

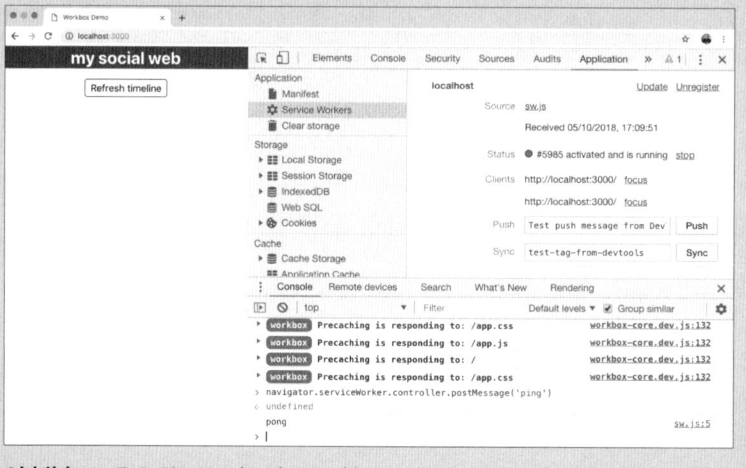

Abbildung 7.6 Eigene durch Workbox ergänzte Service-Worker-Implementierung in Aktion

7.5.2 Runtime-Caching

Auch das Runtime-Caching lässt sich in Kombination mit dem Modus `injectManifest` bewerkstelligen, muss hier aber in Code implementiert werden. Funktional ergibt sich jedoch kein Unterschied. Listing 7.4 zeigt die Registrierung der Route `timeline`, wobei die Workbox-Strategie `networkFirst` verwendet wird. Der zugehörigen Methode kann die Konfiguration übergeben werden, die oben schon beschrieben wurde. Auch hier können die oben genannten Plug-ins verwendet werden.


```
workbox.routing.registerRoute(
  /timeline/,
  workbox.strategies.networkFirst({
    cacheName: 'social-demo',
    plugins: [new workbox.expiration.Plugin({
      maxEntries: 20
    })]
  })
);
```

Listing 7.4 Runtime-Caching beim Erweitern eines Service Workers

Aufgabe: Manifest injizieren

Übernehmen Sie den Code aus Listing 7.4 in Ihr Service-Worker-Skript *sw-template.js* und führen Sie auf der Kommandozeile den Befehl `workbox injectManifest` erneut aus. Laden Sie dann die Website neu. Daraufhin sollte auch die Timeline-Funktionalität wieder offline funktionieren. Schließen Sie danach wieder alle Terminals.

7.6 Workbox in den Buildprozess integrieren

Moderne Webanwendungen bestehen oftmals aus vielen einzelnen JavaScript-Dateien, Stylesheets und HTML-Templates. Diese komplexe Ordnerstruktur lässt sich jedoch nur schwer auf einem Webserver bereitstellen, an den Client ausliefern und zwischenspeichern. Daher ist es in der modernen Webanwendungsentwicklung üblich geworden, diese Quelldateien in möglichst wenige Quelldateien zu bündeln. Das geschieht im Rahmen eines *Buildprozesses*.

Die Workbox CLI geht davon aus, dass sämtliche Anwendungsquelldateien beim Ausführen des Kommandozeilentools bereits zur Verfügung stehen. Somit kann die Workbox CLI als Post-Build-Schritt ausgeführt werden. Allerdings besteht auch die Möglichkeit, Workbox direkt in den Buildprozess einer Webanwendung zu integrieren. Dieser wird oftmals mit Gulp oder Webpack umgesetzt.

7.6.1 Node.js und Gulp

Unter dem Namen `workbox-build` wird ein npm-Modul zur Verfügung gestellt, das die Generierung des Service Workers aus einer Node.js-Implementierung heraus erlaubt. Das Modul unterstützt beide Workbox-Modi: das Generieren eines komplett eigenständigen Service Workers mithilfe der Methode `generateSW()` und das Erweitern einer bestehenden Implementierung durch den Aufruf der Methode `injectManifest()`. Beide Methoden können aus beliebigen Node.js-Implementierungen aufgerufen werden.[3]

Gulp (*https://gulpjs.com*) ist ein quelloffenes, auf Node.js basierendes Automatisierungstool, das sich als Buildsystem für Webanwendungen eignet. Die einzelnen Buildschritte werden als *Task* abgelegt, Gulp agiert als *Taskrunner*, als Ausführungsumgebung für diese Tasks. Da Taskrunner zunehmend an Bedeutung verlieren, schneide ich die Workbox-Generierung mit Gulp im Folgenden lediglich kurz an. Listing 7.5 zeigt die Implementierung eines Gulp-Tasks, der die `generateSW()`-Methode der Bibliothek `workbox-build` verwendet.

```
const gulp = require('gulp');
const {generateSW} = require('workbox-build');
// weitere Gulp-Tasks
gulp.task('generate:sw', () => {
   return generateSW({
      globDirectory: 'dist',
      globPatterns: [
            '**/*.{html,js,css,jpg}'
      ],
      swDest: 'dist/sw.js'
   }).then(({count, size, warnings}) => {
      console.log('Service worker generated.');
      console.log(`Files: ${count}`);
      console.log(`total size: ${size} bytes`);
      console.log(`warnings: ${warnings.length}`);
   }).catch(err => {
      console.error(err);
   });
});
```

Listing 7.5 Konfiguration eines Gulp-Tasks

Darüber hinaus implementiert `workbox-build` drei weitere Modi. Zum einen ist da die Methode `generateSWString()`, bei der der generierte Service Worker nicht direkt in

3 *https://developers.google.com/web/tools/workbox/modules/workbox-build*

eine Datei geschrieben wird, sondern stattdessen als Zeichenkette zurückgeliefert wird. Außerdem wird die Methode `getManifest()` angeboten, die keine Ersetzung durchführt, sondern das Precache-Manifest samt Anzahl der Elemente und deren Dateigröße zurückgibt. Schließlich gibt es die Methode `copyWorkboxLibraries()`, die die Laufzeitbibliothek in ein lokales Verzeichnis kopiert.

Das Modul `workbox-build` kann aber auch mit beliebigen anderen Taskrunnern wie Grunt verwendet werden. Das Kommandozeilentool Workbox CLI greift ebenfalls intern auf dieses Modul zurück. Daher funktionieren sämtliche Angaben, die Sie für die Workbox-Konfigurationsdatei angegeben hätten, auch hier.

7.6.2 Webpack

In moderneren Webprojekten wird mittlerweile allerdings eher auf den Modul-Bundler Webpack gesetzt, um aus einzelnen Anwendungsquelldateien ein Anwendungsbündel zu erstellen. Dieser besitzt eine umfangreiche Plug-in-Schnittstelle, über die neue Funktionalität sehr einfach hinzugefügt werden kann. Unter dem Namen `workbox-webpack-plugin` stellt das Workbox-Team ein npm-Modul zur Verfügung, das Webpack-Plug-ins enthält, um die Generierung eines Service Workers im Zuge des Bundlings durchzuführen. Listing 7.6 zeigt, wie das `GenerateSW`-Plug-in verwendet wird. Daneben steht auch das Plug-in `InjectManifest` zur Verfügung.

```
const {GenerateSW} = require('workbox-webpack-plugin');

module.exports = {
  // übrige Webpack-Konfiguration
  plugins: [
    // übrige Webpack-Plug-ins
    new GenerateSW({
      clientsClaim: true,
      skipWaiting: true
    })
  ]
};
```

Listing 7.6 Workbox-Plug-in für Webpack

Die Konfigurationsoptionen, die jeweils angegeben werden können, decken sich mehr oder weniger mit den in diesem Kapitel vorgestellten Optionen. In der Workbox-Dokumentation für das Webpack-Plug-in können sie nachgeschlagen werden.[4]

4 *https://developers.google.com/web/tools/workbox/modules/workbox-webpack-plugin*

7.7 Navigation Preload aktivieren

Auch Workbox unterstützt die Service-Worker-Schnittstelle Navigation Preload (siehe Abschnitt 5.7, »Navigation Preload«). Das Feature wird durch den Aufruf der Methode `enable()` auf dem Modul `navigationPreload` aktiviert, wie Listing 7.7 zeigt.

```
workbox.navigationPreload.enable();
```

Listing 7.7 Navigation Preload aktivieren

Workbox prüft dabei zunächst, ob der Webbrowser die Schnittstelle unterstützt. Wenn ja, wird Navigation Preload im Rahmen des Lebenszyklusereignisses `activate` aktiviert. Der Service Worker übernimmt dabei auch das Ausliefern der parallel über das Netz bezogenen Antwort im funktionalen Ereignis `fetch`.

7.8 Offlineanalysedaten erfassen

Des Weiteren schließt Workbox eine Unterstützung für *Offline Google Analytics* ein.[5] Dieses Modul nutzt die Background Sync API (siehe Abschnitt 5.6, »Background Sync API«), um Anfragen an Googles Analysedienst Google Analytics zwischenzuspeichern, solange der Anwender offline ist. Sobald wieder eine Internetverbindung vorhanden ist, überträgt ein Webbrowser mit Unterstützung für die Background Sync API automatisch die Anfragen an Google Analytics. Damit gehen auch im Offlinezustand keine Analysedaten verloren. Die Aktivierung erfolgt entweder über die `generateSW`-Option `offlineGoogleAnalytics` (siehe Abschnitt 7.3) oder im Modus `injectManifest` durch Aufruf der Methode `initialize()` auf dem Modul, wie Listing 7.8 zeigt.

```
workbox.googleAnalytics.initialize();
```

Listing 7.8 Aktivieren von Offline Google Analytics

Das Modul überwacht automatsch die ausgehenden Anfragen, speichert im Offlinezustand Google-Analytics-Requests lokal zwischen und registriert sich für das funktionale Ereignis `sync` (siehe Abschnitt 5.6.3, »Hintergrundsynchronisation ausführen«), um diese mithilfe der Background Sync API bei wieder bestehender Internetverbindung an Google Analytics zu übertragen. Dazu muss die Webanwendung nicht geöffnet sein.

Da die Anfragen allerdings unverändert übertragen werden, kann der Entwickler so nicht unterscheiden, ob Anwenderinteraktionen im Offlinemodus oder bei bestehender Verbindung ausgeführt werden. Bei offlinefähigen Anwendungen wäre aber

5 *https://developers.google.com/web/tools/workbox/modules/workbox-google-analytics*

gerade interessant, welche Interaktionen der Anwender im Offlinezustand ausführt. Daher nimmt die Methode `initialize()` ein optionales Konfigurationsobjekt entgegen. Google Analytics unterstützt sogenannte Custom Dimensions. Das sind zusätzliche Auswertungsmerkmale, die der Entwickler frei definieren kann. Über die Eigenschaft `parameterOverrides` kann der Entwickler angeben, dass eine *Custom Dimension* mit einem angegebenen Namen und einem Wert mit übertragen wird. Diese muss in Google Analytics zuerst angelegt werden.

Außerdem kann Offline Google Analytics übertragen, wie lange ein Request für eine offline getätigte Interaktion im Zwischenspeicher hinterlegt war. Diese Information steht im Feld `qt` zur Verfügung. Der Entwickler kann in Google Analytics eine *Custom Metric* anlegen und den Wert des Parameters dafür setzen. Dazu stellt das Modul den Hook `hitFilter` zur Verfügung. Das Vorgehen in beiden Fällen zeigt Listing 7.9.

```
workbox.googleAnalytics.initialize({
  parameterOverrides: {
    cd1: 'offline',
  },
  hitFilter: params => {
    const queueTimeInSeconds = Math.round(params.get('qt') / 1000);
    params.set('cm1', queueTimeInSeconds);
  }
});
```

Listing 7.9 Setzen benutzerdefinierter Dimensionen und Metriken

7.9 Zusammenfassung

- Workbox ist ein Toolkit, das aus Kommandozeilentool, Build-Tooling und Laufzeitbibliothek besteht.
- Workbox erlaubt das Generieren eigenständiger Service-Worker-Skripte sowie das Anreichern bestehender Implementierungen um Precaching.
- Das Cachen von Anfragen zur Laufzeit ist ebenfalls möglich. Hier können für bestimmte Routen unterschiedliche Caching-Strategien gewählt werden.
- Die Bibliothek integriert eine Offlineunterstützung für Google Analytics.
- Workbox lässt sich auch in den Buildprozess der Anwendung integrieren.

Kapitel 8

Push API: Rufen Sie nicht uns an – wir rufen Sie an!

Progressive Web Apps können den Anwender proaktiv auf eine Aktivität wie eine eingegangene Instant Message hinweisen – auch dann, wenn die Anwendung oder der Webbrowser gerade gar nicht geöffnet ist.

8

Pushbenachrichtigungen sind von mobilen Betriebssystemen nicht mehr wegzudenken. Wann immer eine Nachricht oder ein Anruf auf dem Gerät eintrifft, irgendwo auf der Welt etwas Wichtiges passiert oder es gerade ein unschlagbares Angebot in einem Free-to-Play-Spiel gibt, kann eine Anwendung per Benachrichtigungsbanner auf dieses Ereignis hinweisen. Auch Progressive Web Apps können den Anwender proaktiv auf Aktivitäten innerhalb der Anwendung aufmerksam machen. Umgesetzt werden solche Szenarien durch zwei gesonderte Spezifikationen, die die Service-Worker-Schnittstellen erweitern: einerseits die Push API[1], die beim W3C standardisiert wird und sich um den Aspekt der Pushkommunikation zwischen Anwendungsbackend und Frontend kümmert. An der Spezifikation arbeiten Mitarbeiter von Mozilla und Google. Das Dokument hat den Status eines Redaktionsentwurfs (*Editor's Draft*) und kann sich somit jederzeit ändern. Tabelle 8.1 zeigt, welche Browser die Push API unterstützen.

Google Chrome	Microsoft Edge	Mozilla Firefox	Apple Safari
44	15	44	–

Tabelle 8.1 Browserunterstützung der Push API

Andererseits gibt es die *Notifications API*[2], die bei der WHATWG standardisiert wird. Dieses Dokument beschreibt die Anzeige von Benachrichtigungen aus einer Webanwendung oder dem Service Worker heraus. Die Notifications API hat bei der WHATWG den Status eines *Living Standard*, der sich ebenfalls noch ändern kann. Benachrichtigungsbanner können also auch ohne Pushnachricht von der Anwendung

1 *https://w3c.github.io/push-api/*
2 *https://notifications.spec.whatwg.org/*

dargestellt werden. Die Browserunterstützung für diese Schnittstelle wird in Tabelle 8.2 dargestellt.

Google Chrome	Microsoft Edge	Mozilla Firefox	Apple Safari
5 (unter Android nur über den Service Worker)	14	22	6 (nur macOS, nicht über den Service Worker)

Tabelle 8.2 Browserunterstützung der Notifications API

Da der Service Worker ebenfalls losgelöst von der Webanwendung ausgeführt werden kann, wird auf diese Weise auch der Empfang von Pushbenachrichtigungen ermöglicht, wenn die App oder der Webbrowser nicht geöffnet ist. Webbrowser können zu diesem Zweck einen Hintergrunddienst ausführen, der losgelöst vom Hauptfenster des Browsers arbeitet. Wie die Service-Worker-Schnittstellen erfordert auch die Push API eine gesicherte Verbindung per HTTPS. Zunehmend viele Websites machen von genau dieser Schnittstelle Gebrauch. Sollten Sie von Tageszeitungen, sozialen Netzen oder Blogs die Anfrage erhalten haben, ob Sie Benachrichtigungen zulassen möchten, steckt dahinter exakt diese Schnittstellenkombination. Bedenken Sie dabei aber, dass Pushbenachrichtigungen nur sparsam eingesetzt werden sollten. Der Nutzer sollte sich einerseits bewusst für den Empfang einer bestimmten Art von Benachrichtigungen entscheiden (zum Beispiel eingehende Sofortnachrichten, Breaking News aus bestimmten Nachrichtenkategorien oder Ähnliches), und andererseits sollten diese für den Benutzer einen Mehrwert bieten. Ansonsten werden sich Anwender schnell gestört fühlen.

8.1 Das Push-Prinzip

Das *Hollywood-Prinzip* lautet: *Rufen Sie nicht uns an, wir rufen Sie an!* Diese Aussage bekamen wohl viele aussichtslose Bewerber für Schauspielrollen in Hollywood zu hören. Das Prinzip besagt, dass nicht der Bewerber regelmäßig beim Castingteam anrufen und sich nach dem Stand seiner Bewerbung erkundigen soll, sondern dass sich das Castingteam bei Interesse beim Bewerber meldet. Das entspricht dem Prinzip der Pushkommunikation: Der Anwender muss nicht kontinuierlich beim Webserver nachfragen, ob es neue E-Mails, Instant-Messages oder Breaking News gibt, sondern er erhält diese Information stattdessen asynchron – bei Eintritt des Ereignisses – vom Server. Am Pushverfahren sind die folgenden drei Instanzen beteiligt:

1. Der *Pushdienst* sendet *Pushnachrichten* an registrierte Geräte. Ist der Empfänger gerade offline, kann der Dienst die Nachrichten so lange zwischenspeichern, bis das Gerät wieder erreichbar ist.

2. Das Frontend der Webanwendung wird mit modernen Webtechnologien umgesetzt und läuft im Webbrowser. Über diesen beantragt es eine *Pushregistrierung* beim Pushdienst. Die zum Versand von Pushnachrichten erforderlichen Informationen teilt das Frontend seinem Backend mit.
3. Das Backend der Webanwendung kann mithilfe dieser Informationen seinerseits Kontakt zum Pushdienst aufnehmen, um dem registrierten Gerät eine Pushnachricht zukommen zu lassen, etwa wenn eine neue Sofortnachricht oder eine E-Mail eingeht, wenn sich Benzinpreise ändern oder Breaking News vorliegen.

Alle drei Instanzen spielen zusammen, wie Abbildung 8.1 zeigt. Im weiteren Verlauf dieses Kapitels gehe ich auf die einzelnen Instanzen näher ein und erkläre den Ablauf zum Versenden von Pushnachrichten.

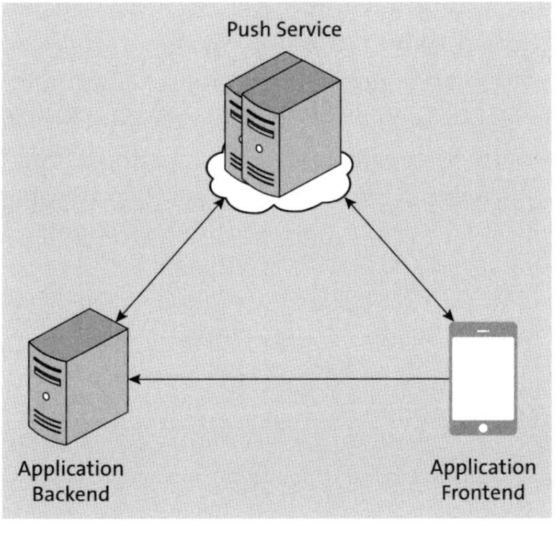

Abbildung 8.1 Zusammenspiel der Instanzen zur Pushkommunikation

8.2 Nur eine Chance: Pushregistrierung beantragen

Die Webanwendung muss zum Empfang von Pushnachrichten über den Webbrowser eine Pushregistrierung beim Pushdienst beantragen. Die Push API definiert die Pushregistrierung als Nachrichtenübermittlungskontext zwischen dem Webbrowser und dem Pushdienst der jeweiligen Plattform: Während die Spezifikation zwar jedem Browserhersteller freistellt, eine Auswahl verschiedener Pushdienste anzubieten, unterstützen die Webbrowser in der Praxis derzeit nur ihren eigenen cloudbasierten Pushdienst: Firebase Cloud Messaging in Google Chrome, Mozilla Push Service für Mozilla Firefox und die Windows Push Notification Services in Microsoft Edge. Die Pushdienste von Google und Microsoft kommen jeweils auch bei nativen Anwendungen unter Android beziehungsweise Windows zum Einsatz. Somit können die

Plattformbetreiber den Betrieb des Dienstes sicherstellen, anders als bei einem durch Dritte betriebenen Pushdienst. Die Verwendung eines zentralen Dienstes hält auch, gerade bei mobilen Endgeräten, den Energieverbrauch im Rahmen. Die Nutzung eines selbst (zum Beispiel im Intranet) betriebenen Pushdienstes ist in den Webbrowsern derzeit nicht vorgesehen.

8.2.1 Progressive Enhancement berücksichtigen

Damit die Webanwendung die Berechtigung zum Empfang von Pushnachrichten anfordern kann, muss sie zuvor einen Service Worker registrieren, da die Schnittstellen der Push API auf dem Service Worker beziehungsweise auf dessen Registrierung zur Verfügung gestellt werden. Entwickler müssen bei der Implementierung von Pushbenachrichtigungen über die Push API unbedingt das Prinzip des Progressive Enhancement berücksichtigen (siehe Abschnitt 3.1, »Voranschreiten mit Progressive Enhancement«): Selbst wenn der Webbrowser die Service-Worker-Schnittstellen unterstützt, heißt das noch nicht automatisch, dass auch die Push API implementiert ist. Dies ist insbesondere auf Apple Safari unter iOS noch nicht der Fall. Listing 8.1 zeigt den Zugriff auf die Eigenschaft `pushManager`, die auf der Service-Worker-Registrierung verfügbar gemacht wird. Darüber hinaus zeigt es das Prüfen, ob die Service-Worker-Schnittstellen und die Push API zur Verfügung stehen.

```
if ('serviceWorker' in navigator) {
  navigator.serviceWorker.register('sw.js');
  navigator.serviceWorker.ready.then(registration => {
    if ('PushManager' in window) {
      registerForPush(registration.pushManager);
    }
  });
}
```

Listing 8.1 Umsetzung von Progressive Enhancement für die Schnittstellen des Service Workers und der Push API

8.2.2 Pushregistrierung auslösen

Zur Registrierung für Pushnachrichten wird die Methode `subscribe()` auf der `pushManager`-Eigenschaft aufgerufen (Typ *PushManager*). Diese nimmt ein Konfigurationsobjekt entgegen, das laut Spezifikation zwar optional ist, in der Praxis aber zwingend vorausgesetzt wird. In diesem Objekt werden zwei Angaben vorgenommen: `userVisibleOnly` definiert, ob Pushnachrichten immer zu einer für den Anwender sichtbaren Meldung führen, etwa einem Benachrichtigungsbanner oder Ähnlichem. Wird die Eigenschaft nicht angegeben, nimmt sie standardmäßig den Wert `false` an.

In Google Chrome muss diese Eigenschaft derzeit allerdings zwingend auf `true` gesetzt werden, wenn der Entwickler Pushbenachrichtigungen implementieren möchte. Damit versichert der Entwickler, dass er immer eine für den Anwender sichtbare Meldung als Resultat eines Pushereignisses anzeigen wird. Auf diese Weise schließt der Entwickler stille Pushnachrichten (*Silent Push*) aus. Solche Ereignisse könnten etwa dazu genutzt werden, lokal gespeicherte Daten proaktiv zu aktualisieren, aber auch, um die Position des Anwenders zu verfolgen. Aufgrund dieser Datenschutzbedenken werden in Google Chrome stille Pushnachrichten vermutlich nie (uneingeschränkt) erlaubt sein. Die Redakteure der Push-API-Spezifikation untersuchen mit der *Budget API* ein Budgetmodell, das bestimmten Webanwendungen abhängig von ihrer Nutzung eine bestimmte Anzahl stiller Pushnachrichten innerhalb eines bestimmten Zeitrahmens einräumt.[3]

8

Die Inhalte von Pushbenachrichtigungen können auf dem Weg zwischen Anwendungsbackend und Pushdienst verschlüsselt werden, sodass kein Mitlesen möglich ist. Während die Spezifikation keine Verschlüsselung voraussetzt, ist das in der Praxis oft Pflicht: So müssen die Inhalte der Pushnachrichten bei Google Chrome oder Microsoft Edge zwingend verschlüsselt werden. Nur Mozilla Firefox erlaubt das Senden von Pushnachrichten im Klartext und somit auch ohne Serverauthentifizierung. Zur Authentifizierung des Anwendungsbackends und zur Verschlüsselung von Pushnachrichten dient das Protokoll *Voluntary Application Server Identification (VAPID) for Web Push*, das bei der *Internet Engineering Taskforce* (IETF) als RFC 8292 spezifiziert wurde.[4] Bei VAPID kommt Elliptische-Kurven-Kryptografie zum Einsatz: Das verwendete Schlüsselpaar muss durch den *Elliptic Curve Digital Signature Algorithm* (ECDSA) über die vom *National Institute of Standards and Technology* (NIST) standardisierte elliptische Kurve *P-256* verarbeitet werden können. Das klingt kompliziert, doch Entwickler müssen keine Kryptoprofis sein, um Pushbenachrichtigungen senden zu können. Kompatible Schlüsselpaare können über die Website *https://pwapraxis-push.glitch.me* oder das Kommandozeilentool `web-push` generiert werden. Dieses wird über den Befehl `npm i -g web-push` installiert, das Schlüsselpaar wird anschließend mithilfe des Befehls `web-push generate-vapid-keys` generiert und auf der Konsole ausgegeben. Ein solches Schlüsselpaar zeigt Listing 8.2.

```
Public Key:
BF4RSc7iQ8BafX8oBLti7G7XhOYecmoZdP8EAD9H9i95B-n37_xxIIonziuyNOJgPwwrmh_
yGy4jKYnRvM2ZHOO
Private Key:
eqMI5be_d7pm41CcadXSnJWNLh5ICsEOrOHP-szFBag
```

Listing 8.2 VAPID-kompatibles Schlüsselpaar

3 *https://developers.google.com/web/updates/2017/06/budget-api*
4 *https://tools.ietf.org/html/rfc8292*

Der öffentliche Schlüssel wird in der Eigenschaft `applicationServerKey` des Konfigurationsobjekts hinterlegt, entweder als Array-Buffer oder als Base64-codierte Zeichenkette. Einige Webbrowser erwarten derzeit zwingend einen Array-Buffer. Die oben genannten Werkzeuge geben jeweils die Base64-codierte Zeichenkette zur direkten Weiterverwendung zurück. Der private Schlüssel wird hingegen geheim gehalten und im Backend hinterlegt. Der in der Eigenschaft `applicationServerKey` angegebene öffentliche Schlüssel wird bei der Registrierung an den Pushdienst übertragen. Dieser kann somit überprüfen, ob über die Pushregistrierung versendete Pushnachrichten wirklich vom Backend der Anwendung stammen, das die Pushnachrichten wiederum mit seinem privaten Schlüssel verschlüsselt. Listing 8.3 zeigt den Aufruf der `subscribe()`-Methode mit dem Konfigurationsobjekt, auf dem die Eigenschaften `userVisibleOnly` und `applicationServerKey` gesetzt wurden. Der Aufruf dieser Methode liefert ein Promise zurück, das dem Entwickler Zugriff auf die Pushregistrierung gewährt, sobald diese mit dem Pushdienst der Plattform ausgehandelt wurde.

```
function registerForPush(pushManager) {
  const options = { userVisibleOnly: true, applicationServerKey: '...' };

  pushManager.subscribe(options)
    .then(pushSubscription => {
      console.log(pushSubscription.toJSON());
    }).catch(error => {
      console.log(error);
    });
}
```

Listing 8.3 Anfragen der Pushregistrierung

Warnung vor alten Beispielen

Eventuell stoßen Sie im Internet auf frühere Methoden, um Pushnachrichten für Progressive Web Apps zu konfigurieren. Für Google Chrome musste zuvor das Web App Manifest (siehe Kapitel 4, »Web App Manifest: Aussehen der App definieren«) um die proprietäre Eigenschaft `gcm_sender_id` erweitert werden. Um diesen eindeutigen Bezeichner zu erhalten, musste die Anwendung beim mittlerweile veralteten Pushdienst Google Cloud Messaging registriert werden. Beim Einsatz des interoperablen VAPID muss weder das Web App Manifest erweitert noch eine Registrierung bei einem Pushdienst vorgenommen werden.

8.2.3 Einwilligung des Anwenders einholen

Bevor der Webbrowser mit dem Pushdienst die Pushregistrierung aushandelt, wird zuallererst der Anwender um sein Einverständnis zum Empfang von Pushbenachrichtigungen gebeten, sofern er sie für die Origin bislang noch nicht erteilt hat. Diese Abfrage erscheint oft als nicht modaler Dialog in der Nähe der Adresszeile oder als Benachrichtigungsbanner am unteren Rand des Browserfensters. Abbildung 8.2 zeigt den Abfragedialog unter Mozilla Firefox auf macOS.

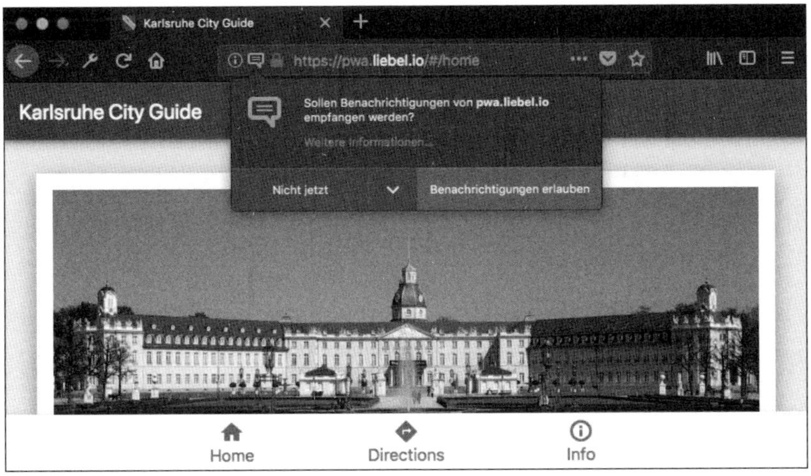

Abbildung 8.2 Mozilla Firefox fragt den Anwender um die Erlaubnis zum Empfang von Pushbenachrichtigungen.

Lehnt der Anwender die Anfrage ab, wird das Promise direkt abgelehnt, es findet keine Kommunikation mit dem Pushdienst statt, und der `catch`-Zweig aus Listing 8.3 greift. Stimmt der Anwender der Aufforderung hingegen zu, handelt der Webbrowser die Pushregistrierung mit seinem Pushdienst aus und stellt der Webanwendung bei Erfolg Zugriff auf diese zur Verfügung. Die Pushregistrierung kann anschließend mit dem Backend geteilt werden. Außerdem wird sie der Service-Worker-Registrierung zugewiesen, die maximal eine aktive Pushregistrierung entgegennimmt. Kann keine Pushregistrierung ausgehandelt werden, wird das Promise ebenfalls abgelehnt.

Entwickler haben beim Einholen der Anwendererlaubnis nur eine einzige Chance: Lehnt der Anwender die Anfrage des Webbrowsers zum Versand von Pushbenachrichtigungen ab, wird dieser auf dem System für diese Origin nie wieder nachfragen. Der Anwender müsste die Berechtigung stattdessen manuell über das zugehörige Webseitenmenü erlauben. Aus diesem Grund hat es sich als Anti-Pattern erwiesen, den Anwender unmittelbar beim Betreten der Website um seine Zustimmung für Pushbenachrichtigungen zu bitten. Diese anlasslose Anfrage wirkt störend, und die Erfolgsaussichten sind nicht sehr hoch, da der Anwender nicht einmal weiß, welche Benachrichtigungen er abonniert. Als sinnvoll hat es sich erwiesen, innerhalb der

Webanwendung ein eigenes Benachrichtigungsbanner oder ähnliche Abfragen anzuzeigen, die den Empfang von Pushbenachrichtigungen anbieten (*Double Permission*). Diese Abfrage könnte je nach Anwendungstyp erst dann erscheinen, wenn das Nutzerverhalten darauf schließen lässt, dass der Anwender an Pushbenachrichtigungen Interesse haben könnte, zum Beispiel bei wiederkehrenden Besuchen, längeren Verweilzeiten auf der Website oder dem Betreten bestimmter Anwendungssichten. Soziale Netze oder Instant-Messaging-Apps könnten hingegen vorziehen, die Abfrage schon ab dem ersten Anwendungsstart prominent zu platzieren. Die Abfrage sollte auch den Mehrwert für den Anwender kommunizieren, wenn er sich für ein Abonnement von Pushbenachrichtigungen auf dieser Website entscheidet. Das könnte ein Zeitvorsprung bei besonderen Angeboten gegenüber Gelegenheitsbesuchern oder die direkte Anzeige eingehender E-Mails sein. Abbildung 8.3 zeigt die Verwendung des Double-Permission-Ansatzes bei Gmail.

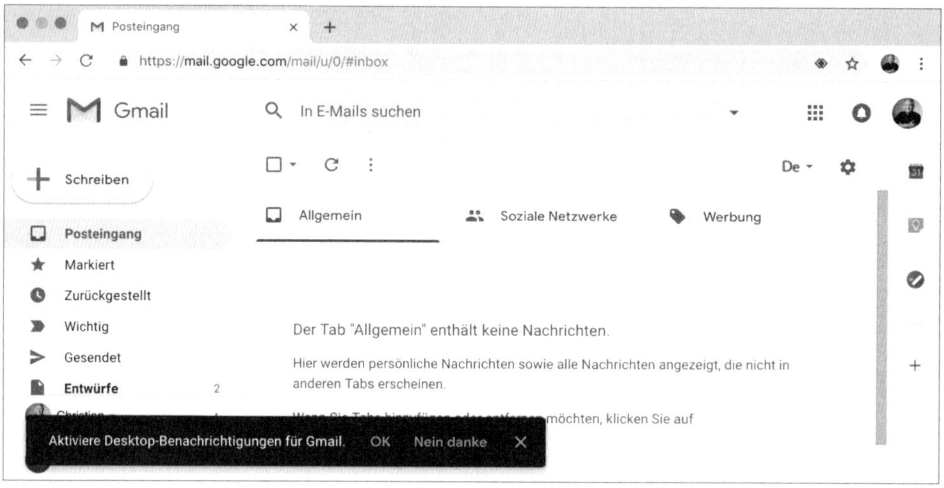

Abbildung 8.3 Double Permission bei Gmail

Erst wenn der Anwender der Abfrage innerhalb der Webanwendung zustimmt, löst diese die Browserabfrage aus, die der Anwender dann nochmals gesondert bestätigen muss. Manche Websites, zum Beispiel Facebook, verdunkeln den Seiteninhalt und nehmen keine Eingaben entgegen, solange die Browserabfrage dargestellt wird. Damit wird einerseits die Abfrage hervorgehoben, andererseits wird der Anwender zu einer Entscheidung gedrängt, da er die Website sonst nicht weiter bedienen kann. Offensichtlich sollte dies auch nur beim Double-Permission-Ansatz erfolgen. Der Vorteil bei diesem Ansatz ist, dass die Webanwendung die Darstellung der eigenen Abfrage nach Belieben kontrollieren kann: Sie kann beispielsweise die Abfrage bei Ablehnung durch den Anwender nach einer gewissen Zeit oder bei Feststellung eines bestimmten Nutzerverhaltens wieder anzeigen oder das Abonnieren von Pushbenachrichtigungen weiterhin auf einem alternativen weniger prominenten Weg wie einer Einstellungen-Seite anbieten. Websites sollten darüber hinaus auch das Abbestellen von Pushbenachrichtigungen erlauben. Somit wird vermieden, dass der Anwender diese nachträglich für die gesamte Origin blockiert.

Hat sich ein Anwender bewusst oder versehentlich dazu entschieden, Pushbenachrichtigungen zu deaktivieren, kann die Webanwendung auch das in Erfahrung bringen. Auf dem `PushManager`-Objekt der Push API steht die Methode `permissionState()` zur Verfügung, die ein Promise mit der Information zurückgibt, ob der Anwender der Anzeige von Pushbenachrichtigungen zugestimmt hat. Ist das nicht der Fall, wird bei Abruf dieser Eigenschaft der Wert `denied` zurückgegeben, bei Zustimmung `granted` und, falls der Anwender noch keine Entscheidung getroffen hat, der Wert `default`. Die Abfrage dieser Eigenschaft unter Wahrung des Progressive Enhancement zeigt Listing 8.4.


```
navigator.serviceWorker.ready.then(async registration => {
  if ('PushManager' in window) {
    console.log(await registration.pushManager.permissionState({
      userVisibleOnly: true
    }));
  }
});
```

Listing 8.4 Abfrage der Berechtigung für Pushbenachrichtigungen

8.3 Informationsaustausch

Hat der Anwender dem Empfang von Pushbenachrichtigungen zugestimmt und konnte der Webbrowser die Pushregistrierung erfolgreich mit seinem Pushdienst aushandeln, erhält der Entwickler schließlich Zugriff darauf im `then`-Zweig aus Listing 8.5. Diese Pushregistrierung (Typ *PushSubscription*) muss das Frontend im weiteren Verlauf mit seinem Backend teilen, da das Versenden von Pushbenachrichtigungen in den Zuständigkeitsbereich des Anwendungsservers fällt. Dies geschieht üblicherweise durch einen HTTP-Request an einen durch das Backend bereitgestellten API-Endpunkt. Zur einfachen Serialisierung der Pushregistrierung steht die Methode `toJSON()` zur Verfügung, deren Aufruf Listing 8.5 ebenfalls zeigt.

```
pushManager.subscribe(options)
  .then(pushSubscription => {
    console.log(pushSubscription.toJSON());
  }).catch(error => {
    console.log(error);
  });
```

Listing 8.5 Zugriff auf die Pushregistrierung

Eine Übersicht dieses Vorgangs zeigt Abbildung 8.4.

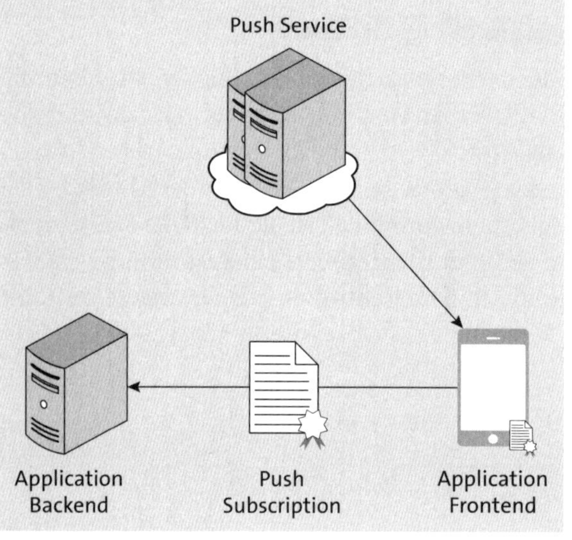

Abbildung 8.4 Übermittlung der Pushregistrierung an das Anwendungsbackend

In Listing 8.6 ist die Rückgabe einer Pushregistrierung in Google Chrome zu sehen: Die Eigenschaft `endpoint` gibt die URL eines API-Endpunkts an, die das Backend aufrufen muss, um eine Nachricht an genau diesen Client zu versenden. Bei Google Chrome kommt Firebase Cloud Messaging zum Einsatz, wie der URL zu entnehmen ist. Die `expirationTime` gibt an, bis wann die Registrierung gültig ist. Pushregistrierungen können ein Ablaufdatum aufweisen. Webbrowser sollen die Registrierung in diesem Fall vor Ablauf erneuern. Wird die Pushregistrierung durch den Webbrowser erneuert, löst dieser das Service-Worker-Event `pushsubscriptionchange` aus, auf das die Service-Worker-Implementierung reagieren kann. Diese sollte dann die neue Registrierung an das Backend übermitteln. Schließlich können Pushregistrierungen auch deaktiviert werden. Das geschieht etwa beim Aufheben der Service-Worker-Registrierung, der die Pushregistrierung zugewiesen war, oder durch Aufruf der Methode `unsubscribe()` auf der Pushregistrierung. Ist für die Eigenschaft `expirationTime` der Wert `null` gesetzt, ist die Registrierung zeitlich unbegrenzt gültig. In der Eigenschaft `keys` ist das Schlüsselmaterial des Pushdienstes für diese Pushregistrierung enthalten. Das Schlüsselmaterial benötigt das Backend, um seine Nachrichten für den Pushdienst und diese spezielle Pushregistrierung verschlüsseln zu können.

```
{
  "endpoint": "https://fcm.googleapis.com/fcm/send/fl5MnA…V63yqjHdaMh1G",
  "expirationTime": null,
  "keys": {
    "p256dh": "BNoAhqag…Kcmx04",
```

```
    "auth": "9Dtm...XopQ"
  }
}
```

Listing 8.6 Pushregistrierung unter Google Chrome

Das Backend muss die Pushregistrierung in seiner Datenbank ablegen oder anderweitig persistieren. Ist die Anwendung mehrbenutzerfähig, muss die Pushregistrierung zum jeweils angemeldeten Benutzer hinterlegt werden, sodass beispielsweise Instant-Messages auch den gewünschten Empfänger erreichen. Pro Benutzer kann es mehrere Pushbenachrichtigungen geben, wenn dieser mehr als ein Gerät oder einen Webbrowser verwendet.

Aufgabe: Push vorbereiten

Auf der Website *https://pwapraxis-push.glitch.me* finden Sie das Tool *Push Companion*. Darin finden Sie den öffentlichen und den privaten VAPID-Schlüssel. Stellen Sie unbedingt sicher, dass Sie diese Website weder schließen noch auf die Schaltfläche REFRESH KEYS klicken. Die Website wird in genau diesem Zustand für die Aufgaben in diesem Kapitel noch gebraucht. Wenn Sie die Website versehentlich geschlossen oder die Schaltfläche betätigt haben, müssen Sie die VAPID-Schlüssel überall ersetzen und den ganzen Vorgang erneut ausführen. Markieren Sie nun die gesamte Zeichenkette unter der Überschrift PUBLIC KEY (UINT8ARRAY) (❶ in Abbildung 8.5 von `new Uint8Array` bis zur schließenden runden Klammer und kopieren Sie sie in die Zwischenablage.

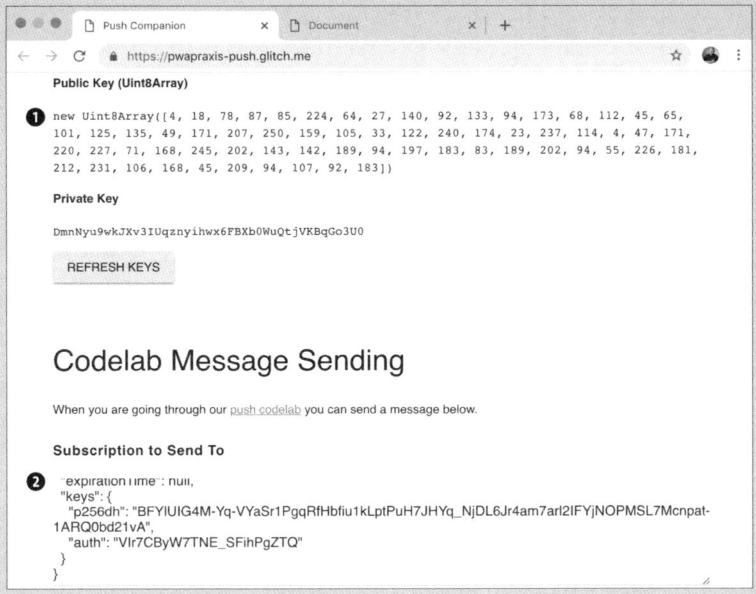

Abbildung 8.5 Erforderliche Schritte im Push Companion

Legen Sie dann in Ihrem Dateisystem ein neues Verzeichnis beispielsweise mit dem Namen *kapitel08* an. Verwenden Sie Visual Studio Code, um zwei neue Dateien anzulegen: *index.html* und *sw.js*. Öffnen Sie die Datei *index.html* und geben Sie im Editor `html:5` ein. Drücken Sie anschließend so lange [Tab], bis sich der Cursor im `body`-Knoten befindet. Geben Sie dann `script` ein und drücken Sie erneut [Tab]. Geben Sie innerhalb des entstehenden `script`-Knotens den folgenden Code ein. Für die Eigenschaft `applicationServerKey` setzen Sie als Wert bitte den öffentlichen VAPID-Schlüssel aus der Zwischenablage.

```
navigator.serviceWorker.register('sw.js');
navigator.serviceWorker.ready.then(registration =>
  registration.pushManager.subscribe({
    userVisibleOnly: true,
    applicationServerKey: /* Hier einfügen! */,
}).then(subscription => {
    mySub = subscription.toJSON();
    console.log(mySub);
}, error => console.log(error));
```

Öffnen Sie dann die Datei *sw.js* und geben Sie dort den folgenden Code ein:

```
self.addEventListener('install', () => self.skipWaiting());
```

In den Aufgaben in diesem Kapitel wird die Service-Worker-Implementierung häufig angepasst. Um das Vorgehen zu beschleunigen, überspringt der Service Worker nach einer Änderung und Neuinstallation die Wartephase. Bitte beachten Sie, dass in den Aufgaben keine Feature Detection eingesetzt wird, um den Tippaufwand so niedrig wie möglich zu halten. Auch wird sich die Abfrage zur Zustimmung zu Pushbenachrichtigungen unmittelbar beim Start der Website öffnen. Beides ist für produktive Szenarien ein Anti-Pattern!

Öffnen Sie das integrierte Terminal von Visual Studio Code und führen Sie im Arbeitsverzeichnis den Befehl `lite-server` aus. Daraufhin sollte sich Ihr Standardbrowser öffnen. Ist das nicht Google Chrome, kopieren Sie die in der Adresszeile dargestellte URL und öffnen sie in Chrome. Drücken Sie dann [F12] (Windows/Linux) oder [⌥] + [⌘] + [I] (macOS), um die Developer Tools zu öffnen. Setzen Sie die Anwendung über die Registerkarte APPLICATION wieder zurück und laden Sie diese neu. Bestätigen Sie in der Abfrage, dass Sie Pushbenachrichtungen erhalten möchten. Wechseln Sie in den Developer Tools zur Registerkarte CONSOLE, sollte sie noch nicht geöffnet sein. Wenn alles geklappt hat, sollten Sie dort die Pushregistrierung sehen. Haben Sie keine Abfrage erhalten oder möchten den Ursprungszustand zurücksetzen, klicken Sie auf das I-Symbol in der Adresszeile links neben der URL, setzen dort den Eintrag für NOTIFICATIONS auf ASK oder ALLOW und laden die Website neu.

Geben Sie in der Konsole bitte unten im Eingabefeld den Befehl `copy(mySub)` ein und drücken Sie [↵]. Daraufhin wird der Inhalt der Pushregistrierung in die Zwischenablage kopiert. Wechseln Sie zurück zum Onlinetool Push Companion, scrollen Sie etwas nach unten und fügen Sie die Pushregistrierung im Feld SUBSCRIPTION TO SEND To ❷ ein, wie in Abbildung 8.5 zu sehen. Bitte lassen Sie die Website weiterhin geöffnet.

Ich rate dazu, diese Aufgabe zunächst auf Ihrem Entwicklerrechner auszuführen. Wenn Sie mögen, können Sie sie auch auf Ihrem Android-Mobilgerät ausprobieren. Öffnen Sie dazu in Visual Studio Code ein weiteres Terminal und starten Sie ngrok, wie in Abschnitt 1.5.5, »Website mit ngrok auf einem Mobilgerät testen«, beschrieben. Navigieren Sie mit Google Chrome auf Android zum angezeigten öffentlichen Endpunkt von ngrok. Um auf die Registrierung zuzugreifen, verwenden Sie das Remote-Debugging von Google Chrome, das in Abschnitt 5.5.1, »Google Chrome«, beschrieben wurde. Auch dort gibt es das CONSOLE-Tab, und die Pushregistrierung kann mithilfe von `copy(mySub)` in die Zwischenablage Ihres Entwicklerrechners kopiert werden.

8.4 Den Server Pushnachrichten verschicken lassen

Das Backend der Webanwendungen kennt die Pushregistrierungen, in vielen Fällen werden diese auch einem bestimmten Benutzer zugeordnet. Damit das Backend eine Pushnachricht an ein bestimmtes Gerät versenden kann, muss es dazu eine Verbindung zum plattformspezifischen Pushdienst aufnehmen. Werden Nachrichten an mehrere Empfänger (zum Beispiel Gruppennachrichten in Instant Messagern) oder mehrere Geräte desselben Empfängers geschickt, muss das für jede einzelne Nachricht ausgeführt werden. Glücklicherweise müssen Backends aber keine gesonderten Implementierungen für die unterschiedlichen Pushdienste wie Firebase Cloud Messaging, Mozilla Push Service oder die Windows Push Notification Services vorhalten. Sie sprechen alle das Protokoll *HTTP Web Push*, das bei der IETF als RFC 8030 spezifiziert wurde.[5] Dieses Protokoll definiert eine abstrakte Schnittstelle für Pushdienste. Wenn Browserhersteller die Push API implementieren, müssen sie sicherstellen, dass mit den angebotenen Pushdiensten über das Web-Push-Protokoll kommuniziert werden kann.

Der Kontakt zum Pushdienst wird über die URL aufgenommen, die in der `endpoint`-Eigenschaft der Pushregistrierung hinterlegt ist. Die Aufforderung zum Versenden einer Pushbenachrichtigung ist bei Web Push letztlich ein einfacher HTTP(S)-POST-Request an den dort angegebenen Endpunkt. Der Inhalt der Pushbenachrichtigung wird dem Request als (gegebenenfalls verschlüsselte) Nutzlast übergeben. Diesem Request können per Header weitere Einstellungen übergeben werden:[6]

5 *https://tools.ietf.org/html/rfc8030*

6 *https://developers.google.com/web/fundamentals/push-notifications/web-push-protocol#more_headers*

- `TTL` (*Time-to-live*, erforderlich), maximale Verweilzeit der Pushnachricht auf dem Pushdienst, sollte das Gerät nicht erreichbar sein.
- `Topic` (optional), ein Token, anhand dessen eine zwischengespeicherte Nachricht auf dem Pushdienst wiedergefunden und durch eine neuere Benachrichtigung ersetzt oder gelöscht werden kann.
- `Urgency` (optional): Gibt die Wichtigkeit der Pushbenachrichtigung an, erlaubte Werte sind `very-low`, `low`, `normal` und `high`. Geht etwa der Akku des Geräts zur Neige, könnte dieses den Pushdienst bitten, temporär nur Nachrichten einer bestimmten Wichtigkeit zu senden.

Der zugehörige Pushdienst sendet die Pushbenachrichtigung an das verbundene Gerät, das die Benachrichtigung dann beispielsweise als Banner oder auf dem Sperrbildschirm anzeigen kann. Der Pushdienst meldet dem Anwendungsbackend zurück, ob die Pushnachricht entgegengenommen wurde. Damit wird allerdings noch kein erfolgreicher Versand quittiert, da die Nachricht auch auf dem Pushdienst zwischengespeichert werden kann. Das gesamte Vorgehen zeigt Abbildung 8.6.

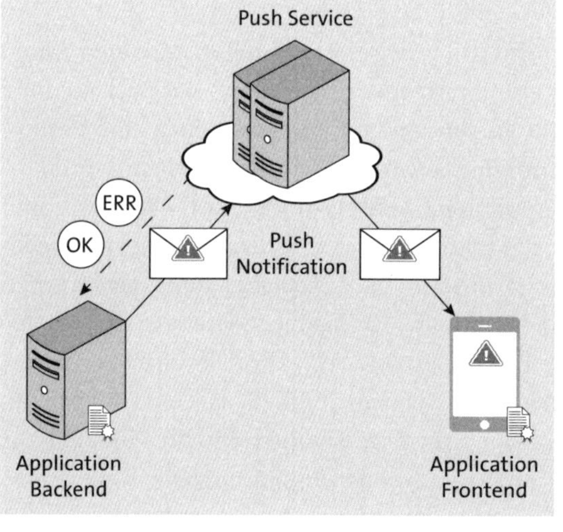

Abbildung 8.6 Die Pushnachricht wird vom Backend der Anwendung über den plattformspezifischen Pushdienst an das Gerät übertragen.

Einen solchen HTTP(S)-Request zum Versand von Pushbenachrichtigungen setzt das Anwendungsbackend allerdings typischerweise nicht selbst zusammen, vor allem weil die Verschlüsselung des Nachrichteninhalts vergleichsweise aufwendig zu implementieren ist. Stattdessen können Entwickler auf Bibliotheken zurückgreifen, die den Request zum Versand zusammensetzen und dabei auch gleich die Verschlüsselung der Inhalte übernehmen. Über die GitHub-Organisation *https://github.com/web-push-libs* werden quelloffene Bibliotheken für eine Vielzahl von Programmierplattformen bereitgestellt. Diese können auch über den gängigen Paketmanager der jeweiligen Plattformen bezogen werden. Nachstehend finden sich die unterstützten Programmierplattformen (mit dem Namen der Bibliothek für den jeweiligen Paketmanager der Plattform):

- .NET (NuGet: WebPush)
- PHP (Composer: minishlink/web-push)
- Java (Maven: nl.martijndwars/web-push)
- Node.js (npm: web-push)

Im Folgenden zeige ich eine unvollständige Implementierung für ein in Node.js geschriebenes Anwendungsbackend. Hierfür gibt es leider keine Blaupause, da Entwickler den API-Endpunkt zum Empfangen der Pushregistrierung passend zu ihrer übrigen Umgebung implementieren müssen. Ebenso ist das Ablegen der Subscription abhängig davon, ob das Backend ein Datenbanksystem verwendet und welches. Außerdem berücksichtigt das Beispiel keinerlei Fehlerbehandlung. Die Implementierung verdeutlicht jedoch das Konzept, das Sie entsprechend Ihrer Umgebung anwenden können. Im folgenden Beispiel verwende ich Express.js, ein Framework für serverseitige Webanwendungen für Node.js.

Listing 8.7 zeigt, wie mit relativ wenigen Zeilen Code ein einfacher Anwendungsserver mithilfe von Express.js zusammengesetzt werden kann: Zum Parsen der Nutzlast der HTTP(S)-Anfragen und zur Origin-übergreifenden Verwendung des Backends werden zwei Express.js-Middlewares verwendet, `body-parser` und `cors`. In diesem einfachen Beispiel werden die Pushregistrierungen in einem simplen Array abgelegt, das also keinen Neustart des Demoservers überlebt. Dann wird ein Endpoint definiert: POST-Requests gegen die Route `/subscriptions` führen dazu, dass der enthaltene Nachrichtenkörper dem Subscriptions-Array hinzugefügt und mit dem Statuscode `201 Created` quittiert wird. Schließlich lauscht die Implementierung auf Port 8080 auf eingehende Anfragen.

```
// server.js
const express = require('express');
const bodyParser = require('body-parser');
const cors = require('cors');

const app = express();
app.use(bodyParser.json());
app.use(cors());

const subscriptions = [];

app.post('/subscriptions', (req, res) => {
    subscriptions.push(req.body);
```

```
    res.sendStatus(201);
});

// TODO: Pushbenachrichtigungen senden

app.listen(8080);
```

Listing 8.7 Entgegennehmen von Push-Subscriptions

Listing 8.8 zeigt, wie der Client nach erfolgter Registrierung die Pushregistrierungen mithilfe der Fetch-Schnittstelle (siehe Abschnitt 6.1.2, »Fetch API«) per POST-Request an das Anwendungsbackend überträgt. Der öffentliche Schlüssel des Backends muss für die Eigenschaft `applicationServerKey` entweder im Klartext hinterlegt oder durch einen vorherigen separaten API-Aufruf bezogen werden.

```
// client.js
registration.pushManager.subscribe({
        userVisibleOnly: true,
        applicationServerKey: /* Public Key */
    }).then(subscription => fetch('http://localhost:8080/subscriptions', {
        method: 'POST',
        headers: { 'Content-Type': 'application/json' },
        body: JSON.stringify(subscription.toJSON())
    }));
```

Listing 8.8 Übermitteln der Push-Subscription an das Backend

Somit liegt dem Anwendungsbackend nun die Pushregistrierung vor. Zum Senden von Pushbenachrichtigungen wird das npm-Paket `web-push` verwendet, da oben bereits kurz vorgestellt wurde: In Abschnitt 8.2.2, »Pushregistrierung auslösen«, wird das darin enthaltene Kommandozeilentool zur Generierung von VAPID-Schlüsselpaaren verwendet. Allerdings enthält dieses Paket auch eine Clientbibliothek für in Node.js geschriebene Serverimplementierungen. In Listing 8.10 wird das Paket `web-push` zunächst angefordert und dann dessen Schnittstelle in der Variablen `webpush` hinterlegt. Der öffentliche und der private VAPID-Schlüssel des Backends werden in den Variablen `publicKey` und `privateKey` hinterlegt. Diese Schlüssel können zum Beispiel, wie in Abschnitt 8.2.2 beschrieben, über das zugehörige Kommandozeilentool `web-push` generiert werden. Im nächsten Schritt wird die Methode `setVapidDetails()` auf der Variablen `webpush` aufgerufen. Hier werden drei Argumente entgegengenommen: ein *Subject* sowie der öffentliche und der private Schlüssel.

```
// server.js
const webpush = require('web-push');
const publicKey = 'BBJOV1XgQBuMXIVerURwLUFlfYcxq8_6n2khevCuF-1yBC-
```

```
r3ONHqPXKj469XsW3U73KXjfitdTnaqgtOV5rXLc';
const privateKey = 'DmnNyu9wkJXv3IUqznyihwx6FBXbOWuQtjVKBqGo3UO';
webpush.setVapidDetails('https://liebel.io', publicKey, privateKey);
```

Listing 8.9 Setzen der VAPID-Details für die Serverimplementierung

Eventuell fällt Ihnen auf, dass die Nutzung der plattformspezifischen Pushdienste seitens des Anwendungsbackends keinerlei API-Keys oder Ähnliches erfordert. Das ist kein Zufall, denn die Anonymität von Front- und Backend stellt einen der Grundpfeiler des VAPID-Protokolls dar. Darauf lässt auch der Namensbestandteil »Voluntary«, also »freiwillig« schließen: Der Betreiber des Backends kann seine Identität optional preisgeben, und zwar über den Subject-Parameter durch die Angabe einer URL. Für das Subject kann auch eine E-Mail-Adresse angegeben werden, dazu wird das Präfix `mailto:` verwendet. Auf diesem Weg kann der Betreiber des Pushdienstes Kontakt mit dem Betreiber des Backends aufnehmen, sollte es zu Problemen kommen. Die Betreiber haben aber keine Möglichkeit, die Nutzung der Pushdienste über API-Keys oder Ähnliches zu reglementieren. Daher implementieren viele Pushdienste ein Rate-Limiting sowie eine Größenbeschränkung einzelner Pushnachrichten, um Flooding-Angriffe abzuwehren.

8

Nach Aufruf dieser Methode ist die Einrichtung abgeschlossen, und das Backend kann Benachrichtigungen verschicken. Das erfolgt über die Methode `sendNotification()`. Diese nimmt eine Pushregistrierung entgegen, die alle Informationen zum Empfänger enthält, die zuvor vom Frontend an das Backend übertragen wurden. Das Vorgehen zeigt Listing 8.10: Hier wird ein API-Endpunkt `/sendToAll` angeboten, der eine vom Benutzer übergebene Pushnachricht an alle verbundenen Clients weiterleitet. In einer echten Implementierung darf es diesen Endpunkt natürlich nicht geben. Das Senden von Pushbenachrichtigungen ist in echten Anwendungsfällen immer ein Ergebnis eines anderen Vorgangs, wie des Versendens einer Chatnachricht oder des Einstellens von Breaking News in einem Content-Management-System. Bei diesem Endpunkt wird durch sämtliche vorhandenen Subscriptions iteriert. Jeder verbundene Client erhält eine Nachricht. Das Versenden der Nachricht ist letztlich auch nur eine HTTP(S)-Anfrage gegen den Pushdienst. Der Statuscode von dessen Antwort gibt an, ob die Pushnachricht erfolgreich entgegengenommen wurde oder Probleme aufgetreten sind. Tabelle 8.3 zeigt gängige Statuscodes in diesem Zusammenhang und ihre Bedeutung. Beim Auftreten der HTTP-Statuscodes `404` oder `410` sollte die Pushregistrierung entfernt werden.[7] Dies nimmt die Beispielimplementierung vor und entfernt die Subscription aus dem Array. Wurden alle Pushbenachrichtigungen verschickt, wird die ursprüngliche Anfrage mit dem Statuscode `200 OK` quittiert.

7 *https://developers.google.com/web/fundamentals/push-notifications/web-push-protocol#response_from_push_service*

```
app.post('/sendToAll', (req, res) => {
    Promise.all(subscriptions.map(subscription =>
      webpush.sendNotification(subscription, JSON.stringify(req.body))
        .catch(err => {
          if (err.statusCode === 401 || err.statusCode === 404) {
              const subscriptionIndex = subscriptions.indexOf(subscription);
              subscriptions.splice(subscriptionIndex, 1);
          } else {
              console.error(err);
          }
        }))).then(() => res.sendStatus(200));
});
```

Listing 8.10 Versenden von Pushbenachrichtigungen unter Node.js mithilfe der Bibliothek web-push

HTTP-Statuscode	Bedeutung
201 Created	Pushnachricht akzeptiert
400 Bad Request	HTTP-Anfrage ungültig zusammengesetzt
404 Not Found	Pushregistrierung ist abgelaufen.
410 Gone	Pushregistrierung ist ungültig.
413 Payload Size Too Large	Pushnachricht zu groß, das Protokoll gibt eine Maximalgröße von 4 KByte vor.
429 Too Many Requests	Es wurden zu viele Pushanfragen gestellt.

Tabelle 8.3 HTTP-Statuscodes bei der Antwort des Web-Push-Dienstes

Alle Benachrichtigungen sollten grundsätzlich verschlüsselt vom Backend an das Frontend übertragen werden, sodass der Betreiber des Pushdienstes die Inhalte nicht mitlesen kann. Gleichwohl kann er aber Verkehrsdaten sammeln, also Anzahl und Zeitpunkt der versendeten Pushbenachrichtigungen, sowie deren Größe bestimmen.

8.5 Pushereignisse behandeln

Die Serverseite ist damit erledigt, nun ist der Client am Zug. Dort nimmt der Service Worker die Pushnachricht entgegen. Der eingangs gemachten Angabe `userVisibleOnly` entsprechend muss der Service Worker im weiteren Verlauf ein Benachrichtigungsbanner mithilfe der Notifications API anzeigen.

8.5.1 Pushereignisse entgegennehmen

Beim Eintreffen der Pushnachricht auf dem Gerät weckt der Webbrowser gegebenenfalls den für die Website registrierten Service Worker auf und löst dort das funktionale Ereignis `push` aus. Dafür kann sich der Entwickler registrieren, wie Listing 8.11 zeigt.

```
self.addEventListener('push', event => {
  console.log(event.data.text());
});
```

Listing 8.11 Registrieren für das push-Ereignis im Service Worker

Dies kann selbst bei geschlossenem Webbrowser erfolgen: So ist es beispielsweise unter Google Chrome oder Mozilla Firefox auf Android sowie Microsoft Edge auf Windows der Fall. Bei den Desktopausgaben von Google Chrome und Mozilla Firefox ist es hingegen erforderlich, dass zumindest der Webbrowser geöffnet ist. Die Webanwendung muss aber auch hier nicht zwingend ausgeführt werden. War der Webbrowser geschlossen, kann er entgangene Pushbenachrichtigungen beim nächsten Öffnen anzeigen.

Zum Testen kann das `push`-Ereignis auch über die DevTools von Google Chrome ausgelöst werden, sodass kein externer Pushdienst erforderlich ist. Dazu klickt der Entwickler in der Ansicht APPLICATION • SERVICE WORKER auf den Link PUSH. Die Nutzlast der Pushnachricht kann direkt in den DevTools eingegeben werden.

Das Beispiel aus Listing 8.11 wäre so aber nicht zulässig, da die Webanwendung bei Registrierung der Angabe `userVisibleOnly` (siehe Abschnitt 8.2.2, »Pushregistrierung auslösen«) zugesichert hat, beim Empfang einer Pushnachricht immer mit einer für den Anwender sichtbaren Benachrichtigung, zum Beispiel durch ein Benachrichtigungsbanner, zu reagieren.

8.5.2 Benachrichtigungsbanner anzeigen

Die Anzeige von Benachrichtigungsbannern wird über die Notifications API bewerkstelligt. Diese kann sowohl aus der Webanwendung als auch aus dem Service Worker heraus aufgerufen werden. Benachrichtigungen, die über den Service Worker angezeigt werden, bezeichnet man als *persistent*. Sie sollen im Benachrichtigungszentrum des Betriebssystems erscheinen und nicht automatisch ausgeblendet werden. Solche, die über die Webanwendung geöffnet werden, werden hingegen als *nicht persistent* bezeichnet. Sie sollen nicht im Benachrichtigungszentrum erscheinen und automatisch nach einigen Sekunden ausgeblendet werden. Die Anzeige von Bannern durch die Webanwendungen beschreibe ich in Abschnitt 8.8.3, »Anzeige von Benachrichtigungen«. Innerhalb der Service-Worker-Implementierung werden die Schnittstellen der Notifications API auf der Registrierung des Service Workers zur Verfügung gestellt, die auf der Eigenschaft `registration` des globalen Service-Worker-Scopes abgerufen werden kann. Zugriff darauf erhält der Entwickler über die globale Variable `self`. Auf der Registrierung steht die Methode `showNotification()` zur Verfügung. Diese Methode nimmt zwei Argumente entgegen: einen verpflichtend anzugebenden Titel für das Benachrichtigungsbanner sowie ein optionales Konfigurationsobjekt, das die Angabe einiger Eigenschaften des Banners erlaubt. Dies sind:

- `body`: Ausführlicher Inhalt der Pushbenachrichtigung.
- `icon`: URL eines Symbols, das auf dem Benachrichtigungsbanner dargestellt werden soll.
- `image`: URL eines Bildes, das großflächig dargestellt werden soll.
- `badge`: URL eines Badge-Symbols (für eine kleinere Darstellung geeignet, zum Beispiel Symbol der Anwendung oder Kategorie der Pushnachricht), das auf dem Benachrichtigungsbanner dargestellt werden soll.
- `sound`: URL zu einer Tondatei, die bei Eintreffen der Benachrichtigung abgespielt werden soll.
- `vibrate`: Vibrationsmuster, das bei Eintreffen des Banners abgespielt werden soll. Muss einer gültigen Angabe für die *Vibration API* entsprechen, einer Webschnittstelle zum Zugriff auf den Vibrationsmechanismus des Geräts (wird in Abschnitt 13.1.4, »Plug-ins«, ausführlicher besprochen).
- `silent`: Bei `true` soll diese Benachrichtigung still sein, also weder zu einer Vibration noch zu einer Wiedergabe eines Tons führen. Darf nicht gesetzt werden, wenn `vibrate` gesetzt ist. Standardmäßig `false`.
- `dir`: Leserichtung der Benachrichtigungsinhalte, entweder von links nach rechts (`ltr`) oder von rechts nach links (`rtl`) oder automatisch erkannt (`auto`, Standard).
- `tag`: Eine Zeichenkette, anhand deren eine Benachrichtigung ersetzt werden kann. Eine später eingegangene Benachrichtigungmit demselben Tag ersetzt dabei die frühere.
- `renotify`: Gibt an, ob der Benutzer bei Ersetzung erneut benachrichtigt werden soll (zum Beispiel per Vibration). Standardmäßig `false`, darf nur gesetzt werden, wenn auch `tag` gesetzt ist.
- `data`: Nimmt beliebige Daten entgegen.
- `requireInteraction`: Sofern der Bildschirm groß genug ist, soll das Benachrichtigungsbanner bei `true` nicht automatisch ausgeblendet werden. Standardmäßig `false`.
- `actions`: Eine Liste von Aktionen. Eine einzelne Aktion besteht aus einem Titel (`title`) und einem Bezeichner (`action`). Bei Auswahl einer Aktion wird das Service-Worker-Ereignis `notificationclick` ausgelöst. Optional kann eine URL zu einem Symbol angegeben werden (`icon`). Die Anzahl erlaubter Actions kann sich je nach

Betriebssystem unterscheiden. Sie kann über die statische Eigenschaft maxActions auf der Notification-Schnittstelle abgerufen werden. Diese Eigenschaft wird derzeit nur von Google Chrome unterstützt.

- timestamp: Uhrzeit in der Form eines Zeitstempels, die auf dem Benachrichtigungsbanner dargestellt werden soll, etwa für eine Instant-Message, die einging, während der Anwender offline war, oder für eine Erinnerung an einen Termin, der in der Zukunft liegt.

Es obliegt dem Webbrowser und dem zugrunde liegenden Betriebssystem, welche Eigenschaften tatsächlich umgesetzt werden. Google Chrome und Mozilla Firefox setzen die meisten Eigenschaften um. Plattformübergreifend sicher ist die Angabe des Titels, des Bodys und des Symbols. Bildressourcen, Ton und Vibrationsmuster sollen daher und aus Gründen der Barrierefreiheit keine Inhalte übermitteln, die der Anwender zum Verständnis der Benachrichtigung unbedingt benötigt. Ebenso darf sich der Entwickler nicht darauf verlassen, dass die Aktionen wirklich angezeigt werden; dies ist unter Microsoft Edge vor Version 18 beispielsweise nicht der Fall. Den Aufruf der Methode showNotification() auf der Service-Worker-Registrierung als Ergebnis einer Pushnachricht zeigt Listing 8.12.

```
self.addEventListener('push', event => {
  const notification = event.data.json();
  self.registration.showNotification(notification.title, {
    body: notification.body,
    icon: 'bell.png',
    image: notification.image,
    badge: notification.badge,
    vibrate: [300, 100, 300],
    sound: 'sound.mp3',
    dir: 'auto'
    tag: 'tag',
    data: { foo: 'bar' },
    requireInteraction: true,
    renotify: true,
    silent: false,
    actions: [
      { action: 'ok', title: 'Toll', icon: 'icon.png' },
      { action: 'cancel', title: 'Geh weg' }
    ],
    timestamp: 1536010428
  });
});
```

Listing 8.12 Anzeigen eines Benachrichtigungsbanners aus dem Service Worker heraus

Die Darstellung des Benachrichtigungsbanners einschließlich der beiden Aktionen zeigt Abbildung 8.7 unter Google Chrome auf Microsoft Windows sowie Abbildung 8.8 unter Google Chrome auf Android.

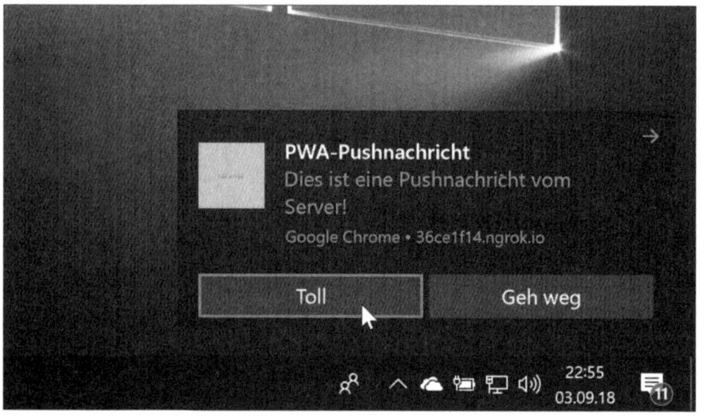

Abbildung 8.7 Anzeige der Pushbenachrichtigung unter Google Chrome auf Windows

Abbildung 8.8 Anzeige der Pushbenachrichtigung auf Google Chrome unter Android

Aufgabe: Anzeige des Benachrichtigungsbanners implementieren

Wechseln Sie nun wieder zurück zu Visual Studio Code. Ergänzen Sie die Datei *sw.js* um folgende Implementierung:

```
self.addEventListener('push', event => {
  const notification = event.data.json();
  self.registration.showNotification(notification.title, notification);
});
```

Listing 8.13 Behandeln von Pushereignissen im Service Worker

Wechseln Sie dann zurück in den Push Companion und geben Sie in das Feld TEXT TO SEND (Abbildung 8.9) unterhalb des Eingabefelds für die Pushregistrierung Folgendes ein: `{"title":"Hallo"}`.

Klicken Sie anschließend auf die Schaltfläche SEND PUSH MESSAGE. Daraufhin sollte eine natives Benachrichtigungsbanner mit dem Titel HALLO angezeigt werden.

Sie können auch weitere oben genannte Eigenschaften angeben, zum Beispiel `body` oder `icon`, wie in Abbildung 8.9 zu sehen. Bitte lassen Sie sowohl die Webanwendung als auch den Push Companion noch geöffnet.

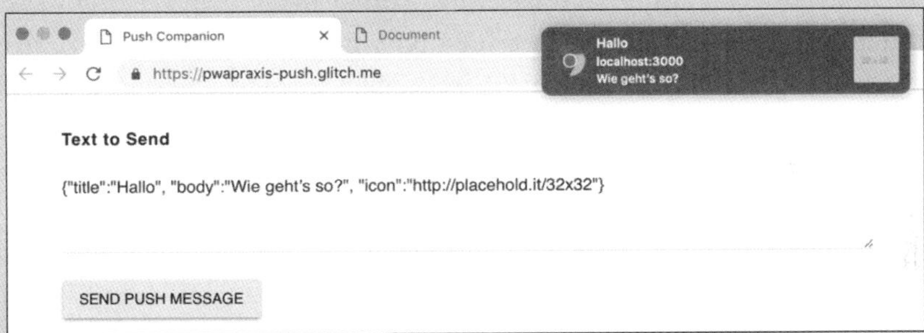

Abbildung 8.9 Senden einer Pushbenachrichtigung über den Push Companion

Sollte es nicht geklappt haben, wechseln Sie in den Entwicklertools zur Registerkarte APPLICATION und dort in das Menü CLEAR STORAGE. Aktivieren Sie alle Kontrollkästchen und klicken Sie am Ende der Seite auf CLEAR SITE DATA. Laden Sie die Anwendung anschließend neu. Dann sollten Sie wieder eine Pushregistrierung in der Konsole sehen. Geben Sie in der Konsole erneut `copy(mySub)` ein, kopieren Sie die Pushregistrierung in das Feld SUBSCRIPTION TO SEND TO im Push Companion und versuchen Sie es erneut.

8.5.3 Auf die Auswahl des Anwenders reagieren

Die Notifications API erweitert die Service-Worker-Spezifikation um die funktionalen Ereignisse `notificationclick` und `notificationclose`. Diese werden beim Aktivieren der Benachrichtigung beziehungsweise beim Schließen aufgerufen. Darunter versteht man das Entfernen des Benachrichtigungsbanners aus dem Benachrichtigungszentrum des Betriebssystems. Dies kann entweder der Anwender, die Anwendung oder das Betriebssystem selbst veranlassen. Die Ereignisargumente haben in beiden Fällen den Typ *NotificationEvent*: Auf diesen wird über die Eigenschaft `notification` Zugriff auf das angezeigte Benachrichtigungsbanner gewährt. Darüber hinaus steht der Bezeichner der gewählten Aktion auf der Eigenschaft `action` zur Verfügung. Wurde keine Aktion gewählt, weil es keine Aktionen zur Auswahl gab oder das Banner geschlossen wurde, enthält diese Eigenschaft eine leere Zeichenkette.

Klick auf das Benachrichtigungsbanner

Listing 8.14 zeigt, wie die Anwendung auf das `notificationclick`-Ereignis reagieren kann: Zunächst wird das Benachrichtigungsbanner durch den Aufruf der Methode `close()` geschlossen. Das geschieht beim Klicken auf das Benachrichtigungsbanner nicht zwangsläufig automatisch, da diese, wie oben in Abschnitt 8.5.2 beschrieben, per definitionem persistent sind. Dann wird geprüft, welche Aktion ausgelöst wurde. Hat der Anwender im Beispiel aus Listing 8.12 die Aktion TOLL ausgelöst, ist dort zur Laufzeit der Bezeichner `ok` hinterlegt. Die Anwendung reagiert im Listing darauf, indem sie ein neues Fenster öffnet. Dies erfolgt über die Clientschnittstellen, die in Abschnitt 5.4.3, »Mit Clients interagieren«, beschrieben wurden. Die dort definierte Methode `openWindow()` nimmt eine URL entgegen und öffnet diese in einem neuen Fenster. Ist für die Anwendung ein passendes Web App Manifest hinterlegt, kann dies in einem eigenen nativen App-Rahmen erfolgen. Im Beispiel wird die Notification-Eigenschaft `data` genutzt, um eine zu öffnende URL in diesem Ereignis-Handler verfügbar zu machen, sie könnte allerdings auch hartcodiert im Ereignis-Handler angegeben werden. Die Methode `openWindow()` gibt ein Promise zurück, das aufgelöst wird, sobald das Fenster geöffnet wurde. Da sich das NotificationEvent vom ExtendableEvent ableitet, kann der Abschluss des Ereignisses über die Schnittstelle `waitUntil()` verzögert werden, bis das Fenster erfolgreich geöffnet wurde.

```
self.addEventListener('notificationclick', event => {
  event.notification.close();

  if (event.action === 'ok') {

  event.waitUntil(client.openWindow(event.notification.data.url));
  }
});
```

Listing 8.14 Reagieren auf das Aktivieren einer Benachrichtigung

In Kombination mit dem `notificationclick`-Ereignis werden die Clientschnittstellen des Service Workers aus Abschnitt 5.4.3 besonders interessant. Denn darüber kann der Entwickler nicht nur blind ein neues Fenster öffnen, sondern auch die Liste der geöffneten Clients durchsuchen. Sollte ein Browserfenster oder eine Registerkarte für die Webanwendung schon geöffnet sein, kann er dieses über die Methode `matchAll()` auffinden und Window-Clients über die `focus()`-Methode in den Vordergrund holen. Es könnte in diesem Zuge ebenfalls geprüft werden, ob das zu fokussierende Fenster eine bestimmte URL geladen hat, wenn die Anzeige einer bestimmten Sicht ausschlaggebend ist.

Aufgabe: NotificationClick-Ereignis implementieren

Erweitern Sie nun die Datei *sw.js* um folgenden Code:

```
self.addEventListener('notificationclick', event => {
  event.notification.close();
  event.waitUntil(
    clients.matchAll().then(windowClients => windowClients.length ?
 windowClients[0].focus() : clients.openWindow('/'))
  );
});
```

Listing 8.15 Fokussieren eines bereits geöffneten Fensters

Diese Implementierung ruft die Liste der geöffneten Clients ab. Wenn sie Einträge enthält (`windowClients.length`), wird versucht, das erste Fenster (`windowClients[0]`) in dieser Liste über die Methode `focus()` in den Vordergrund zu bringen. Gibt es keine Einträge, wird stattdessen mithilfe der Methode `openWindow()` ein neues Fenster geöffnet. Um das zu prüfen, klicken Sie im Push Companion erneut auf die Schaltfläche SEND PUSH MESSAGE, um eine weitere Pushnachricht zu senden. Sobald Sie nun auf diese klicken oder tippen, sollte das Browserfenster mit der noch geöffneten Webanwendung in den Vordergrund gebracht werden. Wenn Sie die Registerkarte der Demoanwendung dann schließen, eine weitere Pushnachricht senden und darauf klicken oder tippen, sollte sich ein neues Fenster mit der Demoanwendung öffnen.

Den vollständigen Code für alle Aufgaben in diesem Kapitel finden Sie auch in den Beispielquelldateien im Ordner *kapitel08*. Sie können nun den Push Companion und die Beispielanwendung schließen.

Schließen der Benachrichtigung

Auch auf das Schließen einer Benachrichtigung kann die Webanwendung reagieren. Das Ereignis wird gegenwärtig nur von Google Chrome und Mozilla Firefox unterstützt, nicht unter Microsoft Edge. Auch auf diesem Browser kann sich der Entwickler in seiner Service-Worker-Implementierung für das Ereignis registrieren, der zugehörige Ereignis-Handler wird allerdings nie aufgerufen. Das Ereignis eignet sich zum Beispiel zum Sammeln analytischer Daten. Diese können dabei helfen, den Erfolg einer Benachrichtigung zu messen. Das erlaubt komplexe Szenarien wie A/B-Tests für Pushbenachrichtigungen, bei denen an verschiedene Kundensegmente unterschiedliche Benachrichtigungen geschickt werden. Durch die Kombination der Ereignisse `notificationclick` und `notificationclose` kann geprüft werden, welche Anwender die Benachrichtigung öffnen und welche sie unausgelöst schließen. Listing 8.16 zeigt, wie sich der Service Worker für das Ereignis `notificationclose` registrieren kann.

```
self.addEventListener('notificationclose', event => {
  // TODO: Log close event for analytics
});
```

Listing 8.16 Reagieren auf das Schließen einer Benachrichtigung

Die unterschiedlichen Eigenschaften und die Reaktion auf die Auswahl einer Pushbenachrichtigung können Entwickler mit dem *Notification Generator* ausprobieren. Das Tool wird unter folgender URL zur Verfügung gestellt: *https://tests.peter.sh/notification-generator.*

8.6 Sonderfall Apple

Unter Apple Safari wird die Push API gegenwärtig noch nicht unterstützt, weder auf iOS noch auf macOS. Öffentliche Signale dahin gehend, ob Apple die Schnittstelle unterstützen wird, gibt es nicht. Die Unterstützung der Schnittstelle ist nicht Teil der geplanten Features für 2019.[8] Unter iOS kann die Funktion auch nicht auf einem anderen Weg betrieben werden. Eine Progressive Web App kann auf Apples Mobilbetriebssystem somit *keine* Pushnachrichten empfangen, wenn sie geschlossen ist. Unter macOS steht allerdings bereits seit Safari 9.1 eine Möglichkeit zur Verfügung, mithilfe einer proprietären Methode Pushbenachrichtigungen an den Anwender zu schicken: die Safari Push Notifications. Dazu nimmt das Backend der Webanwendung Kontakt zum *Apple Push Notification service* (APNs) auf, es muss also neben dem Web-Push-Protokoll eine zusätzliche Strategie zum Versand implementieren. Zum Empfang der Pushbenachrichtigungen muss Safari nicht geöffnet sein.

Entwickler müssen sich zuvor beim Apple Developer Program registrieren und eine *Website Push ID* anlegen. Das geschieht über das Apple-Developer-Portal unter *https://developer.apple.com/account/*. Dazu wählt der Entwickler im Bereich CERTI-

8 *https://trac.webkit.org/wiki/WebKitFeatureFocus2018-2019*

Ficates, Identifiers & Profiles in der Seitenleiste unter Identifiers den Menüpunkt Website Push IDs aus ❶ und klickt dann auf das Plussymbol oben rechts ❷. In das Feld Website Push ID Description ❸ wird eine Beschreibung für die Push-ID eingetragen. Der gewünschte eindeutige Bezeichner für die Push-ID, der mit der Zeichenkette `web.` starten muss, wird in das Feld Identifier ❹ eingetragen. Abschließend klickt der Entwickler auf die Schaltfläche Continue ❺ und muss die Eingaben auf einer Zusammenfassungsseite noch einmal bestätigen.

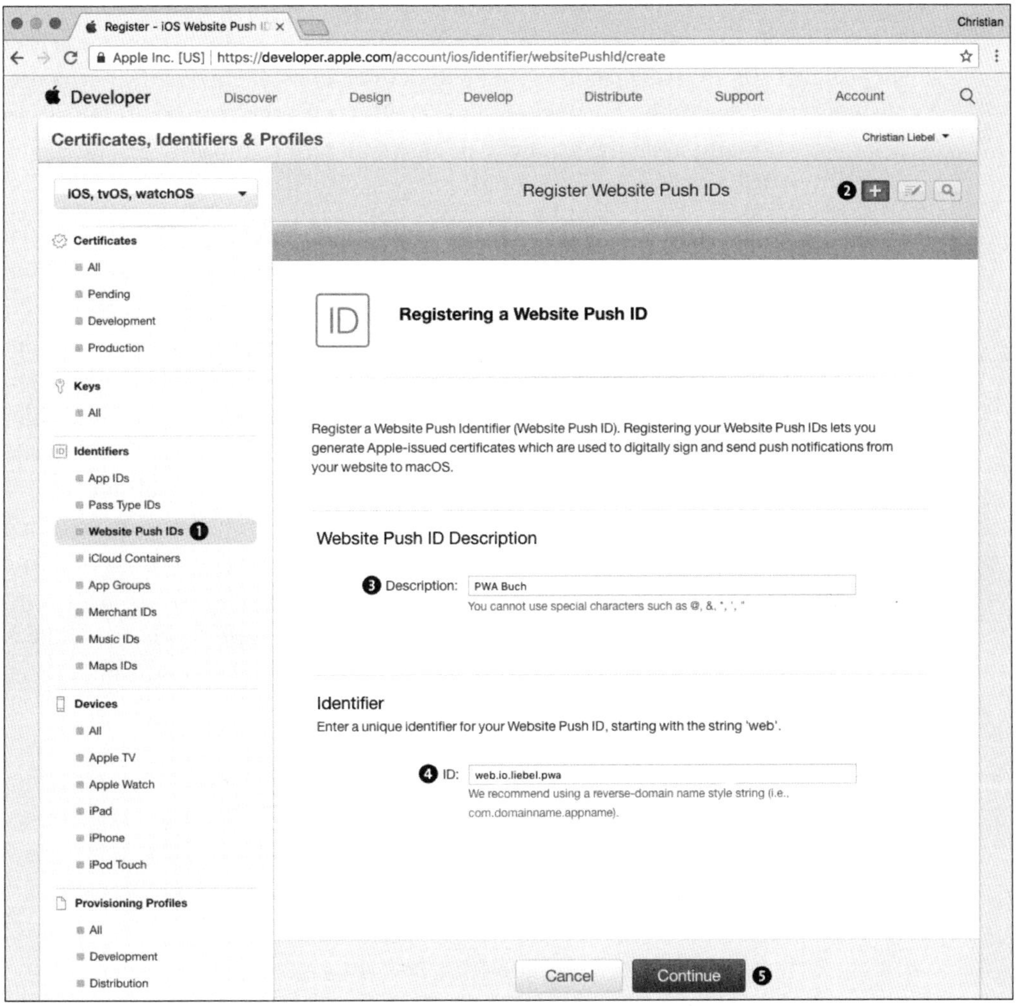

Abbildung 8.10 Registrierung der Website-Push-ID im Apple-Developer-Portal

Im Anschluss kann der Entwickler ein TLS-Clientzertifikat anfordern, mit dem das Backend Kontakt zum APNs aufnehmen kann. Um dieses herunterzuladen, wechselt der Entwickler zurück zur Seite Identifiers • Website Push IDs und klickt bei der soeben angelegten Push-ID auf die Schaltfläche Edit. Im Bereich Production Cer-

TIFICATES findet sich die Schaltfläche CREATE CERTIFICATE... Daraufhin wird ein Assistent angezeigt, der durch die verschiedenen Schritte zur Erstellung des Clientzertifikats führt. Zunächst muss ein *Certificate Signing Request* (CSR) mithilfe des macOS-Hilfsprogramms *Keychain Access* generiert werden. Dieses Programm fordert ein paar Informationen vom Entwickler an. In diesem Zuge wird auch der private Schlüssel für das auszustellende Zertifikat erzeugt. Der CSR wird anschließend im Entwicklerportal hochgeladen; Apple stellt das TLS-Zertifikat zur Clientauthentifizierung aus. Dieses erhält der Entwickler dann zum Download. Für eine Website-Push-ID können auch mehrere Zertifikate angefordert werden, sollten mehrere Server Pushbenachrichtigungen versenden und jeder ein eigenes Clientzertifikat erhalten. Apple behält sich das Recht vor, ausgestellte Zertifikate wieder zurückzurufen, wenn Entwickler die Schnittstelle missbräuchlich verwenden oder Inhalte versenden, die gegen die App-Store-Richtlinien verstoßen.

Auch den Safari-Entwicklern ist das Problem bekannt, das Webseiten anlasslos nach der Berechtigung fragen, Pushbenachrichtigungen anzeigen zu dürfen. Daher dürfen Websites seit Safari 12 die Berechtigung zur Anzeige von Benachrichtigungen nur noch im Rahmen einer Benutzerinteraktion, zum Beispiel eines Mausklicks oder einer Tastenkombination, anfordern – so wie es auch für die Push API empfohlen wird. Da Safari Push Notifications eine proprietäre Schnittstelle sind, muss auch hier geprüft werden, ob die Schnittstelle `safari.pushNotification` im aktuellen Browser überhaupt zur Verfügung steht. Wenn beides sichergestellt ist, kann mithilfe der `requestPermission()`-Methode der Anwender um seine Zustimmung zum Empfang von Pushbenachrichtigungen gebeten werden. Dies zeigt Listing 8.17: Als Argumente werden der URL des Anwendungsbackends die oben konfigurierte Website Push ID, ein Datenobjekt, das den Anwender eindeutig identifizieren kann, sowie ein Callback erwartet. Dieser wird nach der Beantwortung der Anfrage durch den Anwender ausgelöst.

```
window.safari.pushNotification.requestPermission(
   'https://mypushservice.invalid',
   'web.io.liebel.pwa',
   { userId: 'Unique user ID' },
   permissionData => {
      if (permissionData.permission === 'granted') {
             // Zugriff auf permissionData.deviceToken
      } else if (permissionData.permission === 'denied') {
            // Anfrage abgelehnt
      }
});
```

Listing 8.17 Erlaubnis zum Versenden von Safari Push Notifications anfragen

Vor dem Anzeigen der Anfrage erwartet Safari ein signiertes Push Package, das vom Anwendungsbackend bereitgestellt werden muss. Dabei handelt es sich um ein ZIP-Archiv, das mehrere Icons sowie verschiedene Konfigurationsdateien enthält. Der recht komplexe Aufbau des Pakets sowie weitere Anforderungen von Safari an die Endpunkte des Backends können in der Entwicklerdokumentation von Apple nachgeschlagen werden: *https://developer.apple.com/library/archive/documentation/NetworkingInternet/Conceptual/NotificationProgrammingGuideForWebsites/PushNotifications/PushNotifications.html*.

Dort bietet Apple auch ein sogenanntes Companion File – ein PHP-Skript – an, um das Push Package automatisiert erstellen zu können.

Stimmt der Anwender zu, erhält der Entwickler Zugriff auf das Device-Token, wie Listing 8.17 ebenfalls zeigt. Mithilfe dieses Tokens kann eine Pushbenachrichtigung an das Gerät geschickt werden. Die Kommunikation mit dem APNs erfolgt über eine Binärschnittstelle. Das Backend muss sich dabei mit dem Clientzertifikat ausweisen, das der Entwickler aus dem Apple Developer Portal erhalten hat. Mögliche Bibliotheken, um mit dieser Schnittstelle zu kommunizieren, sind `node-apn` für Node.js und `PushSharp` für .NET.

Safari Push Notifications unterstützen für Pushbenachrichtigungen lediglich die drei Eigenschaften `title` für den Benachrichtigungstitel, `body` für den Inhalt (beide Angaben verpflichtend) und `action`, einen optionalen Bezeichner für die auszuführende Aktion. Das Banner wird beim Auslösen unabhängig davon immer die Website starten. Einfluss auf die zu startende URL, die in den Metadaten konfiguriert wird, kann der Entwickler über das Array `url-args` nehmen. Das Symbol des Banners wird aus dem Push Package übernommen. Einen minimalen Nachrichten-Payload zeigt Listing 8.18, die Darstellung des zugehörigen Benachrichtigungsbanners Abbildung 8.11. Es dürfen maximal 256 Byte übertragen werden.

```
{
    "aps": {
        "alert": {
            "title": "Hallo!",
            "body": "Ich bin eine Safari Push Message."
        },
        "url-args": []
    }
}
```

Listing 8.18 Minimale Pushbenachrichtigung für Safari Push Notifications

Abbildung 8.11 Darstellung einer Safari Push Message

Die Implementierung von Safari Push Notifications erweist sich als eher mühsam. Ob der Aufwand nur für Apple Safari unter macOS gerechtfertigt ist, müssen Entwicklerteams selbst entscheiden.

8.7 Drittanbieterdienste: OneSignal & Co.

Möchte der Entwickler die Infrastruktur zum Senden von Pushbenachrichtigungen nicht selbst implementieren, kann er auf Dienste von Drittanbietern zurückgreifen. Allerdings ergibt sich dadurch auch eine Abhängigkeit von diesem Drittanbieter.

8.7.1 OneSignal

Ein Beispiel für einen solchen Drittanbieterdienst stellt *OneSignal* dar. Dieser Dienst unterstützt alle relevanten Pushverfahren: Web Push, Safari Push Notifications, aber auch die nativen Pushdienste APNs und Firebase Cloud Messaging. Darüber hinaus wird gerade ein Versand von E-Mails als weitere Möglichkeit getestet. Der Einsatz von OneSignal ist für den Entwickler vollkommen kostenlos. Im Gegenzug darf OneSignal Daten sammeln, die an Werbeunternehmen und Forschungsorganisationen verkauft werden. Ob OneSignal dabei nur in das Nachrichtenverhalten oder sogar in die Nachrichten selbst schaut, ist dabei nicht bekannt. Kostenpflichtige Optionen, bei denen das unterbleibt, bietet OneSignal auf Nachfrage an. Für einfache Prototypen und andere Projekte ohne größere Anforderungen an den Datenschutz ist OneSignal jedoch eine valide Option.

Zum Einsatz von OneSignal muss dem eigenen Service Worker eine von OneSignal bereitgestellte Service-Worker-Implementierung vorangestellt werden, da der Dienst die Pushregistrierung stellvertretend für den Anwender anfordert. Über sein Dashboard erlaubt OneSignal das Unterteilen der registrierten Anwender in Segmente sowie die Durchführung von A/B-Tests, bei denen unterschiedliche Segmente andere Nachrichtenvarianten zu sehen bekommen, und bietet umfangreiche Auswertungen an. Abbildung 8.12 zeigt über OneSignal verschickte Pushbenachrichtigungen mit ihrem Text, das Verhältnis zugestellter zu nicht zugestellten Nachrichten (DELIVERY), die Anzahl der Empfänger (SENT TO) sowie die Konvertierungsrate, also die Klicks in Prozent (CLICKED).

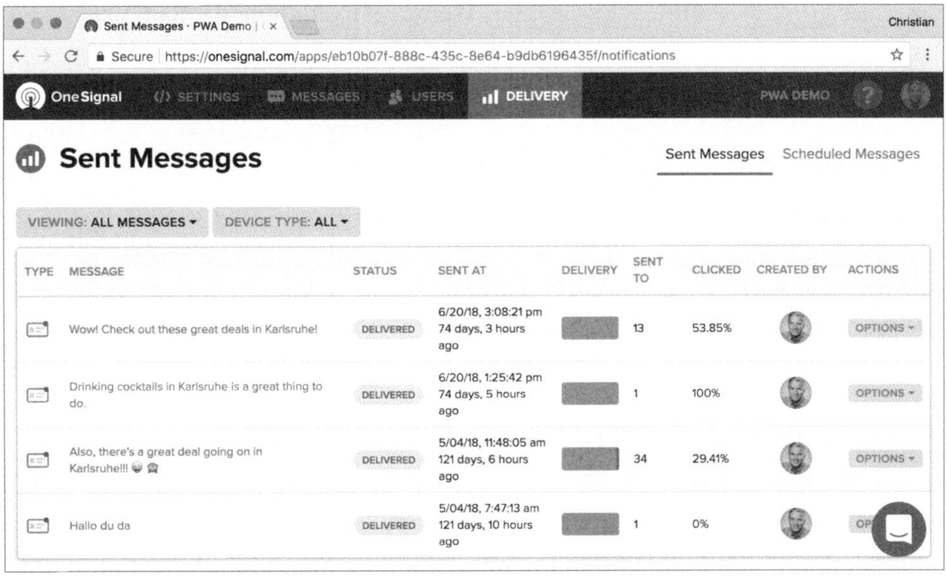

Abbildung 8.12 Übersicht zu über One Signal verschickten Pushbenachrichtigungen

8.7.2 PushCrew

Eine Alternative zu OneSignal, die kostenpflichtig ist und die übermittelten Inhalte nicht inspiziert, ist *PushCrew*. Dieser Anbieter unterstützt Web Push und Safari Push Notifications. PushCrew erlaubt die Segmentierung der registrierten Anwender, Auswertungen zum Nutzerverhalten sowie Integrationen für Content-Management- oder E-Commerce-Systeme wie WordPress, Joomla! oder Shopify. Das indische Unternehmen bietet verschiedene Abonnements an, die monatliche oder jährliche Kosten nach sich ziehen. Der genaue Preis richtet sich nach der Anzahl registrierter Geräte und beginnt bei 2.000 Pushregistrierungen und einer jährlichen Zahlung bei 216 US-Dollar. Das Unternehmen bietet für bis zu 2.000 Pushregistrierungen auch ein kostenfreies Abonnement an, das aber nur Desktopbenachrichtigungen erlaubt. Weitere Informationen finden sich auf der Website von PushCrew: *https://pushcrew.com*.

8.7.3 Pushpad

Eine weitere kostenpflichtige Alternative ist *Pushpad*. Dieser Anbieter unterstützt ausschließlich Web Push und Safari Push Notifications. Pushpad bietet eigene Bibliotheken an, um aus in Ruby, Java, Node.js oder Python implementierten Backends heraus Pushbenachrichtigungen zu versenden. Bei Pushpad kostet jede versendete Pushbenachrichtigung 0,00005 Euro. Pro Monat werden aber mindestens 5 Euro fällig. Das italienische Unternehmen gibt an, die Bestimmungen der europäischen Datenschutzgrundverordnung umzusetzen. Weitere Informationen finden sich auf der Website von Pushpad: *https://pushpad.xyz*.

8.8 Pushnachrichten zur Laufzeit

Push lässt sich nicht nur über den Service Worker umsetzen, sondern auch innerhalb der Webanwendung. Der Vorteil bei diesem Ansatz ist, dass nicht zwangsläufig für jede Pushnachricht eine für den Anwender sichtbare Benachrichtigung angezeigt werden muss. Auf diesem Weg lassen sich in der Webanwendung zum Beispiel aktualisierte Businessdaten wie ein geänderter Artikelbestand, ein neuer Kundendatensatz oder eine Chatnachricht entgegennehmen, ohne dass der Server regelmäßig und proaktiv angefragt werden muss (*Polling*).

Dies wird unter anderem mithilfe des Protokolls *WebSocket* realisiert, das auch von vielen Browsern ohne Unterstützung für die Push API (Apple Safari, Microsoft Internet Explorer) unterstützt wird. Über diese Methode können Pushnachrichten allerdings ausschließlich zur Laufzeit der Webanwendung entgegengenommen werden. Zur Umsetzung dieser Art von Echtzeitkommunikation stehen verschiedene Bibliotheken zur Verfügung. Nicht persistente Benachrichtigungsbanner können über die Notifications API ebenfalls aus der Webanwendung heraus angezeigt werden, entweder als Reaktion auf eine Pushnachricht oder zu einem beliebigen anderen Anlass.

8.8.1 socket.io

Die quelloffene Bibliothek *socket.io* (*https://socket.io*) besteht aus einem serverseitigen Teil, der für Node.js-Backends gedacht ist, und einem clientseitigen Teil, der im Browser ausgeführt wird. Die Verbindung zwischen Client und Server wird zunächst über HTTP hergestellt. Sofern der Webbrowser es unterstützt, findet ganz im Sinne des Progressive Enhancement ein automatisches Upgrade der Verbindung auf das besser geeignete WebSocket-Protokoll statt. Sämtliche modernen Ausgaben der vier großen Webbrowser unterstützen das Protokoll, wie Tabelle 8.4 zeigt.[9]

Google Chrome	Microsoft Edge	Mozilla Firefox	Apple Safari
6	IE 10	4	5

Tabelle 8.4 Browserunterstützung für WebSockets

Unterstützt der Webbrowser keine WebSockets, greift `socket.io` transparent für den Entwickler auf die Fallback-Lösung *HTTP Long Polling* zurück.

9 *https://developer.mozilla.org/en-US/docs/Web/API/WebSockets_API*

Die Bibliothek unterstützt das Senden von Broadcast-Nachrichten und das Zusammenführen von verbundenen Clients in Rooms (Räumen). Über Rooms können Nachrichten an einen bestimmten Empfängerkreis geschickt werden. Das eignet sich hervorragend zur Implementierung von Chatanwendungen mit unterschiedlichen Nachrichtenkanälen.

Das zugehörige npm-Paket heißt `socket.io`. Listing 8.19 zeigt, wie eine Nachricht an alle verbundenen Clients gesendet werden kann.

```
function sendMessage(user, message) {
  io.sockets.emit('chatMessage', { user, message });
}
```

Listing 8.19 Senden einer Nachricht an alle verbundenen Clients

Der Serverteil liefert die Clientbibliothek mit aus und kann von dort konsumiert werden, alternativ kann der Clientteil über das npm-Paket `socket.io-client` bezogen werden. Listing 8.21 zeigt das Entgegennehmen der Nachricht in der Webanwendung.

```
socket.on('chatMessage', ({ user, message }) => {
  alert(`${user} sagt: ${message}`);
});
```

Listing 8.20 Entgegennehmen der Nachricht im JavaScript-Client

8.8.2 ASP.NET Core SignalR

Setzt der Entwickler stattdessen ein Backend auf Basis von .NET Core ein, bietet sich die Bibliothek *ASP.NET Core SignalR* an. Hier werden als Transportwege WebSocket, *Server-Sent Events* (SSE) und HTTP Long Polling unterstützt. Die Bibliothek wählt automatisch den besten Transportweg. Auch ASP.NET Core SignalR unterstützt Broadcasts und das Zusammenfassen einzelner Verbindungen in Gruppen (Groups), um Nachrichten an einen bestimmten Empfängerkreis zu senden.

Das zugehörige NuGet-Paket für den serverseitigen Teil der Bibliothek heißt `Microsoft.AspNetCore.SignalR`. Listing 8.21 zeigt, wie eine Broadcast-Nachricht an sämtliche verbundenen Teilnehmer geschickt werden kann.

```
public async Task SendMessage(string user, string message)
{
    await Clients.All.SendAsync("ChatMessage", user, message);
}
```

Listing 8.21 C#-Code zum Senden einer Nachricht an sämtliche verbundenen Clients

Auch diese Bibliothek enthält einen passenden Clientteil in JavaScript. Der Clientteil wird als npm-Paket unter dem Namen `@aspnet/signalr` veröffentlicht. Listing 8.22 zeigt, wie mithilfe der Clientbibliothek die oben gesendete Pushnachricht entgegengenommen werden kann.

```
connection.on('ChatMessage', (user, message) => {
  alert(`${user} sagt: ${message}`);
});
```

Listing 8.22 Empfangen einer Pushnachricht im JavaScript-Client

Der Vorgänger dieser Bibliothek heißt ASP.NET SignalR (ohne »Core«). Diese Fassung kann für ältere ASP.NET-Implementierungen genutzt werden. Beide Ausgaben sind untereinander jedoch nicht kompatibel. Die Entwicklerdokumentation zu ASP.NET Core SignalR findet sich unter *https://docs.microsoft.com/en-us/aspnet/core/signalr/*.

8.8.3 Anzeige von Benachrichtigungen

Die Notifications API stellt nicht nur Service-Worker-Schnittstellen zur Verfügung, wie in Abschnitt 8.5, »Pushereignisse behandeln«, gezeigt, auch aus der Webanwendung heraus können Benachrichtigungsbanner angezeigt werden. Dies ist allerdings nur dann möglich, wenn Webbrowser *und* Webanwendung gerade geöffnet sind. Wie in Abschnitt 8.5.2, »Benachrichtigungsbanner anzeigen«, beschrieben, sind diese Benachrichtigungen nicht persistent, sollen also nach einer gewissen Zeit automatisch wieder ausgeblendet werden.

Bevor Benachrichtigungen aus der Webanwendung heraus angezeigt werden können, muss der Anwender zunächst ebenfalls seine Zustimmung erklären. Dies kann durch das Aufrufen der statischen Methode `requestPermission()` auf dem `Notification`-Objekt erfolgen. Diese Methode gibt ein Promise mit dem Ergebnis der Abfrage zurück. Alternativ kann die Berechtigungssituation auch hier mit `Notification.permission` abgefragt werden. Stimmt der Anwender dem Empfang von Pushbenachrichtigungen zu, gilt dies sowohl für den Service Worker und dessen persistente Benachrichtigungen als auch für die Webanwendung mit den nicht persistenten Benachrichtigungen.

Um ein Banner anzuzeigen, erzeugt der Entwickler eine neue Instanz der Klasse `Notification`. Der Konstruktor nimmt einen Titel und ein Konfigurationsobjekt entgegen. Aus der Webanwendung heraus geöffnete Benachrichtigungen können grundsätzlich dieselben in Abschnitt 8.5.2 beschriebenen Eigenschaften verwenden, mit der Ausnahme der Actions. Auf der Instanz steht das Ereignis `click` zur Verfügung, für das sich der Entwickler mithilfe der Methode `addEventListener()` mit einem passenden Ereignis-Handler registrieren kann. Dieses Ereignis wird ausgelöst, sobald der

Anwender auf das angezeigte Banner klickt, vergleichbar zum Service-Worker-Ereignis `notificationclick`. Listing 8.23 zeigt, wie ein Benachrichtigungsbanner angezeigt werden kann.

```
Notification.requestPermission().then(result => {
  if (result === 'granted') {
    const notification = new Notification('Preiswecker für Avatar-DVD', {
      body: 'Der Artikel ist jetzt für 9,99 EUR erhältlich.',
      icon: 'bell.png',
      vibrate: [300, 100, 300]
    });
    notification.addEventListener('click', () =
> alert('Notification angeklickt!'));
  }
});
```

Listing 8.23 Anzeige von Benachrichtigungsbannern aus der Webanwendung heraus

Weitere Ereignisse sind `error`, das aufgerufen wird, wenn die Berechtigungen zur Anzeige des Benachrichtigungsbanners fehlen, `show` bei Anzeige des Benachrichtigungsbanners und `close` beim Schließen (vergleichbar mit dem Service-Worker-Ereignis `notificationclose`).

Das Benachrichtigungsbanner kann durch Aufruf der Methode `close()` auf der `Notification`-Instanz ebenfalls wieder geschlossen werden. Diese Methode zur Anzeige von Benachrichtigungsbannern funktioniert in den vier großen Webbrowsern auf aktuellen Betriebssystemen einschließlich Apple Safari, allerdings nicht unter iOS. Die unterstützten Eigenschaften variieren darüber hinaus je nach Plattform. Seit Google Chrome 62 muss die Website auch bei dieser Methode zur Anzeige von Benachrichtigungsbannern über HTTPS ausgeliefert worden sein. Ausnahmen gibt es zur Entwicklungszeit unter *localhost*.

8.9 Zusammenfassung

- Progressive Web Apps können auf allen Plattformen außer iOS Pushbenachrichtigungen anzeigen. Je nach Plattform können diese auch dann angezeigt werden, wenn die Progressive Web App geschlossen ist. Für Safari unter macOS gibt es mit den Safari Push Notifications eine Fallback-Lösung.
- Über die Push API können derzeit lediglich Pushnachrichten geschickt werden, die in eine für den Anwender sichtbare Benachrichtigung münden. Eine Budget API für stille Pushnachrichten wird derzeit erprobt.

- Vor der Anzeige von Benachrichtigungen muss der Anwender zunächst einer Browserabfrage zustimmen. Um die Chancen zu erhöhen, sollte der Mehrwert der Pushbenachrichtigungen in der Anwendung kommuniziert und auf das Muster Double Permission gesetzt werden.
- Die Progressive Web App kann auf das Auslösen oder Verbergen von Pushbenachrichtigungen reagieren.
- Zahlreiche Drittanbieterdienste vereinfachen die Implementierung von Pushbenachrichtigungen und bieten Zusatzfunktionen wie A/B-Tests oder ein ausführliches Reporting an.
- Zur Laufzeit können (stille) Pushnachrichten auch über WebSockets entgegengenommen werden. Die Bibliotheken socket.io und ASP.NET Core SignalR erleichtern die Implementierung.

Kapitel 9
PWA und Angular: Single-Page-Application-Framework einsetzen

Angular ist ein Single-Page-Application-Framework, das sich auch zur Entwicklung großer Webanwendungen eignet. Das Framework verfügt über eine eingebaute Unterstützung für Progressive Web Apps.

Progressive Web Apps können mit oder ohne Anwendungsframework umgesetzt werden. Für die Anwendungsentwicklung im Web haben sich jedoch Single-Page-Web-Application-Frameworks (siehe Abschnitt 1.3.2, »Single-Page Web Applications«) einen Namen gemacht. Diese vereinfachen die Entwicklung selbst großer Webanwendungen durch verschiedene Architekturmittel deutlich. Es gibt viele SPA-Frameworks, die sich zur Implementierung einer Progressive Web App eignen, so zum Beispiel React, Angular oder Vue.js.

Ein attraktives Gesamtpaket aus Anwendungsframework, passendem Kommandozeilentool, App-Shell- und Service-Worker-Generierung schnürt Googles Framework Angular. Wenn ich von Angular spreche, meine ich die neue Variante ab Version 2, die im September 2016 erstmals veröffentlicht wurde. Zuvor implementierte Google mit AngularJS ab 2009 eine frühere Variante. Angular (ohne den Bestandteil »JS« für JavaScript) ist allerdings eine komplette Neuentwicklung. Angular unterstützt alle modernen Ausgaben der vier großen Webbrowser Microsoft Edge, Mozilla Firefox, Google Chrome und Apple Safari. Microsoft Internet Explorer wird ab Version 9 unterstützt.

Die neue Fassung Angular folgt dem Konzept der semantischen Versionierung (semVer, siehe Kasten unten) und einem zeitbasierten Release-Zeitplan. Ungefähr alle sechs Monate wird eine neue Major-Version des Frameworks herausgegeben, sodass Breaking Changes in diesem zeitlichen Abstand auftreten können. Allerdings unterstützt Angular auch eine Version mit Long-Term Support. Diese erhält nach dem Ablauf der aktiven Phase noch ein weiteres Jahr Sicherheitsupdates, sodass eine Version bis zu 18 Monate bedenkenlos in Betrieb genommen werden kann. Empfehlenswert ist aber, das Framework regelmäßig zu aktualisieren, da sich oftmals auch kleinere Paradigmenwechsel zwischen den Versionen ergeben, die man einer älteren Codebasis schnell ansehen kann.

Exkurs: Semantische Versionierung

Semantic Versioning (semVer) bezeichnet ein Konzept, wie Versionsnummern zusammengesetzt werden sollen. Vereinfacht dargestellt, besteht eine Version dabei aus den drei Bestandteilen `MAJOR.MINOR.PATCH`.

- `MAJOR`: Dieser Versionsbestandteil muss inkrementiert werden, wenn es einen Breaking Change in der öffentlichen Schnittstelle der Bibliothek oder der Anwendung gab.
- `MINOR`: Dieser Versionsbestandteil muss inkrementiert werden, wenn neue, abwärtskompatible Features eingeführt wurden.
- `PATCH`: Dieser Versionsbestandteil wird inkrementiert, wenn neue, abwärtskompatible Bugfixes eingeführt wurden.

Darüber hinaus beschreibt das Konzept weitere Bestandteile, die in der vollständigen Dokumentation unter *https://semver.org* nachgeschlagen werden können.

Der Wegfall des Namensbestandteils »JS« zeigt an, dass Anwendungen für Angular im Gegensatz zu AngularJS nicht mehr (unbedingt) mit JavaScript geschrieben werden. Die allermeisten Angular-Projekte werden mit TypeScript umgesetzt (siehe Abschnitt 1.3.1, »HTML, CSS, JavaScript und TypeScript«). Diese Sprache wurde entworfen von Anders Hejlsberg, der auch die Sprachen C# und Turbo Pascal entwarf. Sie bringt im Gegensatz zu JavaScript eine optionale Typisierung ins Web, die Bugs bei der Entwicklung großer Anwendungen vermeiden hilft.[1] Entwickler mit .NET- oder Java-Hintergrund dürften sich daher rasch wohlfühlen.

Bisher haben Sie sich viele Einzelaspekte der PWA-Entwicklung angesehen, in diesem Kapitel möchte ich mit Ihnen stattdessen ein separates, durchgängiges Beispiel implementieren, das Sie auf dieser Website auch ausprobieren können: *https://pwapraxis.liebel.io*.

Die Beispiel-Progressive-Web-App implementiert eine Anwendung zur Verwaltung von To-do-Listen. Sie berücksichtigt das Paradigma Offline First (siehe Abschnitt 5.2.2, »Erst mal offline: das Offline-First-Paradigma«) und ist auf vielen verschiedenen Plattformen, auch dem Webbrowser, lauffähig.

Aufgabe: PWA ausprobieren

Bitte öffnen Sie die Progressive Web App *https://pwapraxis.liebel.io* auf Ihrem Computer, Tablet und/oder Smartphone. Probieren Sie insbesondere aus, die App dem Homebildschirm hinzuzufügen, die Anwendung offline (zum Beispiel im Flugzeug-

1 *https://slack.engineering/typescript-at-slack-a81307fa288d*

modus) zu verwenden oder Pushbenachrichtigungen anzuzeigen. Wichtige Eckpfeiler der Implementierung dieser Progressive Web App zeige ich Ihnen im folgenden Kapitel.

9.1 Projekt-Setup

Um mit der Implementierung einer Progressive Web App mit Angular zu starten, braucht es zunächst ein Angular-Projekt. Das Aufsetzen eines neuen Angular-Projekts ist eine leichte Aufgabe.

9.1.1 Angular CLI

Auch Angular besitzt ein Kommandozeilentool namens Angular CLI. Beim Vorgänger gab es viele verschiedene Vorlagen, sogenannte Starters. Jede Vorlage hatte ihre Vor- und ihre Nachteile. Damit wollte das Angular-Team aufräumen und veröffentlichte mit der Angular CLI ein zentrales Tool, das zum Erstellen, Implementieren und Kompilieren von Angular-Anwendungen verwendet werden soll. Dazu implementiert die Angular CLI einen kompletten Buildprozess. Projekte, die mit der Angular CLI aufgesetzt wurden, schließen unmittelbar eine Unterstützung für Unit-Tests einschließlich Coverage-Analyse sowie End-to-End-Tests mit ein. Die Angular CLI unterstützt diverse Befehle. Aufgerufen wird das Kommandozeilentool mit `ng`, ergänzt um den Befehl und optional weitere Argumente, zum Beispiel `ng new my-pwa`. Häufig verwendet werden die folgenden Befehle:

- `new`: Erzeugt ein neues Angular-Projekt.
- `generate`: Generiert einen neuen Anwendungsbaustein basierend auf einer Vorlage (Schematic).
- `add`: Fügt dem aktuellen Angular-Projekt eine Bibliotheksabhängigkeit hinzu.
- `update`: Aktualisiert die Abhängigkeiten des Projekts.
- `build`: Erzeugt einen Build der Anwendung.
- `serve`: Erzeugt einen Build der Anwendung und startet einen Entwicklerserver.
- `test`: Führt die Unit-Tests der Anwendung aus.
- `e2e`: Führt die End-to-End-Tests der Anwendung aus.
- `lint`: Führt eine statische Quellcodeanalyse aus, zum Beispiel um einen einheitlichen Codestil zu forcieren.

9.1.2 Neues Projekt anlegen

Zum Anlegen eines neuen Projekts wird das Angular-CLI-Kommando `new` verwendet. Diesem Kommando wird der Name des zu erzeugenden Projekts übergeben. Daraufhin zeigt die Angular CLI einen Assistenten an, der wenige Eigenschaften abfragt. So wird nachgefragt, ob das zu erzeugende Projekt mit einem Routing-Modul initialisiert werden soll. Somit kann clientseitiges Routing umgesetzt werden, wie in Abschnitt 3.10, »Verlinkbar: auf Anwendungen und Zustände verweisen«, beschrieben. Damit werden die Grundlagen für die vollständige Umsetzung der Eigenschaft Linkable schon geschaffen. Zudem kann angegeben werden, welches Stylesheet-Format der Entwickler wünscht. Die Angular CLI unterstützt diverse CSS-Präprozessoren wie Sass/SCSS, LESS und Stylus. Das standardmäßig zu verwendende Format, zum Beispiel wenn die Angular CLI über den Befehl `generate` neue Anwendungsbausteine generiert, kann beim Anlegen des Projekts über den Assistenten angegeben werden.

Aufgabe: Neues Projekt anlegen

Legen Sie ein neues Projekt mithilfe der Angular CLI an. Führen Sie auf einer neuen Kommandozeile (Windows) beziehungsweise in einem Terminal (macOS/Linux) den folgenden Befehl aus:

```
ng new my-pwa
```

Geben Sie bei der Auswahl, ob ein Routing-Modul für Ihre Anwendung implementiert werden soll (`Would you like to add Angular routing?`), y für Yes an. Bei der Abfrage, welches Stylesheet-Format verwendet werden soll (`Which stylesheet format would you like to use?`, siehe Abbildung 9.1), bestätigen Sie die Vorauswahl `CSS` mithilfe von [↵].

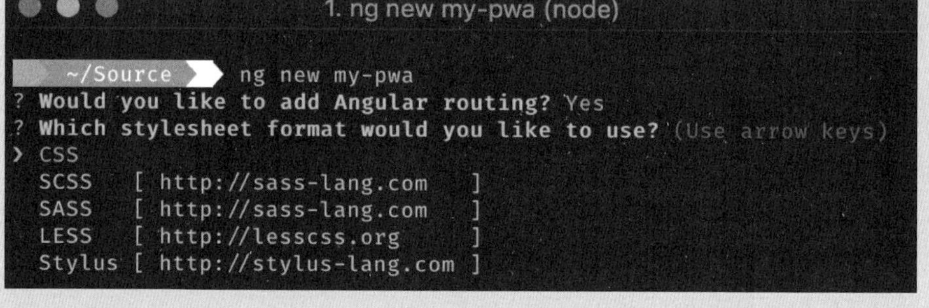

Abbildung 9.1 Aufsetzen eines neuen Angular-Projekts über die Angular CLI

Daraufhin wird im aktuellen Arbeitsverzeichnis ein neuer Unterordner mit dem gewählten Projektnamen erzeugt und dort eine komplette Ordnerstruktur für das Angular-Projekt angelegt. Die erforderlichen Abhängigkeiten werden automatisch heruntergeladen, und ein lokales Quellcode-Repository für Git wird erzeugt. Die einzelnen Schritte quittiert die Angular CLI per Ausgabe auf der Konsole.

Nach der Ausführung verfügt der Entwickler über ein grundsätzlich lauffähiges Angular-Projekt. Insbesondere enthält die generierte Datei *src/index.html* dieses Projekts das Viewport-Metatag (siehe Abschnitt 3.6, »Einer für alle: Responsive Webdesign«), sodass eine grundlegende Unterstützung für ein Responsive Webdesign gegeben ist. Allerdings sieht das Projekt noch nicht besonders wie eine App aus. Das wird sich im Folgenden ändern.

Aufgabe: Angular-Projekt ausprobieren

Wechseln Sie auf der Kommandozeile in den neu erstellten Ordner:

```
cd my-pwa
```

Führen Sie dann folgenden Befehl aus:

```
ng serve --open
```

Daraufhin wird ein lokaler Entwicklungsserver gestartet. Die URL des Servers, in den meisten Fällen *http://localhost:4200*, wird automatisch in Ihrem Standardbrowser gestartet. Ist dies nicht Google Chrome, kopieren Sie die URL und öffnen die Website dort. Sie sehen dann die generierte Angular-Anwendung, wie in Abbildung 9.2 dargestellt.

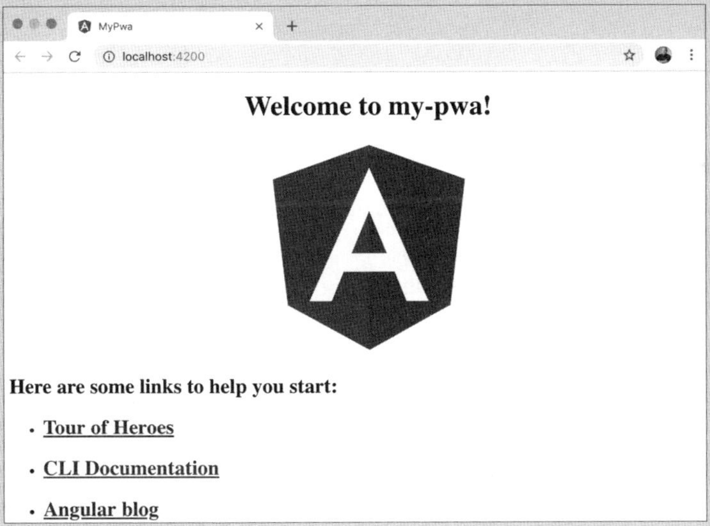

Abbildung 9.2 Ausführung der durch Angular CLI generierten Demoanwendung

9.2 Responsive und App-like: Navigationsgrundgerüst mit Angular Material

Mit *Angular Material* (*https://material.angular.io*) bietet das Angular-Team eine Bibliothek von Komponenten an, die sich gestalterisch an Googles *Material Design* orientiert, das bei Android Anwendung findet. Unter *https://material.io* gibt es eine umfassende Dokumentation zu Material Design und seinen Komponenten.

Angular Material setzt ein Responsive Webdesign um (siehe Abschnitt 3.6, »Einer für alle: Responsive Webdesign«) und passt sich an die verfügbaren Bildschirmabmessungen an. Die Bibliothek bietet unter anderem eine Navigationskomponente mit Sidebar an, die bei Geräten oder Browserfenstern mit einer Breite von weniger als 960 Pixeln automatisch eingeklappt wird und dann über ein Hamburger-Icon erreichbar ist. Ist der Viewport ausreichend groß, ist die Sidebar dauerhaft sichtbar.

9.2.1 Angular Material installieren

Angular Material wird auf npm über das Paket `@angular/material` angeboten. Das Modul lässt sich über die Angular CLI installieren.

Aufgabe: Angular Material installieren

Die Ausführung des Entwicklerservers blockt weitere Eingaben in das Kommandozeilenfenster. Öffnen Sie daher eine neue Kommandozeile und navigieren Sie darin zum Ordner *my-pwa*. Führen Sie dort zur Installation von Angular Material den folgenden Befehl aus:

```
ng add @angular/material@7.0.2
```

Wählen Sie bei allen Abfragen die Vorauswahl. Der über `ng serve` ausgeführte Entwicklungsserver muss aufgrund der geänderten Angular-Projektkonfiguration angehalten und neu gestartet werden. Navigieren Sie dazu zum ersten Kommandozeilenfenster, in dem der Entwicklungsserver ausgeführt wird, und beenden Sie diesen mit [Strg] + [C] (unter Windows zweimal drücken). Führen Sie darin dann `ng serve --open` erneut aus. Verwenden Sie danach wieder das zweite Kommandozeilenfenster.

In diesem Zuge werden zwei Webschriftarten in die Anwendung eingebettet, *Roboto* und die *Material Icons*. Roboto ist die Standardschrift im Material Design und somit auch Systemschrift von Android. Die Material Icons enthalten einen Satz häufig verwendeter Symbole. Eine Übersicht der verwendbaren Symbole ist auf der Website *https://material.io/tools/icons* zu finden. Beide Schriftarten werden vom Dienst *Google Fonts* eingebunden. Des Weiteren werden die globalen CSS-Stile des Angular-Projekts für die Verwendung mit Angular Material angepasst. So wird Roboto als Standardschriftart der Anwendung definiert, und es wird sichergestellt, dass die Anwendung immer die volle Höhe des Bildschirms einnimmt. Angular Material unterstützt zudem vier verschiedene Farbschemata, standardmäßig wird das Theme Indigo/Pink mit der Anwendung ausgeliefert (*indigo-pink.css*). Welches Farbschema verwendet wird, lässt sich in der Datei *angular.json* (im Beispiel in Zeile 27) anpassen.

Es ist auch möglich, eigene Themes zu implementieren. Um Animationen wie den für das Material Design üblichen Ripple-Effekt umzusetzen, wird bei Installation des Pakets das Animationsmodul von Angular in die Anwendung importiert. Das alles geschieht aber vollautomatisch und ohne Zutun des Entwicklers.

Durch die Ausführung des Befehls `ng add` wird Angular Material in Ihrem Projekt installiert und eine grundlegende Unterstützung vorbereitet. Die Angular-App wird nach der Installation in Google Chrome automatisch neu geladen. Wie Abbildung 9.3 zeigt, hat sich nun die Schriftart zwar auf Roboto geändert, eine Navigationsstruktur ist aber weiterhin nicht zu sehen. Dies erweist sich jedoch als sehr einfach.

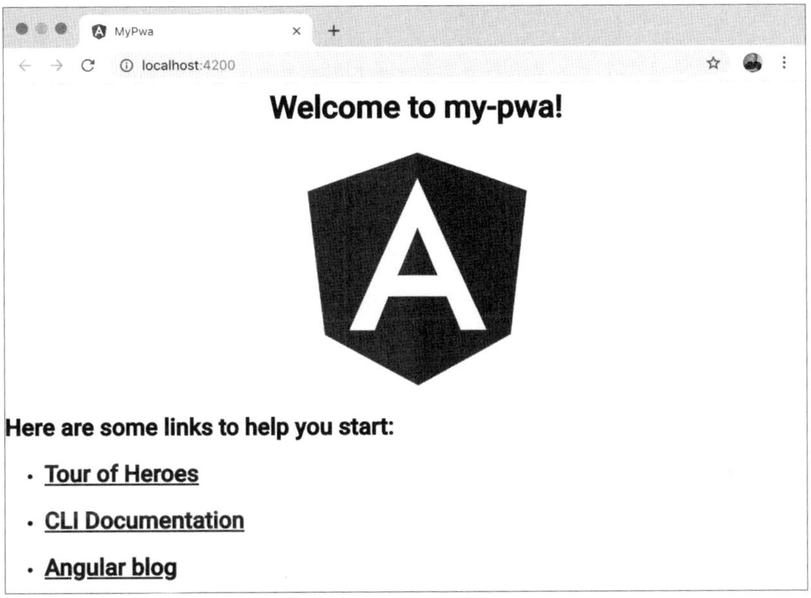

Abbildung 9.3 Angular-Anwendung nach Hinzufügen von Angular Material

9.2.2 App Shell implementieren

Mithilfe des Befehls `ng generate` können Anwendungsbausteine auf Basis von Vorlagen (sogenannte *Schematics*) generiert werden. Angular Material enthält vier solcher Schematics: zur Generierung eines Dashboards (`material-dashboard`), einer Datentabelle (`material-table`), eines Formulars zur Adresseingabe (`material-addressForm`) sowie einer für Apps typischen Navigationsstruktur (`material-nav`). Letzteres bietet sich für die Implementierung der App Shell hervorragend an.

Aufgabe: App Shell hinzufügen

Führen Sie auf der Kommandozeile den folgenden Befehl aus:

```
ng generate @angular/material:material-nav --name nav
```

Dadurch wird das Verzeichnis *src/app/nav* generiert, in dem eine passende *Komponente* hinterlegt wird. In Angular versteht man unter einer Komponente einen wiederverwendbaren, UI-bezogenen Softwarebaustein. Eine Komponente besteht aus einem Template, das in HTML verfasst wird, einer Logikklasse, die in TypeScript geschrieben wird, sowie einem Stylesheet in CSS. Die Komponente wird über ein benutzerdefiniertes HTML-Element eingebunden. Die App-Shell-Komponente kann so über das HTML-Element app-nav verwendet werden. Angular CLI stellt Komponenten ein Präfix voran, standardmäßig app. Dies lässt sich in der Datei *angular.json* anpassen. Somit können Sie es zum Beispiel gegen das Kürzel Ihres Firmennamens austauschen.

Öffnen Sie nun den vorhin angelegten Ordner *my-pwa* in Visual Studio Code, wechseln Sie zur Datei *src/app/app.component.html* und ersetzen Sie den kompletten Inhalt der Datei durch Folgendes:

```
<app-nav>
  <router-outlet></router-outlet>
</app-nav>
```

Bei router-outlet handelt es sich um ein Platzhalterelement, an dessen Stelle später durch das Routing dynamisch Komponenten eingefügt werden können. Wechseln Sie anschließend zur Datei *src/app/nav/nav.component.html*. Ersetzen Sie dort in Zeile 38 <!-- Add Content Here --> durch <ng-content></ng-content>.

Damit wird das in der AppComponent definierte router-outlet an diese Stelle im Navigationsgrundgerüst projiziert. Dieser Aufbau ist für das spätere Server-Side-Rendering wichtig.

Wechseln Sie dann zu Google Chrome zurück. Dort sollte nun das mit Angular Material umgesetzte Grundgerüst erscheinen, wie in Abbildung 9.4 zu sehen. Wenn Sie die Breite des Browserfensters verringern, klappt die Sidebar ein und ist stattdessen über ein Hamburger-Menü erreichbar.

Abbildung 9.4 Einfache Angular-App mit Angular Material

Damit ist ein wichtiger Grundpfeiler der Eigenschaft App-like (siehe Abschnitt 3.2, »App-ähnlich: Sieht aus wie eine App, fühlt sich an wie eine App«) bereits umgesetzt.

9.3 Linkable: Routing implementieren

Viele moderne SPA-Frameworks enthalten eine Unterstützung für Routing. Darunter versteht man die Zuweisung einer URL auf eine bestimmte Sicht innerhalb der Anwendung. Öffnet der Anwender eine bestimmte URL, kümmert sich das Framework um die Darstellung der passenden Sicht. Navigiert der Anwender hingegen innerhalb der Website, wird die in der Adresszeile dargestellte URL automatisch aktualisiert. Im Zuge der Generierung des Angular-Projekts wurde auch die Unterstützung für das Routing aktiviert. Dadurch hat Angular ein Routing-Modul in der Datei *src/app/app-routing.module.ts* angelegt. Standardmäßig wird bei Angular das in Abschnitt 3.10.2 beschriebene Pfad-basierte Routing verwendet, man kann aber auch auf Hash-basiertes Routing umschalten.

Bei Angular funktioniert das Routing komponentenbasiert: Wird einer Route eine solche Komponente zugewiesen, wird diese beim Öffnen einer bestimmten URL geladen und an der Stelle des in einer der obigen Aufgaben definierten Elements `router-outlet` eingefügt. Da es derzeit noch keine Routen gibt, ist dort bislang noch nichts zu sehen. Beim Routing sind außerdem komplexere Szenarien möglich, etwa verschachtelte Routen (*Child Routes*) oder die Anzeige mehrerer Komponenten pro Route (*Multiple Outlets*).

9.3.1 Komponenten generieren

Um Routing einzusetzen, braucht es zunächst also Komponenten. Die Angular CLI macht das Generieren solcher Komponenten zu einem Kinderspiel.

Aufgabe: Komponenten generieren

Nachfolgend generieren Sie drei Komponenten, die in der Progressive Web App als Sichten eingesetzt werden sollen: eine Home-Ansicht, auf der später die To-do-Einträge eingesehen und verwaltet werden können, eine Sicht zur Sprachausgabe, die die moderne Webschnittstelle Speech Synthesis (siehe Abschnitt 2.6, »Web Speech API: Text-to-Speech im Browser«) demonstriert, sowie eine About-Sicht, die Informationen zum Autor enthält. Führen Sie den nachfolgenden Befehl aus:

```
ng generate component home
```

Dadurch wird eine neue Komponente namens `home` im Verzeichnis *src/app/home* generiert. Die Angular CLI generiert neben den erforderlichen HTML-, CSS- und TypeScript-Quelldateien auch eine Testspezifikation (*home.component.spec.ts*) in TypeScript, die zum Schreiben von Unit-Tests verwendet wird. Standardmäßig werden die Komponenten bei Anzeige in der Webanwendung ihren Namen ausgeben, zum Beispiel HOME WORKS!. Für Schreibfaule lässt sich der Befehl zur Generierung einer Komponente auch abkürzen. Führen Sie bitte den folgenden Befehl aus:

```
ng g c speech
```

Schließlich können Sie bei Installation des in Abschnitt 1.4.1, »Visual Studio Code« installierten Angular Extension Packs auch eine Generierung über Visual Studio Code veranlassen, indem Sie im Menü auf der linken Seite das Angular-Logo auswählen ❶, wie in Abbildung 9.5 zu sehen. In der dann erscheinenden Sidebar befinden sich die unterstützten Vorlagen im Bereich SCHEMATICS ❷. Klicken Sie dort doppelt auf das Schematic COMPONENT ❸. Daraufhin erscheint am oberen Bildschirmrand eine Abfrage ❹. Geben Sie in der Abfrage als Name »about« ein und drücken Sie ↵, wählen Sie in der folgenden Abfrage des Komponententyps die Vorauswahl CLASSIC COMPONENT mit ↵ und bestätigen Sie dann Ihre Eingaben abschließend ebenfalls mit ↵.

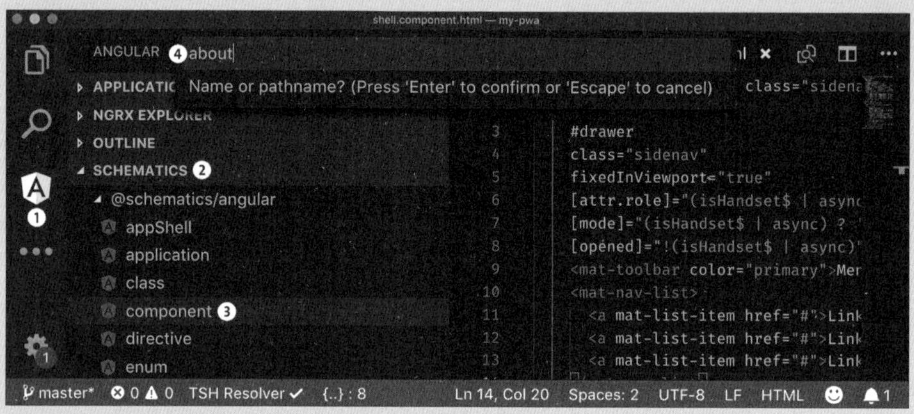

Abbildung 9.5 Komponentengenerierung über Visual Studio Code

Alternativ können Sie auch auf der Kommandozeile den Befehl `ng g c about` ausführen.

Öffnen Sie die Datei *src/app/about/about.component.html* nun in Visual Studio Code. Ersetzen Sie dort den Inhalt `about works!` beispielsweise durch Ihren Namen: `Die erste PWA von Christian.`

9.3.2 Routen anpassen

Um die Komponenten nun als Sicht in der Anwendung zu hinterlegen, müssen Routen definiert werden. Ein Beispiel zeigt Listing 9.1. Hier wird dem Pfad (`path`) `about` die Komponente (`component`) `AboutComponent` zugewiesen.

```
{
  path: 'about',
  component: AboutComponent
}
```

Listing 9.1 Definition einer Angular-Route

Würde in der Adresszeile die URL *http://localhost:4200/about* eingegeben, lädt Angular anstelle des Elements `router-outlet` die `AboutComponent`.

Aufgabe: Routen definieren

Für die drei erzeugten Komponenten sollen nun die passenden Routen definiert werden. Öffnen Sie dazu die Datei *src/app/app-routing.module.ts*. In Zeile 5 finden Sie dort die Variable `routes`, der derzeit ein leeres Array (`[]`) zugewiesen wird. Platzieren Sie Ihren Cursor zwischen der öffnenden und der schließenden eckigen Klammer und drücken Sie [↵]. In der entstehenden neuen Zeile geben Sie nun die folgenden drei Routen an:

```
const routes: Routes = [
  { path: '', component: HomeComponent },
  { path: 'speech', component: SpeechComponent },
  { path: 'about', component: AboutComponent }
];
```

Die erste Route besitzt eine leere Zeichenkette als Pfadangabe. Damit wird die `HomeComponent` geladen, wenn kein weiterer Pfad angegeben wurde, zum Beispiel für die URL *https://localhost:4200*. Da die Klassen `HomeComponent`, `SpeechComponent` und `AboutComponent` in fremden Dateien definiert sind, müssen sie zur Verwendung importiert werden. Wenn Sie diese Klassen beim Schreiben aus der Vorschlagsliste per [↵] auswählen, wird der nötige Import automatisch hinzugefügt. Sollte das nicht geschehen und ist einer dieser Typen in Visual Studio Code rot unterkringelt, platzieren Sie den Cursor auf diesem Typ und drücken [Strg] + [.] (Windows/Linux) beziehungsweise [⌘] + [.] (macOS). Daraufhin öffnet sich ein Kontextmenü, über das Sie das Importieren des Typs veranlassen können. Wählen Sie daraus die erste Angabe, wie Abbildung 9.6 zeigt.

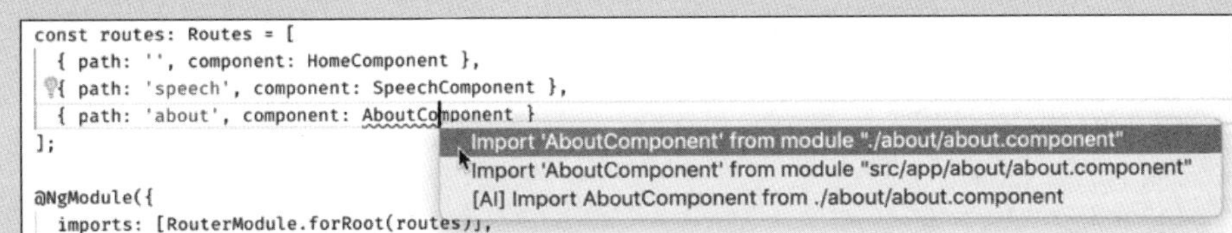

Abbildung 9.6 Manuelles Importieren in Visual Studio Code

Funktioniert beides nicht, überprüfen Sie bitte unbedingt Ihr Setup (siehe Abschnitt 1.4.1, »Visual Studio Code«), da Sie auf diese Funktion in den folgenden Aufgaben oft zurückgreifen müssen.

Wechseln Sie dann zurück zu Google Chrome. Die Anwendung hat sich automatisch neu geladen. Auf der Startseite müssen Sie nun den Eintrag HOME WORKS! im Inhaltsbereich des Navigationsgrundgerüsts sehen. Wenn Sie in der Adresszeile *http://localhost:4200/about* eingeben und mit [↵] bestätigen, sollte dort stattdessen Ihr Name erscheinen, wie Abbildung 9.7 zeigt.

Abbildung 9.7 Anzeige der About-Route der Demoanwendung

9.3.3 Navigationsleiste anpassen

Im Menü der Anwendung werden derzeit die Einträge Link 1, Link 2 und Link 3 angezeigt. Diese Einträge sollen auf die drei neu definierten Routen verweisen.

Angular bietet für diesen Zweck eine *Direktive* namens `routerLink` an. Unter Direktiven versteht man bei Angular wiederverwendbare, UI-bezogene Softwarebausteine, die Aussehen, Verhalten oder Struktur von HTML-Elementen oder Komponenten verändern. Eingebunden werden sie oftmals über ein benutzerdefiniertes HTML-Attribut. Genau das ist bei der Direktive `routerLink` der Fall. Dieser wird als Wert die Route zugewiesen, die bei Klick auf das Element aktiviert werden soll. Wird die Direktive auf einem Anchor-Element (a) angegeben, setzt Angular das Attribut `href` passend zusammen.

Aufgabe: Navigationsleiste anpassen

Die Menüeinträge sind im Navigationsgrundgerüst definiert. Öffnen Sie die zugehörige Datei *src/app/nav/nav.component.html*. Dort finden Sie in den Zeilen 11 bis 13 die Menüeinträge. Ändern Sie sie wie folgt ab:

```
<a mat-list-item routerLink="">Startseite</a>
<a mat-list-item routerLink="speech">Speech Synthesis</a>
<a mat-list-item routerLink="about">Über...</a>
```

Wechseln Sie zu Google Chrome zurück. Wenn Sie den Mauszeiger über einem der drei Menüeinträge positionieren und dort verweilen, erscheint am unteren linken Bildschirmrand die URL, die beim Anklicken des Eintrags aufgerufen wird. Klicken Sie schnell auf die drei Menüeinträge. Die Navigation findet komplett clientseitig statt, es kommt zu keiner Verzögerung oder dem kompletten Neuladen der Anwendung.

In der online abrufbaren Demoanwendung befinden sich mehr Seiten, und die Anwendung ist deutlich weiter ausgearbeitet. In diesem Buch beschränke ich mich auf die wichtigsten Aspekte der Implementierung. Den vollständigen Quellcode der Demoanwendung können Sie in diesem GitHub-Repository einsehen: *https://github.com/pwapraxis/angular-demo*.

9.4 App-Like, die zweite: Moderne Web-APIs einsetzen

Progressive Web Apps sollen sich nicht nur durch ein natives Erscheinungsbild auszeichnen, sondern auch durch native Funktionalität. In der Demoanwendung möchte ich die Speech Synthesis API demonstrieren, da sie einfach verwendet werden kann und von aktuellen Versionen aller vier großen Browser unterstützt wird. Der Anwender der Demoanwendung soll einen Text eingeben können, der anschließend vorgelesen wird. Angular Material enthält ansprechend gestaltete Formularsteuerelemente. Angular Material ist eine modular gestaltete Bibliothek. Um die Formularsteuerelemente verwenden zu können, muss daher zunächst das passende Modul importiert werden. Im Zuge der Generierung des Navigationsgrundgerüsts werden die nötigen Importe automatisch vorgenommen, in diesem Fall muss der Entwickler jedoch selbst aktiv werden.

Aufgabe: MatInputModule importieren

Wechseln Sie zur Datei *src/app/app.module.ts*. Fügen Sie in das Array `imports` nach Zeile 31 den neuen Eintrag `MatInputModule` ein. Vergessen Sie nicht, dass Zeile 31 wie die Zeilen darüber mit einem Komma schließen muss. Beim Tippen sollte eine Vorschlagsliste erscheinen. Wählen Sie den Eintrag für `MatInputModule` dort aus, sodass der notwendige Import automatisch ausgeführt wird. Sollte der Eintrag rot unterkringelt werden, drücken Sie stattdessen [Strg] + [.] (Windows/Linux) beziehungsweise [⌘] + [.] (macOS), um den Import hinzuzufügen.

HTML definiert in seinem Sprachumfang einige Formularsteuerelemente, wie zum Beispiel `input`. Dieses Element stellt standardmäßig ein Textfeld dar. Mithilfe des Attributs `placeholder` kann diesem Steuerelement ein Platzhaltertext übergeben werden, der dann angezeigt wird, wenn das Textfeld leer ist. Angular Material kümmert sich darum, dass solche Steuerelemente entsprechend den Material-Design-Vorgaben dargestellt werden: So haben Textfelder dort keinen Rahmen, sondern lediglich eine Linie am unteren Rand. Beim Klick auf das Textfeld wird der Platzhaltertext darüber hinaus animiert über das Textfeld verschoben. Dieses komplex zu implementierende Verhalten übernimmt die Bibliothek für den Entwickler. Dazu stellt die Bibliothek ein Wrapper-Element namens `mat-form-field` zur Verfügung, in das das `input`-Element platziert werden muss. Dieses wiederum wird noch mit dem HTML-Attribut `matInput` ausgezeichnet.

Der HTML-Sprachstandard enthält zudem eine Definition für Schaltflächen, das `button`-Element. Standardmäßig haben diese in Material Design keinen Rahmen, lediglich die Beschriftung ist zu sehen. Um diese Gestaltung zu übernehmen, kann der Entwickler das Attribut `mat-button` auf dem `button`-Element definieren.

Aufgabe: Sprachausgabe implementieren

Öffnen Sie die Datei *src/app/speech/speech.component.html* in Visual Studio Code. Ersetzen Sie dort den kompletten Dateiinhalt durch den folgenden Code:

```
<mat-form-field>
  <input matInput placeholder="Text zum Vorlesen" #textbox>
</mat-form-field>
```

Dadurch ist auf der Sicht ein Textfeld zu sehen, das entsprechend den Material-Design-Vorgaben gestaltet wird. Als Platzhalter wird TEXT ZUM VORLESEN angezeigt. Um später auf den eingegebenen Text zugreifen zu können, wird auf dem `input`-Element eine *Templatereferenzvariable* namens `textbox` gesetzt. Zum Setzen einer solchen Variablen auf einem HTML-Element wird dieser eine Raute (#) vorangestellt. Templatereferenzvariablen sind eine Angular-Funktionalität, die anderen Elementen auf dem HTML-Template Zugriff auf den Zustand des Eingabefelds erlaubt. Bei der Ausführung im Browser ist diese Angabe nicht sichtbar.

Fügen Sie am Ende der Datei nun noch folgende Zeile ein:

```
<button mat-button (click)="readAloud(textbox.value)">Vorlesen</button>
```

Dort wird eine Schaltfläche definiert, die nach den Material-Design-Vorgaben gestaltet wird. Die Beschriftung der Schaltfläche ist VORLESEN. Außerdem wird ein *Event-Binding* verwendet. Mithilfe dieses Angular-Features können Entwickler auf Ereignisse eines HTML-Elements reagieren. In diesem Fall soll auf das Ereignis `click` der Schaltfläche reagiert werden. Dazu wird der Ereignisname in Klammern eingeschlossen und als Attribut auf dem HTML-Element platziert. Der Wert des Attributs stellt einen Ausdruck dar, der beim Auslösen des Ereignisses, im Beispiel also dem Klicken auf die Schaltfläche, ausgeführt wird. Hier soll die Methode `readAloud()` ausgeführt werden, die noch definiert werden muss. Als Argument wird dieser Methode der Inhalt des Textfelds übergeben, der auf Textfeldern in der Eigenschaft `value` bereitgestellt wird. Um eine Referenz auf das Eingabefeld zu erhalten, wird die oben definierte Templatereferenzvariable `textbox` verwendet.

Zur Definition der Methode `readAloud()` wechseln Sie bitte zur Implementierung der Komponentenklasse. Diese ist im selben Verzeichnis in der Datei *speech.component.ts* zu finden. Fügen Sie dort innerhalb der Klasse `SpeechComponent` ab Zeile 14 die folgende neue Methode ein:

```
readAloud(text: string) {
  const utterance = new SpeechSynthesisUtterance(text);
  speechSynthesis.speak(utterance);
}
```

Diese Methode nimmt den Text des Formularfelds entgegen und erzeugt daraus die passende *Äußerung* (`utterance`). Durch den Aufruf der Methode `speak()` auf der `speechSynthesis`-Eigenschaft, die auf dem globalen Window-Objekt zur Verfügung gestellt wird, wird die Äußerung vom Webbrowser vorgelesen. Im Sinne des Prinzips Progressive Enhancement (siehe Abschnitt 3.1) sollten Sie noch eine Abfrage einführen, um zu prüfen, ob diese Schnittstelle im Webbrowser auch tatsächlich verfügbar ist. So steht sie beispielsweise nicht im Microsoft Internet Explorer zur Verfügung. Dies könnte beispielsweise so erfolgen (muss nicht übernommen werden):

```
if ('speechSynthesis' in window) {
  const utterance = new SpeechSynthesisUtterance(text);
  speechSynthesis.speak(utterance);
} else {
  alert('Dieser Browser unterstützt die Speech Synthesis API nicht!');
}
```


In echten Szenarien würden Sie allerdings eher den zugehörigen Menüeintrag verstecken, wenn ein Anwender eine Funktionalität nicht ausführen kann. Um zu prüfen, ob alles funktioniert, wechseln Sie zurück zu Google Chrome und klicken dort auf den Menüeintrag SPEECH SYNTHESIS. Abbildung 9.8 zeigt die Darstellung dieses Menüeintrags. Geben Sie in das Textfeld einen Text ein, der vorgelesen werden soll, und klicken Sie anschließend auf die Schaltfläche VORLESEN.

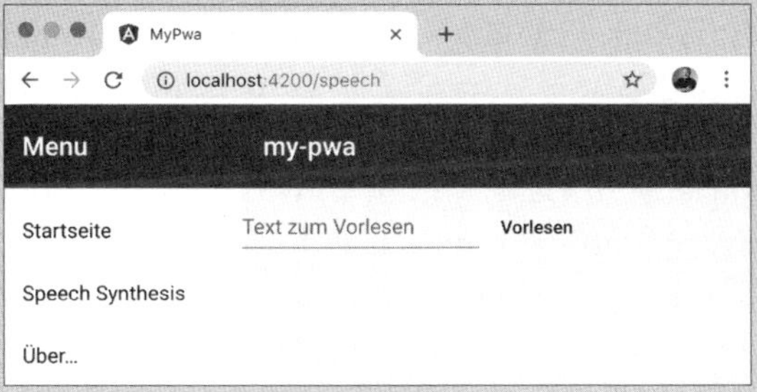

Abbildung 9.8 Anzeige der Speech-Synthesis-Sicht

Die Demoanwendung implementiert somit native Funktionalität. Als Progressive Web App kann man sie bislang aber noch nicht bezeichnen, da sie weder ein Web App Manifest besitzt noch offline ausführbar ist.

9.5 PWA-Unterstützung installieren

Das Angular-Team stellt zur Implementierung von Progressive Web Apps mit Angular unter dem Namen `@angular/pwa` ein hilfreiches Paket auf npm zur Verfügung, das vergleichbar mit Angular Material über den Befehl `ng add` für das Angular-Projekt installiert werden kann.

Aufgabe: PWA-Unterstützung installieren

Geben Sie zur Installation der von Angular bereitgestellten PWA-Bibliothek auf der Kommandozeile den folgenden Befehl ein:

```
ng add @angular/pwa@0.10.6
```

Bei der Installation dieses Pakets wird ein Web App Manifest für die Anwendung erzeugt. Außerdem wird die Service-Worker-Unterstützung für das Angular-Projekt aktiviert. Die Details zur PWA-Unterstützung durch das Angular-Tooling erkläre ich in den kommenden Abschnitten.

9.6 Discoverable: Web App Manifest anpassen

Durch die Ausführung des oben genannten Kommandos wird dem Angular-Projekt automatisch ein Web App Manifest (siehe Kapitel 4, »Web App Manifest: Aussehen der App definieren«) hinzugefügt. Dieses ist in der Datei *src/manifest.json* zu finden. In dem Web App Manifest sind die Eigenschaften `name` und `short_name` mit dem Namen der Angular-Anwendung vorbelegt (siehe Abschnitt 4.1.1, »Name«), im vorliegenden Beispiel also `my-app`. Außerdem werden passende Bilddateien, die allesamt das Angular-Logo zeigen, in verschiedenen Abmessungen in das Projekt übernommen (siehe Abschnitt 4.1.2, »Icons«). Das Manifest nutzt den Stand-alone-Anzeigemodus (siehe Abschnitt 4.2.3, »Anzeigemodi«), die Anwendung wird auf Mobilgeräten also vollflächig und auf Desktopgeräten in einem nativen Fensterrahmen angezeigt, wenn sie vom Homebildschirm gestartet wird. Das Manifest wird außerdem automatisch in der Datei *index.html* referenziert. Darüber hinaus legt die Angular CLI in diesem Einsprungspunkt der Webanwendung das Metatag `theme_color` an, das die Theme-Farbe der Anwendung enthält. Diese wird auch im Web App Manifest angegeben und entspricht dem Angular-Blau. Des Weiteren wird dem `body`-Element der Datei *index.html* ein `noscript`-Tag hinzugefügt. Der dort hinterlegte Inhalt wird dann angezeigt, wenn der Webbrowser JavaScript nicht unterstützt oder der Anwender JavaScript abgeschaltet hat. In diesem Element wird der Hinweis angezeigt, dass der Anwender JavaScript aktivieren soll. Dieses `noscript`-Element ist die letzte Haltelinie der Eigenschaft Progressive Enhancement, da der Anwender andernfalls beim Aufrufen der Angular-Anwendung eine weiße Seite sehen würde. Das Vorhandensein dieses Elements prüfen auch verschiedene PWA-Validierungstools. Listing 9.2 zeigt den Inhalt der Datei *index.html* nach Ausführung des oben genannten Kommandos. Die neu hinzugekommenen Zeilen sind fett markiert.

```
<!doctype html>
<html lang="en">
<head>
```

```
<link href="https://fonts.googleapis.com/icon?family=Material+Icons" rel=
"stylesheet">
<link href="https://fonts.googleapis.com/css?family=Roboto:300,400,500" rel=
"stylesheet">
  <meta charset="utf-8">
  <title>MyPwa</title>
  <base href="/">
  <meta name="viewport" content="width=device-width, initial-scale=1">
  <link rel="icon" type="image/x-icon" href="favicon.ico">
  <link rel="manifest" href="manifest.json">
  <meta name="theme-color" content="#1976d2">
</head>
<body>
  <app-root></app-root>
  <noscript>Please enable JavaScript to continue using this application.
  </noscript>
</body>
</html>
```

Listing 9.2 Aktualisierter Inhalt der Datei index.html

Außerdem wird die Konfiguration des Angular-Projekts in der Datei *angular.json* angepasst, sodass die Manifestdatei in die Buildausgabe des Angular-Projekts eingeschlossen wird.

Insgesamt genügt also das Installieren des Pakets `@angular/pwa`, um die Eigenschaft Discoverable aus Abschnitt 3.7, »Auffindbarkeit: Websites und Apps unterscheiden«, umzusetzen. Das Web App Manifest und die Icon-Bilddateien müssen lediglich an die eigene Anwendung angepasst werden.

Aufgabe: Web App Manifest anpassen

Öffnen Sie die Datei *src/manifest.json* und passen Sie die Eigenschaften `name` und `short_name` der Manifestdatei an: Verwenden Sie »Meine PWA-Demo« für den Namen und »PWA-Demo« als Kurzbezeichnung. Wenn Sie möchten, können Sie auch die App-Icons anpassen.

Der über `ng serve` ausgeführte Entwicklungsserver muss aufgrund der geänderten Angular-Projektkonfiguration angehalten und neu gestartet werden. Navigieren Sie dazu zum ersten Kommandozeilenfenster, in dem der Entwicklungsserver ausgeführt wird, und beenden Sie diesen mit [Strg] + [C] (unter Windows zweimal drücken). Führen Sie darin dann `ng serve --open` erneut aus.

Wechseln Sie zu Google Chrome. Die Angular-Anwendung lädt sich auch nach dem Neustart des Entwicklungsservers automatisch neu. Öffnen Sie dort die Entwicklertools, indem Sie [F12] (unter Windows/Linux) oder [⌥] + [⌘] + [I] (unter macOS) drücken. Wechseln Sie dann zur Registerkarte APPLICATION und prüfen Sie die Einträge im Menü MANIFEST. Dort sollten Sie die neuen Bezeichnungen sehen, wie Abbildung 9.9 zeigt.

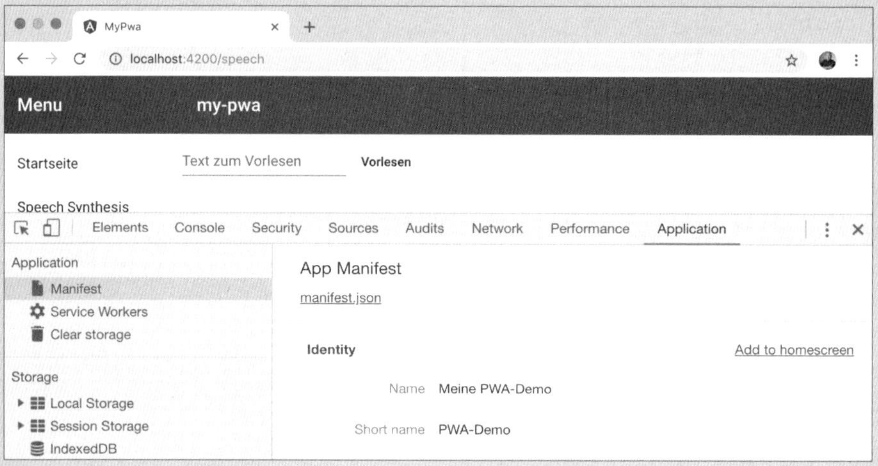

Abbildung 9.9 Anzeige des Web App Manifests

9.7 Connectivity Independent, die erste: Quelldateien der Anwendung offlinefähig machen

In diesem Abschnitt betrachte ich das Zwischenspeichern der Quelldateien der Anwendung über den Cache des Service Workers. Im Rahmen der Installation des Pakets `@angular/pwa` wurde auch das Paket `@angular/service-worker` mitinstalliert. Dieses enthält eine Service-Worker-Implementierung, die für alle Angular-Projekte gleich ist, auch bezeichnet als *Angular Service Worker* (NGSW). Sie wird vom Angular-Team nur aktualisiert, um Fehler zu beheben oder neue Funktionen zu unterstützen. Angular kümmert sich komplett selbst um die Registrierung des Service Workers (siehe Abschnitt 5.3.1, »Registrieren«), die Behandlung der Lebenszyklusereignisse wie `install` und der funktionalen Events wie `fetch`. Insbesondere berücksichtigt Angular die Umsetzung des Progressive Enhancement (siehe Abschnitt 3.1, »Voranschreiten mit Progressive Enhancement«) im Hinblick auf die Service-Worker-Schnittstellen. Der Entwickler muss daher selbst keine `if`-Verzweigungen implementieren, das übernimmt Angular. Der Angular Service Worker überspringt mithilfe der Methode `skipWaiting()` (siehe Abschnitt 5.3.2, »Installieren«) immer die Wartephase und schaltet sich mithilfe von `clients.claim()` (siehe Abschnitt 5.3.3, »Aktivieren«) auch bei Erstinstallation direkt auf geöffnete Clients. Der Angular Service Worker kann mehrere App-Versionen gleichzeitig verwalten. Geöffnete Registerkarten und Browserfenster erhalten vom Service Worker immer die App-Version zurück, mit der sie geöffnet wurden. Wird eine neuer Browsing-Kontext geöffnet, erhält dieser die jeweils neueste Version. Der Angular Service Worker entfernt alte Versionen automatisch, sobald keine Registerkarte und kein Browserfenster mehr diese Version nutzt. Der Entwickler kann auf diese Service-Worker-Implementierung allerdings nur sehr begrenzt Einfluss nehmen.

9.7.1 Service Worker registrieren

Wie oben beschrieben, übernimmt Angular die Registrierung des Service Workers über die Schnittstelle `serviceWorker.register()` (siehe Abschnitt 5.3.1, »Registrieren«). Der Entwickler hat dennoch Einfluss darauf, ob der Service Worker überhaupt registriert werden soll. Im Zuge der Installation wurde das App-Modul in der Datei *src/app/app.module.ts* automatisch angepasst: Dort wird das vom Paket `@angular/service-worker` bereitgestellte `ServiceWorkerModule` importiert. Auf diesem wird die statische Methode `register()` aufgerufen. Die Methode nimmt den Namen des Service-Worker-Skripts entgegen, das registriert werden soll. Das Skript des von Angular bereitgestellten Service Workers heißt `ngsw-worker.js`. Außerdem kann ein optionales Konfigurationsobjekt angegeben werden, das die Eigenschaft `enabled` enthält. Darüber kann gesteuert werden, ob die Registrierung durchgeführt werden soll oder nicht. Standardmäßig ist dort hinterlegt, dass der Service Worker nur dann registriert werden soll, wenn es sich bei der Angular-Anwendung um einen produktiven Build handelt. Ob das so ist, kann über die Umgebungsvariable `environment.production` festgestellt werden. Umgebungsvariablen werden beim Build der Angular-Anwendung festgelegt. Außerdem kann im Konfigurationsobjekt wie bei der Service-Worker-Methode `register()` die Eigenschaft `scope` angegeben werden, falls der Speicherort des Service Workers vom gewünschten Scope abweicht (siehe Abschnitt 5.1.3, »Service Worker«). In Listing 9.3 ist die Registrierung des Service-Worker-Moduls zu sehen, wie sie automatisch in das App-Modul der Angular-Anwendung eingefügt wurde.

```
ServiceWorkerModule.register('ngsw-
worker.js', { enabled: environment.production })
```

Listing 9.3 Registrierung des Service-Worker-Moduls

9.7.2 Caching des Angular Service Workers konfigurieren

Da die Service-Worker-Implementierung selbst nicht geändert wird, muss es eine Alternative geben, damit der Service Worker weiß, welche Dateien zwischengespeichert werden müssen. Vergleichbar mit Workbox gibt es auch beim Angular Service Worker ein Cache-Manifest, das durch die Datei *ngsw-config.json* im Wurzelverzeichnis des Angular-Projekts gesteuert wird.[2] In dieser Datei wird ein Objekt angegeben, das bis zu fünf Eigenschaften entgegennimmt:

1. Die Eigenschaft `index` verweist auf den Einsprungspunkt der Webanwendung, standardmäßig die hostrelative pfadabsolute URL */index.html*. Angular geht standardmäßig also davon aus, dass die Anwendung vom Wurzelverzeichnis ausgeliefert wird.
2. Für die Eigenschaft `appData` können beliebige Daten definiert werden, die die aktuelle Version auszeichnen. Auf diese Eigenschaft kann bei einem anstehenden Update einer App zurückgegriffen werden.
3. `assetGroups` definieren die Regeln für statisches Caching (Anwendungsquelldateien, Bilder, externe Schriftarten und Ähnliches). Wird nachstehend ausführlich beschrieben.
4. `dataGroups` definieren die Regeln für dynamisches Caching (API-Anfragen und Ähnliches). Wird ebenfalls nachstehend ausführlich beschrieben.
5. In der Eigenschaft `navigationUrls` können URLs angegeben werden, die auf den Einsprungspunkt der Webanwendung *index.html* verweisen sollen. Standardmäßig beantwortet der Angular Service Worker sämtliche Navigationsanfragen mit der Datei *index.html*, die eine HTML-Datei als Antwort erwarten (`Accept`-Header enthält `text/html`) und deren URL weder eine Dateierweiterung enthält (ein Punkt im letzten Pfadsegment) noch doppelte Unterstriche (__) in einem beliebigen Pfadbestandteil. Dieses Verhalten lässt sich durch die Angabe einer eigenen Auflistung von Glob-Mustern überschreiben. Dieses Verhalten des Angular Service Workers ist vergleichbar mit den Navigations-Fallbacks bei Workbox (siehe Abschnitt 7.4.4, »Navigations-Fallbacks«).

Auch die Datei *ngsw-config.json* wurde im Rahmen der Installation des PWA-Pakets automatisch erzeugt. Ihren standardmäßig vorhandenen Inhalt zeigt Listing 9.4.

```
{
  "index": "/index.html",
  "assetGroups": [
    {
      "name": "app",
      "installMode": "prefetch",
      "resources": {
        "files": ["/favicon.ico", "/index.html", "/*.css", "/*.js"]
      }
    }, {
      "name": "assets",
      "installMode": "lazy",
```

2 *https://angular.io/guide/service-worker-config*

```
      "updateMode": "prefetch",
      "resources": {
        "files": ["/assets/**"]
      }
    }
  ]
}
```

Listing 9.4 Standardmäßige Definition von ngsw-config.json

Assets

Unter *Assets* versteht man die Quelldateien einer Anwendung und weitere Ressourcen wie Bilder, die zu einer bestimmten App-Version gehören. Ändert sich nur ein Byte an diesen Dateien, zählt das im Sinne des Angular Service Workers als neue Version. Die Eigenschaft `assetGroups` nimmt eine Auflistung von *Assetgruppen* entgegen. Eine solche Gruppe hat einen Bezeichner (`name`), Richtlinien zum Verhalten bei Installation (`installMode`) und Aktualisierung (`updateMode`) der Anwendung und nimmt eine Auflistung von Ressourcen entgegen (`resources`), die zwischengespeichert werden sollen. Der Bezeichner identifiziert die Assetgruppe über App-Aktualisierungen hinweg eindeutig. Sowohl für den Installationsmodus als auch den Aktualisierungsmodus können die Werte `prefetch` oder `lazy` angegeben werden. Die Auswirkung der Zuweisung zeigt Tabelle 9.1.

	`installMode`	`updateMode`
`prefetch`	Ressourcen werden bei der Installation unmittelbar heruntergeladen und zwischengespeichert.	Geänderte Ressourcen werden unmittelbar heruntergeladen und zwischengespeichert.
`lazy`	Ressourcen werden bei der ersten Anfrage heruntergeladen und zwischengespeichert.	Geänderte Ressourcen werden bei der nächsten Anfrage heruntergeladen und zwischengespeichert.

Tabelle 9.1 Übersicht der Installations- und Aktualisierungsmodi

Bei der Installation bewirkt `prefetch`, dass die angegebenen Ressourcen unmittelbar zwischengespeichert werden (Standardverhalten). Das kostet Bandbreite, stellt aber sicher, dass die angegebenen Assets auch offline funktionieren. `lazy` hingegen bedeutet, dass die Ressourcen erst dann im Zwischenspeicher abgelegt werden, wenn sie erstmals über das Netz angefragt werden. Das spart Bandbreite und Speicherplatz, da nie abgefragte Ressourcen nicht zwischengespeichert werden, bei fehlender Internetverbindung sind manche Assets aber vielleicht nicht im Cache vorhanden. Wird ein Update der Angular-App entdeckt, können im Cache befindlichen Ressourcen aktualisiert werden. `prefetch` gibt dabei an, dass dies unmittelbar geschehen soll (Standardverhalten), `lazy` gibt hingegen an, dass die neuen Ressourcen nicht zwischengespeichert werden sollen, sondern erst, wenn sie angefragt werden. Dieser Update-Modus ist jedoch nur gültig, wenn auch der Installationsmodus `lazy` entspricht.

Schließlich wird der Eigenschaft `resources` ein Objekt übergeben, das die beiden Eigenschaften `files` und `urls` enthalten kann. `files` enthält eine Auflistung lokaler Dateipfade als Glob-Muster (siehe Abschnitt 7.2, »Workbox-Projekt aufsetzen«). Dabei werden auch negative Glob-Muster unterstützt, denen ein Ausrufezeichen vorangestellt wird (zum Beispiel `!/**/huge-file.png`). Diese Angabe schließt das nachfolgende Glob-Muster aus. `urls` nimmt eine Auflistung externer URLs und URL-Muster entgegen. Diese werden allerdings immer erst zur Laufzeit zwischengespeichert, also `lazy`, da der Buildprozess nicht bestimmen kann, welche URLs die Webanwendung zur Laufzeit anfragen wird. Darüber hinaus wird bei externen Ressourcen der HTTP-Cache-Header berücksichtigt, diese können also unabhängig von der Version der Angular-App aktualisiert werden.

In Listing 9.4 sind die beiden Assetgruppen zu sehen, die standardmäßig vorhanden sind: Die Gruppe `app` enthält die Quelldateien der Anwendung (*index.html*, CSS-Dateien, JavaScript-Dateien und das Favicon). Die Dateien werden bei jeder neuen App-Version direkt bei der Installation im Cache hinterlegt. Die Ressourcen der Anwendung unterhalb des Ordners *assets* werden hingegen erst beim Erstabruf der Ressourcen zwischengespeichert. Liegt ein Update vor, wird der Cacheeintrag unmittelbar aktualisiert.

Aufgabe: Schriftarten offline halten

Die von Angular Material verwendeten Schriftarten Roboto und Material Icons werden über den Dienst Google Fonts bezogen (siehe Listing 9.2). Besteht keine Internetverbindung, können die Schriftarten nicht abgerufen werden. Beheben Sie dieses Problem, indem Sie die Assetgruppe `app` in der Datei *ngsw-config.json* um die Angabe eines `urls`-Arrays ergänzen, das die URLs von Google Fonts einschließt:

```
{
  "name": "app",
  "installMode": "prefetch",
  "resources": {
    "files": ["/favicon.ico", "/index.html", "/*.css", "/*.js"],
    "urls": [
      "https://fonts.googleapis.com/**",
      "https://fonts.gstatic.com/**"
    ]
  }
}
```

Daten

Während Assets immer zu einer bestimmten Version einer Angular-App gehören, können von einem API-Endpunkt bezogene *Daten* hingegen unabhängig von den Assets verwaltet werden. Die zwischengespeicherten Inhalte könnten eine Aktualisierung der App-Version somit bedenkenlos überleben. Die zugehörigen Datengruppen werden in der Eigenschaft `dataGroups` verwaltet.

Auch Datengruppen besitzen einen eindeutigen Bezeichner (`name`), der die Gruppe eindeutig identifiziert. In der Eigenschaft `urls` können URL-Muster angegeben werden, für die die Datengruppe greifen soll. Für die Eigenschaft `cacheConfig` wird ein Konfigurationsobjekt angegeben, das die Caching-Richtlinie definiert. Dort wird für die Eigenschaft `strategy` die Caching-Strategie für diese Datengruppe angegeben. Angular unterstützt zwei verschiedene Strategien: `freshness` und `performance`. Die Strategie `freshness` entspricht dabei der Caching-Strategie »Network falling back to cache« (siehe Abschnitt 6.8.5). Dabei wird versucht, eine Anfrage zunächst über das Netz zu bedienen. Ist der Anwender offline oder läuft die Anfrage in eine Zeitüberschreitung, wird die Antwort stattdessen aus dem Cache zurückgeliefert. Wie lange auf eine Antwort gewartet werden soll, kann in der optionalen Eigenschaft `timeout` auf dem Konfigurationsobjekt angegeben werden. Die Strategie `performance` entspricht hingegen der Caching-Strategie »Cache falling back to network« (siehe Abschnitt 6.8.3). Wird die Eigenschaft `strategy` nicht angegeben, wird standardmäßig die Strategie `performance` angewandt. Mithilfe der erforderlichen Eigenschaft `maxAge` wird angegeben, wie lange zwischengespeicherte Antworten maximal im Cache gehalten werden sollen. Die beiden Eigenschaften `timeout` und `maxAge` nehmen eine Zeichenkette entgegen, die die Dauer angibt. Die Zeichenkette `1h30m` gibt beispielsweise eine Dauer von einer Stunde und 30 Minuten an. Die unterstützten Einheiten listet Tabelle 9.2 auf.

Kürzel	Einheit
`d`	Tage
`h`	Stunden
`m`	Minuten
`s`	Sekunden
`u`	Millisekunden

Tabelle 9.2 Einheiten zur Angabe einer Zeitdauer

Die erforderliche Eigenschaft `maxSize` gibt an, wie viele Einträge der Cache der Datengruppe maximal halten soll. Darüber hinaus wird die optionale Eigenschaft `version` angeboten, die einen ganzzahligen Wert entgegennimmt. Für den Fall, dass der Cache der Datengruppen im Zuge einer App-Aktualisierung doch einmal geleert werden muss, zum Beispiel aufgrund einer inkompatiblen Änderung der Backend-Implementierung, kann diese Angabe einfach hochgezählt werden. Listing 9.5 zeigt eine beispielhafte Datengruppe für Wetterdaten, die unterhalb der URL *https://example.com/weather* ausgeliefert werden. Hier findet die `freshness`-Strategie Anwendung, auf Netz-Requests wird maximal drei Sekunden gewartet, ehe auf den Cache zurückgegriffen wird. Maximal zehn Cacheeinträge werden offline zwischengespeichert, jeder Eintrag für maximal drei Tage.

```
{
  "name": "weather-data",
  "urls": ["https://example.com/weather/**"],
  "cacheConfig": {
    "strategy": "freshness",
    "timeout": "3s",
    "maxAge": "3d",
    "maxSize": 10
  }
}
```

Listing 9.5 Beispielhafte Datengruppe

9.7.3 Produktionsbuild ausführen

Wie bei Workbox muss die Service-Worker-Konfiguration zur Buildzeit in ein Cache-Manifest namens *ngsw.json* überführt werden. Hier wurden die Glob-Muster aufgelöst und die Dateien mit ihrem Hash direkt eingetragen. Listing 9.6 zeigt einen Ausschnitt der umgesetzten Datei aus der obigen Aufgabe. Diese Datei ist Teil der Buildausgabe, wird vom Angular Service Worker eingelesen und damit gesteuert. Zur Verarbeitung der Konfigurationsdatei gibt es ein Kommandozeilentool namens `ngsw-config`, mit dem dieser Schritt manuell ausgeführt werden kann. Die Angular CLI integriert diesen Schritt aber komfortabel in ihren Buildprozess. Um die Service-Worker-Generierung zu aktivieren, muss der Entwickler in der Datei *angular.json* die Eigenschaft `serviceWorker` für das gewünschte App-Projekt auf `true` setzen. Auch das ist durch die Installation des Pakets `@angular/pwa` bereits automatisch geschehen.

```
{
  "configVersion": 1,
  "index": "/index.html",
  "assetGroups": [
    {
      "name": "app",
```

```
      "installMode": "prefetch",
      "updateMode": "prefetch",
      "urls": [
        "/index.html", "/main.7469967513fd797e96e0.js", /* … */
      ],
      "patterns": [
        "https:\\/\\/fonts\\.googleapis\\.com\\/[^/]*",
        "https:\\/\\/fonts\\.gstatic\\.com\\/[^/]*"
      ]
    },
// …
  "dataGroups": [],
  "hashTable": {
    "/favicon.ico": "84161b857f5c547e3699ddfbffc6d8d737542e01",
    "/index.html": "db98613dbcaa20d3f617191342fa1cd1b2b95bbf",
// …
  },
  "navigationUrls": [
    {
      "positive": true,
      "regex": "^\\/.*$"
    },
// …
  ]
}
```

Listing 9.6 Auszüge aus der generierten ngsw.json

Der Service Worker wird allerdings ausschließlich produktiven Builds der Angular-Anwendung beigefügt, in Development-Builds ist er nicht enthalten. Das Kommando `ng serve` unterstützt zwar produktive Builds, nicht aber das Ausliefern des Service Workers. Daher muss ein produktiver Angular-Build mit Service Worker durch einen gesonderten Webserver wie `lite-server` ausgeführt werden. Zum Durchführen eines produktiven Builds wird das Kommando `ng build --prod` ausgeführt.

Aufgabe: Anwendung mit Service Worker bauen

Wechseln Sie zuerst zu der Kommandozeile, die den Entwicklungsserver (`ng serve`) ausführt. Halten Sie die Ausführung des Entwicklungsservers an, indem Sie [Strg] + [C] drücken (unter Windows zweimal).

Führen Sie dann einen produktiven Build aus, indem Sie das folgende Kommando angeben und mit [↵] bestätigen:

```
ng build --prod
```

Die Buildausgabe wird im Ordner *dist/my-pwa* abgelegt. Navigieren Sie zu diesem Ordner:

```
cd dist/my-pwa
```

Führen Sie dort `lite-server` aus. Der Standardport dieses Servers lautet 3000, daher ändert sich nun die URL der Angular-Anwendung. Ihr Standardbrowser öffnet sich automatisch. Ist dies nicht Google Chrome, kopieren Sie bitte die URL aus der Adresszeile und öffnen sie in Chrome. Vermutlich sehen Sie nun noch die vorherige PWA, die sich weiterhin im Cache befindet. Drücken Sie dort F12 (unter Windows/Linux) oder ⌥ + ⌘ + I (unter macOS). Wechseln Sie zur Registerkarte Application • Clear storage, aktivieren Sie alle Kontrollkästchen und klicken Sie auf Clear site data. Laden Sie die Website dann einmal neu, jetzt sollte die Angular-App erscheinen. Wechseln Sie nun in den Developer Tools zur Registerkarte Network und aktivieren Sie das Kontrollkästchen Offline. Wenn Sie die Anwendung mit F5 (unter Windows/Linux) oder ⌘ + R (macOS) neu laden, funktioniert sie noch immer. Wie Sie in der Liste der Netzanfragen in der Spalte Size sehen können, werden nun auch die Google Fonts durch den Service Worker ausgeliefert und sind somit offline verfügbar, wie Abbildung 9.10 zeigt.

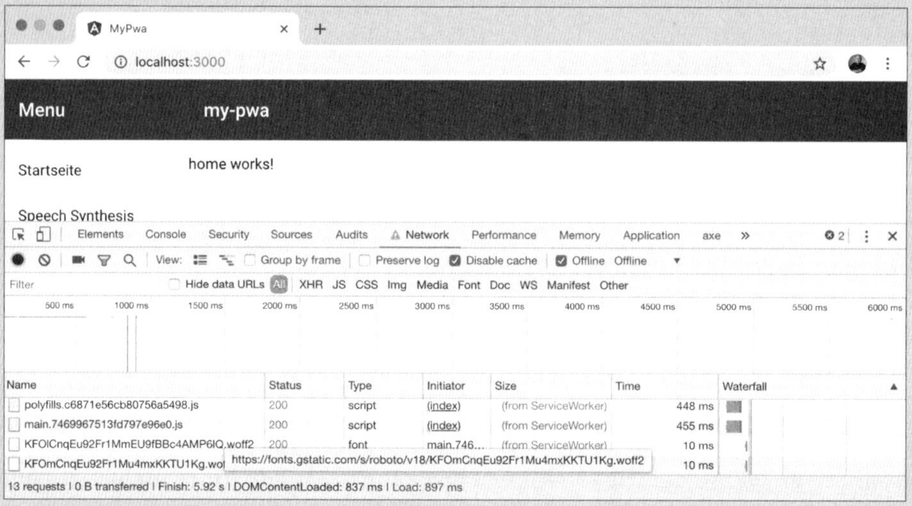

Abbildung 9.10 Ausliefern der Google Fonts durch den Angular Service Worker

9.7.4 Debugging

Der Angular Service Worker kann grundsätzlich wie jeder anderer Service Worker über die Entwicklertools des Webbrowsers debuggt werden. Darüber hinaus definiert er eine eigene Route namens */ngsw/state*. Unterhalb dieser Route liefert der Angular

Service Worker Debugging-Informationen aus.[3] Dort ist der Zustand des Service Workers zu sehen: `NORMAL` beschreibt den regulären Betriebsmodus. `EXISTING_CLIENTS_ONLY` bedeutet, dass der Service Worker keine vollständige Offlinekopie der neuen App-Version besitzt. Während geöffnete Clients mit einer alten Version noch aus dem Cache bedient werden können, werden neue Clients nur über das Netz bedient. Der Zustand `SAFE_MODE` wird angenommen, wenn sämtliche Cacheinhalte ungültig geworden sind oder ein unerwarteter Fehler auftritt. In diesem Fall werden alle Anfragen über das Netz bedient, um Fehlerzustände zu vermeiden. Weiterhin werden der Hash des aktuellen (zuletzt gefundenen) Cache-Manifests und die verstrichene Zeit seit der letzten Prüfung auf dessen Aktualisierung angezeigt. Außerdem werden die Hashes der im Cache vorhandenen Angular-App-Versionen dargestellt und welche Clients (siehe Abschnitt 5.4.3, »Mit Clients interagieren«) diese Version erhalten. Die aktuellste Version der Angular-App ist deckungsgleich mit dem Hash des aktuellen Cache-Manifests. Des Weiteren finden sich eine Anzeige der ausstehenden Hintergrundaufgaben (`Idle Task Queue`) sowie ein Debug-Log, das die Ausgaben des Service Workers auf der Entwicklerkonsole darstellt.

9

Aufgabe: Debugging-Informationen einsehen

Deaktivieren Sie in APPLICATION das Kontrollkästchen UPDATE ON RELOAD und navigieren Sie zur URL *http://localhost:3000/ngsw/state*. Dort sehen Sie Debugging-Informationen, wie in Abbildung 9.11 gezeigt. In diesem Fall liefert der Angular Service Worker für sieben Clients (Browserfenster und Registerkarten) die Version `1e6403bb` aus. Zwischenzeitlich hat dieser aber eine neue Version (`6edc514c`) entdeckt, die im Cache verfügbar ist. Eine neue Registerkarte würde diese neue Version erhalten.

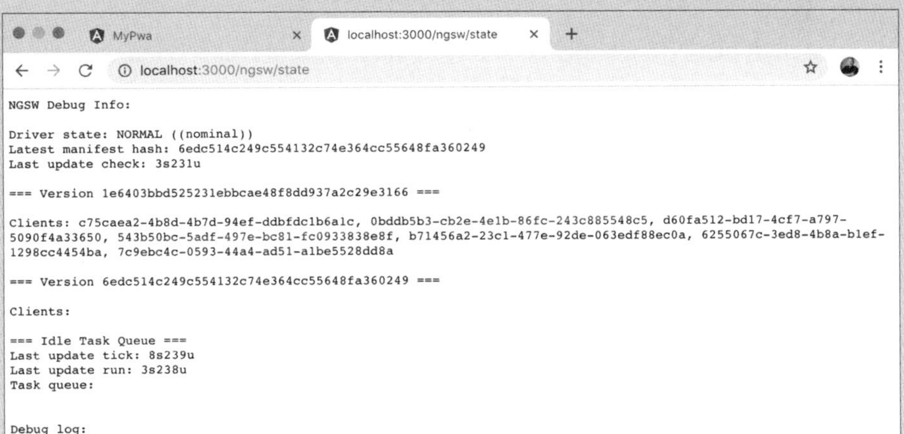

Abbildung 9.11 Debugging-Informationen des Angular Service Workers

3 *https://angular.io/guide/service-worker-devops*

9.7.5 Grenzen des Angular Service Workers

Der von Angular bereitgestellte Service Worker ist zwar sehr einfach zu verwenden, doch bietet er derzeit keine Erweiterungspunkte an. Mit dem Service Worker lässt sich das Cachen der Anwendungsquelldateien sowie dynamischer API-Abrufe umsetzen. Auch das Entgegennehmen von Pushbenachrichtigungen wird unterstützt. Eigene Erweiterungen des generierten Service Workers, etwa die Unterstützung der Background Sync API (siehe Abschnitt 5.6, »Background Sync API«) oder Messaging, lassen sich mit dem Angular Service Worker aber nicht bewerkstelligen. Als Alternative zum Angular Service Worker können Entwickler auch die Ausgabe des produktiven Builds der Angular-Anwendung verwenden und für die Service-Worker-Implementierung auf Workbox (siehe Kapitel 7, »Workbox«) zurückgreifen.

9.7.6 Service Worker entfernen

Der von Angular bereitgestellte Service Worker prüft bei jedem Laden das Vorhandensein des Cache-Manifests *ngsw.json*. Ist diese Datei nicht vorhanden, liefert der Webserver also den HTTP-Status `404 Not Found` zurück, der Service Worker leert seinen Cache und hebt seine eigene Registrierung auf. Der Angular Service Worker würde also automatisch entfernt, wenn der Entwickler die Datei *ngsw.json* nicht mehr mit seiner Anwendung ausliefert.

9.8 Connectivity Independent, die zweite: strukturierte Daten zwischenspeichern

Die Eigenschaft der Offlinefähigkeit kann auf verschiedenen Ebenen umgesetzt werden. Die Anwendungsquelldateien funktionieren jetzt offline, doch sollen auch die Anwenderdaten verfügbar sein, wenn keine Internetverbindung besteht. Im nächsten Abschnitt wird das Speichern solcher Daten in einer lokalen Clientdatenbank mithilfe des Offline-First-Paradigmas und Dexie.js (siehe Abschnitt 5.2.3, »IndexedDB: Wer noch alles im Offlineteam mitspielt«) beschrieben.

Aufgabe: Abhängigkeiten installieren

Damit Sie Dexie.js nutzen können, muss das Paket zunächst für die Angular-Anwendung installiert werden. Außerdem wird im weiteren Verlauf auch ein Paket benötigt, um GUIDs zu generieren. Mit dem Paket `uuid` steht ein solches auf npm zur Verfügung. Führen Sie zur Installation der beiden Pakete in der zweiten Kommandozeile den Befehl `npm i dexie@2.0.4 uuid@3.3.2` aus.

Ich halte die nachstehenden Beispiele bewusst kurz. Formulare würden Sie in Angular eigentlich eher mit Template-Driven Forms oder Reactive Forms umsetzen.

Außerdem setzt Angular eher auf *Observables* statt auf Promises. Bitte setzen Sie sich mit diesen Themen umfassend auseinander, wenn Sie eine produktive Implementierung einer Angular-App beginnen.

9.8.1 Modellklasse generieren

In dieser Demoanwendung geht es um das Speichern von To-do-Listeneinträgen. Im Angular-Projekt wird TypeScript eingesetzt, das eine statische Typisierung erlaubt. Um typisiert auf die Elemente der Datenbank zugreifen zu können, wird eine Modellklasse benötigt, die über den Angular-CLI-Befehl `ng generate class` generiert werden kann. Die To-do-Einträge sollen eine ID, einen Titel und eine Angabe dazu erhalten, ob der Eintrag erledigt wurde. Das ID-Feld wird später mit einer GUID-Zeichenkette belegt, das sich für die verteilte Erstellung von Datenbankindizes eignet (siehe Abschnitt 5.2.2, »Erst mal offline: das Offline-First-Paradigma«).

Aufgabe: Modellklasse generieren

Geben Sie auf der Konsole den Befehl `ng g class todo` ein. Daraufhin wird die Datei *src/app/todo.ts* angelegt, die eine leere `Todo`-Klasse enthält. Wechseln Sie in Visual Studio Code zu dieser Datei. Fügen Sie der Klasse die folgenden drei Eigenschaften hinzu:

```
export class Todo {
  id: string;
  title: string;
  done: boolean;
}
```

9.8.2 Service anlegen

Angular kennt das Konzept von *Services*. Dies sind ebenfalls wiederverwendbare Softwarebausteine, allerdings ohne UI-Bezug. Sie werden für Infrastrukturlogik oder Domänenlogik verwendet. Der Zugriff auf eine Datenbank oder ein Repository ist ein Szenario, das klassischerweise durch einen Service abgebildet wird. Auch Services lassen sich über die Angular CLI generieren.

Aufgabe: Service generieren

Geben Sie auf der Konsole den Befehl `ng generate service database` oder kurz `ng g s database` ein. Daraufhin werden zwei Dateien generiert, *src/app/database.service.ts*, die die Serviceimplementierung enthält, und eine Testspezifikation für Unit-Tests. Öffnen Sie die Serviceimplementierung in Visual Studio Code und geben Sie in Zeile 2 das folgende Import-Statement ein:

```
import Dexie from 'dexie';
```

Passen Sie dann die Serviceklasse wie folgt an, sodass diese vom importierten Bezeichner `Dexie` erbt:

```
export class DatabaseService extends Dexie {
// ...
}
```

Im Konstruktor des `DatabaseService` müssen Sie nun noch die Methode `super()` aufrufen, um den Konstruktor der Basisklasse aufzurufen. Dieser nimmt den Namen der Datenbank entgegen, die geöffnet oder erzeugt werden soll. In diesem Beispiel wähle ich `todo-db`. Außerdem wird im Konstruktor zugleich das Datenbankschema definiert (siehe Abschnitt 5.2.3, »IndexedDB: Wer noch alles im Offlineteam mitspielt«). Auf die eigene Klasse wird in TypeScript immer mit `this` verwiesen. Die Todo-Datensätze sollen entsprechend der Modellklasse eine ID als Primärschlüssel erhalten (der erste Eintrag im Schema des Objektspeichers entspricht immer dem Primärschlüssel), einen Titel besitzen und den Erledigungszustand zeigen. Da sich grundsätzlich alle Eigenschaften dazu eignen, durchsucht zu werden, wird für jede dieser Eigenschaften ein Index erstellt. Passen Sie den Konstruktor bitte wie folgt an:

```
constructor() {
  super('todo-db');
  this.version(1).stores({
    todos: 'id, title, done'
  });
}
```

Um die Schemadefinition nach außen hin bekannt zu machen, fügen Sie in der Zeile nach `export class DatabaseService...` in Zeile 8 das folgende Feld hinzu:

```
todos: Dexie.Table<Todo, string>;
```

Damit wird angegeben, dass es den Objektspeicher (`Table`) mit dem Namen `todos` gibt. Dort werden Objekte vom Typ `Todo` hinterlegt, die eine Zeichenkette als Primärschlüssel besitzen. Die `Todo`-Klasse muss importiert werden. Dies erfolgt, indem Sie beim Tippen den Eintrag TODO aus der Vorschlagsliste auswählen oder den Cursor auf den rot unterkringelten `Todo`-Bezeichner platzieren und dann [Strg] + [.] (Windows/Linux) beziehungsweise [⌘] + [.] (macOS) drücken.

9.8.3 To-do-Einträge hinzufügen

Somit steht nun ein Service zum Zugriff auf eine lokale Clientdatenbank zur Verfügung. Um dort neue To-do-Einträge einzutragen, wird eine weitere Eingabemaske benötigt.

Aufgabe: To-do-Einträge hinzufügen

Wechseln Sie zur Datei *src/app/home/home.component.html*, die das HTML-Template für die Startseite enthält. Ersetzen Sie den Inhalt durch Folgendes:

```
<mat-form-field>
  <input matInput placeholder="To-do-Titel" #textbox>
</mat-form-field>
<button mat-button (click)="addTodo(textbox.value)">Einfügen</button>
```

Wechseln Sie dann zur Implementierung der Logikklasse in die Datei *home.component.ts* im selben Verzeichnis. Bevor die im Template angegebene Methode `addTodo()` implementiert werden kann, wird ein Zugriff auf den oben implementierten `DatabaseService` benötigt. Angular kennt das Konzept der *Dependency Injection*: Abhängigkeiten werden über den Konstruktor eines Angular-Bausteins (Komponente, Direktive, Service und Weitere) angefordert. Das macht die Softwarebausteine unter anderem besonders leicht testbar, da in Unit-Tests Mock-Implementierungen in den Konstruktor eingereicht werden können. Die Dependency Injection in Angular funktioniert typbasiert. Möchte die HomeComponent also eine Instanz des `DatabaseService` anfordern, zählt sie in der Auflistung der Konstruktorparameter einen Parameter vom Typ `DatabaseService` auf. Passen Sie daher den Konstruktor in Zeile 10 wie folgt an:

```
constructor(private databaseService: DatabaseService) { }
```

Die Klasse `DatabaseService` muss wieder über die bekannten Methoden importiert werden. Hier ist außerdem ein nettes Sprachfeature von TypeScript zu sehen: Werden Konstruktorparametern Zugriffsmodifikatoren wie `private` vorangestellt, wird automatisch ein gleichnamiges Feld auf der Komponentenklasse angelegt und mit dem übergebenen Wert initialisiert. Damit ist dieser Code äquivalent zu folgendem Code (bitte nicht übernehmen):

```
private databaseService: DatabaseService;
constructor(databaseService: DatabaseService) {
  this.databaseService = databaseService;
}
```

Das Feld `databaseService` ist dann nur durch die HomeComponent verwendbar. Zugriffsmodifikatoren werden durch TypeScript bereitgestellt. Sie werden nur zur Kompilierungszeit geprüft. Weil es das Konzept in JavaScript nicht gibt, findet zur Laufzeit keine Prüfung statt. Da in JavaScript standardmäßig alle Felder öffentlich sind, wird beim Weglassen eines Modifikators automatisch `public` angenommen.

Nun besteht Zugriff auf die lokale Clientdatenbank, es wird aber noch eine Methode zur Generierung von GUIDs benötigt. Das passende Paket dazu wurde vorhin bereits installiert. Fügen Sie dazu in Zeile 3 das nachstehende Import-Statement ein. Aufgrund des Aufbaus der `uuid`-Bibliothek sieht dieses etwas anders aus als die übrigen Importe.

```
import * as uuidV4 from 'uuid/v4';
```

Die Methode addTodo() kann nun wie folgt implementiert werden:

```
addTodo(title: string) {
  this.databaseService.todos.add({ id: uuidV4(), title, done: false });
}
```

Die Methode nimmt den Titel des neuen To-do-Eintrags als Zeichenkette entgegen. Dann wird ein Objektliteral aufgebaut, das die Typdefinition der Todo-Klasse erfüllt: Es gibt eine ID, einen Titel und den Zustand, ob das To-do erledigt ist. Die ID wird mithilfe der oben importierten Funktion uuidV4() generiert, der Titel wird durchgereicht (da sich Eigenschaftenbezeichner und Variable decken, muss hier keine Zuweisung per Doppelpunkt erfolgen) und das Feld done auf false gesetzt, da neue To-dos noch nicht erledigt sein können. Durch die Typdefinition erhalten Sie beim Tippen auch Vorschläge dazu, welche Eigenschaften es beim Todo-Objekt gibt. Dieses Objektliteral wird der Methode add() übergeben. Der Objektspeicher todos und die Implementierung der Objektspeichermethoden werden durch die Basisklasse Dexie bereitgestellt, von der der DatabaseService erbt.

Zum Ausprobieren ist der Entwicklungsserver nun wieder hilfreicher, da er die Anwendung automatisch bei Änderungen neu lädt. Halten Sie daher die Ausführung des lite-server im ersten Kommandozeilenfenster wieder an und starten Sie ng serve --open. Beachten Sie dabei, dass Sie nun erneut auf die URL *http://localhost:4200* zugreifen müssen. Geben Sie auf der Startseite einen To-do-Titel ein und drücken Sie die Schaltfläche EINFÜGEN. In den Entwicklertools können Sie auf der Registerkarte APPLICATION im Menü INDEXEDDB • TODO-DB • TODOS nachvollziehen, ob das Einfügen des Datensatzes geklappt hat, wie Abbildung 9.12 zeigt.

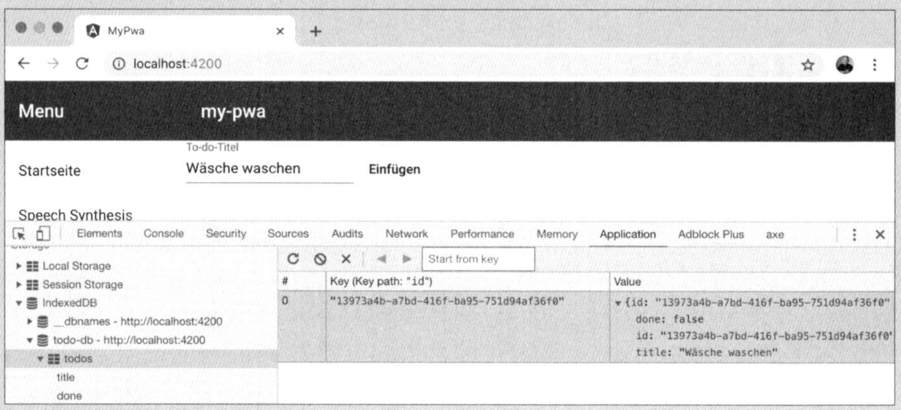

Abbildung 9.12 Daten in die lokale Clientdatenbank einfügen

9.8.4 To-do-Einträge abrufen

Zum Abrufen der To-do-Einträge aus der Clientdatenbank wird auf dem `DatabaseService` für den `todo`-Objektspeicher die Methode `toArray()` bereitgestellt. Diese gibt ein Promise zurück, das mit sämtlichen Einträgen des Objektspeichers als Array auflöst.

Aufgabe: To-do-Einträge abrufen

Legen Sie in der Klasse `HomeComponent` das folgende Feld an (zum Beispiel in Zeile 12):

```
todos: Todo[];
```

Dazu müssen Sie die Klasse `Todo` über die bekannten Maßnahmen importieren. Implementieren Sie dann in dieser Klasse die folgende neue Methode:

```
async updateTodos() {
  this.todos = await this.databaseService.todos.toArray();
}
```

Diese Methode löst das Abrufen der To-do-Listeneinträge aus und hinterlegt sie im Feld `todos`. Rufen Sie die Methode `updateTodos()` in der Methode `ngOnInit()` auf. Dabei handelt es sich um einen *Lifecycle-Hook*, der bei der Initialisierung der Komponente aufgerufen wird. Somit wird die Auflistung bei der Anzeige der Komponente direkt geladen.

```
ngOnInit() {
  this.updateTodos();
}
```

Die Liste soll auch dann aktualisiert werden, wenn ein neuer To-do-Eintrag hinzugefügt wird. Ändern Sie daher die Methode `addTodo()` folgendermaßen ab:

```
async addTodo(title: string) {
  await this.databaseService.todos.add({ id: uuidV4(), title, done: false }
);
  await this.updateTodos();
}
```

Erweitern Sie nun das HTML-Template der Komponente um folgenden Inhalt:

```
<mat-selection-list>
  <mat-list-option checkboxPosition="before" *ngFor="let todo of todos">
    {{ todo.title }}
  </mat-list-option>
</mat-selection-list>
```

Angular Material stellt eine Auswahlliste zur Verfügung (`mat-selection-list`), die aus unterschiedlichen Listenoptionen besteht (`mat-list-option`). Die Auswahlliste stellt Kontrollkästchen mit einer Beschriftung dar. Durch die Angabe `before` für `checkboxPosition` wird das Kontrollkästchen vor der Beschriftung dargestellt. `*ngFor` ist eine *Strukturdirektive*, die den HTML-Knoten, auf den sie angewandt wird, so oft wiederholt, wie Einträge in der Auflistung hinter dem Feld `todos` vorhanden sind. Der jeweils aktuelle To-do-Eintrag wird über die Templatevariable `todo` zur Verfügung gestellt. Innerhalb der Listenoption ist ein *Data-Binding* zu sehen. Diese werden in Angular durch doppelte geschwungene Klammern ausgezeichnet. Der Wert innerhalb der Klammern wird als Ausdruck interpretiert. Anstelle des Data-Bindings wird zur Laufzeit der Titel des jeweiligen To-do-Eintrags dargestellt, wie Abbildung 9.13 demonstriert.

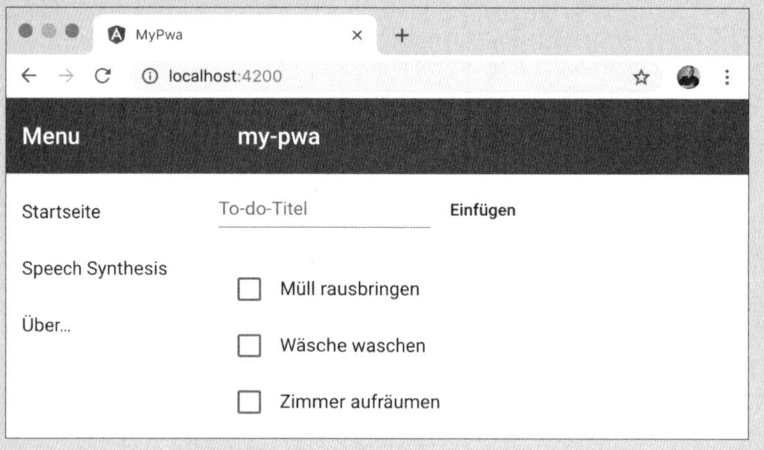

Abbildung 9.13 Darstellung der Auswahlliste

9.8.5 To-do-Einträge als erledigt markieren

Klickt der Anwender auf die Kontrollkästchen in Abbildung 9.13, geschieht derzeit aber noch nichts. Um To-do-Einträge als erledigt markieren zu können, muss der Entwickler auf das Ereignis `selectionChange` reagieren. Wie oben gezeigt, kann dafür ein Event-Binding verwendet werden. Die Aktualisierung eines Datensatzes erfolgt über die Methode `put()`.

Aufgabe: To-do-Einträge als erledigt markieren

Das Ereignis `selectionChange` wird auf dem Knoten `mat-selection-list` ausgelöst, wenn der Anwender eine Auswahl verändert hat. Wie schon oben gezeigt, kann sich der Entwickler zur Behandlung dieses Ereignisses mithilfe eines Event-Bindings (runde Klammern) registrieren. Auf den Argumenten dieses Ereignisses vom Typ `MatSelectionListChange` wird die Option angegeben, deren Zustand sich geändert hat. Auf die Ereignisargumente kann mithilfe des magischen Werts `$event` zugegriffen werden.

```
<mat-selection-list (selectionChange)="toggleTodo($event)">
  <!-- … -->
</mat-selection-list>
```

Damit innerhalb der Methode zur Ereignisbehandlung auf den To-do-Eintrag zugegriffen werden kann, muss dieser als Wert (value) für die Auswahloption hinterlegt werden. Ergänzen Sie den mat-list-option-Knoten daher bitte um das *Property-Binding* value. Property-Bindings werden in Angular durch eckige Klammern ausgezeichnet. Der angegebene Wert für dieses benutzerdefinierte HTML-Attribut wird ebenfalls als Ausdruck interpretiert. Durch die Angabe von todo wird hier das komplexe To-do-Objekt für die Eigenschaft value eingereicht. Solche Bindings werden eingesetzt, um einer Komponente Informationen von außen bereitzustellen, und stellen damit das Gegenteil zum Event-Binding dar. Damit unterstützt das HTML-Template nun alles, was zum Ändern des Erledigungszustands benötigt wird. Allerdings wird dieser beim Laden noch nicht korrekt angezeigt. Um den Erledigungszustand direkt beim Laden korrekt anzuzeigen, muss noch das Property-Binding selected definiert werden: Im vorliegenden Fall wird das Kontrollkästchen der Listenauswahl selektiert, wenn die done-Eigenschaft des To-do-Eintrags den Wert true annimmt.

```
<mat-list-option checkboxPosition="before" *ngFor="let todo of todos"
  [value]="todo" [selected]="todo.done">
  {{ todo.title }}
</mat-list-option>
```

In der Komponentenklasse muss nun noch die Methode toggleTodo() implementiert werden. Wie oben gezeigt, wird diese mit den Argumenten des selectionChange-Ereignisses aufgerufen. Auf diesem Objekt gibt es in der Eigenschaft option Zugriff auf die Auswahloption, die sich geändert hat. Auf dieser wurde über das Property-Binding value der To-do-Eintrag gesetzt. Auf dem To-do-Eintrag wird anschließend die Eigenschaft done invertiert. Schließlich wird der To-do-Eintrag mithilfe der Methode put() wieder in der Clientdatenbank aktualisiert. Da die ID auf dem To-do-Objekt gesetzt ist, muss sie nicht separat angegeben werden.

```
async toggleTodo(event: MatSelectionListChange) {
  const todo = event.option.value;
  todo.done = !todo.done;
  await this.databaseService.todos.put(todo);
}
```

Somit können To-do-Einträge nun zur Laufzeit als erledigt markiert werden. Erledigte To-dos können auch wieder zurückgesetzt werden, falls sich der Anwender geirrt haben sollte. Abbildung 9.14 zeigt die aktuelle Darstellung der Angular-Anwendung.

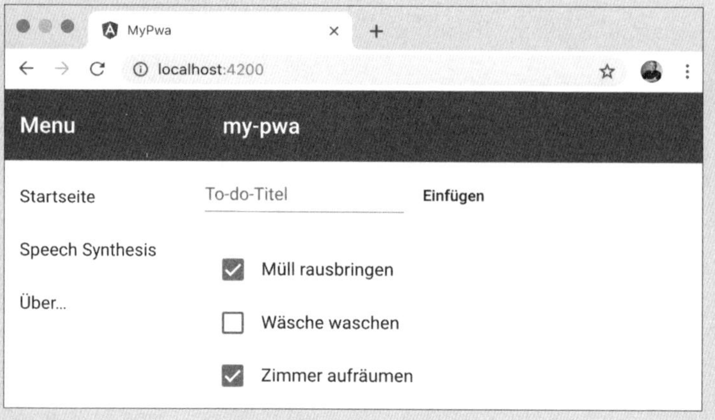

Abbildung 9.14 Umschalten der To-do-Einträge

Die clientseitige Implementierung ist damit abgeschlossen. Getreu dem Prinzip Offline First werden Einträge nun ausschließlich in die lokale Clientdatenbank geschrieben und von dort gelesen.

9.8.6 To-do-Einträge synchronisieren

Um To-do-Einträge mehrerer Geräte austauschen zu können, wird eine passende Serverimplementierung benötigt. Im selben Zuge muss sich der Entwickler Gedanken über die Synchronisierungslogik und die Konfliktauflösung machen.

Aufgabe: Demoserver in Betrieb nehmen

Eine passende Serverimplementierung habe ich bereits für Sie vorbereitet, beschreibe sie hier aber nicht im Detail. Den Quelltext finden Sie bei Interesse unter *https://github.com/pwapraxis/server*. Der Demoserver besitzt eine recht triviale Implementierung: Er nimmt die To-do-Einträge des Clients entgegen und fügt sie seinem lokalen Speicher hinzu. Existieren dort bereits Einträge mit dem eindeutigen Bezeichner, werden sie überschrieben. Konflikte werden also über die Strategie »Last one wins« automatisch aufgelöst. Außerdem nimmt der Server immer alle Einträge entgegen und liefert alle zurück, unabhängig davon, ob sich Einträge geändert haben. Darüber hinaus merkt sich der Demoserver keine Daten. Wenn er beendet wird, gehen alle To-do-Einträge verloren. Auch hat der Demoserver keine Authentifizierung und keinen Benutzerkontext, es werden also alle Geräte denselben Datenbestand erhalten. In produktiven Szenarien müssen alle diese Punkte natürlich unbedingt beachtet werden. Führen Sie in einer neuen Kommandozeile den Befehl `npx pwapraxis-server` aus. Wenn Sie die Adresse *http://localhost:3030* in Ihrem Browser aufrufen, sollte Ihnen dort die Website des Demoservers angezeigt werden. Lassen Sie diese Kommandozeilenfenster bitte unbedingt bis zum Abschluss der Aufgaben geöffnet.

Der Demoserver bietet unter der Route *http://localhost:3030/sync* einen Synchronisierungsendpunkt an. Dieser nimmt POST-Anfragen mit einem Array von To-do-Einträgen entgegen, führt es mit seinem Datenbestand zusammen und gibt das zusammengeführte Array wieder zurück. Standardmäßig liefert der Server immer zwei To-do-Einträge aus, »Buch lesen« und »Angular lernen«. Bei der ersten Synchronisation werden diese beiden Aufgaben vom Server bezogen. Die Angular-App wird nun dahin gehend erweitert, dass der Datenbestand auf Knopfdruck aktualisiert werden kann.

Aufgabe: Daten synchronisieren

Wechseln Sie in Visual Studio Code zunächst in die Datei *src/environments/environment.ts*. Diese enthält Umgebungsvariablen, die dann auf das Projekt angewandt werden, wenn ein Entwicklerbuild erzeugt wird. Erweitern Sie die Definition des Objektliterals `environment` um die Angabe `baseUrl` und geben Sie dort die URL des Demoservers an. Achten Sie auf den schließenden Schrägstrich.

```
export const environment = {
  production: false,
  baseUrl: 'http://localhost:3030/'
};
```

Um den Synchronisierungsendpunkt aufzurufen, muss die Angular-App einen HTTP-Request senden. In Angular steht dafür der Service `HttpClient` zur Verfügung. Um diesen verwenden zu können, muss jedoch zunächst das `HttpClientModule` importiert werden. Wechseln Sie dazu in die Datei *src/app/app.module.ts* und fügen Sie am Ende des Arrays `imports` den weiteren Eintrag `HttpClientModule` hinzu. Dieser muss aus dem Paket `@angular/common/http` importiert werden:

```
@NgModule({
// …
  imports: [
// …
    ServiceWorkerModule.register('ngsw-
worker.js', { enabled: environment.production }),
    HttpClientModule
  ],
// …
})
export class AppModule { }
```

Wechseln Sie nun zum HTML-Template der `HomeComponent` zurück (*src/app/home/home.component.html*). Duplizieren Sie dort den Code der Schaltfläche Einfügen, ändern Sie die Beschriftung auf Synchronisieren und rufen Sie beim Auftreten des `click`-Ereignisses die Methode `sync()` auf, die noch definiert wird:

```
<button mat-button (click)="sync()">Synchronisieren</button>
```

Wechseln Sie dann zur Implementierung der Logikklasse. Auch der `HttpClient` wird über die Dependency Injection zur Verfügung gestellt, kann also über den Konstruktor angefordert werden. Fügen Sie daher einen zusätzlichen Konstruktorparameter vom Typ `HttpClient` ein:

```
constructor(private databaseService: DatabaseService, private httpClient:
HttpClient) { }
```

Ergänzen Sie dann in derselben Datei die neue Methode `sync()`: Dort werden zunächst über den Datenbankservice sämtliche To-do-Einträge bezogen. Zum Versenden der POST-Anfrage wird die Methode `post()` verwendet, die vom `HttpClient` angeboten wird. Diese Methode ist generisch, nimmt also den erwarteten Rückgabetyp als generischen Typparameter in spitzen Klammern entgegen. Der Server wird ein Array von `Todo`-Objekten zurückliefern. Der Methode wird die URL übergeben, die aufgerufen werden soll. Diese setze ich mithilfe eines Template Literal Strings zusammen. Damit können Zeichenketten sehr leicht zusammengesetzt werden – hier die Basis-URL des Demoservers und der *sync*-Endpunkt. Bitte stellen Sie sicher, dass Sie hier Backticks verwenden (Gravis-Akzente, auf deutschen Tastaturen meist rechts neben [ß]). Nur innerhalb solcher Zeichenketten können mithilfe der Sequenz `${}` fremde Zeichenketten interpoliert werden. Die zusammengesetzte Zeichenkette lautet also *http://localhost:3030/sync*. Weiterhin wird das Objekt übergeben, das im Rumpf der HTTP-Anfrage übertragen werden soll. Mithilfe der Methode `toPromise()` wird die Anfrage in ein Promise umgewandelt. Unter Angular werden normalerweise Observables verwendet, doch das ist ein weiteres Themengebiet für sich. Das Antwort-Array des Servers steht anschließend in der Variablen `newTodos` zur Verfügung. Schließlich wird dieser neue Datenbestand in die Clientdatenbank eingefügt. Das geschieht durch Aufruf der Methode `bulkPut()`. Abschließend wird die Methode `updateTodos()` aufgerufen, mit der die Anzeige der To-do-Listeneinträge wieder aktualisiert wird.

```
async sync() {
  const todos = await this.databaseService.todos.toArray();
  const newTodos = await this.httpClient.post<Todo[]>
    (`${environment.baseUrl}sync`, todos).toPromise();
  await this.databaseService.todos.bulkPut(newTodos);
  this.updateTodos();
}
```

Für dieses Codebeispiel müssen die beiden Symbole `HttpClient` und `environment` importiert werden. Dabei ist jedoch Vorsicht geboten – stellen Sie unbedingt sicher, dass die Importe am Dateianfang wie folgt aussehen:

```
import { environment } from './../../environments/environment';
import { HttpClient } from '@angular/common/http';
```

Wechseln Sie dann wieder zu Google Chrome. Hier können Sie die Einträge nun über die Schaltfläche SYNCHRONISIEREN mit dem Server austauschen. Wenn alles funktioniert, sollten Sie die zwei neuen Einträge ANGULAR LERNEN und PWA-BUCH LESEN vom Server sehen.

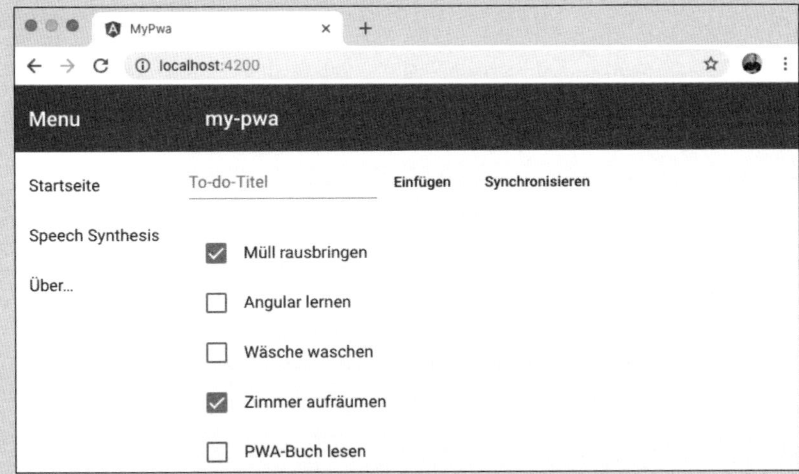

Abbildung 9.15 Anzeige der vom Server bezogenen Einträge

9.9 Reengageable: Pushereignisse mit SwPush

Der Angular Service Worker unterstützt auch das Empfangen von Pushbenachrichtigungen, wie in Kapitel 8, »Push API: Rufen Sie nicht uns an – wir rufen Sie an!«, ausführlich beschrieben. Um sich für Pushnachrichten zu registrieren, wird für die Angular-App der Service `SwPush` bereitgestellt. Auf diesem Service steht die Methode `requestSubscription()` zur Verfügung, um eine neue Pushregistrierung anzufordern. Zugriff auf eine bestehende Pushregistrierung erhält der Entwickler über die Eigenschaft `subscription`. Über die Eigenschaft `messages` kann die Anwendung Zugriff auf die Pushnachrichten erhalten. Mithilfe der Eigenschaft `isEnabled` kann die Anwendung außerdem prüfen, ob der Service Worker aktiv ist, also vom Webbrowser unterstützt wird, ob es sich um einen produktiven Build handelt und ob dieser über die Eigenschaft `enabled` aktiviert wurde (siehe Abschnitt 9.7.1, »Service Worker registrieren«). Schließlich kann die Pushregistrierung über die Methode `unsubscribe()` auch wieder aufgehoben werden.

Der Aufruf der Methode `requestSubscription()` zeigt das Fenster zum Einholen der Erlaubnis an, wenn der Anwender dieses Einverständnis für die gegenwärtige Origin zuvor noch nicht gegeben hat. Wie in Abschnitt 8.2.3, »Einwilligung des Anwenders einholen«, beschrieben, sollten Entwickler die Erlaubnis allerdings nicht direkt beim Anwendungsstart einholen. Das sich dabei öffnende modale Anwendungsfenster könnte den Anwender stören. Außerdem weiß er nicht, für welche Art Pushbenachrichtigung er sich damit registriert. Es empfiehlt sich stattdessen, den Inhalt der Benachrichtigungen zu kommunizieren und erst dann die Erlaubnis anzufordern.

Aufgabe: Für Push registrieren

Wechseln Sie in Visual Studio Code zum HTML-Template der `HomeComponent` in der Datei *src/app/home/home.component.html*. Fügen Sie dort, zum Beispiel unterhalb der SYNCHRONISIEREN-Schaltfläche, folgenden Code ein:

```
<button mat-button (click)="registerForPush()" *ngIf=
"canRegister">Bei abgeschlossenen Aufgaben informieren</button>
```

Die Schaltfläche wird durch die Strukturdirektive `*ngIf` nur dann angezeigt, wenn sich der Anwender für Pushereignisse registrieren kann. Diese Information wird auf dem Feld `canRegister` hinterlegt. Wenn der Anwender auf die Schaltfläche klickt, wird die Methode `registerForPush()` aufgerufen. Wechseln Sie nun zur Implementierung der Komponentenklasse (*home.component.ts*) und definieren Sie dort am Anfang der Klasse (nach dem `todos`-Feld) das neue Feld `canRegister`, das standardmäßig `false` ist:

```
canRegister = false;
```

Erweitern Sie dann die Parameteraufzählung des Konstruktors um den `SwPush`-Service:

```
constructor(private databaseService: DatabaseService, private httpClient:
HttpClient, private swPush: SwPush) { }
```

Vergessen Sie bitte nicht, den Typ `SwPush` zu importieren. Ergänzen Sie anschließend in der Klasse noch die im Template neu definierte Methode `registerForPush()`:

```
async registerForPush() {
  await this.swPush.requestSubscription({
    serverPublicKey: 'BEgmSGhBZQv1dMlo3abfIPH...ZVo5TVgF_ElXfnnCoMq1vvH2DU'
  });
}
```

Fügen Sie für die Eigenschaft `serverPublicKey` die Zeichenkette an, die Ihnen der `pwapraxis-server` unter *http://localhost:3030* im Bereich VAPID PUBLIC KEY ausgibt. Über die Schaltfläche COPY können Sie den Schlüssel bequem kopieren. Somit kann nun die Pushregistrierung vom Webbrowser angefordert werden, doch die Schaltfläche ist noch nicht sichtbar. Im Folgenden nutze ich die Eigenschaft `subscription`, die ein Observable zurückgibt. Über dieses können vergleichbar mit einem Ereignis nach und nach unterschiedliche Werte, hier die Pushregistrierungen, bezogen werden. Anders als Events erlauben Observables die Implementierung komplexer Logik. Ergänzen Sie die Methode `ngOnInit()` wie folgt:

```
ngOnInit() {
  this.updateTodos();
  this.swPush.subscription.pipe(
```

```
    tap(sub => this.canRegister = !sub && Notification.permission !==
  'denied'),
    filter(sub => !!sub),
    switchMap(sub =>
      this.httpClient.post(`${environment.baseUrl}push`, sub.toJSON()))
  ).subscribe();
}
```

Der Code in der Methode `pipe()` wird immer dann aufgerufen, wenn sich die Pushregistrierung geändert hat. Ist der Service Worker aktiv und noch keine Pushregistrierung hinterlegt, wird der Code in der Methode `pipe()` initial mit `null` aufgerufen. Die Methode `tap()` kümmert sich um das Aktualisieren des Felds `canRegister`. Gibt es noch keine Registrierung (`!sub`) und hat der Anwender die Erlaubnis für Pushbenachrichtigungen (`Notification.permission`) nicht explizit abgelehnt, wird das Feld auf `true` gesetzt, und damit wird die Schaltfläche angezeigt. Andernfalls wird die Schaltfläche ausgeblendet. Als Nächstes wird die Methode `filter()` mit der Pushregistrierung oder, wenn es noch keine gibt, mit `null` aufgerufen. Mithilfe der doppelten Ausrufezeichen wird der Wert des Parameters `sub` in einen booleschen Wert umgewandelt: In JavaScript wird der Wert `null` dabei zu `false`, ein Objekt (zum Beispiel das der Pushregistrierung) zu `true`. Gibt die Methode `true` zurück – ist also eine Pushregistrierung vorhanden –, wird die nachfolgende Methode ausgeführt. Mithilfe der Methode `switchMap()` wird ein anderer asynchroner Vorgang gestartet: Mit `HttpClient` wird die Pushregistrierung an den Demoserver übertragen. Dieser nimmt über den Endpoint */push* per POST-Request die Pushregistrierungsobjekte entgegen. Um dieses Verhalten insgesamt zu aktivieren, muss schließlich noch die Methode `subscribe()` aufgerufen werden. Die Methoden `tap`, `filter` und `switchMap` werden folgendermaßen importiert:

```
import { filter, switchMap, tap } from 'rxjs/operators';
```

Da der `SwPush`-Service die Laufzeit der HomeComponent überlebt (so kann der Anwender während der Laufzeit zwischen den Tabs auf der linken Seite wechseln), muss sich die HomeComponent von der `subscription`-Eigenschaft wieder deregistrieren. Ich verzichte der Einfachheit halber hier darauf. In produktiven Projekten muss darauf unbedingt geachtet werden, da es sonst zu Memory Leaks kommt.

Der Demoserver schickt an alle verbundenen Geräte eine Pushbenachrichtigung, wenn der Anwender einen erledigten To-do-Eintrag mit dem Demoserver synchronisiert, der zuvor nicht vorhanden oder noch nicht erledigt war. Um die Implementierung auszuprobieren, wird allerdings wieder ein produktiver Build der Anwendung benötigt, da nur diesem ein Service Worker beiliegt, um die Push API zu nutzen. Damit Sie die Implementierung auch gleich auf einem Mobilgerät ausprobieren können, führen Sie bitte noch die folgenden Schritte durch:

Starten Sie eine neue Kommandozeile und wechseln Sie in den Ordner, in den Sie ngrok heruntergeladen haben. Geben Sie dann den Befehl `ngrok http 3030` (Windows) beziehungsweise `./ngrok http 3030` (macOS/Linux) ein. Damit wird der `pwapraxis-server` über einen öffentlichen Endpunkt verfügbar gemacht. Kopieren Sie die angezeigte HTTPS-URL im Feld FORWARDING. Wechseln Sie dann zu Visual Studio Code in die Datei *src/environments/environment.prod.ts*. Ergänzen Sie dort die Eigenschaft `baseUrl` und fügen Sie die ngrok-URL ein. Achten Sie dabei unbedingt darauf, noch einen schließenden Schrägstrich hinzuzufügen:

```
export const environment = {
  production: true,
  baseUrl: 'https://xxxxxxxx.ngrok.io/'
};
```

Halten Sie nun auf der Kommandozeile, auf der der Entwicklungsserver `ng serve` ausgeführt wird, dessen Ausführung an, indem Sie [Strg] + [C] drücken (unter Windows zweimal). Navigieren Sie zwei Ebenen nach oben (`cd ../..`) und führen Sie dann das Kommando `ng build --prod` aus. Wechseln Sie nach Abschluss des Builds in das Ausgabeverzeichnis mit `cd dist/my-pwa` und führen Sie dort `lite-server` aus. Damit wird Ihre Anwendung nun wieder ausgeliefert, allerdings nur unter *localhost*. Um auch die Angular-App auf einem mobilen Gerät ausprobieren zu können, starten Sie eine neue Kommandozeile, wechseln auch dort in das Installationsverzeichnis von ngrok und führen diesmal den Befehl `ngrok http 3000` (Windows) beziehungsweise `./ngrok http 3000` (macOS/Linux) aus. In der Kommandozeile wird Ihnen dann wieder eine HTTPS-URL angezeigt. Kopieren Sie sie und öffnen Sie damit die Anwendung in Ihrem Browser, wahlweise auf Ihrem Desktopcomputer oder Ihrem Mobilgerät.

Beim Klicken auf die Schaltfläche BEI ABGESCHLOSSENEN AUFGABEN INFORMIEREN zeigt der Browser die Abfrage an, die Abbildung 9.16 zeigt.

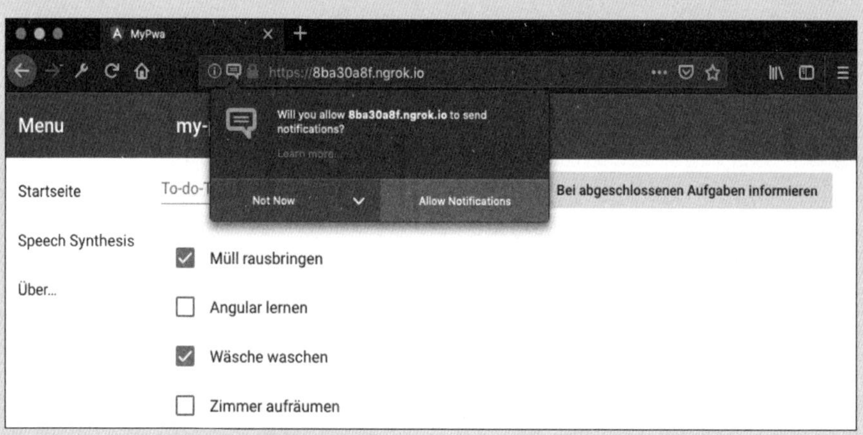

Abbildung 9.16 Berechtigungsabfrage bei der Pushregistrierung

Daraufhin verschwindet die Schaltfläche, da die `pipe()`-Methode dann mit der ausgehandelten Pushregistrierung aufgerufen wird. Diese wird im Anschluss an den Demoserver übermittelt. Sie können prüfen, ob es geklappt hat, indem Sie die Weboberfläche des Demoservers unter *http://localhost:3030* neu laden. Dort werden die vorhandenen Push-Subscriptions angezeigt, wie in Abbildung 9.17 zu sehen. Der Demoserver schickt Pushbenachrichtigungen immer an alle dort vorhandenen Pushregistrierungen. Tritt beim Versenden ein Fehler auf, entfernt der Webbrowser die Pushregistrierung automatisch aus der Liste.

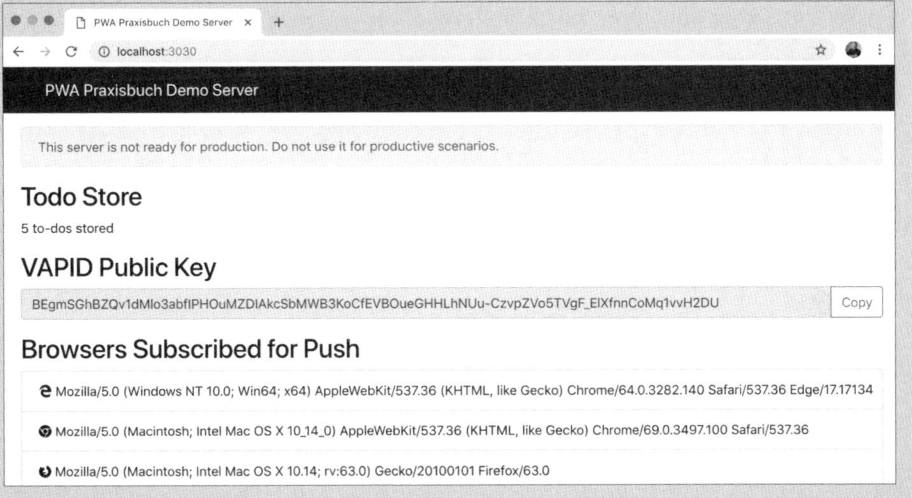

Abbildung 9.17 Anzeige der Push-Subscriptions auf der Weboberfläche des Demoservers

Wenn Sie nun die Schaltfläche SYNCHRONISIEREN betätigen, einen der beiden vom Server synchronisierten To-do-Einträge als erledigt markieren und noch einmal auf SYNCHRONISIEREN klicken, werden Pushbenachrichtigungen an die verbundenen Geräte gesendet, wie Abbildung 9.18 zeigt.

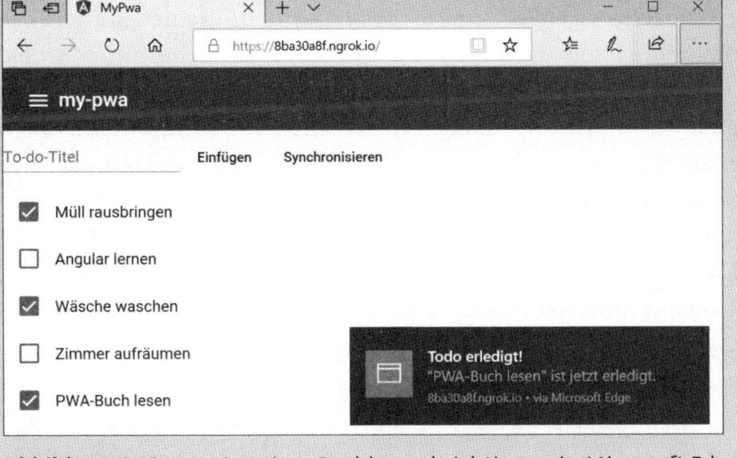

Abbildung 9.18 Anzeige einer Pushbenachrichtigung in Microsoft Edge

9.10 Fresh: Updateprozess mit SwUpdate

Der Angular Service Worker sucht beim Laden der Angular-App aus dem Cache automatisch nach neuen App-Versionen. Wenn dieser eine Aktualisierung auffindet, installiert er sie direkt in seinem Cache. Neu geöffnete Registerkarten sehen direkt die neue App-Version. Auf der aktuellen Registerkarte wird zu diesem Zeitpunkt aber noch die alte Fassung der Website ausgeliefert. Erst nach dem Neuladen der aktuellen Registerkarte wäre auch hier die aktuelle Version zu sehen. Dieses Konzept zeigt Abbildung 9.19.

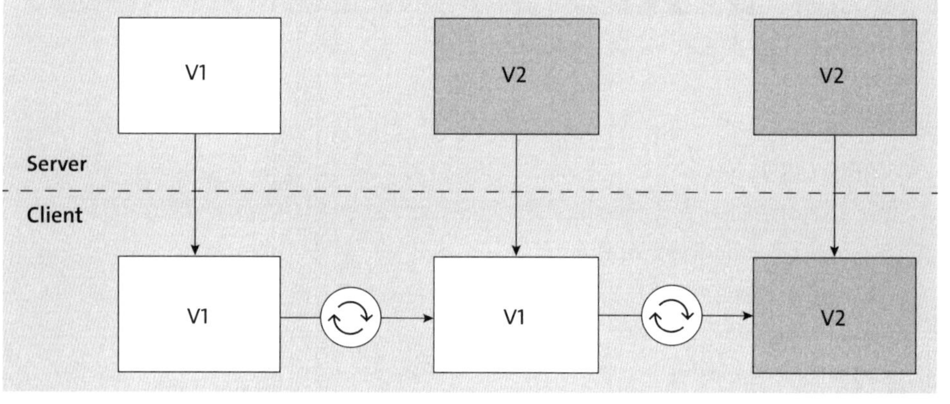

Abbildung 9.19 Aktualisierung der Angular-App-Version durch den Angular Service Worker

Mithilfe des Service `SwUpdate` kann sich der Entwickler darüber informieren lassen, dass eine Aktualisierung der Angular-App verfügbar ist. Um auf der aktuellen Registerkarte die neue App-Version auszuliefern, genügt das Neuladen der Registerkarte. Daher kann der `SwUpdate`-Service in Kombination mit einem Hinweisbanner verwendet werden, das den Anwender auf die Verfügbarkeit einer Aktualisierung hinweist und die aktuelle Registerkarte mithilfe einer Schaltfläche direkt neu starten kann. Auch dieser Service verfügt über die Eigenschaft `isEnabled`, um zu bestimmen, ob der Angular Service Worker aktiv ist. Er besitzt die beiden Eigenschaften `available` und `activated`, mit denen auf die Verfügbarkeit einer Aktualisierung sowie deren Aktivierung reagiert werden kann. Außerdem erlaubt der Service über die Methode `checkForUpdate()` imperativ das Suchen nach Updates und über die Methode `activateUpdate()` das Aktivieren desselben.

Aufgabe: Auf Updates hinweisen

Wechseln Sie in Visual Studio Code zur Datei *src/app/app.module.ts*. Zur Anzeige der Information, dass es ein Update gibt, eignet sich die Snackbar von Angular Material. Dabei handelt es sich um eine Hinweisleiste, die am unteren Bildschirmrand eingeblendet wird. Gesteuert wird sie über den Service MatSnackBar. Um diesen verwenden zu können, muss jedoch zuerst das MatSnackbarModule importiert werden. Erweitern Sie daher das imports-Array um das MatSnackbarModule, das aus dem Paket @angular/material importiert wird. Implementieren Sie dann einen Konstruktor für die Klasse AppModule und fordern Sie dort eine Instanz der Services SwUpdate und MatSnackBar an. Registrieren Sie sich für das Ereignis available des SwUpdate-Service mithilfe der Methode subscribe(). Rufen Sie im Callback zur Ereignisbehandlung die Methode open() des MatSnackBar-Service auf. Diese Methode nimmt den Hinweis entgegen und eine weitere, optionale Aktion. Ich wähle hier NEUE VERSION VERFÜGBAR! und NEU LADEN als Aktionsbezeichnungen. Auf der zurückgegebenen Snackbar-Instanz steht die Methode onAction() zur Verfügung, die ein Observable zurückliefert. Darauf können Sie sich mithilfe der Methode subscribe() registrieren. Im vorliegenden Beispiel rufe ich die Methode window.location.reload() auf, um die Registerkarte neu zu laden und somit die neue Version darzustellen.

```
@NgModule({
// ...
  imports: [
// ...
    MatSnackBarModule,
  ],
// ...
})
export class AppModule {
  constructor(swUpdate: SwUpdate, matSnackbar: MatSnackBar) {
    swUpdate.available.subscribe(() => {
      const snackbar =
 matSnackbar.open('Neue Version verfügbar!', 'Neu laden');
      snackbar.onAction().subscribe(() => window.location.reload());
    });
  }
}
```

Um diese Funktion auszuprobieren, müssen Sie ng build --prod und lite-server wie in Abschnitt 9.9 beschrieben erneut ausführen, ngrok kann dabei aber geöffnet bleiben. Laden Sie dann das Browserfenster neu, in dem die Angular-App gerade angezeigt wird. Da Sie den Service erstmalig nutzen, wird die Snackbar noch nicht angezeigt. Ändern Sie daher ein Zeichen in der Anwendung ab, zum Beispiel im Hinweistext der Snackbar, führen Sie alles erneut aus und laden Sie dann die Anwendung neu. Diese zeigt nach kurzer Zeit am unteren Bildschirmrand den Hinweis an, dass eine neue Version verfügbar ist. Klickt der Anwender auf NEU LADEN, wird die Registerkarte neu geladen, und die neue App-Version wird angezeigt.

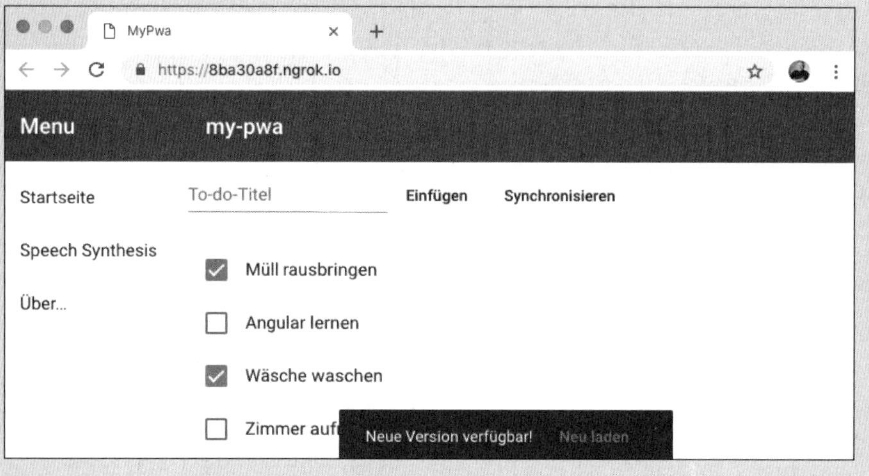

Abbildung 9.20 Anzeige der Snackbar bei Verfügbarkeit einer neuen App-Version

9.11 Installable: Installation anbieten

Wie in Abschnitt 4.4, »Zur Installation auffordern«, beschrieben, kann die Anwendung den Nutzer zur Installation auffordern. Um die Aufforderung anzeigen zu können, müssen Entwickler auf das Ereignis `beforeinstallprompt` warten. Der Webbrowser entscheidet, wann dieses aufgerufen wird, anhand bestimmter Kriterien (siehe Abschnitt 4.4.2, »Eigene Methode«). Entwickler sollen im Rahmen der eigenen Benutzeroberfläche Möglichkeiten anbieten, die App zu installieren. Wenn die Installation erfolgt ist, wird das Ereignis `appinstalled` ausgelöst.

Aufgabe: Den Anwender zur Installation auffordern

Damit die Installationsfunktion auf jeder Seite zu sehen ist, soll sie im Menü als neuer Eintrag platziert werden. Wechseln Sie dazu in Visual Studio Code zum HTML-Template der `NavComponent` in der Datei *src/app/nav/nav.component.html*. Fügen Sie dort unter den drei bestehenden Menüeinträgen einen weiteren ein:

```
<a mat-list-item (click)="install()" *ngIf="installPrompt">Installieren</a>
```

Der Menüeintrag soll also nur angezeigt werden, wenn es eine Aufforderung gibt (`installPrompt`). Die Installation über die Methode `install()` wird per Klick auf den Menüeintrag ausgelöst. In der zugehörigen Komponentenklasse in der Datei *nav.component.ts* im selben Ordner deklarieren Sie zunächst das neue Feld `installPrompt`, das später eine Funktion erhalten wird:

```
export class NavComponent {
  installPrompt;
// …
}
```

Innerhalb der `NavComponent` registrieren Sie sich jetzt auf das Ereignis `beforeinstallprompt` des globalen `window`-Objekts. Dazu stellt Angular ein Hilfsmittel zur Verfügung, den sogenannten `HostListener`. Dieser Dekorator kann auf Methoden platziert werden, die beim Auftreten eines bestimmten Ereignisses aufgerufen werden sollen, und nimmt den Namen des Ereignisses entgegen. Tritt es nicht auf der eigenen Komponente auf, kann diesem das Präfix `window:` vorangestellt werden, um es stattdessen auf dem globalen `window`-Objekt entgegenzunehmen. Darüber hinaus kann optional eine Auflistung damit hinterlegt werden, welche Eigenschaften der Ereignisargumente an die Methode weitergereicht werden sollen. Die Ereignisargumente werden wieder mit dem magischen Wert `$event` bezeichnet. Im nachstehenden Beispiel wird das komplette Objekt der Ereignisargumente angefordert. Legen Sie nun den `HostListener` für das `beforeinstallprompt`-Ereignis an:

```
@HostListener('window:beforeinstallprompt', ['$event'])
onBeforeInstallPrompt(event: Event) {
  this.installPrompt = event;
  return false;
}
```

Durch die Rückgabe von `false` wird durch Angular die Methode `preventDefault()` auf den Ereignisargumenten aufgerufen. Dadurch wird die Anzeige des alten App-Install-Banners in Google Chrome unterdrückt, wie in Abschnitt 4.4.1, »Auslaufmodell App-Install-Banner«, beschrieben. Die Ereignisargumente werden im Feld `installPrompt` hinterlegt. Damit wird dann auch der Menüeintrag zur Installation angezeigt. Um auf den Klick auf einen Menüeintrag zu reagieren, implementieren Sie als Nächstes die `install()`-Methode. Darin wird die `prompt()`-Funktion auf den Ereignisargumenten aufgerufen, die im Feld `installPrompt` gehalten werden.

```
install() {
  this.installPrompt.prompt();
}
```

Nach der Installation soll der Menüeintrag wieder ausgeblendet werden. Implementieren Sie dazu einen zweiten `HostListener` für das Ereignis `appinstalled`:

```
@HostListener('window:appinstalled')
onAppInstalled() {
  this.installPrompt = null;
}
```

Damit wird der Menüeintrag wieder verborgen. Erstellen Sie nun einen neuen Produktionsbuild über `ng build --prod` und liefern Sie diesen über `lite-server` aus. Der ngrok-Tunnel kann geöffnet bleiben. Laden Sie dann die Webanwendung neu. Klicken Sie auf die Snackbar, die auf eine Aktualisierung der Anwendung hinweist. Nach dem Neuladen der Website sollten Sie in der Seitenleiste den Eintrag INSTALLIEREN sehen, der bei Klick zur Installation der Anwendung auffordert, wie Abbildung 9.21 demonstriert.

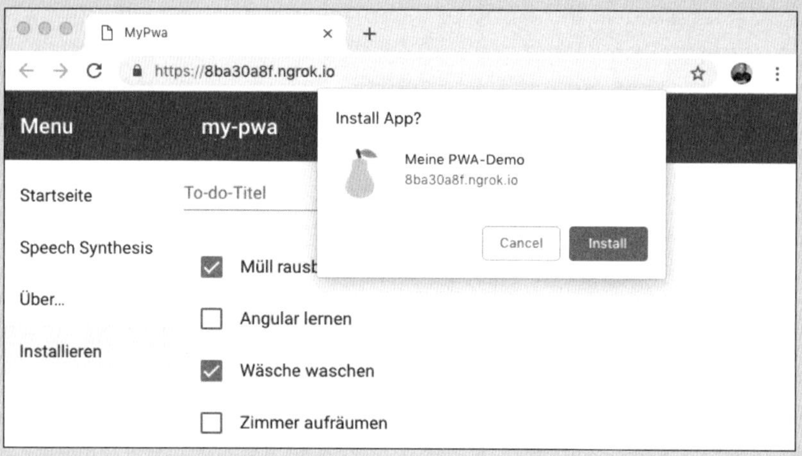

Abbildung 9.21 Installieren der PWA über den erzeugten Menüeintrag

9.12 Angular Universal: mit Server-Side-Rendering zur App Shell

Progressive Web Apps sollten die App Shell möglichst schon vorgerendert ausliefern, sodass diese vom Webbrowser direkt geladen und angezeigt werden kann. Damit erscheinen solche Anwendungen noch performanter. Die Angular CLI besitzt auch dafür einen passenden Helfer: den Befehl `ng generate app-shell`.[4] Die Angular CLI greift dabei auf *Angular Universal* zurück. Diese Technologie kann Angular-Anwendungen serverseitig ausführen, um sie vorgerendert an den Client zu übertragen. Das ist nicht nur für eine bessere Performance hilfreich, sondern unterstützt auch bei der Suchmaschinenoptimierung, da Webcrawler den Inhalt der Seite nun statisch auswerten können. Auch Anwender ohne aktiviertes JavaScript können zumindest einige Inhalte der Webanwendung sehen. Es gibt Adapter für verschiedene Serverplattformen wie Node.js oder ASP.NET Core. Das Schematic zur Generierung der App Shell legt ein solches Angular-Universal-Projekt an. Ziel ist jedoch nicht, die Anwendung darüber auszuliefern, sondern die Datei *index.html* samt App Shell einmalig vorzurendern und auszugeben.

4 *https://github.com/angular/angular-cli/wiki/stories-app-shell*

Aufgabe: Angular-Universal-Projekt generieren

Werfen Sie einen Blick in die Datei *dist/my-pwa/index.html*. Dort sollten Sie den leeren Knoten `<app-root>` sehen: Die Angular-App wird clientseitig in diesen Knoten gerendert. Lassen Sie nun über den folgenden Befehl die App Shell generieren:

```
ng generate app-shell --client-project my-pwa --universal-project server-app
```

Durch die Ausführung dieses Kommandos wird ein neues Servermodul in der Datei *src/app/app.server.module.ts* angelegt. Dieses Servermodul importiert das `AppModule` und somit die komplette bisherige Implementierung. Allerdings verwendet es eine andere Routing-Konfiguration. Durch die Ausführung des Kommandos wird auch eine neue Komponente in der Datei *src/app/app-shell/app-shell.component.ts* angelegt. In deren Template wird standardmäßig »app-shell works!« angezeigt. Das Servermodul kennt nur eine einzige Route, die die App-Shell-Komponente in den Inhaltsbereich des Navigationsgrundgerüsts lädt. Außerdem wird das npm-Paket `@angular/platform-server` installiert, das dem Server-Side-Rendering dient, und weitere Anpassungen am Clientprojekt werden vorgenommen. Führen Sie zur Generierung der App Shell den folgenden Befehl auf der Kommandozeile aus:

```
ng run my-pwa:app-shell
```

Dadurch wird die App-Shell-Komponente in die Datei *index.html* gerendert. Öffnen Sie die Datei *dist/my-pwa/index.html*: Dort sehen Sie, dass der Knoten `<app-root>` vorbefüllt wird: Unter anderem ist das vorgerenderte Menü mit seinen drei Einträgen zu sehen und auch der Inhalt der App-Shell-Komponente. Der serverseitig gerenderte Inhalt wird durch die clientseitig generierte Sicht ersetzt, sobald Angular geladen ist. Insofern kann der Entwickler die serverseitig gerenderte App-Shell-Komponente an seine Bedürfnisse anpassen. In der Zwischenzeit sind die Inhalte der App-Shell-Komponente zu sehen. Künftig kann diese *index.html*-Datei ausgeliefert werden.

9.13 PRPL-Entwurfsmuster

Das *PRPL-Entwurfsmuster*[5] ist ein von Google vorgeschlagenes Entwicklungsmuster zur Strukturierung und Auslieferung von Progressive Web Apps. Die Abkürzung steht für:

1. *Push*: Kritische Ressourcen (zum Beispiel CSS-Dateien) sollen mit der Antwort für die initiale Route mitgeschickt werden.
2. *Render*: Die initiale Route soll offline vorgerendert werden.
3. *Pre-cache*: Übrige Routen sollen lokal zwischengespeichert werden.
4. *Lazy-load*: Übrige Routen werden bei Bedarf nachgeladen.

5 *https://developers.google.com/web/fundamentals/performance/prpl-pattern/*

Das Entwurfsmuster wird mithilfe verschiedener Technologien realisiert und passt auch gut zum SPA-Framework Angular. Der folgende Blogpost beschreibt die Angular-seitige Umsetzung des Entwurfsmusters anhand eines durchgängigen Beispiels: *https://itnext.io/the-prpl-pattern-for-progressive-web-applications-using-angular-6-f7237b7dc2a7.*

1. *Push*: Das Protokoll HTTP/2 unterstützt *Server Push*, bei dem der Webserver bei der Antwort für eine Anfrage (zum Beispiel für die Datei *index.html*) neben der eigentlich angefragten Ressource weitere Ressourcen in der Antwort mitschicken kann, die der Anwender voraussichtlich als Nächstes herunterladen wird (zum Beispiel von der Datei *index.html* referenzierte CSS-Dateien). Diese Ressourcen befinden sich dann direkt im HTTP-Browsercache und können verzögerungsfrei vom Webbrowser geladen werden. Dies ist eine Funktionalität, die der Server unterstützen muss (etwa Apache HTTP Server ab Version 2.4.18).
2. *Render*: Mithilfe von Angular Universal kann die initial aufgerufene Route vorgerendert vom Server zum Client übertragen werden, sodass der Webbrowser schon einen bedeutungsvollen Inhalt (die App Shell) anzeigen kann, noch bevor das JavaScript der Website geladen wird (siehe Abschnitt 9.12, »Angular Universal: mit Server-Side-Rendering zur App Shell«).
3. *Pre-cache*: Über den Angular Service Worker können die Quelldateien der Webanwendung im Cache des Service Workers vorgehalten werden (siehe Abschnitt 9.7.2, »Caching des Angular Service Workers konfigurieren«). Die im Cache hinterlegten Inhalte können in der Regel sehr schnell ausgelesen werden. Dies verbessert die Ausführungsgeschwindigkeit zur Laufzeit. Außerdem sind die Quelldateien auch verfügbar, wenn der Anwender offline ist.
4. *Lazy-load*: Angular unterstützt von Haus aus *Lazy Loading*, das routenbasiert ist (*https://angular.io/guide/lazy-loading-ngmodules*). Einer bestimmten Teilroute kann ein Modul zugewiesen werden, das erst beim Betreten der Route heruntergeladen (beziehungsweise aus dem Service-Worker-Cache gelesen), geparst und in den Speicher geladen wird. Das Aufteilen der Anwendung in verschiedene funktionale Module hilft dabei, dass nur Quelltext geladen und ausgeführt werden muss, der auch wirklich benötigt wird. Insbesondere auf Mobilgeräten kann sich die initiale Ausführungsgeschwindigkeit damit merklich verbessern.

9.14 Zusammenfassung

- Angular eignet sich als Framework zur Implementierung von Single-Page Web Applications auch zur Umsetzung von Progressive Web Apps. Dank der optionalen statischen Typisierung von TypeScript können auch Anwendungen größeren Umfangs problemlos implementiert werden.

- Mithilfe der Angular CLI lassen sich neue Angular-Projekte sehr einfach aufsetzen und um neue Anwendungsbestandteile ergänzen. Darüber hinaus enthält das Kommandozeilentool einen Entwicklungsserver und einen Buildprozess. Über die Angular CLI lässt sich ein Angular-Projekt auch schnell in eine Progressive Web App verwandeln. Das passende Schematic legt insbesondere ein passendes Web App Manifest an.
- Die UI-Bibliothek Angular Material implementiert das von Android bekannte Material Design und erlaubt die schnelle und einfache Umsetzung der Eigenschaften Responsive und App-like.
- Der in Angular integrierte Router erlaubt die Implementierung der Eigenschaft Linkable bis hin zu einem bestimmten Zielzustand innerhalb der Anwendung.
- Dazu bietet das Single-Page-Web-Application-Framework eine eigene Service-Worker-Implementierung an. Mithilfe des Angular Service Workers können die Offlinefähigkeit der Anwendungsquelldateien und dynamischer API-Aufrufe sowie Pushbenachrichtigungen umgesetzt werden. Der Angular Service Worker ist zwar nur beschränkt erweiterbar, wird dafür aber vollautomatisch generiert. Entwickler können für mehr Kontrolle alternativ auf Workbox zurückgreifen.
- Mithilfe von Angular Universal kann die App Shell mit einfachen Mitteln vom Server gerendert werden. Das verringert die initiale Ladezeit insbesondere bei Mobilgeräten und ist einer der Schlüssel zur Umsetzung des PRPL-Entwurfsmusters, das Google bei der Implementierung von Progressive Web Apps empfiehlt.

Kapitel 10
App-like aussehen

Getreu der PWA-Eigenschaft App-like sollen sich Progressive Web Apps nativ anfühlen. Dazu gehören natürlich auch gestalterische Aspekte, die in diesem Kapitel behandelt werden.

Die PWA-Eigenschaft App-like gibt vor, dass sich Anwendungen anfühlen sollen wie native Anwendungen. Das heißt allerdings nicht, dass sie zwangsläufig alle Gestaltungsprinzipien des Betriebssystems umsetzen müssen. Prominentestes Beispiel ist die weitverbreitete App Spotify, die auf keiner Plattform den dort gültigen Gestaltungsprinzipien Beachtung schenkt. Stattdessen wird die Corporate Identity von Spotify auf sämtlichen Plattformen implementiert. Dies ist das eine Extrem. Dazwischen gibt es verschiedene Abstufungen: Durch den Einsatz nativer Schriftarten kann man einer passenden Darstellung näherkommen. Allerdings können sich auch Webanwendungen in das Gewand einer nativen iOS- oder Android-Anwendung werfen.

Einige Maßnahmen, um eine App nativ erscheinen zu lassen, habe ich bereits angesprochen: so zum Beispiel die Verwendung des Viewport-Metatags (siehe Abschnitt 3.6, »Einer für alle: Responsive Webdesign«), mit dessen Hilfe der Inhalt der Webanwendung an den verfügbaren Bildschirmabmessungen ausgerichtet werden kann, sowie des Stand-alone-Anzeigemodus (siehe Abschnitt 4.2.3, »Anzeigemodi«), der die Anwendung auf Mobilgeräten in einem für native Apps typischen vollflächigen Anwendungsrahmen beziehungsweise auf Desktopsystemen in einem eigenen Fenster mit nativer Dekoration ausführt. In diesem Kapitel blicke ich auf weitere Techniken, Werkzeuge und Vorlagen, um einer Anwendung ein natives Aussehen zu geben.

10.1 Native Schriftarten einsetzen

Eine der einfachsten Maßnahmen, sich der Gestaltung des Betriebssystems anzunähern, ist die Verwendung der Systemschriftarten. Unter neueren Versionen von iOS und macOS kommt auf der Benutzeroberfläche beispielsweise die Schriftart *San Francisco* zum Einsatz, unter Android *Roboto*, unter Ubuntu die gleichnamige Schriftart *Ubuntu* und unter Windows *Segoe UI*.

Seit Juli 2017 macht GitHub von diesem Ansatz Gebrauch und setzt native Systemschriftarten auf seiner Website ein. Listing 10.1 zeigt den relevanten Ausschnitt aus dem CSS von GitHub. Dabei wird die CSS-Eigenschaft `font-family` gesetzt. Diese nimmt eine Liste von Schriftarten entgegen, und der Webbrowser versucht, die erste Schriftart zu laden. Liegt diese lokal nicht vor (und wurde sie auch nicht als Webschriftart nachgeladen), fährt der Webbrowser bei der nächsten Angabe fort. Unter Apple Safariund Google Chrome unter macOS und iOS erlauben die Angaben `-apple-system` und `BlinkMacSystemFont` die Verwendung der aktuellen Systemschriftart, die sich in der Vergangenheit auch schon häufiger geändert hat. In Windows, Linux und Android stehen diese Angaben nicht zur Verfügung, sodass hier versucht wird, die Schriftart *Segoe UI* zu laden, die seit Windows Vista Teil des Betriebssystems ist. Diese Schriftart ist allerdings wiederum auf Linux, Android und älteren Windows-Ausgaben nicht vorhanden, sodass die Angabe auf diesen Systemen ignoriert wird. Als weitere Fallbacks kommen die Schriftarten *Helvetica* und *Arial* zum Einsatz. Spätestens hier sind dann auch ältere Windows-Versionen abgedeckt. Sind jedoch auch diese Schriftarten auf dem System nicht vorhanden, zum Beispiel bei bestimmten Linux-Distributionen, soll die standardmäßige serifenlose Schriftart (`sans-serif`) des Webbrowsers verwendet werden. Hier sind dann auch alle Systeme eingeschlossen, die bisher keine eigene Regel erhalten haben. GitHub hat die Unterstützung für die *Roboto*-Schriftart und einige weitere entfernt, da diese unter Linux zu Darstellungsproblemen geführt hatten. Nach der Angabe von `sans-serif` werden noch einige systemspezifische Emoji-Schriftarten definiert, um Emojis bestmöglich anzuzeigen. Details finden sich in diesem Blogpost: *http://markdotto.com/2018/02/07/github-system-fonts/*.

```
body {
    font-family: -apple-system, BlinkMacSystemFont, "Segoe UI",
    Helvetica, Arial, sans-serif, "Apple Color Emoji", "Segoe UI Emoji",
    "Segoe UI Symbol";
}
```

Listing 10.1 Native Systemschriftarten in den CSS-Regeln von GitHub

Das Ergebnis zeigt Abbildung 10.1. Zu beachten ist bei diesem Ansatz, dass Höhe und Breite der Bildschirmtexte je nach Schriftart variieren können. Um die Zeilenhöhe zu vereinheitlichen, kann bei Bedarf auf die CSS-Regel `line-height` zurückgegriffen werden. Die unterschiedliche Breite stellt dort, wo Zeilenumbrüche möglich sind, keine größeren Probleme dar. Sind aber keine Zeilenumbrüche erwünscht (zum Beispiel bei Titelzeilen oder anderen Überschriften), muss entweder die verfügbare Breite ausreichend dimensioniert oder der Text abgeschnitten werden.

Zum selben Zweck steht für die CSS-Eigenschaft `font-family` auch die Angabe `caption` zur Verfügung, die auf iOS derzeit jedoch nicht korrekt ausgewertet wird. Dort wird stattdessen eine Serifenschrift angezeigt.

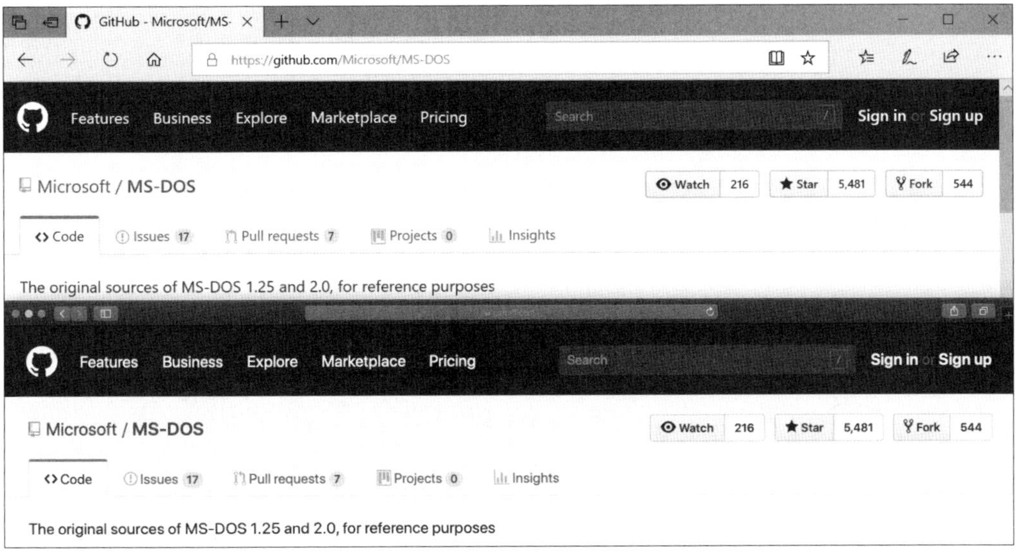

Abbildung 10.1 GitHub mit verschiedenen Systemschriftarten, oben Segoe UI unter Windows, unten San Francisco unter macOS

10.2 Textauswahl und Link-Highlighting verhindern

Webanwendungen lassen sich zum Beispiel durch das Markieren von Text entlarven. Auf mobilen Geräten werden Hyperlinks beim Aktivieren oftmals hervorgehoben. Bei nativen Anwendungen ist beides eher unüblich. Doch es gibt CSS-Regeln, um ein natives Verhalten zu erreichen.[1]

10.2.1 Standardcursor setzen

Bei nativen Anwendungen ist es üblich, dass der Standardmauszeiger angezeigt wird, wenn der Anwender mit der Maus über nicht veränderliche Texte der Benutzeroberfläche fährt. Das Web hat seinen Ursprung hingegen in der Anzeige von Dokumenten. Webbrowser zeigen daher standardmäßig einen Textauswahlcursor an. Dies zeigt Abbildung 10.2 auf der linken Seite. Die Änderung ist mithilfe einer einfachen CSS-Regel auf dem `body`-Element des Dokuments möglich. Wie Listing 10.2 zeigt, wird die Eigenschaft `cursor` auf den Wert `default` gesetzt. Damit erscheint für nicht veränderliche Texte der Standardmauszeiger, wie Abbildung 10.2 auf der rechten Seite

1 *https://medium.com/appscope/designing-native-like-progressive-web-apps-for-ios-1b3cdda1d0e8*

zeigt. In Textfeldern wird jedoch, wie es auch auf nativen Plattformen üblich ist, weiterhin der Textauswahlcursor angezeigt.

```
body {
  cursor: default;
}
```

Listing 10.2 Anzeige des Standardmauszeigers für unveränderliche Texte der Benutzeroberfläche

Abbildung 10.2 Darstellung des Mauszeigers

Entwickler können sich ebenfalls dazu entscheiden, die CSS-Regel auf verschachtelte HTML-Elemente anzuwenden, falls der Mauszeiger nur auf bestimmten HTML-Elementen geändert werden soll. Umgekehrt lässt sich auf verschachtelten Elementen der Wert für die Eigenschaft `cursor` auch wieder auf `text` setzen.

10.2.2 Textauswahl verhindern

Das war jedoch nur die erste Etappe: Durch das Setzen des Standardmauszeigers können weiterhin Texte der Benutzeroberfläche markiert und dann kopiert werden. Um das grundsätzlich zu verhindern, kann auf dem `body`-Element des Dokuments zusätzlich die Eigenschaft `user-select` mit dem Wert `none` definiert werden. Einige Webbrowser implementieren diese Eigenschaft bislang nur hinter einem Herstellerpräfix, Safari und ältere Ausgaben von Chrome über `-webkit-user-select`, Mozilla Firefox über `-moz-user-select` und Microsoft Internet Explorer und Microsoft Edge über `-ms-user-select`. Daher werden diese Zuweisungen zusätzlich übernommen. Listing 10.3 zeigt eine mögliche Definition der CSS-Regel. Textfelder bleiben von dieser Änderung ausgenommen.

```
body {
  user-select: none;
  -webkit-user-select: none;
  -moz-user-select: none;
  -ms-user-select: none;
}
```

Listing 10.3 Textauswahl mithilfe der Eigenschaft user-select verhindern

Auch hier können Entwickler die Eigenschaft auf verschachtelten Elementen setzen oder diese dort mithilfe des Werts `auto` wieder auf das Standardverhalten zurücksetzen. Wenn dennoch eine Textauswahl gewünscht wird, kann der Entwickler mithilfe des CSS-Pseudoelements `::selection` auch Hintergrund- und Vordergrundfarbe der Auswahl festlegen. Dies zeigt Listing 10.4, mit dem die Markierung in Rot erscheint und der Text weiß dargestellt wird. Für Mozilla Firefox ist stattdessen das herstellerspezifische Pseudoelement `::-moz-selection` erforderlich.

```
::selection {
  background-color: red;
  color: white;
}
```

Listing 10.4 Farbgebung der Textauswahl beeinflussen

Das Tool *Autoprefixer* kann CSS-Regeln verarbeiten und Herstellerpräfixe wo nötig automatisch hinzufügen. Dazu gibt der Entwickler eine Liste von Webbrowsern an, die unterstützt werden sollen. Anhand der Liste erzeugt Autoprefixer die passenden Zuweisungen mit Herstellerpräfix. Die Angular CLI (siehe Kapitel 9, »PWA und Angular: Single-Page-Application-Framework einsetzen«) verwendet dieses Tool, sodass es in einem Angular-CLI-Projekt genügt, die Zuweisung `user-select: none;` vorzunehmen.

10.2.3 Link-Highlighting verhindern

Beim Auswählen von Hyperlinks per Fingereingabe werden diese auf einigen Systemen mit einer transparenten grauen Farbe hervorgehoben. Das zeigt Abbildung 10.3 auf der linken Seite. Dieses Verhalten setzen native Anwendungen so ebenfalls nicht um. Über die Eigenschaft `-webkit-tap-highlight-color` lässt sich die Hervorhebung jedoch auf transparent schalten, wie Listing 10.5 zeigt. Diese CSS-Regel ist in keinem offiziellen Webstandard enthalten. Obwohl sie das Safari/Chrome-spezifische Präfix `-webkit` verwendet, wird die Regel von Apple Safari, Google Chrome und einigen Ausgaben von Microsoft Internet Explorer und Microsoft Edge unterstützt, nicht aber von Mozilla Firefox. Die Auswirkung der CSS-Regel zeigt Abbildung 10.3 auf der rechten Seite.

```
body {
  -webkit-tap-highlight-color: transparent;
}
```

Listing 10.5 Hervorhebung bei der Auswahl eines Hyperlinks

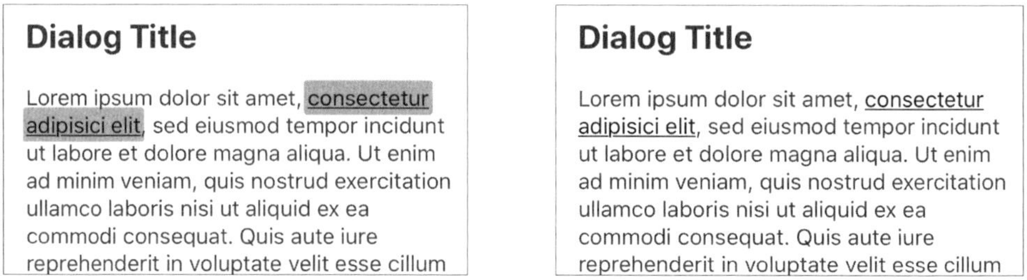

Abbildung 10.3 Hervorhebung beim Auswählen von Hyperlinks abschalten

10.2.4 Keine Callouts

Verbleibt der Anwender mit seinem Finger auf einem Hyperlink, öffnet sich auf einigen Plattformen ein sogenanntes Callout, das zum Beispiel anbietet, den gewählten Hyperlink in einer neuen Registerkarte zu öffnen. Abbildung 10.4 zeigt die Darstellung des Callouts auf dem Apple iPad. Auch dieses Verhalten ist für eine native App sehr unüblich. Unter Safari auf iOS kann die Anzeige dieses Callouts deaktiviert werden, indem die Eigenschaft `-webkit-touch-callout` auf `none` gesetzt wird, wie Listing 10.6 zeigt.

```
body {
  -webkit-touch-callout: none;
}
```

Listing 10.6 Darstellung des Callouts unter Apple Safari unterbinden

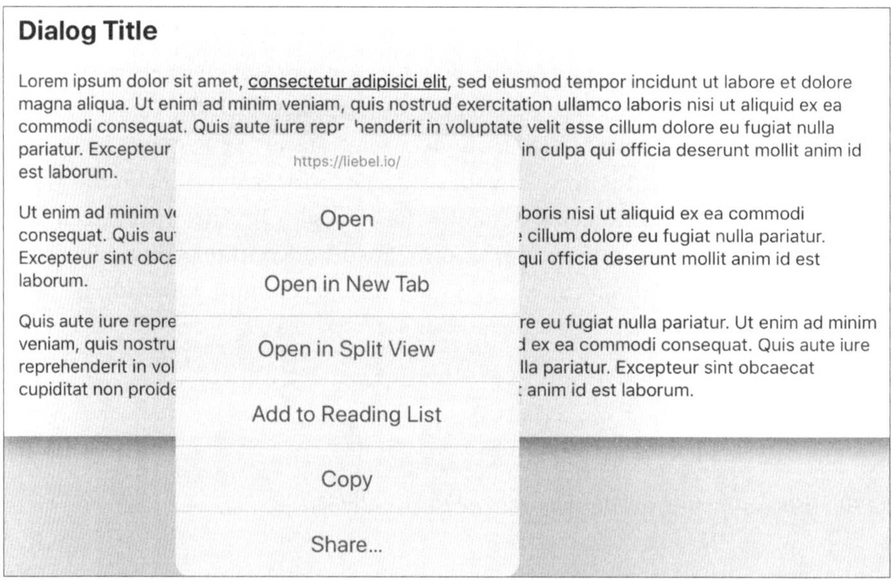

Abbildung 10.4 Darstellung des Callouts auf dem Apple iPad

10.3 App-like Anwendungsframeworks

Zu einer typischen Anwendung gehören darüber hinaus Menüzeilen und ein Navigationscontainer. Die App Shell einer Progressive Web App soll dies nachbilden (siehe Abschnitt 3.2, »App-ähnlich: Sieht aus wie eine App, fühlt sich an wie eine App«). Es kann sich als sinnvoll erweisen, die App Shell entsprechend der eigenen Corporate Identity und passgenau für den gewünschten Anwendungsfall zu implementieren. Wo die Ressourcen dafür aber nicht ausreichen, kann auf verschiedene Anwendungsframeworks und Vorlagen zurückgegriffen werden, die ein Responsive Webdesign umsetzen und damit auch vom Smartphone über das Tablet bis hin zum großen Bildschirm verwendet werden können.

10.3.1 ngx-admin

ngx-admin ist eine quelloffene responsive Vorlage zur Implementierung von Admin-Dashboards (*https://github.com/akveo/ngx-admin*). Sie basiert auf der Responsive-Design-Bibliothek Bootstrap sowie dem Single-Page-Application-Framework Angular (siehe Kapitel 9, »PWA und Angular: Single-Page-Application-Framework einsetzen«). Die Gestaltung erinnert an kein bestimmtes Betriebssystem und kann daher flächendeckend eingesetzt werden. Die Vorlage unterstützt Theming und enthält einige gängige Komponenten wie Schaltflächen, Registerkarten oder Diagramme. Mit einer Implementierung lassen sich alle Bildschirmbreiten vom Smartphone bis zum großen Bildschirm abdecken, wie Abbildung 10.5 demonstriert.

Abbildung 10.5 Darstellung von ngx-admin für Mobilgeräte (links) und Desktopgeräte (rechts)

10.3.2 Angular Material

Angular Material ist ein quelloffenes Framework zur Implementierung von Benutzeroberflächen im Zusammenhang mit dem Single-Page-App-Framework Angular (*https://material.angular.io/*). Das Framework deckt sowohl kleine als auch große Bildschirmgrößen ab und enthält viele Komponenten, zum Beispiel zur Darstellung von Menüs oder Dialogen. Das Framework bildet Googles Material Design nach. Wie in Abbildung 10.6 zu sehen, wird auf Mobilgeräten das Anwendungsmenü in einem Drawer versteckt, der sich über das Hamburger-Icon öffnen lässt. Auf einem ausreichend großen Bildschirm wird das Menü hingegen immer dargestellt. Was sich auf Android nahtlos in das Betriebssystem einfügt, könnte auf anderen Betriebssystemen aber wie ein Fremdkörper wirken.

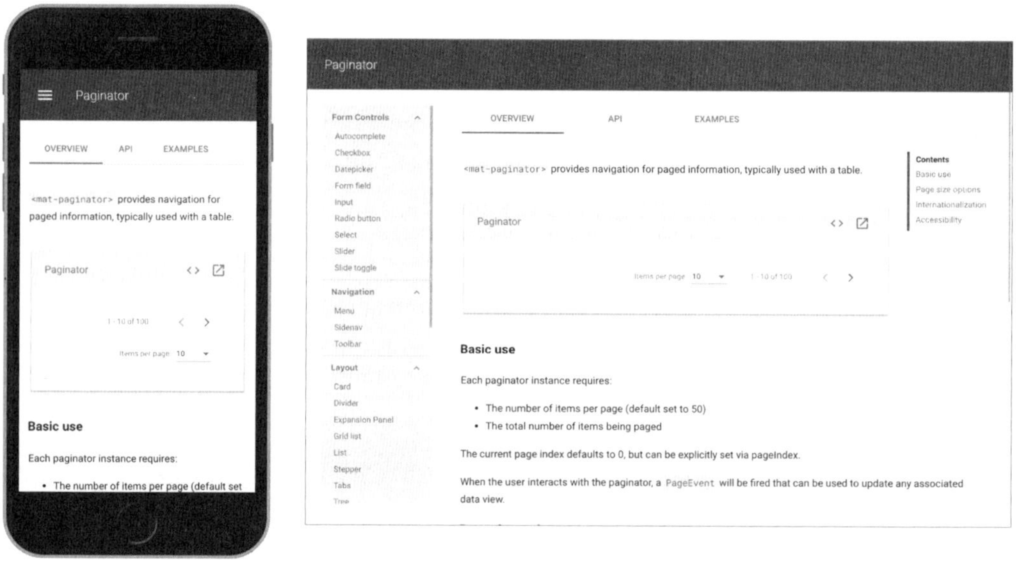

Abbildung 10.6 Darstellung von Angular Material auf Mobilgeräten (links) und Desktopgeräten (rechts)

10.3.3 Framework7

Framework7 (*https://framework7.io*) ist ein quelloffenes und kostenfreies HTML-Framework, das es sich zur Aufgabe gemacht hat, die native Benutzeroberfläche von iOS und Android pixelgenau mit Webtechnologien nachzubilden. Dazu enthält das Framework viele UI-Komponenten wie Schaltflächen, Listen oder Formularsteuerelemente. Exakt umgesetzt werden auch Navigationsstruktur, Animationen und Gesten, zum Beispiel das Wischen von der Seite, um unter iOS auf die vorherige Sicht zurückzukehren. Das Framework implementiert allerdings nur Material Design und den iOS-Stil. Auf Desktopbetriebssystemen geht das Konzept zwar nicht auf, adressiert eine Progressive Web App aber absichtlich lediglich mobile Geräte und ist ein natives Erscheinungsbild besonders wichtig, könnte Framework7 eine Option sein.

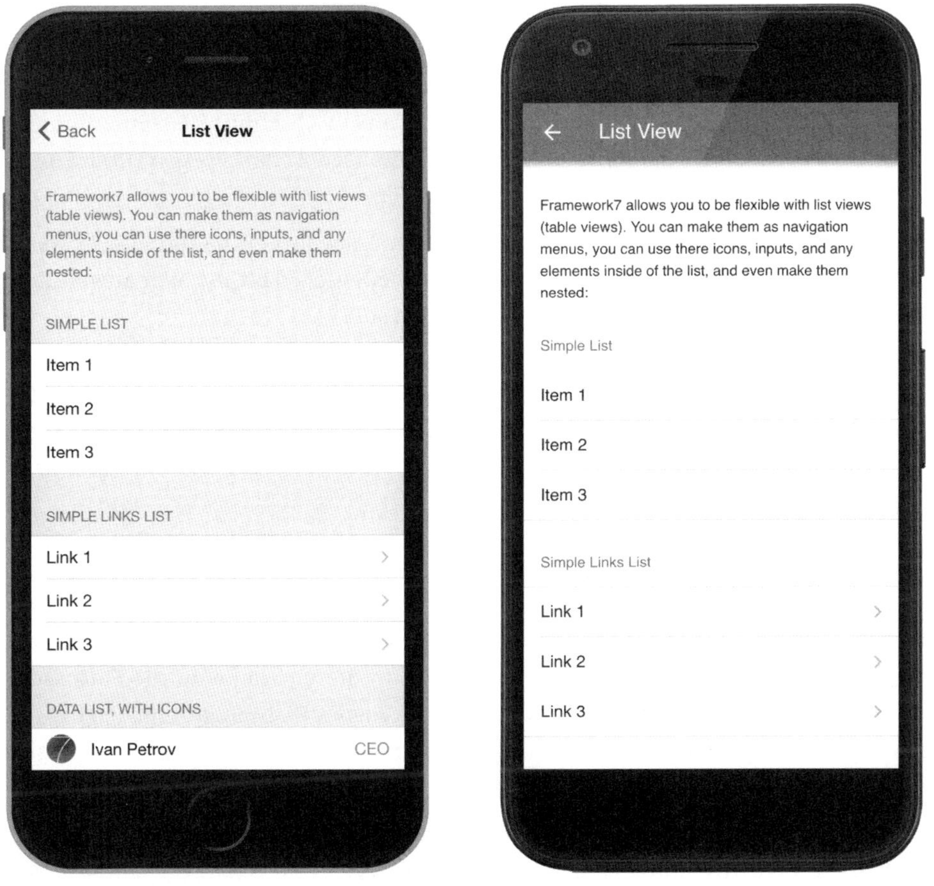

Abbildung 10.7 Framework7 imitiert das Design von iOS (links) und Android (rechts) mithilfe von Webtechnologien

10.4 Notches unterstützen

Das Apple iPhone X und seine Nachfolger haben die sogenannte *Notch*, eine Aussparung des Bildschirms am oberen Geräterand, populär gemacht. Diese beherbergt oftmals die nach vorne gerichteten Gerätesensoren, die Frontkamera und der Ohrlautsprecher, während sich der Bildschirm links und rechts weiter nach oben erstreckt. Apps können ihre Darstellung (zum Beispiel Hintergrundbilder oder die Akzentfarbe der Anwendung) auf diese Bereiche erweitern. Außerdem ist bei diesen Geräten der Bildschirm nicht quadratisch, sondern verfügt über abgerundete Ecken. Am unteren Bildschirmrand befindet sich zudem ein Steuerelement, um den Homebildschirm aufzurufen. Daher dürfen nicht in allen Bildschirmbereichen Benutzersteuerelemente platziert werden, weil diese sonst abgeschnitten oder überlagert werden können, sondern nur in der sogenannten *Safe Area*.

Apple hat im Zuge dieser neuen Geräte eine passende Webschnittstelle eingeführt, sodass auch Webanwendungen Einfluss auf die Gestaltung nehmen können. Dazu erweitert Apple das Metatag `viewport`, das ich bereits in Abschnitt 3.6, »Einer für alle: Responsive Webdesign«, beschrieben habe, um die Eigenschaft `viewport-fit`. Dieser Eigenschaft können drei Werte zugewiesen werden:[2]

1. `contain`: Die Webanwendung soll vollständig im Viewport enthalten sein, es sollen also keine Überdeckungen stattfinden. Das bedeutet, dass die Webanwendung komplett innerhalb der Safe Area sichtbar sein soll.
2. `cover`: Die Webanwendung bedeckt den gesamten Viewport. Damit kann die Webanwendung auch die Bereiche links und rechts der Notch füllen. Safari stellt in diesem Fall Umgebungsvariablen zur Verfügung, mit denen die Anwendung die Safe Area berechnen kann.
3. `auto` (Standardverhalten): Verhält sich wie `contain`.

Dieses Verhalten greift allerdings nur, wenn die Webanwendung vollflächig ausgeführt wird, wenn also zum Beispiel im Anzeigemodus Stand-alone über den Homebildschirm gestartet und für die Anzeige der Statuszeile der Wert `black-translucent` gewählt wurde (siehe Abschnitt 4.1.3, »Farben«). In diesem Fall wird die Statuszeile durchsichtig dargestellt, ihre Elemente werden in weißer Farbe angezeigt. Bei der Anzeige der Website in Safari sowie auf Geräten mit rechteckigem Bildschirm ergibt sich kein Unterschied.

Abbildung 10.8 stellt eine Demoanwendung dar, die beide `viewport-fit`-Modi demonstriert. Die Anwendung zeigt ein vollflächig dargestelltes Hintergrundbild. Auf der linken Seite ist der standardmäßig verwendete Modus `contain` zu sehen, dort beginnt die Webanwendung erst unterhalb der Statuszeile und der Notch. Absolut oder fest positionierte Elemente, die sich mit der Positionsangabe `top: 0;` ausrichten, würden ebenfalls unterhalb der Statuszeile dargestellt werden. Die Statuszeile nimmt die Hintergrundfarbe der Webanwendung (Eigenschaft `background-color` auf dem `body`-Element) an, im Beispiel Grau. Kann das Websitedokument aber gescrollt werden, würden die nach oben gescrollten Inhalte unter der Statuszeile zu sehen sein. Somit kann es zu seltsamen Effekten kommen, wenn am oberen Viewport-Rand (also hinter der Statuszeile) eine fest positionierte Kopfzeile dargestellt wird, darüber aber noch gescrollte Inhalte erscheinen. Daher ist der Modus `contain` möglicherweise nicht erwünscht.

---

2 *https://ayogo.com/blog/ios11-viewport/*

Auf der rechten Seite wird hingegen der Modus `cover` dargestellt. Hier erstreckt sich die Webanwendung über den kompletten Viewport. So kann zum Beispiel das Hintergrundbild hinter der Statuszeile dargestellt werden. Der Text MEINE DEMO-APP muss in diesem Fall aber nach unten verschoben werden, sodass er nicht von den Einträgen der Statuszeile und der Notch verdeckt wird. Wenn sich die Webanwendung im Modus `cover` befindet, stellt Apple vier Umgebungsvariablen zur Verfügung, die jeweils den Abstand der Safe Area in CSS-Pixeln zum jeweiligen Viewport-Rand angeben:

1. `safe-area-inset-top` (zum oberen Viewport-Rand)
2. `safe-area-inset-bottom` (zum unteren Viewport-Rand)
3. `safe-area-inset-left` (zum linken Viewport-Rand)
4. `safe-area-inset-right` (zum rechten Viewport-Rand)

Abbildung 10.8 Viewport-Modus contain (links) und cover (rechts)

Mithilfe dieser Umgebungsvariablen können Innen- (`padding`) und Außenabstände (`margin`) festgelegt und absolut oder fest positionierte Elemente können korrekt platziert werden. Zugriff auf den Wert der Variablen erhält der Entwickler unter iOS 11.0 über die CSS-Funktion `constant()`. Da diese aber kein Teil der CSS-Spezifikation ist, wird der Zugriff in späteren Versionen über die CSS-Funktion `env()` zur Verfügung gestellt. Wo eine Unterstützung von iOS 11.0 noch nötig ist, müssen beide Varianten in das CSS der Website übernommen werden.

Soll beispielsweise eine Fußzeile am unteren Viewport-Rand dargestellt werden, könnte die CSS-Regel aus Listing 10.7 verwendet werden. Die Fußzeile wird durch Angabe von `position: fixed` an ihrer Position verankert, beim Scrollen wird sie nicht verschoben. Unter iOS 11.0 wird über die CSS-Funktion `constant()` auf die Umgebungsvariable `safe-area-inset-bottom` zugegriffen, in höheren Versionen hingegen über die Funktion `env()`. Muss eine Safe Area berücksichtigt werden, wird der passende Abstand von unten gesetzt, sodass die Fußzeile am unteren Ende der Safe Area verankert wird. Für andere Geräte greift der Wert 0, und die Fußzeile wird am unteren Bildschirmrand fixiert.

```
#bottom-bar {
  position: fixed;
  /* andere Geräte */
  bottom: 0;
  /* iOS 11.0 */
  bottom: constant(safe-area-inset-bottom);
  /* iOS 11+ */
  bottom: env(safe-area-inset-bottom);
}
```

Listing 10.7 CSS-Regel zur Positionierung einer Fußzeile in der Safe Area bei cover

Im Modus `contain` sind hingegen sämtliche Umgebungsvariablen auf den Wert 0 gesetzt. Zwischen den beiden `viewport-fit`-Modi gibt es einen wichtigen Unterschied, denn beide definieren nicht dieselbe Safe Area: Wie Abbildung 10.9 zeigt, wird die Website im Viewport-Modus `contain` bis zum unteren Bildschirmrand gezogen. Damit würden Steuerelemente abgeschnitten, die am unteren Bildschirmrand positioniert sein könnten. Im Modus `cover` kann über die Umgebungsvariable jedoch ermittelt werden, welcher Bereich freigehalten werden soll.

Abbildung 10.9 Abweichende Safe Area in den Modi contain (links) und cover (rechts)

Das gleiche Bild zeigt sich, wenn das Gerät gedreht wird: Dort werden im Modus `contain` die linke und die rechte Seite freigehalten, nicht aber der untere Bildschirmrand. Auch hier hilft die Verwendung des Modus `cover`, in dem der Entwickler unter Zuhilfenahme der Umgebungsvariablen `safe-area-inset-bottom` der entsprechende Platz freigehalten werden kann.

Entwickler sollten daher, wenn eine durchsichtige Statuszeile gewünscht ist oder am unteren Bildschirmrand Platz freigehalten werden muss, auf die Methode `cover` zurückgreifen, um eine ansprechende Darstellung der Progressive Web App auch auf Geräten mit Notch zu gewährleisten.

Abbildung 10.10 Abweichende Safe Area bei contain (oben) und cover (unten)

10.5 Zusammenfassung

- Durch die Verwendung einiger CSS-Regeln lässt sich eine native Text- und Linkdarstellung sowie ein natives Auswahlverhalten derselben erreichen.
- Kostenfreie und quelloffene Oberflächenframeworks können Anwendungen in ein für Apps typisches Gewand einkleiden.
- Auch Bildschirmaussparungen (Notches) können ansprechend in die Gestaltung einer Progressive Web App integriert werden.

Kapitel 11
Plattformverhalten

Progressive Web Apps sollen auf Augenhöhe mit nativen Anwendungen stehen. In diesem Kapitel wird das Verhalten einer Progressive Web App auf unterschiedlichen Plattformen gezeigt.

Ob Progressive Web Apps ihr Ziel einlösen, sich mit nativen Anwendungen auf Augenhöhe zu befinden, möchte ich in diesem Kapitel anhand einiger Screenshots zeigen. Ich demonstriere dabei die Ausführung von Progressive Web Apps unter macOS, iOS, Android, Windows und Linux. Gezeigt wird die Demoanwendung aus Kapitel 9, »PWA und Angular: Single-Page-Application-Framework einsetzen«, mit einigen Anpassungen für eine bessere Gestaltung. Den Quelltext dieser angepassten Variante finden Sie im Ordner *kapitel11* der Beispielquelldateien.

11.1 macOS

Progressive Web Apps können unter macOS mit Google Chrome installiert werden. Dazu muss gegenwärtig jedoch ein Flag aktiviert werden (siehe Kapitel 4, »Web App Manifest: Aussehen der App definieren«). Das Gleiche gilt für Linux. Die Installation einer PWA über Google Chrome auf macOS zeigt Abbildung 11.1.

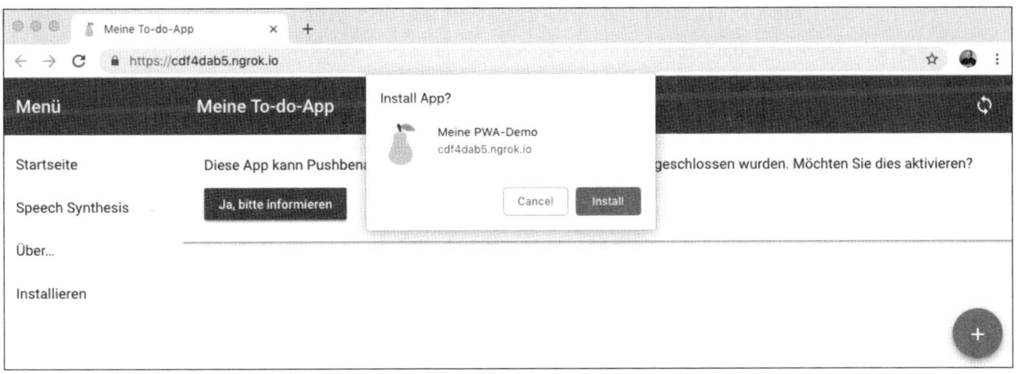

Abbildung 11.1 Installieren einer PWA unter Google Chrome auf macOS

Im Anschluss erhält die PWA einen eigenen Eintrag im Ordner *Chrome Apps* im Ordner *Applications*, der sich im Benutzerverzeichnis befindet. Von dort gestartet, werden PWAs in einem eigenen Fenster ausgeführt und erhalten ein eigenes Icon im Dock, wie Abbildung 11.2 zeigt.

Abbildung 11.2 Anzeige der PWA in einem eigenen Fenster unter macOS mit Dock-Icon

Wie Abbildung 11.3 zeigt, erhält die Progressive Web App ebenfalls einen Auftritt im App-Switcher von macOS.

Abbildung 11.3 Die PWA-Demoanwendung im App-Switcher von macOS

In Abbildung 11.4 ist zu sehen, wie die Anwendung Pushbenachrichtigungen anzeigen kann. Diese können auch entgegengenommen werden, wenn die Progressive Web App selbst geschlossen ist. Der Webbrowser Google Chrome muss dazu allerdings geöffnet sein.

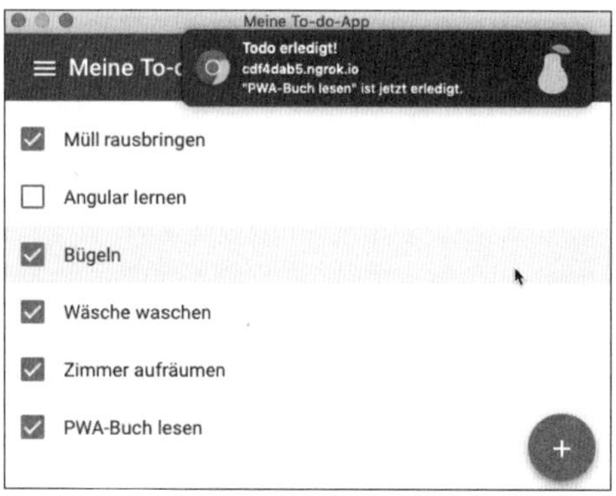

Abbildung 11.4 Anzeige von Pushbenachrichtigungen unter macOS

11.2 iOS

Unter iOS können Progressive Web Apps über Apple Safari auf dem Homebildschirm installiert werden. Allerdings ist nur eine manuelle Installation möglich (siehe Abschnitt 4.4.3, »Manuelle Methode«), die Anzeige einer Aufforderung wird gegenwärtig nicht unterstützt. Der Installieren-Link in der Sidebar erscheint also nie. Stattdessen verwendet der Anwender das Teilen-Menü der Website und wählt dort den Eintrag Add to Home Screen. Dies zeigt Abbildung 11.5 auf der linken Seite. Daraufhin erscheint eine Abfrage, in der der Anwender den Namen der Anwendung auf dem Homebildschirm anpassen kann. Standardmäßig wird dieser mit der Kurzbezeichnung vorbelegt, wie auf der rechten Seite zu sehen. Über Add wird das Homebildschirm-Icon angelegt.

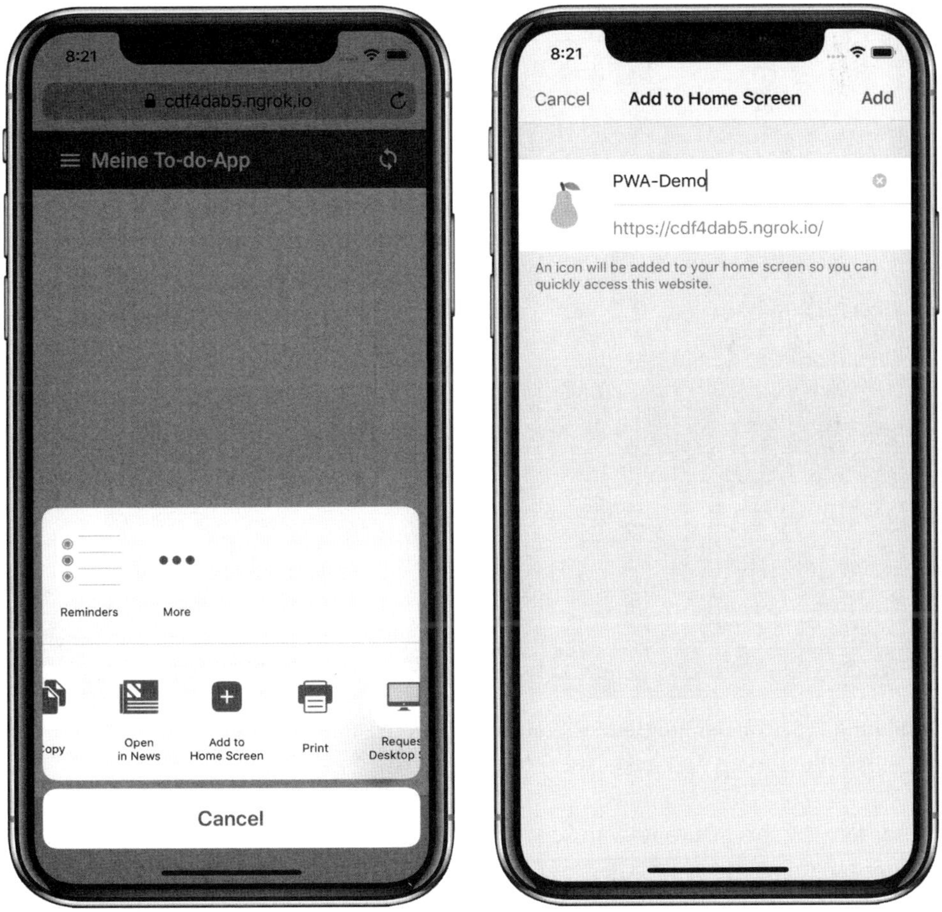

Abbildung 11.5 Installieren der PWA auf dem iOS-Homebildschirm über Apple Safari

Die Darstellung des Homebildschirm-Icons zeigt Abbildung 11.6 auf der linken Seite. Wird die Anwendung von dort aus gestartet, wird sie bei Angabe des Anzeigemodus Stand-alone wie eine native Anwendung ausgeführt. Dies ist auf der rechten Seite der Abbildung zu sehen. Darüber hinaus ist die Anwendung offlinefähig, kann also auch noch im Flugzeugmodus bedient werden. Dank Offline-First-Ansatz lassen sich offline sogar neue Datensätze hinzufügen.

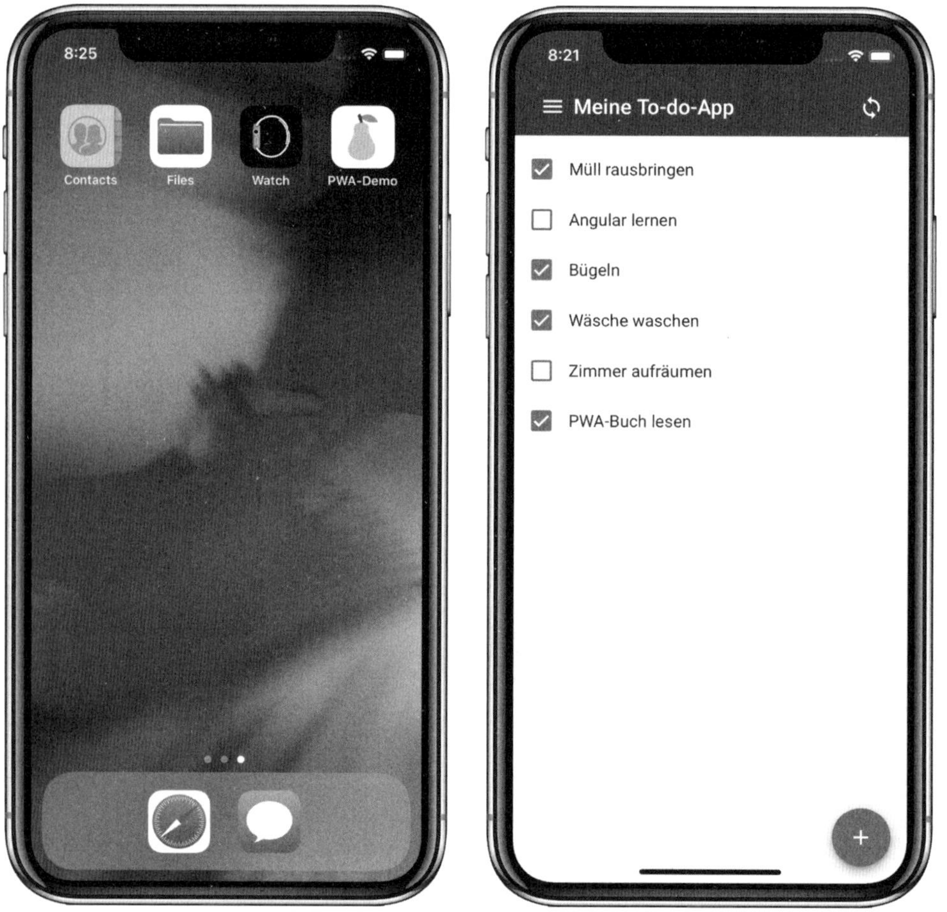

Abbildung 11.6 Icon der Progressive Web App auf dem Homebildschirm und Ausführung der App, wenn sie von dort gestartet wird

Außerdem erscheint die Anwendung im App-Switcher von iOS, wie Abbildung 11.7 auf der rechten Seite zeigt. Allerdings können Progressive Web Apps unter iOS keine Pushbenachrichtigungen empfangen (siehe Abschnitt 8.6, »Sonderfall Apple«).

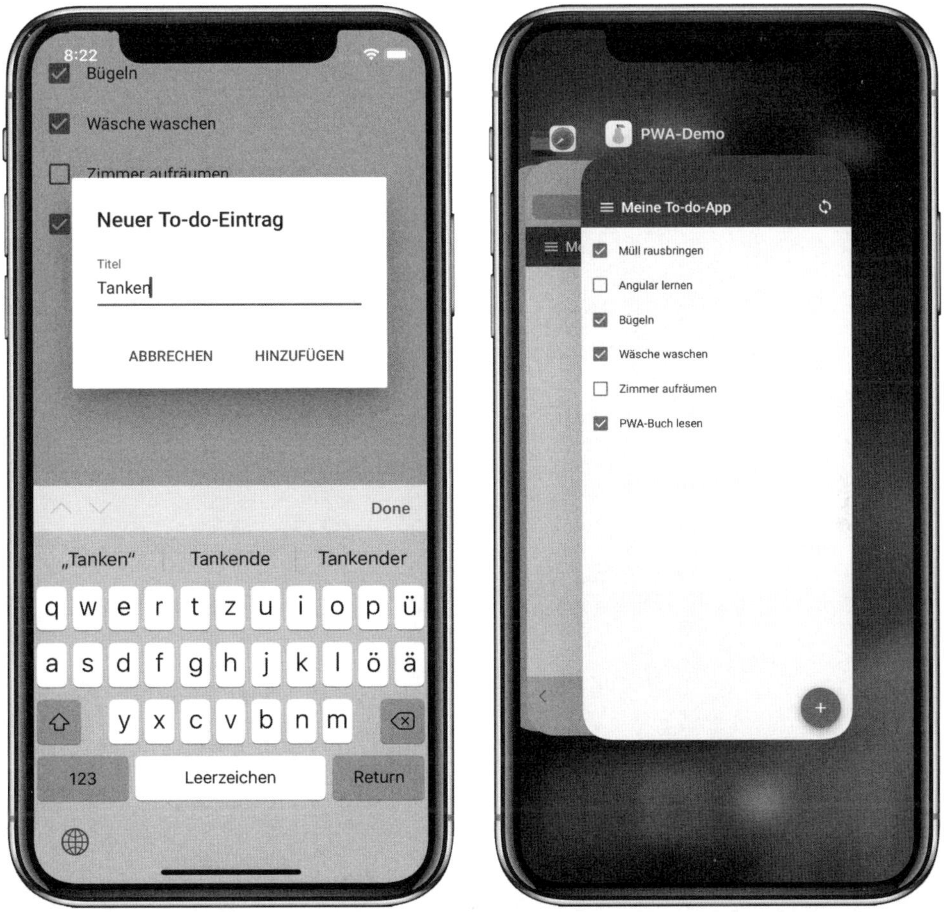

Abbildung 11.7 Eingabe eines neuen To-do-Eintrags und Darstellung der PWA im App-Switcher

11.3 Android

Progressive Web Apps können unter Android über Google Chrome, Mozilla Firefox oder Samsung Internet installiert werden. Abbildung 11.8 zeigt auf der linken Seite, wie die Progressive Web App in Google Chrome über den Menüeintrag INSTALLIEREN in der Seitenleiste installiert wird. Auf der rechten Seite ist die Darstellung der App in der Programmliste zu sehen.

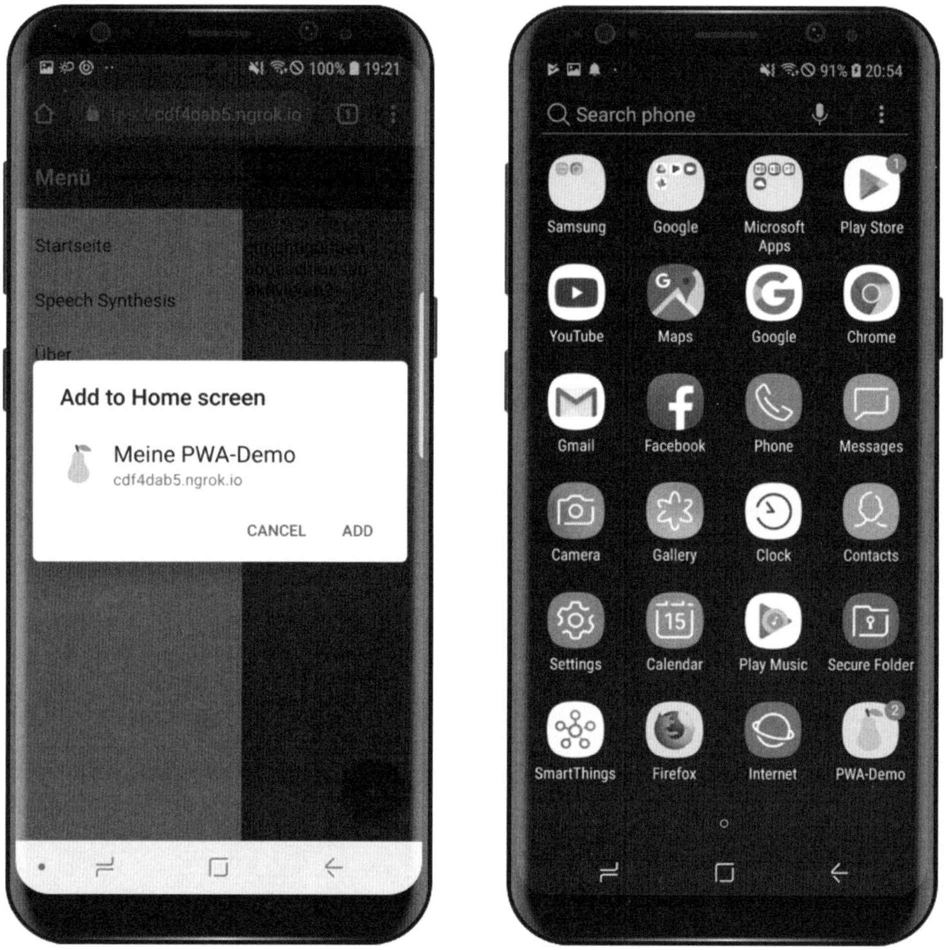

Abbildung 11.8 Installation der PWA unter Android (links) und Darstellung in der Programmliste (rechts)

Google Chrome setzt beim Start der Anwendung über den Homebildschirm einen Splashscreen aus den Angaben des Web App Manifests zusammen (siehe Abschnitt 4.1.4, »Splashscreen«). Dies zeigt Abbildung 11.9 auf der linken Seite. Auf der rechten Seite ist die Darstellung der Progressive Web App im Anzeigemodus Stand-alone zu sehen. Google Chrome unterstützt unter Android alle vier Modi, die im Web App Manifest definiert sind (siehe Abschnitt 4.2.3, »Anzeigemodi«).

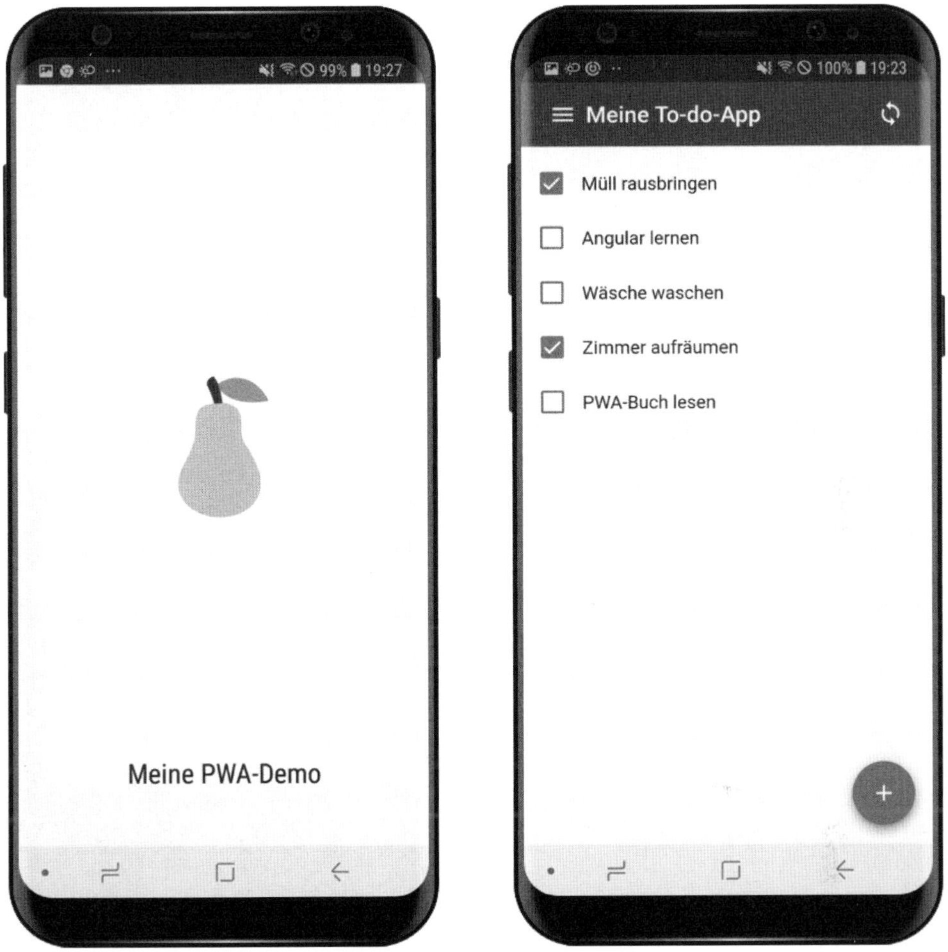

Abbildung 11.9 Darstellung des Splashscreens unter Android (links) und Anzeige der PWA zur Laufzeit (rechts)

Abbildung 11.10 zeigt auf der linken Seite die Eingabe eines neuen To-do-Eintrags. Die Verwendung des Frameworks Angular Material schafft in Android einen besonders nativen Eindruck. Auf der rechten Seite ist die PWA im App-Switcher der Plattform auf einer Ebene mit nativen Anwendungen wie Google Chrome zu sehen.

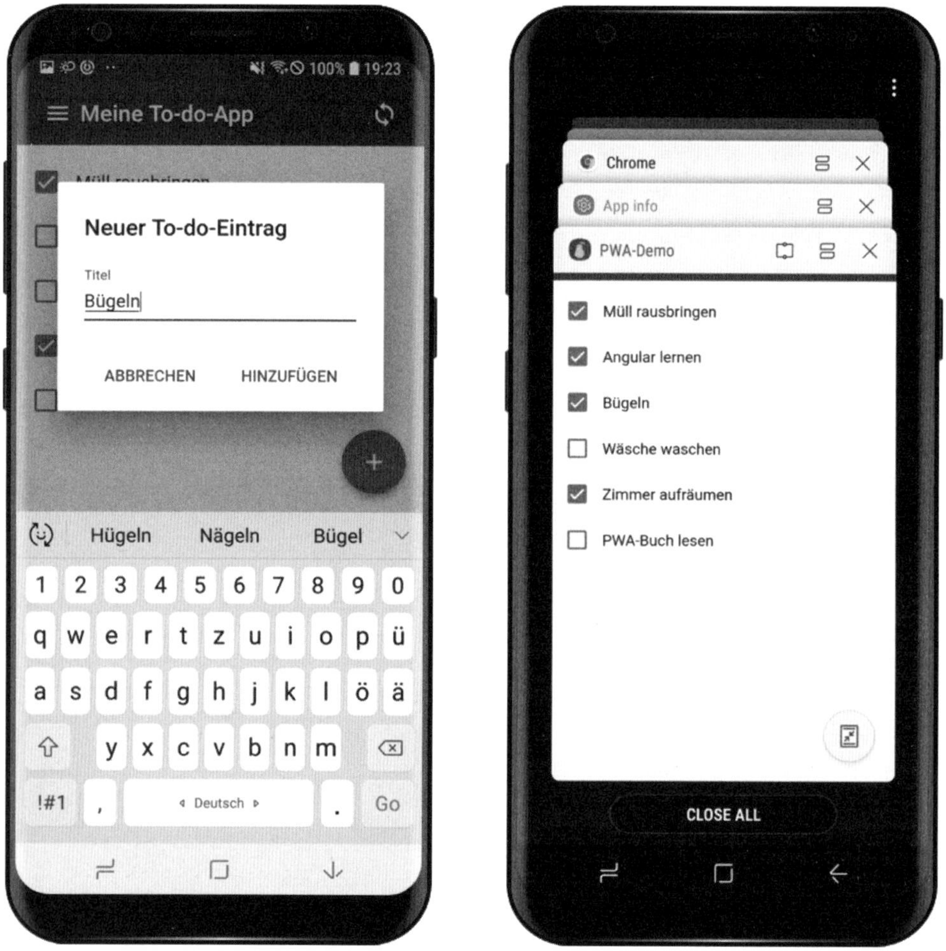

Abbildung 11.10 Ausführung der PWA (links) und Darstellung der Anwendung im App-Switcher (rechts)

Google Chrome generiert beim Installieren der PWA auf dem Homebildschirm ein WebAPK (siehe Abschnitt 4.4.3, »Manuelle Methode«). Damit erhält die PWA wie auch andere native Apps einen eigenen Eintrag in den App-Infos von Android. Dies zeigt Abbildung 11.11 auf der linken Seite. Auf der rechten Seite ist die Darstellung der eingehenden Pushbenachrichtigungen zu sehen. Auf Android muss die Browser-App nicht geöffnet bleiben, um Pushbenachrichtigungen zu empfangen.

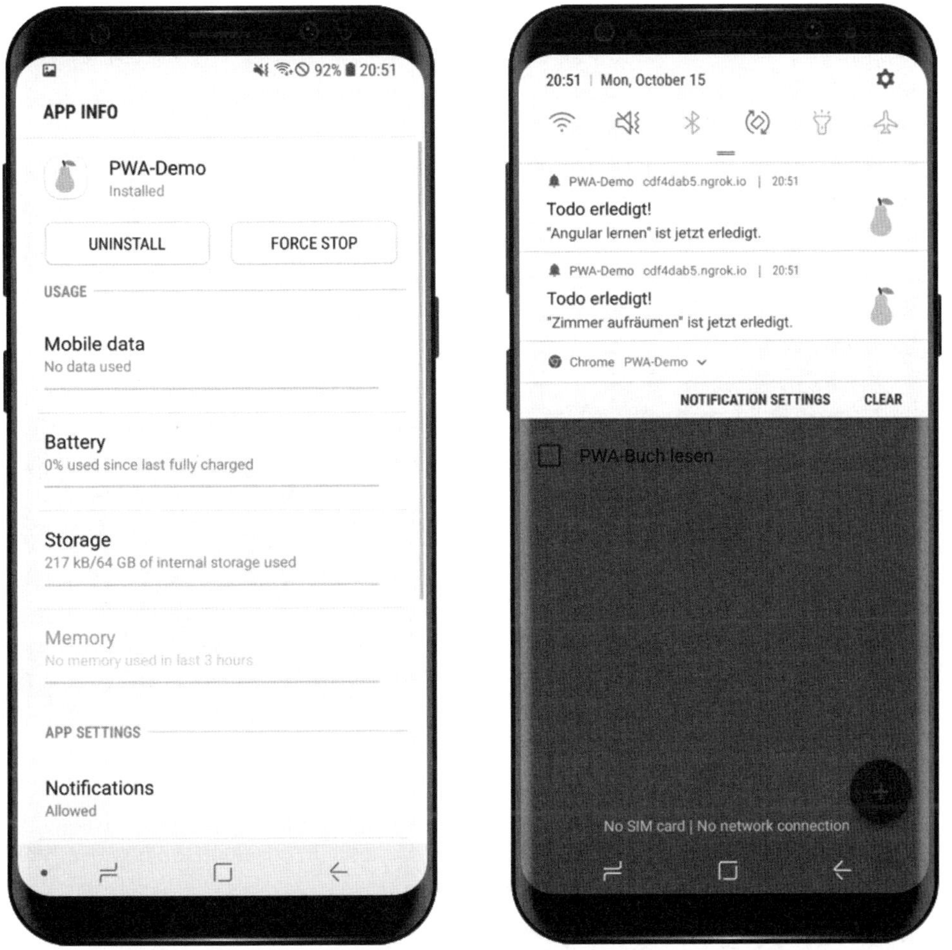

Abbildung 11.11 Darstellung der PWA in den App-Infos (links) und Anzeige von Pushbenachrichtigungen (rechts)

11.4 Windows

Unter Microsoft Windows kommen Progressive Web Apps entweder über Google Chrome oder über Mozilla Firefox auf den Desktop. Alternativ kann die PWA über den Microsoft Store verteilt werden, dann läuft sie in Microsoft Edge. Außerdem gibt es für Entwickler in diesem Fall weitere Anreize (siehe Abschnitt 4.6, »Microsoft Store Ingestion: Wie die App den Weg in den Microsoft Store findet«). Zum Zeitpunkt des Verfassens ist aus Microsoft Edge heraus noch kein Add to Home Screen möglich, Offlinefähigkeit und Pushbenachrichtigungen funktionieren jedoch in diesem Browser. Über Google Chrome installiert, erhalten Progressive Web Apps einen eigenen Eintrag im Startmenü, wie Abbildung 11.12 zeigt.

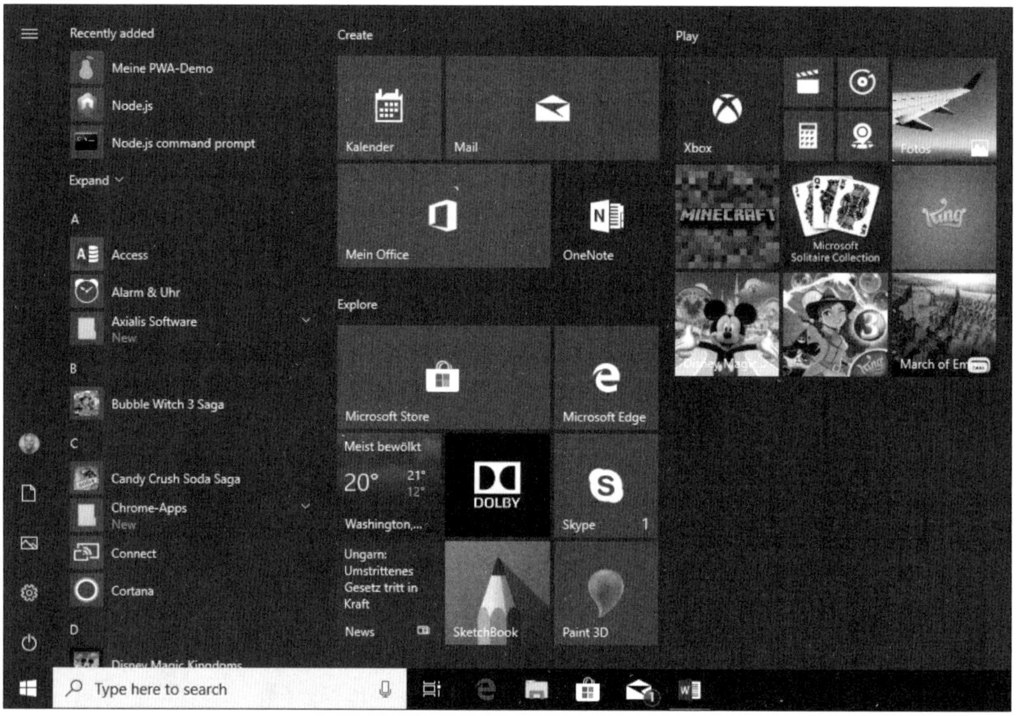

Abbildung 11.12 Startmenüeintrag der Progressive Web App

Außerdem erhält die PWA eine eigene Desktopverknüpfung. Von dort ausgeführt, wird die Anwendung in einem nativen Fenster dargestellt, das auch ein eigenes Taskbar-Symbol erhält. Dies demonstriert Abbildung 11.13.

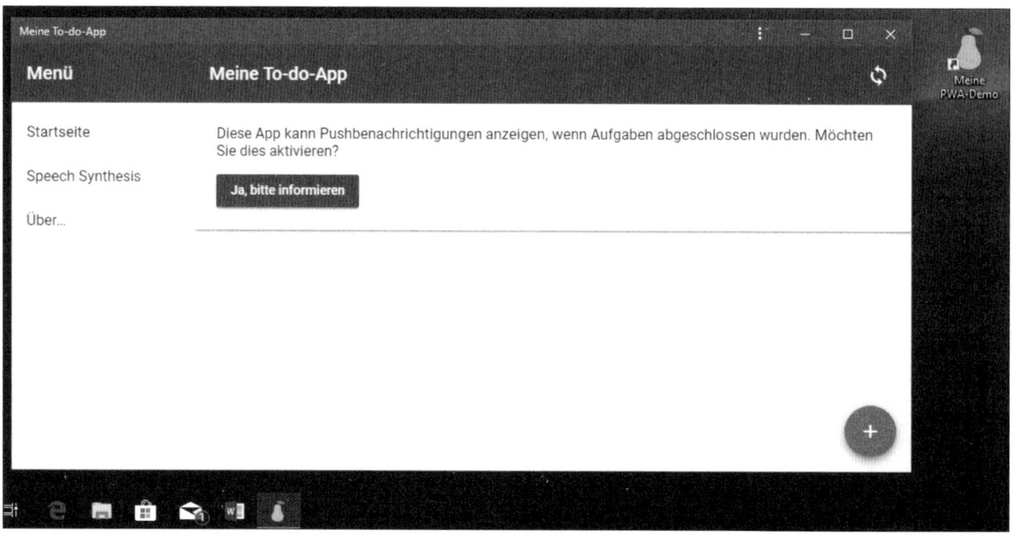

Abbildung 11.13 Ausführung im nativen Fenster mit Taskbar-Icon und Desktopverknüpfung

Darüber hinaus erhält die Anwendung einen Auftritt im Task-Switcher von Windows, wie Abbildung 11.14 zeigt.

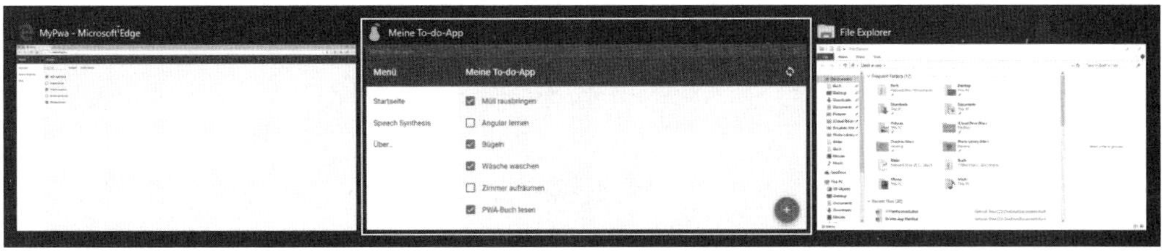

Abbildung 11.14 Darstellung der Anwendung im Task-Switcher von Microsoft Windows

Pushbenachrichtigungen können ebenfalls in einem nativen Erscheinungsbild erscheinen. Dies zeigt Abbildung 11.15. Dazu muss im Fall von Google Chrome jedoch der Browser geöffnet bleiben. Wird die PWA in Microsoft Edge ausgeführt, erscheinen die Benachrichtigungen auch bei geschlossenem Browser.

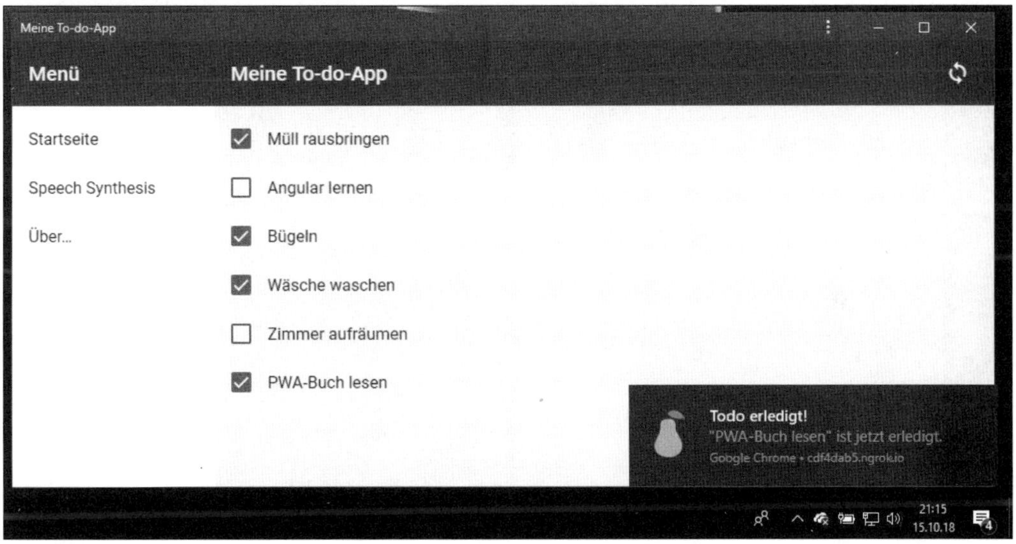

Abbildung 11.15 Anzeige von Pushbenachrichtigungen unter Windows

11.5 Linux

Auch unter Linux können mithilfe von Google Chrome Progressive Web Apps installiert werden. Nachfolgend wird das am Beispiel der Distribution Ubuntu gezeigt. In Abbildung 11.16 ist der Eintrag der PWA in der Programmliste des Betriebssystems zu sehen.

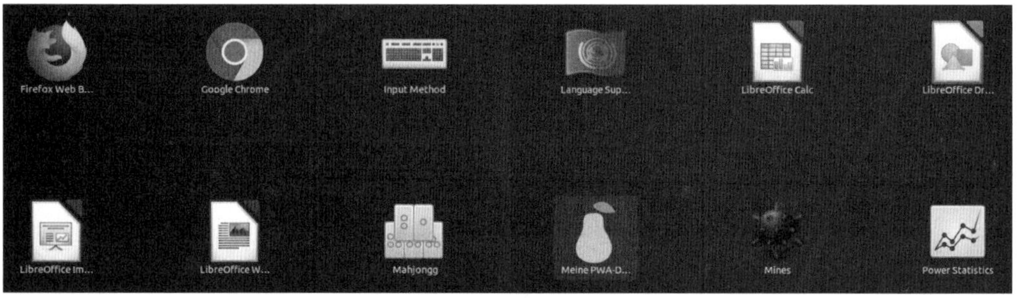

Abbildung 11.16 Eintrag der PWA in der Programmliste von Ubuntu

Von dort aus gestartet, öffnet sich die Anwendung in einem eigenen Fenster und erhält ein eigenes Icon im Launcher. Dies zeigt Abbildung 11.17.

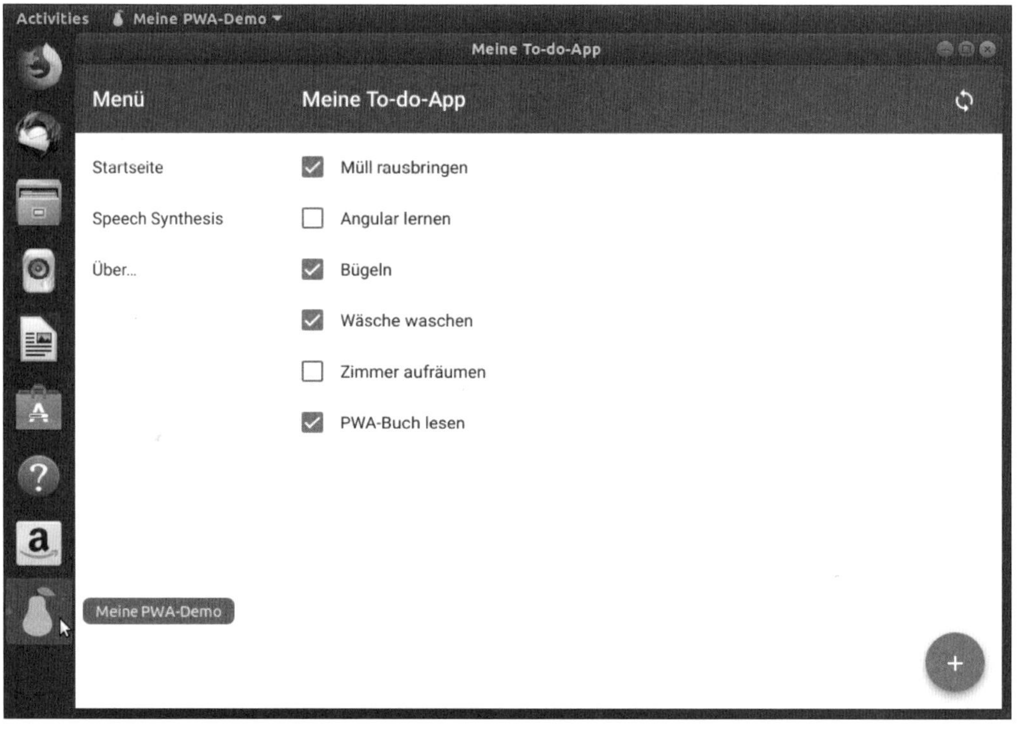

Abbildung 11.17 Darstellung der PWA unter Ubuntu

Auch auf dieser Plattform werden Pushbenachrichtigungen unterstützt, wie Abbildung 11.18 zeigt.

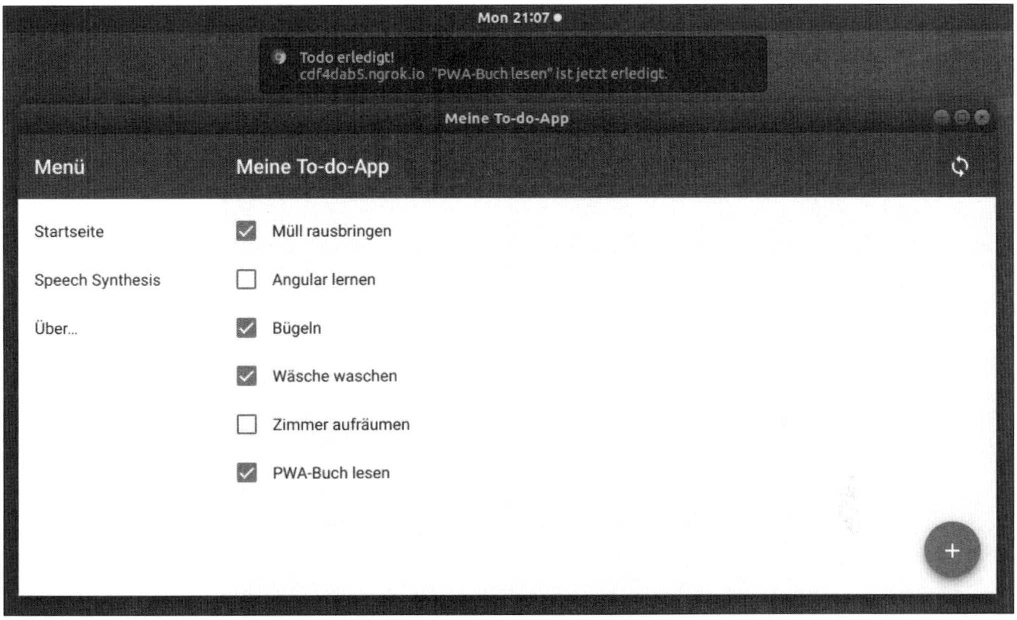

Abbildung 11.18 Darstellung einer Pushbenachrichtigung unter Ubuntu

11.6 Zusammenfassung

- Progressive Web Apps können auf allen relevanten Desktop- und Mobilbetriebssystemen in einem nativen Anwendungsrahmen ausgeführt werden.
- Progressive Web Apps erhalten auf jeder Plattform einen Platz auf dem Homebildschirm beziehungsweise in der Programmliste.
- Pushbenachrichtigungen stehen mit Ausnahme von iOS auf jeder Plattform zur Verfügung. Auf dem Desktop muss bei Nutzung von Mozilla Firefox und Google Chrome jedoch der Browser geöffnet bleiben, um die Nachrichten zu empfangen.

Kapitel 12

Alles richtig gemacht? – PWAs validieren mit Lighthouse & Co.

Vertrauen ist gut, Kontrolle ist besser: Um zu prüfen, ob Sie Ihre PWA korrekt umgesetzt haben, stehen Ihnen verschiedene Validierungstools zur Verfügung. In diesem Kapitel stelle ich drei bekannte Tools vor.

Nachdem Sie mit viel Mühe an Ihrer Progressive Web App gearbeitet haben, möchten Sie natürlich wissen, wie gut Sie sich bei der Implementierung geschlagen haben. Um die Umsetzung einer PWA zu bewerten, gibt es verschiedene Tools, die Ihre Website automatisiert auf die Umsetzung bestimmter Best Practices überprüfen können. Google und Microsoft haben mit *Lighthouse* und *webhint* Werkzeuge konzipiert, die Ihre Anwendung unter verschiedenen Gesichtspunkten untersuchen. Die einzelnen Prüfkategorien unterscheiden sich je nach verwendetem Tool. Darüber hinaus gibt es *aXe*, ein automatisiertes Tool, das die korrekte Umsetzung der Barrierefreiheit auf Ihrer Website prüft. Je nach Tool gibt es verschiedene Metriken, die angeben, wie gut die Umsetzung der Anwendung gelungen ist. Es bietet sich an, diese Validierungstools während der Entwicklung einer Progressive Web App regelmäßig auszuführen, um mögliche Problemstellen frühzeitig zu erkennen. Dafür stellen die Werkzeuge Kommandozeilentools zur Verfügung, die zum Beispiel in Shell-Skripten verwendet werden können. Darüber hinaus werden die Tools auch als Node.js-Modul veröffentlicht, um sie so in (automatisierte) Buildprozesse oder andere Anwendungen integrieren zu können.

Lighthouse und webhint versuchen unter anderem, die User Experience Ihrer Progressive Web App automatisiert zu bewerten. Dies ist allerdings nur in gewissen Grenzen möglich: Während die genannten Tools zwar die Offlineverfügbarkeit der Quelldateien Ihrer Anwendung prüfen können, gibt es keinen generalisierten Ansatz, um das Offlineverhalten der Anwendung in Bezug auf die Anwenderdaten zu testen. Insofern können die Berichte dieser Werkzeuge allenfalls als Indikator dienen. Eine Bestwertung in allen Prüfkategorien bedeutet noch lange nicht, dass es sich bei der Website um eine gut verwendbare Progressive Web App handelt.

Da sowohl Lighthouse als auch webhint auf aXe zurückgreifen, steige ich zur Erklärung bei genau dieser Bibliothek ein.

12.1 Barrierefreiheit testen mit aXe

Bereits seit langer Zeit stellen Betriebssysteme und Anwendungen Bedienhilfen für Menschen mit Behinderungen zur Verfügung. Dies soll natürlich auch bei Webanwendungen und Progressive Web Apps möglich sein. Im Web gibt es hierfür zum Beispiel den Standard *Accessible Rich Internet Applications* (ARIA). Dieser Standard definiert unter anderem Techniken, um Screenreadern zusätzliche Informationen über Steuerelemente mitzuteilen, deren Sinn sich ansonsten nur Menschen mit Sehvermögen erschließen würde. Während ein Anwender mit Sehvermögen eine gelb hinterlegte Nachricht problemlos als Warnmeldung interpretieren kann, muss der Sachverhalt einem Anwender mit eingeschränktem Sehvermögen auf andere Weise vermittelt werden können.

```
<div class="warning" role="alert" aria-live="assertive">
  Verbindung zum Zentralrechner unterbrochen. Die Preisberechnung erfolgt
  auf Basis der zuletzt übermittelten Daten.
</div>
```

Listing 12.1 ARIA-Attribute zum Auszeichnen einer Warnmeldung

Zur automatisierten Prüfung der Barrierefreiheit einer Website stellt Deque Systems die quelloffene Bibliothek aXe (*The Accessibility Engine*) zur Verfügung. Die Bibliothek aXe geht davon aus, dass sie in der bestehenden Testumgebung einer Webanwendung aufgerufen wird. Häufig wird in Webanwendungen auf den Testrunner *Karma*[1] und das Testframework *Jasmine*[2] zurückgegriffen. Im nachfolgenden Beispiel zeige ich den relevanten Testcode für das Framework Jasmine.

aXe prüft bei Aufruf die zum jeweiligen Zeitpunkt sichtbaren DOM-Elemente auf ihre Barrierefreiheit. Dabei wird die Webanwendung in einem »echten« Browser oder einem Browser ohne grafische Benutzeroberfläche (*Headless Browser*) wie *Headless Chrome* ausgeführt. Letzteres bietet sich an, wenn die Tests etwa bei jedem Commit durch einen Server ausgeführt werden sollen (*Continuous Integration*), der über keine grafische Benutzeroberfläche verfügt. Die Bibliothek wird als Node.js-Modul zur Verfügung gestellt. Zur Integration wird das Modul zunächst über npm im aktuellen Projektverzeichnis installiert:

```
npm install axe-core --save-dev
```

Nach der Installation des Node.js-Moduls muss die Quelldatei der Bibliothek in der Testumgebung der Webanwendung geladen werden.

```
<script src="node_modules/axe-core/axe.min.js"></script>
```

1 *http://karma-runner.github.io/latest/index.html*
2 *https://jasmine.github.io/*

Die Bibliothek stellt beim Einbinden das Objekt `axe` auf dem globalen Window-Objekt zur Verfügung. Die Methode `run()` nimmt einen DOM-Knoten entgegen, der geprüft werden soll, und gibt ein Promise zurück, das mit einem Ergebnisobjekt aufgelöst wird, wie Listing 12.2 zeigt. Die `it()`-Methode repräsentiert bei Jasmine einen einzelnen Test, der hier besagt, dass die Anwendung keine Fehler bei der Prüfung mit aXe beinhalten sollte. Innerhalb des Tests wird die Methode `axe.run()` aufgerufen. Die Prüfung wird für die Eigenschaft `document` ausgeführt, also das vollständige HTML-Dokument. Mithilfe der Methode `expect()` kann ein erwartetes Ergebnis formuliert werden. Stimmt das erwartete mit dem tatsächlichen Ergebnis überein, war der Test erfolgreich. Andernfalls schlägt der Test fehl. Im Beispiel wird erwartet, dass es keine Verstöße gegen die aXe-Regeln gibt. Andernfalls schlägt der Test fehl und somit gegebenenfalls auch der Continuous-Integration-Buildprozess.

```
it('should have no errors', async () => {
    const results = await axe.run(document);
    expect(results.violations.length).toBe(0);
});
```

Listing 12.2 Durchführung einer Prüfung mit aXe auf dem vollständigen HTML-Dokument in einem Jasmine-Test

aXe stellt diverse Integrationen für Testumgebungen wie Jasmine, Mocha oder Headless Chrome zur Verfügung. Details zu diesen Integrationen sowie zu aXe allgemein finden Sie auf der Homepage des Projekts: unter *https://axe-core.org*.

Zur direkten Verwendung im Browser kann aXe aber auch als Erweiterung für Mozilla Firefox und Google Chrome heruntergeladen werden. Abbildung 12.1 zeigt die aXe-Erweiterung im Chrome Web Store.

Nach der Installation der Erweiterung steht in den jeweiligen Entwicklertools eine neue Registerkarte zur Verfügung: AXE. Die Entwicklertools müssen dabei auf der zu testenden Website geöffnet werden. Über die Schaltfläche ANALYZE wird die Prüfung für das komplette Dokument gestartet. Gefundene Problemstellen werden innerhalb der Registerkarte angezeigt. Dies zeigt Abbildung 12.2 am Beispiel der Twitter-Lite-PWA: Aufgetretene Probleme werden in einer Liste dargestellt und können nach Typen gefiltert werden ❶. Für jedes Problem wird im Detailbereich eine Erklärung inklusive Lösungsvorschlag angezeigt sowie der Quelltext des Elements, das das Problem verursacht hat. Mithilfe der Verknüpfungen INSPECT NODE ❷ und HIGHLIGHT ❸ kann der Entwickler direkt zur Darstellung des verursachenden DOM-Knotens in der Registerkarte ELEMENTS springen beziehungsweise diesen im HTML-Dokument hervorheben. Über die Verknüpfung LEARN MORE ❹ erhält der Entwickler weitere Hintergrundinformationen zum Problem.

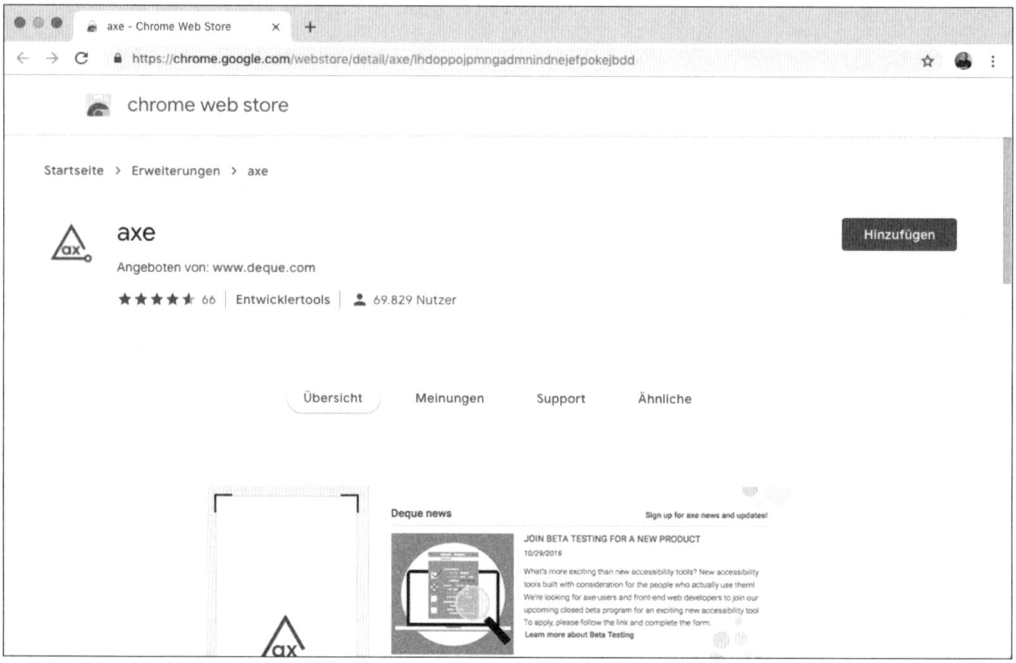

Abbildung 12.1 Installation der aXe-Browsererweiterung in Google Chrome

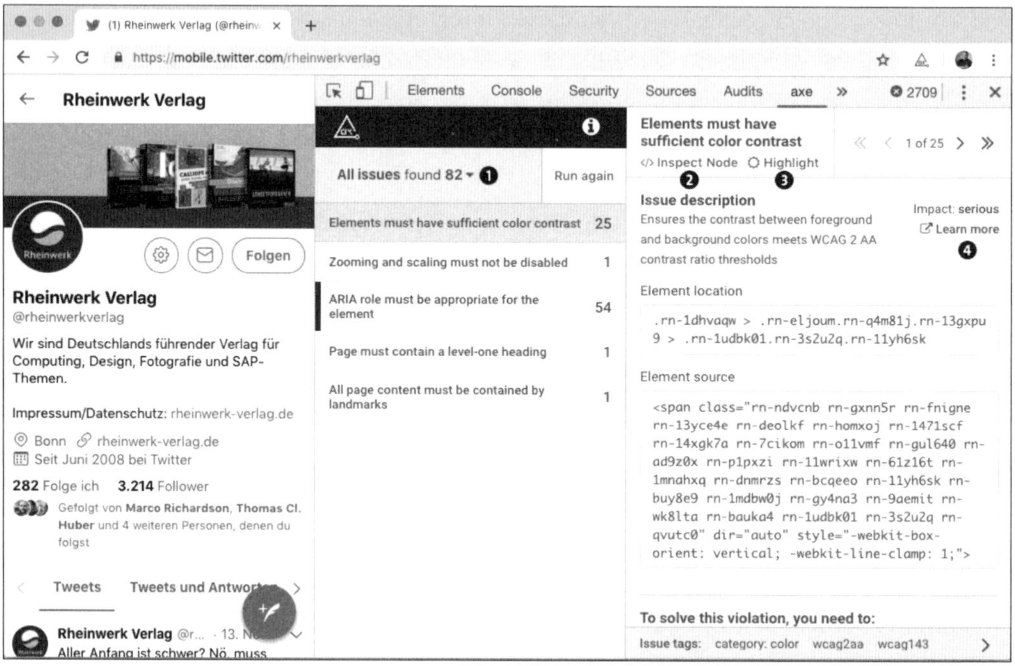

Abbildung 12.2 Ergebnisse der Prüfung der Twitter-Lite-PWA mit aXe in den Google-Chrome-Entwicklertools

Aufgabe: PWA mit aXe testen

Testen Sie Ihre Anwendung mit aXe. Öffnen Sie dazu Google Chrome, sofern noch nicht geschehen. Installieren Sie dann das aXe-Plug-in aus dem Chrome Web Store: *https://liebel.io/pwa-axe*.

Rufen Sie dann Ihre PWA in Google Chrome auf, indem Sie zu ihrer Adresse navigieren. Öffnen Sie die DevTools, indem Sie [F12] (Windows/Linux) oder [⌥] + [⌘] + [I] (macOS) drücken. Das Prüftool ist auf der Registerkarte AXE zu finden. Wenn die Entwicklertools nicht breit genug dargestellt werden, finden Sie den passenden Eintrag stattdessen im Menü ». Klicken Sie dann auf die Schaltfläche ANALYZE, um die Prüfung durchzuführen.

12.2 Lighthouse: der Leuchtturm der Websitevalidierung

Lighthouse ist ein von Google bereitgestelltes quelloffenes Tool zur Websitevalidierung. Bei Drucklegung dieses Buchs liegt Lighthouse in Version 3 vor. Das Werkzeug ist in die Entwicklertools von Google Chrome integriert, dort ist es auf der Registerkarte AUDIT zu finden. Lighthouse kann jedoch auch losgelöst von diesem Browser eingesetzt werden. So gibt es ein Kommandozeilentool, das über npm installiert werden kann:

```
npm i -g lighthouse@3.2.1
```

Danach steht auf der Kommandozeile der Befehl `lighthouse` zur Verfügung. Dieser Befehl startet Chrome, führt die Lighthouse-Prüfungen durch und legt den Prüfbericht in Form einer HTML-Datei im aktuellen Arbeitsverzeichnis ab. Auch die Ausgabe im JSON-Format ist möglich. Dem Kommando wird als Argument die zu prüfende URL übergeben. Darüber hinaus gibt es einige Kommandozeilenswitches, die mit `lighthouse --help` angezeigt werden können. Um einen Bericht für die Website unter *https://pwa.liebel.io* zu generieren, wird folgender Befehl aufgerufen:

```
lighthouse https://pwa.liebel.io
```

Für viele Entwickler dürften dennoch die DevTools erste Anlaufstelle zur Auditierung einer Website sein. Abbildung 12.3 zeigt die Konfiguration einer Auditierung mithilfe von Lighthouse in den Entwicklertools. Das Werkzeug bietet fünf verschiedene Audits an, die einzeln an- oder abgewählt werden können ❶: PERFORMANCE, PROGRESSIVE WEB APP, BEST PRACTICES, ACCESSIBILITY und SEARCH-ENGINE OPTIMIZATION (SEO). Der Entwickler kann auswählen, für welches Zielgerät die Audits ausgeführt werden sollen: entweder für Mobil- oder für Desktopgeräte ❷. Bei Auswahl von MOBILE simuliert Google Chrome zum Beispiel Bildschirmabmessungen und Pixeldichte eines Mobilgeräts, derzeit eines *Nexus 5X*. Darüber hinaus ist es möglich, Verbindungsgeschwindigkeit und CPU zu drosseln: Die erste Option SIMULATED FAST 3G, 4X CPU SLOWDOWN ❸ misst die Laufzeit von Anfragen und rechnet diese nachträglich so um, als sei die Anfrage über eine schnelle 3G-Verbindung (1,6 Mbit/s in Empfangsrichtung, 750 Kbit/s in Senderichtung, 150 Millisekunden Latenz) übertragen worden. Mit der zweiten Option APPLIED FAST 3G, 4X CPU SLOWDOWN ❹ wird bei der Testausführung die tatsächliche Übertragung der Daten auf die oben angegebene Verbindungsgeschwindigkeit gedrosselt. Diese Methode kann in bestimmten Fällen genauer sein, die Testausführung dauert jedoch länger. Da beide Methoden jedoch ähnlich genau sind, wird die erste Option bevorzugt. Beide Optionen simulieren eine Drosselung der CPU-Taktfrequenz auf 25 Prozent, um zu vermeiden, dass der schnelle Entwicklerrechner zum Maßstab für die gesamte Nutzerbasis wird. Bei Auswahl der Option NO THROTTLING ❺ wird hingegen keine Drosselung vorgenommen. Mithilfe des Kontrollkästchens CLEAR STORAGE ❻ wird vorgegeben, dass der lokale Anwendungsspeicher vor Ausführung der Audits komplett geleert wird. Um vergleichbare Ergebnisse zu erhalten, sollte dieses Kontrollkästchen aktiviert bleiben. Schließlich kann der Entwickler die Berichterstellung durch Klick auf die Schaltfläche RUN AUDITS ❼ starten.

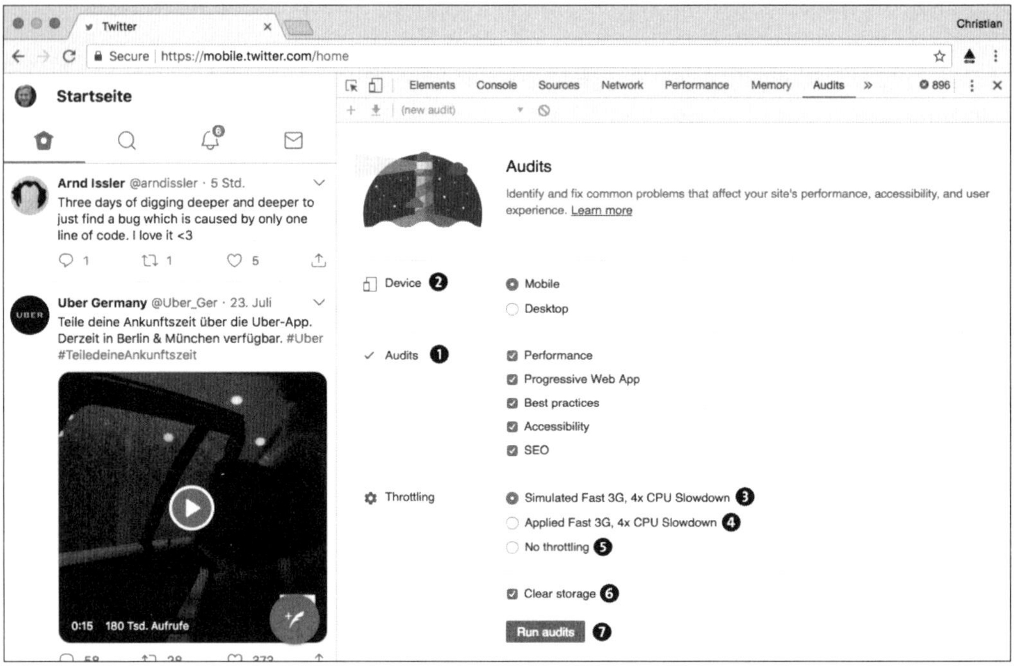

Abbildung 12.3 Konfiguration eines Audits über Lighthouse

Lighthouse führt daraufhin verschiedene Testregeln aus und generiert einen Ergebnisbericht. Die Anwendung erhält für jede der ausgewählten Audit-Kategorien eine Punktzahl zwischen 0 und 100. Schlagen Audits fehl, werden, wo zutreffend, die verursachenden Elemente genannt sowie weitere Hinweise dazu gegeben, wie das Problem gelöst werden kann. Die einzelnen Testregeln können auch in der Lighthouse-Dokumentation unter *https://developers.google.com/web/tools/lighthouse* nachgeschlagen werden, wenngleich die Beschreibungen zum Zeitpunkt des Verfassens in einigen Fällen veraltet oder nicht korrekt zutreffend waren.

12.2.1 Performance

Im Schritt PERFORMANCE werden Messungen durchgeführt und Optimierungsmöglichkeiten aufgezeigt. Liegen CSS- oder JavaScript-Dateien in nicht »minifizierter« (*minified*) Form vor, merkt Lighthouse das an. Für Bilddateien stehen Optimierungstools wie *optipng* für PNG-Dateien und *jpeg-optim* für JPEG-Bilder zur Verfügung, mit denen die Dateigröße dieser Bilder oftmals noch einmal deutlich reduziert werden kann. Kleinere Dateien bedeuten wiederum eine schnellere Übertragung. Lighthouse nimmt diese Informationen sowie Handlungsanweisungen in den Abschnitten OPPORTUNITIES und DIAGNOSTICS mit in den Prüfbericht.

In die für die Kategorie PERFORMANCE vorgestellte Punktzahl fließen jedoch nur die Messungen ein, die im Ergebnisbericht angezeigt werden. Die Messergebnisse (METRICS) zeigt Abbildung 12.4. FIRST CONTENTFUL PAINT beschreibt die Dauer, die es braucht, bis der erste Inhalt, wie Bilder oder Text, innerhalb des DOM gezeichnet wird. FIRST MEANINGFUL PAINT misst die Zeit, bis die größte Layoutänderung »above the fold«, also im sichtbaren Bereich der Website, durchgeführt wurde und alle Webschriftarten geladen worden sind. Der SPEED INDEX beschreibt die durchschnittliche Zeit, bis sichtbare Bereiche der Website dargestellt wurden. FIRST CPU IDLE gibt an, nach wie vielen Millisekunden die Website erstmals keine länger laufenden Operationen auf der CPU mehr ausführen muss, TIME TO INTERACTIVE darüber hinaus, ab wann der Anwender mit der Website interagieren kann. Dazu wird gemessen, ab welchem Zeitpunkt das Layout stabil ist und Benutzereingaben auf dem Hauptthread behandelt werden können. Diese Metrik ist noch relativ neu und kann sich in Zukunft daher noch ändern. ESTIMATED INPUT LEGACY beschreibt schließlich die Verzögerung, bis die Anwendung auf Eingaben des Anwenders reagiert.

Jede Metrik wird in eine Punktzahl umgewandelt. Die Punkteverteilung entspricht einer logarithmischen Normalverteilung; die erzielten Metriken der Website werden mit den Performancedaten echter Websites aus dem HTTPArchive verglichen. Die Punktzahl 50 entspricht dabei dem 75-Prozent-Perzentil, die vollen 100 Punkte dem 98-Prozent-Perzentil. Ist die geprüfte Website also performanter als 75 Prozent aller anderen, erhält sie eine Punktzahl von 50. Um die vollen 100 Punkte zu erreichen, muss sie schneller ausgeführt werden als 98 Prozent aller Websites. Die verschiedenen Metriken fließen, wie in Tabelle 12.1 dargestellt, gewichtet in die Berechnung der gesamten Performancepunktzahl ein. Lighthouse weist den Punktzahlen eine Farbcodierung zu: Erzielte Punktzahlen von 0 bis 44 heißen *poor* (schwache Performance) und werden mit roter Farbe gekennzeichnet. Der Bereich von 45 bis 74 wird als *average* (durchschnittliche Performance) bezeichnet und erhält eine orangefarbene Kennzeichnung. Punktzahlen von 75 bis 100 werden als *good* (gute Performance) angesehen und in Grün gekennzeichnet.

Weiterhin gilt zu beachten, dass die Ergebnisse bei mehrfacher Ausführung variieren können – zum Beispiel dann, wenn parallel zur Messung andere rechenintensive Operationen auf dem Testsystem ausgeführt werden oder dynamische Inhalte (wie Werbeanzeigen oder Skripte) die Laufzeit beeinflussen. Daher empfiehlt es sich, beim Auftreten auffälliger Werte eine erneute Prüfung mit Lighthouse durchzuführen.

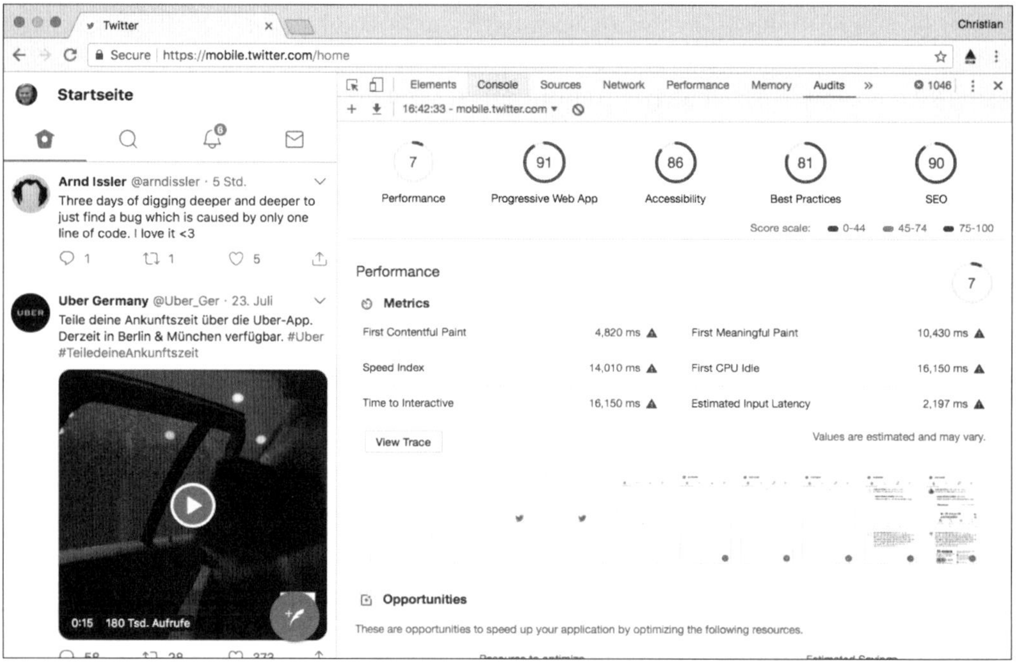

Abbildung 12.4 Ergebnisse der Prüfung mit Lighthouse

Audit	Gewichtung
First Contentful Paint	3x
First Meaningful Paint	1x
Speed Index	4x
First CPU Idle	2x

Tabelle 12.1 Gewichtung der einzelnen Performancemetriken

Audit	Gewichtung
Time to Interactive	5x
Estimated Input Latency	0x

Tabelle 12.1 Gewichtung der einzelnen Performancemetriken (Forts.)

12.2.2 Progressive Web App

Für Progressive Web Apps führt Lighthouse Audits durch, die sich aus der *Baseline Progressive Web App Checklist*[3] ableiten. Diese Checkliste wurde von Google definiert und stellt Mindestanforderungen an eine Progressive Web App, die sich nahe an den Eigenschaften aus Kapitel 3, »Zehn Eigenschaften, die PWA einzigartig machen«, orientieren. Lighthouse führt folgende Audits durch:

- Inhalte werden via HTTPS übertragen, HTTP-Anfragen werden nach HTTPS umgeleitet (Safe).
- Die Webseite passt sich auf Smartphones und Tablets den Bildschirmabmessungen an, das HTML-Dokument enthält also ein korrekt konfiguriertes Viewport-Metatag, der Inhalt passt in den Viewport (Responsive).
- Das Web App Manifest existiert und enthält mindestens ein 192 × 192 Pixel großes Icon sowie die Eigenschaften `background_color`, `display`, `start_url`, `name` und `short_name` (Discoverable), Die PWA erfüllt Kriterien zur Installation auf dem Homebildschirm und kann einen Splashscreen anzeigen (*Installable*), die Omnibox wird unter Google Chrome auf Android entsprechend den Markenfarben eingefärbt.
- Die PWA registriert einen Service Worker. Dieser beantwortet Anfragen auch im Offlinemodus mit dem HTTP-Statuscode `200`, außerdem befindet sich die `start_url` aus der Manifestdatei im Cache des Service Workers (Connectivity Independent).
- Das HTML-Dokument zeigt auch dann Inhalte an, wenn kein JavaScript verfügbar ist – und sei es nur eine Hinweismeldung dazu, dass die Website ohne JavaScript nicht verfügbar ist, zum Beispiel realisiert über ein `<noscript>`-Element (Progressive).
- Die PWA lädt auch bei 3G-Verbindung schnell: Die Anwendung muss spätestens nach zehn Sekunden bedienbar sein.

Die einzelnen Anforderungen werden innerhalb der Audit-Kategorie unterschiedlich stark gewichtet. Das Einfärben der Omnibox erhält zum Beispiel Faktor 1, während

3 *https://developers.google.com/web/progressive-web-apps/checklist#baseline*

das schnelle Laden den Faktor 7 erhält. Die übrigen drei Einträge aus der Baseline-PWA-Checkliste muss der Entwickler manuell testen:

1. Die PWA funktioniert plattformübergreifend (Google Chrome, Mozilla Firefox, Apple Safari, Microsoft Edge).
2. Seitenwechsel (im Sinne eines serverseitigen Roundtrips) fühlen sich schnell an.
3. Auf einzelne Seiten kann per Deep-Link verwiesen werden (Linkable).

Darüber hinaus definiert Google auch eine erweiterte Checkliste, die *Exemplary Progressive Web App Checklist*[4], die zusätzliche Anforderungen an die Progressive Web App stellt – zum Beispiel, zur Umsetzung der Eigenschaft Linkable, die in Abschnitt 3.10.2, »Pfad-basiertes Routing«, beschriebene Pfad-basierte Routing-Strategie zu wählen oder das Auftreten des `beforeinstallprompt`-Ereignisses selbst zu behandeln, wie in Abschnitt 4.4.2, »Eigene Methode«, diskutiert.

12.2.3 Best Practices

Die Audit-Kategorie BEST PRACTICES prüft die Webanwendung unter anderem auf die Verwendung veralteter Webschnittstellen wie WebSQL oder Application Cache. Dies mahnt Lighthouse an. Umgekehrt wird die Verwendung moderner Protokolle wie HTTP/2 vorgeschlagen. Aber auch aus PWA-Sicht finden sich interessante Audits in dieser Kategorie. So wird geprüft, ob die Anwendung direkt beim Start der Anwendung die Erlaubnis zum Zugriff auf die Position des Anwenders oder zum Empfangen von Pushbenachrichtigungen anfordert. Beides wird vom Anwender meistens als störend empfunden, weswegen Lighthouse dieses Verhalten ebenfalls anmahnt. Darüber hinaus wird geprüft, ob die Web-App-Manifest-Eigenschaft `short_name` kürzer ist als zwölf Zeichen und somit auf dem Homebildschirm nicht abgeschnitten wird.

12.2.4 Accessibility

Lighthouse greift auf einige Tests der aXe-Engine zurück. Die Punktzahl für diese Kategorie ergibt sich aus dem gewichteten Durchschnitt der einzelnen Ergebnisse. Bei den Audits zur Barrierefreiheit gibt es nur bestanden und nicht bestanden. Werden beispielsweise nur manchen, aber nicht allen `<img>`-Elementen über das `alt`-Attribut alternative Bezeichnungen zugewiesen, zählt der Test als insgesamt nicht bestanden.

12.2.5 Search-Engine Optimization

Bei den Tests zur Suchmaschinenoptimierung wird geprüft, ob die Website ein `<title>`-Element zur Darstellung des Seitentitels oder passende Metabeschreibun-

4 *https://developers.google.com/web/progressive-web-apps/checklist#exemplary*

gen besitzt. Andernfalls erhält der Entwickler eine Warnmeldung. Setzt der Seitenbetreiber Plug-ins auf seiner Website ein (Java Applets, Adobe Flash, Microsoft Silverlight), wird dies ebenfalls angemahnt.

Aufgabe: PWA mit Lighthouse testen

Prüfen Sie Ihre selbst entwickelte App mithilfe von Lighthouse. Navigieren Sie dazu mit Google Chrome zu der Adresse, unter der Ihre Progressive Web App ausgeführt wird. Alternativ können Sie auch die PWA Twitter Lite unter *https://mobile.twitter.com* überprüfen. Drücken Sie dann [F12] (Windows/Linux) oder [⌥] + [⌘] + [I] (macOS), um die Entwicklertools zu öffnen. Navigieren Sie dort zur Registerkarte AUDITS. Wenn die Entwicklertools nicht breit genug dargestellt werden, finden Sie den passenden Eintrag stattdessen im Menü ». Stellen Sie sicher, dass alle Kontrollkästchen für die verschiedenen Metriken aktiviert sind, wie in Abbildung 12.3 zu sehen, und klicken Sie auf die Schaltfläche RUN AUDITS.

12.3 webhint: ein Linter für das Web

webhint ist ein quelloffenes Tool, das ursprünglich vom Edge-Team bei Microsoft entwickelt wurde. Das Tool wurde zwischenzeitlich der JS Foundation übergeben. webhint bezeichnet sich dabei selbst als *Linter* für das Web. Unter einem Linter versteht man eigentlich ein Tool zur statischen Quellcodeanalyse. Diese werden mit einem Regelsatz konfiguriert, gegen den der Quellcode der Anwendung geprüft wird. Dabei besteht auch die Möglichkeit, bestimmte Codeteile wie externen Code aus der Prüfung auszunehmen oder bestimmte Statements explizit zu erlauben und eine Linting-Regel lokal zu ignorieren. Dieses Konzept überträgt webhint auf die Websiteanalyse: So können Entwickler die anzuwendenden Regeln komplett selbst auswählen und zusammenstellen, eigene Regeln implementieren, den Schweregrad (Warnung/Fehler) einer Regel konfigurieren, Domains von Drittanbietern aus der Analyse ausschließen und den Prüfungen mitteilen, welche Browser von der Anwendung adressiert werden. Abhängig von den Zielbrowsern können die Regeln unterschiedliche Aspekte prüfen. Die Ausgabe der Prüfergebnisse ist bei webhint ebenfalls flexibel, es stehen *Formatter* für unterschiedliche Ausgabeformate (Kommandozeile, Excel, HTML) zur Verfügung. Durch dieses Maß der Konfigurierbarkeit grenzt sich webhint von Lighthouse ab. Anders als Lighthouse berechnet webhint keine Punktzahlen, sondern gibt Hinweise (Fehler- und Warnmeldungen) aus. Darüber hinaus verfügt webhint über eine umfangreiche Dokumentation, die die einzelnen Regeln auflistet und erklärt, warum die Umsetzung der Regel wichtig ist und was genau geprüft wird.

Wie die übrigen bisher vorgestellten Werkzeuge hat auch webhint ein Kommandozeilentool. Zur Verwendung muss zunächst das zugehörige Node.js-Modul über npm installiert werden:

```
npm i -g hint@3.4.13
```

Danach steht der Befehl `hint` auf der Konsole zur Verfügung. Darüber hinaus sind bei webhint auch die einzelnen Regeln als Node.js-Module erhältlich, die Regeln zur Barrierefreiheit befinden sich etwa im Modul `@hint/hint-axe`. Diese Module können, wie auch die Formatter zur Ausgabe des Berichts, lokal in Projekten installiert werden. Vorteil ist dabei, dass eine bestimmte Version des zu prüfenden Regelsatzes hinterlegt werden kann. Alternativ können die Pakete auch global installiert werden. Über das Kommandozeilentool kann ein Assistent gestartet werden, um eine individuelle Konfigurationsdatei für webhint anzulegen:

```
npm create hintrc
```

Dieser fragt zunächst ab, ob eine Standardkonfiguration von webhint angewendet oder die Konfiguration auf Basis der installierten Regelpakete zusammengesetzt werden soll. Bei der benutzerdefinierten Konfiguration kann der Entwickler entscheiden, in welchem Browser die webhint-Tests durchgeführt und welche der installierten Formatter und Regeln angewendet werden sollen. Des Weiteren ist die Auswahl der Zielbrowser möglich. Bei Auswahl einer Standardkonfiguration kann der Entwickler eine Vorlage auswählen. Derzeit gibt es `web-recommended` für allgemeine, produktive Websites, `progressive-web-apps` zum Prüfen von Progressive Web Apps und `development` zum Prüfen von Webanwendungen zur Entwicklungszeit. Im Anschluss werden die erforderlichen Regel- und Formatter-Module installiert. Abschließend legt der Assistent im Arbeitsverzeichnis die Datei *.hintrc* mit der den Benutzereingaben entsprechenden Konfiguration ab. Listing 12.3 zeigt eine benutzerdefinierte Konfigurationsdatei, die über den Assistenten erstellt wurde. Die Eigenschaft `browserslist` spezifiziert die Zielbrowser, im Beispiel nur Browser mit mehr als einem Prozent Marktanteil und davon nur die letzten beiden Versionen. `connector` gibt an, mit welchem Browser die Tests ausgeführt werden sollen, im Beispiel Google Chrome. Die Eigenschaft `extends` kann mit bestehenden Konfigurationen (wie `progressive-web-apps`) vorbelegt werden, in diesem Fall erbt die Konfigurationsdatei die Eigenschaften der Vorlagen. Die Eigenschaft `formatters` gibt an, dass die Formatter `stylish` für die Konsolenausgabe und `json` zum Export einer JSON-Datei verwendet werden sollen. Das Array `ignoredUrls` bleibt in diesem Beispiel leer, es werden also keine Quelldateien von der Prüfung ausgeschlossen. Die anzuwendenden Regelsätze werden als Schlüssel im Objekt `hints` angegeben, der zugeordnete Wert entspricht dem Schweregrad, wenn die Regel nicht bestanden wird. Bei Verletzungen der Regel `axe-default` wird webhint mit einem Fehlercode (Exit-Code 1) beendet (`error`). Darauf können beispielsweise Continuous-Integration-Skripte reagieren. Weitere Optionen sind `warning`, wenn eine Verletzung dieser Regel nicht zu einer Änderung des Exit-Codes führen soll, und `off`, um die Regel komplett zu deaktivieren. Jede Regel darf zur Ausführung maximal zwei Minuten in Anspruch nehmen (`rulesTimeout`).

```
{
    "browserslist": [
        "> 1%",
        "last 2 versions"
    ],
    "connector": {
        "name": "chrome",
        "options": {
            "waitFor": 1000
        }
    },
    "extends": [],
    "formatters": [
        "stylish"
    ],
    "ignoredUrls": [],
    "hints": {
        "axe ": "error"
    },
    "rulesTimeout": 120000
}
```

Listing 12.3 Über den Assistenten angelegte webhint-Konfigurationsdatei

Auf Basis dieser Konfigurationsdatei kann webhint schließlich für eine bestimmte URL ausgeführt werden:

```
hint https://mobile.twitter.com
```

Die Ergebnisse werden entsprechend den konfigurierten Formattern ausgegeben. Darüber hinaus ist es möglich, eine Prüfung über webhint unter Verwendung einer allgemeinen Konfiguration aus dem Webbrowser heraus anzustoßen. Das ist auf der Website des Projekts, *https://webhint.io*, möglich. In diesem Fall wird webhint auf einem Server ausgeführt, die Bearbeitung einer Websitevalidierung kann deswegen unterschiedlich viel Zeit in Anspruch nehmen. Je nach Besucheraufkommen kann eine Anfrage zur Websitevalidierung auch zunächst in eine Warteschlange eingereiht werden. Die Website aktualisiert sich kontinuierlich selbst und zeigt den Fortschritt der Prüfung an. Sind alle Prüfungen fertiggestellt, wird die Gesamtzahl aller Hinweise angezeigt ❶ sowie die Anzahl je Prüfungskategorie ❷. Die Onlineausgabe von webhint prüft fünf Kategorien, die im Folgenden vorgestellt werden: ACCESSIBILITY, INTEROPERABILITY, PERFORMANCE, PWA und SECURITY. Prüfergebnisse erhalten einen Permalink, der mit anderen Personen, zum Beispiel Arbeitskollegen, geteilt werden kann ❸. Auch die Ausgabe der verwendeten Konfigurationsdatei ist möglich ❹. Die Darstellung des Prüfergebnisses zeigt Abbildung 12.5.

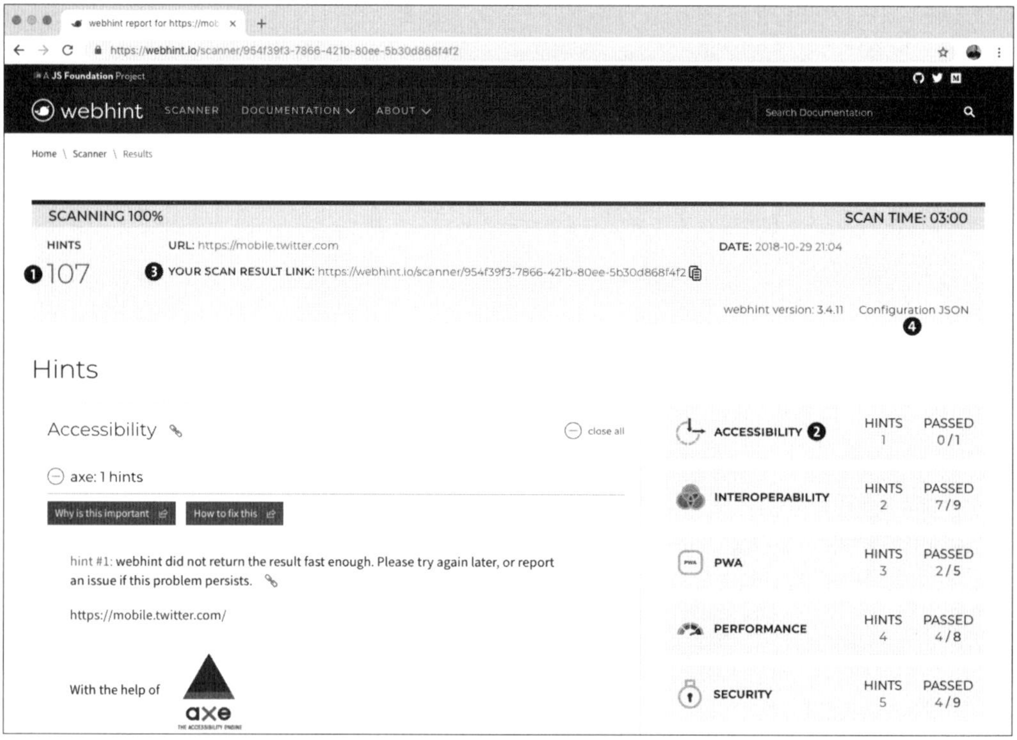

Abbildung 12.5 Ergebnisse der Prüfung mit webhint

12.3.1 Accessibility

webhint greift zum Test der Accessibility-Regeln auf die Bibliothek aXe zurück. Dazu führt webhint die Methode `axe.run()` mit den Standardeinstellungen und dem kompletten HTML-Dokument als Kontext auf (siehe Abschnitt 12.1, »Barrierefreiheit testen mit aXe«). Die Konfigurationsdatei *.hintrc* kann so angepasst werden, dass nur bestimmte Regeln aus der aXe-Testsuite ausgeführt werden.

12.3.2 Interoperability

Bei dieser Kategorie wird geprüft, ob die Website auf alten wie neuen Geräten verwendet werden kann. Unter anderem wird geprüft, ob die Antwort des Webservers im Fehlerfall länger ist als eine bestimmte Anzahl an Bytes: Der Internet Explorer zeigt bei zu kurzen Antworten (kürzer als 256 Byte bei HTTP-Statuscode `403 Forbidden` und weiteren, 512 Bytes bei `404 Not Found` oder `500 Internal Server Error`) nicht die vom Webserver ausgelieferte Seite an, sondern eine eigene Fehlerseite. webhint erwartet, dass der Entwickler zusätzliche Daten (zum Beispiel HTML-Kommentare mit beliebigen Zeichen) mitschickt, um die Anzeige der vom Webserver übermittelten Seite sicherzustellen. Weiterhin wird geprüft, ob die Website den UTF-8-Zeichensatz verwendet und korrekt meldet und der Webserver mit dem korrekten Content Type antwortet.

12.3.3 Performance

Im Gegensatz zu Lighthouse gibt webhint keine Metriken zurück, sondern prüft auch hier die Einhaltung bestimmter Regeln, beispielsweise ob die Webseiteninhalte komprimiert übertragen werden, statische Assets im Cache des Browsers zwischengespeichert werden und minified JavaScript-Dateien zum Einsatz kommen. Dennoch wird das Ladeverhalten der Anwendung geprüft: Die Performance-Budget-Regel misst die initiale Ladezeit der Website bei einem schnellen 3G-Netz. Dauert das Laden der Website länger als fünf Sekunden, schlägt die Regel fehl. Wie Abbildung 12.6 zeigt, werden zu jeder Prüfung mit Warnmeldung oder Fehlerzustand Hinweise dazu angezeigt, welches Seitenelement dies verursacht und wie das Problem behoben werden kann. Das gilt für sämtliche Prüfungen in webhint, unabhängig von der Prüfkategorie.

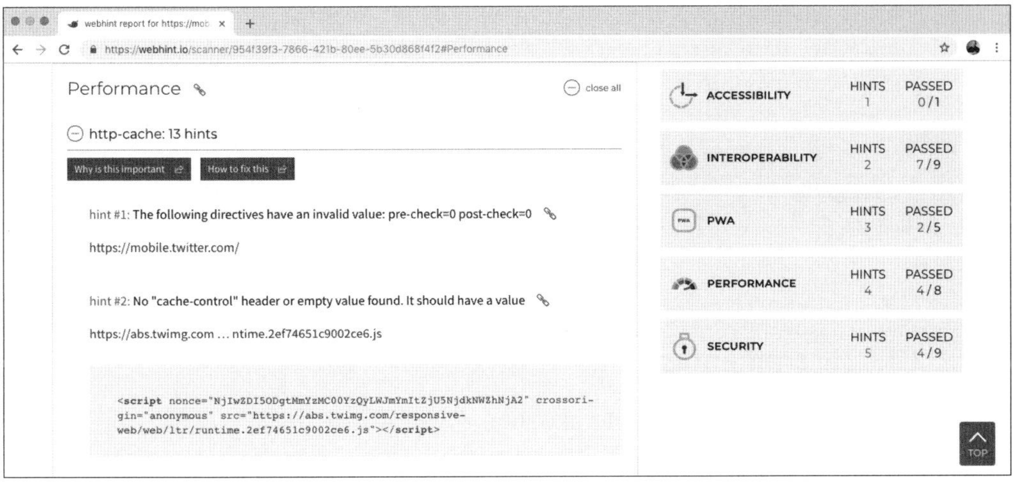

Abbildung 12.6 webhint weist auf Probleme bei der Umsetzung Ihrer Progressive Web App hin und gibt Hinweise, wie sie gelöst werden können.

12.3.4 Progressive Web App

Auch webhint enthält Prüfungsregeln für Progressive Web Apps. Im Gegensatz zu Lighthouse sind diese jedoch deutlich reduzierter: So testet webhint derzeit lediglich die Eigenschaft Installable. Es wird geprüft, ob das Web App Manifest vorhanden und gültig ist. Darüber hinaus soll der Name der Anwendung nicht länger als 30, der Kurzname der Anwendung nicht länger als zwölf Zeichen sein. Letztere Anforderung findet sich auch bei Lighthouse. Darüber hinaus wird geprüft, ob die Apple-Touch-Icons konfiguriert wurden. Diese werden unter iOS angezeigt, wenn die PWA dem Homebildschirm hinzugefügt wird (die Icon-Angaben im Web App Manifest werden ignoriert). Wie auch Lighthouse prüft webhint, ob die Omnibox von Google Chrome auf Android eingefärbt wird.

12.3.5 Security

In dieser Kategorie werden ein paar Sicherheitsaspekte der Webanwendung geprüft. Die Webplattform bietet Sicherheitsfeatures, von denen ich einige bereits in Abschnitt 3.5.1, »Sicherheitsmaßnahmen im Webbrowser«, ausgeführt habe. Zu diesen zählen etwa die durchgängige Verwendung von HTTPS, der Einsatz von HSTS oder die Verwendung von *Subresource Integrity*. Den Einsatz dieser und weiterer Technologien prüfen die Regeln dieser Kategorie.

Aufgabe: PWA mit webhint testen

Testen Sie Ihre Progressive Web App in webhint. Navigieren Sie dazu mit Ihrem Webbrowser zu *https://webhint.io*. Geben Sie auf der Startseite von webhint die URL zu Ihrer Progressive Web App ein und klicken Sie dann auf RUN SCAN. Sie können ngrok verwenden, um Ihre PWA unter einem öffentlich erreichbaren Endpunkt verfügbar zu machen. Alternativ testen Sie die PWA Twitter Lite unter *https://mobile.twitter.com*. Es kann passieren, dass Ihre Anfrage zur Prüfung zunächst in die Warteschlange eingereiht wird. Die Website aktualisiert sich aber fortlaufend selbst, sodass es genügt, auf das Ergebnis zu warten.

12.4 Zusammenfassung

- Werkzeuge wie Lighthouse und webhint sind wichtig, um die korrekte Umsetzung Ihrer Progressive Web App zu prüfen. Integrieren Sie diese Tools wenn möglich frühzeitig in Ihren Continuous-Integration-Prozess, um spätere langwierige Korrekturen zu vermeiden.
- Die Testregeln von Lighthouse sind aus PWA-Sicht deutlich interessanter, dafür prüft webhint Sicherheitsfeatures und Interoperabilitätsfeatures. Eine Kombination beider Werkzeuge erscheint daher als sehr sinnvoll.
- Eines ist aber auch klar: Beide Tools können keinen echten Anwendertest auf den unterstützten Zielgeräten und Plattformen ersetzen.

Kapitel 13
Migrationsstrategien mit Apache Cordova und GitHub Electron

Wo Progressive Web Apps nicht oder noch nicht sinnvoll eingesetzt werden können, gibt es mit Apache Cordova und GitHub Electron Lösungen, um Webanwendungen als native Anwendungsbündel zu verpacken.

Das Anwendungsmodell der Progressive Web Apps hat auch seine Grenzen. Es kann Situationen geben, in denen Progressive Web Apps allein nicht die Lösung des Problems darstellen. Solche könnten sein:

13

1. *Funktional*: Es gibt Funktionen, die im Web überhaupt nicht zur Verfügung gestellt werden. So existiert beispielsweise noch keine Webschnittstelle, um auf das Adressbuch des Anwenders zuzugreifen. Ebenso ist Progressive Web Apps der Zugriff auf beliebige native Schnittstellen nicht möglich, sodass auch keine besonders tiefen nativen Integrationen möglich sind. Beispielsweise können Progressive Web Apps kein Benachrichtigungssymbol im Infobereich der Taskleiste darstellen, auf beliebige Dateien im Dateisystem zugreifen oder neue Prozesse starten. Selbst beim Verpacken einer PWA als Microsoft-Store-Anwendung (wie in Abschnitt 4.5, »Zukunftsmusik: Badging API«, beschrieben) wird diese Bedingung lediglich aufgeweicht, denn auch die Schnittstellen der Universal Windows Platform decken nicht den vollständigen Funktionsumfang nativer Windows-Schnittstellen ab. Andere Funktionen sind nicht auf allen Plattformen lauffähig, so funktionieren etwa die *Web Bluetooth API* und die *Web MIDI API* ausschließlich auf Google Chrome. Das Web bietet zwar in vielen Aspekten eine nahezu native Performance, doch manche Funktionen könnten dennoch etwas mehr benötigen: etwa Spiele mit besonders eindrucksvoller Grafik. Google Chrome setzt zur Darstellung von PDF-Dateien eine native Komponente ein, wohingegen Mozilla Firefox PDF-Dateien mithilfe der JavaScript-Bibliothek *PDF.js* rendert. Möglicherweise ist es innerhalb eines Unternehmens auch vorgesehen, dass Anwendungen nur in Form eines Installationspakets auf den Systemen bereitgestellt werden.
2. *Geräteunterstützung*: Darüber hinaus gibt es Geräte und Webbrowser, die die PWA-Schnittstellen allgemein nicht unterstützen. Dies sind Geräte mit älteren

Android- und iOS-Versionen, aber auch ältere Browser wie der Microsoft Internet Explorer und Betriebssysteme. Ist eine Unterstützung dieser Geräte und Systeme zwingend erforderlich, braucht es also schon rein technisch einen anderen Ansatz.

3. *Marketinggründe*: Auch der Marketingabteilung kann es ein Anliegen sein, dass die Marke durch eine eigene App im App Store vertreten wird – besonders dann, wenn sich dort die Konkurrenz tummelt.

All diese Situationen sind jedoch kein Hinderungsgrund für den Einsatz des Webs als plattformübergreifende Technologie zur Anwendungsentwicklung. Sobald die Notwendigkeit besteht, eine App-Store-App beziehungsweise ein natives Executable bereitzustellen oder auf beliebige native Schnittstellen zurückgreifen zu müssen, bieten sich zwei Technologien an: *Apache Cordova* und *GitHub Electron*. Beide Technologien erlauben das Verpacken einer Webanwendung als App-Paket auf Mobilplattformen (Cordova) beziehungsweise als native ausführbare Datei auf Desktopplattformen (Electron), wie Abbildung 13.1 zeigt. Diese Anwendungspakete haben im Gegensatz zu Progressive Web Apps Zugriff auf sämtliche Features und Schnittstellen, die andere App-Store-Anwendungen respektive ausführbare Dateien auch hätten. Die Quelldateien der Webanwendung werden bei diesem Ansatz in das jeweilige Anwendungsbündel aufgenommen. Insofern ist bei Cordova und Electron von vornherein die Offlinefähigkeit der Anwendungsquelldateien gegeben.

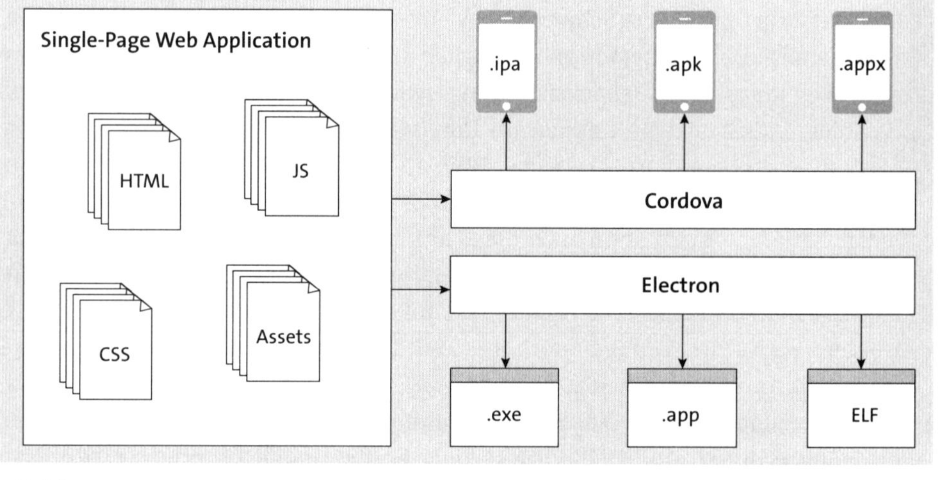

Abbildung 13.1 Verpacken einer Single-Page Web Application als natives Anwendungsbündel mithilfe von Apache Cordova und GitHub Electron

Viele der PWA-Eigenschaften behalten auch für eine mit Cordova oder Electron verpackte Webanwendung ihre Gültigkeit. Insbesondere das Entwurfsmuster der Single-Page-Web-Application eignet sich bei diesen Anwendungen, da es die Architektur übriger nativer Anwendungen optimal nachbildet. Außerdem schließt es sich nicht aus, eine Webanwendung sowohl als Progressive Web App als auch über Cordova und Electron in Form eines nativen Anwendungspakets bereitzustellen. Insofern sind Apache Cordova und GitHub Electron als *Uber-Polyfills* anzusehen, die in Progressive Web Apps noch nicht abbildbare Funktionalität übergangsweise in Form eines nativen Anwendungsbündels nachliefern können. Der Grundgedanke der Progressive Web Apps lautet, dass die Unterstützung für PWA- und moderne Webschnittstellen mit der Zeit nur besser werden kann. Insofern dürfte die Notwendigkeit von Cordova und Electron als Migrationsstrategie zunehmend nachlassen. Bei besonders tiefen nativen Integrationen wird der Entwickler aber auch zukünftig auf Cordova und Electron angewiesen sein.

13.1 Apache Cordova

Apache Cordova (*https://cordova.apache.org*) ist ein quelloffenes Framework zur Implementierung *hybrider Anwendungen*, also Apps, die sowohl native, plattformspezifische als auch webbasierte, plattformübergreifende Anteile besitzen. Das Framework adressiert vorrangig Mobilplattformen, es werden aber auch einige Desktopplattformen unterstützt. Cordova ist auch unter seinem früheren Namen *PhoneGap* bekannt. Dieser Name bezeichnet nun ein kommerzielles Angebot von Adobe, das verschiedene Mehrwertdienste rund um die Cordova-Entwicklung bereitstellt.

Zur Implementierung nativer Apps auf Basis von Webanwendungen stellt Apache Cordova für diverse Betriebssysteme einen nativen Anwendungsrahmen zur Verfügung. Innerhalb dieses Rahmens wird nur ein einziges vollflächiges Steuerelement dargestellt: eine *WebView*. Dieses Browsersteuerelement wird von der jeweiligen Plattform bereitgestellt und führt die auf HTML5, CSS und JavaScript basierende Webanwendung aus, deren Quelldateien dem Anwendungspaket beigelegt werden. Der native Anwendungsrahmen stellt Methoden bereit, um aus JavaScript heraus mit nativen Schnittstellen zu interagieren und umgekehrt Daten aus nativen Schnittstellen in JavaScript entgegennehmen zu können. Für viele häufig genutzte Funktionen wie den Zugriff auf das Adressbuch, die Kamera und das Mikrofon des Anwenders oder den Empfang von Pushbenachrichtigungen stehen im Cordova-Umfeld Plug-ins zur Verfügung, die einfach eingebunden werden können. Diese Plug-ins sprechen mit den nativen APIs des zugrunde liegenden Betriebssystems und stellen der plattformübergreifenden Webanwendung eine abstrakte, plattformübergreifende Schnittstelle zur Verfügung. Abbildung 13.2 zeigt die Architektur einer mit Apache Cordova verpackten Anwendung.[1]

1 Nach: *https://cordova.apache.org/docs/en/latest/guide/overview/#architecture*

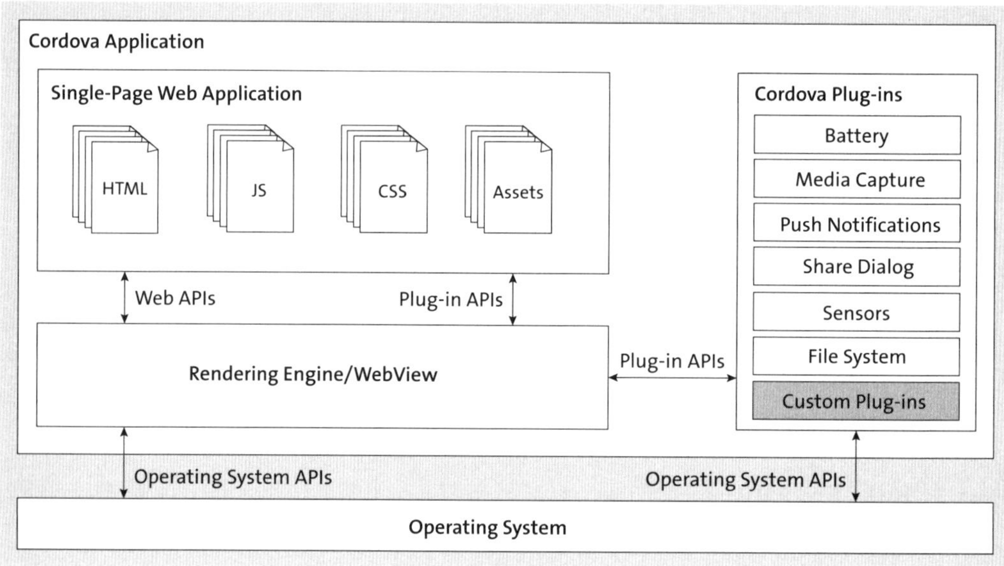

Abbildung 13.2 Architekturdiagramm von Apache Cordova

13.1.1 Projekt anlegen und konfigurieren

Wie Angular und Workbox bringt auch Apache Cordova zur Entwicklung ein Kommandozeilentool mit, die *Cordova CLI*. Dieses Werkzeug wird ebenfalls über npm installiert:

Aufgabe: Cordova CLI installieren

Installieren Sie das Kommandozeilentool Cordova CLI, indem Sie auf der Konsole folgenden Befehl ausführen:

```
npm i -g cordova@8
```

Die korrekte Installation des Tools können Sie mit diesem Befehl prüfen:

```
cordova -v
```

Legen Sie dann ein neues Cordova-Projekt an. Geben Sie dazu auf der Kommandozeile den folgenden Befehl ein:

```
cordova create myApp io.cordova.hellocordova HelloCordova
```

Die Angabe `myApp` bezeichnet den Namen des Ordners, der für dieses Cordova-Projekt angelegt wird. Dann folgen Paket- und Anzeigename der App, die Sie entweder weglassen können, um den Standard zu wählen, oder durch eigene Angaben ersetzen.

Der Corova-CLI-Befehl `cordova create` legt also ein neues Cordova-Projekt an. Als Parameter muss dabei ein Ordnername angegeben werden. Den gleichnamigen Ordner wird Cordova CLI im Arbeitsverzeichnis anlegen und darin eine ganze Verzeichnisstruktur für das Projekt aufbauen, vergleichbar zum Befehl `ng new` der Angular CLI (siehe Abschnitt 9.1.2, »Neues Projekt anlegen«). Darüber hinaus können optional der Paketname (im Reverse-Domain-Stil, also zum Beispiel `org.liebel.christian.tolleApp`) und der Anzeigename der App angeben werden, der später zum Beispiel auf dem Homebildschirm erscheint. Verzichtet der Entwickler auf diese Angaben, nutzt Cordova CLI als Paketnamen `io.cordova.hellocordova` und als Anzeigenamen `HelloCordova`. Durch die Ausführung des Kommandos wird die Ordnerstruktur für ein Cordova-Projekt generiert. Dieses besteht aus den folgenden Bestandteilen:

- *config.xml*: Konfigurationsdatei für das vorliegende Cordova-Projekt. Hier werden Paket- und Anzeigename, Beschreibungstexte, installierte Plattformen und Plug-ins sowie viele weitere Projekteinstellungen verwaltet.
- *package.json*: Diese Datei enthält Informationen zu installierten Paketabhängigkeiten des Node.js Package Managers, wie den Cordova-Plattformen und -Plug-ins.
- *platforms*: Hier werden später die nativen Plattformprojekte abgelegt. Diese entstehen immer im Rahmen eines Generierungsschritts. Entwickler sollten in diesem Verzeichnis daher keine Änderungen vornehmen, da diese mit der nächsten Projektgenerierung wieder ersetzt würden.
- *plugins*: Installiert der Anwender Cordova-Plug-ins, werden deren Quelldateien in diesem Verzeichnis abgelegt.
- *hooks*: In diesem Verzeichnis kann der Entwickler Skripte hinterlegen, die bei Ausführung bestimmter Cordova-CLI-Operationen automatisch aufgerufen werden, etwa wenn vor der Generierung der plattformspezifischen Projekte noch zusätzliche Dateien kopiert werden müssten. Das ist jedoch eher selten erforderlich.
- *res*: Hier können Bilddateien für die App-Symbole und -Splashscreens hinterlegt werden. Die Dateien werden allerdings erst verwendet, wenn sie in der Konfigurationsdatei referenziert wurden.
- *www*: In diesem Ordner werden die Quelldateien der Webanwendung hinterlegt, die in das native Anwendungsbündel gepackt werden soll. Cordova legt hier standardmäßig eine sehr einfache Website ab, die anzeigt, ob die Initialisierung von Cordova erfolgreich war. Diese Dateien könnten jedoch auch durch eine beliebige andere Webanwendung ersetzt werden.

Vorsicht

Im *www*-Verzeichnis kann nicht einfach jede beliebige Webanwendung ohne Weiteres hinterlegt werden. Folgendes muss beachtet werden:

- Cordova fügt im Zuge der Generierung der nativen Plattformprojekte dem Zielverzeichnis eine zusätzliche JavaScript-Datei *cordova.js* bei. Diese muss durch die Webanwendung unbedingt zuallererst geladen werden, wenn sie Cordova-Schnittstellen verwenden soll: `<script src="cordova.js"></script>`.

- Der Einsprungspunkt der Webanwendung muss in der Konfigurationsdatei hinterlegt werden (standardmäßig *index.html*).
- Die Quelldateien der Webanwendung werden bei Cordova in vielen Fällen vom Dateisystem ausgelesen. Die URL, unter der die Webanwendung dann ausgeführt wird, sieht unter Android beispielsweise folgendermaßen aus: *file:///android_asset/www/index.html*. Mit Cordova verpackte Web-Apps dürfen keine pfadabsoluten Verweise enthalten (zum Beispiel `<script src="/main.js"> </script>` oder `<base href="/">`), sondern nur pfadrelative (zum Beispiel `<script src="main.js"></script>` oder `<base href=".">`), da nicht definiert ist, worauf sich das Wurzelverzeichnis bezieht.

Kontakt hat der Entwickler vorrangig mit dem Verzeichnis *www* und der Konfigurationsdatei *config.xml*. Die Fassung der Datei, die mit dem Befehl `cordova create` angelegt wurde, ist in Listing 13.1 zu sehen: Paketname (`id`) und App-Version (`version`) sind auf dem `widget`-Knoten hinterlegt. Darin verschachtelt finden sich der Anzeigename (`name`), der Beschreibungstext (`description`) und die Autorenangaben (`author`). Mit dem Knoten `content` wird auf den Einsprungspunkt der Webanwendung verwiesen. Außerdem ist zu sehen, dass ein erstes Cordova-Plug-in schon konfiguriert wurde: das Whitelist-Plug-in. Dieses bestimmt, zu welchen Origins die Anwendung Kontakt aufnehmen und welche URI-Schemata sie öffnen darf. In der Konfigurationsdatei werden hierfür auch gleich einige Standardwerte eingetragen. So darf die Webanwendung zu jedem beliebigen Origin Kontakt aufnehmen (`<access origin="*" />`), und einige URI-Schemata werden auf die Whitelist gesetzt, manche je Plattform unterschieden: Unter Android darf die Webanwendung den Play Store über das URI-Schema `market:` aufrufen, unter iOS den App Store mithilfe der URI-Schemata `itms:` und `itms-apps:`. Entwickler sollten diese Einstellungen eingrenzen, sobald die aufgerufenen Origins und URI-Schemata feststehen.

```
<?xml version='1.0' encoding='utf-8'?>
<widget id="io.cordova.hellocordova" version="1.0.0" xmlns="http://www.w3.org/
ns/widgets" xmlns:cdv="http://cordova.apache.org/ns/1.0">
    <name>HelloCordova</name>
    <description>
        A sample Apache Cordova application that responds to the deviceready
        event.
    </description>
    <author email="dev@cordova.apache.org" href="http://cordova.io">
        Apache Cordova Team
    </author>
    <content src="index.html" />
```

```
    <plugin name="cordova-plugin-whitelist" spec="1" />
    <access origin="*" />
    <allow-intent href="http://*/*" />
    <allow-intent href="https://*/*" />
    <allow-intent href="tel:*" />
    <allow-intent href="sms:*" />
    <allow-intent href="mailto:*" />
    <allow-intent href="geo:*" />
    <platform name="android">
        <allow-intent href="market:*" />
    </platform>
    <platform name="ios">
        <allow-intent href="itms:*" />
        <allow-intent href="itms-apps:*" />
    </platform>
</widget>
```

Listing 13.1 Beispielhafte config.xml

Das heißt aber noch nicht, dass das vorliegende Projekt schon automatisch für iOS und Android konfiguriert wurde. Dazu muss erst der Entwickler tätig werden und die passenden nativen Anwendungsrahmen installieren.

13.1.2 Plattformen

Apache Cordova unterstützt die Betriebssysteme iOS, Android und Windows. Bei Windows sind allerdings keine klassischen EXE-Dateien gemeint, sondern Windows-Store-Apps für Windows 8.1 und Windows Phone 8.1 sowie Apps für die Universal Windows Platform. Grundsätzlich unterstützt Cordova auch macOS, da auf diesem Betriebssystem aber viele der häufig verwendeten Cordova-Plug-ins nicht funktionieren, bespreche ich diese Plattform hier nicht.

Der Anwendungsquellcode wird bei Apache Cordova einmal geschrieben und auf den unterschiedlichen Zielplattformen wiederverwendet. Ausgeführt wird die webbasierte, plattformübergreifende Anwendung in einem nativen, plattformspezifischen Anwendungsrahmen, der als *Plattform* bezeichnet wird. Die Plattform wird pro unterstütztes Betriebssystem in Form eines nativen Anwendungsprojekts bereitgestellt: bei iOS eines für Xcode, bei Android eines für Android Studio und bei Windows eines für Visual Studio. Für den Entwickler hat das den Vorteil, dass er die entstehende App genau so konfigurieren kann wie jede andere native Anwendung auch. Umgekehrt bedeutet es allerdings, dass der Anwender ein passendes Entwickler-Setup benötigt, auf dem er das plattformspezifische Projekt kompilieren kann –

für eine iOS-App etwa ist zwingend ein Mac mit Xcode erforderlich, für Windows-Apps Microsoft Windows mit installiertem Visual Studio. Für die Cross-Platform-Entwicklung empfiehlt sich daher ein Mac, da auf dieser Plattform alle erforderlichen Betriebssysteme ausgeführt werden können, um Anwendungen für iOS, Android und Windows zu kompilieren. Darüber hinaus müssen die Software Development Kits für die Zielplattformen in der passenden Version installiert sein.

Jede Cordova-Plattform hat eine bestimmte Version, die sich allerdings nicht zwangsläufig mit der Zielversion des Betriebssystems deckt: So eignet sich Version 5 der Windows-Plattform für die Windows-Versionen 8.1 bis 10 und Version 7 der Android-Plattform für die Android-Versionen 4.4 bis 8.1.

iOS

Zur Bereitstellung einer Cordova-App unter iOS benötigt der Entwickler einen Mac, die Entwicklungsumgebung Xcode (kostenfrei über den Mac App Store zu beziehen) sowie das zur gewünschten Zielversion passende iOS-SDK. Wer keinen Mac zur Hand hat, kann entweder auf Cloud-Builddienste (PhoneGap Build, Ionic Pro) zurückgreifen oder sich einen Remotezugriff auf einen Mac mieten (MacinCloud). Die Anwendung kann auf dem eigenen Gerät zu Testzwecken bereitgestellt werden. Soll die Anwendung später im App Store veröffentlicht werden, ist allerdings eine kostenpflichtige Mitgliedschaft im Apple Developer Program erforderlich.

Unter iOS (`cordova-ios`) wird ein natives, auf der Programmiersprache Objective-C basierendes Xcode-Projekt erzeugt, das lediglich eine Sicht enthält. Darin liegt ein vollflächiges Browsersteuerelement, entweder die `WKWebView` (seit iOS 8) oder die ältere `UIWebView` (seit dem ersten iPhone-SDK). Entwickler können entscheiden, welche Fassung sie verwenden wollen. Möchten sie auf die neue `WKWebView` wechseln, muss lediglich ein Plug-in installiert werden (`cordova-plugin-wkwebview-engine`). Da die `WKWebView` gerade auf älteren iOS-Versionen jedoch einige Bugs aufweist, blieben ein paar Entwickler jedoch auf der `UIWebView`. Mit der Beta des SDK für iOS 12 kündigte Apple jedoch an, dass die `UIWebView` als veraltet markiert wird und in Zukunft aus iOS entfernt werden kann. Aus diesem Grund wird Cordova zukünftig ausschließlich auf die `WKWebView` setzen. Entwickler, die iOS als Zielplattform adressieren, sollten unbedingt auf diese Variante umsteigen. Wer auf der grünen Wiese startet, legt am besten direkt mit der `WKWebView` los.

Android

Für die Android-Plattform (`cordova-android`) benötigt der Entwickler das *Java Development Kit* (JDK), das Build-Tool Gradle sowie das Android-SDK, das mit Android Studio heruntergeladen werden kann. Das SDK ist unter Windows, Linux und macOS lauffähig. Außerdem wird ein passendes SDK-Paket für das API-Level benötigt, das adressiert werden soll. Die Plattform möchte Android-Versionen so lange unterstützen, wie sie von mindestens fünf Prozent der Android-Nutzer eingesetzt wird. Maßgeblich ist dabei die von Google herausgegebene Verteilungsstatistik, die auf Telemetriedaten des Google Play Store beruht. Die Anwendung kann auf dem eigenen Gerät ausprobiert werden. Um ein Android-Gerät in den Entwicklermodus zu versetzen, muss in den Systeminformationen des Geräts siebenmal auf die Buildnummer getippt werden. Des Weiteren kann die entstehende Anwendung als APK-Datei (Android Package) verpackt und beliebig verteilt werden. Soll die Anwendung später in den Google Play Store eingestellt werden, wird eine kostenpflichtige Registrierung bei Google fällig.

Bei Android wird ein Android-Studio-Projekt in der Sprache Java erzeugt, das nur eine Sicht enthält, in der sich ein Browsersteuerelement befindet. Auf Android-Versionen vor 4.4 wird dabei ein Android-spezifischer Browser verwendet, der seitens des Geräteherstellers funktional eingeschränkt werden kann. Um auf früheren Android-Versionen sicherzustellen, dass ein bestimmtes WebView-Steuerelement zum Einsatz kommt, kann der Entwickler zusätzlich die Engine *Crosswalk* in das App-Paket aufnehmen. Crosswalk schließt einen kompletten Chromium-Browser in das Anwendungsbündel ein und zeigt dessen WebView-Steuerelement an. Damit kann sich der Entwickler sicher sein, dass auf sämtlichen Android-Geräten eine bestimmte Browserversion zum Rendern herangezogen wird, das Anwendungsbündel wird damit aber auch gleich mehr als 20 MByte groß – noch ganz ohne Anwendungsquelltext. Crosswalk wird nicht mehr aktiv weiterentwickelt, da die WebView seit Android 4.4 auf Chromium basiert und fortlaufend aktualisiert wird. Seit Android 5.0 kann die System-WebView unabhängig vom Betriebssystem aktualisiert werden.

Windows

Zur Entwicklung für Windows (`cordova-windows`) wird Microsoft Windows mit den passenden SDKs für die angestrebten Zielversionen sowie die Entwicklungsumgebung Microsoft Visual Studio 2015 oder höher benötigt (für Windows 8.1 ist Version 2015 erforderlich). Apps kann der Entwickler auf seinem eigenen Gerät ausprobieren: Unter Windows 10 lässt sich das Gerät über die Einstellungen-App mithilfe des Menüpunkts UPDATES & SECURITY • FOR DEVELOPERS in den Entwicklermodus versetzen. Zur Bereitstellung einer App im Microsoft Store ist jedoch eine kostenpflichtige Registrierung bei Microsoft erforderlich.

Unter Microsoft Windows wird eine Visual-Studio-Projektmappe erzeugt, die drei plattformspezifische Projekte enthält: für Windows 8.1, Windows Phone 8.1 und die UWP. UWP-Apps können auf den verschiedenen Ausgaben von Windows 10 (Desktop, mobil, Xbox, HoloLens) ausgeführt werden. Im Gegensatz zu iOS und Android handelt es sich jedoch nicht um native Anwendungsprojekte, die etwa in den Sprachen C# oder C++ geschrieben sind und ein Browsersteuerelement beinhalten: Unter Microsoft Windows befinden sich Webanwendungen schon seit Windows 8 vollständig auf Augenhöhe mit Store-Apps, die in anderen Sprachen verfasst wurden. In diesem Fall besteht das Anwendungspaket ausschließlich aus Metadaten und den Quelldateien der Webanwendung, die vom *Windows Web App Host* (WWAHost) ausgeführt werden. Die Darstellung unterscheidet sich nicht von anderen Store-Apps. Der WWAHost greift im Hintergrund, je nach Windows-Version, auf die Rendering-Engine des Microsoft Internet Explorer oder Microsoft Edge zurück.

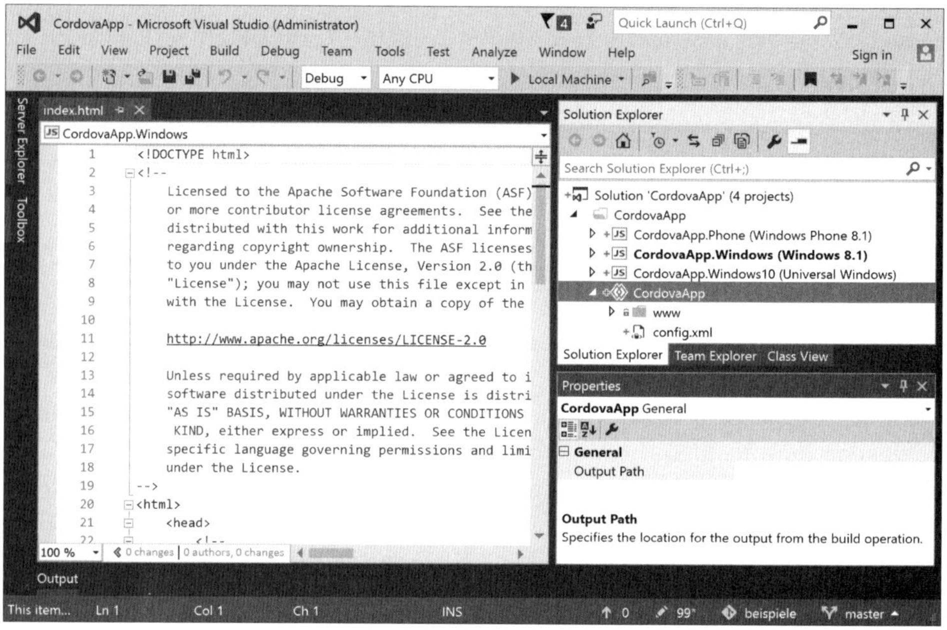

Abbildung 13.3 Plattformspezifische Windows-Projekte in Visual Studio

Browser

Eine gewisse Sonderstellung nimmt die Plattform `cordova-browser` ein: Cordova-Anwendungen können nicht nur in einem nativen App-Bündel verpackt, sondern auch für den Browser exportiert werden. Diese Plattform erlaubt die Verwendung bestimmter Cordova-Schnittstellen (zum Beispiel bestimmter Plug-ins) im Browser, sofern diese dort auf irgendeine andere Art nachgebildet werden können. Denn im Browser stehen offensichtlich wiederum nur Webschnittstellen zur Verfügung. Die Browserplattform setzt dabei selbst auch PWA-Features um: So wird geprüft, ob sich in den Quelldateien der Webanwendung ein Web App Manifest befindet. Falls ja, wird dieses in das Ausgabeverzeichnis für den Browser kopiert, andernfalls wird eine Manifestdatei aus den Angaben der Projektkonfiguration zusammengesetzt.

Moderne Webanwendungen sollten in Anbetracht des PWA-Gedankens *Progressive Enhancement* jedoch nicht auf den Schnittstellen bestimmter Cordova-Plug-ins basieren, sondern auf modernen, »webnativen« APIs – insbesondere dann, wenn aus dem Quelltext der Anwendung noch weitere Zielplattformen adressiert werden sollen, wie zum Beispiel mit Electron verpackte Desktopanwendungen. Da für den Plattformexport einer Cordova-Anwendung außerdem immer ein Verarbeitungsschritt erforderlich ist, erweist sich der Einsatz der Browserplattform nicht als sinnvoll.

Aufgabe: Plattformen hinzufügen

Fügen Sie Ihrem Cordova-Projekt jetzt die nativen Anwendungsrahmen für iOS, Android und Windows hinzu, indem Sie auf der Konsole die nachstehenden Befehle ausführen.

Es ist dabei unerheblich, welches Betriebssystem Sie einsetzen. Nur zum Öffnen, Kompilieren und Debuggen eines nativen Plattformprojekts benötigen Sie die entsprechende Hard- und Software.

```
cordova platform add android
cordova platform add ios
cordova platform add windows
```

Installieren Sie dann noch die WKWebView-Engine für das iOS-Projekt, um dort auf das neuere Browsersteuerelement zu wechseln:

```
cordova plugin add cordova-plugin-wkwebview-engine
```


13.1.3 Ereignisse

Der durch die Plattform bereitgestellte native Anwendungsrahmen dient als Kommunikationsschnittstelle zwischen der Webanwendung und dem nativen Anwendungsbestandteil. Einige Ereignisse auf nativer Ebene werden an die Webanwendung weitergereicht, um darin auf sie reagieren zu können. Tabelle 13.1 zeigt die folgenden Ereignisse in einer kurzen Übersicht.

Ereignis	Aufrufzeitpunkt
`deviceready`	Nativer Rahmen und Webanwendung sind vollständig geladen und können miteinander interagieren.
`pause`	Die Anwendung wird in den Hintergrund gelegt.
`resume`	Die Anwendung wird wieder in den Vordergrund gebracht.
`backbutton`	Der Benutzer hat die Zurück-Taste des Geräts gedrückt.

Tabelle 13.1 Übersicht der wichtigsten Cordova-Ereignisse

deviceready

Das wichtigste benutzerdefinierte Ereignis nennt sich `deviceready`. Es wird auf Ebene des HTML-Dokuments ausgelöst, wenn sowohl der native Rahmen als auch der webbasierte Anwendungsbestandteil vollständig geladen sind und miteinander interagieren können. Aus diesem Grund ist es wichtig, vor dem Aufruf von Cordova-Schnittstellen auf das Auftreten dieses Ereignisses zu warten. `deviceready` stellt einen Sonderfall eines Ereignisses dar: Wird ein Event-Handler nach dem ersten Auftreten des Ereignisses registriert, wird dieser unmittelbar aufgerufen. Damit wird vermieden, dass verzögert ausgeführtes JavaScript nicht vergeblich auf die Initialisierung von Cordova wartet. Im Idealfall wird jedoch der komplette Bootstrap-Prozess der Webanwendung verzögert, bis das Ereignis aufgetreten ist, wie Listing 13.2 zeigt. Somit läuft der Entwickler darüber hinaus nicht Gefahr, versehentlich Funktionen vor der Initialisierung von Cordova aufzurufen.

```
document.addEventListener('deviceready', () => {
  // Anwendung jetzt initialisieren …
});
```

Listing 13.2 Warten auf die Initialisierung des nativen Anwendungsrahmens über das deviceready-Ereignis

pause/resume

Wird die Anwendung in den Hintergrund verschoben – zum Beispiel weil der Anwender zu einer anderen App wechselt –, ruft der native Anwendungsrahmen das Ereignis `pause` auf. Besonders akribische Banking-Apps oder Passwortmanager könnten den Anwender beim Auftreten dieses Ereignisses beispielsweise automatisch abmelden. Ein Medienplayer könnte die Wiedergabe einer Mediendatei anhalten. Kehrt der Benutzer anschließend zur Anwendung zurück, wird das Ereignis `resume` ausgelöst. Hier könnte der Medienplayer die Wiedergabe der Mediendatei fortsetzen. Beide Ereignisse treten auf Ebene des HTML-Dokuments auf. Darüber hinaus gibt es plattformspezifische Ereignisse: So gibt es bei iOS die zusätzlichen Ereignisse `resign` und `active`, die beim Sperren und Entsperren des Bildschirms greifen. Auf der Windows-Plattform gibt es außerdem das Ereignis `activated`, da Anwendungen hier in verschiedenen Kontexten aufgerufen werden können, zum Beispiel als Ziel eines Teilen-Vorgangs oder in einem Suchmodus.

backbutton

Viele Android-Geräte (und sämtliche Windows-Smartphones, sofern sie heute noch relevant sein sollten) verfügen über eine Zurück-Taste. Auf das Drücken dieser Taste sollte die Webanwendung natürlich reagieren. Dazu löst der native Anwendungsrahmen das Ereignis `backbutton` auf Ebene des HTML-Dokuments aus. Eine sinnvolle

Möglichkeit, die auch bei Progressive Web Apps so zum Einsatz kommt, ist es, beim Drücken der Zurück-Taste im Navigationsstapel der Anwendung einen Schritt zurückzuspringen, wie Listing 13.3 zeigt. Wurde die Webanwendung als SPA implementiert und wurde Routing eingesetzt, sollte die Anwendung hier auf die vorherige Sicht springen. Bei plattformübergreifenden Anwendungen muss jedoch bedacht werden, dass nicht alle Plattformen eine Zurück-Taste besitzen, allen voran iOS-Geräte. Daher müssen auf diesen Geräten oder plattformübergreifend alternative Methoden angeboten werden, um eine betretene Sicht wieder verlassen zu können.

```
document.addEventListener('backbutton', () => history.back());
```

Listing 13.3 Auf das Drücken der Zurück-Taste reagieren

Darüber hinaus gibt es weitere Ereignisse wie `volumedownbutton` oder `menubutton`, um auf das Drücken weiterer Tasten zu reagieren. Die Unterstützung der Ereignisse variiert jedoch je nach Plattform.

13.1.4 Plug-ins

Innerhalb der WebView wird die webbasierte Anwendung wie in einem Browser ausgeführt. Daher kann die Anwendung zum einen auf die dort verfügbaren Webschnittstellen zugreifen, unter Apache Cordova kann andererseits aber auch auf weitere Funktionen zugegriffen werden, die allgemein nicht oder nicht auf dieser Plattform als Webschnittstelle zur Verfügung stehen. Zum Zugriff auf solche Funktionen werden bei Apache Cordova *Plug-ins* eingesetzt. Ein Plug-in stellt eine abstrakte Schnittstelle für den JavaScript-Code zur Verfügung, sodass sich der Entwickler der Webanwendung nicht um die Eigenheiten der unterschiedlichen Zielplattformen kümmern muss. Den Aufruf der jeweiligen nativen Schnittstellen übernimmt das Plug-in transparent für den Entwickler.

Im Umfeld von Cordova existiert bereits eine Vielzahl quelloffener Plug-ins, etwa zum Zugriff auf den Ladezustand des Akkus, zur Aufzeichnung von Video- und Tonsequenzen, zur Manipulation der Darstellung des Splashscreens oder der Statuszeile sowie von Pushbenachrichtigungen. Insgesamt stehen Tausende solcher Plug-ins zur Verfügung, die auf der Website des Cordova-Projekts unter *https://cordova.apache.org* im Menü PLUGINS durchsucht werden können. Darüber hinaus kann der Entwickler aber auch eigene Plug-ins bereitstellen, etwa wenn eigener plattformspezifischer Code angebunden werden soll. Dazu müssen sowohl der transparente JavaScript-Anteil als auch der Plattformanteil *pro Zielplattform* in der jeweiligen nativen Programmiersprache implementiert werden. Der Aufwand steigt somit mit jeder weiteren unterstützten Plattform. Aus diesem Grund sollten Entwickler nach Möglichkeit auf vorgefertigte Plug-ins zurückgreifen.

Cordovas Eigenschaft als Uber-Polyfill für Progressive Web Apps wird bei den Plug-ins deutlich: Denn für viele Webschnittstellen, die auf einer Plattform oder Plattformversion noch nicht zur Verfügung stehen, gibt es oftmals ein passendes Cordova-Plug-in. Somit kann die Anwendung zumindest als native Anwendung verpackt auf diese Funktionen zugreifen. Mit der Zeit sollte sich die Unterstützung für moderne Webschnittstellen verbessern und die Notwendigkeit des nativen Rahmens somit entfallen.

Tabelle 13.2 zeigt einige Webschnittstellen und ihre Entsprechung als Cordova-Plug-in. Einige Plug-ins stellen der Webanwendung ihre Schnittstellen unterhalb der Cordova-spezifischen Eigenschaft `plugins` auf dem globalen `window`-Objekt zur Verfügung. Soll eine Webanwendung sowohl im Browser funktionieren als auch im nativen Anwendungsrahmen, muss sie so zuerst die Plattform ermitteln, auf der sie ausgeführt wird, und dann je nach Umgebung die Webschnittstelle oder das Plug-in aufrufen. In manchen Fällen bilden die Cordova-Plug-ins Webschnittstellen aber sogar identisch nach, sodass keine Plattformunterscheidung erforderlich ist. Im Folgenden stelle ich eine Auswahl an Cordova-Plug-ins vor, die diese verschiedenen Fälle demonstrieren. Sie werden später im Detail beschrieben:

- Den Anfang macht das Plug-in *Action Sheet*, für das es überhaupt keine Entsprechung als Webschnittstelle gibt und dessen Funktionalität somit ausschließlich innerhalb eines nativen Anwendungsrahmens eingesetzt werden kann.
- Der Funktionsumfang steht durch die Media Capture and Streams API dem Plug-in *Media Capture* zwar auch im Browser zur Verfügung, allerdings erst ab bestimmten Versionen wie iOS 10.
- Schließlich stelle ich das Plug-in *Vibration* vor, das dem Entwickler Zugriff auf den Vibrationsmechanismus des Geräts gewährt. Das Plug-in bildet die entsprechende Webschnittstelle Vibration API exakt nach. Hier kann dieselbe Signatur sowohl für die Webschnittstelle im Browser als auch für das Plug-in im nativen Anwendungsrahmen verwendet werden.

Webschnittstelle	Cordova-Plug-in
Web Share API	cordova-plugin-x-socialsharing
Badging API	cordova-plugin-badge
Media Capture and Streams API	cordova-plugin-media-capture
Battery Status API	cordova-plugin-battery-status
Push API	phonegap-plugin-push
Vibration API	cordova-plugin-vibration

Tabelle 13.2 Webschnittstellen und ihre Entsprechung als Cordova-Plug-in

Action Sheet

Bieten Anwendungen in einem bestimmten Kontext mehr Optionen, an als sinnvoll dargestellt werden können (zum Beispiel verschiedene E-Mail-Operationen), oder wird eine bestimmte Entscheidung vom Anwender gefordert (etwa als Bestätigung eines Löschvorgangs), so wird auf mobilen Plattformen oftmals ein Action Sheet angezeigt. Dieses erlaubt eine Auswahl aus zwei oder mehr Optionen. Das Action Sheet, unter iOS und Android zu sehen in Abbildung 13.4, wird typischerweise vom Betriebssystem bereitgestellt und folgt dessen Gestaltungskriterien: Auf dem iPhone öffnet sich das Action Sheet vom unteren Bildschirmrand. Es gibt einen Titel und einen Untertitel, destruktive Operationen – hier LÖSCHEN – können in roter Schriftfarbe dargestellt werden. Außerdem kann der Anwender den Vorgang abbrechen. Unter Android öffnet sich hingegen ein Dialog, der den Titel und die verfügbaren Auswahlmöglichkeiten anzeigt. Hier gibt es keine Schaltfläche zum Abbrechen, da das Gerät über eine Zurück-Taste verfügt, über die der Dialog ohne Auswahl geschlossen werden kann.

13

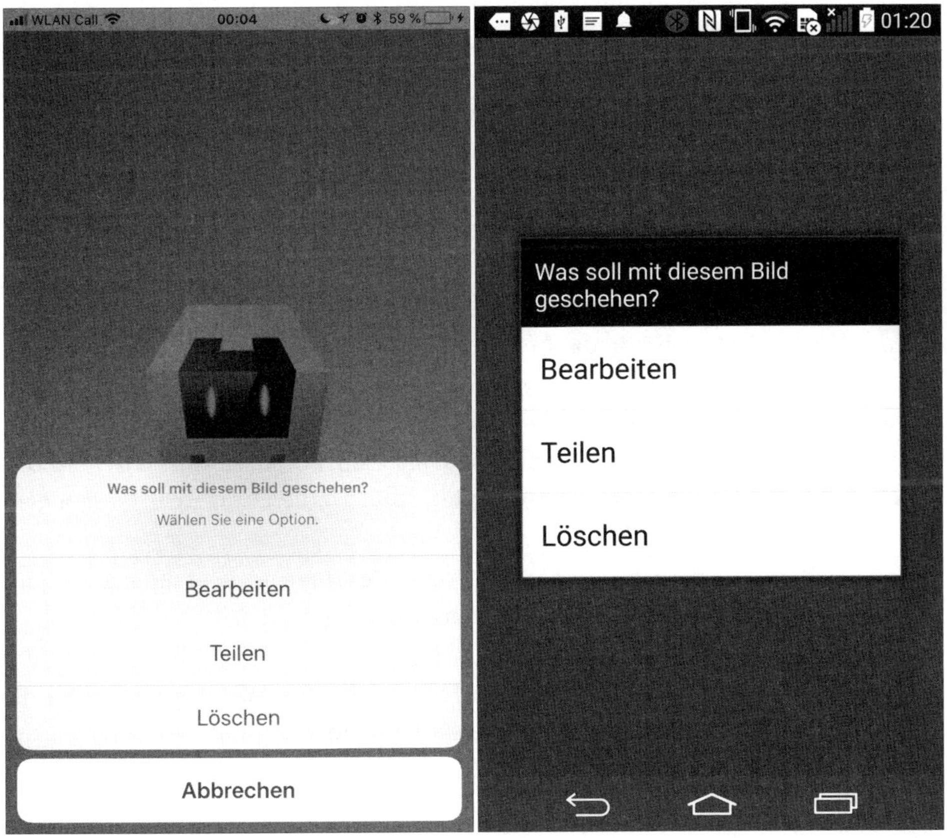

Abbildung 13.4 Verwendung des Action-Sheet-Plug-ins unter iOS (links) und Android (rechts)

Im Web gibt es zur Verwendung des Action Sheets keine geeignete Schnittstelle. Die nativen Schnittstellen zur Anzeige des Action Sheets lauten unter iOS `UIAlertController` sowie `AlertDialog` unter Android. Das Cordova-Plug-in `cordova-plugins-actionsheet` enthält native Plattformadapter für iOS, Android, Windows und den Browser, in denen diese nativen Schnittstellen angesprochen werden.

Da es unter Windows und im Webbrowser keine Action Sheets gibt, baut sich das Plug-in auf diesen Plattformen mit anderen Mitteln einen solchen Dialog zusammen und stellt ihn dar. In Richtung der Webanwendung stellt es jedoch nur eine einzige abstrakte Schnittstelle unter der Eigenschaft `actionsheet` auf `window.plugins` zur Verfügung. Dort stellt das Plug-in die Methode `show()` bereit, die das Action Sheet darstellt. Dieser Methode wird ein Konfigurationsobjekt übergeben, das aus verschiedenen Eigenschaften besteht:

- `title`: Titel des Action Sheets.
- `subtitle`: Untertitel des Action Sheets, wird nur unter iOS angezeigt.
- `buttonLabels`: Beschriftungen der Schaltflächen, die das Action Sheet anzeigen soll.
- `addCancelButtonWithLabel`: Fügt dem Action Sheet eine Schaltfläche zum Abbrechen mit der angegebenen Beschriftung hinzu.
- `addDestructiveButtonWithLabel`: Fügt dem Action Sheet eine destruktive Operation (zum Beispiel Löschen) mit der angegebenen Beschriftung hinzu. Unter iOS wird diese in roter Schriftfarbe dargestellt, unter Android als normale Option aufgenommen.
- `destructiveButtonLast`: Definiert, dass die destruktive Operation als letzte Option dargestellt werden soll, standardmäßig wird sie als erste Option angezeigt.
- `position`: Auf dem iPad wird das Action Sheet nicht am unteren Bildschirmrand eingeblendet, sondern als Pop-over, das sich auf der Benutzeroberfläche an der Stelle öffnet, die das Action Sheet ausgelöst hat. Dem Pop-over muss dazu die Position des auslösenden Steuerelements mitgeteilt werden, was über diese Eigenschaft erfolgt.
- `androidTheme`: Plattformspezifische Eigenschaft für Android, über die sich der Entwickler ein bestimmtes Dialogdesign wünschen kann.
- `androidEnableCancelButton`: Nicht auf allen Plattformen sind Schaltflächen zum Abbrechen üblich, daher ignoriert das Plug-in zum Beispiel unter Android die Angabe des Entwicklers. Durch das Setzen dieser Eigenschaft kann der Entwickler die Aufnahme der Abbrechen-Schaltfläche in das Action Sheet unter Android erzwingen.

Darüber hinaus nimmt die Methode `show()` eine Callback-Funktion entgegen, die mit dem Index der vom Benutzer gewählten Option aufgerufen wird. Um die Konsistenz mit anderen Cordova-Plug-ins zu wahren, beginnt dieser Index nicht wie sonst üblich bei 0, sondern bei 1. Bricht der Anwender die Operation ab, wird der Callback nicht aufgerufen. Der Quelltext für das Beispiel aus Abbildung 13.4 ist in Listing 13.4 zu finden.

```
window.plugins.actionsheet.show({
    title: 'Was soll mit diesem Bild geschehen?',
    subtitle: 'Wählen Sie eine Option.',
    buttonLabels: ['Bearbeiten', 'Teilen'],
    addCancelButtonWithLabel: 'Abbrechen',
    addDestructiveButtonWithLabel: 'Löschen',
    destructiveButtonLast: true,
    position: [20, 40],
    androidTheme: window.plugins.actionsheet.ANDROID_THEMES.THEME_DEVICE_
DEFAULT_LIGHT,
    androidEnableCancelButton: false
}, index => console.log(`Clicked index is ${index}`));
```

Listing 13.4 Schnittstelle des Action-Sheet-Plug-ins aus Sicht der Webanwendung

Möchte der Entwickler das Action Sheet programmatisch schließen, kann er dies mithilfe der Methode `hide()` durchführen.

Aufgabe: Action Sheet hinzufügen

Fügen Sie Ihrem Beispielprojekt das Action-Sheet-Plug-in hinzu, indem Sie auf der Kommandozeile folgenden Befehl ausführen:

```
cordova plugin add cordova-plugin-actionsheet
```

Öffnen Sie dann in Visual Studio Code die Datei *www/js/index.js* innerhalb des Beispielprojekts und suchen Sie dort den Handler für das `deviceready`-Ereignis:

```
initialize: function() {
    document.addEventListener('deviceready',
                              this.onDeviceReady.bind(this), false);
}, // Kommentare ausgelassen
onDeviceReady: function() {
    this.receivedEvent('deviceready');
    // Hier Ihren Code einfügen!
},
```

An der oben angegebenen Stelle geben Sie bitte den Quelltext aus Listing 13.4 ein. Den vollständigen Code können Sie auch im Beispielquelltext im Ordner *kapitel12/myApp* nachschlagen.

Media Capture

Die Media Capture and Streams API habe ich bereits in Abschnitt 2.7, »Media Capture and Streams: auf Kamera und Mikrofon zugreifen«, beschrieben. Diese Webschnittstelle erlaubt den Zugriff auf das Mikrofon und die Kamera des Anwenders und wird in modernen Ausgaben der vier großen Browser unterstützt. Als letzter großer Browser folgte Safari in Version 11 im September 2017. Auf älteren Geräten, die iOS 11 nicht ausführen können, oder unter Windows 8.1, bei dem noch die Rendering-Engine des Internet Explorer zum Einsatz kommt, kann diese Webschnittstelle nicht verwendet werden. Ist auch auf diesen Betriebssystemen eine Unterstützung gewünscht, kann das Plug-in `cordova-plugin-media-capture` verwendet werden. Das Plug-in stellt seine Schnittstellen unter `navigator.device.capture` zur Verfügung. Die Methode zur Aufnahme von Bildern nennt sich `captureImage`. Sie nimmt einen Callback entgegen, der im Erfolgsfall aufgerufen wird. Diesem werden die Referenzen auf die Aufnahmen übergeben. Darüber hinaus kann ein zweiter Callback angegeben werden, der im Fehlerfall mit dem Fehlerobjekt aufgerufen wird. In einem weiteren, optional anzugebenden Konfigurationsobjekt kann festgelegt werden, wie viele Aufnahmen angefertigt werden sollen (`limit`). Wird das nicht angegeben, wird genau ein Bild angefertigt. Unter iOS ist das immer der Fall, da diese Eigenschaft auf dieser Plattform nicht unterstützt wird. Anschließend wird das Bild in der Fotobibliothek des Anwenders gespeichert. Listing 13.5 zeigt die Verwendung des Media-Capture-Plug-ins.

```
navigator.device.capture.captureImage(images => console.log(images), err =>
  console.error(err), { limit: 3 });
```

Listing 13.5 Verwendung des Media-Capture-Plug-ins

Bevor die Schnittstelle verwendet werden kann, braucht es für iOS noch einen zusätzlichen Schritt. Seit iOS 10 müssen sich Anwendungen, die auf datenschutzrelevante Funktionen wie die Kamera oder das Fotoalbum des Anwenders zugreifen, genauer erklären. In einem Hinweistext muss angegeben werden, zu welchem Zweck die App die Zugriffsberechtigung anfragt. Gibt der Entwickler keinen Hinweis dazu an, darf die Schnittstelle überhaupt nicht verwendet werden. Außerdem werden die Hinweistexte auch im Rahmen des App-Review-Prozesses von Apple geprüft. Zum Glück ist es mit einfachen Mitteln möglich, diese Hinweistexte in der App zu hinterlegen. Dazu erweitert der Entwickler die Konfigurationsdatei *config.xml*, wie in Listing 13.6 zu sehen. In der Konfiguration ist seit dem Hinzufügen der iOS-Plattform bereits der XML-Knoten `<platform name="ios">` vorzufinden. Im Fall der Fotoaufnahme müssen die iOS-Projekteigenschaften `NSCameraUsageDescription` und `NSPhotoLibraryAddUsageDescription` gesetzt werden. Um das zu erledigen, fügt der Entwickler hier zwei `edit-config`-Knoten ein. In einem darin enthaltenen `string`-Knoten kann der Entwickler die Hinweistexte hinterlegen. Die Cordova-Plattform kümmert sich beim

Vorbereiten des nativen Projekts darum, dass diese Eigenschaften korrekt gesetzt werden.

```
<platform name="ios">
  <!-- ausgelassen -->
  <edit-config file="*-Info.plist" mode="merge"
               target="NSCameraUsageDescription">
    <string>Mit dieser App können Sie atemberaubende Selfies
            anfertigen.</string>
  </edit-config>
  <edit-config file="*-Info.plist" mode="merge"
               target="NSPhotoLibraryAddUsageDescription">
    <string>Diese App würde aufgenommene Bilder gerne in Ihrem Fotoalbum
            speichern.</string>
  </edit-config>
</platform>
```

Listing 13.6 Seit iOS 10 müssen Anwendungen erklären, warum sie Zugriff auf Schnittstellen wie die Kamera oder das Fotoalbum wollen.

Ist alles erledigt, kann das Plug-in, wie in Listing 13.5 gezeigt, aufgerufen werden. Die Schnittstelle in Aktion zeigt Abbildung 13.5. Auf der linken Seite ist dort die Abfrage der Berechtigung mit dem über die Konfigurationsdatei gesetzten Bildschirmtext zu sehen.

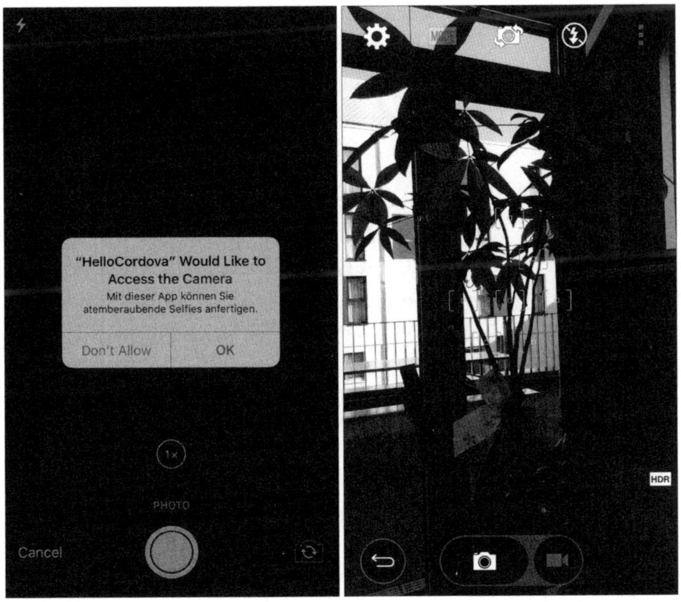

Abbildung 13.5 Media-Capture-Plug-in in Aktion unter iOS (links, mit Abfrage der Berechtigung) und Android (rechts)

Vibration

Die *Vibration API* ist eine Webschnittstelle, die einer Webanwendung Zugriff auf den Vibrationsmechanismus des Geräts erlaubt. Zum Zeitpunkt des Verfassens dieses Buchs steht sie nur auf Google Chrome und Mozilla Firefox zur Verfügung, das Team von Microsoft Edge erwägt die Implementierung der Vibration API. Aus Apple Safari wurde die Schnittstelle sogar entfernt, um einer missbräuchlichen Verwendung durch aufdringliche Werbeanzeigen oder böswillige Websites entgegenzuwirken. Native Anwendungen können unter iOS aber weiterhin Zugriff auf die Vibrationsfunktion erhalten. Auf das Missbrauchspotenzial der Schnittstelle reagierte auch Google Chrome. Bei diesem Webbrowser werden Schnittstellen jedoch selten entfernt, stattdessen werden andere Lösungen gesucht, um die API im Browser zu halten. Bei Chrome ist die Verwendung der Vibration API daher erst zulässig, wenn der Anwender einmal in den Frame der Website getippt hat, zu dem das ausgeführte Skript gehört. Hier kommt das Plug-in `cordova-plugin-vibration` ins Spiel. Dieses unterstützt die Betriebssysteme iOS und Windows. Bei Android muss das Plug-in nicht tätig werden, da die WebView dieses Betriebssystems die Vibration API unterstützt. Unter iOS und Windows nutzt das Plug-in stattdessen native Schnittstellen, bietet der Webanwendung jedoch die exakt gleiche Schnittstelle an. Somit muss die Anwendung nicht prüfen, auf welcher Plattform sie ausgeführt wird, da sie darauf basierend die passende Schnittstelle nicht auszuwählen braucht.

Die Vibration API definiert eine neue Methode `vibrate()` auf dem `navigator`-Objekt, das den Webbrowser repräsentiert. Listing 13.7 zeigt die Verwendung der Schnittstelle: Die Methode nimmt entweder eine Zahl oder ein Array entgegen. Übergibt der Entwickler eine Zahl, beschreibt diese die Anzahl Millisekunden, die das Gerät vibrieren soll. In Zeile 1 des Listings wird also angegeben, dass das Gerät eine Sekunde lang vibrieren soll. Mithilfe des Arrays kann ein Vibrationsmuster vorgegeben werden, wie Zeile 2 zeigt: Das Gerät vibriert zwei Sekunden, verharrt eine Sekunde, um anschließend noch einmal zwei Sekunden zu vibrieren. Im Array geben Einträge mit geradem Index also die Dauer der Vibration an, Einträge mit ungeradem Index die Dauer der Unterbrechung, jeweils in Millisekunden. Wird die Zahl 0 übergeben (Zeile 3), wird die Vibration des Geräts abgebrochen. Die Methode gibt einen booleschen Wert zurück, der angibt, ob die Ausführung der Vibration erfolgreich war. Ist etwa kein Vibrationsmotor im Gerät installiert oder hat der Benutzer unter Google Chrome zuvor nicht in den Frame getippt, wird `false` zurückgegeben, andernfalls `true`.

```
navigator.vibrate(1000);
navigator.vibrate([2000, 1000, 2000]);
navigator.vibrate(0);
```

Listing 13.7 Gemeinsame Schnittstelle der Vibration API und des Cordova-Plug-ins Vibration

Auf den beiden Systemen, die nur durch das Plug-in unterstützt werden, gibt es jedoch Einschränkungen. So wird bei iOS die angegebene Dauer komplett ignoriert, stattdessen vibriert das Gerät für eine vom Betriebssystem festgelegte Zeit. Auch Vibrationsmuster oder das Abbrechen der laufenden Vibration werden unter iOS nicht unterstützt. Auf Windows existiert zudem die Einschränkung, dass ein einzelnes Vibrationssignal nicht kürzer als eine Sekunde und nicht länger als fünf Sekunden dauern darf.

13.1.5 Anwendung bauen

Wenn Sie Ihre Webanwendung nun als native Anwendung verpacken möchten, greifen Sie wieder auf die Cordova CLI zurück.

Aufgabe: Cordova-Projekt vorbereiten

Führen Sie auf der Kommandozeile den folgenden Befehl aus:

```
cordova prepare
```

Dadurch werden die Quelldateien aus dem *www*-Verzeichnis in den nativen Anwendungsrahmen kopiert. Für jede hinzugefügte Plattform finden Sie im *platforms*-Verzeichnis jetzt einen passenden Unterordner (*android, ios, windows*). Möchten Sie nicht alle Plattformen generieren lassen, können Sie optional auch den Namen der Zielplattform übergeben, zum Beispiel:

```
cordova prepare windows
```

Zu den entstandenen nativen Plattformprojekten können Sie nun über das Dateizugriffsprogramm Ihrer Plattform navigieren und diese in den Entwicklungsumgebungen Android Studio, Xcode oder Visual Studio öffnen. Zum Kompilieren der Projekte können Sie optional auch die Cordova CLI nutzen: Durch den Aufruf von `cordova compile` werden die vorbereiteten Projekte kompiliert, sofern es über die Kommandozeile und auf der Entwicklerplattform möglich ist. Beachten Sie dabei, dass Sie dazu die entsprechenden SDKs und die passende Hardware benötigen. Können Sie auf einem System nicht alle Plattformen bauen, ist es auch bei diesem Befehl möglich, die gewünschte Zielplattform anzugeben. Darüber hinaus stellt die Cordova CLI noch einen Kombinationsbefehl zur Verfügung: `cordova build`. Dieser Befehl ruft intern zunächst `cordova prepare` und dann `cordova compile` auf, hier können Sie ebenfalls die Zielplattform angeben.

Darüber hinaus existiert der Befehl `cordova run`. Darüber kann die Cordova-App direkt auf einem Gerät (Option `--device`) oder einem auf dem Entwicklerrechner installierten Emulator (`--emulator`) gestartet werden. Dieser Befehl ruft intern wiederum den Befehl `build` auf. Für den Start der Anwendung auf dem Emulator gibt es einen weiteren Kurzbefehl namens `cordova emulate`.

Aufgabe: Cordova-Projekt ausführen

Probieren Sie Ihre Cordova-Anwendung auf einem echten Gerät oder im Emulator aus. Stellen Sie vorher sicher, dass Sie die erforderliche Hardware besitzen und alle wichtigen SDKs heruntergeladen haben. Öffnen Sie dazu die nativen Plattformprojekte mithilfe der passenden Entwicklungsumgebung oder versuchen Sie die Variante über die Kommandozeile:

```
cordova run android
cordova emulate ios
```

13.1.6 Ionic

Ionic (*https://ionicframework.com*) ist ein quelloffenes Framework zur Implementierung plattformübergreifender Webanwendungen. Mit Ionic entwickelte Anwendungen laufen auf Mobil- und Desktopplattformen sowie im Browser und als Progressive Web App. Ionic adressiert vorrangig die Mobilplattformen iOS und Android. Auch dieses Framework besitzt ein eigenes Kommandozeilentool, die *Ionic CLI*. Diese wird folgendermaßen installiert:

```
npm i -g ionic
```

Die Unterstützung für Mobilplattformen erreicht Ionic, indem es Apache Cordova in seinem eigenen Tooling kapselt. Bei der Neuanlage eines Projekts fragt die Ionic CLI an, ob die Unterstützung für Cordova mitinstalliert werden soll. Stimmt der Entwickler zu, kann er über Cordova-Plug-ins auf native Schnittstellen zugreifen. Zusätzlich dazu bietet Ionic jeweils passende *Ionic Native Plug-ins* an. Unter Zuhilfenahme dieser Plug-ins muss der Entwickler nicht auf die global verfügbare Schnittstelle zugreifen (z. B. `window.plugins.actionsheet`), stattdessen kann er den Zugriff auf das Plug-in über das Dependency-Injection-System des Anwendungsframeworks anfordern. Das alles greift aber natürlich nicht, wenn die Anwendung in einer anderen Ausführungsumgebung wie Electron für webbasierte Desktopanwendungen oder dem Webbrowser ausgeführt wird, da hier auf alternative Schnittstellen zurückgegriffen werden muss.

Alle bisher genannten Features könnten Entwickler jedoch auch ohne Ionic bewerkstelligen. Interessanter ist der von Ionic bereitgestellte Katalog mit häufig verwendeten UI-Komponenten wie Navigationsrahmen, Auswahllisten, Formularfeldern, Toggle-Switches oder Schaltflächen. Diese Komponenten sind in HTML implementiert und passen ihr Aussehen an das Betriebssystem, auf dem die Anwendung ausgeführt wird, an (*Theming*). Das aktuelle Ionic 4 enthält in seinem Lieferumfang ein iOS-

Theme sowie ein Material-Design-Theme für Android, in Ionic 3 wird auch noch ein Windows-Theme unterstützt. Mithilfe dieses Ansatzes wird der Eindruck erzeugt, es handle sich um native Steuerelemente. Während Ionic bis Version 3 noch auf verschiedenen Ausgaben des Frameworks Angular basierte, haben Entwickler seit Ionic 4 die freie Entscheidung: Sie können wie gehabt Angular einsetzen oder ihre Anwendung in React, Vue.js oder gänzlich ohne Framework implementieren. Ein neues Ionic-Projekt auf Basis von Angular wird über den folgenden Befehl erzeugt:

```
ionic start myApp tabs --type=angular
```

`myApp` beschreibt dabei den Bezeichner der neu anzulegenden Anwendung. Das zweite Argument definiert den Starter, ein Projekttemplate, das verwendet werden soll. Der Starter `tabs` implementiert ein Tabbed Interface, das man etwa von WhatsApp oder Spotify kennt. Weitere Starter sind `blank`, eine leere Vorlage, oder `sidemenu`, das ein von der Seite ein- und ausklappbares Menü enthält. Mit `--type=angular` wird angegeben, dass ein Angular-Projekt verwendet werden soll. Dazu zieht die Ionic CLI wiederum die Angular CLI heran, um die Projektvorlage zu erzeugen. Um aus der Angular-Anwendung eine Progressive Web App zu machen, kann der Entwickler auf die in Kapitel 9, »PWA und Angular: Single-Page-Application-Framework einsetzen«, vorgestellte Methode zurückgreifen.

13

Ionic ist eine sinnvolle Wahl, wenn Entwickler eine Webanwendung implementieren möchten, die primär Mobilgeräte (iOS, Android) adressiert. Denn auf Desktopbetriebssystemen sehen Ionic-Apps aufgrund der Themes eher wie zu groß geratene Mobilanwendungen aus, wenngleich es einige Methoden gibt, um die Darstellung der Anwendung an größere Bildschirme anzupassen (zum Beispiel die Verwendung von Grids zur Darstellung vieler Elemente anstelle langer Scrolllisten). Darüber hinaus ist das Tooling für Electron oder Progressive Web Apps im Gegensatz zu Cordova nicht direkt in der Ionic CLI enthalten.

Mit der *Ionic DevApp* bietet der Hersteller eine kostenfreie App an, die aus dem App Store und von Google Play heruntergeladen werden kann. Wenn sich das Mobilgerät und der Entwicklercomputer im selben Netz befinden, kann die Ionic-Anwendung direkt auf dem Mobilgerät ausgeführt werden. Dies hat den Vorteil, dass der Entwickler lokal weder SDKs installieren muss noch spezielle Hardware benötigt, um die Anwendung auf dem Testgerät auszuführen. Zur Verwendung der App ist ein kostenloses Benutzerkonto bei *Ionic Pro* erforderlich. Mit diesem Angebot stellt der Hersteller auch einige teilweise kostenpflichtige Mehrwertdienste bereit, etwa ein Produkt zum Kompilieren von IPA- und APK-Paketen in der Cloud, das Verteilen von Hot-Code-Updates (Aktualisierungen ohne Neuausliefern der Anwendung über den App Store) oder ein Tool zum Erstellen von App-Prototypen.

13.2 GitHub Electron

GitHub Electron ist ein quelloffenes Framework, das die Bereitstellung nativer Executables für Desktopbetriebssysteme auf Basis von Webanwendungen erlaubt. Ausgabeformate sind *.exe* unter Windows, *.app* unter macOS sowie ausführbare Dateien im *Executable and Linking Format* (ELF) unter unixoiden Betriebssystemen.

Electron kombiniert dazu einen Chromium-Browser (die quelloffene Basis des Webbrowsers Google Chrome) sowie eine Node.js-Umgebung. Beide Bestandteile sind quelloffen sowie unter Windows, macOS und Linux lauffähig. Node.js, eigentlich eine serverseitige Ausführungsumgebung für JavaScript, erlaubt dabei im Hintergrund den Zugriff auf native Systemschnittstellen über in Node.js direkt verfügbare APIs oder extern bereitgestellte Node.js-Module, die über den Node.js Package Manager bezogen werden können. Bei der Ausführung bezeichnet man diesen Bestandteil als *Main-Prozess*, der sich auch um die Verwaltung des *Renderer-Prozesses* kümmert, der wiederum das Frontend darstellt. Ein solcher Prozess wird erzeugt, wenn Electron ein Browserfenster öffnet. Darin wird Chromium zur Darstellung der Webanwendung ausgeführt, Menü- und Statuszeilen werden zunächst ausgeblendet. Damit sieht eine Electron-Anwendung zunächst aus wie eine Progressive Web App im Stand-alone-Modus. Und auch im Fall von Electron eignet sich als Entwurfsmuster für Electron-Anwendungen wieder das der Single-Page Web Application. Der Main-Prozess kann darüber hinaus auch mehrere Browserfenster und somit Renderer-Prozesse starten.

Sowohl im Main- als auch in den Renderer-Prozessen kann JavaScript-Code ausgeführt werden; die Umgebungen sind grundsätzlich voneinander isoliert. Insbesondere darf der Renderer-Prozess nicht direkt auf native Elemente der Benutzeroberfläche wie die Menüzeile des Browserfensters zugreifen, sondern muss die Anfrage dazu über den Main-Prozess weiterleiten. Zur Interprozesskommunikation (IPC) gibt es Module zum Senden von Nachrichten vom Main- zum Renderer-Prozess und umgekehrt sowie eine Methode zum Zugriff auf Module des Main-Prozesses aus dem Renderer-Prozess heraus nach dem Schema des Remoteprozeduraufrufs (RPC). Electron bietet außerdem die *Electron-API* an, eine gemeinsame Schnittstelle, die Zugriff auf anwendungsbezogene Funktionen gewährt. Allerdings steht nicht jede Methode beiden Prozesstypen zur Verfügung. Die Methoden zum Zugriff auf die native Benutzeroberfläche sind, wie oben erwähnt, ausschließlich dem Main-Prozess vorbehalten. Des Weiteren stellt Electron sowohl im Main- als auch in den Renderer-Prozessen Zugriff auf den Node.js-Kontext zur Verfügung. Somit kann auch aus der Webanwendung heraus zum Beispiel das Node.js-Modul *fs* verwendet werden, das Zugriff auf das native Dateisystem des Anwenders gewährt. Darüber hinaus kann jedes beliebige Node.js-Modul eingebunden werden. Dieses Vorgehen kann bei Webanwendungen, die nicht vertrauenswürdigen Inhalt laden, jedoch zum Sicherheitsrisiko werden und lässt sich daher einschränken beziehungsweise ganz abschalten. Abbildung 13.6 zeigt die Electron-Architektur im Überblick.[2]

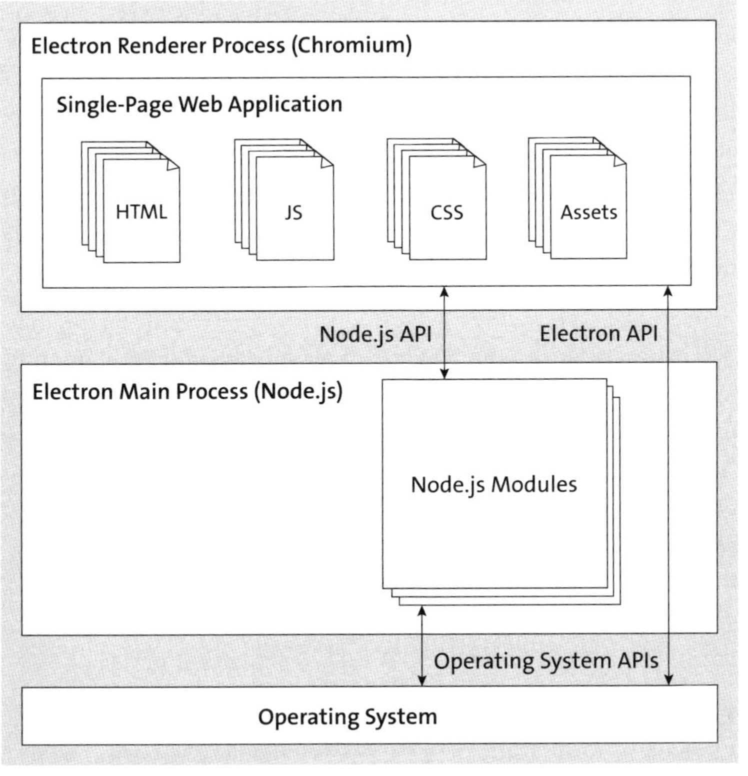

Abbildung 13.6 Architekturdiagramm von GitHub Electron

Bekannte mit GitHub Electron umgesetzte Anwendungen sind GitHubs Editor Atom, Slack, WhatsApp Desktop, GitKraken, Spotify, Microsoft Teams, Skype und Visual Studio Code.

Aufgabe: Electron installieren

Installieren Sie Electron, indem Sie auf der Konsole den folgenden Befehl ausführen:

```
npm i -g electron@3 electron-packager@12
```

13.2.1 Projektkonfiguration

Zum Anlegen eines neuen Electron-Projekts werden im Regelfall mindestens drei Dateien benötigt:

2 *https://electronjs.org/docs/tutorial/application-architecture*

- *package.json*: Diese Datei dient als Einsprungspunkt des Projekts, definiert anwendungsbezogene Metainformationen und enthält die installierten Paketabhängigkeiten des Node.js Package Managers.
- *index.js*: In diesem Skript wird der Main-Prozess der Electron-Anwendung implementiert. Typischerweise öffnet dieses Skript das Browserfenster, startet damit also einen Renderer-Prozess und verweist dabei auf die HTML-Datei, die darin geladen werden soll.
- *index.html*: Diese Datei ist Einsprungspunkt der Webanwendung (zum Beispiel einer Single-Page Web Application), die vom Renderer-Prozess geladen wird. Übrige Quelltexte und Assets können dem Electron-Verzeichnis ebenfalls hinzugefügt werden.

Eine minimale Electron-Beispielanwendung werden Sie im Folgenden implementieren. Einsprungspunkt und Main-Prozess folgen dabei dem Quickstart aus der Electron-Dokumentation.

Aufgabe: Electron-Projekt vorbereiten

Legen Sie ein neues Verzeichnis an, zum Beispiel mit dem Namen *my-electron-app*. Legen Sie innerhalb dieses Ordners mit Visual Studio Code zwei Dateien an:

1. *index.js*
2. *index.html*

Schließlich wird noch der Einsprungspunkt der Electron-Anwendung benötigt, die Datei *package.json*. Diese kann komfortabel über das Kommandozeilentool `npm` angelegt werden. Öffnen Sie dazu die Terminalansicht in Visual Studio Code und stellen Sie sicher, dass das aktuelle Arbeitsverzeichnis ausgewählt wurde. Geben Sie dann auf der Konsole folgenden Befehl ein:

```
npm init -y
```

Daraufhin wird die Datei *package.json* in das Verzeichnis geschrieben und mit einigen Einträgen vorbefüllt.

Das JSON-Dokument *package.json* dient als Einsprungspunkt der Electron-Anwendung. Entwickler kennen diese Datei auch von Node.js-Modulen. Dort speichert die Datei Metadaten zum jeweiligen Modul. Electron übernimmt das Format. Listing 13.8 zeigt ein minimales Beispiel für ein solches JSON-Dokument (die über `npm init -y` erzeugte *package.json* enthält zusätzliche Einträge, die an dieser Stelle nicht aufgeführt werden). Hier sind drei Eigenschaften definiert: `name` spezifiziert den Bezeichner der Electron-Anwendung, `version` die Versionsnummer, und `main` verweist auf das Skript, das die Implementierung des Main-Prozesses enthält. Fehlt die Eigenschaft `main`, versucht Electron, das Skript mit dem Namen `index.js` zu laden.

```
{
  "name": "my-electron-app",
  "version": "1.0.0",
  "main": "index.js"
}
```

Listing 13.8 Minimale package.json zum Start einer Electron-Anwendung

Aufgabe: package.json anpassen

Wenn Sie mögen, können Sie die Eigenschaft `name` in der Datei *package.json* nach Ihren Wünschen anpassen.

13.2.2 Ereignisse

Nun beschreibe ich die Implementierung des Main-Prozesses. Diese hängt eng zusammen mit den Lebenszyklusereignissen von Electron-Anwendungen, die im folgenden Abschnitt erläutert werden.

Ereignis	Aufrufzeitpunkt
`ready`	Electron wurde erfolgreich initialisiert.
`window-all-closed`	Alle Fenster der Anwendung wurden geschlossen.
`activate`	Nur macOS: Die Anwendung wurde aktiviert, zum Beispiel weil sie erstmals gestartet wurde oder weil das App-Icon im Dock angeklickt wurde.

Tabelle 13.3 Übersicht einiger Electron-Ereignisse

ready

Der Main-Prozess muss das Browserfenster öffnen, in dem die Webanwendung geladen wird. Dazu muss das Skript aber warten, bis Electron erfolgreich initialisiert wurde, vergleichbar mit dem `deviceready`-Ereignis von Apache Cordova. Dazu greift das Skript auf die Electron-API zurück. Diese enthält das Objekt `app`, das unter anderem Zugriff auf die Lebenszyklusereignisse der Anwendung bereitstellt. Auf diese Schnittstelle darf nur aus dem Main-Prozess heraus zugegriffen werden. Wenn die Initialisierung von Electron abgeschlossen ist, wird das Ereignis `ready` ausgelöst.

Als Ergebnis dieses Ereignisses kann das Browserfenster geöffnet werden. Dies geschieht über die Schnittstelle `BrowserWindow`, die ebenfalls von der Electron-API bereitgestellt wird. Dabei handelt es sich um eine Konstruktorfunktion, die mit dem `new`-Schlüsselwort und einem Konfigurationsobjekt aufgerufen wird. Listing 13.9

zeigt das Vorgehen: Als Eigenschaften können hier unter anderem die Breite (`width`) und Höhe (`height`) des zu erzeugenden Browserfensters definiert werden. Außerdem könnten auch Minimal- und Maximalabmessungen angegeben werden, ob die Größe des Fensters verändert werden darf, welches Fenstersymbol angezeigt werden soll und viele weitere Fenstereinstellungen. Im vorliegenden Beispiel wird die Eigenschaft `webPreferences` zur Konfiguration des Renderer-Prozesses angegeben. Diese nimmt ein Objekt entgegen, auf dem hier die Eigenschaft `nodeIntegration` auf den Wert `false` gesetzt wurde. Damit wird der direkte Zugriff auf Node.js-Pakete aus der Webanwendung heraus deaktiviert. Standardmäßig ist der Zugriff erlaubt. Es wäre außerdem möglich, hier ein Preload-Skript zu hinterlegen, über das der Zugriff auf ausgewählte Node.js-Implementierungen wieder ermöglicht werden kann. Besteht für die Entwickler die Notwendigkeit, aus der Webanwendung heraus auf Node.js-Module zuzugreifen, sollte nach Möglichkeit auf diese Methode zurückgegriffen werden. Andernfalls sollte die Node.js-Integration aus Sicherheitsgründen vollständig deaktiviert bleiben. Dem Entwickler steht anschließend die Instanz von `BrowserWindow` zur Verfügung. Öffnet die Anwendung mehrere Fenster, sollte sich der Main-Prozess die Referenzen auf diese Fenster in einem Array merken. Da die Beispielanwendung nur ein Fenster öffnen wird, legen Sie die Referenz in der Variablen `mainWindow` ab. Das Speichern der Referenz ist unbedingt erforderlich, da die Anwendung andernfalls nach einigen Minuten automatisch geschlossen werden kann, wenn die Garbage Collection der Auffassung ist, dass das Objekt nicht mehr benötigt wird. Darauf wird anschließend die Methode `loadFile` aufgerufen, die innerhalb des Browserfensters zu der als Argument übergebenen Datei, hier *index.html*, navigiert. Schließlich wird noch eine Registrierung für das Ereignis `closed` auf dem Browserfenster vorgenommen. Wird das Fenster geschlossen, wird die Instanz des Browserfensters dereferenziert.

```
const {app, BrowserWindow} = require('electron');

let mainWindow;

function createWindow() {
   mainWindow = new BrowserWindow({
      width: 800,
      height: 600,
      webPreferences: { nodeIntegration: false }
   });

   mainWindow.loadFile('index.html');
   mainWindow.on('closed', () => mainWindow = null);
```

```
}

app.on('ready', createWindow);
```

Listing 13.9 Minimale Implementierung des Main-Prozesses einer Electron-Anwendung

Aufgabe: Minimale Electron-App implementieren

Übernehmen Sie den Quelltext aus Listing 13.9 in Ihre Datei *index.js*.

Mit dieser Implementierung würde die Electron-Anwendung sogar bereits funktionieren. Allerdings verhält sie sich unter macOS noch nicht so, wie es Anwender dort von einer nativen Anwendung gewohnt sind: Beim Schließen des Fensters beendet sich direkt auch die Anwendung, wie es bei Windows und Linux üblich ist. Unter macOS bleiben hingegen Dock-Icon und Menüzeile einer Anwendung noch geöffnet, bis der Anwender diese entweder über [⌘] + [Q] schließt oder über das Dock beziehungsweise die Menüleiste den Befehl BEENDEN wählt. Um das zu ändern, müssen Entwickler auf weitere Ereignisse zurückgreifen und diese entsprechend behandeln.

window-all-closed

Das erste Ereignis, das in diesem Zuge behandelt werden muss, nennt sich `window-all-closed`. Es wird aufgerufen, wenn das letzte Fenster der Anwendung geschlossen wurde. Wird das Ereignis nicht behandelt, wie es bisher der Fall war, wird die Anwendung mit dem letzten Fenster geschlossen. Sobald sich der Entwickler für das Ereignis registriert, ist das nicht mehr der Fall. Listing 13.10 zeigt, wie die Ausführungsplattform über die Node.js-Schnittstelle `process.platform` abgefragt werden kann. Wird die Electron-Anwendung *nicht* unter der Plattform `darwin` (Bezeichnung des macOS-Systemkerns) ausgeführt, wird die Anwendung komplett geschlossen. Dies geschieht durch den Aufruf der Methode `quit()` auf dem durch die Electron-API bereitgestellten `app`-Objekt. Unter macOS bleibt die Anwendung auch nach dem Schließen des letzten Fensters somit noch geöffnet, wie es auf diesem Betriebssystem üblich ist.

```
app.on('window-all-closed', () => {
  if (process.platform !== 'darwin') {
    app.quit();
  }
});
```

Listing 13.10 Behandlung des Ereignisses window-all-closed

activate

Darüber hinaus ist es unter macOS üblich, dass ein neues Anwendungsfenster erzeugt wird, wenn alle Fenster einer Anwendung geschlossen sind und der Anwender auf das Dock-Symbol klickt. Unter anderem in diesem Fall wird das Ereignis activate aufgerufen, das ausschließlich unter macOS auftritt. In Listing 13.11 kann daher die Plattformprüfung entfallen. Stattdessen wird geprüft, ob es noch ein aktives Fenster gibt. Ist das nicht der Fall, wird das Browserfenster der Anwendung erneut erzeugt.

```
app.on('activate', () => {
  if (mainWindow === null) {
    createWindow();
  }
});
```

Listing 13.11 Behandlung des Ereignisses activate

> **Aufgabe: macOS-Sonderfälle berücksichtigen**
>
> Wenn Sie möchten, können Sie den Quelltext aus Listing 13.10 und Listing 13.11 Ihrer Datei *index.js* hinzufügen. Dieser Schritt ist optional, da die Anwendung auch ohne die Behandlung des macOS-Sonderfalls funktionsfähig ist.

Darüber hinaus gibt es weitere Lebenszyklusereignisse, etwa quit, das aufgerufen wird, wenn die Anwendung geschlossen wird. Diese können in der Electron-Dokumentation zur Schnittstelle app nachgeschlagen werden.

Für die Electron-Beispielanwendung muss nun nur noch die Datei *index.html* befüllt werden, sodass die entstehende Electron-Anwendung nicht ganz leer ist.

```
<!DOCTYPE html>
<html lang="en">
<head>
   <meta charset="UTF-8">
   <meta name="viewport" content="width=device-width, initial-scale=1.0">
   <meta http-equiv="X-UA-Compatible" content="ie=edge">
   <title>Electron-Demoanwendung</title>
</head>
<body>
   <h1>Hallo!</h1>
</body>
</html>
```

Listing 13.12 Beispielinhalt der Webanwendung

Aufgabe: Electron-App ausführen

Öffnen Sie in Visual Studio Code die Datei *index.html*. Geben Sie im Editorfenster `html:5` ein und drücken Sie so lange ⇆, bis sich der Cursor im `title`-Knoten des Dokuments befindet. Geben Sie dort einen Titel Ihrer Wahl ein. Dieser wird später auch in der Kopfzeile des nativen Fensters angezeigt. Platzieren Sie dann Ihren Cursor im `body`-Knoten des Dokuments und fügen Sie dort beliebigen HTML-Code ein, zum Beispiel eine Überschrift erster Ebene: `<h1>Hallo!</h1>`. Dieser wird später im Inhaltsbereich des nativen Fensters angezeigt. Listing 13.12 zeigt das gesamte Dokument. Speichern Sie dieses und öffnen Sie das integrierte Terminal in Visual Studio Code (View • Terminal). Geben Sie dort den folgenden Befehl ein:

```
electron .
```

Durch die Angabe des Punkts wird die *package.json* im aktuellen Arbeitsverzeichnis von Electron ausgelesen, und anschließend wird der Main-Prozess gestartet. Entsprechend der Implementierung sollte sich ein natives Fenster mit den Abmessungen 800 × 600 Pixel öffnen. Dieses zeigt das oben definierte HTML-Dokument an, wie in Abbildung 13.7 zu sehen. Dort wird die Anwendung unter der Linux-Distribution Ubuntu ausgeführt.

Den vollständigen Quelltext finden Sie in den Beispielquelldateien unter *kapitel13/electron-demo*.

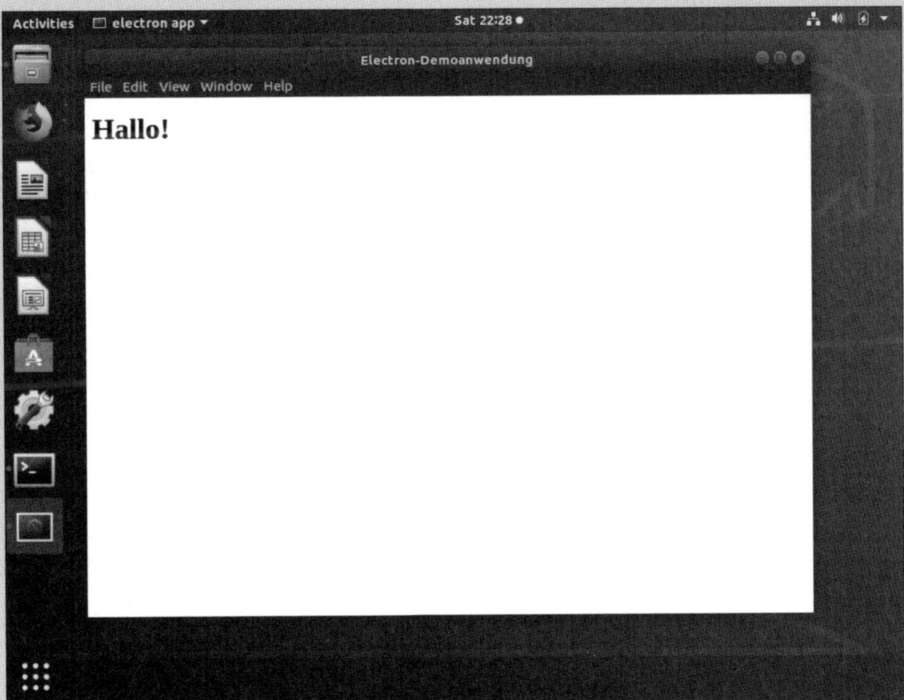

Abbildung 13.7 Electron-Demoanwendung unter Ubuntu

13.2.3 Mit nativen Schnittstellen interagieren

Zur Interaktion mit nativen Schnittstellen stehen grundsätzlich zwei Möglichkeiten zur Verfügung: die Verwendung der Electron-API, die viele im Umfeld von Desktopanwendungen häufig genutzte Schnittstellen anbietet, sowie die von Node.js bereitgestellten APIs (Serveranwendung starten, Dateisystem modifizieren, auf Ressourcen des Betriebssystems zugreifen) beziehungsweise darauf basierende Module aus dem Node.js-Ökosystem. In diesem Abschnitt werden drei Schnittstellen der Electron-API vorgestellt: die Manipulation des nativen Infobereichs und der Menüleiste sowie die Anzeige bestimmter Systemdialoge. Darüber hinaus erlaubt die Electron-API die Registrierung (globaler) Tastenkombinationen und schließt eine experimentelle Unterstützung der Touchbar, ein zusätzliches Display am oberen Ende der Tastatur auf neuen MacBook-Modellen, ein. Alle diese Schnittstellen stehen in Progressive Web Apps gar nicht oder, im Fall der Systemdialoge, nur eingeschränkt zur Verfügung.

Menüleiste

Der Main-Prozess kann die Darstellung der Menüzeile mithilfe der Electron-API `Menu` anpassen. Menüs folgen immer einer bestimmten Struktur, die sich zwischen den Betriebssystemen Windows und Linux auf der einen Seite und macOS auf der anderen aber unterscheidet. Zum Aufbau benutzerdefinierter, plattformtypischer Menüs wird in der Electron-Dokumentation zur Schnittstelle `Menu` eine Vorlage bereitgestellt. Da der Platz in diesem Buch begrenzt ist, greife ich im nachstehenden Listing 13.13 auf eine verkürzte Variante zurück, um die Verwendung der `Menu`-API zu demonstrieren: In diesem Beispiel wird die Methode `createWindow()` aus dem obigen Beispiel erweitert. Nach dem Erzeugen des Browserfensters wird ein Menü aufgebaut. Auf der `Menu`-Schnittstelle ist eine statische Methode `buildFromTemplate()` implementiert, die zum Aufbau einer Menüstruktur genutzt werden kann. Die Methode nimmt ein Array entgegen, in dem die Menüstruktur definiert wird. Ein einzelner Menüeintrag entspricht dabei einem Objekt mit folgenden Eigenschaften: `label` definiert die Beschriftung des Eintrags, `accelerator` enthält eine Tastenkombination und `click` die Aktion, die bei einem Klick ausgeführt werden soll. Mit `submenus` kann weiterhin ein verschachteltes Menü definiert werden.

Im Beispiel wird ein Menü EXTRAS definiert, das einen Menüeintrag besitzt: WEBSITE ÖFFNEN. Die Tastenkombination zum Ausführen dieses Menüeintrags unterscheidet sich je nach Betriebssystem. Daher wird mit der bereits bekannten Methode geprüft, auf welchem System die Anwendung ausgeführt wird. Auf macOS wird die Tastenkombination [⌘] + [I] gewählt, unter Windows und Linux muss der Anwender stattdessen [Strg] + [I] drücken. Wird der Menüeintrag entweder per Auswahl im Menü oder per Tastenkombination aktiviert, ruft Electron den Standardbrowser mit der angegebenen URL auf. Dazu wird die Electron-API `shell` genutzt, die sowohl dem Main- als auch dem Renderer-Prozess zur Verfügung steht. Mithilfe der Methode `openExternal()` wird ein externer Link im Standardbrowser geöffnet. Die erzeugte Menüstruktur wird der Methode `setApplicationMenu()` übergeben. Diese setzt unter macOS die Einträge für das Anwendungsmenü am oberen Bildschirmrand, unter Windows und Linux für die Menüzeile aller Fenster.

```
const {app, BrowserWindow, Menu, shell} = require('electron');
/* … */
function createWindow() {
  /* … */

  app.setApplicationMenu(Menu.buildFromTemplate([{
    label: 'Extras',
    submenu: [{
      label: 'Website öffnen',
      accelerator: process.platform === 'darwin' ? 'Command+I' : 'Ctrl+I',
      click() { shell.openExternal('https://pwa.liebel.io'); }
    }]
  }]));
}
```

Listing 13.13 Setzen eines benutzerdefinierten Menüs im Electron-Main-Prozess

Die Ausführung dieses Beispiels unter macOS zeigt Abbildung 13.8. Dort fällt auf, dass das oben definierte Label EXTRAS nicht zu sehen ist: Unter macOS wird das erste Menü in das standardmäßig vorhandene Anwendungsmenü integriert. Unter Windows und Linux ist die Bezeichnung allerdings zu sehen. Möchte der Entwickler die Menüzeile unter Windows und Linux hingegen komplett entfernen (dies entspricht dem Verhalten von Progressive Web Apps), kann er auf diesen Betriebssystemen die Methode `setApplicationMenu()` mit dem Wert `null` aufrufen. Unter macOS wird dieser Aufruf ignoriert.

Auch Separatoren lassen sich dem Menü hinzufügen (`{type: 'separator'}`), darüber hinaus unterstützt die `Menu`-Schnittstelle auch das Hinzufügen von Standardmenüeinträgen wie KOPIEREN oder RÜCKGÄNGIG (beispielsweise `{role: 'undo'}`).

Aufgabe: Menü definieren

Ergänzen Sie die Implementierung der Methode `createWindow()` in Ihrer Datei *index.js* um die Menüdefinition aus Listing 13.13. Vergessen Sie dabei nicht, die neu hinzugekommenen Schnittstellen `Menu` und `shell` aus der Electron-API anzufordern (erste Zeile).

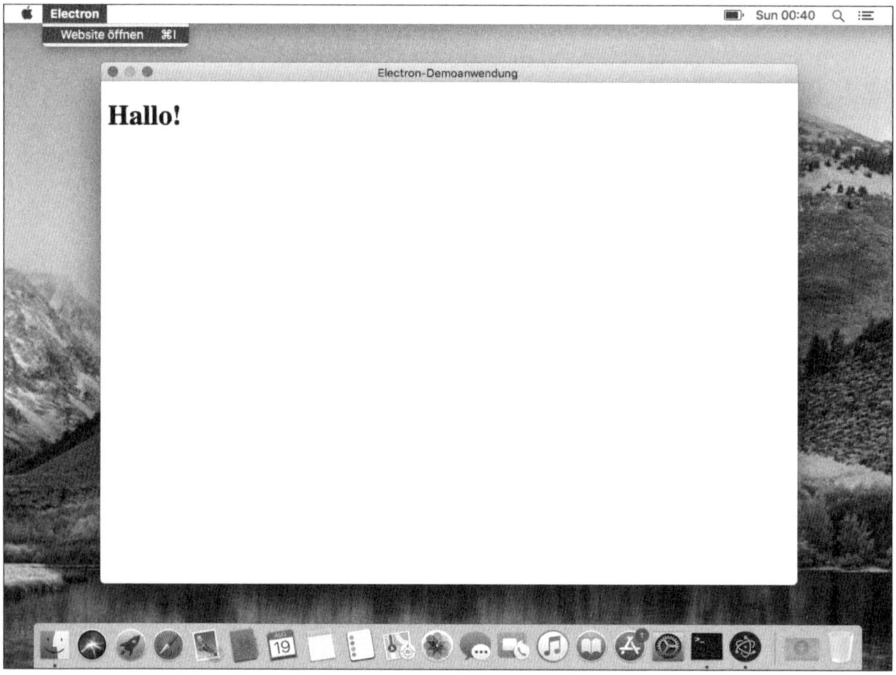

Abbildung 13.8 Setzen der nativen Menüzeile einer Electron-Anwendung

Infobereich

Desktopbetriebssysteme verfügen häufig über einen Benachrichtigungs- oder Infobereich. Dieser wird oftmals, aber fälschlicherweise,[3] auch als *Tray* bezeichnet. Genau so nennt sich die passende Schnittstelle aus der Electron-API. Anwendungen können sich dort integrieren und ein Symbol anzeigen. Die weitere Funktionalität (Reaktion auf Klicks, Anzeige eines Tooltipps, Öffnen eines Kontextmenüs) variiert je nach Betriebssystem und im Fall von Linux je nach Distribution. Listing 13.14 zeigt die Definition eines Infobereich-Icons: Auch `Tray` ist eine Konstruktorfunktion, die per `new`-Schlüsselwort aufgerufen wird. Dem Konstruktor wird entweder die Referenz auf ein Bild (`NativeImage`) oder, wie in diesem Fall, der Pfad zur Bilddatei übergeben, die als Symbol angezeigt werden soll. Analog zum Browserfenster muss auch die Referenz auf die Instanz des Infobereich-Icons gespeichert werden, um später wieder darauf zugreifen zu können. Auf der Instanz wird die Methode `setToolTip()` angeboten, die den Tooltipp für das Symbol setzt. Die Methode `setContextMenu()` nimmt ein Kontextmenü entgegen, das auf dem Infobereich-Icon angeboten wird. Dieses wird auf die gleiche Art zusammengesetzt, wie für die Menüzeile beschrieben. Im Beispiel wird nur ein Eintrag SCHLIESSEN angeboten, der die Anwendung bei Aufruf beendet. Die Ausführung des obigen Beispiels unter Microsoft Windows zeigt Abbildung 13.9.

3 *https://blogs.msdn.microsoft.com/oldnewthing/20030910-00/?p=42583*

```
const {app, BrowserWindow, Menu, shell, Tray} = require('electron');
const path = require('path');

let mainWindow;
let trayIcon;
/* … */
app.on('ready', () => {
  createWindow();

  trayIcon = new Tray(path.join(__dirname, 'icon.png'));
  trayIcon.setToolTip('My Tray Icon');
  trayIcon.setContextMenu(Menu.buildFromTemplate([{
    label: 'Schließen',
    click() { app.quit(); }
  }]));
});
```

Listing 13.14 Implementierung eines Infobereich-Icons mit Electron

Abbildung 13.9 Icon der Electron-Anwendung mit Kontextmenü im Infobereich von Microsoft Windows

Mithilfe von Electron ist es auch möglich, sogenannte Tray-Apps zu schreiben. Diese Anwendungen zeigen zunächst nur ein Symbol im Infobereich an. Klickt man darauf, öffnet sich ein kleines Pop-up-Fenster in der Nähe des Symbols. Hier erlaubt die Electron-API auch die Anzeige von Browserfenstern, die weder Fensterdekoration noch

-rahmen anzeigen. Dazu wird im Konfigurationsobjekt von BrowserWindow die Eigenschaft frame auf den Wert false gesetzt. Klicks auf das Infobereich-Icon können mithilfe der Ereignisse click sowie unter macOS und Windows right-click oder double-click registriert werden. In den Ereignisargumenten erhält der Entwickler Zugriff auf die Position und die Abmessungen des Symbols, um das Pop-up zu platzieren. Weitere Ereignisse und Methoden können der Electron-Dokumentation entnommen werden.

Systemdialoge

Darüber hinaus können Electron-Anwendungen native Systemdialoge wie Datei-öffnen-Dialoge sowie Hinweis- und Fehlermeldungen anzeigen. Die Electron-API stellt die dafür erforderlichen Methoden auf der Schnittstelle dialog zur Verfügung. Listing 13.15 zeigt, wie eine native Messagebox angezeigt werden kann. Dazu wird die Methode showMessageBox() auf der dialog-Schnittstelle aufgerufen. Wird als erster Parameter eine Referenz zu einem BrowserWindow eingetragen, öffnet sich unter macOS der Dialog als Overlay (*Sheet*) innerhalb dieses Browserfensters anstatt als modaler Dialog. Die Angabe kann jedoch entfallen. Als Nächstes muss ein Konfigurationsobjekt für den darzustellenden Dialog angegeben werden. Im vorliegenden Beispiel soll eine Infomeldung angezeigt werden (type). Weiterhin wird ein Titel (title) eingetragen, der aber zum Beispiel unter macOS nicht angezeigt wird. Die Eigenschaft message ist verpflichtend und enthält die darzustellende Nachricht, ebenso die Eigenschaft buttons, die ein String-Array der anzuzeigenden Schaltflächen enthält. Der Aufruf der Methode blockiert die weitere Ausführung so lange, bis der Anwender die Meldung schließt. Zurückgegeben wird der Index der ausgelösten Schaltfläche. Optional kann der Entwickler als weiteres Argument eine Callback-Funktion übergeben. In diesem Fall blockiert die Methode nicht, sondern ruft den Callback beim Schließen des Dialogs mit dem ausgewählten Index auf.

```
const {app, BrowserWindow, Menu, shell, Tray, dialog} = require('electron');
/* … */
function createWindow() {
  /* … */

  dialog.showMessageBox(mainWindow, {
    type: 'info',
    title: 'Information',
    message: 'Es ist ein Update verfügbar. Jetzt installieren?',
    buttons: ['Ja', 'Nein']
  });
}
```

Listing 13.15 Darstellung einer nativen Hinweismeldung mit Electron

Die Anzeige der nativen Hinweismeldung zeigt Abbildung 13.10.

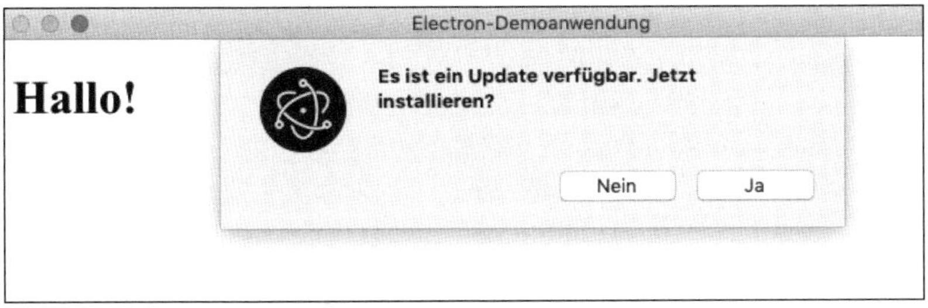

Abbildung 13.10 Anzeige der nativen Hinweismeldung

13.2.4 Electron-Packager

Bisher habe ich Ihnen lediglich die global installierte Variante von Electron gezeigt, um Ihre Electron-Anwendung auszuführen. Wenn Sie Ihre Anwendungen veröffentlichen möchten, braucht es aber echte Anwendungsbündel. Hier kommt der *Electron-Packager* zu Hilfe, ein Kommandozeilenwerkzeug, um in einem Aufwasch Anwendungsbündel für die verschiedenen von Electron unterstützten Zielplattformen erzeugen zu lassen. Dies sind:

- Microsoft Windows, 32 Bit und 64 Bit
- macOS, 64 Bit (nativ und kompatibel zum Mac App Store)
- Linux, 32 Bit und 64 Bit inklusive ARM und MIPS

Anders als bei Apache Cordova sind die Anwendungspakete im einfachsten Fall für die unterschiedlichen Plattformen direkt »fertig«. Es werden also weder SDKs benötigt, noch gibt es besondere Anforderungen an die Hardware. Ausnahmen bestehen beim Signieren von macOS-Anwendungen, hier wird wieder macOS benötigt, sowie beim Manipulieren der Ressourcen der EXE-Datei für Windows (wie Symbole, Produktnamen und Ähnliches). Dazu benötigt der Entwickler entweder Windows oder auf macOS/Linux die Emulationsumgebung *Wine*.

Der Aufbau der Anwendungsbündel fällt jedoch unterschiedlich aus. Im Fall von macOS ist es eine einzige Datei, die verteilt werden kann, während es bei Windows viele Einzeldateien sind, die idealerweise mithilfe eines Installers auf dem Zielsystem entpackt werden.

Aufgabe: Electron-Builds erstellen

Führen Sie auf der Kommandozeile im Verzeichnis Ihrer Electron-Demoanwendung den folgenden Befehl aus:

```
electron-packager . --all --electron-version=3.0.7 --out build --overwrite
--asar
```

Durch den Punkt wird wie gehabt das aktuelle Verzeichnis gewählt. Der Electron-Packager liest die Datei *package.json* ein und extrahiert daraus den Namen der Anwendung (im Beispiel `my-electron-app`). Der Schalter `--all` weist den Electron-Packager an, jedes unterstützte Anwendungsbündel zu erzeugen. Mithilfe des Schalters `--electron-version` wird die Version von Electron angegeben, die in das Anwendungsbündel eingebettet werden soll. Eine Übersicht der Electron-Releases einschließlich der Angabe, welche Versionen von Node.js und Chromium darin enthalten sind, ist unter *https://github.com/electron/releases* zu finden. Der Schalter `--out` weist das Werkzeug an, die Anwendungsbündel im Unterordner *build* abzulegen und dort bereits befindliche Bündel zu überschreiben (`--overwrite`). Der letzte Schalter `--asar` gibt an, dass die Quelldateien der Anwendung in das Electron-Archivformat *Asar* verpackt werden sollen. Damit können Probleme mit langen Pfadangaben unter Microsoft Windows umgangen werden, die Ausführungsgeschwindigkeit kann etwas erhöht werden, und die Anwendungsquelldateien liegen nicht mehr im direkt modifizierbaren Klartext im Anwendungsbündel.

Die erste Ausführung des Electron-Packagers kann einige Zeit in Anspruch nehmen, da die einzelnen Electron-Plattformpakete in der angegebenen Version erst heruntergeladen werden müssen. Weitere Ausführungen des Electron-Packagers laufen dann deutlich schneller ab. Die plattformspezifischen Bündel werden in separaten Verzeichnissen im gewünschten Ausgabeverzeichnis *build* abgelegt, wie Abbildung 13.11 zeigt. Von dort können die Anwendungsbündel weiterverarbeitet werden.

Inspizieren Sie den Aufbau der einzelnen plattformspezifischen Bündel und ermitteln Sie auch deren Größe.

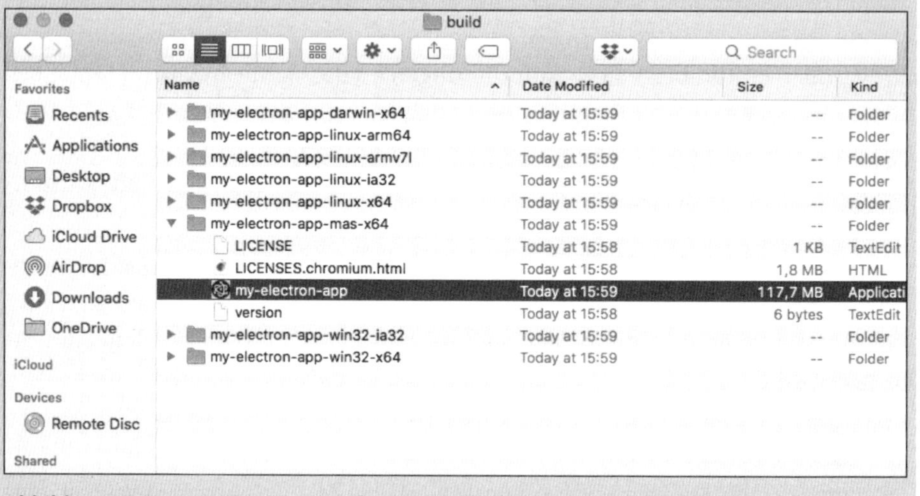

Abbildung 13.11 Ausgabe der plattformspezifischen Anwendungsbündel

13.3 Plattformunterschiede elegant verbergen

Es ist möglich, Anwendungen so zu implementieren, dass sie sowohl als Progressive Web App als auch via Cordova und Electron bereitgestellt werden können. Je nach Umgebung können sich Unterschiede bei den Schnittstellendefinitionen ergeben. Betrachten Sie das Beispiel des Teilen-Dialogs. Die passende Webschnittstelle *Web Share API* (in Abschnitt 2.5, »Web Share API: Teilen von Inhalten aus dem Browser heraus«, vorgestellt) steht nur unter Google Chrome auf Android und der Safari Technical Preview zur Verfügung. Mithilfe eines Cordova-Plug-ins kann sie jedoch auch auf anderen Mobilgeräten nachgebildet werden. In anderen Umgebungen, Electron und Webbrowser eingeschlossen, muss auf eine ganz andere Lösung zurückgegriffen werden: Dort wird das `mailto`-URI-Schema verwendet, um das E-Mail-Programm zu öffnen. Um das Prinzip des Progressive Enhancement zu wahren, müsste eine Implementierung also zunächst prüfen, ob die Webschnittstelle auf der aktuellen Plattform verfügbar ist. Falls ja, kann sie verwendet werden. Dann muss geprüft werden, ob sich die Anwendung in einem Cordova-Container befindet. Ist das ebenfalls der Fall, soll der Plug-in-Ansatz zum Einsatz kommen. Trifft beides nicht zu, fällt die Implementierung auf den `mailto`-Ansatz zurück. Im allereinfachsten Fall lässt sich diese Logik als einfache `if`-Verzweigung, als `switch`-Block oder mithilfe von Compiler-Switches à la `#ifdef` implementieren. Die `if`-Variante zeigt Listing 13.16.


```
const item = 'https://pwa.liebel.io';
if (navigator.share) {
  useNavigatorShare(item);
} else if (window.cordova) {
  useCordovaSharePlugin(item);
} else {
  composeEmail(item);
}
```

Listing 13.16 Primitiver Ansatz zum Behandeln von Plattformunterschieden

Wenn die Teilen-Funktionalität an mehreren Stellen in der Anwendung bereitgestellt werden soll, wäre es aber ein schlechtes Vorgehen, auch den `if`-Block zu duplizieren. Darüber hinaus sollte es nicht Aufgabe fachlicher Komponenten sein, ihre Umgebung zu analysieren. Insofern muss die Entscheidung, welche konkrete Schnittstelle zu verwenden ist, an einer von der Implementierung losgelösten zentralen Stelle geschehen. Hierfür gibt es eine elegante Lösung, die auf *Polymorphie* und *Dependency Injection* (DI) basiert. Diese Entwurfsmuster lassen sich in verschiedensten Technologien umsetzen. Im SPA-Framework Angular ist die Unterstützung dafür bereits mit Bordmitteln gegeben.

Die Idee ist, dass eine abstrakte Schnittstelle angeboten wird, zu deren Definition alle konkreten Implementierungen kompatibel sind. Welche Implementierung zur Laufzeit ausgewählt wird, liegt in der Verantwortung des DI-Containers. An zentraler Stelle wird festgestellt, auf welcher Umgebung die Anwendung ausgeführt wird, und dann wird die passende konkrete Implementierung in der DI unter dem Namen der abstrakten Schnittstelle verfügbar gemacht. Konsumenten der Schnittstelle fragen somit lediglich nach der abstrakten Schnittstelle und erhalten vom DI-Container die zur Plattform passende konkrete Implementierung. Sie müssen daher keine Kenntnis darüber haben, auf welcher Plattform die Anwendung gerade ausgeführt wird und welche Strategie ausgewählt werden muss – getreu dem Softwareentwicklungsprinzip *Separation of Concerns*. Das Konzept zeigt Abbildung 13.12.

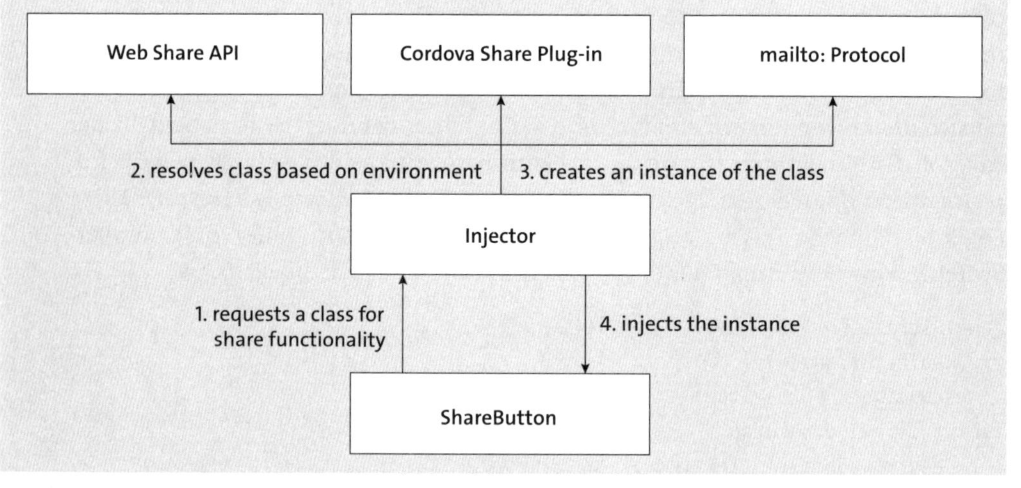

Abbildung 13.12 Konzept der Dependency Injection

Wiederverwendbare, nicht-UI-bezogene Softwarebausteine werden in Angular als Service bezeichnet. Übertragen auf den Anwendungsfall der Teilen-Funktionalität, braucht es also einen abstrakten `ShareService`, der durch drei konkrete Klassen implementiert wird: den `WebShareService`, der auf unterstützten Webbrowsern die Web Share API nutzt, den `CordovaShareService`, der auf das Cordova-Plug-in zurückgreift, sowie den `MailShareService`, der als Fallback die `mailto`-Lösung umsetzt. Die gemeinsame Schnittstelle gibt der abstrakte `ShareService` vor: Die aufzurufende Methode heißt `share()`, ihr kann als Parameter eine URL übergeben werden, die dann über die konkrete Schnittstelle geteilt werden soll. Da der `ShareService` selbst keine Implementierung besitzen soll, bietet sich in vielen Programmiersprachen das Konstrukt des *Interface* (Schnittstelle) an. Dieses Konstrukt gibt es in TypeScript, der standardmäßig verwendeten Sprache zur Entwicklung von Angular-Anwendungen, zwar auch, in JavaScript, also bei der Ausführung des übersetzten Quelltextes im Browser, existiert das Konzept aber nicht. Daher verwirft der TypeScript-Compiler sämtliche

Interfaces vor der Übersetzung nach JavaScript. Zur Laufzeit kann die Anwendung das Interface somit nicht mehr finden. Aus diesem technischen Grund muss bei Angular also zwingend eine abstrakte Klasse eingesetzt werden, wie in Listing 13.17 zu sehen.

```
export abstract class ShareService {
  abstract share(url: string);
}
```

Listing 13.17 Implementierung einer abstrakten Serviceklasse in Angular

Die konkreten Implementierungen erben vom abstrakten `ShareService` und rufen die plattformspezifische Schnittstelle auf, der `WebShareService` aus Listing 13.18 also die der Web Share API (`navigator.share()`).

```
export class WebShareService extends ShareService {
  share(url: string) {
    navigator.share({ url });
  }
}
```

Listing 13.18 Konkrete Serviceimplementierung in Angular

Abbildung 13.13 zeigt die Vererbungsbeziehung zwischen den verschiedenen Klassen.

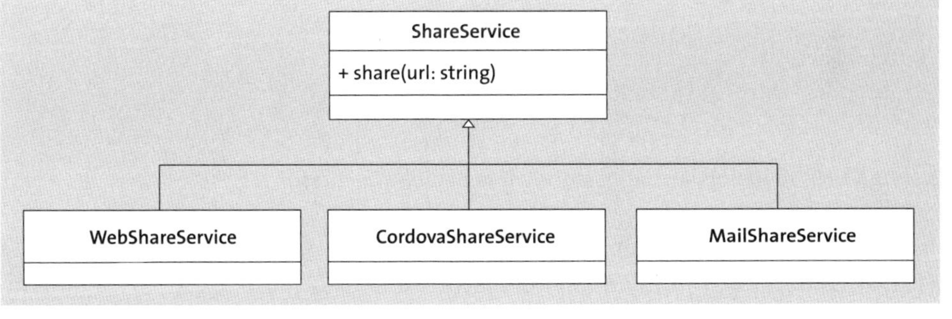

Abbildung 13.13 Vererbungsbeziehungen

Darüber hinaus wird noch eine Fabrikmethode benötigt, die die Umgebung auswertet und eine Instanz der passenden konkreten Klasse zurückgibt. Listing 13.19 zeigt die Methode `shareServiceFactory()`, die diese Aufgaben übernimmt. Diese Methode prüft entsprechend dem Prinzip des Progressive Enhancement, ob die jeweiligen Schnittstellen vorhanden sind: `navigator.share` für die Web Share API und `window.plugins.socialsharing` für das Cordova-Plug-in. Trifft beides nicht zu, wird der allgemein verwendbare `MailShareService` als Fallback zurückgegeben.

```
export function shareServiceFactory() {
  if (navigator.share) {
    return new WebShareService();
  } else if (window.plugins && window.plugins.socialsharing) {
    return new CordovaShareService();
  }

  return new MailShareService();
}
```

Listing 13.19 Fabrikmethode zur Auswahl der benötigten Serviceimplementierung

Um dem DI-Container von Angular mitzuteilen, dass dieser für `ShareService`-Instanzen diese Fabrikmethode verwenden soll, wird der `ShareService` mit dem in Listing 13.20 gezeigten `@Injectable`-Dekorator ausgezeichnet. Bei der Eigenschaft `useFactory` wird auf die `shareServiceFactory()` verwiesen, sodass diese bei Anfragen nach dem `ShareService` zum Einsatz kommt. Die Eigenschaft `providedIn` gibt zudem an, dass die Instanz auf dem höchsten Anwendungsknoten (`root`) verfügbar gemacht werden soll. Somit wird für die komplette Anwendung nur eine einzige Instanz des Service erzeugt (*Singleton*).

```
@Injectable({
  providedIn: 'root',
  useFactory: shareServiceFactory
})
export abstract class ShareService {
  abstract share(url: string);
}
```

Listing 13.20 ShareService mit passendem Injectable-Dekorator

In der Betrachtung fehlt jetzt nur noch die Perspektive des Konsumenten. In Listing 13.21 ist eine Angular-Komponente dargestellt, die über ihren Konstruktor eine Instanz des `ShareService` anfordert (*Konstruktorinjektion*). Bei der ersten Anfrage wird der DI-Container die Fabrikmethode aufrufen und die Instanz zurückgeben. Für alle weiteren Anfragen wird die bereits erzeugte Instanz mit dem Konsumenten geteilt. Insgesamt weiß die Komponente also nicht, auf welcher Plattform die Anwendung gerade ausgeführt wird oder welche konkrete Teilen-Implementierung gerade verwendet wird. Die Komponente erfüllt stattdessen ihre fachliche Aufgabe und teilt die angegebene URL – über welchen Weg auch immer.

```
@Component(/* … */)
export class FooComponent {
  constructor(private shareService: ShareService) {
```

```
    }

    onClick() {
        this.shareService.share('https://pwa.liebel.io');
    }
}
```

Listing 13.21 Anfordern des Share-Service in einer Angular-Komponente

Durch die Verwendung dieses Konzepts wird auch das Testen solcher Angular-Komponenten besonders einfach, da für Unit-Tests eine Mock-Implementierung für die `ShareService`-Schnittstelle über den Konstruktor eingereicht werden kann.

13.4 Chromium Embedded Framework: Desktopanwendungen schrittweise entkernen

Ist beabsichtigt, eine klassische Desktopanwendung durch eine Progressive Web App abzulösen, kann sich auch das *Chromium Embedded Framework* (CEF, *https://bitbucket.org/chromiumembedded/cef/*) als hilfreich erweisen. Mithilfe dieses Frameworks kann ein kompletter Chromium-Browser, also die quelloffene Basis des Browsers Google Chrome, in bestehende Desktopanwendungen eingebettet werden. CEF steht für diverse Programmierumgebungen zur Verfügung, die Hauptvariante etwa für C und C++. Allerdings existieren auch Bindings für andere Umgebungen, zum Beispiel CefSharp für .NET, DCEF für Delphi oder JCEF für Java.

Der Vorteil des Einsatzes von CEF gegenüber vom Betriebssystem bereitgestellten WebView-Steuerelementen besteht darin, dass die Browserumgebung genau bekannt ist. Andere WebViews könnten auf älteren Browser-Engines mit deutlich reduziertem Funktionsumfang basieren. Darüber hinaus stellt CEF eine Kommunikationsschnittstelle zwischen der Desktopanwendung und der im Chromium-Browser ausgeführten Webanwendung zur Verfügung.

Auf diesem Weg können bestehende Desktopanwendungen schrittweise entkernt werden: Neue Sichten werden direkt in der Single-Page-Anwendung implementiert, alte Sichten werden schrittweise abgelöst. Die Sichten in der Desktopanwendung binden dann nicht mehr native Steuerelemente ein, sondern zeigen das CEF-Steuerelement, das eine bestimmte Unteransicht der Webanwendung darstellt. So wird der native Anteil der Anwendung Schritt für Schritt kleiner, bis die Anwendung komplett abgelöst werden kann.

Wie Abbildung 13.14 am Beispiel einer mit C# geschriebenen Windows-Forms-Anwendung zeigt, kann sich eine Webanwendung nahtlos in die Desktopanwendung integrieren, indem sie beispielsweise ihre Hintergrundfarbe und ihre Schriftart an die Webanwendung sendet, die diese übernimmt.

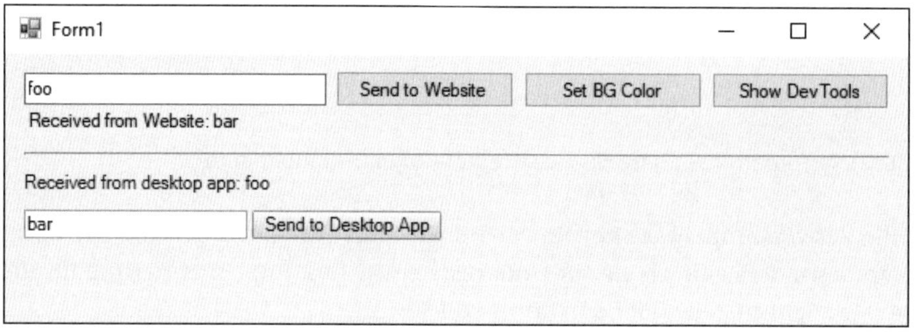

Abbildung 13.14 Oben Windows Forms, unten Webanwendung

13.5 Zusammenfassung und Fazit

- Der Einsatz von Apache Cordova und GitHub Electron stellt eine gute Migrationsstrategie dar, um die Zeit zu überbrücken, bis moderne Geräte verfügbar sind oder die gewünschten Schnittstellen plattformübergreifend zur Verfügung stehen.
- Allerdings bringen Apache Cordova und GitHub Electron auch Nachteile mit sich: Bei Cordova gelten jeweils die Regeln der gewünschten Zielplattform. So ist zum Kompilieren der Anwendung für iOS etwa zwingend ein Mac erforderlich. Des Weiteren muss der Entwickler Mitglied bei den unterschiedlichen Entwicklerprogrammen werden, um Anwendungen über den Store verteilen zu dürfen.
- Cordova-Schnittstellen verhalten sich aufgrund der unterschiedlichen nativen Implementierungen oft als »kleinster gemeinsamer Nenner« mit vielen Ausnahmen je Zielplattform.
- Da Electron nicht nur die Anwendungsquelldateien, sondern auch ein komplettes Node.js und Chromium in seinen Executables bündelt, erreicht selbst eine einfache Hallo-Welt-Anwendung komprimiert schon rund 50 MByte Größe. Darüber hinaus sind die enthaltenen Versionen von Node.js und Chromium in diesen Anwendungsbündeln fix. Werden sie nicht regelmäßig aktualisiert, kann eine veraltete Node.js- oder Chromium-Version zum potenziellen Sicherheitsproblem werden. Darüber hinaus startet jede Electron-App einen komplett eigenen Browserprozess, was sich in einem hohen Arbeitsspeicherverbrauch äußert, wenn mehrere Electron-Anwendungen geöffnet sind.
- Alle zuvor genannten Einschränkungen treffen auf Progressive Web Apps nicht zu, daher sollten Cordova und Electron nur als Übergangstechnologien angesehen werden.

Aufgabe: PWA-Demoanwendung als Cordova- und Electron-App verpacken

Die PWA-Demoanwendung in *https://github.com/pwapraxis/angular-demo* lässt sich als Cordova- und Electron-Anwendung exportieren. Führen Sie dazu in der Demoanwendung den folgenden Befehl aus:

- `npm run package-mobile` (für Android, iOS)
- `npm run package-desktop` (für Linux, macOS, Windows)

Kapitel 14
Payment Request API: Wie Sie trotz fehlendem App Store an Ihr Geld kommen

Mit dem App Store entfällt auch die Möglichkeit zur einfachen Monetisierung der Anwendung. Die Payment Request API will diese Lücke schließen. Für Entwickler bedeutet das mehr Aufwand, aber auch eine höhere Marge.

In Abschnitt 1.1.3, »Es gibt eine App dafür: der Siegeszug des App Store«, habe ich die unterschiedlichen Rollen heute gängiger App Stores vorgestellt: Insgesamt stellen sie einen Marktplatz dar, der nicht nur einen Katalog von Apps enthält, der vom Anwender durchsucht werden kann, sondern auch eine integrierte Abrechnungsfunktion beinhaltet. Dabei übernimmt der App-Store-Betreiber die Abrechnung mit dem Kunden über diverse Zahlungsmethoden wie Handyrechnung, Kreditkarten, Lastschrift oder eigene Bezahlverfahren wie das iTunes-Guthaben oder Google Pay. Für den Entwickler wird es damit sehr einfach, seine Anwendung zu einem bestimmten Kaufpreis oder In-App-Produkte anzubieten, da er weder eigene Verträge mit Zahlungsdienstleistern abschließen noch die passenden Backend-Komponenten implementieren muss. Stattdessen wird er direkt vom App-Store-Betreiber ausbezahlt. Im Gegenzug nimmt sich dieser einen Teil des Umsatzes, um davon die Betriebskosten des Marktplatzes zu decken: Bei Apple, Google und Microsoft sind es für Apps und In-App-Käufe 30 Prozent, der Entwickler erhält also 70 Prozent der Zahlung. Abweichende Regelungen gibt es für Abonnements, die über den App Store abgeschlossen werden. Hier werden bei Microsoft mit Ausnahme von Spielen 15 Prozent fällig, bei Apple und Google greift dieser reduzierte Satz nach den ersten zwölf Monaten. Darüber hinaus werden für die App Stores auch noch einmalige oder jährliche Mitgliedsgebühren fällig. Oftmals gibt es auch Auszahlungsgrenzen, die erreicht werden müssen. Da es bei Progressive Web Apps keinen App Store mehr gibt, fällt diese Möglichkeit der Monetisierung weg. Das bedeutet aber nicht, dass Entwickler mit PWAs kein Geld mehr verdienen können. Stattdessen müssen diese die Abrechnung nun selbst und direkt mit dem Anwender regeln. Das bedeutet für den Entwickler zwar einen höheren Implementierungsaufwand, da er sich nun selbst um die Zahlungsabwicklung kümmern muss, im Gegenzug muss er aber einen geringeren Anteil abgeben – jetzt an seinen Zahlungsdienstleister. Die Marge des Entwicklers fällt somit höher aus. Für den Anwender soll die Zahlung aber natürlich trotzdem so komfortabel wie möglich sein. Hier kommt die *Payment Request API*[1] des W3C ins Spiel, eine verhältnismäßig junge Webschnittstelle, die das Bezahlen im Web so einfach wie in App Stores machen möchte. Zunächst möchte ich jedoch eine mögliche Alternative betrachten.

14.1 Warum Check-out-Formulare nicht die Lösung sind

Im allereinfachsten Fall könnten Entwickler auf die Idee kommen, ein Check-out-Formular anzubieten, wie es in vielen Onlineshops gang und gäbe ist. Diese Formulare haben jedoch mehrere Schwachstellen:

1. Zum einen müssen in klassischen Check-out-Formularen immer wieder die gleichen Daten eingegeben werden. Ihr Name, Ihre Adresse und Zahlungsinformationen ändern sich eher selten, dennoch müssen Käufer diese Daten ständig neu eingeben. Manche Webbrowser bieten hierbei Hilfestellung, indem sie sich die Formulareingaben des Anwenders merken. Dieses Konzept geht jedoch nur dann auf, wenn die Check-out-Formulare gleichartig implementiert sind, also die gleichen Feldbezeichnungen verwendet werden.
2. Check-out-Formulare unterscheiden sich bei verschiedenen Webseiten und Onlineshops oftmals stark voneinander, etwa in der Anordnung oder der Anzahl ihrer Felder. Manche Onlineshops erwarten, dass sich der Anwender zunächst anmeldet oder ein Benutzerkonto anlegt. Das macht den Check-out-Prozess zu einer lästigen Angelegenheit.
3. Manchmal sind Check-out-Formulare nicht sinnvoll oder überhaupt nicht für die Bedienung mit Toucheingabe ausgelegt. Abbildung 14.2 zeigt ein Beispiel für einen Onlineshop, der über kein responsives Webdesign verfügt. Die Eingabefelder in diesem Formular sind mit dem Finger kaum zu treffen. Die Hinweistexte zu den Zahlungsmethoden kann der Anwender nur lesen, wenn er in das Dokument hineinzoomt, dann sieht er aber wieder nicht den gesamten Text und muss hin- und herwischen.

Diese Unzulänglichkeiten führen dazu, dass ein starkes Missverhältnis zwischen dem Anteil mobiler Geräte am Internetverkehr und der Konversionsrate entsteht: Die Digitalagentur GO-Globe erwartet, dass der der Anteil mobiler Geräte am globalen Internetverkehr Ende 2018 rund 61 Prozent erreicht. Das *comScore e-Commerce & m-Commerce Measurement* weist für das dritte Quartal 2016 aus, dass 69 Prozent der Minuten, die sich Anwender auf E-Commerce-Angeboten aufhalten, auf mobile Geräte entfallen. Allerdings haben über Mobilgeräte abgeschlossene Verkäufe nur einen

1 *https://www.w3.org/TR/payment-request/*

Umsatzanteil von 20 Prozent. Diese 49 Prozent Unterschied werden auch als *Mobile Commerce Gap* bezeichnet (siehe Abbildung 14.1).

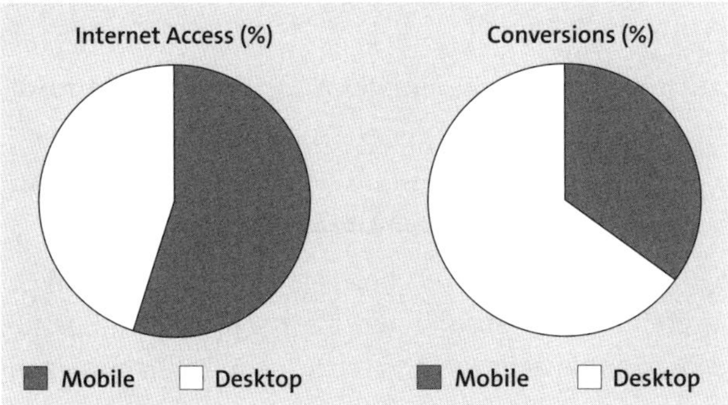

Abbildung 14.1 Mobile Commerce Gap

Mit einer der Gründe ist, dass sich das Ausfüllen der Formulare als zu schwierig erweist. Der *Mobify 2018 Q1 Mobile Commerce Insights Report* geht zudem davon aus, dass rund 16 Prozent aller Anwender fehlerhafte Eingaben beim Check-out-Prozess machen. Insofern erscheinen klassische Check-out-Formulare nicht als die optimale Lösung des Problems.

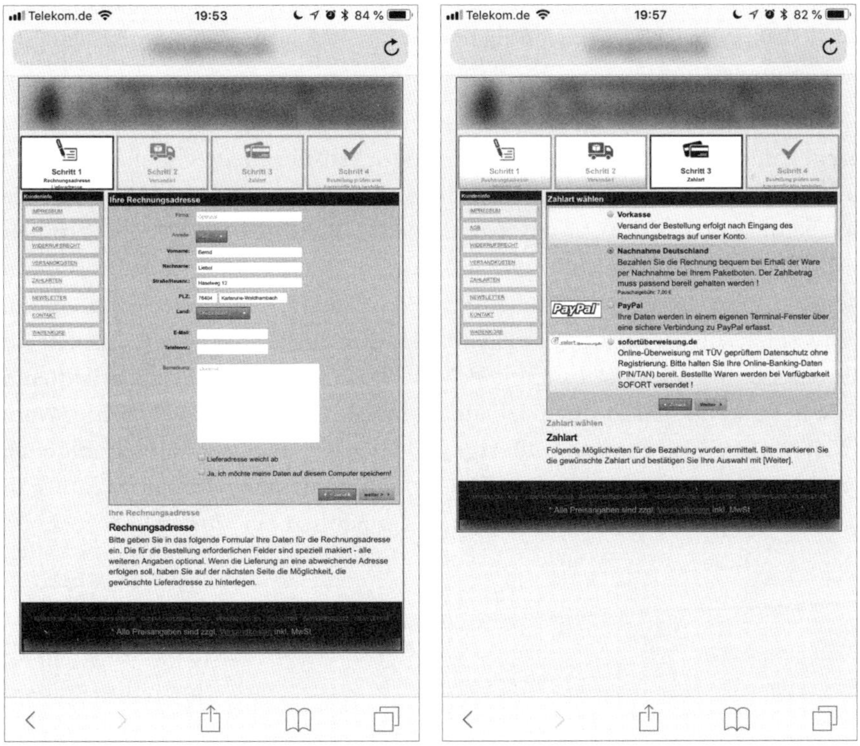

Abbildung 14.2 Check-out-Formular ohne responsives Webdesign

14.2 Einfaches Check-out mit der Payment Request API

Die oben genannten Probleme möchte die Payment Request API lösen. Bei dieser Webschnittstelle gibt es einige Grundgedanken:

1. Sie möchte die zentrale Anlaufstelle sein, um Zahlungen vom Anwender anzufordern.
2. Die Schnittstelle informiert die Website bei Änderung der Adresse, um die Versandkosten neu zu berechnen (für Inselzuschläge und Ähnliches).
3. Der Webbrowser stellt eine konsistente Benutzeroberfläche für sämtliche Websites, Onlineshops oder Progressive Web Apps dar, die die ausgewählten Positionen (wie Artikel oder Versandkosten) anzeigt und notwendigen Daten entgegennimmt.
4. Der Webbrowser kann den Namen, Kontaktdaten, Adresse und Zahlungsinformationen des Anwenders vorausfüllen und speichern.

In vielen Fällen dürfte der Plattformbetreiber, Google, Apple oder Microsoft, diese Informationen ohnehin bereits kennen: Oftmals ist der Anwender mit seinem Google-Konto, seiner Apple-ID oder seinem Microsoft-Account beim Webbrowser oder beim Betriebssystem angemeldet. Bei der Registrierung wird oftmals schon die Anschrift des Anwenders abgefragt. Hat der Anwender zuvor im App Store der jeweiligen Plattform eingekauft, stehen die Chancen recht gut, dass auch die Zahlungsinformationen schon beim Plattformanbieter hinterlegt sind.

Bei der Payment Request API gibt es drei Beteiligte: den Webbrowser, die Website sowie einen Zahlungsdienstleister. Die Website meldet die abzurechnenden Artikel an den Webbrowser. Dieser öffnet die Benutzeroberfläche. Abbildung 14.3 zeigt das am Beispiel einer von Google Chrome ausgeführten Desktop-PWA. Der Webbrowser füllt den Dialog mit bereits bekannten Daten vor, nimmt die zur Zahlung erforderlichen Informationen entgegen und teilt sie der Website mit (im Klartext oder als Token). Es ist explizit nicht Aufgabe der Payment Request API, die Zahlung tatsächlich auszuführen. Das muss der Websiteentwickler selbst tun, indem er die erhaltenen Daten an sein Backend schickt und dort auf einen Zahlungsdienstleister seiner Wahl zurückgreift. Im Backend kann somit festgestellt werden, ob die Zahlung erfolgreich war oder nicht. Im Erfolgsfall können dann die Waren versandt oder das Feature in der Webanwendung freigeschaltet werden, das der Benutzer erworben hat.

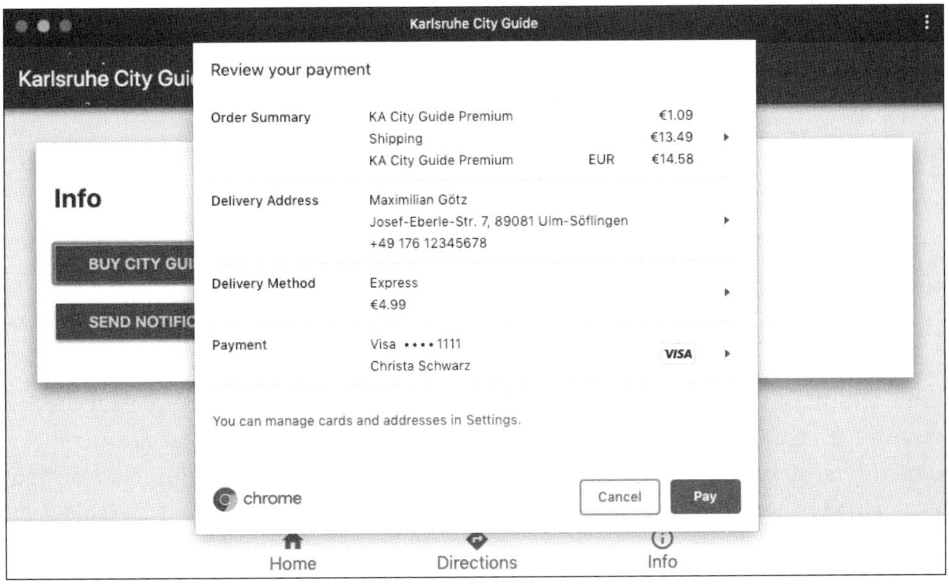

Abbildung 14.3 UI der Payment Request API in einer Desktop-PWA

Die Payment Request API ist eine verhältnismäßig neue Schnittstelle. Zum Zeitpunkt des Verfassens dieses Buchs steht sie in fast allen modernen Ausgaben der vier großen Webbrowser zur Verfügung, wie Tabelle 14.1 zeigt.

Google Chrome	Microsoft Edge	Mozilla Firefox	Apple Safari
61	15	(in Entwicklung)	11.1

Tabelle 14.1 Browserunterstützung für dedizierte Web Worker

Bei Safari gibt es allerdings eine deutliche Einschränkung, auf die ich noch zurückkomme. Für Mozilla Firefox wird die Schnittstelle bei Drucklegung gerade implementiert, im Microsoft Internet Explorer wird sie vermutlich nie zur Verfügung stehen. Außerdem benötigt die Payment Request API aktives JavaScript. Nicht alle Zahlungsmethoden sind in jedem Webbrowser, auf jedem Gerät und in jedem Land verfügbar. Weiterhin setzt die Payment Request API zwingend eine gesicherte Verbindung über HTTPS voraus, in diesem Fall gibt es auch keine Ausnahme für *localhost*. Wie Sie sehen, gibt es also einige Hinderungsgründe, die Payment Request API einzusetzen. In den genannten Fällen müssen Sie getreu dem Prinzip des Progressive Enhancement aus Abschnitt 3.1, »Voranschreiten mit Progressive Enhancement«, aber auch in Ihrem wirtschaftlichen Interesse, im Fall der Payment Request API immer einen Fallback anbieten, und das bedeutet dann doch wieder ein ganz klassisches Check-out-Formular, das zwar deutlich weniger komfortabel sein mag, aber wenigstens funktioniert. Auch in diesem Fall hilft wieder die Feature Detection, wie in Listing 14.1 zu sehen.

```
if ('PaymentRequest' in window) {
    // use it...
} else {
    // navigate to classic checkout form
    window.location.href = 'https://example.com/checkout';
}
```

Listing 14.1 Verfügbarkeit der Payment Request API prüfen

Eine Zahlungsanforderung (Typ *PaymentRequest*) setzt sich aus drei Bestandteilen zusammen, die ich Ihnen in den folgenden Abschnitten genauer vorstelle. Dort werden unterstützte Zahlungsmethoden, Zahlungsdetails sowie ein optionales Konfigurationsobjekt spezifiziert. Die Verwendung des `PaymentRequest()`-Konstruktors zeigt Listing 14.2.

```
const request = new PaymentRequest(methodData, details, options);
```

Listing 14.2 Neue Zahlungsanforderung erzeugen

14.2.1 Zahlungsmethode

Der erste Parameter nimmt eine Liste von Zahlungsmethoden entgegen. Der Websitebetreiber kann also definieren, dass er eine oder mehrere Zahlungsmethoden unterstützen möchte. Welche Methoden von einem Webbrowser unterstützt werden müssen, gibt die Payment Request API allerdings nicht vor, stattdessen werden die Zahlungsmethoden in separaten Spezifikationen standardisiert. Den Browserherstellern steht es offen, welche Methoden sie implementieren. Im weiteren Verlauf dieses Kapitels stelle ich vor, wie die Zahlungsmethoden Basic Card, Google Pay und Apple Pay in Kombination mit der Payment Request API eingesetzt werden und in welchen Webbrowsern sie jeweils funktionieren. In den folgenden Abschnitten sehen Sie die Zahlung mithilfe von Kreditkartendaten.

14.2.2 Zahlungsdetails

Im zweiten Parameter werden die Zahlungsdetails übergeben. Das sieht zum Beispiel so aus:

```
{
    displayItems: [{
        label: 'PWA - Das Praxisbuch',
        amount: { currency: 'EUR', value: '46.64' }
```

```
    }, {
        label: '7% MwSt.',
        amount: { currency: 'EUR', value: '3.26' }
    }],
    total: {
        label: 'Summe',
        amount: { currency: 'EUR', value: '49.90' }
    },
    shippingOptions: [{
        id: 'normal',
        label: 'Normalversand',
        amount: { currency: 'EUR', value: '0.00' },
        selected: true
    }, {
        id: 'express',
        label: 'Expressversand',
        amount: { currency: 'EUR', value: '4.95' }
    }]
}
```


Listing 14.3 Definition von Zahlungsdetails

Das Objekt kann unter anderem die folgenden drei Eigenschaften enthalten:

1. `displayItems`: Hier werden alle Positionen definiert, die später in der Übersicht angezeigt werden sollen. Eine Position besteht aus einer Bezeichnung (`label`) und einem Betrag (`amount`). Der Betrag wird wiederum durch ein Objekt repräsentiert, in dem Wert (`value`) und Währung (`currency`) angegeben werden. Darüber hinaus kann die boolesche Eigenschaft `pending` auf eine Position gesetzt werden, wenn ihr Wert etwa von der Versandart abhängt. Es obliegt dem Webbrowser, diese Position in diesem Fall besonders hervorzuheben.
2. `total`: In dieser zwingend erforderlichen Eigenschaft wird eine einzelne Position definiert, die die Ergebniszeile darstellt. Auch hier müssen eine Bezeichnung und ein Betrag angegeben werden. Wichtig anzumerken ist dabei, dass der Webbrowser die Positionen nicht automatisch aufaddiert. Es liegt in der Verantwortung des Entwicklers, die Summe zu berechnen und bei Veränderung der Positionen zu aktualisieren, etwa bei Änderung der Portokosten bei geänderter Versandadresse.
3. `shippingOptions`: Hier können verschiedene Versandarten definiert werden. Eine Versandart besteht wieder aus einer Bezeichnung und einem Betrag, außerdem muss ein eindeutiger Bezeichner festgelegt werden. Bei dem Eintrag, der standardmäßig in der Benutzeroberfläche ausgewählt werden soll, wird die Eigenschaft `selected` auf `true` gesetzt. Der Entwickler muss dafür Sorge tragen, dass der Preis der ausgewählten Versandoption direkt in `total` eingerechnet wird.

Weiterhin können für die Zahlungsanforderung noch ein eindeutiger Bezeichner sowie Modifikatoren (`modifiers`) definiert werden. Letztere greifen dann, wenn eine bestimmte Zahlungsmethode ausgewählt wurde. In diesem Fall können der Auflistung zusätzliche Positionen hinzugefügt werden, zum Beispiel Zahlungsmittelentgelte oder auch Rabatte bei Auswahl einer bestimmten Zahlungsmethode.

14.2.3 Optionen

Schließlich kann noch ein Konfigurationsobjekt übergeben werden. In diesem Objekt kann der Entwickler angeben, welche Käuferdaten er erhalten möchte. Der Webbrowser passt die Darstellung der Benutzeroberfläche entsprechend an. Sind dem Webbrowser die Daten schon bekannt, kann er die Felder automatisch vorbelegen.

```
{
    requestPayerName: true,
    requestPayerEmail: true,
    requestPayerPhone: true,
    requestShipping: true,
    shippingType: 'shipping'
}
```

Listing 14.4 Mit dieser Einstellung werden sämtliche Käuferdaten angefordert.

Abfragbare Daten sind der Name des Käufers (`requestPayerName`), seine E-Mail-Adresse (`requestPayerEmail`), seine Handynummer (`requestPayerPhone`) und die Versandadresse (`requestPayerShipping`). Für den Verkauf digitaler Güter wird möglicherweise nur die E-Mail-Adresse benötigt, wohingegen bei einem Warenversand Name und Versandadresse gewünscht sind. Weiterhin kann der Versandtyp (`shippingType`) angegeben werden: Nicht in jedem Kontext ist der Terminus »Versand« korrekt. Bei einem Pizzalieferdienst würde man eher von »Lieferung« sprechen, und wenn ein Logistikunternehmen ein Paket bei Ihnen zu Hause abholt, eher von »Abholung«. Aus diesem Grund kann bei dieser Eigenschaft zwischen den Versandtypen *Versand* (`shipping`, Standard), *Lieferung* (`delivery`) und *Abholung* (`pickup`) gewählt werden.

14.3 Ablauf einer Zahlungsanforderung

Wurde die Zahlungsanforderung korrekt zusammengesetzt, kann nun die Benutzeroberfläche zur Eingabe der Daten und Bestätigung der Zahlung angezeigt werden.

14.3.1 Prüfung und Anzeige der Zahlungsanforderung

Zuvor sollte der Entwickler jedoch prüfen, ob mithilfe der angegebenen Zahlungsanforderung überhaupt eine Zahlung über die Payment Request API getätigt werden kann. Dazu steht die Methode `canMakePayment()` auf der Instanz der Zahlungsanforderung zur Verfügung. Der Aufruf dieser Methode gibt ein Promise zurück, das erfolgreich aufgelöst wird, wenn der Webbrowser Zahlungen über mindestens eine der angegebenen Zahlungsmethoden abwickeln kann. Wird keine der angegebenen Methoden unterstützt, wird das Promise abgewiesen. In diesem Fall müssen Sie dann wieder auf einen Fallback zurückgreifen:

```
request.canMakePayment()
    .then(/* UI für die Zahlungsanforderung anzeigen */)
    .catch(() => window.location.href = 'https://example.com/checkout');
```

Listing 14.5 Prüfung, ob der Webbrowser Zahlungen für diese Anforderung abwickeln kann

Die Benutzeroberfläche für die Zahlungsanforderung wird angezeigt, wenn der Entwickler die Methode `show()` auf der Instanz der Anforderung aufruft, sofern der Webbrowser eine Zahlung für die Anforderung abwickeln kann. Abbildung 14.4 zeigt die Darstellung der Benutzeroberfläche in Microsoft Edge.

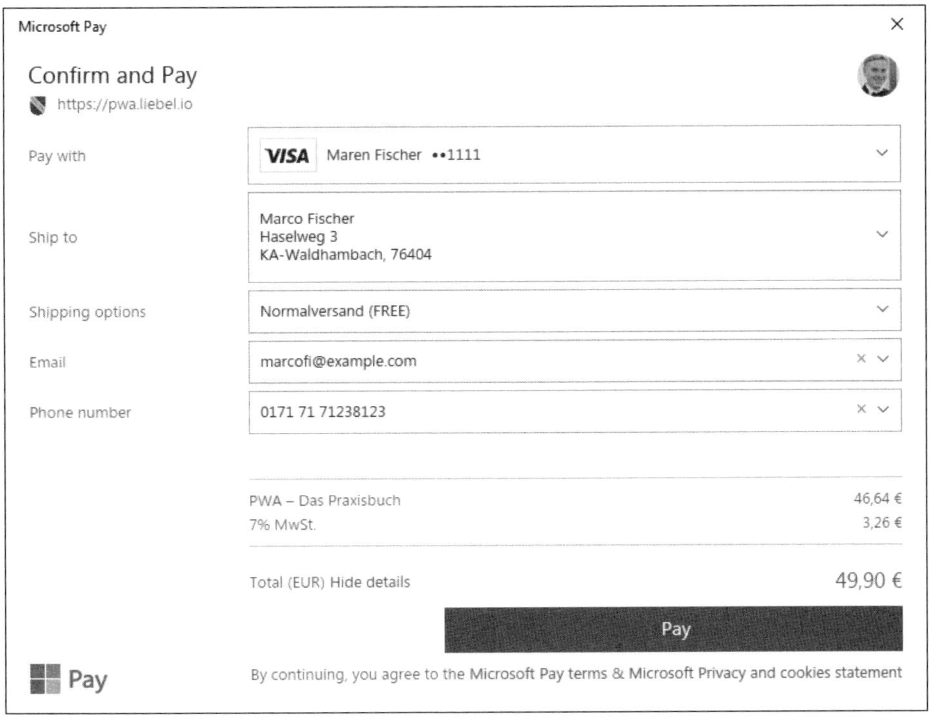

Abbildung 14.4 Benutzeroberfläche zur Zahlungsanforderung in Microsoft Edge

Um eine missbräuchliche Verwendung dieser Schnittstelle zu verhindern, kann der Aufruf lediglich als Ergebnis einer Benutzeraktion geschehen, etwa wenn der Benutzer zuvor auf eine Schaltfläche geklickt oder eine Taste gedrückt hat. Außerdem zeigt der Webbrowser zur selben Zeit höchstens eine Zahlungsanforderung an. Auch der Aufruf der Methode `show()` liefert ein Promise zurück: Dieses liefert die angeforderten Daten zurück, wenn sie erfolgreich gesammelt werden konnten. Bricht der Anwender den Vorgang ab, wird das Promise abgelehnt. Darüber hinaus kann auch die Webanwendung den Zahlungsvorgang abbrechen, etwa wenn der letzte Artikel einer Ware verkauft wurde oder es sich um ein zeitlich begrenztes Angebot handelte. In diesem Fall wird die Methode `abort()` aufgerufen.

14.3.2 Auf Änderungen reagieren

Auf der Benutzeroberfläche kann der Anwender durch die Auswahl einer anderen Versandadresse, Versandart oder Zahlungsmethode Änderungen vornehmen, die zur Änderung der Positionen und des Gesamtpreises führen. Um auf diese Änderungen zu reagieren, stehen auf der Instanz der Zahlungsanforderung verschiedene Ereignisse zur Verfügung: `shippingaddresschange` wird bei Anpassung der Lieferadresse aufgerufen, `shippingoptionchange` bei Änderung der Versandart und `paymentmethodchange` beim Wechsel der Zahlungsmethode. Auf dem Antwortobjekt wird schließlich noch das Ereignis `payerdetailchange` vorgehalten, das bei Änderung der Käuferinformationen ausgelöst wird.

Eine Änderung der Lieferadresse könnte sich beispielsweise auf die Versandkosten auswirken: Möbelstücke werden beispielsweise oft per Spedition geliefert, die im Gegensatz zu Paketdiensten keinen Pauschalpreis anbieten, sondern nach Entfernung abrechnen. Manche Paketdienste erheben für die Lieferung auf Inseln einen Inselzuschlag. In diesem Fall kann für `shippingaddresschange` eine Methode zur Ereignisbehandlung registriert werden.

```
request.addEventListener('shippingoptionchange', event => {
  event.updateWith(getNewDetails(request));
});
```

Listing 14.6 Verwendung des Ereignisses shippingoptionchange

Um die Zahlungsdetails zu aktualisieren, wird die Methode `updateWith()` auf dem Ereignisargument aufgerufen. Dieser Methode werden die vollständigen neu berechneten Zahlungsdetails übergeben. Auch in diesem Fall muss der Entwickler daran denken, alle Positionen einschließlich der Summe zu aktualisieren. Es ist dabei ebenfalls möglich, die Adresse des Käufers an das Backend oder eine andere Webschnittstelle zu übertragen, um die geänderten Versandkosten zu berechnen. In diesem Fall wird der Methode ein Promise übergeben, das die Änderung vom Backend abruft und mit dem neu zusammengesetzten Detailobjekt auflöst. Die Verwendung dieses Ansatzes ist sehr wichtig, da die Benutzeroberfläche nur in diesem Fall in der Zwischenzeit einen Aktivitätsindikator anzeigt. Die Details dürfen also nicht außerhalb der Methode `updateWith()` bezogen werden. Ebenso ist gleichzeitig nur ein Aufruf dieser Methode gestattet. Auf der Benutzeroberfläche sind in dieser Zeit keine weiteren Eingaben zulässig.

Dasselbe Vorgehen trifft auch auf die übrigen Schnittstellen zu. Im Fall des Wechsels der Zahlungsmethode erhält der Entwickler über das Ereignisargument zudem direkten Zugriff auf die neu gewählte Zahlungsmethode (`methodName`) sowie die zugehörigen Details (`methodDetails`), sofern vorhanden.

14.3.3 Abschluss des Verkaufs

Bestätigt der Anwender seine Eingaben auf der Benutzeroberfläche, erhält die Webanwendung Zugriff auf alle Käuferdaten in einem Antwortobjekt. Je nach Zahlungsart erhält die Webanwendung darüber hinaus Zugriff auf weitere Eingaben des Anwenders (zum Beispiel seine Kreditkartennummer) oder ein Token zur Durchführung der Zahlung. Diese Daten schickt die Webanwendung per HTTPS-Request an ihr zugehöriges Backend. Zur Serialisierung des Antwortobjekts steht dort die Hilfsmethode `toJSON()` zur Verfügung. Es kann beispielsweise die folgenden Informationen enthalten:

```
{
  "requestId": "86139fb0-9580-483a-b403-1a0372a8d00d",
  "methodName": "basic-card",
  "details": {
    "billingAddress": { /* gekürzt */ },
    "cardNumber": "4222222222222",
    "cardSecurityCode": "123",
    "cardholderName": "Valentin Meyer",
    "expiryMonth": "02",
    "expiryYear": "2020"
  },
  "shippingAddress": null,
  "shippingOption": null,
  "payerName": "Valentin Meyer",
  "payerEmail": null,
  "payerPhone": null
}
```

Listing 14.7 Beispielantwortobjekt bei Kreditkartenzahlung und ohne Versand

Das Backend kann mit diesen Informationen die Zahlung durchführen, zum Beispiel mithilfe eines Zahlungsdienstleisters (*Payment Service Provider*) wie *Stripe*, *Shopify* oder *Wirecard*. Auf dem Webserver wird manipulationssicher festgestellt, ob die Zahlungsabwicklung erfolgreich war. Das Backend kann dann die Zahlung in der Datenbank vermerken oder den Versand einer Ware auslösen. Den Status der Zahlung übermittelt das Backend wieder an die Webanwendung, die die Benutzeroberfläche schließen oder einen Fehler bei der Durchführung der Zahlung melden kann.

```
request.show()
    .then(response => {
        makePaymentViaServer(response.toJSON())
            .then(() => response.complete('success'))
            .catch(() => response.complete('fail'));
    });
```

Listing 14.8 Anforderung anzeigen, Antwort zum Server schicken, Anforderung schließen

Auf dem Antwortobjekt steht die Methode `retry()` zur Verfügung, mit der der Entwickler Validierungsfehler bei den Käuferdaten, wie Name oder E-Mail-Adresse, an die Benutzeroberfläche melden kann. Zum Schließen der Benutzeroberfläche ruft der Entwickler auf dem Antwortobjekt die Methode `complete()` auf. Wurde die Zahlung erfolgreich durchgeführt, kann er dieser Methode die Zeichenkette `success` übergeben. Ist die Zahlung hingegen fehlgeschlagen, wird `fail` übergeben. Auf beides kann die Benutzeroberfläche hinweisen. Außerdem gibt es den Status `unknown`, der auch angenommen wird, wenn der Entwickler die Methode ohne Argument aufruft. In diesem Fall zeigt der Webbrowser keinen Hinweis an. Abschließend wird die Benutzeroberfläche geschlossen.

14.4 Payment Method: Basic Card

Bislang wurde die Beschreibung der Zahlungsmethoden weitestgehend ausgeklammert. Die konkreten Zahlungsmethoden werden in separaten Spezifikationen verwaltet. So ist die *Payment Method: Basic Card* dazu gedacht, Kreditkarteninformationen des Käufers im Klartext entgegenzunehmen. Zugleich ist diese Zahlungsmethode die einzige, die bislang vom W3C standardisiert wurde. Browserhersteller können jedoch auch weitere, proprietäre Zahlungsmethoden anbieten. Außerdem sollen sich beliebige andere Websites in die Payment Request API einklinken können. Beides zeige ich im weiteren Verlauf dieses Kapitels.

Mithilfe der Basic-Card-Methode können der Name des Karteninhabers, die Kreditkartennummer, das Ablaufdatum (Monat/Jahr) sowie der Sicherheitscode angefordert werden. Außerdem kann die Rechnungsadresse erfasst werden. Unterstützte

Kartentypen sind Kreditkarten, Debitkarten und Prepaid-Kreditkarten, die von unterschiedlichen Gesellschaften ausgegeben werden. Der Entwickler kann dabei angeben, von welchen Kreditkartengesellschaften er Zahlungen entgegennehmen kann und welche Kartentypen zulässig sind. Dies richtet sich oftmals nach dem angebundenen Zahlungsdienstleister.

```
{
    supportedMethods: 'basic-card',
    data: {
        supportedNetworks: ['amex', 'mastercard', 'visa'],
        supportedTypes: ['credit', 'prepaid']
    }
}
```

Listing 14.9 Definition der Zahlungsmethode Basic Card mit Einschränkung auf bestimmte Kartentypen und Kreditkartengesellschaften

Unterstützte Zahlungsmethoden werden bei der Payment Request API in Form einer Auflistung angegeben. Darin sind einzelne Objekte wie oben dargestellt enthalten, die immer aus dem eindeutigen Bezeichner der Methode (`supportedMethods` – kein Schreibfehler, aus historischen Gründen im Plural) sowie einem optionalen weiteren Datenobjekt (`data`) bestehen. Der eindeutige Bezeichner für die Zahlungsmethode Basic Card nennt sich passenderweise `basic-card`. Im obigen Beispiel wird auch ein Datenobjekt übergeben, in dem die zulässigen Kartentypen und unterstützten Kartengesellschaften eingeschränkt werden. So werden nur Karten von American Express, Mastercard und Visa zugelassen (`supportedNetworks`). Die zugehörigen eindeutigen Bezeichner werden separat im Dokument *Card Network Identifiers Approved for use with Payment Request API*[2] des W3C verwaltet. Dort sind derzeit neun Gesellschaften hinterlegt. Außerdem können lediglich Kreditkarten (`credit`) und Prepaid-Kreditkarten (`prepaid`) verwendet werden, aber keine Debitkarten (`debit`). Dies wird durch die Eigenschaft `supportedTypes` definiert. Die Benutzeroberfläche der Payment Request API kann auf diese Einschränkungen reagieren: Hat der Anwender schon Kreditkartendaten im Browser hinterlegt, kann die Benutzeroberfläche nur die zulässigen Kreditkarten anzeigen. Bei der Eingabe neuer Kreditkartendaten kann geprüft werden, ob diese die vom Seitenbetreiber vorgenommenen Einschränkungen erfüllen (siehe Abbildung 14.5 auf der linken Seite). Bei der Zahlungsmethode Basic Card werden die Kreditkartendaten im Klartext mit der jeweiligen Website geteilt. Bevor das geschieht, muss der Anwender den Sicherheitscode für die Kreditkarte eintragen und das Teilen der Kreditkartendaten mit der Website bestätigen, wie Abbildung 14.5 auf der rechten Seite zeigt.

2 *https://www.w3.org/Payments/card-network-ids*

Abbildung 14.5 Benutzeroberfläche der Payment Request API in Google Chrome zum Eintragen neuer Kreditkartendaten (links) sowie zur Abfrage des Sicherheitscodes (rechts)

Nach der Bestätigung erhält der Entwickler im Antwortobjekt Zugriff auf die eingegebenen Kreditkartendaten, wie in Abschnitt 14.3.3, »Abschluss des Verkaufs«, dargestellt. Die Webanwendung schickt diese an das Backend, um dort die Zahlung mithilfe des Zahlungsdienstleisters auszuführen.

Aufgabe: Payment Request API ausprobieren

Damit haben Sie nun alle Informationen zur Hand, um Zahlungen vom Anwender anzufordern. Dies werden Sie nun in einem kleinen Beispiel ausprobieren. Folgen Sie dabei bitte den folgenden Schritten:

- Legen Sie ein neues Verzeichnis *payment-request* an (vorzugsweise neben den bisher erstellten Verzeichnissen).
- Öffnen Sie in Visual Studio Code dieses neue Verzeichnis.
- Legen Sie mit Visual Studio Code zwei neue Dateien an: *index.html* und *payment.js*.
- In der Datei *index.html* geben Sie `html:5` ein und drücken Sie so lange [Tab], bis sich der Cursor innerhalb des `body`-Elements befindet. Geben Sie dort `button` ein und drücken Sie erneut [Tab]. Innerhalb des `button`-Elements können Sie eine beliebige Beschriftung für die Schaltfläche vergeben. Geben Sie in der nächsten Zeile `pre` ein und drücken Sie wieder [Tab]. In der nächsten Zeile geben Sie `script:src` ein und drücken abermals [Tab]. Innerhalb des `src`-Attributs geben Sie dann `payment.js` ein. Der entstehende Code sollte so aussehen:

```
<button>Kaufen!</button>
<pre></pre>
<script src="payment.js"></script>
```

- Wechseln Sie nun zur Datei *payment.js*. Geben Sie dort folgenden Code ein.

```
const methodData = [{ supportedMethods: 'basic-card' }];
const details = {
  displayItems: [{
      label: 'Krokantbecher',
      amount: { currency: 'EUR', value: '4.50' }
  }, {
      label: 'Extra Sahne',
      amount: { currency: 'EUR', value: '0.75' }
  }],
  total: {
      label: 'Summe',
      amount: { currency: 'EUR', value: '5.25' }
  }
};
const options = { requestPayerName: true };
const request = new PaymentRequest(methodData, details, options);

const button = document.querySelector('button');
const output = document.querySelector('pre');

button.onclick = () => {
  request.canMakePayment()
      .then(() => request.show())
      .then(response => {
              output.innerText = JSON.stringify(response, null, 2);
              response.complete('success');
      });
};
```

- Um das Beispiel auszuführen, öffnen Sie das integrierte Terminal von Visual Studio Code und geben `lite-server` ein.
- Daraufhin sollte sich Ihr Webbrowser auf *http://localhost:3000* öffnen (oder mit einer abweichenden Portnummer). Dort ist das Beispiel allerdings nicht lauffähig, da zur Verwendung der Payment Request API auf jeden Fall eine Verbindung über HTTPS vorausgesetzt wird. Das gilt auch für *localhost*. Aus diesem Grund bietet sich an, dieses Beispiel wieder über ngrok auszuprobieren, wo Sie einen öffentlich erreichbaren HTTPS-Endpunkt erhalten. Öffnen Sie daher ein zweites Terminal und geben Sie dort den Pfad zu ngrok ein. Als Argumente übergeben Sie `http` und die Portnummer, unter der das Beispiel ausgeführt wird, standardmäßig `3000`:

  `$ ~/Downloads/ngrok http 3000` (macOS, Linux)

  `%USERPROFILE%\Downloads\ngrok http 3000` (Windows)

- Navigieren Sie anschließend zu dem von ngrok angezeigten HTTPS-Endpunkt in der Form *https://********.ngrok.io*.

Den Quelltext finden Sie in den Beispielquelldateien im Ordner *kapitel14*.

Dort sollten Sie die Schaltfläche mit der gewählten Bezeichnung sehen. Wenn Sie darauf klicken, öffnet sich auf Browsern mit Unterstützung für die Payment Request API und die Zahlungsmethode Basic Card (zur Drucklegung Microsoft Edge und Google Chrome) die Benutzeroberfläche zur Erfassung der Käuferinformationen. Wenn Sie den Dialog bestätigen, werden die erfassten Daten innerhalb der Website angezeigt. Eine Übertragung der Daten findet nicht statt und somit auch keine tatsächliche Abwicklung der Zahlung.

Abbildung 14.6 Beispielanwendung zur Payment Request API und der Zahlungsmethode Basic Card in Microsoft Edge

14.5 Google Pay

Wie eingangs erwähnt, haben Browserhersteller auch die Möglichkeit, proprietäre Zahlungsmethoden zu implementieren. Google macht in der Android-Ausgabe seines Webbrowsers Chrome von dieser Möglichkeit Gebrauch. Innerhalb dieses Browsers steht neben der Zahlungsmethode Basic Card auch Googles eigene Zahlungsmethode *Google Pay* zur Verfügung, hier können Anwender beliebige Kreditkartendaten hinterlegen. Bei diesem Zahlverfahren können die Zahlungsinformationen direkt mit der Website geteilt werden, alternativ ist die Übertragung eines Tokens möglich, mit dessen Hilfe der Entwickler die Zahlung bei einem Dienstleister auslösen kann. Im Gegensatz zur Zahlungsmethode Basic Card ist die Zahlungsmethode

Google Pay deutlich regulierter. So ist zum produktiven Einsatz eine vorherige Registrierung als Händler bei Google erforderlich, und die Implementierung muss von Google abgenommen werden. Zu Testzwecken kann beides entfallen, dann können jedoch keine Zahlungen abgewickelt werden.

Die Payment Request API nimmt ein Array von Zahlungsmethoden entgegen. Daher kann Google Pay als Alternative zu anderen Methoden wie Basic Card angeboten werden, indem die Auflistung erweitert wird:

```
const methodData = [
    { supportedMethods: 'basic-card' },
    { supportedMethods: 'https://google.com/pay', data: /* siehe unten */ }
];
```

Listing 14.10 Definition mehrerer Zahlungsmethoden

Zahlungsmethoden, die ein Webbrowser nicht interpretieren kann, werden schlicht ignoriert. Nicht standardisierte Zahlungsmethoden wie Google Pay verwenden eine benutzerdefinierte HTTPS-URL als eindeutigen Bezeichner. Für Google Pay lautet sie *https://google.com/pay*. Im Gegensatz zur Zahlungsmethode Basic Card muss bei Google Pay das Datenobjekt `data` unbedingt angegeben werden, weil darüber unter anderem die Verknüpfung zum Händlerkonto bei Google hergestellt wird. Unter Verwendung der Testumgebung kann dieses Datenobjekt wie folgt aussehen:


```
{
    supportedMethods: 'https://google.com/pay',
    data: {
        apiVersion: 1,
        environment: 'TEST',
        // merchantId ist nur bei PRODUCTION erforderlich
        merchantId: '01234567890123456789',
        paymentMethodTokenizationParameters: {
            tokenizationType: 'DIRECT',
            parameters: {
                publicKey: /* ausgelassen */
            }
        },
        allowedPaymentMethods: ['CARD', 'TOKENIZED_CARD'],
        cardRequirements: {
            allowedCardNetworks: ['AMEX', 'MASTERCARD', 'VISA']
        }
    }
}
```

Listing 14.11 Datenobjekt für die Zahlungsmethode Google Pay

Google Pay kann im Webbrowser grundsätzlich auch ohne Payment Request API verwendet werden. Dazu stellt Google eine JavaScript-Bibliothek zur Verfügung. Die Payment Request API bietet einen alternativen Weg, auf Google Pay zuzugreifen. Insofern entsprechen die im Datenobjekt definierten Werte der Google Pay API, die in der zugehörigen Dokumentation nachgeschlagen werden können. In diesem Datenobjekt wird zunächst die Version der Google Pay API (`apiVersion`) angegeben, derzeit `1`. Mit der Eigenschaft `environment` wird die Umgebung definiert: Bei Verwendung der Umgebung `TEST` erhält der Entwickler zwar keine Tokens, mit denen Zahlungen abgewickelt werden können, die Übertragung der Käuferdaten und die korrekte Integration von Google Pay kann damit jedoch getestet werden. Vor der Veröffentlichung muss der Entwickler auf die Umgebung `PRODUCTION` wechseln. Dazu muss der Entwickler jedoch bestimmte Bedingungen erfüllen und die Freischaltung erst bei Google beantragen. Zu den Bedingungen zählt unter anderem, dass die über Google Pay vermittelten Daten ausschließlich zur Zahlungsabwicklung genutzt und die im Client zugelassenen Karten vom Zahlungsdienstleister auch wirklich akzeptiert werden. Wenn Google feststellt, dass alle Bedingungen erfolgreich umgesetzt werden, kann auf die produktive Umgebung gewechselt werden. In diesem Fall muss der Entwickler noch seine Händler-ID (`merchantId`) im Konfigurationsobjekt setzen.

Die nächste Eigenschaft `paymentMethodTokenizationParameters` gibt an, in welcher Form der Entwickler die Informationen zur Abrechnung erhalten möchte. Dabei kann er zwischen zwei Tokentypen (`tokenizationType`) wählen: Zum einen ist das `DIRECT`, bei dem der Entwickler direkten Zugriff auf die eingegebenen Zahlungsinformationen enthält. Diese werden jedoch von Google Pay verschlüsselt an das Backend des Servers übertragen, weswegen der Entwickler den öffentlichen Schlüssel seines Backends in der Konfiguration eintragen muss (`publicKey` in `parameters`). Auf dem Backend kann er die Zahlungsinformationen mit seinem privaten Schlüssel entweder selbst entschlüsseln oder das Token vom Zahlungsdienstleister verarbeiten lassen. Zur Unterstützung bei der Entschlüsselung stellt Google die Bibliothek *Tink* für Java, Objective-C und C++ zur Verfügung, Varianten für JavaScript und Go sollen folgen. Bei diesem Tokentyp muss der öffentliche Schlüssel des Backends jedoch jährlich erneuert werden, und außerdem muss die Konformität mit dem *Payment Card Industry Data Security Standard* (PCI DSS) nachgewiesen werden. Aus diesen Gründen wird die zweite Variante interessant, deren eindeutiger Bezeichner `PAYMENT_GATEWAY` lautet. In diesem Fall vermittelt Google Pay die Zahlungsinformationen direkt mit einem von Google unterstützten Zahlungsdienstleister wie *Braintree* oder *Vantiv*. Die Anwendung erhält in diesem Fall ein Token des Zahlungsdienstleisters. Mithilfe des Tokens nimmt das Backend Kontakt zu diesem auf und löst die Zahlung aus. Bei Verwendung dieser Methode muss im `parameters`-Objekt der eindeutige Bezeichner des unterstützten Zahlungsdienstleisters (`gateway`) angegeben werden, darüber hinaus abhängig vom gewählten Zahlungsdienstleister weitere Angaben zur Konfiguration.

Google Pay unterstützt zwei verschiedene interne Zahlungsmethoden (allowedPaymentMethods): Bei der Methode CARD werden die Kreditkartendaten wie bei Basic Card im Klartext geteilt. Darüber hinaus steht die Methode TOKENIZED_CARD zur Verfügung. Hier wird die Kreditkarte durch ein von der Bank ausgestelltes Token repräsentiert. Der Entwickler kann wählen, welche Ansätze er bei der Verwendung mit Google Pay auf seiner Website unterstützen möchte. Mithilfe der Eigenschaft cardRequirements besteht auch bei Google Pay die Möglichkeit, die unterstützten Karten einzuschränken: allowedCardNetworks grenzt dabei die erlaubten Kreditkartengesellschaften ein.

```
{
  "requestId": "1ac70542-2da8-433f-9447-c11441ff2548",
  "methodName": "https://google.com/pay",
  "details": {
    "cardInfo": {
      "cardNetwork": "VISA",
      "cardDetails": "1111",
      "cardImageUri": "https://lh6.ggpht.com/…",
      "cardDescription": "Visa••••1111",
      "cardClass": "CREDIT"
    },
    "paymentMethodToken": {
      "tokenizationType": "DIRECT",
      "token": "{\"signature\":\"…\",\"protocolVersion\":\"ECv1\",\
"signedMessage\":\"…\"}"
    }
  }, /* ausgelassen */
}
```

Listing 14.12 Antwort der Payment Request API für die Zahlungsmethode Google Pay

Hier zeigt sich ein weiterer Vorteil der Payment Request API: Denn das Hinzufügen des oben gezeigten Zahlungsmethodenobjekts genügt, um Google Pay als Zahlungsmethode auf dem Client zu unterstützen. Ist auch die Zahlungsmethode Basic Card hinterlegt, wird in der Benutzeroberfläche der Payment Request API unter Google Chrome auf Android eine Auswahl der gewünschten Zahlungsmethoden angeboten. Entscheidet sich der Anwender für Google Pay, öffnet sich dessen Abrechnungsfenster, wie Abbildung 14.7 zeigt. Hier können bereits hinterlegte Kreditkarten ausgewählt oder neue Karten hinzugefügt werden. Nach Eingabe des korrekten Sicherheitscodes erhält die Anwendung Zugriff auf die von Google Pay übermittelten Informationen. Darin sind Informationen zur verwendeten Kreditkarte enthalten (cardInfo), darunter der Name der Karte, der Typ (cardClass, hier eine Kreditkarte) und die ausstellende Gesellschaft (cardNetwork). Außerdem erhält die Anwendung Zugriff auf das Token zur Abrechnung (paymentMethodToken) für den angeforderten

Typ, der mit dem Backend geteilt und von diesem über den Zahlungsdienstleister abgerechnet werden kann. Dazu muss die Backend-Implementierung je nach Zahlungsdienstleister und gewähltem Tokentyp erweitert werden.

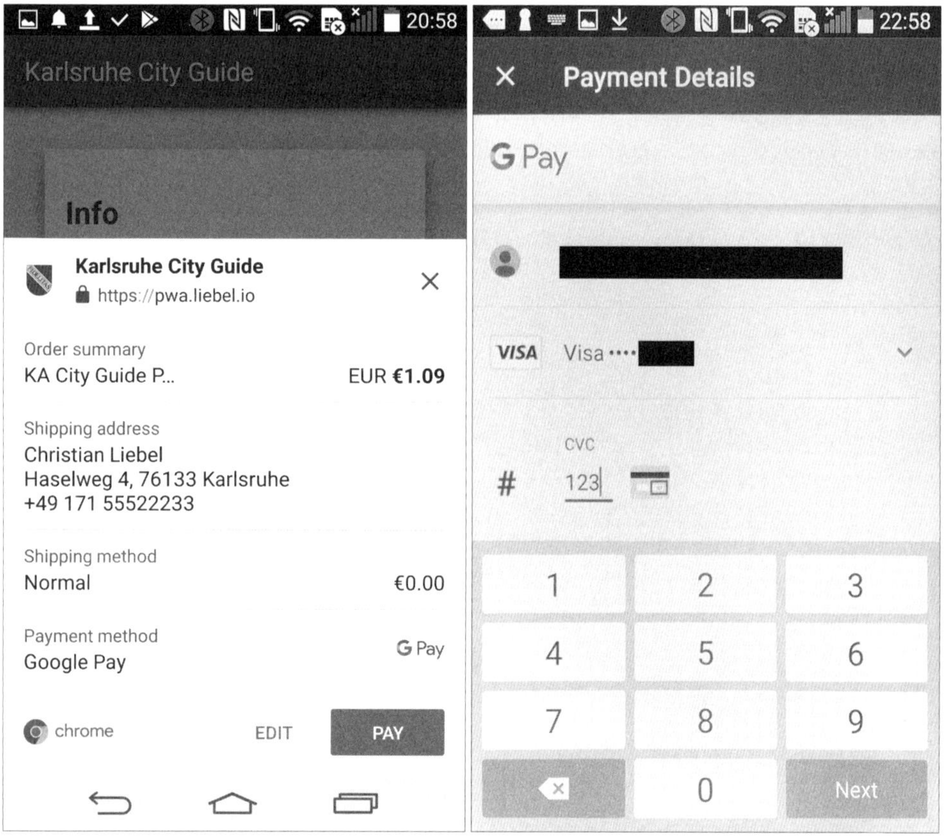

Abbildung 14.7 Benutzeroberfläche der Payment Request API unter Google Chrome auf Android (links) und Abrechnung über Google Pay (rechts)

14.6 Apple Pay

Lange Zeit war man sich unsicher, ob sich Apple der Progressive-Web-App-Mission anschließen würde. Überraschend begann Apple als letzter der großen Browserhersteller mit der Implementierung der Service-Worker-Schnittstellen und somit dem Herzstück der Progressive Web Apps. Mit Safari 11.1 hielten jedoch nicht nur die Service Worker Einzug in iOS 11.3 und macOS 10.13.4, sondern im selben Release auch die Payment Request API. Im Gegensatz zu den anderen Browserherstellern ist bei der Payment Request API in Safari jedoch nur eine einzige proprietäre Zahlungsmethode erlaubt: *Apple Pay*. Bei Progressive Web Apps kann Apple zwar keine 30 Prozent Anteil mehr einbehalten, doch sichert sich das Unternehmen auf diese Weise Transaktionsgebühren, die es mit den Kreditinstituten abrechnet. Um Apple Pay auf einer Website oder in einer Progressive Web App einzusetzen, muss der Websitebetreiber aber Mitglied des Apple-Entwicklerprogramms sein. In Deutschland und Österreich zeichnet sich bei Drucklegung ein baldiger Start von Apple Pay ab (in Deutschland soll das Bezahlverfahren schon Ende 2018 verfügbar sein), in einigen anderen europäischen, amerikanischen und asiatischen Ländern steht Apple Pay schon länger zur Verfügung. Der Anwender benötigt zur Verwendung des Verfahrens eine Kreditkarte bei einer Bank, die Apple Pay unterstützt.

14.6.1 Konfiguration des Zahlungsmethodenobjekts

```
{
    supportedMethods: 'https://apple.com/apple-pay',
    data: {
        version: 3,
        countryCode: 'DE',
        supportedNetworks: ['amex', 'visa', 'mastercard'],
        merchantIdentifier: 'merchant.org.liebel.pwa',
        merchantCapabilities: [
'supports3DS', 'supportsDebit', 'supportsCredit']
    }
}
```

Listing 14.13 Zahlungsmethodenobjekt für Apple Pay

Auch zur Unterstützung von Apple Pay wird ein weiteres Objekt in die Liste unterstützter Zahlungsmethoden aufgenommen. Der eindeutige Bezeichner für Apple Pay lautet `https://apple.com/apple-pay`. Das zugehörige Datenobjekt zur Konfiguration der Zahlungsmethode (`data`) enthält wieder einige Eigenschaften, die Sie teilweise schon von Basic Card und Google Pay kennen. So muss die Version der Apple-Pay-Schnittstelle angegeben werden (`version`). Apple inkrementiert die Versionsnummer immer dann, wenn Änderungen eingeführt werden, die nicht abwärtskompatibel zu früheren Ausgaben von Safari sind. Bei Drucklegung liegt Apple Pay in Version 3 vor. In dieser Version wird Safari 11 in Kombination mit iOS 11 oder macOS 10.13 (oder jeweils höher) benötigt. Weiterhin muss der zweibuchstabige ISO-3166-Ländercode des Händlers angegeben werden (`currencyCode`). Auch eine Angabe der unterstützten Kreditkartengesellschaften ist hier wieder möglich (`supportedNetworks`). Weiterhin muss der eindeutige Bezeichner des Händlers eingetragen werden, der bei Apple dem Reverse-Domain-Stil folgt. Diesen kann der Entwickler im Apple-Developer-Portal unter *https://developer.apple.com/account/* im Bereich CERTIFICATES, IDENTIFIERS & PROFILES registrieren, und zwar über den Menüeintrag MERCHANT IDs aus der Seitenleiste ❶ und das Plussymbol oben rechts ❷. In das Feld MERCHANT ID

DESCRIPTION ❸ kann eine Beschreibung eingetragen werden, der gewünschte eindeutige Bezeichner wird im Feld IDENTIFIER ❹ hinterlegt. Abschließend klickt der Entwickler auf die Schaltfläche CONTINUE ❺ und muss die Eingaben auf einer Zusammenfassungsseite noch einmal bestätigen.

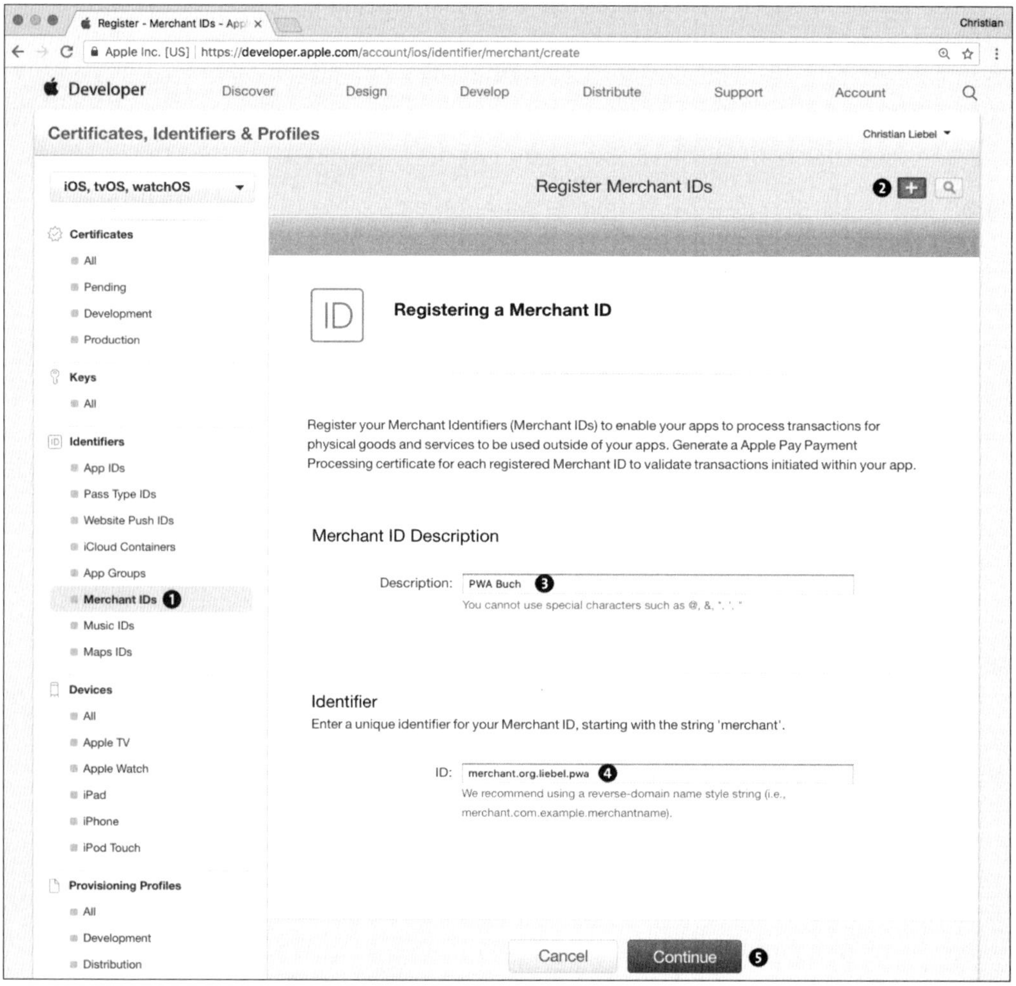

Abbildung 14.8 Registrierung der Händler-ID im Apple-Developer-Portal

Im Feld `merchantCapabilitites` wird angegeben, welche Abrechnungsarten der Entwickler unterstützt. In der Auflistung muss der Wert `supports3DS` zwingend gesetzt werden. Dieser Wert gibt an, dass der Entwickler oder sein Zahlungsdienstleister eine Abwicklung über das *3D-Secure*-Protokoll unterstützt. Mithilfe der Angabe `supportsCredit` werden lediglich Kreditkarten angenommen, `supportsDebit` bewirkt das Gleiche für Debitkarten. Werden wie in diesem Beispiel beide Einträge gesetzt oder fehlen sie, können beide Kartentypen eingesetzt werden. Mit dieser Konfiguration würde sich das Apple-Pay-Bezahlfenster auf unterstützten Geräten mit aktiviertem Apple Pay schon öffnen, es zeigt jedoch nur den Status *Processing* an. Auch Apple Pay ist besonders reglementiert. So muss der Entwickler zuvor noch weitere Schritte erledigen.

14.6.2 Extraschritt: Validierung des Händlers

```
request.addEventListener('merchantvalidation', evt => fetch('https://
myshopbackend.invalid/validate', {
        method: 'POST',
        body: evt.validationURL
    })
       .then(res => res.json())
       .then(res => evt.complete(res)));
```

Listing 14.14 Behandlung des Ereignisses merchantvalidation

Anders als bei den Zahlungsmethoden Basic Card und Google Pay ist das Hinzufügen des Objekts zur Liste der unterstützten Methoden jedoch nicht ausreichend. Bei Apple Pay wird die Zahlungsanforderung durch ein herstellerspezifisches Ereignis erweitert: `merchantvalidation`. Dieses Ereignis fordert die Website auf, sich und sein Backend bei einem angegebenen Apple-Pay-Endpunkt zu authentifizieren. Der aufzurufende Endpunkt wird auf der Eigenschaft `validationURL` auf dem Ereignisargument zur Verfügung gestellt. Diesen Endpunkt muss die Anwendung an ihr Backend weiterschicken. Der Endpunkt wird durch Clientauthentifizierung geschützt. Dabei weist sich nicht nur der Server mit einem TLS-Zertifikat aus, sondern auch der Client. Um das Clientzertifikat zu erhalten, wechselt der Entwickler zurück in das Apple Developer Portal. In IDENTIFIERS • MERCHANT IDs muss der zuvor angelegte eindeutige Bezeichner ausgewählt werden. Dann klickt der Entwickler auf die Schaltfläche EDIT. Im Bereich APPLE PAY PAYMENT PROCESSING ON THE WEB findet sich die Schaltfläche CREATE CERTIFICATE. Der dort hinterlegte Assistent führt durch die verschiedenen Schritte: Das Zertifikat wird für eine bestimmte Händler-ID erzeugt. In der Auswahlliste ist die zuvor angelegte ID auszuwählen. Dann muss ein Certificate Signing Request mithilfe des macOS-Hilfsprogramms Keychain Access generiert werden. Bei diesem Verfahren werden einige Eigenschaften für das auszustellende Zertifikat definiert. Im selben Zug wird der private Schlüssel für das spätere Zertifikat generiert. Anschließend wird der CSR hochgeladen, und der Entwickler erhält das TLS-Zertifikat zur Clientauthentifizierung zum Download. Weiterhin müssen eine oder mehrere Domains zur Händler-ID hinzugefügt werden. Dies geschieht wieder im Abschnitt APPLE PAY PAYMENT PROCESSING ON THE WEB bei der zugehörigen Händler-ID im Abschnitt MERCHANT DOMAINS. Dort wird ein vollqualifizierter Domainname eingetragen, unter dem die Webanwendung ausgeführt werden soll. Der Entwickler erhält eine Textdatei zum Download, die auf dem Webserver unter folgender Adresse platziert werden muss: *https://example.com/.well-known/apple-developer-merchant-id-domain-association.txt*.

Die Datei muss an dieser Stelle verbleiben, da Apple regelmäßig die korrekte Zuordnung von Händler-ID zu Domainname überprüft. Sind diese Voraussetzungen erfüllt, kann das Backend nun eine Verbindung zu den Apple-Pay-Servern zum Zweck der Händlervalidierung aufnehmen. Dazu schickt das Backend ein Objekt mit den folgenden Eigenschaften an den übergebenen Endpunkt:

```
{
    "merchantIdentifier": "merchant.org.liebel.pwa",
    "domainName": "pwa.liebel.io",
    "displayName": "PWA Book"
}
```

Listing 14.15 Serverseitige Händlervalidierung

Die Eigenschaft `merchantIdentifier` entspricht der zuvor vergebenen Händler-ID, `domainname` dem Domainnamen, unter dem die Anwendung ausgeführt wird, und `displayName` dem Anzeigenamen der Website. Damit wird eine Apple-Pay-Sitzung angefordert. Die Antwort des Servers, das Sitzungsobjekt, wird an die Webanwendung zurück übermittelt. Diese ruft mit dem Sitzungsobjekt die Methode `complete()` auf dem Argument des `merchantvalidation`-Ereignisses auf. Ist alles korrekt konfiguriert, wechselt der Status der Benutzeroberfläche der Payment Request API von PROCESSING bei Geräten mit Touch ID auf die Anzeige PAY WITH TOUCH ID. Per Fingerabdruck wird die Zahlung dann autorisiert. Auf Geräten mit Face ID wird die Zahlung mit dem doppelten Drücken der Seitentaste und Face ID bestätigt. Unter macOS wird eine verbundene Apple Watch oder ein verbundenes iPhone zur Bestätigung herangezogen. Schließlich wird das Antwortobjekt wie bisher mit der Website geteilt.

Eine in Node.js geschriebene minimale Beispielimplementierung für den Validierungsteil des Backends finden Sie im Beispielquelltext im Ordner *kapitel14/applepay*. Exportieren Sie Ihr Merchant-Identity-Zertifikat unter dem Namen *merchant_id.pem* einschließlich seines privaten Schlüssels (*key.pem*) in dieses Verzeichnis und passen Sie die Angaben in den Zeilen 19 bis 21 der Datei *server.js* wie oben angemerkt an. Führen Sie anschließend auf der Konsole zuerst den Befehl `npm i` aus, dann `npm start`. Dadurch werden zunächst die Paketabhängigkeiten installiert, danach wird das Demo-Backend ausgeführt.

14.6.3 Antwortobjekt auswerten

Das Antwortobjekt kann von der Website dann wieder an das Backend geschickt werden. Bei Apple Pay sieht das wie folgt aus:

```
{
  "requestId": "71d37261-7996-4eef-b115-b0bd3a83d961",
  "methodName": "https://apple.com/apple-pay",
  "details": {
    "shippingContact": { /* ausgelassen */ },
    "token": {
      "paymentData": {
        "version": "EC_v1",
        "data": "...",
        "signature": "...",
        "header": {
          "ephemeralPublicKey": "...",
          "publicKeyHash": "...",
          "transactionId": "88621460a2c30c85fc590...52be7be74ba140df777d"
        }
      },
      "paymentMethod": {
        "displayName": "MasterCard 1111",
        "network": "MasterCard",
        "type": "debit"
      },
      "transactionIdentifier": "88621460A2C30C85FC590...52BE7BE74BA140DF777D"
    }
  }, /* ausgelassen */
}
```

Listing 14.16 Antwortobjekt für die Zahlungsmethode Apple Pay

Das `details`-Objekt enthält bei Apple Pay die Lieferadresse (`shippingContact`), sofern ausgewählt, sowie das Token (`token`), das zur Zahlungsabwicklung an das Backend weitergeleitet werden muss. Das Tokenobjekt besteht aus drei Eigenschaften: `paymentMethod`, ein Objekt, das Informationen zur bei der Transaktion verwendeten Karte bereitstellt, `paymentData`, das die verschlüsselten Zahlungsdaten enthält, und `transactionIdentifier`, der eindeutige Bezeichner der Transaktion. Im Backend kann das Token entschlüsselt werden. Dazu ist jedoch ein weiteres Zertifikat erforderlich. Um dieses anzufordern, wechselt der Entwickler wieder in das Apple-Entwicklerportal. Auf der Detailseite zur Händler-ID kann ein APPLE PAY PAYMENT PROCESSING CERTIFICATE angefordert werden. Der Assistent dort fragt zunächst nach, ob Zahlungen ausschließlich in China durchgeführt werden. In diesem Fall kommt bei Apple Pay ein anderes Verschlüsselungsverfahren zum Einsatz. Die weiteren Schritte gleichen dem weiter oben in Abschnitt 14.6.2 genannten Verfahren. Apple Pay verschlüsselt die Zahlungsinformation mit dem öffentlichen Schlüssel des Payment-Processing-Zertifikats. Der Entwickler kann mithilfe seines privaten Schlüssels die Zahlungsinformationen entschlüsseln oder beides an seinen Zahlungsdienstleister übermitteln und die Zahlung dort durchführen lassen. Damit ist der Kreis geschlossen und die Zahlung ausgeführt.

Von allen drei vorgestellten Zahlungsmethoden ist Apple Pay am komplexesten zu implementieren. Zur Belohnung erhält der Entwickler jedoch ein Bezahlfenster, das von der Benutzeroberfläche für In-App-Käufe nur marginal abweicht, wie Abbildung 14.9 zeigt. Die Bestätigung der Zahlung per Touch ID beziehungsweise Face ID funktioniert besonders einfach.. Andere Zahlungsmethoden für die Payment Request API sind in Safari nicht implementiert. Unter iOS kann alternativ der Webbrowser Google Chrome ab Version 62 eingesetzt werden, der sich in die Implementierung der Payment Request API einklinkt. Auf diese Art können auch unter iOS Zahlungen über die Zahlungsmethode Basic Card durchgeführt werden.

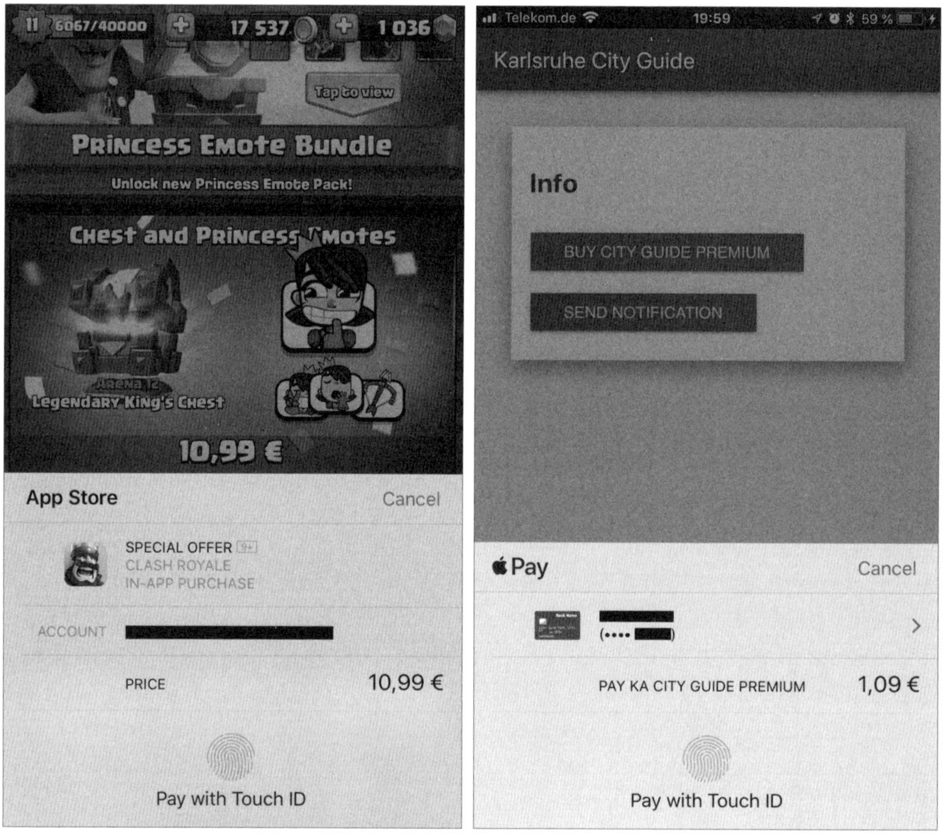

Abbildung 14.9 Bezahlfenster bei In-App-Käufen unter iOS (links) und mithilfe von Apple Pay über die Payment Request API in Safari (rechts)

Die Payment Request API ist zudem erst ab iOS 11.3 verfügbar. Seit iOS 10 war Apple Pay jedoch bereits über die proprietäre Webschnittstelle Apple Pay JS in Safari implementiert. Google bietet mit der quelloffenen Bibliothek *appr-wrapper* (Apple Pay Payment Request Wrapper) einen Polyfill an, der die Unterstützung der Payment Request API auf diesen Systemen nachliefert und im Hintergrund nach Apple Pay JS übersetzt. Damit lässt sich die Unterstützung der Payment Request API in Safari auf iOS-Geräte der Versionen 10 bis 11.2 ausweiten.

14.7 Fazit: Viele Wege führen zum Fallback

Die Payment Request API vereinfacht Onlinezahlungen erheblich, wie auch der *Mobify 2018 Q1 Mobile Commerce Insights Report* belegt: So hätte sich die Absprungrate bei Einsatz der Payment Request API nach ersten, frühen Analysen von 45,7 Prozent auf 22,8 Prozent reduziert, also glatt halbiert. Weiterhin würde der Check-out-Prozess beschleunigt: Ohne Payment Request API läge die durchschnittliche Dauer des Vorgangs bei 79,5 Sekunden, unter Verwendung der Schnittstelle kann diese um rund 40 Prozent verringert werden und beträgt dann durchschnittlich 56,7 Sekunden. Dies zeigt Abbildung 14.10.

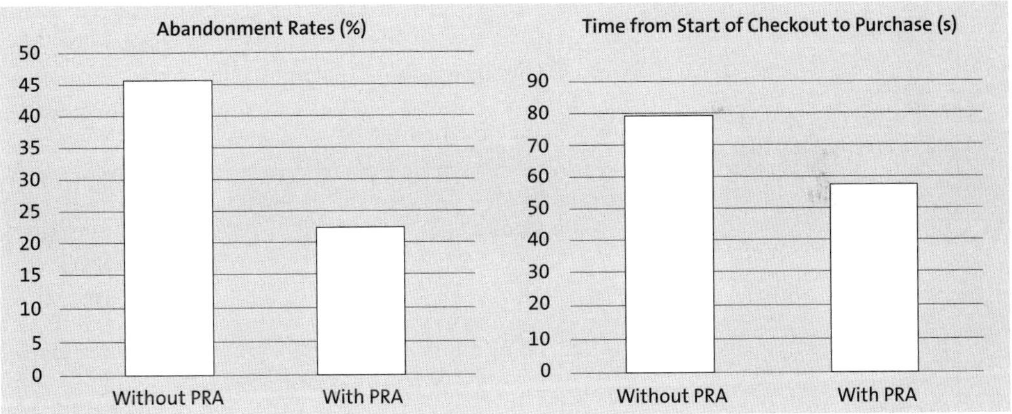

Abbildung 14.10 Absprungraten und Check-out-Dauer mit und ohne Payment Request API im Vergleich

Laut caniuse.com unterstützen in Deutschland nur rund 70 Prozent der Geräte die Payment Request API. Und das schließt bereits alle iPhones ein, die in Safari zwar theoretisch Zahlungen via Apple Pay abwickeln könnten. Sobald das Verfahren in Deutschland und Österreich gestartet wird, müssen sich Anwender hierfür jedoch zunächst registrieren, insbesondere wird dazu ein Konto bei einer Partnerbank benötigt. Auf iOS-Geräten müssen Anwender Google Chrome verwenden, wenn sie eine Zahlung über die Zahlungsmethode Basic Card durchführen wollen. In Deutschland sind zudem statt Kreditkarten eher giropay-Karten vorherrschend, mit denen keine Zahlung über diese Methoden abgewickelt werden kann. Für Überweisungen befindet sich die Methode *Credit Transfer Payment* in Spezifikation, die zum Beispiel das SEPA-Verfahren unterstützt. Diese Spezifikation wird derzeit jedoch noch von keinem Browser implementiert.

Hat der Anwender kein JavaScript aktiviert und unterstützt der Webbrowser die Payment Request API nicht und auch keine der vom Seitenbetreiber unterstützten Zahlungsmethoden, muss der Entwickler auf ein serverseitig generiertes Check-out-Formular zurückgreifen. Dieses Erfordernis dürfte auch noch einige Zeit bestehen. In vielen Fällen stellen Zahlungsdienstleister ein solches zur Verfügung, sodass sich der Aufwand für den Entwickler in Grenzen hält. Initial ist der Aufwand für den Entwickler natürlich hoch, dafür erhält er aber auch ein größeres Stück vom Kuchen. Getreu dem Prinzip des Progressive Enhancement stellt die Payment Request API eine deutliche Verbesserung der Benutzererfahrung dar, deren Potenzial auf unterstützten Geräten (siehe Tabelle 14.2) gehoben werden kann.

Browser	Microsoft Edge	Google Chrome	Apple Safari	Mozilla Firefox
Payment Request API				
Ab Version	15	53 (Desktop: 61)	11.1 (Polyfill: 10.0)	(seit 55 vorhanden, per Flag aktivierbar)
Betriebssystem (Desktop)	Windows 10	ab Windows 7, ab macOS 10.10, Linux	ab macOS 10.12	ab Windows 7, ab macOS 10.9, Linux
Betriebssystem (mobil)		ab Android 4.1, ab iOS	ab iOS 11.3 (Polyfill: ab iOS 10)	ab Android 4.1
Unterstützte Zahlungsmethoden				
Basic Card	Ja	Ja (iOS: ab 62)		Ja
Apple Pay			Ja	
Google Pay		Ja (nur auf Android)		

Tabelle 14.2 Unterstützung der Payment Request API

Weitere Aufgaben zur Payment Request API

Wenn Sie möchten, können Sie auf Basis des Beispiels aus Abschnitt 14.4, »Payment Method: Basic Card«, weitere Features der Payment Request API ausprobieren, die in diesem Kapitel beschrieben wurden:

- Hinterlegen zusätzlicher Positionen bei Auswahl einer bestimmten Zahlungsmethode (siehe Abschnitt 14.2.2)
- Hinterlegen unterschiedlicher Versandoptionen (siehe Abschnitt 14.2.2)
- Abfragen weiterer Käuferdaten wie E-Mail-Adresse oder Versandanschrift (siehe Abschnitt 14.2.3)
- Aktualisierung des Gesamtpreises bei Auswahl einer anderen Versandoption (siehe Abschnitt 14.3.2)
- Eingrenzen der erlaubten Kartentypen und Kartengesellschaften (siehe Abschnitt 14.4)
- Hinterlegen weiterer Zahlungsmethoden (siehe Abschnitte 14.5 und 14.6)

Eine Referenzimplementierung, die alle hier genannten Punkte umsetzt, finden Sie im Beispielquelltext im Ordner *kapitel14/full-sample*. Bitte beachten Sie, dass für Apple Pay die Konfiguration im Apple Developer Portal sowie die Ausführung der Serverkomponente erforderlich ist. Auf Ihrem Testgerät muss Apple Pay außerdem konfiguriert sein.

Unter *https://pwapraxis.liebel.io* finden Sie eine Beispielanwendung, die die Verwendung von Apple Pay demonstriert.

14.8 Ausblick: Payment Handler API

Schließlich steht mit der *Payment Handler API* noch das Gegenstück zur Payment Request API zur Verfügung: Diese API stellt eine Erweiterung der Service-Worker-Schnittstellen dar. Darüber kann sich eine Website, zum Beispiel eine Progressive Web App, selbst als Zahlungsmethode für die Payment Request API registrieren. Dies geschieht über die Schnittstelle *PaymentManager*. Der Verwendung muss der jeweilige Händler insoweit zustimmen, dass er diesen Zahlungsanbieter mit seiner URL in die Liste der unterstützten Zahlungsmethoden aufnehmen muss. Der Payment Handler wird in diesem Fall als mögliche Zahlungsmethode in der Benutzeroberfläche der Payment Request API angezeigt. Vor dem Bezahlvorgang kann der Service Worker des Payment Handlers mit dem funktionalen Ereignis `canmakepayment` (*CanMakePaymentEvent*) aufgerufen werden und angeben, ob die Zahlung unterstützt wird. Ist eine Bezahlung möglich und möchte der Anwender mit dieser Methode bezahlen, wird der Service Worker des Payment Handlers mit dem funktionalen Ereignis `paymentrequest` (*PaymentRequestEvent*) aufgerufen. Der Service Worker kann darauf reagieren, indem er ein Bezahlformular anzeigt, wie in Abbildung 14.11 zu sehen. Die Payment Handler API befindet sich noch in einem sehr frühen Stadium und wird bei Drucklegung dieses Buchs ausschließlich von Google Chrome als nicht standardmäßig aktiviertes Feature unterstützt, dürfte sich in Zukunft jedoch vor allem für Zahlungsdienstleister wie PayPal als nützlich erweisen, die sich auf einfache Weise in den Bezahlworkflow der Payment Request API integrieren wollen. Dies erhöht die Attraktivität der Schnittstelle zusätzlich.

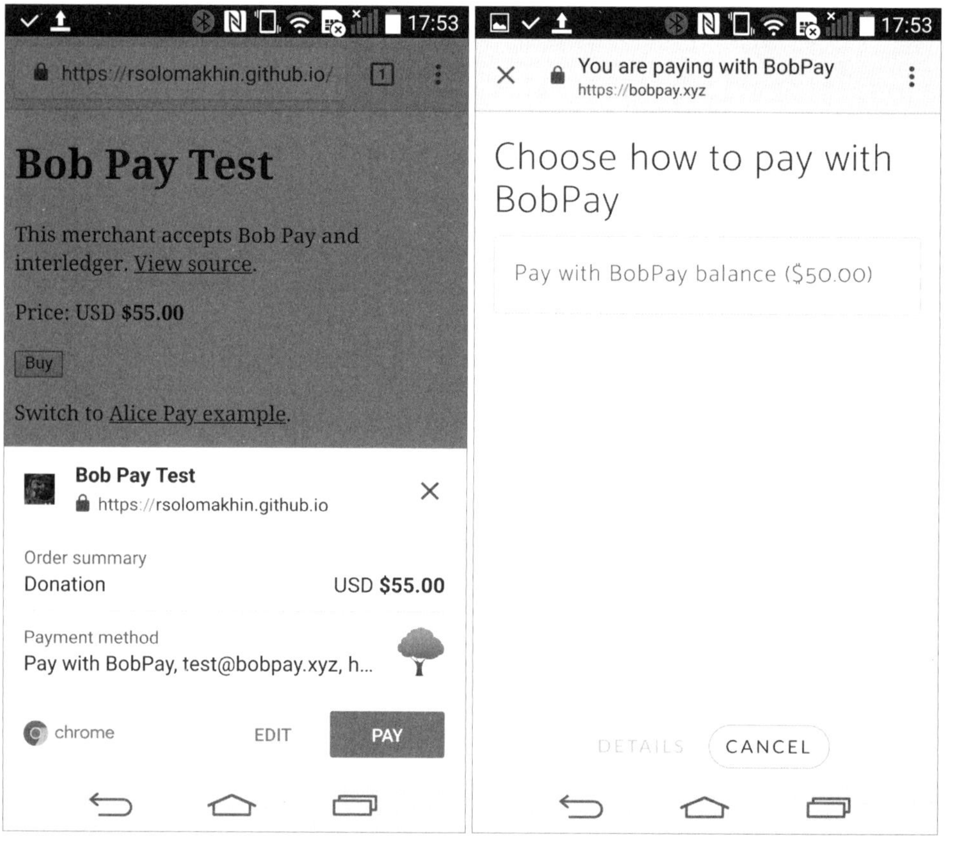

Abbildung 14.11 Payment Handler API in Aktion

14.9 Zusammenfassung

- Die Payment Request API implementiert ein einheitliches Verfahren, um Kaufdetails (zum Beispiel Warenkörbe aus Onlineshops oder In-App-Käufe von Progressive Web Apps) anzuzeigen, Zahlungs-, Versand- und Käuferinformationen entgegenzunehmen und den Abschluss der Operation an den Käufer zu kommunizieren.

- Die Zahlung muss der Entwickler mithilfe eines Zahlungsdienstleisters ausführen. Das Verfahren unterstützt diverse Zahlungsmethoden, darunter Kreditkartenzahlungen, aber auch proprietäre Verfahren wie Google Pay oder Apple Pay. Die Unterstützung variiert je nach Browser.
- Die Webanwendung kann auf Änderungen der Versandadresse, der Versandoption oder Zahlungsmethode reagieren.
- Zur Verwendung der Payment Request API muss die Website über HTTPS ausgeliefert werden, JavaScript aktiviert sein, eine Zahlungsmethode eingesetzt werden, die der Webbrowser unterstützt und die der Anwender verwenden kann. Zur Sicherheit sollte daher immer ein traditionelles Check-out-Formular als Fallback angeboten werden.
- Mithilfe der Payment Handler API sollen sich in Zukunft Progressive Web Apps zur Abwicklung von Zahlungen registrieren können.

Kapitel 15
Brandheiße Progressive Web Apps

Auf den PWA-Zug sind schon einige Softwareentwickler aufgestiegen. In diesem Kapitel zeige ich Ihnen fünf bekannte und weniger bekannte Beispiele und bewerte die Umsetzung der PWA-Eigenschaften.

Erstaunlich viele Progressive Web Apps gibt es schon: *BMW.com* setzt Service Worker ein, um die Startseite offline verfügbar zu machen und beim nächsten Besuch schneller zu starten. Die BMW-Website ist auch auf dem Homebildschirm installierbar, Unterseiten werden aber nur offline zwischengespeichert, wenn man sie zuvor betreten hat. Auch *LOTTO.de* ist installierbar und funktioniert offlinefähig. Selbst ohne Internetverbindung können viele Unterseiten angesehen und sogar Tippscheine ausgefüllt werden. Die Abgabe erfordert dann wieder eine Internetverbindung, worauf die Anwendung auch hinweist. Abbildung 15.1 zeigt beide Beispiele.

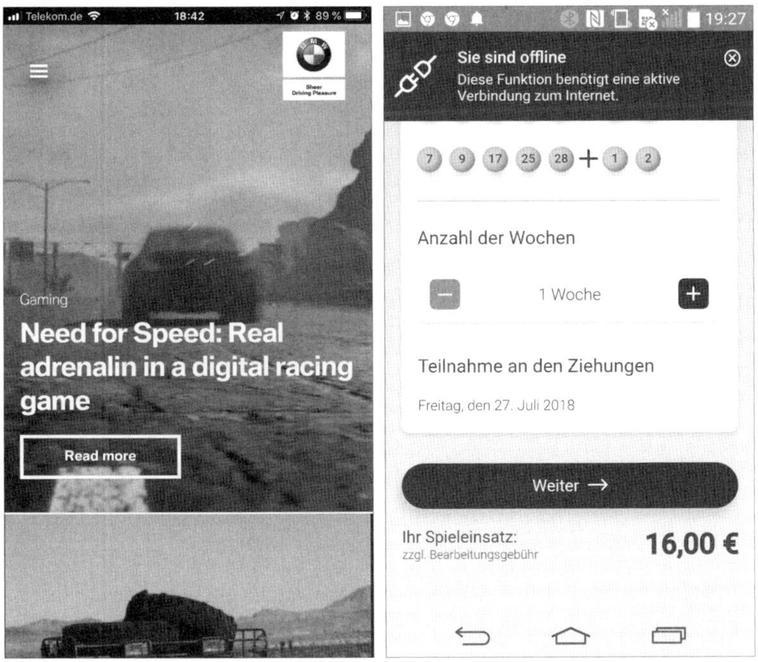

Abbildung 15.1 BMW.com als installierte PWA unter Safari/iOS (links), LOTTO.de erlaubt das Ausfüllen von Spielscheinen unter Chrome/Android auch ohne aktive Internetverbindung (rechts).

Bei diesen beiden Beispielen steht jedoch eher im Vordergrund, ein Websiteangebot offline verfügbar zu machen; es handelt sich weniger um Apps im klassischen Sinn. In diesem Kapitel zeige ich Ihnen fünf Progressive Web Apps mit unterschiedlichem Funktionsumfang, die ihren Namen verdienen. Dabei bewerte ich jeweils, wie gut die PWA-Eigenschaften umgesetzt werden. Ich verzichte auf eine Besprechung der Eigenschaften Safe, Discoverable und Installable, da diese von sämtlichen vorgestellten PWAs umgesetzt werden. *Fresh* deute ich hier in meiner alternativen Form, also in der Umsetzung von Pushereignissen auf Anwendungsebene. Weitere Beispiele finden Sie auch auf den Websites *https://appsco.pe*, *https://pwa.rocks* und *https://pwa.bar*, die alle selbst als PWA realisiert sind.

15.1 Twitter Lite

Die derzeitige Flaggschiff-Progressive-Web-App ist zweifelsohne *Twitter Lite* (*https://mobile.twitter.com*). Die Anwendung enthält alles, was Anwender von Twitter erwarten: Nachrichtenfeed, Anzeige von Profilen, Suchfunktion, eine Benachrichtigungsübersicht, Direktnachrichten, Einstellungen. Die Verbreitung dieses mobilen Twitter-Clients dürfte beträchtlich sein: Den Client verwenden alle Anwender, die Twitter auf einem halbwegs modernen mobilen Browser aufrufen. Wenn Windows-Anwender die Twitter-App aus dem Microsoft Store »herunterladen«, erhalten Sie ein sehr dünnes Anwendungsbündel, das auf die Progressive Web App verweist. Unter Windows können über den Store installierte PWAs auf die Schnittstellen der Universal Windows Platform zugreifen. Die Anwendung erkennt, auf welchem System sie ausgeführt wird, und schaltet getreu dem Prinzip Progressive Enhancement in diesem Fall weitere Funktionen frei, wie das Anheften eines bestimmten Twitter-Profils als Kachel im Startmenü. Twitter Lite macht von der Möglichkeit Gebrauch, Pushbenachrichtigungen anzuzeigen, wie Abbildung 15.2 am Beispiel einer eintreffenden Direktnachricht zeigt. Twitter Lite setzt ein Responsive Webdesign ein und passt sich den Bildschirmabmessungen von Smartphones, Tablets und Desktopcomputern optimal an. Der Client erfüllt zudem auch die Anforderung App-like, da sie sich wie eine native App anfühlt. Die App hat für Geräte mit Fingereingabe sogar eine *Pull-down-to-refresh*-Komponente, die neue Tweets abruft und dabei das Browserstandardverhalten überschreibt: bei iOS das »Überscrollen«, bei Android das vollständige Neuladen der Website. Die Anwendung ist darüber hinaus auch Fresh, da sie bei Eintreffen neuer Tweets darauf hinweist, und Linkable, da auch auf Untersichten der Anwendung per URL verwiesen werden kann. Twitter Lite setzt dabei Pfad-basiertes Routing um. Der Client implementiert auch Offlinefähigkeit, allerdings leider nur auf Ebene der App Shell. Wird Twitter Lite offline neu gestartet, sind keine Tweets sichtbar. Ebenso lassen sich keine neuen Tweets verfassen und etwa als Entwurf auf dem Gerät ablegen. Damit lässt sich die Anwendung offline leider nicht sinnvoll verwenden. Ansonsten erweist sie sich aber als sehr komfortabler und absolut alltagsgeeigneter Twitter-Client.

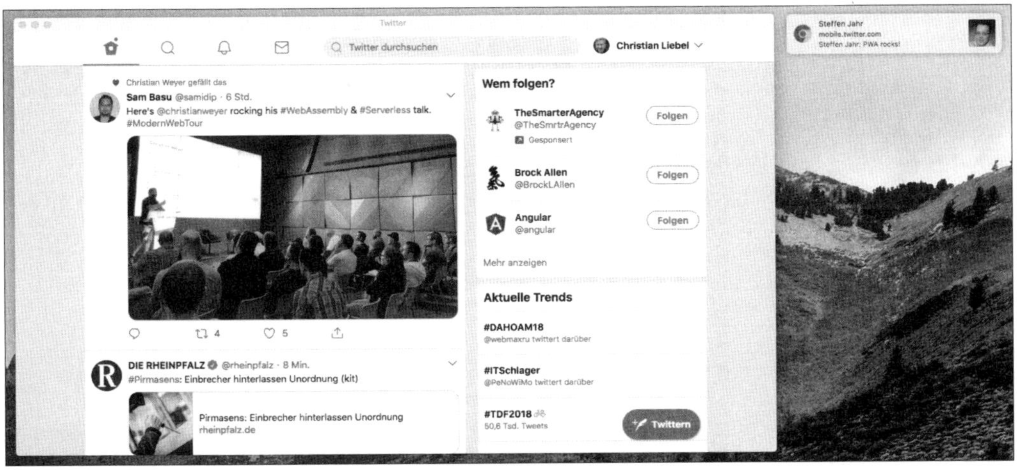

Abbildung 15.2 Twitter Lite zeigt als Desktop-PWA unter Google Chrome auf macOS eine native Pushbenachrichtigung an.

15.2 Financial Times

Die *Financial Times* (*https://app.ft.com*) hat ebenfalls eine Progressive Web App implementiert. Die Anwendung zeigt aktuelle Nachrichten, einen Ticker, Marktdaten und hat eine Suchfunktion (siehe Abbildung 15.3). Darüber hinaus kann im Bereich »myFT« ein persönliches Portfolio hinterlegt werden, Artikel können zum späteren Lesen gespeichert und bestimmten Themengebieten kann gefolgt werden. Möchte man mehr sehen als nur Schlagzeilen, benötigt man jedoch ein Abonnement. Die Financial Times hat auch eine App in den App Stores, die sich mit der Progressive Web App deckt. Die Anwendung ist zwar grundsätzlich responsive, aber deutlich erkennbar für Mobilgeräte optimiert. Wischt man in der App nach links oder nach rechts, wird der vorherige beziehungsweise nächste Artikel dargestellt, die App setzt also passend zur Eigenschaft App-like Touch-Gesten um. In der App wird die Offlinefähigkeit nicht nur auf Ebene der App Shell umgesetzt, auch die aktuelle Ausgabe wird zwischengespeichert und ist somit auch offline lesbar. Die Anwendung aktualisiert sich im Hintergrund fortlaufend selbst und ist somit Fresh, zeigt aber keine Pushbenachrichtigungen an. Darüber hinaus ist jeder Sicht eine eigene URL zugewiesen, dabei kommt Pfad-basiertes Routing zum Einsatz. Insgesamt ist Financial Times eine gut umgesetzte PWA, wenngleich man über das optische Erscheinungsbild natürlich streiten kann.

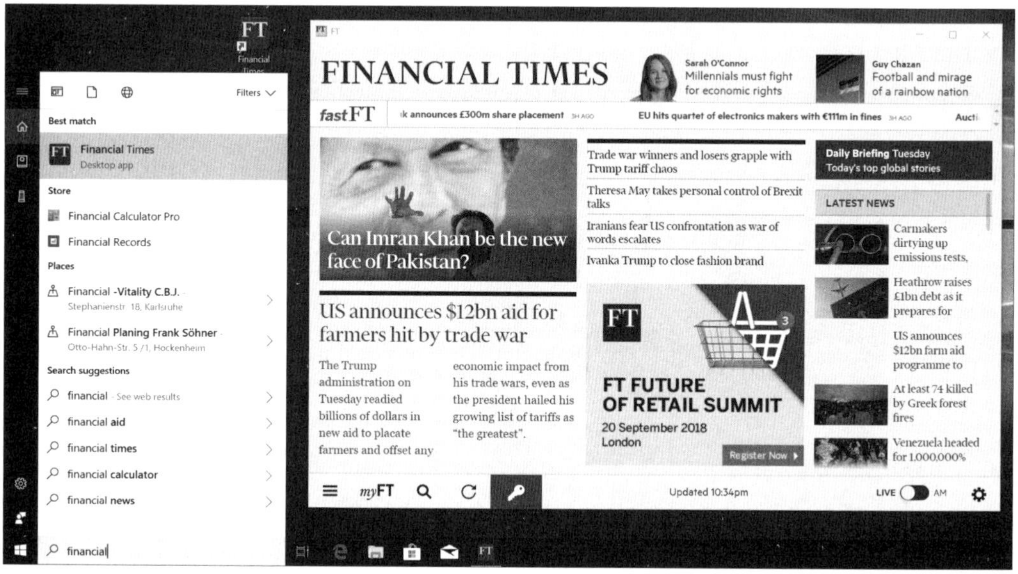

Abbildung 15.3 Financial Times als Desktop-PWA unter Google Chrome auf Microsoft Windows mit Startmenüeintrag und Symbol auf dem Desktop sowie in der Taskleiste

15.3 Telegram

Auch der Instant-Messenger *Telegram* hat einen mobilen Client, der als Progressive Web App realisiert wurde (*https://web.telegram.org*). Die Anwendung zeigt die Liste der Nachrichten und Kontakte, einzelne Chatverläufe (siehe Abbildung 15.4), erlaubt das Anlegen neuer Gruppen und das Bearbeiten der Einstellungen. Die PWA ist responsive und bietet eine Mobil- und eine Desktopansicht. Der Anwender kann dabei beim Über- oder Unterschreiten des Triggerpunkts wählen, ob er die Ansicht wirklich wechseln möchte. Telegram setzt die Offlinefähigkeit allerdings leider nur auf Ebene der App Shell um. Wird die Anwendung offline neu gestartet, sind die Chatverläufe nicht verfügbar, nur die Liste der Kontakte mit den zuletzt eingegangenen Nachrichten ist sichtbar. Immerhin zeigt die Anwendung in diesem Fall an, dass sie offline ist und die Verbindung neu aufzubauen versucht. Davon abgesehen setzt die Telegram-PWA eine sehr übliche App-Navigationsstruktur um. Wie für Instant Messenger zwingend erforderlich, zeigt Telegram Pushbenachrichtigungen bei eintreffenden Nachrichten an. Innerhalb der Anwendung sind neu eingegangene Nachrichten unmittelbar verfügbar (Fresh). Darüber hinaus setzt Telegram auch die Eigenschaft Linkable vollständig um. Auf einzelne Chatverläufe kann per URL verwiesen werden, dabei verwendet die Anwendung die Hash-basierte Variante. Auch die Telegram-PWA ist reich an Features und für den täglichen Einsatz durchaus geeignet – allerdings hier ebenfalls mit der Einschränkung, dass eine dauerhafte Internetverbindung zum sinnvollen Betrieb erforderlich ist.

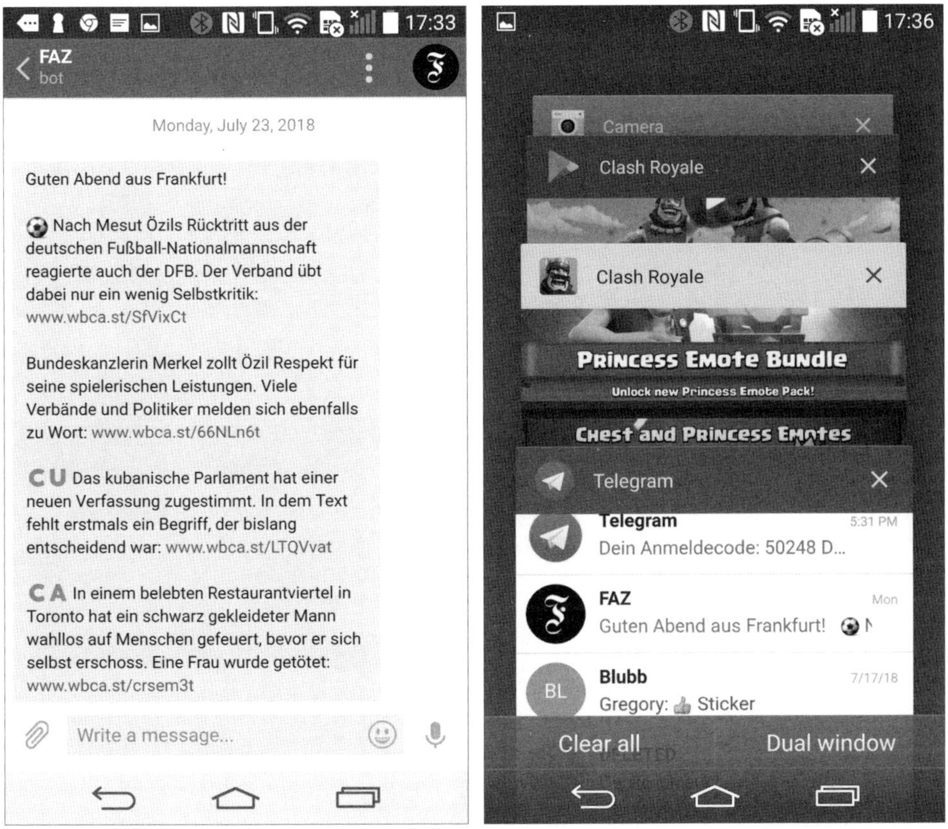

Abbildung 15.4 Nachrichtenansicht der Telegram-PWA unter Chrome/Android (links), Darstellung der PWA im App-Switcher (rechts)

15.4 Pokédex

Die Progressive Web App *Pokédex* (*https://www.pokedex.org*) ist nicht nur für Pokémon-Fans interessant, denn sie setzt die Eigenschaften Connectivity Independent und App-like hervorragend um. Der Pokédex ist ein Lexikon, das Informationen über die Spielfiguren der Nintendo-Spieleserie Pokémon enthält. Bei dieser PWA wird nicht nur die App Shell auf dem Gerät zwischengespeichert, sondern auch alle Daten. Somit steht die Suchfunktion auch offline zur Verfügung, was bei Twitter, Financial Times und Telegram nicht der Fall ist. Die PWA implementiert eine Übersichtsliste und eine Detailansicht für jedes Pokémon, wie Abbildung 15.5 zeigt. Darüber hinaus ist die Anwendung responsive und passt sich den zur Verfügung stehenden Bildschirmabmessungen an. Die Eigenschaft App-like setzt die App durch Verwendung einer für Apps üblichen Struktur und schönen Animationen zwischen Master- und Detailansicht besonders eindrucksvoll um. Pushereignisse nimmt diese Anwendung allgemein nicht entgegen. Auf die einzelnen Detailseiten kann mithilfe einer URL verwiesen werden, wobei die Hash-basierte Strategie zum Einsatz kommt. Insgesamt ist Pokédex eine sehr gut umgesetzte Progressive Web App, wenngleich sich ihr praktischer Nutzen allenfalls für eingefleischte Pokémon-Fans entfaltet.

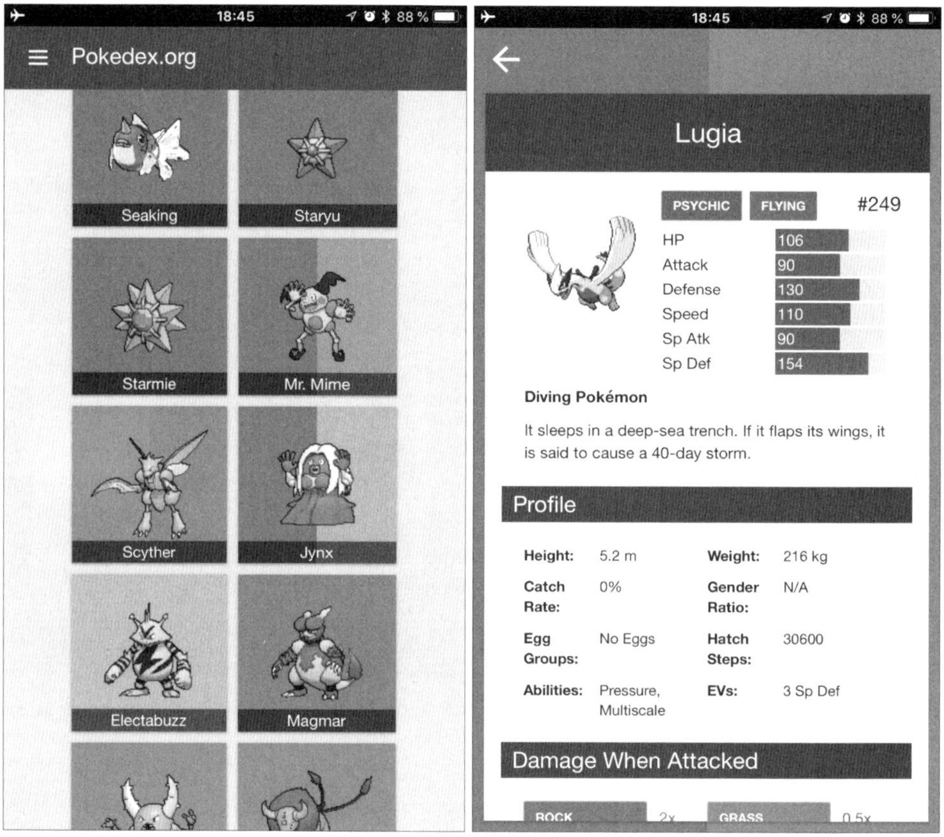

Abbildung 15.5 Pokédex-PWA unter Safari/iOS

15.5 QR Scanner

Die Progressive Web App *QR Scanner* (*https://qrcodescan.in*) demonstriert die Verwendung nativer Funktionen besonders gut. Die Anwendung zeigt das Live-Kamerabild und versucht, darin QR-Codes zu erkennen. Wenn die Anwendung einen Code gefunden hat, zeigt sie den decodierten Inhalt in einem Dialog an, wie Abbildung 15.6 zeigt. Zur Darstellung des Kamerabildes verwendet die PWA unter Android die Media Capture and Streams API. Unter iOS, auf dem diese Schnittstelle früher noch nicht zur Verfügung stand, erlaubt die Anwendung stattdessen das Öffnen der Kamera, um ein Bild zu erfassen. Progressive Enhancement ist hier also nicht korrekt umgesetzt, da die Anwendung das Vorhandensein der Schnittstelle auf modernen iOS-Geräten eigentlich erkennen und auf die neue Schnittstelle wechseln müsste. Zur Bildverarbeitung verwendet der QR Scanner die C-Bibliothek *ZBar*, die nach asm.js kompiliert wurde, dem Vorgänger des in Kapitel 2, »Mächtiges modernes Web«, vorgestellten WebAssembly. Die Anwendung ist grundsätzlich responsive, aber nur auf Geräten mit beweglicher Kamera sinnvoll einsetzbar – und somit eher nur auf Smartphones. Die Anwendung ist vollständig offlinekompatibel, da sie alle erforderlichen Quelldateien in den Zwischenspeicher lädt. Push setzt die Anwendung nicht um, was auch nicht auf den Anwendungsfall der PWA passen würde. Unterzustände gibt es keine, daher muss auf diese per Routing auch nicht verwiesen werden. Unter iOS und Android steht eine QR-Scanning-Funktionalität in der nativen Kamera-App bereits zur Verfügung, weswegen Anwender in vielen Fällen wohl keine separate QR-Scan-App auf ihrem Mobilgerät benötigen. Diese Progressive Web App demonstriert aber eindrucksvoll die Integration nativer Funktionalität und die Migration von in einer fremden Programmiersprache geschriebenem Bestandscode in das Web.

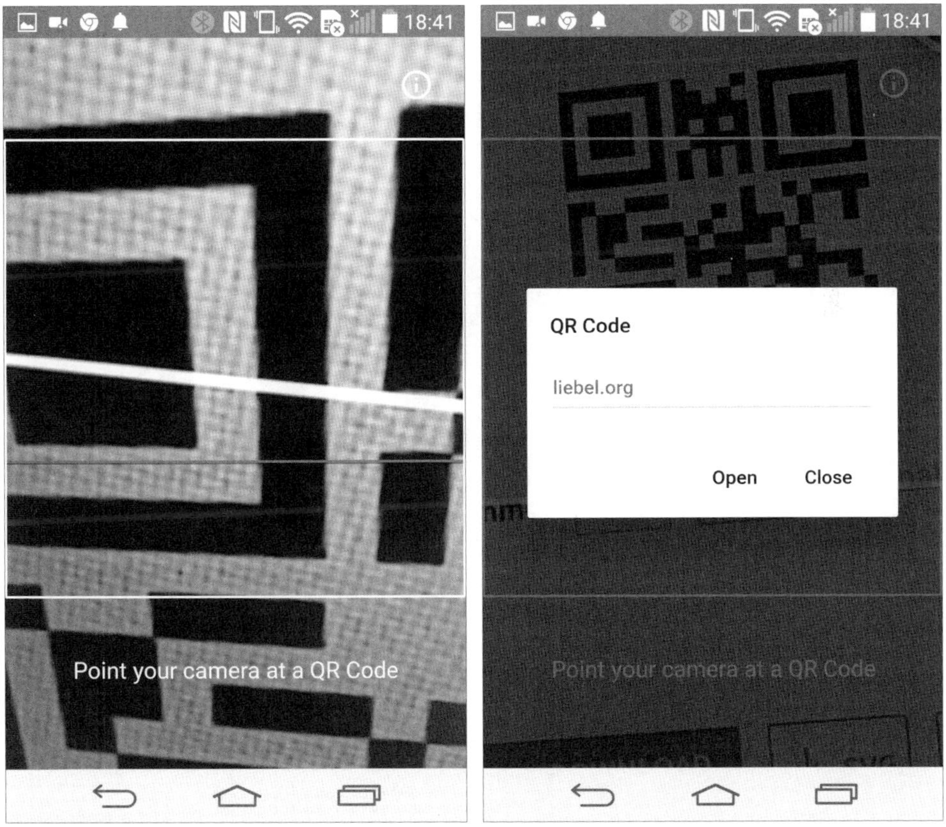

Abbildung 15.6 Homebildschirm-Icon der QR-Scanner-PWA unter Chrome/Android (links), erfolgreiche QR-Code-Erkennung (rechts)

15.6 Zusammenfassung

- Große Marken setzen schon heute auf PWA-Schnittstellen, um ihr Webangebot zu verbessern.
- Soziale Netze, Instant Messenger, Nachrichten- und Lexikon-Apps sowie Hilfsprogramme lassen sich problemlos als Progressive Web App umsetzen.
- Progressive Web Apps stehen dank Offlinefähigkeit, Pushbenachrichtigungen und dem Zugriff auf native Schnittstellen wie die Kamera auf einer Stufe mit ihren nativen Gegenstücken.

Kapitel 16

Fazit: Eine Codebasis, alle Plattformen

Sind Progressive Web Apps das Anwendungsmodell der Zukunft? In diesem Kapitel möchte ich Vorteile und Grenzen des Modells aufzeigen und eine Einschätzung dazu geben, wohin sich PWAs entwickeln können.

In diesem Buch habe ich Ihnen viele Aspekte der Entwicklung von Progressive Web Apps gezeigt. Zum Schluss dieses Buchs möchte ich darüber sprechen, in welches technologische Umfeld sich PWAs gut einfügen, welche Interessen die vier Plattformanbieter verfolgen und wer schon heute PWAs implementiert. Ich betrachte, für welche Anwendungsfälle sich das Anwendungsmodell gut eignet und wo es noch hakt. Abschließend gebe ich eine Einschätzung dazu, wohin die PWA-Reise in Zukunft gehen wird.

16.1 Ideales technologisches Umfeld

Eine Progressive Web App setzt das Frontend einer modernen Webanwendung um. In vielen Fällen wird diese auch ein passendes Backend besitzen. Im Backend-Bereich gibt es ebenfalls moderne Implementierungsansätze, die ich hier kurz skizzieren möchte. In modernen Anwendungsarchitekturen wird versucht, funktionale Backend-Services voneinander zu isolieren: Diese sogenannten *Microservices* können in jeder beliebigen Technologie (Node.js, ASP.NET Core, Java etc.) beziehungsweise Programmiersprache implementiert, getrennt voneinander versioniert und auf beliebigen Wegen bereitgestellt werden. Diese Dienste sind in sich abgeschlossen und verfügen über eine offene Schnittstelle, sodass sie gut wiederverwendet werden können. Somit können mehrere Teams mit ihrer jeweiligen Wunschtechnologie, passend zur Erfahrung des Teams oder den Anforderungen des funktionalen Bausteins, parallel implementieren und bereitstellen.

Außerdem hat sich das Hosting solcher Backend-Services in den letzten Jahren stark geändert: Während das Backend früher oftmals on-premise, also unternehmensintern betrieben wurde, ist es zwischenzeitlich in vielen Fällen in die Cloud gewandert. Dort locken die einfache Skalierung der Backend-Dienste und eine verbrauchsgemäße Abrechnung. Wege in die Cloud gibt es viele, zum Beispiel über virtuelle Maschinen oder Containerdienste. In jüngerer Zeit haben sogenannte *Serverless*-Architekturen auf sich aufmerksam gemacht. Dabei wird die zugrunde liegende Serverumgebung komplett wegabstrahiert. Somit können sich die Entwickler auf die Geschäftslogik konzentrieren, was die Time-to-Market verkürzen kann. Nach diesem Schema entwickelte Services sind in der Regel zustandslos, funktionieren ereignisgetrieben und lassen sich automatisiert skalieren. Außerdem zahlt der Kunde bei einem Clouddienstleister nur für die tatsächlich benötigte Zeit beziehungsweise Speichernutzung, in der der Code ausgeführt wird.

Dies schlägt sich auch auf das Geschäftsmodell moderner Anwendungen durch: Gab es früher noch Anwendungsprogramme im Karton, die pro neuer Major-Version neu gekauft werden musste, wird zunehmend Software als Software-as-a-Service-Lösung (SaaS) mit Abonnementmodellen angeboten, zum Beispiel Microsoft Office, Slack oder Dropbox.

Besondere Aufmerksamkeit bei der Implementierung von Progressive Web Apps muss der User Experience beigemessen werden. Das Produkt muss gut verwendbar sein und der Gesamteindruck stimmig. Hand in Hand geht dies mit dem User Interface der Anwendung: Es ist keine einfache Aufgabe, Oberflächen zu gestalten, die sowohl den kleinen Bildschirm eines Smartphones als auch den großen Desktopbildschirm abdecken. Bibliotheken wie Angular Material vereinfachen das Vorgehen enorm, passen aber möglicherweise nicht ganz genau auf den zu implementierenden Anwendungsfall. Daher implementieren viele große Dienstanbieter eigene, auf ihre Bedürfnisse zugeschnittene Responsive Layouts. Der Aufwand hierfür darf nicht unterschätzt werden.

16.2 Interessen der Plattformhersteller

Am Implementierungsfortschritt der Progressive Web Apps sind die Interessen der Browserhersteller gut ablesbar: Google ersann die Progressive Web Apps und treibt sie stark voran. Microsoft machte Progressive Web Apps zum Bürger erster Klasse in seinem Betriebssystem Microsoft Windows 10. Derzeit hat Google besonders die PWA-Features für den Desktop im Blick. Dies könnte daran liegen, dass Google ein browserbasiertes Desktopbetriebssystem namens *Chrome OS* herausgibt, für das sich Progressive Web Apps als Anwendungsmodell hervorragend eignen. Unter dem Codenamen *Project Fugu* implementiert Google gleich mehrere sehr interessante Schnittstellen in seinem Browser, die Progressive Web Apps noch mächtiger machen, zum Beispiel die Badging API aus Kapitel 4, »Web App Manifest: Aussehen der App definieren«. Außerdem entwerfen Google-Mitarbeiter gerade die Schnittstelle *Writeable Files*[1], mit deren Hilfe Webentwickler Zugriff auf eine bestimmte Datei, einen Ordner oder das komplette native Dateisystem erhalten können. Das eröffnet in der Zukunft weitere interessante Use Cases: Codeeditoren und Office-Anwendungen könnten es somit bald sinnvoll ins Web schaffen. Der *Contacts Picker* soll Webanwendungen außerdem einen begrenzten Zugriff auf das Adressbuch des Anwenders gewähren. Durch den Webbrowser Google Chrome verfügt das Unternehmen auch über eine ausreichend große Nutzerbasis, um Schnittstellen im Web durchsetzen zu können.

Der Microsoft Store konnte nie mit seinen Konkurrenten Google Play und dem Apple App Store mithalten. Daher freut sich Microsoft über dieses plattformübergreifende Anwendungsmodell. Durch die App Store Ingestion (siehe Abschnitt 4.6, »Microsoft Store Ingestion: Wie die App den Weg in den Microsoft Store findet«) füllt sich der Microsoft Store praktisch von allein. Dazu lockt das Unternehmen mit zusätzlichen Privilegien wie dem Zugriff auf sämtliche Schnittstellen der Universal Windows Platform oder dem Wegfall von Speicherplatzbeschränkungen, wenn eine Progressive Web App über den Microsoft Store vertrieben wird.

Apple hat vermutlich ein Interesse daran, seinen profitablen App Store zu erhalten. Das Unternehmen stellt sich dem PWA-Gedanken zwar nicht entgegen, doch beeilt es sich auch nicht beim Implementieren der nötigen Schnittstellen. So nahm Apple als letzter der vier großen Browserhersteller die Implementierung des Service Workers auf, schloss diese aber noch vor Microsoft ab. Andere Schnittstellen wie die Payment Request API werden so eingeschränkt, dass nur eine Zahlung über den eigenen Bezahldienst möglich ist. Für weitere wichtige Schnittstellen wie die Push API sind öffentliche Signale, die darauf hindeuten, ob sie in Zukunft umgesetzt werden, nicht sichtbar.

Mozilla ist mit seinem Webbrowser Firefox auf verschiedenen Plattformen präsent. Ein eigenes Betriebssystem pflegt Mozilla zwar nicht, hat aber ein offenes, zugängliches und kostenfreies Web zu seiner Mission erklärt.[2] Progressive Web Apps implementieren ein offenes, zugängliches und kostenfreies Anwendungsmodell auf Basis des Webs. Entwickler müssen weder Abonnements abschließen noch teure Software oder Lizenzen kaufen, um PWAs entwickeln zu können. Entwickler können ihre Technologie frei wählen, Anwender den Webbrowser. Die PWA-Schnittstellen implementierte Mozilla daher zügig.

1 *https://github.com/WICG/writable-files/blob/master/EXPLAINER.md*
2 *https://www.mozilla.org/en-US/mission/*

16.3 Wer heute schon PWAs baut

Die Gedanken über Service Worker und Progressive Web Apps sind schon einige Jahre im Umlauf. Daher experimentieren viele bekannte Unternehmen bereits mit Progressive Web Apps oder stellen sogar schon produktive Implementierungen bereit:

So setzt die mobile Website von Facebook unter *https://m.facebook.com* Service Worker ein, um Pushbenachrichtigungen ausliefern zu können. Auch kann die Anwendung dem Homebildschirm hinzugefügt werden und startet im Stand-alone-Anzeigemodus (siehe Abschnitt 4.2.3, »Anzeigemodi«). Offlinefähig ist die App Shell allerdings noch nicht.[3] Genauso verhält es sich mit dem ähnlichen Angebot VKontakte, das unter der Adresse *https://m.vk.com* seine mobile Website bereitstellt. Der Spotify Web Player (*https://open.spotify.com*) verfügt über ein passendes Web App Manifest und startet in einem eigenen Fenster. Da er aber derzeit keinen Service Worker implementiert, ist die Anwendung nicht offlinefähig, und Google Chrome bietet sie nicht zur Installation an.

Auch das soziale Netz Pinterest (*www.pinterest.com*) hat sein Webangebot bereits auf eine PWA umgestellt. Benutzer können sich per Pushbenachrichtigung über Ereignisse informieren lassen. Die App lässt sich dem Homebildschirm hinzufügen und funktioniert auch offline.

Das Google-Team zeigt unter *https://developers.google.com/web/showcase/* viele Success Stories von Websitebetreibern, die ihre Webangebote auf Progressive Web Apps umgestellt haben. Darunter befindet sich auch die App Twitter Lite, die in Kapitel 1, »Im Web, als App: Geschichte und Einstieg«, und in Abschnitt 15.1, »Twitter Lite«, vorgestellt wurde. Über diese Variante würden gegenüber dem früheren Webclient 75 Prozent mehr Tweets gesendet, die Absprungrate hätte sich um 20 Prozent verringert. 250.000 Unique User würden die App im Schnitt viermal täglich vom Homebildschirm aus starten, über 10 Millionen Pushbenachrichtigungen würden täglich ausgeliefert. Der Engineering Lead für Twitter Lite hebt hervor, dass diese App der schnellste, sparsamste und zuverlässigste Weg sei, um Twitter zu benutzen. Die Webanwendung nehme es mit der Performance der nativen Anwendungen auf, während sie verglichen zu diesen aber nur drei Prozent des Speicherplatzes benötige.[4]

16.4 Limitationen

Das Anwendungsmodell der Progressive Web Apps hat aber auch Grenzen. Zentrale Einschränkung ist sicherlich, dass keine beliebigen nativen Schnittstellen aufgerufen

3 *https://stadt-bremerhaven.de/facebook-testet-progressive-web-app-fuer-die-mobile-webseite/*
4 *https://developers.google.com/web/showcase/2017/twitter*

werden können, sondern lediglich Webschnittstellen. In den vergangenen Jahren haben es aber viele Schnittstellen ins Web geschafft, die man früher nur nativen Anwendungen zugeordnet hätte. An neuen Schnittstellen wird kontinuierlich gearbeitet, außerdem können Entwickler im Forum der *Web Platform Incubator Community Group* (WICG) neue Webschnittstellen vorschlagen. Dieses ist unter der URL *https://discourse.wicg.io/* erreichbar.

Innovationen dürften sich sicherlich weiterhin in nativen, aber plattformspezifischen Schnittstellen abspielen. Diese Grenze wird teilweise aufgeweicht unter Microsoft Windows, wo eine Progressive Web App, wenn sie über den Store ausgeliefert wird, doch wieder auf sämtliche UWP-Schnittstellen zugreifen darf und dann genauso mächtig ist wie eine native Anwendung. Die Schnittstellen sind aber wiederum nicht plattformübergreifend verwendbar.

Eine weitere wichtige Einschränkung ist auch, dass unter iOS derzeit keine Pushbenachrichtigungen funktionieren. Seitens Apple gibt es keine öffentlichen Signale dazu, dass die Unterstützung der Schnittstelle beabsichtigt ist. Die Schnittstelle ist ebenso kein Teil der WebKit-Roadmap für 2018/19. Allerdings sind auch der Service Worker, die Payment Request API oder die Web Share API ohne größere Vorankündigung von Apple implementiert worden, sodass durchaus Hoffnung besteht.

Problematisch für Anbieter von Spielen oder Kalender-Apps dürfte sein, dass derzeit keine Pushbenachrichtigungen oder Synchronisierungsereignisse vorausgeplant werden können. Der Service Worker kann also nicht zu einer beliebigen Zeit aufgeweckt werden, stattdessen muss ein Pushereignis geschickt werden. Dieses Konzept geht aber dann nicht auf, wenn der Benutzer keine aktive Internetverbindung hat. Mit den Event Alarms aus Project Fugu scheint sich diesbezüglich aber eine Lösung abzuzeichnen.

Weiterhin funktioniert derzeit noch kein Geofencing. Der Service Worker kann also nicht aufgeweckt werden, wenn sich der Anwender bewegt, ein bestimmtes Gebiet betritt oder verlässt. Somit können Navigations-Apps oder Smart-Home-Anwendungen auf Basis des PWA-Modells derzeit nicht sinnvoll umgesetzt werden.

16.5 Chancen

Der größte Vorteil von Progressive Web Apps ist, dass dieses Anwendungsmodell vollständig plattformübergreifend funktioniert – und zwar überall dort, wo ein Browser ausgeführt werden kann – sei es auf Mobilgeräten, Desktoprechnern, Smart-TVs, Spielekonsolen oder Entertainmentsystemen in Autos. Gerade für kleinere und mittlere Unternehmen ist dies ein Lichtblick: Es müssen nicht mehrere Teams gegründet werden, um je eine App für unterschiedliche Plattformen zu entwickeln und zu warten. Stattdessen genügt ein einziges Team, das eine Webanwendung entwickelt, die sich nicht nur im Browser verwenden lässt, sondern darüber hinaus auch noch native Anwendungen überflüssig machen kann. Allerdings muss die Anwendung dennoch auf allen Browsern und Zielplattformen getestet werden.

Da Progressive Web Apps ganz oder teilweise aus einem lokalen Zwischenspeicher ausgeliefert werden können, stehen sie in Sachen Offlinefähigkeit und Startgeschwindigkeit ihren nativen Gegenstücken in nichts nach. Mithilfe der Single-Page-Application-Architektur fühlen sich diese Anwendungen auch zur Laufzeit extrem flüssig an.

Progressive Web Apps sind darüber hinaus sehr sicher, da sie der Sandbox des Webbrowsers unterliegen. Damit haben sie grundsätzlich sogar weniger Rechte als eine native Anwendung, die mit Benutzerrechten ausgeführt wird. Moderne Webschnittstellen werden immer mit dem Hintergedanken entwickelt, Sicherheit und Privatsphäre des Anwenders zu schützen.

16.6 Ausblick

Progressive Web Apps eignen sich nicht für jede Art Clientanwendung. Aufgrund des mangelnden Zugriffs auf native Schnittstellen dürfte es einige Anwendungsfälle geben, die derzeit nicht als PWA realisiert werden können. Für formular- und datengetriebene Businessanwendungen, To-do- und Notiz-Apps, Nachrichten- und Wetteranwendungen, E-Reader, soziale Netze, Bildergalerien, Instant Messenger und Spiele eignet sich das Modell aber hervorragend. So rechnet das Marktforschungsunternehmen Gartner damit, dass im Jahr 2020 die Hälfte aller mobilen Apps Progressive Web Apps sein werden.[5]

Alle vier großen Browserhersteller unterstützen zumindest einen Teil der PWA-Schnittstellen. Der Erfolg des Anwendungsmodells dürfte aber insbesondere von Apples Engagement hinsichtlich der Push API abhängen, da sonst ein signifikanter Teil der App-Erfahrung auf der iOS-Plattform fehlt. Google treibt das Anwendungsmodell nach wie vor stark voran, derzeit mit besonderem Fokus auf Desktopfeatures, und auch Microsoft sieht Progressive Web Apps als Bürger erster Klasse auf seiner Windows-Plattform an, die den dortigen nativen Apps in nichts nachstehen.[6] Webschnittstellen wie die Web USB API zur Kommunikation mit USB-Geräten, die Web Bluetooth API für Bluetooth-Geräte, die Shape Detection API zur Erkennung von Gesichtern oder die WebXR Device API für Augmented- und Virtual-Reality-Inhalte im Web (siehe Kapitel 2, »Mächtiges modernes Web«) zeigen, dass das Web kontinuierlich mächtiger wird. Und wo native Webschnittstellen doch noch nicht ausreichen, kann eine Webanwendung mithilfe von GitHub Electron oder Apache Cordova in ein

5 *https://t3n.de/news/progressive-web-apps-app-modell-1078161/*
6 *https://developer.microsoft.com/en-us/windows/pwa*

natives Anwendungsbündel gepackt werden (siehe Kapitel 13, »Migrationsstrategien mit Apache Cordova und GitHub Electron«) – bis eines Tages eine passende Webschnittstelle zur Verfügung steht. Mit einer Webanwendung verbauen sich Entwickler letztlich also nie den Weg.

Mithilfe einer einzigen Codebasis können so Browser, Mobil- und Desktopsysteme gleichzeitig bedient werden. Durch die radikal kleinere Codebasis sinken die Fehleranfälligkeit und der Wartungsaufwand. Entwickler haben die komplette Wahlfreiheit bei Frontend- und Backend-Technologien sowie bei der Entwicklungsumgebung. Und nicht nur die Anwendung ist plattformübergreifend, die Entwicklungstools sind es auch. Abbildung 16.1 zeigt das beeindruckende Entwicklungsumfeld dieses neuen Anwendungsmodells.

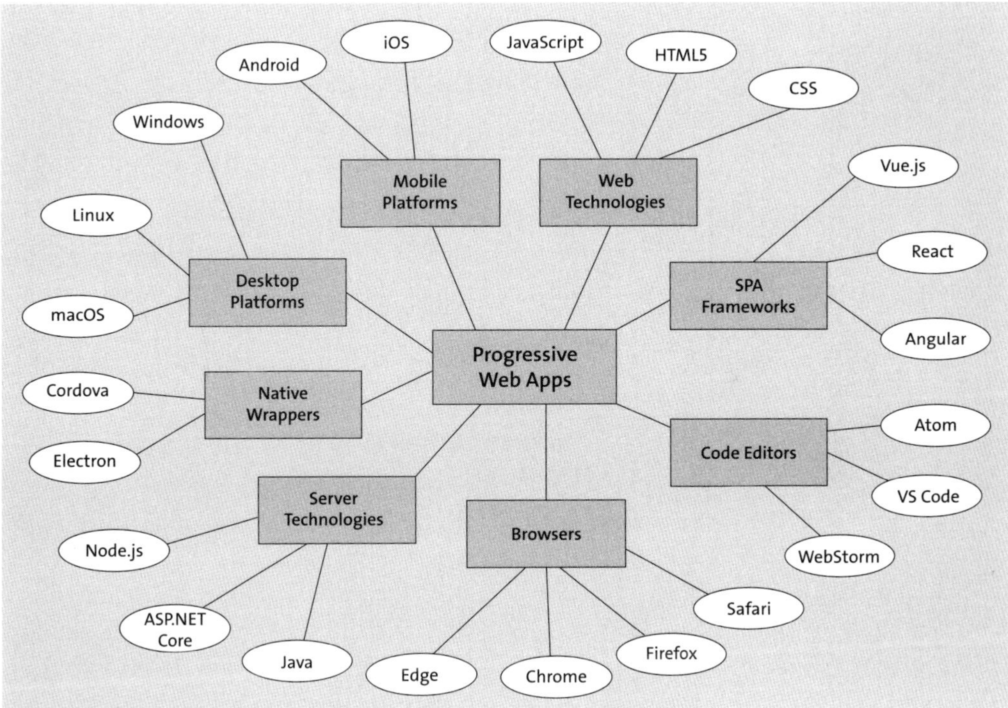

Abbildung 16.1 Das Entwicklungsumfeld der Progressive Web Apps

Erinnert Sie all das an den alten Java-Traum »Write once, run anywhere«? Mit Progressive Web Apps beginnt er jetzt gerade, Realität zu werden.

Über den Autor

Christian Liebel ist Mitglied der *Web Platform Working Group* des World Wide Web Consortium (W3C) und Microsoft *Most Valuable Professional* (MVP) für Developer Technologies. In diese Kategorie des Microsoft-Expertenprogramms fallen die clientseitigen Webtechnologien. Der Autor ist mit dem Web groß geworden und hat sein Handwerk anhand von Microsoft-Technologien gelernt. Aufgewachsen ist er mit Microsoft Windows 3.11 und klassischer Windows-Software, die man noch in Form von Disketten in einer Kartonbox im ProMarkt kaufen konnte. Seine ersten Schritte in der Softwareentwicklung hat er mit QBASIC und später Visual Basic 6 absolviert, um schließlich als .NET-Softwareentwickler in den Beruf einzusteigen. Nebenher hat er auch schon früh kleinere Anwendungen mit Webtechnologien entwickelt und Websites gestaltet.

In seiner Jugend haben sich mobile Endgeräte und damit auch neue Vertriebswege für Software wie App Stores und neue Geschäftsmodelle wie Software as a Service etabliert. Im Rahmen seines Studiums entwickelte er 2012 gemeinsam mit einem Kommilitonen eine erfolgreiche Spiele-App für den Windows Store des gerade veröffentlichten Windows 8, die über 120.000 Mal heruntergeladen wurde. Schon diese basierte auf modernen Webtechnologien: Windows 8 erlaubte die App-Entwicklung wahlweise mit Web- oder nativen Technologien, beide auf Augenhöhe. Im Jahr 2014 stieg er im Frontend schließlich komplett auf Webtechnologien um. Als Consultant bei Thinktecture hilft Christian Liebel tagtäglich *Independent Software Vendors* (ISVs) und anderen Unternehmen, ihre Bestandssoftware fit für die Zukunft zu machen: mit webbasierten, plattformunabhängigen Frontends und serverless Cloud-Backends zur Umsetzung von SaaS-Lösungen. Als langjähriger Entwickler für »native« Frontend-Technologien wie Windows Forms und der Windows Presentation Foundation (WPF) versichert und bestätigt der Autor: Das Konzept, in der Anwendungsentwicklung auf Webtechnologien zu bauen, geht absolut auf.

Bei der *JSUnconf* im April 2016 in Hamburg wurde der Autor durch einen Vortrag von Alexander Surma auf Progressive Web Apps aufmerksam, die Mitte 2015 aus der Taufe gehoben wurden. Die Schnittstellen, auf denen dieses Anwendungsmodell basiert, wurden ab 2013 spezifiziert. Progressive Web Apps basieren auf modernen Webtechnologien: Im Browser ausgeführte Anwendungen werden auf das nächste Level gehoben, indem die PWA-Schnittstellen mächtige Features in das Web bringen, die man zuvor nur nativen Technologien zugeschrieben hätte. Dazu zählen etwa Offlinefähigkeit und Pushbenachrichtigungen. Dieses Anwendungsmodell hat Christian

Liebel direkt überzeugt, sodass er seit Oktober 2016 selbst mit eigenen Vorträgen zu PWAs unterwegs ist. Zwischenzeitlich sind die meisten PWA-Schnittstellen in allen großen Browsern und Plattformen verfügbar, sodass der Autor der Meinung ist: Alle Softwareentwickler sollten sich heute mit der Fragestellung auseinandersetzen, ob Progressive Web Apps einen gangbaren Weg für sie darstellen.

Bildnachweise

Für die Grafiken in diesem Buch wurden Mockups von den folgenden Anbietern verwendet:

Android Device Art Generator: *https://developer.android.com/distribute/marketing-tools/device-art-generator*

Roland Hidvegi, Samsung Galaxy S8 Mockup: *https://dribbble.com/shots/3875302-Samsung-Galaxy-S8-mockup*

MockUPhone: *https://mockuphone.com*

Apple Product Images: *https://developer.apple.com/app-store/marketing/guidelines/#section-products*

Index